Wilmot Robertson

La mayoría desposeída

OMNIA VERITAS.

Wilmot Robertson
(seudónimo de Sumner Humphrey Ireland)
1915–2005

Wilmot Robertson nació en Filadelfia, en la época en que Estados Unidos era Estados Unidos. Fue a una universidad de la Ivy League, estudió en el extranjero y, tras hacer todo lo posible por mantener a Estados Unidos fuera de la II Guerra Mundial, luchó en las campañas del norte de África e Italia como oficial de ingenieros de combate. Al terminar la guerra perdió unos años preciosos en una agencia de publicidad de Madison Avenue, y luego estudió física en Berkeley. Finalmente, los negocios le llamaron la atención y fundó una pequeña empresa científica en la bahía de San Francisco, acumulando fondos suficientes para tomarse unos años de vacaciones y dar los últimos retoques al manuscrito que finalmente se publicó como *La mayoría desposeída* (*Ventilations*).

La mayoría desposeída

The Dispossessed Majority
Primera publicación por Howard Allen Enterprises – 1972

Traducido y publicado por
OMNIA VERITAS LTD

ⓄMNIA VERITAS.

www.omnia-veritas.com

© Omnia Veritas Ltd - 2023

Para poseer lo que no se posee
Hay que ir por el camino de la desposesión
- T.S. Eliot, *Four Quartets*

Prefacio

LOS MÁS VERDADERAMENTE desfavorecidos son los que son odiados por sus virtudes y no por sus vicios, los que insisten en jugar el juego de la vida con adversarios que hace tiempo que abandonaron las reglas, los que se obstinan en seguir creyendo que un conjunto de instituciones muy sofisticadas desarrolladas por y para un pueblo concreto en un momento determinado del tiempo y del espacio es operativo para todos los pueblos en todas las circunstancias.

La intención de este libro es proporcionar a los miembros de este grupo desconcertado y amenazado -aquí definido provisionalmente como la Mayoría Americana- un diagnóstico sistemático de las enfermedades y debilidades que les han abatido y algunas sugerencias para su recuperación.

Tantos liberales convertidos en racistas minoritarios y tantos conservadores convertidos en maniáticos desarraigados, tanta religión convertida en ciencia social y tanta ciencia social convertida en prestidigitación intelectual, que el miembro reflexivo de la Mayoría no tiene a quién recurrir salvo a sí mismo. Sin embargo, ésta puede ser su salvación. En el aislamiento, la facultad crítica es más profunda. Sólo ahora es posible comprender el trágico y humillante destino de la Mayoría estadounidense, porque sólo ahora unas pocas mentes de la Mayoría, profundizadas por décadas de contemplación solitaria y agudizadas por la sombría crónica de los acontecimientos, sintonizan por fin con la longitud de onda de emergencia de la supervivencia colectiva.

A primera vista, Estados Unidos parece perdido. Pero la animalización del cuerpo y el embrutecimiento del espíritu, la profanación del medio ambiente, la venalidad de la política, las plagas de drogas y homosexuales, el SIDA, las ondas expansivas de la pornografía, el salvajismo de los guetos, la locura feminista, la discriminación inversa, la degeneración del ejército, los torrentes de inmigrantes clandestinos, la apostasía de los profesores y periodistas, el descerebramiento de los estudiantes, el materialismo fóbico y la babosería de los padres... quizá no sean regresiones irreversibles como parecen, sino meros obstáculos o desvíos a corto plazo en el Gran Viaje hacia una forma de vida superior y más luminosa. En la secuencia del renacimiento orgánico, lo que hay que hacer debe deshacerse primero. Lo irreflexivo debe preceder a lo irreflexivo. Según la curva sinusoidal de la acción humana, la degeneración se alterna con la regeneración. Es muy posible que la fase actual sea la de reculer pour mieux sauter.

En el lado esperanzador, el material cromosómico, primer y fundamental requisito para el resurgimiento estadounidense, sigue siendo abundante. Los científicos de la vida y los pocos científicos sociales dignos de ese nombre están hirviendo con ideas y avances que no pueden sino deshacer algunas de las trampas dogmáticas que se han tendido deliberadamente a los intelectos más activos de la Mayoría. De las cenizas rastrilladas del historicismo quemado destellan una o dos chispas de auténtica historia. Incluso se vislumbra una nueva religión (o el rejuvenecimiento de la antigua) en los enunciados y acertijos prometeicos de la nueva ontología.

En cualquier caso, la Mayoría saldrá pronto del limbo. No le queda otro camino que ir hacia arriba, o hacia abajo. En realidad es una cuestión de tiempo, una carrera entre la jungla y la cosecha. La caminata lunar puede resultar ser la última milla, o el cruce del Rubicón.

PARTE I

Dinámica racial

CAPÍTULO 1

El concepto de raza

N ADA HA ELEVADO al hombre a cumbres más altas de creatividad ni lo ha rebajado a profundidades mayores de destructividad que la noción dual de similitud y disimilitud humanas.

Todo hombre es como cualquier otro hombre en el sentido de que pertenece a la misma especie, *el Homo sapiens*. El watusi de dos metros, el pigmeo de cuatro, el sueco blanco como la leche, el mestizo latinoamericano de color café y el oriental de ojos almendrados y teñidos de almendra son todos capaces de cruzarse. Por consiguiente, la idea de semejanza humana tiene orígenes biológicos. Pero también lo tiene la idea de la falta de semejanza humana. Cada hombre difiere física y mentalmente de los demás, lo que explica tanto la individualidad humana como las diferencias de grupo.[1] Como escribió Shakespeare:

Extraño es que nuestras sangres,
de color, peso y calor, vertidas todas juntas,
Confundan la distinción, y aún así se mantengan
En diferencias tan poderosas.[2]

La persona media probablemente empieza la vida como similarista y termina como disimilarista. El niño crece y se aleja del hogar familiar para descubrir que no todos los padres se parecen a su padre, ni todas las madres a su madre, ni todos los hijos a sus hermanos y hermanas. A medida que se aleja, descubre notables diferencias físicas y culturales entre la población de las grandes ciudades y los países extranjeros.[3] Inevitablemente, reconoce que

---

[1] Incluso los gemelos idénticos difieren ligeramente en altura, peso, longitud y anchura de la cabeza. L. C. Dunn y Theodosius Dobzhansky, Heredity, Race and Society, New American Library, Nueva York, 1960, p. 27. "Deux jumeaux identiques, provenant du même œuf, possédant la même constitution génétique, manifestent chacun une personnalité différente". Alexis Carrel, *L'homme cet inconnu*, Librarie Plon, París, 1935, p. 336.

[2] *Bien está lo que bien acaba*, acto 2, escena 3.

[3] Un científico social, George Murdock, afirma haber encontrado 73 elementos comunes a todas las culturas, entre ellos: el cortejo, la danza, la división del trabajo, la educación, la familia, el folclore, los juegos, los peinados, la hospitalidad, la ley y la magia. *The Science of Man in the World Crisis*, editor Ralph Linton, Columbia University Press, Nueva York, 1945, p. 124.

algunos seres humanos tienen un conjunto de características físicas y culturales similares a las suyas, mientras que otros no. Con o sin la ayuda o el consejo de padre, madre, profesor, libro o televisión, ha separado a un grupo de personas de otro. Le guste o no, ha suscrito el concepto de raza.

La creencia de que cada hombre pertenece a una raza humana distinta es la pesadilla de los antropólogos sociales y un reto para los antropólogos físicos, que han intentado erradicar ese "pensamiento vago" elaborando una definición más rigurosa de raza. Hasta ahora, sus esfuerzos se han centrado sobre todo en la acumulación y clasificación de datos biométricos y han suscitado tantas controversias como acuerdos. Incluso si finalmente consiguen establecer el componente fisiológico de la raza sobre una base científica firme, seguirán enfrentándose a los misterios y complejidades del componente psicológico. La raza, como bien saben todos los políticos estadounidenses, va mucho más allá del ámbito de lo físico.

Por desgracia para los antropólogos y biólogos que trabajan con cintas métricas y ordenadores, y que sólo permiten que los factores biológicos determinen y definan la raza, el concepto de raza se apoya tanto en la conciencia del parentesco como en el hecho.

Los hombres de Estado, los poetas y los profetas adoptan un enfoque menos científico. Conocen el inmenso poder que los sentimientos de parentesco ejercen sobre los asuntos humanos y las vastas transformaciones políticas y sociales que tienen lugar cuando estos sentimientos se encienden o reavivan en los corazones humanos. Cuando los hombres no pueden apelar a la antropología para justificar la existencia de la raza, recurren a menudo a la historia y al folclore. "El recurso a los mitos para establecer la ascendencia común de un grupo étnico", señaló el psicólogo E. K. Francis hace medio siglo, "es muy antiguo".[4]

Grupo étnico es el término favorito de los antropólogos sociales que desean vaciar a la raza de su contenido emocional y su subjetividad. Aún más anémico es grupo de población. Pero cambiar el vocabulario del hombre no cambia necesariamente su forma de pensar. Aunque grupo étnico, grupo de población, clan, Formenkreis y similares son etiquetas útiles y apropiadas para clasificar ciertos segmentos de la humanidad con una fricción mínima, distan mucho de contar toda la historia.

Existen otros sinónimos menos diluidos de raza, entre los que destacan stock, breed y nationality. Sin embargo, no dan en el blanco. Más descriptivos, aunque más incómodos, son neologismos como we-feeling y we-group.

---

[4] "The Nature of the Ethnic Group", *American Journal of Sociology*, marzo de 1947, p. 396.

William Graham Sumner, pilar de la otrora dominante escuela conservadora de sociología, sentía especial predilección por el ethos, palabra de origen griego que designa las ideas, normas y hábitos que caracterizan a un individuo o a un grupo.[5] Ethos, sin embargo, deja mucho que desear por su tendencia a soslayar el estrato físico.

Quizá la palabra que más se aproxime a raza sea pueblo, ya sea modificada por un pronombre posesivo, mi, nuestro, vuestro, o como la usaba Oswald Spengler cuando escribió: "El nombre romano en tiempos de Aníbal significaba un pueblo, en tiempos de Trajano nada más que una población".[6] Expresiones más cargadas de racismo son las crudas pero comunicativas "hermano de sangre" y "hermano del alma", que los propietarios de tiendas negras pintan a veces en sus escaparates durante los disturbios en los guetos para escapar de la ira de pirómanos y saqueadores.

Tan significativo y al mismo tiempo tan carente de sentido, el concepto de raza abarca tantos hechos y fantasías, tanto amor y odio, tanta razón y sinrazón que es más fácil intuirlo que entenderlo. En algunos aspectos, raza es similar a otras palabras de cuatro letras en inglés. Tiene un fuerte impacto emocional y su uso se evita en círculos educados y académicos. Sin embargo, a pesar de su torpeza semántica, la raza ejerce una profunda influencia en la mente de los hombres. Como dijo un destacado científico social hace medio siglo: "La ausencia entre la gente de una definición claramente formulada de raza, lejos de debilitarla, en realidad aumenta la potencia de la idea de raza".[7]

El hombre es la amalgama de su herencia fisiológica y sus adquisiciones sociológicas. Puede desprenderse de lo segundo pero no de lo primero. Puede renunciar a su religión, a su país y a su cultura. No puede renunciar a su raza. O, más exactamente, no puede renunciar al aspecto físico de su raza, que, aparte de las alteraciones superficiales realizadas por cirujanos plásticos y esteticistas, está inexorablemente determinado por las leyes de la genética.[8]

---

[5] William Graham Sumner, *Folkways*, Ginn & Co., Boston, 1906, p. 12.

[6] *The Decline of the West*, trans. C. F. Atkinson, Knopf, Nueva York, 1957, Vol. II, p. 165.

[7] Edgar T. Thompson. "Race in the Modern World", *Journal of Negro Education*, verano de 1944, p. 8.

[8] Incluso el fenómeno del "passing" está relacionado principalmente con aspectos no físicos de la raza. Esencialmente, el hombre que pasa cambia los rasgos culturales de una comunidad por los de otra. Biológicamente hablando, el negro que "parece" tan blanco que es aceptado como blanco sigue siendo un negro fraccional.

CAPÍTULO 2

Racismo

C omo la idea ES a la ideología, así el concepto de raza es al racismo.[9] Esto lleva a definir el racismo -los británicos lo llaman racialismo- como la creencia en la idea de raza. Pero la creencia implica cierta medida de asentimiento, cierta activación interna o externa de la creencia. El racismo, en consecuencia, puede describirse como la expresión abierta o encubierta del concepto de raza en uno o más niveles de la actividad humana: en la política, el arte, la religión, los negocios, la vida comunitaria y en la intimidad del hogar.

El racismo, que presupone una ascendencia común, no es lo mismo que el nacionalismo, que presupone una ciudadanía común. Suele asociarse, aunque no invariablemente, a una forma exaltada de nacionalismo como el patriotismo, a formas extremas de nacionalismo como el chovinismo y el patrioterismo, a formas localizadas como el seccionalismo, el regionalismo y el provincialismo. El racismo está presente tanto en la fundación como en la disolución de los imperios. Puede reforzar el nacionalismo en sociedades homogéneas y oponerse a él en Estados multirraciales. En las revoluciones proletarias y en las contrarrevoluciones fascistas puede desempeñar un papel mucho más importante que la clase."[10]

Cuando las razas están geográficamente separadas o aisladas, es probable que el racismo se dirija externamente a través y más allá de las fronteras de una provincia, región o estado hacia otra provincia, región o estado. Cuando las razas conviven, en el mismo barrio o distrito escolar, es probable que el racismo se dirija internamente a la manzana o al aula. Ambos tipos de racismo están presentes en la mayoría de las grandes naciones (Japón y China son las excepciones más evidentes). Rusia, el principal heredero de la

---

[9] "Una ideología es un complejo de ideas o nociones que se representa a sí mismo ante el pensador como una verdad absoluta para la interpretación del mundo y de su situación en él; lleva al pensador a realizar un acto de autoengaño con fines de justificación, ofuscación, evasión, en uno u otro sentido en su provecho." Karl Jaspers, *El origen y la meta de la historia*, trans. Michael Bullock, Yale University Press, New Haven, 1968, p. 132. "A grandes rasgos, un ideólogo es un pensador convencido de que ha descubierto soluciones claras a ciertos problemas o predicamentos humanos, soluciones capaces de expresarse en términos teóricos generales". *Times* Literary Supplement (Londres), 29 de enero de 1970, p.1.

[10] Véase el capítulo 25.

descompuesta Unión Soviética, que se hizo mucho más homogénea con la desintegración del imperio comunista, es un ejemplo de país que practica el racismo externalizado, en contraste con Estados Unidos, donde debido a los muchos elementos raciales disímiles que viven codo con codo, especialmente en las grandes áreas metropolitanas, el racismo está más internalizado.

Por lo que se puede comprobar, prácticamente todas las naciones o sociedades han pasado por uno o más ciclos racistas. A pesar de sus interminables guerras intestinas y rivalidades políticas y culturales, los antiguos griegos, según el historiador H. A. L. Fisher, "se creían uno en raza, lengua e instituciones".[11] Clasificaban a todos los extranjeros como bárbaros y, en general, los trataban como inferiores, irónicamente el mismo estatus conferido más tarde a los helenos por los romanos, que los consideraban débiles corruptos. Incluso hoy en día, muchos judíos se han dejado llevar por la idea de _ separatividad y "chosenness". Las actitudes raciales prototípicas de los conquistadores españoles y los colonialistas británicos impregnaron todas sus relaciones con los indios y los negros americanos. Los sentimientos tradicionalmente hostiles de los chinos hacia los no chinos no necesitan explicación; tampoco la supremacía blanca, endémica en su día en la mentalidad de los constructores del imperio europeo.[12]

Al igual que la defensa nacional o la balanza de pagos, el racismo se ve frecuentemente regulado y modificado por acontecimientos e influencias exteriores. Aunque una sociedad homogénea o heterogénea puede mostrar pocos signos de racismo en tiempos de paz, en cuanto un Estado vecino empieza a actuar agresivamente, en cuanto unos miles de conciudadanos o primos raciales en el extranjero se convierten en víctimas de la opresión, el racismo latente de la nación o de uno o más grupos de población dentro de la nación puede despertarse rápidamente y asumir un carácter dinámico en lugar de estático.

El racismo, también hay que observarlo, opera en órbitas diferentes en lugares diferentes. Pensemos en dos soldados estadounidenses, uno de origen escandinavo y el otro de origen italiano del sur, que vigilan un solitario puesto avanzado frente a los norcoreanos o los vietnamitas del norte. En casa, el primero podría haber llamado al segundo latino o italiano cuando trataba de ser educado, y "italiano" o "grasiento" cuando no. Ahora siente que está en presencia de un compañero blanco.

---

[11] Citado por T. J. Haarhoff, *The Stranger at the Gate*, Longmans Green, Londres, 1938, p. viii.

[12] Para un resumen más detallado de las manifestaciones racistas entre los pueblos del mundo, véase Sumner, op. cit., p. 29.

Quizá la primera ley del racismo sea que el racismo engendra racismo. Paradójicamente, también lo hace el antirracismo, que centra tanto la atención en la raza y la implanta tan profundamente en la conciencia pública que, en realidad, aumenta la cantidad neta de racismo. Además, el antirracismo permite a muchas personas practicar el racismo de forma vicaria, adoptando la causa de todas las razas menos la suya.

En cierto sentido, el racismo es una forma de moral de grupo. Proporciona una coraza psicológica protectora a los pueblos más indefensos y a la defensiva. También es responsable en gran medida del alto *cociente de agresividad* de los pueblos dinámicos. Al fomentar el tribalismo tanto en las naciones más retrasadas como en las más avanzadas, el racismo convierte al Estado industrial moderno, con su sofisticada tecnología, en un adversario temible. En igualdad de condiciones -potencia, planta industrial, competencia científica y recursos naturales-, un Estado racista puede reunir una fuerza militar más mortífera que un Estado no racista. Dado que las familias tienen más espíritu de lucha que los grupos menos emparentados, cuando estalla la guerra la tribu o raza suele actuar como la extensión de la familia. La muerte es más fácil para quienes creen que mueren por su pueblo y por su país. El soldado con sólo un mínimo de conciencia de raza puede tener más dificultades para ser valiente. Los objetores de conciencia, los pacifistas y los evasores de la conscripción escasean en las sociedades de orientación racial.

El racismo permanece tan oculto en cualquier contexto histórico que los estudiosos del pasado rara vez le dan la importancia que merece. Es muy posible que sea la *fuerza mayor de los* logros y fracasos humanos. ¿Quién puede demostrar lo contrario? ¿Quién puede demostrar que el racismo no es un indicio mejor del auge y la caída de las civilizaciones que la economía, la religión, el crecimiento y la decadencia orgánicos, el clima, los grandes hombres o incluso el destino?

Tomemos los Estados Unidos con el sustrato genético homogéneo de los Padres Fundadores, la lucha racial con los indios, las connotaciones raciales de la Guerra Civil, las diferencias raciales de la Vieja y la Nueva Inmigración, la mecánica racial de la política de las grandes ciudades y del Sur, el creciente ritmo de las demandas y la agitación de las minorías. Pensemos en las Naciones Unidas, que ahora se están convirtiendo en un conglomerado de bloques raciales. Tomemos la revuelta del siglo XX de los pueblos de color de Asia y África contra el colonialismo blanco. Sopese todas estas pruebas y maravíllese ante los historiadores liberales y conservadores que elaboran sus gruesas historias que, o bien evitan por completo el racismo, o bien lo tratan como una enfermedad y no como un elemento básico de la naturaleza humana.

En la actualidad, en todo el mundo hay movimientos en marcha para abolir el racismo. Pero, como indican los acontecimientos en Estados Unidos y en otros países, lejos de abolirse en ninguna parte, se está intensificando en todas partes.

En lugar de intentar destruir lo indestructible, sería más sensato aprender más sobre los reflejos raciales del hombre. La investigación sobre las fuentes del racismo podría producir formas eficaces de civilizarlo, controlarlo y dirigirlo hacia canales más creativos y constructivos.[13] Este conocimiento también podría ayudar a distinguir entre el comportamiento racial que ayuda a construir naciones y el comportamiento racial que las destruye.

[13] "La aplicación de este principio [el racismo] ha regido la evolución de todas las sociedades en avance desde poco después del comienzo de la agricultura". C. D. Darlington, *The Evolution of Man and Society*, George Allen and Unwin, Londres, 1969, p. 607.

CAPÍTULO 3

Metafísica racial

E L CONCEPTO DE RAZA y las ideologías raciales que de él se derivan impregnaron las grandes civilizaciones de la antigüedad. La Biblia dividió las razas de la humanidad en los hijos de Sem (semitas), Cam (mediterráneos no semitas),[14] y Jafet (pueblos septentrionales). Entre los hijos de Sem estaban los judíos, a quienes Jehová advirtió que preservaran su identidad racial, ya que eran "un pueblo especial para sí, más que todos los pueblos que hay sobre la faz de la tierra."[15]

Los arios que invadieron la India estaban tan preocupados por la raza que establecieron un complejo sistema de castas, mediante el cual los brahmanes sacerdotes consiguieron preservar parcialmente su tipo físico original durante más de 2.500 años, aunque su tez, antaño clara, como resultado de mutaciones y algún mestizaje, está ahora mejor adaptada al abrasador sol indio.[16] Las pinturas de las tumbas y templos de los antiguos egipcios mostraban una forma de racismo más simple y menos sofisticada. Los dioses y los faraones eran más grandes que la vida, mientras que los negros y otros forasteros posaban en reverencia.[17]

Como era de esperar, los griegos fueron los primeros en buscar las causas naturales de las diferencias raciales y en filosofar sobre cuestiones raciales. El ensayo de Hipócrates, *Sobre aires, aguas y lugares*, señalaba el clima y la geografía como posibles razones de las variaciones en la fisiología y el temperamento humanos.[18] Platón pensaba que sería bueno inculcar un

---

[14] Posteriormente, los teólogos cristianos añadieron gratuitamente a los negros a esta categoría racial de blancos.

[15] Deut. 7:6. Las restricciones contra la exogamia se encuentran en 7:3.

[16] "La primera división de castas... no era por estatus sino por color; dividía narices largas de narices anchas, arios de nagas y dravidianos... El sistema de castas tenía el valor eugenésico de evitar que las cepas presumiblemente más finas se diluyeran..." Will Durant, *Our Oriental Heritage*, Simon and Schuster, Nueva York, 1954, pp. 398, 487.

[17] Las referencias a los negros en los pies de foto en inglés de estas pinturas murales expuestas en el Museo Británico en 1968 habían sido parcialmente borradas. Al parecer, algunos descendientes modernos de las víctimas del antiguo racismo egipcio no querían que se les recordaran las indignidades del pasado.

[18] Hipócrates, *Sobre aires, aguas y lugares*, trans. Francis Adams, Grandes libros del mundo occidental, Chicago, Vol. 10, p. 18.

sentimiento de pureza racial a los jóvenes destinados a dirigir la mancomunidad en el futuro. Tal idea, que describió como una "noble mentira", desarrollaría un mayor grado de orgullo y responsabilidad en la joven élite, cualidades que presumiblemente contribuirían a una mejor capacidad para gobernar.[19] Por otra parte, Aristóteles contribuyó a institucionalizar la esclavitud con su teoría del esclavo "nato".[20]

Sin embargo, las teorías raciales "científicas" propiamente dichas no tomaron forma hasta 2.000 años después. Hubo que esperar hasta finales del siglo XVIII y la primera mitad del XIX para que se recopilaran datos suficientes que permitieran a algunos intrépidos antropólogos y biólogos clasificar a la humanidad por razas. Junto con las clasificaciones llegaron los juicios de valor. Como los blancos habían conquistado o colonizado gran parte de la Tierra y la estaban rehaciendo a su imagen, se propuso una línea de sangre innatamente superior para los superhombres, que fueron descritos como arios, indoeuropeos, anglosajones, nórdicos, celtas, alpinos y teutones.

La teoría de la supremacía racial del norte de Europa se vio favorecida y ampliada por el descubrimiento de una sorprendente relación lingüística entre los invasores arios (en este caso, una división específica de la raza blanca o caucásica) de la India, los hititas, casitas, persas, griegos y romanos del mundo antiguo, y los franceses, británicos, alemanes, eslavos y otros pueblos de la Europa moderna. Aunque una lengua común no presupone necesariamente una raza común, las lenguas indoeuropeas,[21] como llegaron a denominarse, y los hablantes indoeuropeos dieron origen a una hipótesis racial según la cual un pueblo rubio, de tez clara y con raras dotes creativas fecunda nuevas civilizaciones o refertiliza otras moribundas.[22]

Entre los principales defensores de esta hipótesis, a menudo designada como teoría aria, se encontraban: Arthur de Gobineau (1816-1882), conde y germanófilo francés que escribió una de las primeras interpretaciones

---

[19] *República*, IN, 414-15, trans. Paul Shorey, *The Collected Dialogues of Plato*, Bolingen Series, LXXI, Princeton University Press, Princeton, Nueva Jersey, 1969.

[20] Ernest Barker, *The Politics of Aristotle*, Clarendon Press, Oxford, 1950, pp. 13-14.

[21] Una palabra de raíz indoeuropea: *name* (inglés), *nama* (persa antiguo), *nama* (sánscrito), *onoma* (griego), *nomen* (latín), *nome* (italiano), *nombre* (español), *nom* (francés), *Name* (alemán), *eemya* (ruso).

[22] Algunos ejemplos: Invasión aria de la India; invasión dórica de Grecia; invasión germánica del Imperio Romano de Occidente; conquista normanda de Normandía y Sicilia. Para más información sobre los pueblos indoeuropeos, véase el Capítulo 9.

raciales coherentes, aunque algo fantasiosas, de la historia;[23] Houston Stewart Chamberlain (1855-1927), inglés nacionalizado alemán, cuya grandiosa *Weltanschauung* detectó genes teutónicos en casi todos los grandes hombres del pasado, incluido Jesús; Madison Grant (1865-1937), abogado y naturalista estadounidense que expuso la decadencia de los grandes pueblos nórdicos portadores y creadores de cultura y cuyos argumentos fueron útiles para conseguir la aprobación de leyes restrictivas de inmigración en Estados Unidos a principios de la década de 1920; Lothrop Stoddard (1883-1950), filósofo político estadounidense, también activo en la cuestión de la inmigración, que advirtió que los blancos pronto se verían desbordados por la fecundidad de las razas de color.[24]

Aunque su ascendencia española y sus asociaciones puritanas en Nueva Inglaterra excluían cualquier afecto especial por los teutones, el filósofo George Santayana fue uno de los más vigorosos suscriptores de la idea de las jerarquías raciales, como demuestra el siguiente párrafo:

> Algunas razas son obviamente superiores a otras. Una adaptación más completa a las condiciones de la existencia les ha dado espíritu, vitalidad, alcance y una relativa estabilidad... Es, por tanto, de la mayor importancia no oscurecer esta superioridad mediante matrimonios mixtos con linajes inferiores, y anular así los progresos realizados por una dolorosa evolución y una prolongada criba de almas. La razón protesta tanto como el instinto contra cualquier fusión, por ejemplo, de la Mayoría blanca y los pueblos negros... Los judíos, los griegos, los romanos, los ingleses nunca fueron tan grandes como cuando se enfrentaron a otras naciones... pero esta grandeza decae siempre que el contacto conduce a la amalgama.[25]

En la década de 1930, probablemente por primera vez en la historia, las teorías de la superioridad racial se convirtieron en doctrina de Estado cuando el Partido Nazi tomó el mando en Alemania.[26] Pero una vez hecho el

---

[23] "Là où l'élément germanique n'a jamais pénétré", declaró de Gobineau, "il n'y a pas de civilisation à notre manière". *Essai sur l'inégalité des races humaines*, Librairie de Firmin-Didot, París, 1884, Vol. I, p. 93.

[24] La principal obra de Chamberlain fue *Die Grundlagen des neunzehnten Jahrhunderts*; la de Grant, *The Passing of the Great Race*, y la de Stoddard, *The Rising Tide of Color*.

[25] *The Life of Reason*, Scribner's, Nueva York, 1922, Vol. II, pp. 166-67.

[26] ¿O fue la segunda vez? Alexander Stephens, vicepresidente de la Confederación, declamó una vez: "Este nuestro nuevo gobierno es el primero en la historia del mundo basado en esta gran verdad física, filosófica y moral... que el negro no es igual al hombre blanco, que la esclavitud -subordinación a la raza superior- es su condición natural y normal". Charles y Mary Beard, *The Rise of American Civilization*, Macmillan, 1930, Vol. 2, p. 68.

inventario de la política racial de Hitler al término de la Segunda Guerra Mundial, todos los argumentos a favor de la supremacía racial quedaron fuera de los límites del pensamiento permisible.

Siendo la raza un tema tan profundamente personal, no es de extrañar que los defensores de la superioridad racial suelan pertenecer, o pensar que pertenecen, a la raza que consideran superior. Tampoco sorprende que en América la oposición a las teorías de la superioridad nórdica o del norte de Europa estuviera encabezada por antropólogos y científicos sociales que en la mayoría de los casos pertenecían a grupos minoritarios. Tal vez en la creencia de que un buen mito merece otro, Franz Boas (1858-1942), erudito de origen judío-alemán y profesor de antropología en la Universidad de Columbia, avanzó la primera teoría exhaustivamente desarrollada de la igualdad racial. La hipótesis de Boas era que la educación, y no la naturaleza, era el principal factor determinante de importantes diferencias raciales. Llegó a afirmar que incluso un rasgo genético tan persistente como la forma de la cabeza (índice cefálico)[27] podía verse alterado por cambios ambientales en una o dos generaciones.[28]

Ashley Montagu, antropólogo físico de origen anglo-judío, se convirtió en el gran vulgarizador del igualitarismo racial con un flujo aparentemente interminable de libros superventas, apariciones en televisión y discursos ante sociedades cultas y no cultas.[29] Otros miembros destacados de la escuela igualitaria, no todos ellos antropólogos, fueron Otto Klineberg, Melville Herskovits, Alexander Goldenweiser, Isador Chein, Theodosius Dobzhansky, Gene Weltfish, Kenneth Clark y dos vociferantes mujeres anglosajonas, Ruth Benedict y Margaret Mead.[30] Gene Weltfish alcanzó

---

[27] El índice cefálico es la anchura máxima de la cabeza dividida por la longitud máxima de la cabeza multiplicada por 100. Cuanto más bajo es el índice, más larga es la cabeza. Al igual que los físicos, los antropólogos son aficionados a utilizar largos derivados griegos para expresiones inglesas sencillas y precisas. Dolicocéfalo es de cabeza larga; braquicéfalo es de cabeza redonda.

[28] Franz Boas, "Changes in Bodily Form of Descendants of Immigrants", *American Anthropologist*, New Series, 14:530-62. Las opiniones casi lamarckianas de Boas fueron refutadas por Henry Pratt Fairchild, un destacado científico social, en *Race and Nationality*, Ronald Press, Nueva York, 1947, p. 105.

[29] Como uno de los patrocinadores, junto con el difunto obispo James Pike y el budista zen de origen británico Alan Watts, de un servicio de citas por ordenador, Montagu pudo haber puesto a prueba sus teorías. *San Francisco Sunday Examiner & Chronicle, Date Book*, 19 de enero de 1969, p. 24.

[30] Mead y Benedict pertenecían a una raza un tanto exótica de mujeres WASP. Fueron amantes lesbianas durante un tiempo, y la primera afirmaba haber tenido una abuela sefardí. Mary C. Bateson, *With a Daughter's Eye*, William Morrow, Nueva York, 1984,

cierta notoriedad al afirmar que el ejército estadounidense había recurrido a la guerra bacteriológica en la guerra de Corea. Kenneth Clark, de raza negra, desempeñó un papel destacado para convencer al Tribunal Supremo de que ordenara la desegregación escolar en el caso *Brown contra el Consejo de Educación* (1954). En sus monografías académicas, Dobzhansky, licenciado por la Universidad de Kiev, reconoció con tacto algunas diferencias en las capacidades raciales, pero prácticamente las negó en sus escritos para consumo público. La escuela evolucionista de antropología de Leslie White y los intentos de W. H. Sheldon de asociar el temperamento con el tipo de cuerpo (endomorfo, mesomorfo, ectomorfo) recibieron escaso reconocimiento debido a su postura contraria a Boas.

La igualdad racial global recibió la sanción oficial de las Naciones Unidas con la publicación de las declaraciones de la UNESCO sobre la raza de 1950 y 1962. Sonando más a declaraciones de fe que a argumentos científicos razonados, los documentos de la UNESCO generaron los siguientes axiomas:

> Las pruebas científicas indican que la gama de capacidades mentales de todos los grupos étnicos es prácticamente la misma... En cuanto a la personalidad y el carácter, pueden considerarse no raciales... [D]ado grados similares de oportunidades culturales para realizar sus potencialidades, el logro medio de los miembros de cada grupo étnico es más o menos el mismo.

Aunque en realidad pretendía describir la escuela conductista de psicología, que iba de la mano de los antropólogos igualitarios al hacer hincapié en la maleabilidad humana, el sociólogo Horace Kallen resumió acertadamente las declaraciones de la UNESCO con palabras que deberían grabarse en las lápidas de Boas y Montagu: "Al nacer, los infantes humanos, independientemente de su herencia, son tan iguales como los Ford".[31] Varias décadas antes, J. B. Watson (1878-1958), el fundador y explorador del conductismo, había proporcionado una base psicológica para el igualitarismo al afirmar: "No existe tal cosa como una herencia de capacidad, talento, temperamento, constitución mental y características."[32] Su discípulo más famoso, B. F. Skinner, condicionó más tarde a ratas con tanto éxito que se supuso que podría hacer maravillas iguales con humanos. De hecho, Skinner

---

pp. 72, 106. La obra semiclásica de Mead, *Coming of Age in Samoa*, fue eficazmente criticada por el antropólogo australiano Derek Freeman en *Margaret Mead and Samoa*, Harvard University Press, 1983.

[31] Véase el artículo de Kallen, "Behaviorism", *Encyclopedia of Social Sciences*, Macmillan, Nueva York, 1963, Vols. 1-2, p. 498.

[32] J. B. Watson, *Behaviorism*, W. W. Norton, Nueva York, 1930, p. 94.

diseñó una utopía en torno a sus técnicas de refuerzo en un libro, *Walden II*, que servía de combinación de Biblia y Constitución para una comuna viva que nunca funcionó demasiado bien. Hay que decir, sin embargo, que el inventor de la caja de Skinner nunca negó la importancia de los factores genéticos en el comportamiento humano.

A principios de la década de 1960, la idea de la igualdad racial innata estaba tan arraigada en la educación moderna y en los medios de comunicación que resultaba difícil cuestionarla y mantener la respetabilidad académica o profesional. No obstante, se produjo una reacción, en gran medida no publicitada pero persistente, estimulada por la desegregación escolar y la violencia que acompañó a las crecientes demandas negras de un lugar bajo el sol estadounidense. Carleton Putnam, pionero del transporte aéreo e historiador estadounidense, declaró que la escuela antropológica de Boas basaba sus conclusiones sobre la igualdad racial en un interés propio mal entendido. Defendiendo una aceptación realista de la marcada diferencia en los patrones de pensamiento y la capacidad de aprendizaje de los negros, argumentó que la integración racial en todos los niveles, excepto el económico, conduciría a un deterioro constante e implacable de la educación, la vida social, la cultura y el poder nacional estadounidenses, así como al deterioro del propio negro.[33] Boas y sus seguidores, sostenía Putnam, dieron

al negro la idea de que guarda rencor al hombre blanco y al hombre blanco la noción de que debe sentirse culpable por el negro. El rencor incita al negro a los disturbios y al crimen, y la culpa lleva al hombre blanco a una política de permisividad y apaciguamiento perpetuos.[34]

En otro lugar, Putnam afirmó: "El núcleo del engaño ha estado en enseñar que la mayor parte de las diferencias de estatus de los individuos y grupos entre nosotros se debe a la injusticia social, mientras que el hecho científico sigue siendo que, por frecuente que sea la injusticia, estas diferencias son atribuibles principalmente a diferencias innatas de capacidad."[35]

Henry E. Garrett, director del Departamento de Psicología de la Universidad de Columbia, fue más lejos que Putnam al calificar el dogma igualitario como "el engaño científico del siglo". Garrett acusó a los científicos sociales de basarse en la denuncia moral cuando sus pruebas reales sobre las capacidades mentales de los negros se debilitaron. Culpó a los líderes

---

[33] Véanse los libros de Putnam *Race and Reason* (1961) y *Race and Reality* (1967), Howard Allen Enterprises, Inc., P.O. Box 76, Cabo Cañaveral, Florida 32920.

[34] Ponencia sobre "General Race Differences", 5 de febrero de 1969.

[35] *Congressional Record*, 13 de noviembre de 1969, pp. E9630-32.

eclesiásticos de falsificar la ciencia para reforzar sus argumentos éticos a favor de la igualdad racial.[36]

William Shockley, que ganó el Premio Nobel de Física por inventar el transistor, se unió a la controversia cuando sugirió que todos los programas contemporáneos para la mejora de los negros se basaban en premisas falsas. "El principal déficit en el rendimiento intelectual de los negros", afirmaba Shockley, "debe ser principalmente de origen hereditario y, por tanto, irremediable mediante mejoras prácticas en el entorno".[37] También subrayó que la alta tasa de natalidad de los negros más pobres y desfavorecidos era una "tragedia disgenésica."

Otros creyentes en las disparidades de la inteligencia racial fueron Sir Cyril Burt[38] y H. J. Eysenck en Gran Bretaña, J. Philippe Rushton en Canadá, Arthur Jensen y el británico Raymond Cattell en Estados Unidos. Jensen causó sensación al negarse a atribuir el déficit de 15 puntos en las puntuaciones del coeficiente intelectual de los negros a causas ambientales o a pruebas "culturalmente sesgadas". Con escasa coherencia, Julian Huxley, el famoso biólogo británico que ayudó a preparar las declaraciones de la UNESCO en las que se condenaba la raza, declaró que probablemente era cierto que "los negros tienen una inteligencia media ligeramente inferior a la de los blancos o los amarillos".

Algunos destacados antropólogos y sociólogos del siglo XX intentaron situarse por encima o a caballo de la cuestión de las diferencias raciales, entre ellos A. L. Kroeber, Ales Hrdlicka,[39] y Pitirim Sorokin.[40] Hrdlicka advirtió del peligro de una entrada masiva de genes negros en la población estadounidense, pero se negó a decir por qué era un peligro. Sorokin admitió que existían pruebas de diferencias mentales entre razas, pero restó importancia a la función de la herencia. Algunas de estas reticencias se debían sin duda al miedo, otras a la reticencia natural de los científicos de

---

[36] Véase el artículo de Garrett, "The Equalitarian Dogma", en Perspectives in Biology and Medicine, verano de 1961.

[37] Discurso ante la Academia Nacional de Ciencias, 24 de abril de 1968.

[38] Los estudios de Burt sobre gemelos idénticos criados por separado fueron importantes puntales del argumento hereditario. En 1976, Oliver Gillie, un periodista británico, lanzó un ataque póstumo y ad hominem contra Burt, fallecido en 1971, afirmando que había falsificado sus investigaciones, acusación que más tarde recogieron y repitieron Leon Kamin y Stephen Jay Gould, dos vituperables académicos judíos. Algunos años más tarde, dos libros, *The Burt Affair*, de Robert B. Joynson, y *Science, Ideology and the Media; the Cyril Burt Scandal*, de Ronald Fletcher, rehabilitaron al fallecido británico.

[39] *Proceedings of the Third Race Betterment Conference*, enero de 1928, pp. 84-85.

[40] *Contemporary Sociological Theories*, Harper 8 Bros., N.Y., 1928, pp. 291-93.

buena fe a generalizar sobre lo que consideraban datos insuficientes. Uno de los grandes antropólogos modernos, el profesor Carleton Coon, de Harvard, escribió: "El tema de la inteligencia racial... no ha progresado lo suficiente como para merecer su inclusión en una obra general de historia racial".[41]

No obstante, Coon proporcionó munición poderosa a la escuela antiigualitaria o hereditaria con una teoría sorprendente y esclarecedora sobre el origen de las razas. Durante miles de años se había dado por sentado que las razas del hombre habían descendido o se habían ramificado a partir de una única especie. En contradicción directa e iconoclasta con esta doctrina tradicional, Coon afirmó que las cinco razas vivas de la humanidad, a las que denominó caucasoide, mongoloide, australoide, capoide y congoide, habían evolucionado por separado hacia el Homo sapiens siguiendo calendarios diferentes. Si Coon estaba en lo cierto sobre la génesis paralela de las razas, ahora existía una base evolutiva para las diferencias raciales, y los argumentos en contra de los igualitaristas se veían reforzados. Aún más perjudicial para el punto de vista igualitario era la afirmación de Coon de que la raza negra, que él asignaba al grupo congoide, era la última de las principales razas en evolucionar. Los negros, según Coon, llevaban en estado *sapiens* menos tiempo que las razas blanca y amarilla (40.000 frente a 210.000 años).[42] Esto llevó inexorablemente a la conclusión de que los negros eran la menos desarrollada y menos articulada de las principales divisiones raciales de la humanidad.

La reacción violenta y vituperante que recibieron las teorías de Coon demostró vívidamente la naturaleza metafísica de la cuestión racial. Ashley Montagu, que antes de la publicación de la obra de Coon había dicho que el origen multirracial del hombre era "inadmisible", declaró que los hechos de Coon eran fraudulentos y comparó al que fuera presidente de la Asociación Americana de Antropólogos Físicos con "los antropólogos raciales [de] hace cien años".[43] Marvin K. Opler, otro antropólogo de la corriente de Boas, fue igualmente vehemente al afirmar que "es fácil comprender por qué la teoría de Coon le ha convertido en el favorito de los comités segregacionistas y de los racistas de todo el mundo... no puede escribir de forma convincente la

---

[41] *The Races of Europe*, Macmillan, N.Y., 1954, p. vii. Coon falleció en 1981. Su última obra, Racial Aptitudes, Nelson-Hall, Chicago, 1982, sí toca este tema.

[42] Coon, *The Origin of Races*, Knopf, Nueva York, 1962, pp. 3, 4, 85, 655-59, y *The Story of Man*, Knopf, Nueva York, 1962, 2ª edición, pp. 35-38.

[43] *Man in Process*, New American Library, Nueva York, 1961, p. 103, y *Man's Most Dangerous Myth*, World, Cleveland, 1964, p. 86.

historia de la humanidad, ni siquiera la historia racial. Para ello tendrá que adquirir más conocimientos, más compasión y más humildad".[44]

En lugar de la invectiva, que a menudo es contraproducente porque da publicidad al objetivo, se dio el tratamiento silencioso a otro gran antropólogo moderno, Sir Arthur Keith (1866-1955), que sostenía la opinión de que el mayor estallido del progreso biológico del hombre se produjo en la banda de caza, cuando una combinación de aislamiento geográfico y cohesión de grupo produjo el acervo genético equilibrado necesario para el funcionamiento eficaz del proceso evolutivo. Keith temía que la integración racial total exigida por los igualitaristas más dedicados pudiera tener un efecto disgénico en el hombre al anegar las mutaciones beneficiosas antes de que tuvieran la oportunidad de afianzarse. El antropólogo escocés también señaló que los prejuicios, la discriminación, la xenofobia y otros logros humanos que hoy se consideran pecaminosos pueden servir en realidad a un importante propósito evolutivo. Pueden ser las principales herramientas de la naturaleza para la creación de razas y de condiciones favorables para el crecimiento de las diversas culturas y pueblos que han hecho tan rico y colorido el mosaico del hombre.[45]

Si los antropólogos profesionales pueden descender a los niveles más bajos de la polémica, la venganza y el control del pensamiento, ¿cómo, cabe preguntarse, puede el profano adquirir ideas ilustradas sobre la raza? Una respuesta es observar las pruebas históricas, que apuntan ineludiblemente al hecho de que ciertas razas o pueblos han logrado mucho más que otros en los campos de la tecnología, el confort material y el gobierno popular. Si estos logros se deben a causas genéticas, las razas de bajo rendimiento en tierras occidentales siempre cargarán, como lo han hecho en el pasado, con el estigma del bajo rendimiento, a pesar de que pueden ser perfectamente capaces de un rendimiento superior en sus sociedades ancestrales, muchas de las cuales aún existen.

Gran parte de la amargura del debate racial actual se debe a que algunas razas se ven obligadas a competir, o eligen competir, en un mundo que nunca crearon. La importantísima cuestión de si es la herencia o el entorno lo que determina el destino humano ha degenerado en una disputa casi teológica en la que intervienen ingredientes psicológicos cruciales como el orgullo y el afrontamiento. Una parte apela a la herencia para explicar los éxitos del pasado; la otra, al entorno, la sociedad y los "accidentes históricos" para excusar los fracasos del pasado.

---

[44] *New York Herald-Tribune*, sección de libros, 9 de diciembre de 1962, p. 7.

[45] Véase *A New Theory of Human Evolution* de Keith, Watts, Londres, 1950; *Essays on Human Evolution*, Watts, 1948.

Si se demostrara más allá de toda sombra de duda que la herencia es el factor central de los logros humanos, la prueba sería rechazada casi con toda seguridad en el clima actual del pensamiento moderno. Los antihereditarios tienen demasiado en juego, tanto física como espiritualmente, como para abandonar su causa por cualquier motivo, y menos aún por un veredicto científico negativo sobre la validez de sus ideas y programas. Son demasiado conscientes de que la aceptación o el reconocimiento de importantes diversidades genéticas en el hombre socavaría gravemente todos los cimientos del dogma político y social imperante, fuente de los milagrosos cambios producidos en la situación de las minorías privilegiadas y desfavorecidas.

No obstante, el tiempo parece trabajar sin descanso a favor del partido hereditario. Aunque las investigaciones sobre la inteligencia racial siguen siendo en gran medida tabú, los equipos de investigación siguen abordando el tema tangencialmente con nuevos descubrimientos significativos relativos a las divergencias raciales en la estructura del cerebro, la resistencia a las enfermedades, la distribución de los grupos sanguíneos, la función glandular, la actividad hormonal y la recombinación de genes.

A finales de los años sesenta, las investigaciones del holandés Nikolaas Tinbergen y del alemán Konrad Lorenz sobre la heredabilidad de los instintos agresivos y territoriales habían sido ampliamente publicadas, tanto bajo sus propios nombres como por el divulgador Robert Ardrey, cuyas profusas digresiones alcanzaban a menudo altos niveles de comentario político y social. Si el hombre había sido cazador durante millones de años, agricultor durante 10.000 y obrero industrial durante 150, Ardrey quería saber cómo podían cambiar sus instintos más profundos -sus cerebros de reptil y mamífero- unos pocos años de educación inferior. El autor aconsejó a quienes deseaban mejorar al hombre que comprendieran, no ignoraran, su naturaleza instintiva.

La hegemonía ecologista recibió otro golpe con la publicación en 1974 de *Race*, de John R. Baker, biólogo de Oxford de renombre internacional y miembro de la Royal Society.[46] El Dr. Baker no se anduvo con rodeos y no eludió ninguna cuestión en lo que una respetada revista científica calificó de "quizá el libro mejor documentado sobre las razas humanas jamás publicado". A diferencia de los boasistas, Baker descubrió diferencias mentales y físicas significativas entre las razas, que clasificó, analizó y evaluó con tal profesionalidad que casi nadie se atrevió a desafiarle. En Estados Unidos, el libro fue generalmente ignorado por los medios de

---

[46] Publicado originalmente por Oxford University Press, *Race* fue reimpreso en 1981 por la Foundation for Human Understanding, Athens, Georgia.

comunicación, con la excepción del *Washington Post*, que publicó una espléndida reseña de Amitai Etzioni, sociólogo y antiguo comando israelí.

Un año más tarde, Edward O. Wilson, entomólogo de Harvard, abrió nuevas perspectivas para los deterministas genéticos cuando prácticamente inventó la ciencia de la sociobiología. Según Wilson, los genes no sólo rigen el comportamiento individual, sino también el social. La muerte en el campo de batalla, por ejemplo, es un acto supremo de altruismo en el que uno sacrifica sus propios genes para que sobrevivan los genes estrechamente relacionados de su familia o su grupo. La xenofobia es simplemente una respuesta heredada a las amenazas de contaminación del acervo genético por extraños.[47]

Las ideas de Wilson, junto con las fascinantes especulaciones de los biólogos teóricos R. L. Trivers, W. D. Hamilton, J. Maynard Smith y Richard Dawkins, suscitaron una vorágine de controversia. Dos científicos minoritarios, Richard Lewontin y Stephen Jay Gould, reaccionaron insinuando que la sociobiología era racista. Otros científicos, como George Wald, un premio Nobel muy politizado, arremetieron contra Wilson y la escuela determinista de biología pidiendo el fin de la amniocentesis, el cribado de los fetos para detectar defectos genéticos. Walter Bodmer y Liebe Cavalli-Sforza querían prohibir las investigaciones sobre las diferencias entre el coeficiente intelectual de blancos y negros. Otros exigían que el gobierno prohibiera cualquier investigación que pudiera corroborar las teorías raciales o conducir a cualquier forma de ingeniería genética. Cuando el Papa Juan Pablo II se unió a la contienda y prestó su considerable apoyo a estas críticas,[48] parecía estar fraguándose una extraña alianza inquisitorial entre la ultrarreligiosidad y la ultraizquierda.

El hecho de que tantos antiWilsonianos fueran miembros minoritarios de la corriente marxista fue probablemente el efecto, más que la causa, de su aversión aparentemente innata por cualquier atisbo de determinismo biológico. Aunque Marx había intentado una vez dedicar *Das Kapital* a Darwin, un firme creyente en las diferencias raciales heredadas, sus seguidores siempre han alimentado una afición secreta por Lamarck, que creía en la herencia de las características adquiridas. En su desesperado intento de obligar a la ciencia a ceder ante la ideología, Stalin elevó al charlatán Lysenko a las más altas esferas de la ciencia soviética, mientras permitía que un brillante genetista como Nikolai Vavilov pereciera en un gulag. Aunque la biología diga que no, la mayoría de los marxistas siguen

---

[47] Edward O. Wilson, *Sociobiology: The New Synthesis*, Harvard University Press, Cambridge, Mass., 1975.

[48] Discurso ante representantes de la UNESCO en París, 2 de junio de 1980.

queriendo que el hombre sea 100% moldeable. Los hombres moldeables pueden convertirse en buenos marxistas, mientras que los genes no tienen oídos para escuchar los encantos revolucionarios de un Lenin. De hecho, el apego por Lamarck es tan persistente que, aunque su teoría ha sido totalmente desacreditada, sigue apareciendo, no sólo en los panfletos de los marxistas extraterritoriales (Rusia y las demás ex repúblicas soviéticas han rehabilitado ahora la genética mendeliana), sino también en los libros y sermones de los fundamentalistas cristianos.

La guerra contra Wilson en particular y contra toda investigación científica sobre el comportamiento inducido genéticamente descendió con demasiada frecuencia de las palabras a los actos, a menudo actos bastante sórdidos. El propio Wilson fue amenazado físicamente y rociado con agua durante una conferencia. William Shockley vio interrumpidas algunas de sus conferencias universitarias por radicales blancos y negros. H. J. Eysenck fue agredido durante una conferencia en Londres y le rompieron las gafas. Richard Herrnstein, que apenas mencionaba la raza, fue acosado continuamente por proponer que una meritocracia podría derivarse de matrimonios con un alto coeficiente intelectual. Edward Banfield, un urbanólogo que tenía algunas cosas poco amables que decir sobre los guetos, tuvo que sentarse en silencio en un podio, mientras era amenazado por estudiantes de izquierdas y de minorías que exhibían nudillos de latón. Las tribulaciones de Arthur Jensen se relatarán en un capítulo posterior. Las únicas alegaciones de diferencias raciales que no provocan una amarga reacción del establishment intelectual son las que proponen la superioridad de los judíos.

A medida que el entorno del hombre se vuelve cada vez más artificial, su efecto en la creación y perpetuación de las diferencias raciales está destinado a reducirse. El entorno humano es cada vez más similar, sobre todo en las zonas altamente civilizadas, donde una tecnología común, un sistema educativo común, una red de comunicaciones común y unas ocupaciones comunes prescriben un modo de vida común. Según la teoría igualitaria, los niveles de rendimiento y logros de las distintas razas convergerán a medida que converjan sus entornos. En consecuencia, la prueba suprema del ecologismo puede llegar en un futuro no muy lejano.

Mientras tanto, a medida que las cuestiones planteadas por los hereditarios adquieren cada día mayor relevancia, resulta difícil creer que se pueda impedir durante mucho más tiempo que la curiosidad científica de las sociedades más curiosas del mundo penetre en una de las fronteras más desafiantes y apasionantes del conocimiento. Hay que tener en cuenta, sin embargo, que la metafísica de la igualdad racial, aunque hasta ahora no haya aportado ninguna solución viable a los problemas más difíciles del hombre moderno, sigue encendiendo los corazones de decenas de millones de personas, a las que, a la hora de la verdad, se les puede perdonar que se nieguen a aceptar la dura posibilidad de que la naturaleza practique una forma de calvinismo racial.

Como los fieles están seguros de no renunciar a sus preciados sueños igualitarios sin luchar, es más probable que haya un Galileo de la genética antes que un Newton.

CAPÍTULO 4

El estrato fisiológico de la raza

SE HA OBSERVADO que la raza comienza con lo físico. Para proporcionar una imagen más clara de la fisiología de la raza, en la primera parte de este capítulo se resumirán brevemente algunos de los sistemas más conocidos de clasificación racial. La segunda parte se ocupará de los métodos de clasificación racial del hombre de la calle, cuyo ojo aficionado pero perspicaz es a veces más perspicaz en estas cuestiones que el frío escrutinio profesional del antropólogo físico. Según los zoólogos, hay más de un millón de especies animales vivas. El hombre, *Homo sapiens*, es una de ellas. La derivación es la siguiente: Reino animal; Phylum Chordata; Subphylum Vertebrata; Clase Mammalia; Orden Primates; Familia Hominidae; Género *Homo*; Especie *sapiens*.[49] Aquí se detiene la zoología y toma el relevo la antropología. Después de la especie viene la raza.

Los intentos serios de clasificación racial comenzaron hace casi dos siglos. La mayoría se han basado en el color de la piel, con especial énfasis en los tres tonos de pigmentación más comunes y perceptibles: Blanco (caucasoide), amarillo (mongoloide) y negro (negroide). J. F. Blumenbach (1752-1840), padre de la antropología física, decidió que las razas parda (malaya) y roja (amerindia) debían incluirse en el espectro cromático.[50] Utilizando criterios como la forma de la nariz, la estatura y la forma de la cabeza, así como el color de la piel, Joseph Deniker elaboró un sofisticado catálogo de dieciocho razas.[51] A. L. Kroeber, profesor de antropología de la Universidad de California, añadió cuatro razas -australoide, veddoide, polinesia y ainu- a las tres básicas.[52] La raciología de Carleton Coon se ha mencionado en el capítulo anterior. Uno o dos antropólogos han clasificado las razas según la forma del pelo: liso, lanoso y rizado.[53] Basándose en rasgos

---

[49] R. W. Hegner y K. A. Stiles, *College Zoology*, Macmillan. Nueva York, 1959, pp. 2, 8.

[50] J. F. Blumenbach, *Los tratados antropológicos*, trad. Thomas Bendyshe, Longmans, Londres, 1865.

[51] Coon, *Las razas de Europa*, pp. 281-82.

[52] A. L. Kroeber, *Anthropology*, Harcourt Brace, Nueva York, 1948, p. 132.

[53] *Encyclopaedia Britannica*, Vol. 18, pp. 864-65. Por razones propias, la *Britannica* ocultó durante años las referencias a su 14ª edición. La fecha de copyright, 1963, es el único medio de identificar los volúmenes citados a lo largo de este estudio. En 1974, el filósofo Mortimer Adler, en su calidad de presidente del consejo de redacción, anunció a

genéticos identificables como los grupos sanguíneos, W. C. Boyd dividió al hombre en trece razas.[54]

En cuanto a la clasificación racial de los blancos, la más popular, si no la más precisa, es la de William Z. Ripley, un destacado antropólogo estadounidense cuyas tres categorías merecen ser destacadas por su influencia en la configuración de las teorías raciales de principios de siglo. A continuación se enumeran las razas blancas de Ripley, junto con sus "marcadores raciales" y sus patrias en el Viejo Mundo.[55]

NÓRDICO.[56] *Características físicas*: cabeza larga, cara estrecha o elíptica, tez clara, pelo castaño claro o rubio, ojos claros, nariz estrecha, rasgos regulares, físico alto y esbelto. Hábitat en el Viejo Mundo: Escandinavia, norte de Alemania, Países Bajos, Escocia, Inglaterra. También hay poblaciones nórdicas dispersas en Irlanda, Bélgica, norte de Francia, centro y sur de Alemania, Suiza, Austria, Polonia y noroeste de Rusia (incluidos los países bálticos).

ALPINO. *Características físicas*: cabeza redonda, cara ancha, pelo y ojos castaños, tez rubicunda, corpulento, estatura media. Hábitat en el Viejo Mundo: Irlanda, Bélgica, Francia, Alemania, Suiza, norte de Italia, Europa Central, países de habla eslava.

MEDITERRÁNEO. *Características físicas*: cabeza larga, cara delgada, pelo y ojos castaño oscuro, tez aceitunada, rasgos regulares, estatura pequeña a mediana. Hábitat en el Viejo Mundo: Portugal, España, sur de Francia, sur de Italia, Grecia, Oriente Medio, norte de África, islas mediterráneas.

Muchos antropólogos, tanto antes como después de Ripley, desarrollaron clasificaciones más complicadas, más sutiles y a menudo contradictorias para la parte blanca de la humanidad. Carleton Coon, que añadió siete razas blancas más a las tres de Ripley, hizo especial hincapié en los alpinos, subrayando no sólo sus disimilitudes físicas, sino su diferente origen en el

---

bombo y platillo la publicación de la 15ª edición. Revisada en 1985, la 15ª edición consta de 32 volúmenes.

[54] Coon, *The Living Races of Man*, pp. 18-19.

[55] W. Z. Ripley, *The Races of Europe*, Appleton, Nueva York, 1910, capítulo 6.

[56] La mayoría de los antropólogos contemporáneos desconfían de tales designaciones raciales. Cuando las emplean, dejan claro que se refieren a frecuencias y promedios, conscientes del amplio solapamiento racial que hace tan difícil y frustrante la clasificación de las razas blancas. Un nórdico en el lenguaje antropológico actual significa simplemente un individuo que posee más rasgos nórdicos que alpinos o mediterráneos. Tras milenios de mezclas raciales, es difícil encontrar razas puras, aunque todavía hay muchos individuos que se aproximan mucho a los modelos raciales idealizados.

tiempo y en el espacio. Según Coon y varios antropólogos europeos, los alpinos descienden de razas del Paleolítico Superior que se retiraron a las zonas remotas y a los rincones montañosos de Europa a la llegada de los invasores neolíticos (nórdicos y mediterráneos). En opinión de Coon, el alpino representa el resurgimiento del viejo europeo, una reencarnación racial cada vez más frecuente y aparentemente favorecida por la urbanización.[57]

De especial interés para los estadounidenses son las investigaciones etnológicas de E. A. Hooton, que propuso nueve divisiones raciales distintas para la población blanca de Estados Unidos. En la siguiente lista sólo se indican las razas, sus rasgos físicos y sus puntos de origen europeos.[58] Su distribución cuantitativa figura en el capítulo 8.

NÓRDICO-MEDITERRÁNEO. Cabeza alargada, ojos claros y pelo oscuro u ojos oscuros y pelo claro. *Hábitat en el Viejo Mundo*: Islas Británicas.

NÓRDICO-ALPINO. Cabeza redonda con alta concentración de rubismo o rasgos nórdicos y complexión física. *Hábitat en el Viejo Mundo*: Tierras eslavas, Alemania, Francia.

PREDOMINANTEMENTE NÓRDICO. No del todo nórdico puro. *Hábitat del Viejo Mundo*: Gran Bretaña, Escandinavia.

DINÁRICA. Cabeza redonda, nariz estrecha, con gran variedad de pigmentación. *Hábitat en el Viejo Mundo*: Escocia, Francia, Alemania, Polonia, Oriente Próximo.

CELTA. Cabeza larga, pelo rojo o rojizo con ojos azules, o pelo oscuro con ojos azules. *Hábitat en el Viejo Mundo*: Sur de Irlanda.

MEDITERRÁNEO PURO. Cabeza larga, ojos oscuros, pelo oscuro. *Hábitat del Viejo Mundo*: Portugal, España, Italia.

BÁLTICO ORIENTAL. Rubios puros de cabeza redonda y nariz corta y ancha. *Hábitat en el Viejo Mundo*: Alemania, Polonia, Rusia.

---

[57] Coon, *The Races of Europe*, pp. 220, 289-93, 510, 560.

[58] E. A. Hooton, *Twilight of Man*, G. P. Putnam, Nueva York, 1939, pp. 203-210. La clasificación anterior se basó en los estudios físicos de unos 29.000 varones americanos adultos realizados por el Museo Antropológico de Harvard.

ALPINO PURO.[59] Pelo oscuro, ojos oscuros, cabezas redondas con narices anchas. *Hábitat en el Viejo Mundo*: Francia, España, Portugal, Polonia, Balcanes, Oriente Próximo.

NÓRDICO PURO. Cabeza larga, pelo rubio ceniza o dorado, ojos azules puros o grises puros. *Hábitat en el Viejo Mundo*: Gran Bretaña, Escandinavia.

La terminología formal de las razas de Hooton no ha penetrado en absoluto en el lenguaje popular. Aunque el lego medio puede estar de acuerdo en principio con algunas de las amplias categorías raciales del antropólogo profesional, recurre a una nomenclatura más breve. Para el americano de a pie, Mediterráneo es el nombre de un mar y no tiene significado racial. El sinónimo popular de Mediterráneo, en su sentido antropológico, es "latino". "Aspecto extranjero", un término aún más ambivalente, también describe al estadounidense que tiene la piel, el pelo y la coloración de los ojos más oscuros que la media. Pero no una coloración demasiado oscura. El negro estadounidense no es "de aspecto extranjero".

Los antropólogos aficionados no temen subdividir a los latinos. Cuando alguien parece "de aspecto italiano" o "de aspecto español", significa que las personas de ascendencia italiana o griega pueden reconocerse a primera vista. Otros intentos populares de identificar a los mediterráneos, tanto por grupo de nacionalidad como por raza, se indican con insultos como "wop" (italiano), "dago" (español o italiano) y "spic" o "greaser" (aplicado a todos los latinos y al mestizo mexicano parcialmente mediterráneo). A veces, incluso los indios americanos son considerados latinos por urbanitas y suburbanitas que nunca han estado cerca de una reserva.

Alpino es otro término racial nunca utilizado por el gran público. El trabajador fornido y de cabeza redonda de las cadenas de montaje de Europa Central y Oriental y el camarero con cuello de barril de Irlanda[60] son tipos raciales demasiado borrosos para haber merecido una categoría especial en la antropología popular. Puede que sigan teniendo el aspecto campesino de sus antepasados del Viejo Mundo, pero ya no tienen una ocupación campesina. En general, la clasificación popular de los alpinos en Estados Unidos se ha limitado a términos del argot localizado como "bohunks" y

---

[59] Hooton, a diferencia de muchos de sus colegas, no subdivide su categoría alpina para incluir al *armenoide*, el híbrido alpino-mediterráneo oscuro y de cabeza redonda del este-sureste de Europa y Oriente Próximo.

[60] Un espécimen racial alpino. El irlandés-americano pelirrojo y pecoso y el colega de ojos azules tienen muchos genes nórdicos.

"polacks", expresiones a menudo despectivas y basadas en gran medida en orígenes nacionales y geográficos.

Nórdico es la única denominación racial blanca de los antropólogos profesionales que ha encontrado un lugar en la lengua vernácula. Aunque el término se aplica con más frecuencia a los escandinavos, muchos estadounidenses, sobre todo las estrellas de cine rubias y de aspecto apuesto, son descritos como "de aspecto nórdico". Pero debido a su frecuente asociación con la teoría hitleriana de una raza superior, el término nórdico se utiliza con bastante moderación. Un sustituto poco favorecedor e impreciso es el acrónimo WASP (White Anglo-Saxon Protestant, protestante anglosajón blanco), ahora una etiqueta común para los estadounidenses con una preponderancia de rasgos físicos del norte de Europa, aunque millones de estadounidenses justos no son ni protestantes ni anglosajones. Puesto que, racialmente hablando, no existen los anglosajones no blancos, un acrónimo menos redundante e igualmente urticante sería ASP.

Mayoría es otro término de creciente importancia en el diccionario racial estadounidense. Prácticamente ignorada por los antropólogos profesionales, la Mayoría Americana comprende los elementos nórdicos, alpinos, nórdico-alpinos y nórdico-mediterráneos de la población, distinguiéndose de los elementos mediterráneos y de color más oscuros. Dista mucho de ser una raza auténtica, pero contiene rastros demostrables de una norma física "americana". Cuando viajen al extranjero, los miembros de la Mayoría "parecerán estadounidenses" para la población local, a la que los ciudadanos estadounidenses de origen mediterráneo, oriental o negro no parecerán "estadounidenses". Incluso en el frente nacional -entre los escolares con cabeza de remolque del cinturón agrícola del Medio Oeste, entre los oficiales de las fuerzas aéreas, los pilotos de líneas aéreas y los astronautas, entre los esquiadores, los surfistas, los jugadores de polo y los miembros de los clubes náuticos- hay quienes parecen más "americanos" que otros, lo que significa que están dentro de los parámetros raciales del modelo físico de la Mayoría. Si se está creando un tipo racial estadounidense, es casi seguro que surgirá del acervo genético de la Mayoría.[61]

La antropología profesional es tan reacia a otorgar reconocimiento racial a la Mayoría Americana como lo es a conceder estatus racial a los judíos americanos. Ni uno de cada cien antropólogos físicos admite que exista una raza judía, aunque Carleton Coon ha encontrado cierta uniformidad en el índice cefálico, la estructura facial y la coloración entre los judíos rusos y polacos, que representan el 80 por ciento de la población judía

---

[61] Para el descubrimiento por parte de Wyndham Lewis de un tipo físico estadounidense "supereuropeo", véase el capítulo 12, The Aesthetic Prop.

estadounidense.[62] Algunos etnólogos han detectado cierta "nostrilidad" en los judíos, pero niegan que exista un conjunto único de expresiones y gestos faciales judíos.[63] "Aunque los judíos de Europa", escribe C. D. Darlington, "siempre tienen frecuencias de grupos sanguíneos diferentes de las poblaciones cristianas de su entorno, se apartan de las frecuencias judías medias en la dirección de estas poblaciones".[64]

Históricamente, los judíos eran semitas y pertenecían a la rama de Oriente Próximo de la raza mediterránea. Muchos judíos sefardíes aún conservan rasgos físicos del Cercano Oriente, a menudo caracterizados como judíos en Estados Unidos porque sólo recientemente ha habido una gran afluencia de árabes. Muchos judíos del norte y centro de Europa, incluidos algunos sefardíes que emigraron a Holanda tras su expulsión de España en 1492, poseen algunos rasgos nórdicos y cierto grado de rubio. Los judíos de Europa del Este, que también muestran signos ocasionales de coloración clara, son racialmente distantes de los sefardíes de piel aceitunada y cabeza larga de la zona mediterránea. Sus cabezas redondas proceden probablemente de matrimonios mixtos con armenoides y eslavos alpinos.

Uno de los cuentos de viejas raciales más antiguos atribuye el origen de los asquenazíes (judíos de Europa del Este) a la conversión al judaísmo de la tribu turca de los jázaros en el siglo VIII. Arthur Koestler, novelista y ensayista, que a lo largo de su vida ha recorrido todo el espectro ideológico, desde la militancia en el partido comunista hasta el vitalismo, escribió un libro entero sobre el tema.[65] Intrigado por la leyenda, A. E. Mourant, especialista en análisis de grupos sanguíneos, hizo pruebas a miles de judíos de Europa, el norte de África y Oriente Próximo y llegó a la conclusión de que sí existe una cepa de homogeneidad genética entre los judíos, pero no una cepa jázara. Incluso en Rusia, Mourant encontró muy pocas pruebas de adiciones jázaras al acervo genético judío o no judío. Lo que sí descubrieron Mourant y sus dos colaboradores es que los judíos en su conjunto presentan una mezcla de entre un 5 y un 10 por ciento de genes negros, que pueden haber adquirido durante su estancia en el antiguo Egipto o en el mestizaje con pueblos del norte de África.[66] Otro argumento a favor de una biología

---

[62] *Las razas de Europa*, pp. 643-44.

[63] George Eaton Simpson y J. Milton Yinger, *Racial and Cultural Minorities*, Harper, Nueva York, edición revisada, 1958, págs. 57-59.

[64] Darlington, *The Evolution of Man and Society*, pp. 467-68.

[65] Arthur Koestler, *The Thirteenth Tribe*, Random House, Nueva York, 1976.

[66] A. E. Mourant, *The Genetics of Jews*, Clarendon Press, Oxford, 1978. Si Mourant tiene razón, los antisionistas que afirman que los sionistas no tienen vínculos biológicos con

judía común es una serie de enfermedades genéticas específicamente judías: Tay-Sachs, Niemann-Pick y Guacher.

Sea cual sea el veredicto biológico, una parte considerable del público estadounidense, así como muchos de los propios judíos, siguen pensando que los judíos son una raza separada y distinta. Basan su juicio en las referencias bíblicas a un origen histórico judío común y en varios conjuntos de rasgos físicos que tienen una mayor incidencia entre los judíos que entre los miembros de cualquier otro grupo de población estadounidense. La concentración de judíos en las ocupaciones más visibles y su irrefrenable solidaridad de grupo contribuyen en gran medida a alimentar la idea popular de la raza judía.

En la clasificación de los grupos de población mongoloides de Estados Unidos, los antropólogos aficionados y profesionales vuelven a separarse. El público en general considera a los indios americanos una raza aparte, en línea con las actitudes tradicionales de los blancos hacia el "hombre rojo", pero los antropólogos físicos los incluyen en la categoría racial más amplia de los mongoloides.[67] Para el hombre de la calle, la raza mongoloide es la raza amarilla y está compuesta en su totalidad por orientales -chinos, japoneses y otros asiáticos orientales- que "se parecen todos", presumiblemente porque las técnicas populares de identificación de los mongoloides no van mucho más allá del ojo rasgado (pliegue epicántico).[68] Los antropólogos profesionales también sitúan a los esquimales y polinesios generalmente en el nicho racial de los mongoloides, al tiempo que reconocen la presencia de australoides en el fondo racial polinesio.[69] Los no profesionales suelen considerar que los esquimales y el número cada vez menor de polinesios puros, especialmente los Hawáianos, pertenecen a razas distintas.

En las zonas más oscuras de la paleta racial, los antropólogos profesionales y populares están de nuevo en desacuerdo. Los primeros estiman que la contribución blanca a la composición genética de los negros estadounidenses

---

Palestina están equivocados. El argumento de que David Ben-Gurion, Golda Meir y Menachem Begin son descendientes de jázaros no judíos debe entonces abandonarse.

[67] En la época de la frontera, debido a sus pinturas de guerra y al reflejo del sol en su piel muy tonificada, a los indios se les llamaba hombres rojos. De ahí surgió el concepto de raza roja, una simplificación etnológica que luego se abandonó. En realidad, el color de la piel india varía del amarillo claro al caoba. Coon, *The Living Races of Man*, p. 153.

[68] Los estadounidenses que han tenido experiencias de primera mano en Extremo Oriente o que han vivido en Hawái o San Francisco han aprendido a detectar ciertas diferencias raciales entre los mongoloides, sobre todo la coloración más oscura de los asiáticos del sudeste.

[69] Coon, *op. cit.*, pp. 138, 184, 294.

oscila entre un mínimo del cuatro por ciento en algunas zonas del sur y un máximo del veintiséis por ciento en Detroit.[70] El público ha adoptado un enfoque menos sofisticado, designando simplemente como negro a cualquiera con el más mínimo toque de alquitrán. Excepto en algunas grandes ciudades donde se les ha otorgado un estatus racial propio, las razas más oscuras de puertorriqueños son generalmente etiquetadas como negros, incluso aquellos que tienen más genes mediterráneos que negros. El mismo tratamiento poco riguroso se da con frecuencia a muchos mexicanos, que son una mezcla racial amerindia-mediterránea y no tienen ni un solo gen negro en su ADN. En general, la sensibilidad a la coloración de la piel es tan grande que la mayoría de los estadounidenses blancos llamarían negro a un hindú de casta alta, poseedor de un rostro estrecho, nariz larga y otros rasgos aristocráticos, por la tonalidad de su epidermis.

Las principales variaciones en las clasificaciones raciales populares y profesionales de la población estadounidense se resumen en la tabla de la página siguiente, una tabla diseñada para enfatizar y volver a enfatizar la importancia primordial que algunos antropólogos y casi todos los profanos conceden al color de la piel.

ESPECTRO DE PIGMENTACIÓN

COLOR DE LA PIEL	Blanco claro	Blanco	Blanco oscuro	Amarillo a caoba	Tan claro a negro
ANTROPOLOGÍA FÍSICA	Nórdico Nórdico-Alpino Kéltico Nórdico-Mediterráneo	Alpino Báltico oriental Dinárico	Mediterráneo Armenoide	Mongoloide	Negro Mulato
ANTROPOLOGÍA POPULAR	Avispa Blanca Anglo		Latín	Mexicano Chicano Latino Oriental Indio	Color Negro Negro

La denominación "hispano", adoptada por muchos organismos federales, engloba diversas mezclas mediterráneas, mongoloides y negras de los pueblos de habla española y portuguesa del hemisferio occidental.

Aproximado en líneas generales y lejos de ser riguroso en su presentación de la amalgama racial estadounidense, el Espectro de pigmentación, además de ilustrar el método espectroscópico de identificación racial, sirve para aclarar de forma gráfica lo que parecen ser las cuatro reglas cardinales de las relaciones raciales y la etiqueta racial estadounidenses:

---

[70] Baker, *Race*, pp. 228-31.

a) Cuanto más separadas estén las razas en el Espectro, más racista será el comportamiento de sus miembros entre sí y más se tratarán como estereotipos y no como individuos.

b) Cuanto más próximas estén las razas en la zona Blanca del Espectro, más fácilmente podrán sus miembros sumergir o ignorar su diferencia racial, incluso hasta el punto de reivindicar la misma afiliación racial.

c) Cuanto más a la derecha del Espectro se encuentre una raza, más se alejará de la norma física estadounidense definida por los parámetros raciales mayoritarios. En este sentido, el Espectro sirve como "medidor de asimilación". Con una importante excepción, los judíos, cuantas más razas difieran de la Mayoría en el color de la piel, menos posibilidades de asimilación tendrán sus miembros.

d) Cuanto más separadas estén las razas en el espectro, más acentuarán los miembros de una raza las diferencias de color de la otra. Los blancos considerarán a los latinos más oscuros, a los orientales más amarillos y a los negros más negros de lo que realmente son. A la inversa, los miembros de las razas de color pensarán que los blancos son mucho más pálidos de lo que su pigmentación merece.

La regla (a) se refiere al amplio uso que el ciudadano de a pie hace de los estereotipos en la clasificación racial. La pesadilla de la antropología profesional, los estereotipos suelen presentarse en parejas: la versión idealizada de la raza propia y la caricatura de la raza ajena. El grado de caricatura puede depender del grado de tensión entre dos razas en un momento dado.

En los suburbios de Filadelfia, por ejemplo, la familia Main Line de antiguo linaje estadounidense puede identificarse con el estereotipo nórdico del rubio alto y apuesto de rasgos regulares, ojos claros, frente elevada y cabeza larga. En el centro de Filadelfia, los negros pueden tener una imagen diferente de sus vecinos de Main Line. El cuello es más grueso, la cabeza más redonda, la complexión más fornida. Labios crueles, ojos fríos y una expresión gélida se suman a un aspecto casi bruto. La bestia rubia o morena en lugar del príncipe azul.

Los estereotipos alpinos, muchos importados del Viejo Mundo, van (dependiendo de quién los estereotipe) desde el hinchado burgomaestre de Milwaukee hasta Papá Noel, desde el camionero de articulaciones gruesas y cara chata hasta la criada castaña. Los estereotipos latinos se dividen entre gángsters malhumorados y conmovedores Valentinos, Cármenes y Carmelitas.

Para muchos no judíos, el judío suele ser un vulgar achaparrado y plutocrático o un cabeza de huevo con gafas. El propio judío se aferra al estereotipo de un Moisés aristocrático y blanco, un ingenioso premio Nobel o un sabra israelí de capa y espada. A los negros les gusta identificarse con atletas negros imponentes, predicadores carismáticos, emperadores Jones y Panteras Negras con rifles. Muchos blancos, en cambio, no pueden disociar la imagen del negro del Tío Tom, la Tía Jemima, Stepin Fetchit, los atracadores urbanos o los jefes caníbales cazadores de cabezas con huesos en la nariz.

El estrato fisiológico de la raza incluye también el carácter y la inteligencia, en la medida en que tales rasgos tienen un origen genético. Platón, que equiparaba lo bello con lo bueno, postulaba una relación directa entre el aspecto físico y la conducta moral.[71] Hipócrates descubrió que las personas de tez rubia eran "en disposición y pasiones altivas y obstinadas".[72] El famoso estudio de Hansen sobre las diferencias temperamentales y de carácter de las poblaciones rubias y morenas de Noruega fue citado por Havelock Ellis en su comparación del color de la piel con el rendimiento.[73] El Dr. Morgan Worthy, psicólogo de Georgia, ha demostrado que las personas de ojos claros son más reservadas, más inhibidas y menos reactivas a su entorno que sus homólogos de ojos oscuros.[74]

Las frentes bajas y las cabezas puntiagudas se han aceptado durante mucho tiempo como signos de estupidez e imbecilidad. En la Inglaterra isabelina existía un proverbio: "Cabeza muy redonda, olvidadiza y estúpida. Cabeza larga, listo y atento".[75] En *Antonio y Cleopatra* de Shakespeare (acto 3, escena 3), la heroína pregunta: "¿No tienes en mente su cara? ¿No es larga o redonda?" El mensajero responde: "Redonda hasta la falta". Cleopatra: "En su mayor parte, además, son tontos los que son así". La mala opinión del inglés sobre el braquicefalia puede explicarse por el hecho de que los ingleses tienen una menor incidencia de cabezas redondas que cualquier otra población del norte de Europa.[76] Los cabezas redondas de Cromwell se llamaban así, no por la forma de su cabeza, sino por su corte de pelo en forma de cuenco, que contrastaba fuertemente con el pelo largo y suelto de los Cavaliers.

Por muy controvertidos o exagerados que sean, los estereotipos raciales que van más allá de las características físicas superficiales no pueden ignorarse

---

[71] *Lisis*, 216d, trad. J. Wright, *The Collected Dialogues of Plato*.

[72] *Sobre aires, aguas y lugares*, trans. Francis Adams, Grandes Libros, Vol. 10, p. 18.

[73] *A Study of British Genius*, Houghton Mifflin, Boston, 1926, pp. 306-7.

[74] Morgan Worthy, *Eye Color, Sex and Race*, Droke House/Hallux, Anderson, Carolina del Sur, 1974.

[75] Thomas Hill, *Pleasant History*, Londres, 1613.

[76] Coon, *The Living Races of Man*, p. 399.

si proporcionan pistas significativas sobre las concepciones populares de las diferencias raciales. Un ejemplo de ello es el estadounidense blanco medio de ascendencia europea del norte, que se considera a sí mismo y a "los suyos" sabios, trabajadores, valientes, dedicados, honrados y temerosos de Dios; en conjunto, una combinación ligeramente desinflada de divino puritano, plantador de Virginia y pionero del Oeste. En la escala de inteligencia valora bastante a los orientales y a los judíos, pero encuentra más astucia que sabiduría. Considera a los latinos frívolos, sexualmente volátiles, superficiales y propensos al crimen organizado y la traición. A los indios, mexicanos y negros los considera estúpidos, vagos, sucios y demasiado aficionados al alcohol y los estupefacientes.[77]

A cambio, los latinos y judíos más sofisticados clasifican al miembro medio de la Mayoría como un filisteo torpe, crédulo y patán, mientras que se ven a sí mismos como los herederos de una religión y una cultura superiores. Para los gentiles, los judíos suelen ser tan avaros como Shylock, mientras que ellos se ven a sí mismos como extremadamente caritativos. Los indios y los negros suelen encasillar a los blancos como mercaderes desenfrenados de caballos, dechados de insensibilidad, especialistas en genocidios, Horacios Algers sexualmente reprimidos y Simon Legrees fustigador.

Muchos de estos estereotipos se disuelven y surgen otros nuevos a medida que cambia el estatus político, económico y social de los estadounidenses. Dado que un cambio de estatus suele producirse mucho antes que un cambio de estereotipo, puede pasar algún tiempo hasta que el estereotipo público se ponga a la altura del estereotipo publicitado. Sin embargo, en menos de un siglo, el prestamista judío ha dado paso a la cariñosa supermadre judía; el negro arrastrado y servil, al campeón de boxeo; el pendenciero irlandés borracho, al cura amable; el culí fumador de opio y con coleta, a Charlie Chan. Los rasgos repulsivos, tanto físicos como psicológicos, que ahora se atribuyen a los nazis y a los árabes, antes estaban reservados a los "incalificables turcos". En muchas producciones de televisión, cine y Broadway, el héroe rubio se ha convertido en el villano rubio.

Hoy en día, los estereotipos raciales son tan atacados como el propio racismo. Pero quienes más se oponen a los estereotipos suelen tener los suyos propios, y al final lo único que se consigue es sustituir un conjunto de estereotipos por otro. En lugar de concentrarse en la abolición de los estereotipos -una tarea tan imposible como abolir nuestra tendencia innata a generalizar-, los científicos sociales podrían acogerlos como señales

---

[77] La afirmación de Medill McCormick de que Theodore Roosevelt comprendía la "psicología del chucho" revela otra actitud común de los estadounidenses de la vieja guardia hacia todos los demás estadounidenses, blancos o de color. Richard Hofstadter, *The American Political Tradition*, Knopf, Nueva York, 1949, p. 230.

instructivas para el estudio del comportamiento intergrupal. Tienen un pedigrí impresionante, pues no sólo proceden de los chismes, los rumores y las profundidades más bajas de la depravación humana, sino también del folclore, el mito, la religión, la literatura, el arte y la música. Algunas de las expresiones más sublimes de la creatividad humana han hecho un uso liberal y extendido de los estereotipos raciales.

Carleton Coon es uno de los pocos antropólogos modernos a los que no molestan demasiado los estereotipos: "Las etiquetas populares y subjetivas en la designación de las razas, utilizadas entre personas ignorantes de la existencia de la antropología física, son a menudo más verdaderas que los resultados vacilantes de eruditos vagabundeos por el laberinto de los números".[78]

Para llegar a una comprensión más amplia de la dinámica racial estadounidense, ha llegado el momento de entrar en "el laberinto de los números" y pasar de los aspectos cualitativos a los cuantitativos de la raza.

---

[78] *Las razas de Europa*, p. 335.

PARTE II

Composición racial de Estados Unidos

CAPÍTULO 5

Inmigración blanca

E S CIERTO que todos los estadounidenses -incluidos los indios- son inmigrantes o descendientes de inmigrantes. Es igualmente cierto que tipos radicalmente diferentes de inmigrantes llegaron a América por razones radicalmente diferentes. Uno piensa en el indio que se abre paso por el puente de tierra de las Aleutianas en busca de comida, en el peregrino que construye su ciudad de Dios en el desierto de Nueva Inglaterra, en el negro encadenado a la bodega de un barco negrero. Desde los primeros tiempos coloniales hasta casi mediados del siglo XIX, los inmigrantes blancos estaban motivados por el amor a la fama y a la aventura, por el hambre de tierras, por la búsqueda de fortuna, por la esperanza de conservar y ampliar su identidad religiosa,[79] por el recelo hacia los gobiernos de sus países de origen y el recelo de sus gobiernos hacia ellos, por la preocupación por la libertad,[80] y, quizás sobre todo, por la persistente y endémica sed viajera del norte de Europa. La corriente inmigratoria estaba compuesta por campesinos, artesanos, comerciantes y soldados de fortuna, con una ligera espuma de aristócratas disidentes y un delgado sedimento de presidiarios. Aunque a menudo se olvida, muchos de los primeros inmigrantes blancos ya habían disfrutado de cierta prosperidad en sus países de origen.[81] Allí donde existía, el impulso económico era importante, pero se dirigía más hacia el beneficio económico que hacia la seguridad económica.

La selección natural fue extremadamente dura con la vanguardia pionera. La mitad de *los* pasajeros *del Mayflower* murieron en el viaje o durante su

---

[79] No hay que sobrevalorar la motivación religiosa. Sólo un pequeño porcentaje de los primeros colonos eran miembros de la Iglesia (véase el capítulo 19). Una de las razones del paso transatlántico de los peregrinos fue el temor a que sus hijos e hijas se "casaran en el mundo" si prolongaban su período de exilio en lo que entonces podía describirse como los Países Bajos "pendulares".

[80] D. H. Lawrence sostenía que los puritanos huían de la libertad y no estaban dispuestos a soportar el creciente humanismo de la Inglaterra posterior al Renacimiento. En opinión de Lawrence, había mucha más tolerancia religiosa en la Inglaterra que abandonaron que en la Nueva Inglaterra que fundaron. *Studies in Classical American Literature*, Viking Press, Nueva York, 1964, pp. 3, 5.

[81] Alexis de Tocqueville, *De la démocratie en Amérique*, Gallimard, París, 1961, Tomo 1, p. 31.

primer año en Massachusetts.[82] En Jamestown, la primera colonia inglesa permanente en América, había más de 500 colonos en 1609. Un año después no quedaban más de sesenta con vida.[83] En la mañana del 22 de marzo de 1622, una partida de guerra india cayó sobre los asentamientos coloniales del curso superior del río James, en Virginia. En pocas horas murieron 347 blancos sin distinción de edad ni sexo.[84] En otros lugares, el hambre, las enfermedades, las incursiones indias y los rigores de la frontera llevaron a una implacable selección de un pueblo que, desde el principio, nunca había sido una muestra representativa de los ingleses ni de ninguna otra población del Viejo Mundo.[85]

En 1689 el número de blancos en las trece colonias era de aproximadamente 200.000. En 1754 había aumentado a un millón: 300.000 en Nueva Inglaterra y 400.000 en el Sur. En 1754 había aumentado a un millón: 300.000 en Nueva Inglaterra, 300.000 en las colonias centrales y 400.000 en el sur. En 1790, año del primer Censo Federal, los orígenes nacionales de los blancos estadounidenses y su porcentaje del total de la población blanca se estimaban de la siguiente manera: Británicos (77), alemanes (7,4), irlandeses (4,4), holandeses (3,3), franceses (1,9), canadienses (1,6), belgas (1,5), suizos (0,9), escandinavos (0,9), otros (1,1).[86]

El carácter profundamente protestante de la inmigración blanca persistió hasta la década de 1840, cuando los irlandeses, expulsados por la plaga de la patata, empezaron a cruzar el Atlántico por centenares de miles, junto con grandes contingentes de centroeuropeos, incluidos los refugiados políticos de las revoluciones abortadas de 1848.[87] Aunque su equilibrio religioso pudo haber cambiado un poco en las tres o cuatro décadas siguientes -llegaron tres

---

[82] Ellsworth Huntington, *The Character of Races*, Scribner's, N.Y., 1925, p. 304.

[83] William W. Sweet, *The Story of Religion in America*, Harper, N.Y., 1939, pp. 42, 51.

[84] Ibídem, p. 34.

[85] Los puritanos procedían en gran parte de Anglia Oriental, una de las regiones más rubias de Inglaterra. Ellis, A Study of British Genius, nota a pie de página, p. 39. En todas las fases de la inmigración se producían procesos selectivos. Los inmigrantes polacos, por ejemplo, eran más altos y delgados que los polacos que se quedaron en casa. Coon. *The Races of Europe*, p. 565.

[86] Las cifras de población de este párrafo proceden de Morris Davie, World Immigraton, Macmillan, N.Y., 1949, p. 21. Porcentajes extraídos de *Immigration Quotas on the Basis of National Origin*, Documento del Senado 259, 70° Congreso.

[87] Los irlandeses católicos se distinguen de los escoceses-irlandeses protestantes, muchos de los cuales proceden de las tierras bajas de Escocia y posteriormente se trasladaron a Irlanda del Norte. Unos 200.000 escoceses-irlandeses llegaron en los cincuenta años anteriores a la independencia de Estados Unidos. Davie, op. cit., pp. 21-24.

millones de irlandeses, además de millones de católicos continentales-, Estados Unidos seguía siendo abrumadoramente noreuropeo en cuanto a su origen racial. Los genes alpinos, keltas y dináricos que se habían inyectado en el torrente sanguíneo estadounidense eran de la variedad de complexión clara, y los pocos rasgos raciales irlandeses y centroeuropeos que estaban en desacuerdo con las normas físicas del norte de Europa no chocaban en el área crítica del color de la piel. Aun así, los antiguos inmigrantes montaron un ataque criptorracial a gran escala contra los nuevos inmigrantes, principalmente los irlandeses, a los que acusaron de "papismo" en un renacimiento de la polémica de la Reforma.[88]

Mucho antes de que la antigua inmigración llegara a su fin, los descendientes de los colonos originales iniciaron una nueva migración masiva que los llevó al oeste de Nueva York y al Medio Oeste, finalmente a Texas y al Lejano Oeste, y privó a Nueva Inglaterra de la mitad de sus anglosajones. Fue esta migración, tan importante históricamente como la de Inglaterra a Nueva Inglaterra, la que fijó un sello racial perdurable en gran parte de los Estados Unidos transalpinos.[89]

La década de 1880 marcó el inicio de la Nueva Inmigración, que trajo a millones de judíos, eslavos, italianos y otros europeos del este y del sur. Esta vez el carácter de la inmigración blanca, que había ido cambiando muy lentamente durante casi medio siglo, sufrió una rápida y profunda transformación. La mayoría de los nuevos inmigrantes eran morenos, mediterráneos de color aceitunado o pertenecían a las divisiones de tez más oscura de la raza alpina. La mayoría venían a escapar del hambre, no a arriesgarse a padecerla, a abarrotar las ciudades, no a desbrozar la tierra. Los antiguos inmigrantes habían estado más que dispuestos a cambiar seguridad por inseguridad. Los recién llegados tenían prioridades inversas. Ambos grupos estaban sobrecargados de sueños, pero los Nuevos Inmigrantes eran más mundanos. Ya fuera por culpa de la genética, del entorno o de ambos, los rasgos mentales de los Antiguos y los Nuevos Inmigrantes a menudo contrastaban más que sus características físicas.

La última manifestación organizada a escala nacional de lo que podría llamarse solidaridad de los antiguos inmigrantes fue el intento de frenar la avalancha de la Nueva Inmigración que culminó en la Ley de Inmigración

---

[88] El Partido Americano, cuyos miembros eran llamados Know Nothings por sus oponentes políticos, se hizo con cuarenta y tres representantes, cinco senadores y siete gobernadores estatales poco antes del estallido de la Guerra Civil. Sin embargo, la creciente urgencia de la cuestión de la esclavitud causó estragos en un partido político que, además de su sesgo protestante, trazaba sutiles distinciones raciales entre los blancos. Ibídem, p. 88.

[89] Stewart Holbrook, *The Yankee Exodus*, Macmillan, Nueva York, 1950, p. 4.

de 1924. La inmigración total procedente de Europa se limitó a unas 150.000 personas al año, en comparación con el récord de 1.285.000 llegadas registrado en 1907.[90] Además, la legislación era selectiva desde el punto de vista racial, ya que los países europeos recibían cuotas en función de su contribución relativa a la población estadounidense a partir de 1920.[91] Tal y como lo planeó el Congreso, cualquier pequeña cantidad de inmigración que aún llegara debía ser ponderada a favor de la matriz racial del norte de Europa.

Pero los acontecimientos tomaron otro rumbo. Muchos países del norte de Europa dejaron sus cuotas parcialmente sin cubrir o las llenaron con personas en tránsito procedentes de otras partes de Europa. El Congreso y la Presidencia concedieron dispensas a los refugiados antinazis y anticomunistas, a los desplazados de la Segunda Guerra Mundial y a 120.432 "novias de guerra", muchas de ellas asiáticas.[92] (Unos 290.000 judíos europeos, gran parte de ellos supervivientes de campos de concentración, llegaron a Estados Unidos entre 1933 y 1954.[93] A finales de la década de 1950 se les unieron unos 50.000 húngaros que llegaron tras su fallido intento de librarse del dominio soviético. En 1965, casi 10 millones de inmigrantes legales habían llegado a Estados Unidos en virtud del sistema de cuotas.[94]

Tanto en lo que respecta al tipo como al número, los inmigrantes que llegaron en virtud del sistema de cuotas violaron la letra y la intención de las Leyes de Inmigración de 1921 y 1924. El objetivo primordial de esta legislación había sido preservar el perfil racial de Estados Unidos tal y como había sido definido y defendido por los Padres Fundadores[95] y tal y como había quedado

---

[90] La inmigración total procedente del sur y el este de Europa en el periodo 1820-1930 fue de 13.944.454 personas.

[91] Davie, op. cit., p. 377.

[92] *Ency. Brit.*, Vol. 15, pp. 467-68.

[93] James Yaffe, *The American Jews*, Random House, Nueva York, 1968, p. 8.

[94] Statistical Abstract of the U.S., 1969, p. 91.

[95] Washington se oponía a la inmigración sin restricciones porque quería proteger el "carácter americano". Jefferson temía que, dado que el grueso de la inmigración europea acabaría procediendo de Europa central, meridional y oriental, los recién llegados importarían consigo las ideas y los principios del gobierno absoluto bajo los que ellos y sus antepasados habían vivido durante tantos siglos. Charles Beard, *The Republic*, Viking Press, Nueva York, 1962, pp. 10-11. Un argumento contra toda inmigración era que limitaba el crecimiento natural de la población nativa. Según la "Ley de Walker", que supone que la fecundidad de los grupos autóctonos se ve reducida por la competencia de los inmigrantes, los 3,5 millones de estadounidenses blancos de 1790 habrían aumentado hasta un número equivalente a la población actual si la Constitución hubiera prohibido

"fijado" a finales del siglo XIX. Era demasiado tarde para leyes que permitieran a una casta privilegiada de nórdicos rubios enseñorearse sobre una capa inferior de esclavos negros y etnias blancas. Pero no era demasiado tarde para que el Congreso impidiera que el núcleo racial del norte de Europa quedara sumergido física y culturalmente por las continuas migraciones masivas de europeos del sur y del este. Las cuotas basadas en los orígenes nacionales lograron temporalmente lo que podría describirse como el Gran Designio del Congreso. La preponderancia de los europeos del norte quedó salvaguardada en el ámbito político, económico y cultural. Pero tras el final de la Segunda Guerra Mundial, la inmigración se convirtió en algo más que un goteo, y la mayor parte de ella estaba compuesta por los mismos elementos raciales que el Congreso había intentado prohibir.

Aunque el sistema de cuotas, no es necesario señalarlo, siempre había sido una molestia para las organizaciones liberales y de minorías, era un ultraje para los que creían sinceramente en la igualdad racial y un obstáculo para los que empezaban a promover formas de racismo distintas de las del norte de Europa. En 1965, cediendo un tanto cobardemente a un esfuerzo de presión sin precedentes que había ido cobrando impulso durante más de medio siglo, el Presidente Lyndon Johnson firmó una nueva ley de inmigración que mantenía el sistema de cuotas, pero cambiaba radicalmente la naturaleza de las mismas. Las disposiciones sobre el origen nacional, tan odiosas para las fuerzas minoritarias liberales, se abolieron y la inmigración se limitó a: familiares de ciudadanos estadounidenses y residentes permanentes (74%); miembros de profesiones y otras personas con "capacidades excepcionales" (10%); trabajadores cualificados y no cualificados certificados por el Secretario de Trabajo (10%); refugiados de persecuciones políticas o calamidades nacionales (6%). La primera categoría, que desplazó a todas las demás, estuvo inmediatamente dominada por los cónyuges e hijos solteros de inmigrantes procedentes de Grecia, Italia y Filipinas.[96] En cuanto a las cifras, se estableció un límite máximo anual de 170.000 y 120.000 inmigrantes procedentes de los hemisferios oriental y occidental, respectivamente, imponiendo así por primera vez una cuota a los canadienses y latinoamericanos.[97]

---

toda inmigración. Madison Grant, *The Conquest of a Continent*, Scribner's, Nueva York, 1933, p. 276.

[96] *New York Times*, 31 de agosto de 1970, pp. 1, 37. Entre 1900 y 1980, Estados Unidos recibió 30 millones de inmigrantes legales y perdió 10 millones de emigrantes. Population Reference Bureau, citado en el *Pittsburgh Post-Gazette*, 3 de mayo de 1988.

[97] Una enmienda de 1976 a la Ley de Inmigración amplió el límite de no más de 20.000 inmigrantes por país del Viejo Mundo a los países del Nuevo Mundo.

Cuando el proyecto de ley de inmigración de Johnson se presentó en el Senado, sólo se emitieron dieciocho votos en contra, todos ellos de senadores sureños cuyos distritos electorales contenían la mayor concentración del país de blancos anticuados preocupados por el color de la piel.[98] El gran debate sobre la inmigración, que se había convertido en el gran debate racial, había terminado, al menos en lo que respecta al tipo de inmigrante. Bajo la dirección de un presidente de ascendencia británica, de mentalidad sureña y nacido en Texas, el Congreso había decidido que los descendientes de británicos y otros europeos del norte, que habían creado y dejado su impronta cultural en Estados Unidos, ya no merecían protección legislativa.[99]

Tras la entrada en vigor de la ley de 1965, la inmigración blanca empezó a disminuir. Excepciones notables fueron los que solicitaron el estatuto de refugiado: más de 400.000 judíos procedentes de Europa a través de Israel y 250.000 judíos directamente de la Unión Soviética (antes y después de su desintegración).

En 1991, el Presidente Bush promulgó una ley de inmigración enmendada que elevaba el número de inmigrantes, excluidos los refugiados y otros casos especiales, a 700.000 al año, destinando la mayoría de las plazas a familiares de la nueva generación de ciudadanos.

Los inmigrantes blancos siguen llegando a Estados Unidos. Algunos países europeos y Canadá se quejan de la fuga de cerebros. Sin embargo, como veremos en el próximo capítulo, la inmigración blanca de las últimas décadas ha supuesto poco más que una gota en el cubo genético de la inmigración total, legal e ilegal, que, como admiten libre y supinamente los dirigentes gubernamentales, está ahora fuera de control.

---

[98] *Time*, 1 de octubre de 1965, p. 27.

[99] El representante Emanuel Celler de Nueva York fue uno de los más firmes opositores a la Ley de Inmigración de 1924, a menudo llamada Ley Johnson, por Albert Johnson, presidente del Comité de Inmigración de la Cámara de Representantes. Celler vivió lo suficiente como para ser el patrocinador en la Cámara del proyecto de ley de 1965, habitual e irónicamente titulada Ley Kennedy-Johnson.

CAPÍTULO 6

Inmigración no blanca

LOS INGLÉSES iniciaron la Inmigración Antigua, los indios, que llegaron unos 20.000 años antes, iniciaron lo que podría definirse como la Inmigración Prehistórica. Se calcula que en el año 1500 había unos 850.000 indios dentro de los límites geográficos de los actuales Estados Unidos continentales y Canadá.[100] En 1770, los habitantes indios de la zona ocupada por las trece colonias habían sido en su mayoría exterminados, desalojados o aislados. Durante y después de la conquista del Oeste, los indios fueron ubicados en reservas. En un momento dado, su número total puede haberse reducido a menos de 250.000.[101]

La migración mongoloide a Norteamérica -los amerindios pueden clasificarse como vástagos de la raza mongoloide- se reavivó tras una veintena de milenios con la llegada de los coolies chinos a California. Primero trabajaron en las minas de oro y luego ayudaron a construir el extremo occidental del ferrocarril transcontinental. Los chinos y sus costumbres esotéricas, despectivamente llamados chinos y chinos chinos, provocaron la ira de los blancos locales. De vez en cuando, las asambleas legislativas de los estados occidentales y el Congreso intentaban reducir su número mediante leyes de exclusión. En 1890 había 107.000 chinos.

La inmigración japonesa no comenzó hasta después de la Guerra Civil y nunca alcanzó las proporciones de la china. En 1907 se detuvo gracias al "Acuerdo entre caballeros" que Theodore Roosevelt firmó con Japón. Después de la Primera Guerra Mundial, la inmigración asiática era tan escasa que la cuota anual de 100 personas establecida para China y Japón por la Ley de Inmigración de 1924 supuso en realidad un aumento del número de inmigrantes legales procedentes de estos dos países.[102]

Aunque no eran extranjeros según la terminología de la Ley de 1924, el Congreso designó posteriormente a los filipinos como tales. En 1930, unos 45.000 habían llegado a Estados Unidos. Cuando se concedió la

---

[100] *Our American Indians at a Glance*, Pacific Coast Publishers, Menlo Park, California, 1961, p. 6.

[101] En las últimas décadas, la población india se ha recuperado considerablemente. Véase *la sección sobre los indios americanos*, Capítulo 16.

[102] La historia de la inmigración en las islas Hawáianas es *sui generis* y se examinará brevemente en el capítulo 16.

independencia a Filipinas en 1946, los filipinos se incluyeron en la misma categoría que otros orientales y su cuota anual se fijó en cincuenta.[103] Hoy llegan casi 60.000 al año.

La inmigración no blanca que ha tenido un efecto más duradero en la composición racial de la nación ha sido la de los negros. Los negros procedentes de África nunca fueron clasificados como Antiguos Inmigrantes debido al color de su piel y a las diferentes circunstancias que los trajeron a América. No se les podía llamar Nuevos Inmigrantes, ya que casi todos ellos habían llegado mucho antes de que comenzara la Nueva Inmigración. De hecho, algunos negros llegaron a las colonias casi tan pronto como los primeros blancos. Al igual que muchos blancos, algunos llegaron como sirvientes contratados. Sin embargo, mientras que los blancos podían reducir su servidumbre trabajando (la duración media en las colonias del Sur era de cuatro años), la situación de los negros se endureció hasta convertirse en una servidumbre permanente y perpetua, también conocida como esclavitud. Sin embargo, la mayoría de los negros eran esclavos desde su llegada.

En el año 1790, según el primer Censo Federal, había 697.623 esclavos negros y 59.538 negros libres en las nuevas colonias independientes. Pocos negros africanos llegaron después de 1820, cuando los británicos prohibieron el comercio de esclavos. En 1860 el recuento era de 3.953.760 esclavos negros y 488.070 negros libres. Si estas cifras son exactas, significa que cuando la esclavitud estaba a la orden del día en Estados Unidos la población negra se sextuplicó. En los 130 años siguientes volvió a sextuplicarse.

La mayor afluencia de inmigración desde la Primera Guerra Mundial no se originó en el Viejo Mundo, sino por debajo del Río Grande y en las Indias Occidentales. Aunque no se les puede clasificar como 100% no blancos, los millones de hispanos que se encuentran actualmente en California, el suroeste y las grandes ciudades del norte son sin duda más indios que blancos. También pertenecen en gran medida a la categoría de no blancos el gran número de puertorriqueños en parte negros y en parte mediterráneos que emigraron al norte, principalmente a Nueva York, después de 1945.[104]

La Ley de Inmigración de 1965, que supuestamente puso fin a las cuotas raciales, tuvo el efecto de favorecer a los no blancos en detrimento de los blancos. Aunque la cuota del hemisferio occidental debería haber reducido significativamente el flujo genético procedente de México, otros países centroamericanos y las islas del Caribe, los hispanos y los antillanos de color nunca han prestado mucha atención a los controles de inmigración en el pasado y no es probable que cambien en un futuro próximo. De los millones

---

[103] Davie, op. cit., pp. 342-47.

[104] Simpson y Yinger, *Minorías raciales y culturales*, p. 136.

de inmigrantes ilegales o extranjeros que se calcula que había en Estados Unidos en 1992, hasta el 80% eran probablemente mexicanos. Como ciudadanos, los puertorriqueños siguen teniendo entrada libre, aunque ha habido cierto retroceso a la isla natal.

La asignación del hemisferio oriental, así como las prioridades concedidas a los miembros de la familia y a los trabajadores profesionales y cualificados, ha dado lugar a un aumento de asiáticos, pero no de negros africanos. Estos últimos no destacan por sus aptitudes profesionales y llevan demasiado tiempo separados de los negros estadounidenses como para haber mantenido lazos familiares. Por otra parte, el número de negros legales e ilegales procedentes de la zona del Caribe ha aumentado considerablemente.

La forma en que la Ley de Inmigración de 1965, que no se aplicó plenamente hasta 1968, cambió el modelo de inmigración estadounidense se muestra enumerando el número de inmigrantes legales en 1965 y 1992, procedentes de las diez principales fuentes de inmigración.[105]

INMIGRANTES LEGALES Y PAÍS DE ORIGEN

1965		1992	
Canadá	40,103	México	91,332
México	37,432	Vietnam	77,728
Reino Unido	29,747	Filipinas	59,179
Alemania	26,357	Antigua Unión Soviética	43,590
Cuba	20,086	República Dominicana	40,840
República Dominicana	10,851	China (continental)	38,735
Italia	10,344	India	34,629
Colombia	9,790	Polonia	24,837
Polonia	7,458	El Salvador	21,110
Argentina	5,629	Reino Unido	19,757

Cabe destacar que sólo tres de los países de la columna de 1992, la antigua Unión Soviética, Polonia y el Reino Unido, acogieron a inmigrantes blancos (en su mayoría judíos, casualmente), y no ocupan los primeros puestos de la lista. Los otros siete países que aportaron más inmigrantes en 1992 no son blancos.

La inmigración legal, hay que añadir, es sólo una parte del panorama de la inmigración. Entre uno y dos millones de extranjeros ilegales,[106] la gran mayoría de ellos hispanos, entran en Estados Unidos cada año, y no todos lo hacen con éxito. En 1992, la Patrulla Fronteriza realizó 1,6 millones de detenciones, pero la mayoría de los detenidos lo intentan una y otra vez.

---

[105] *New York Times*, 31 de agosto de 1970, p. 37, e *INS Advance Report*, mayo de 1993.

[106] A principios de 1986, Maurice Inman, consejero general del Servicio de Inmigración y Naturalización, cifraba el número de ilegales entre 12 y 15 millones.

La actual oleada de minorías trae consigo un equipaje peligroso y caro. Aproximadamente 150.000 haitianos legales e ilegales, no pocos infectados de tuberculosis, enfermedades venéreas y SIDA, llegaron a Florida entre 1981 y 1990. En la primavera de 1980, una flota improvisada de más de 100.000 cubanos anticastristas navegó hacia Cayo Hueso y Miami. El elemento criminal entre ellos, los fugitivos de las cárceles cubanas, se amotinaron más tarde e incendiaron instalaciones gubernamentales, dando un impulso adicional a la aceleración de la tasa de criminalidad en Estados Unidos. Los ilegales de todas partes tienen derecho a la asistencia social y a servicios sanitarios gratuitos casi desde el mismo momento de su llegada. Los bebés concebidos por debajo del Río Grande nacen en hospitales estadounidenses sin coste alguno para sus madres hispanas, y se convierten automáticamente en ciudadanos estadounidenses. Otras decenas de miles de inmigrantes siguen llegando como resultado de diversos "acuerdos" del Congreso.[107]

En agosto de 1993, ni el Presidente ni el Congreso habían hecho ningún esfuerzo serio para resolver el problema de la inmigración. A finales de 1986, el Congreso promulgó una ley que penalizaba a las empresas que contrataran a sabiendas a extranjeros ilegales. La ley también aumentó el tamaño de la Patrulla Fronteriza, pero -y este es un gran pero- al mismo tiempo ofreció amnistía a los extranjeros ilegales que llegaron antes del 1 de enero de 1982.

La amnistía atraerá sin duda a más millones de los eufemísticamente llamados "trabajadores indocumentados", que sin duda esperarán el mismo trato indulgente. En marzo de 1988, el Servicio de Inmigración y Naturalización había recibido 1,5 millones de solicitudes de amnistía.

En el último recuento, la inmigración de uno u otro tipo, legal e ilegal, alcanza al menos los 2 millones de personas al año y supone un gasto anual de 30.600 millones de dólares, la mayor parte de ellos en atención hospitalaria gratuita, prestaciones sociales, prevención de la delincuencia y montañas de papeleo.[108] El coste está llevando casi a la bancarrota a algunos estados, sobre todo a California, donde el Gobernador Pete Wilson ha pedido que se ponga fin a la mayoría de las ayudas sociales a los inmigrantes

---

[107] En uno de esos acuerdos, un congresista que presentó un proyecto de ley para permitir la entrada de 5.000 sicilianos obtuvo el apoyo de otro congresista prometiéndole que votaría a favor del proyecto de ley de este último para dejar entrar a 3.000 judíos iraquíes. *Time*, 21 de noviembre de 1969, p. 86. Parte del dinero de los sobornos a congresistas en el escándalo Abscam de 1980 era un anticipo de facturas privadas de inmigración de míticos jeques árabes.

[108] Donald Huddle, economista de la Rice University, *Newsweek*, 9 de agosto de 1993, p. 19. El Dr. Huddle afirma que en 1993-2002 los inmigrantes legales costarán a los contribuyentes 482.000 millones de dólares; los ilegales, 186.400 millones.

ilegales, y quiere negar el derecho a la ciudadanía a sus hijos nacidos en Estados Unidos.

Pase lo que pase en el frente de la inmigración, los blancos estadounidenses, aunque la mayoría desea una fuerte reducción de todo tipo de inmigración, seguirán siendo sometidos a la trituradora racial. La afluencia aparentemente imparable de inmigrantes legales e ilegales no blancos, refugiados y solicitantes de asilo, combinada con la tasa de natalidad relativamente alta de negros, asiáticos e hispanos, y la tasa de natalidad inferior a la de reemplazo de la mayoría de los blancos estadounidenses, están fomentando una proporción cada vez mayor de no blancos que está dejando una huella indeleble en el molde racial estadounidense. No imperceptiblemente, la tez de la nación se oscurece año tras año.[109]

---

[109] Una novela inquietantemente perspicaz, *El campo de los santos*, de Jean Raspail, un célebre escritor francés, describe una invasión de Francia por una vasta armada de hambrientos procedentes de la India. Por razones humanitarias, el gobierno francés decide no oponerse al desembarco. En poco tiempo, la nación es invadida, conquistada y destruida. La única acción militar se dirige contra los pocos franceses que intentan resistir. Dado que la versión original del libro fue escrita en 1972, la asombrosa previsión de Raspail, aplicada a lo que está sucediendo a y en los Estados Unidos actuales, es un ejemplo memorable de cómo la historia imita al arte.

CAPÍTULO 7

Falacias de fusión y mosaico

EL GRAN SUEÑO ESTADOUNIDENSE ha sido un popurrí de sueños, siendo uno de los más descabellados el del Crisol de razas. El visionario del Melting Pot profetizó que cualquier inmigrante, independientemente de su raza, nacionalidad u origen social, una vez inmerso en la vertiginosa licuefacción de la vida estadounidense, se transformaría en un soluto exclusivamente estadounidense con toda la herencia del Viejo Mundo de castas y disparidades culturales disuelta.[110]

Ese sueño, largamente agonizante, ha muerto ahora. El Melting Pot, que funcionó hasta cierto punto en la época de la Antigua Inmigración, cuando los ingredientes eran más armoniosos desde el punto de vista racial y cultural, no cumplió su cometido cuando se añadió la Nueva Inmigración. Los defensores del Melting Pot parecían olvidar que las razas diferentes arrojadas juntas en un mismo entorno, en lugar de fundirse, tienen más probabilidades de estratificarse y separarse. "Cuanto más se parecen dos pueblos diferentes en lo externo", señaló George Santayana, "más conscientes y celosos se vuelven de la diversidad en su alma..."[111]

La mezcla de poblaciones que ha habido en Estados Unidos se ha producido en gran medida entre grupos de nacionalidades, no raciales. Como dijo un demógrafo, el Dr. Richard D. Alba: "Casi el 99% de los blancos no hispanos se casaron con otros blancos no hispanos, mientras que el 99% de las mujeres

---

[110] Israel Zangwill escribió un libro titulado *The Melting Pot* (*El crisol de razas*, Macmillan, Nueva York, 1909), en el que definía América "como un crisol en el que diversas razas y nacionalidades se están fundiendo en una nueva y mayor raza con una cultura superior". Si Zangwill era el sumo sacerdote del Crisol de razas, Emma Lazarus era la suma sacerdotisa. La Srta. Lazarus, que nunca fue una gran poetisa, fue incluso menos profeta. Puede que invitara a los "desechos repletos" de Europa a las costas americanas, pero cuando los Nuevos Inmigrantes, como se les llamaba, llegaron a Ellis Island, ella no estaba allí para recibirlos. Más tarde resultó ser una especie de racista, con sus comentarios poco caritativos sobre los rusos y los antiguos griegos y su semitismo encendido. Véase *The Poems of Emma Lazarus*, Houghton Mifflin, Boston, 1889, en particular "The Crowing of the Red Cock", "The Banner of the Jew" y "Gifts". Véase también su comunicación etnocéntrica al rabino Gottheil en *The World of Emma Lazarus*, de H. E. Jacob, Schocken Books, Nueva York, 1949, p. 78.

[111] *The Life of Reason*, Scribner's, Nueva York, 1951, Vol. 2, p. 166.

negras y el 97% de los hombres negros se casaron dentro de su raza".[112] Los integracionistas predijeron un gran repunte en la tasa de matrimonios mixtos entre blancos y negros tras la decisión del Tribunal Supremo de 1967 que anulaba una ley de mestizaje en Virginia. Aunque se produjo un repunte notable, no fue tan grande como se esperaba. Un estudio contabilizó 45.019 nacimientos entre blancos y negros en 1989, frente a los 21.438 de 1975.[113] El número total de parejas casadas entre blancos y negros era de 246.000 en 1989, todavía relativamente pequeño si se compara con los 50,9 millones de parejas casadas de la población total.

El cruce racial en Estados Unidos, que empezó con Pocahontas, no terminó con el matrimonio de la hija del ex Secretario de Estado Dean Rusk con un negro. Ha sido muy publicitado, como los matrimonios interraciales de estrellas de la pantalla y famosos, o clandestino, como los enlaces de blancos con criadas indias en la frontera, esclavas en las plantaciones o elegantes amantes mulatas en Charleston y Nueva Orleans. Es un signo de los tiempos, y de la alargada sombra de la presencia no blanca, que el marido en el mestizaje matrimonial tenga ahora más del doble de probabilidades de no ser blanco que la mujer, excepto en el caso de los militares estadounidenses destinados en el extranjero. A pesar del aumento constante de parejas interraciales, con o sin licencia matrimonial, los nacimientos mestizos siguen representando sólo el 3,2% de los nacimientos anuales en Estados Unidos. Por consiguiente, la disminución de la proporción de blancos y el aumento de la proporción de no blancos, dos factores demográficos de vital importancia, son mucho más el resultado de la inmigración que del apareamiento racial.

La socialización interracial, aunque cada vez más popular y aceptable, no significa necesariamente que las salas de maternidad rebosen de descendencia híbrida. Las citas entre negros y blancos, ahora habituales en los círculos del espectáculo, académicos y vanguardistas, no han ido acompañadas de un aumento exponencial del apareamiento entre negros y blancos. La educación moderna es apodícticamente daltónica, pero la

---

[112] *New York Times*, 11 de febrero de 1985. El Dr. Alba no abordó la cuestión de los matrimonios mixtos entre judíos y gentiles, que puede responderse diciendo que los judíos se casan con gentiles en los estratos superiores de la economía y la "sociedad", en el mundo profesional y del espectáculo, y en las ciudades más pequeñas, donde las oportunidades matrimoniales dentro de la comunidad judía son limitadas. Algunas encuestas afirman, quizá exageradamente, que en el 50% o más de los matrimonios judíos hay ahora un cónyuge no judío. Ocasionalmente, en estos casos, el cónyuge, normalmente la esposa, se convierte y los hijos se educan como judíos.

[113] Otros nacimientos mestizos en 1989 Asiático/blanco 38.896; Asiático/negro 3.435; Amerindio/blanco 21.088; Amerindio/negro 1.308; Amerindio/Asiático 711. Population Reference Bureau, *USA Today*, 11 de diciembre de 1992, p. 7A, y Bureau of the Census.

violencia y el alboroto en las aulas engendran la separación de las razas en lugar de su integración. Los conciertos de rock, los puntos de encuentro de la juventud supuestamente no intolerante de la nación, son a menudo tan segregados como las representaciones de la Ópera Metropolitana.

En contradicción directa con el concepto del Melting Pot, los hijos de parejas interraciales no se convierten en ningún tipo americano generalizado ni en los progenitores de una nueva raza. Siguen siendo negros, indios u orientales. Como en algunos matrimonios hispanos ambos cónyuges son blancos, su descendencia "pasa" a las filas de los blancos asimilados después de una o dos generaciones.

En la época de la esclavitud, cuando enormes barreras sociales y psicológicas separaban a los blancos de los negros, una oleada de mestizaje en el Sur introdujo genes blancos en un amplio segmento de la población negra. Hoy en día, cuando muchas de estas barreras se han reducido, probablemente haya menos apareamientos entre negros y blancos que entonces. A pesar de la influencia que la nivelación racial ejerce sobre la educación y los medios de comunicación, las razas de América, en lugar de desaparecer con cierta solvencia teórica, se precipitan la mayoría de las veces.[114]

Con la desaparición de la fantasía del Melting Pot ha llegado algo igual de irreal: el mosaico americano. La *puesta en escena* intelectual se ha reorganizado repentinamente para dar cabida a una nueva moda sociológica, la sociedad pluralista, en la que todas las razas y nacionalidades viven pacíficamente codo con codo, cada una manteniendo y reforzando su identidad racial y cultural, cada una haciendo su propia contribución al tejido general de la vida estadounidense.

Al igual que los promotores del Melting Pot, los vendedores del pluralismo han malinterpretado la historia, que enseña que las sociedades pluralistas son decadentes, están plagadas de castas y son una invitación permanente al desorden y al desastre. Históricamente desorientadas, las voces del pluralismo emiten ruidos contradictorios. Los defensores del concepto de mosaico se oponen al racismo en teoría, pero apoyan el racismo de las minorías en la práctica. Defienden la identidad de grupo, pero exigen la integración en el lugar de trabajo, en el aula, en el campo de juego, en el vecindario, incluso en el club privado. Aprueban las cuotas raciales, pero están en contra de la discriminación racial. Los líderes negros están divididos

---

[114] En 1930, el 51% de los negros de Detroit vivían en zonas predominantemente blancas. En 1960, el 15 por ciento vivía en zonas blancas. *Time*, 9 de noviembre de 1962, p. 62. Los negros de las zonas rurales del Sur, cuyas chabolas estaban diseminadas entre las casas de los blancos, han huido por centenares de miles a los guetos metropolitanos segregados del Norte y del Sur. Por otra parte, un puñado de negros de clase media se ha trasladado a los suburbios blancos, o ha creado algunos suburbios negros propios.

en estas cuestiones. Algunos abogan por una mayor participación en la sociedad blanca; otros exigen una retirada parcial o total.

Mientras tanto, el orden social estadounidense se tambalea presa de una creciente tensión racial, que es a la vez causa y efecto del pluralismo. El concepto de mosaico ha resultado ser un fracaso tan grande, un gran fallo de la imaginación, como el crisol de culturas. Los mosaicos son trozos de materia inorgánica que, una vez colocados, permanecen en su sitio. Las razas son continuidades orgánicas palpitantes que cambian de tamaño y estatus, ahora dinámicas, ahora estáticas, según dicte la época y según dicten a la época. El Inmigrante Oscuro no es una prueba de que Estados Unidos esté entrando en una era de pluralismo igualitario. Es un presagio del cambio de las jerarquías raciales.[115]

---

[115] La mejor esperanza para la supervivencia de la raza blanca en América es la fragmentación pacífica de la nación en etnoestados, estados separados e independientes basados en la geografía y en la homogeneidad racial y cultural de los diversos grupos de población. El Melting Pot fracasó porque los ingredientes se negaron a disolverse. El mosaico, definido en el *Tercer Diccionario Internacional de Webster* como "un mosaico artificial", no ha tenido éxito porque las piezas individuales rara vez estaban definidas geográficamente, y su autonomía política y cultural se vio socavada por las tendencias integracionistas del gran gobierno, la perniciosa influencia de los medios de comunicación nacionales, en particular de las cadenas de televisión, y la rabiosa nivelación racial antiblanca predicada en los salones de la academia. Para más información sobre este tema, véase el capítulo 39 y el libro del autor, *The Ethnostate*, Howard Allen Enterprises, Inc., Cabo Cañaveral, Florida 32920.

CAPÍTULO 8

Un censo racial de Estados Unidos

U n CENSO RACIAL de los Estados Unidos debe comenzar con cualquier estadística aplicable que esté disponible en la Oficina del Censo. La Tabla I contiene un resumen del Censo de 1990 seguido del "Censo Revisado" del autor. Este último está diseñado para proporcionar una visión más realista de las divisiones raciales de la nación.

TABLA I

	Censo de 1990	Censo revisado
Blanco	199,686,070	188,136,858
Negro	29,986,060	29,986,060
Amerindio, esquimal, aleutiano	1,959,234	1,959,234
Asiáticos e isleños del Pacífico	7,273,662	7,273,662
Otra raza	9,804,847	1,000,000
Hispano		20,354,059
Total	248,709,873	248,709,873

El Censo Federal de 1990, basado en la autoidentificación, clasificaba a los hispanos como blancos, a menos que escribieran específicamente palabras como "raza mexicana", "nacionalidad cubana" y otras definiciones vagas similares, en cuyo caso se les asignaba a la categoría "Otra raza". Dado que sólo un pequeño porcentaje de hispanos es blanco (la mayoría son híbridos mediterráneo-indio), el Censo, para ser más preciso y significativo, debe tener una categoría hispana. El Censo, habiendo contado 22.354.059 hispanos en una entrada separada, no racial, todos menos 2 millones de este número han sido sustraídos de las categorías Blanco y Otra Raza. Dado que, como se ha explicado anteriormente, la categoría Otra raza estaba compuesta en su inmensa mayoría por hispanos, sólo se ha dejado 1 millón 57 para tener en cuenta a las personas que no querían o no podían darse a sí mismas una identidad racial creíble. En cuanto al número de hispanos deducidos de la entrada de Blancos, consiste en los hispanos que quedan después de ser sustraídos de la categoría de Otra Raza. Para ser más específicos, el total de hispanos (22.354.059) menos el número de hispanos sustraídos de la categoría de Otra Raza (8.804.847) es igual a 13.549.212. Esta última cifra debe restarse de la cifra de blancos. Pero, ¿qué ocurre con el 5-10% de hispanos que son blancos? Para tenerlos en cuenta, la cifra de 13.549.212 se ha reducido en 2 millones hasta 11.549.212, que luego se ha restado de la entrada de Blancos. El resultado de todos estos malabarismos numéricos aparece en el censo revisado de la página anterior. Independientemente de lo que pueda decirse de este Censo no oficial, ofrece una imagen más precisa de la composición racial de Estados Unidos que el Censo oficial de 1990, que asignó a los hispanos a las categorías de Blancos y Otras razas.

Una lectura rápida de la Tabla I podría indicar que la mayor parte del trabajo de un censo racial ya está hecho.[116] La población estadounidense se ha dividido en una categoría de blancos y varias de no blancos. Sin embargo, un segundo vistazo revela que sólo dos de las categorías, blanco y negro, serían consideradas denominaciones raciales aceptables por los antropólogos profesionales, que preferirían que los asiáticos, los isleños del Pacífico y los hispanos se agruparan bajo denominaciones raciales más auténticas, como mongoloide y polinesio. Los antropólogos aficionados, con el respaldo de algunos profesionales, también podrían insistir en que se desglosara la clasificación de los blancos. Insistirían en vano. La Oficina del Censo no publica estadísticas sobre las distintas razas o subrazas blancas en Estados Unidos, aunque ha publicado un estudio en el que se distribuye la población según "grupos ancestrales" (véase el Apéndice B).

En la búsqueda de estadísticas raciales precisas entre la población blanca, los grupos minoritarios que intentan llevar un recuento bastante exacto de sus propios números proporcionan alguna ayuda. La *Harvard Encyclopedia of American Ethnic Groups*, generalmente reconocida como la mejor fuente de datos demográficos sobre minorías y nacionalidades, proporciona una ayuda adicional.[117] Pero los resultados más satisfactorios se obtienen con el método descrito en el Apéndice A. La población blanca total se multiplica por el porcentaje de blancos que aportan las naciones o patrias extranjeras, según las estimaciones de un estudio del Censo sobre el origen de los inmigrantes. A continuación, esta cifra se multiplica por el porcentaje de alpinos o mediterráneos en estos países, según las estimaciones de Carl Brigham en *A Study of American Intelligence*. En los casos en que no se indican los

---

[116] La mayoría de los demógrafos están de acuerdo en que en el censo de 1990 se produjo una clara infravaloración, siendo una cifra comúnmente mencionada el 1,8%. Si se añadiera a la población total, este recuento insuficiente aumentaría desproporcionadamente el número de no blancos, que abarrotan los centros urbanos y son más difíciles de localizar. Distribuir los no contabilizados entre las distintas razas y grupos de población no haría sino aumentar las imprecisiones incorporadas a la mayoría de las encuestas y proyecciones de población. Por consiguiente, en este estudio no se tendrá en cuenta el recuento insuficiente.

[117] *Harvard Encyclopedia of American Ethnic Groups*, ed. Stephan Thernstrom, Harvard University Press, Cambridge, Massachusetts, 1980. Stephan Thernstrom, Harvard University Press, Cambridge, Mass., 1980. Un texto más antiguo es *One America*, eds. Francis J. Brown y Joseph S. Roucek, Prentice-Hall, Englewood Cliffs, N.J., 1962.

porcentajes raciales de Brigham, pueden extraerse de otras fuentes demográficas autorizadas mencionadas en el Apéndice A.

El número y la pertenencia racial del resto de la población blanca puede obtenerse restando los totales mediterráneos y alpinos de la entrada revisada de blancos de la Tabla I. Este resto representa un recuento aproximado de los estadounidenses descendientes de europeos septentrionales: los pocos nórdicos puros y los muchos nórdicos impuros procedentes de Gran Bretaña y Escandinavia, en su mayoría nórdicos, Irlanda, Alemania, Suiza, Holanda y Bélgica, en parte nórdicos, y Francia, Austria y Europa del Este, en parte nórdicos. Quienes deseen ver un cálculo del elemento europeo septentrional según el método de los orígenes nacionales pueden consultar el Apéndice A, que también contiene una interpretación estadística de la historia racial blanca de Estados Unidos y las asignaciones raciales tabuladas de todos los grupos de nacionalidad.

De acuerdo con los procedimientos, modificaciones y correcciones propuestos hasta ahora, el censo revisado (cuadro I) ha sido objeto de una nueva revisión y figura como cuadro II en la página siguiente.

En la Tabla II se han introducido porcentajes raciales. Las categorías Hispanos y Otras razas se han colocado en una entrada No blancos, junto con Negros, Indios, Esquimales, Aleutianos y Asiáticos e Isleños del Pacífico (Chinos, Japoneses, Coreanos, Vietnamitas, Filipinos, Indonesios, Hawáianos, Indios Asiáticos, Pakistaníes, etc.). La categoría de blancos se ha subdividido en las divisiones raciales de blancos de Ripley (véanse las páginas 26-27). En la Parte IV (Capítulos 13-17) y en el Apéndice A figuran los estudios de población y raciales en los que se basan los distintos listados raciales.

TABLA II

Carrera	Número	% de la población blanca	% de la población total
Blanco			
Nórdico	115,651,206	61.47	46.50
Alpino	59,137,001	31.43	23.78
Mediterráneo	13,348,651	7.10	5.37
Subtotal	188,136,858	100.00	75.65
No blanco			
Negro	29,986,060		12.06
Amerindio			
Esquimal, aleutiano	1,959,234		0.79
Asiáticos e isleños del			
Pacífico	7,273,662		2.92
Hispano	20,354,059		8.18
Otra raza	1,000,000*		0.40
Subtotal	60,573,015		24.35
Total	248,709,873		100.00

(*) *Aunque una parte de los miembros de Otra Raza debería incluirse en la categoría de Blancos, sería pura conjetura determinar cuántos. En aras de la simplicidad y dado que clasificar a la mitad o a un cuarto de los miembros de Otra Raza como blancos no cambiaría mucho las cifras o porcentajes raciales, la Otra Raza se mantendrá como una entrada separada en la columna de No Blancos.*

No tiene sentido negar que, matemáticamente hablando, la Tabla II deja mucho que desear. Las asignaciones raciales de los blancos se han obtenido mediante una combinación de conjeturas, definiciones antropológicas arbitrarias y proyecciones de gran alcance. En algunos casos, grupos enteros de población han sido asignados a una categoría nórdica, alpina o mediterránea sobre la base de su origen nacional, aunque ningún país europeo contiene una población tan pura.

Pero aunque contenga errores de hasta un 10-20%, la Tabla II sirve para algo. Intenta cuantificar el Espectro de pigmentación del Capítulo 4 asignando números a grupos de población de diferente color de piel, el principal criterio de clasificación racial popular. La Tabla II también demuestra, de forma aproximada, cuántos estadounidenses son negros, morenos, rojos, amarillos y de diferentes tonos de blanco.

Como confirmación parcial de las asignaciones de blancos de la Tabla II, se hace referencia de nuevo a la clasificación racial de E. A. Hooton de la población blanca de Estados Unidos (véanse pp. 27-28). Las divisiones raciales de Hooton, como se recordará, no se basaron en datos de orígenes nacionales o estadísticas de grupos de población, sino en un estudio antropológico patrocinado por Harvard de 29.000 varones estadounidenses adultos. Además de dividir a los blancos en nueve razas distintas, Hooton estimó la proporción de cada raza respecto a la población blanca total. Estos porcentajes, antes omitidos, se recogen ahora en la Tabla III. En las columnas 3, 4 y 5 se distribuyen, de forma un tanto arbitraria, entre las categorías raciales del Espectro de pigmentación y los totales porcentuales se comparan con los porcentajes de la Tabla II.

CUADRO III

LAS DIVISIONES RACIALES DE E.A. HOOTON (1)	HOOTON'S % DEL TOTAL DE LA POBLACIÓN BLANCA DE EE.UU. (2)	CATEGORÍAS DEL ESPECTRO DE PIGMENTACIÓN		
		BLANCO CLARO *Nórdico* Nórdico-Alp. Nórdico-Med. Keltic (3)	BLANCO *Alpino* Dinárico E. Báltico (4)	BLANCO OSCURO *Medit.* Armenoide (5)
Nórdico-Mediterráneo	25	25		
Nórdico-Alpino	23	12	11	

Predominantemente nórdicos	17	17	
Dinárico	13.3		13.3	
Keltic	8.48	8.48	
Puro Mediterráneo	4.38			4.38
Báltico Oriental	3		3	
Alpino puro	2.68		2.68	
Puro nórdico	2.44	2.44	
Porcentaje Total	64.92	29.98	4.38
Tabla correspondiente II Porcentajes	61.47	31.43	7.10

Una discrepancia en los porcentajes de la Tabla III puede explicarse por el hecho de que, desde la época de Hooton, la contribución mediterránea a la población estadounidense ha aumentado desproporcionadamente debido a unas tasas de natalidad más altas y a una mayor tasa de inmigración. La discrepancia entre los porcentajes alpinos, puede explicarse señalando que el componente Keltic probablemente debería dividirse entre las columnas Light White y White.

Por lo demás, la estrecha correlación de los porcentajes raciales en los cuadros II y III difícilmente puede calificarse de coincidencia. Pero como siempre en el caso de las asignaciones raciales, se ha sacrificado la precisión en aras de la generalización. Muchos de los bálticos orientales de Hooton, a pesar de su físico alpino y sus cráneos circulares, son más rubios y más blancos que muchos nórdico-mediterráneos, que fueron asignados a la columna de los blancos claros principalmente porque representan un tipo racial británico.

Dada la mayor autoridad y credibilidad de las estimaciones de Hooton, la Tabla III se someterá ahora a una nueva revisión para que concuerde mejor con la imagen racial estadounidense tal y como la ve el ojo antropológico itinerante del hombre de la calle. Dado que el público en general no distingue o no le importa distinguir entre nórdicos y alpinos y varios matices nórdico-alpinos, estas dos categorías blancas se han combinado y designado nórdico-alpino en la Tabla IV. Siguiendo también los dictados de la antropología popular, según la cual muchos, si no la mayoría, de los mediterráneos son sólo dudosamente blancos, se han restado del total de blancos de la Tabla I y se les ha dado una entrada propia separada.

CUADRO IV

Carrera	Número	% Población blanca	% Población total
Nórdicos/Alpinos	174,788,207	92.90	70.28
Mediterráneos	13,348,651	7.10	5.37
Negros	29,986,060		12.06
Amerindios, esquimales, aleutianos	1,959,234		0.79
Asiáticos e isleños del Pacífico	7,273,662		2.92
Hispanos	20,354,059		8.18
Otra raza	1,000,000		0.40
Total	248,709,873	100.00	100.00

Por muy ofensiva que pueda resultar para las sensibilidades políticas de la Oficina del Censo y para las sensibilidades profesionales de los antropólogos físicos, la Tabla IV proporciona un estudio racial de la población estadounidense más preciso que la Tabla I. Muestra a Estados Unidos como una nación moderadamente heterogénea, con algo más del 24% de su población no blanca y algo más del 5% de sus blancos en el lado oscuro de la raza blanca. Observando la Tabla IV, un físico atómico podría comparar la composición racial del país con un núcleo blanco rodeado de electrones cuyo radio orbital aumenta linealmente con la coloración de la piel.

Pero la Tabla IV, por desgracia, no es el final de la búsqueda de estadísticas raciales. Como ya se ha dicho en este estudio, la raza tiene su vertiente cultural y psicológica. En palabras de un controvertido etnólogo estadounidense, existe una "raza de sangre" y una "raza de pensamiento"[118] -es decir, un grupo de población que actúa como raza debe definirse y tratarse como tal, aunque no cumpla los requisitos para ser considerado una raza en el sentido antropológico, biológico y genético aceptado de la palabra. Del mismo modo que una piel demasiado oscura excluye a algunos blancos de la categoría racial Blanca de la Tabla IV, ciertas "coloraciones" culturales excluyen a otros.

Por lo tanto, es necesaria una tabla más, que tenga en cuenta el estrato psicológico de la raza. Para satisfacer este requisito, la Tabla V (véase la

---

[118] Lothrop Stoddard, *The New World of Islam*, Scribner's, Nueva York, 1921, p. 160. Es la "raza-pensamiento" que hizo posible que el congresista Adam Clayton Powell, que genéticamente apenas podía distinguirse de un mediterráneo, se llamara a sí mismo negro. Es la misma "raza-pensamiento" que permite al primer ministro israelí Yitzhak Rabin, de tez clara, ojos claros y otros rasgos del norte de Europa, autodenominarse judío. Cuando Stoddard escribió: "Por su raza de sangre no se moverá; por su raza de pensamiento morirá", aparentemente creía que en una prueba de fuerza entre los lados físico y psicológico de la raza, a menudo prevalecería este último.

página siguiente) se ofrece como una versión "culturalmente corregida" de la Tabla IV. Se ha mantenido la base física de la raza enumerando, en la medida de lo posible, las distintas categorías y los totales numéricos de las tablas anteriores. La base cultural se ha introducido clasificando los grupos de población según su grado de asimilación y no asimilación. Los mediterráneos y algunos grupos no blancos han sido designados Minorías No Asimilables. Todos los demás blancos se han definido como Asimilados o Asimilables excepto los judíos, que se han clasificado como Minoría No Asimilable debido a su larga historia de no asimilación en casi todos los países excepto Israel.[119]

En la Parte IV se explicará con más detalle el razonamiento que se ha seguido para elaborar el Cuadro V. Aquí cabe señalar que la asimilación, aunque generalmente se entiende como la fusión de rasgos culturales más que biológicos, tiene connotaciones tanto físicas como psicológicas y es un factor decisivo y siempre presente en las relaciones raciales estadounidenses.

TABLA V

COMPOSICIÓN RACIAL DE ESTADOS UNIDOS (1990)

Designación	Número	% Población total	Fuente
Mayoría estadounidense *asimilada y asimilable*	169,585,207	68.19	*
Minorías blancas no asimilables	12,723,651	5.12	Cap. 14 **
Judíos mediterráneos	5,828,000	2.34	Cap. 15
Subtotal	18,551,651	7.46	
Minorías no blancas no asimilables	29,986,060	12.06	Cap. 17
Negros	1,959,234	0.79	Cap. 16
Amerindios, esquimales, aleutianos	7,273,662	2.92	Cap. 16
Asiáticos e isleños del Pacífico	20,354,059	8.18	Cap. 16
Hispanos	1,000,000	0.40	Cap. 8
Otra raza			
Subtotal	60,573,015	24.35	
Asimilados y asimilables	168,704,048	68.19	
No asimilables	80,005,825	31.81	
TOTAL	248,709,873	100.00	

---

[119] Sólo China ha logrado asimilar a su población judía. Nathaniel Peffer, *The Far East*, University of Michigan Press, Ann Arbor, 1958, p. 43. Por alguna razón Peffer no hizo una excepción con el Israel antiguo o moderno.

* Total nórdico-alpino menos 5.203.000 judíos
** Total mediterráneo menos 625.000 judíos

Definida psicológicamente, la Mayoría es el único grupo de población plenamente asimilado. Hasta hace poco, todas las minorías gravitaban hacia ella y a su alrededor. La definición cultural de la Mayoría viene dada por su posición central en la sociedad estadounidense, por el papel que en su día desempeñó en la formación de la nación estadounidense y por el papel histórico que desempeñó como propagador en el Nuevo Mundo de la versión primero anglosajona, luego noreuropea,[120] ahora americanizada, de la civilización occidental.

Hay que señalar que el cuadro V se refiere a 1990. La pregunta es, a la vista de los importantes cambios que ha experimentado la población en las últimas décadas, ¿seguirán aumentando las minorías y disminuyendo la proporción de población blanca? Si las últimas proyecciones de la Oficina del Censo son correctas,[121] la mayoría estadounidense se convertirá en una minoría más en el año 2050. Se prevé una población de 383 millones de habitantes en el ecuador del próximo siglo. El componente no blanco incluirá 81 millones de hispanos, 62 millones de negros, 41 millones de asiáticos/isleños del Pacífico y 5 millones de indios americanos, un total de 189 millones. Si se restan los mediterráneos oscuros y los judíos del total de blancos, la Mayoría Americana será menos del 50% de la población.[122]

Dentro de los límites un tanto arbitrarios de la Tabla V, la demografía de Estados Unidos se presenta finalmente de una forma que identifica y numera a los principales participantes en la confrontación racial actual. La Mayoría Americana, brevemente mencionada en el Capítulo 4, ocupa ahora su lugar como protagonista de este estudio y del drama racial americano. Una masa de población enorme, difícil de manejar y desgarbada, más de cinco veces mayor que la minoría más numerosa y que comprende casi el 68% de todos los estadounidenses, la Mayoría se define físicamente por sus afiliaciones

---

[120] Europeo septentrional, aunque es un término geográfico, es quizá la mejor descripción racial de la Mayoría estadounidense. Es lo suficientemente amplio como para incluir los diversos cruces nórdicos y alpinos, pero lo suficientemente estrecho como para excluir a los europeos meridionales más oscuros y a los grupos de población no blancos.

[121] Proyecciones de la Oficina del Censo, *Washington Post,* 4 de diciembre de 1992.

[122] Los negros superan en número a los blancos en Atlanta, Baltimore, Detroit, Nueva Orleans, Newark y Washington D.C., y pronto podrían superarlos en Cleveland, Memphis y San Luis. Los hispanos superan en número a los blancos en San Antonio y El Paso. Los negros, hispanos y asiáticos, sumados, superan en número a los blancos en Chicago, Houston, Dallas, San Francisco y Los Ángeles, y pronto podrían superarlos en Nueva York.

raciales nórdicas y alpinas, predominando la primera. Cualesquiera que sean los componentes raciales mediterráneos presentes, deben estar bien diluidos.

Para resumir este intento de establecer algunas estadísticas raciales significativas para la población estadounidense, cabe destacar que el poder y la durabilidad de una raza no dependen de los números. Una moral sana, una biología saludable y una conciencia de clase son factores más importantes que el tamaño. La multitud de sus miembros, agravada por su amplia dispersión, la diversidad religiosa y la constante adición de elementos genéticos menos compatibles, hacen que la Mayoría Estadounidense sea extremadamente susceptible a diversas formas de desarraigo, en particular a la forma conocida como proletarización (véase el capítulo 26).

Para decirlo sin rodeos, la dinámica racial estadounidense ha entrado ahora en una fase en la que la mayor parte del espíritu, la mayor parte del empuje, la mayor parte de la competitividad y la mayor parte de la voluntad de poder están del lado de los batallones más pequeños, los batallones de minorías dinámicas que han tomado la iniciativa racial.

PARTE III

La mayoría en Bay

CAPÍTULO 9

Orígenes mayoritarios

UN SIGNO INMEJORABLE de racismo, sinónimo de impotencia en un Estado multirracial, es la apatía generalizada hacia el tema de los orígenes raciales. Como dijo Macaulay, "Un pueblo que no se enorgullece de los nobles logros de sus remotos antepasados nunca conseguirá nada digno de ser recordado por sus nobles descendientes".[123] Hasta hace muy poco, la Mayoría estadounidense se ha mostrado poco inclinada a examinar su historia o prehistoria racial. Ha estado aún menos inclinada a componer, bordar y propagar los mitos que son las raíces y los símbolos de la conciencia racial.

Por lo general, los miembros de la mayoría han satisfecho su búsqueda de identidad étnica remontando su ascendencia a una madre patria europea. Fue este énfasis en los orígenes nacionales lo que llevó a suponer que Estados Unidos era una nación anglosajona, término que aún utilizan muchos periodistas e historiadores extranjeros y unos pocos estadounidenses cuando se refieren, de forma anacrónica, a Estados Unidos como una "potencia anglosajona." En el primer siglo de independencia estadounidense, el componente anglosajón[124] de la población era numérica y políticamente predominante, por lo que la afirmación estaba bien fundada. Pero hoy, aunque la lengua ha salido adelante sin demasiados daños y aunque otros vestigios culturales siguen siendo reconocibles, la pluralidad británico-estadounidense, raíz de la conexión anglosajona, ya no existe.

Tomado en el sentido más amplio, el elemento anglosajón de la población blanca estadounidense (77 por ciento en 1790) es hoy considerablemente menor.[125] También denominada británica, comprende ahora alrededor del 26 por ciento de la Mayoría y se ha reducido a menos del 18 por ciento de la

---

[123] Thomas Macaulay, *History of England from the Accession of James II*, Macmillan, Londres, 1914, Vol. 3, p. 1526.

[124] En este componente se incluían muchos estadounidenses de ascendencia galesa, escocesa y escocesa-irlandesa que tenían derecho a oponerse a un pedigrí anglosajón.

[125] Se calcula que en 1920 el porcentaje de británicos en la población blanca estadounidense era del 41,4.

población en su conjunto.[126] También se ha vuelto racialmente inidentificable. Otros grupos de origen europeo septentrional están ahora tan indiferenciados, tan completamente integrados en el coloide racial de la Mayoría, que los estadounidenses de ascendencia escandinava, alemana, belga y holandesa, así como los irlandeses, franceses, italianos, centroeuropeos y eslavos asimilados y asimilables, apenas pueden distinguirse de los WASP, acrónimo de White Anglo-Saxon Protestants (protestantes anglosajones blancos). (¿Por qué blancos? ¿Acaso no son blancos todos los protestantes anglosajones? ASP, como se ha mencionado anteriormente en este estudio, sería menos redundante y más apto). Incluso la aristocracia estadounidense, o lo que pasa por serlo, no es en absoluto un monopolio anglosajón. Cualquier *Almanach de Gotha* o *Debrett's* estadounidense tendría que incluir a Du Ponts, Vanderbilts, Astors, Rockefellers y Roosevelts, como hace actualmente el *Social Register*. Los fundadores de estas familias emprendedoras difícilmente podrían calificarse de anglosajones,[127] aunque ni ellos ni sus descendientes perdieron el tiempo casándose con familias anglosajonas.

Para encontrar anclajes ancestrales más sólidos y cohesionados, la Mayoría, incluido su componente británico, debe profundizar en el tiempo y el espacio. Las perspectivas empequeñecidas de las "historias nacionales" británicas y de otros países del norte de Europa tendrán que ampliarse a una historia racial global. Si bien es innegable que la contribución genética y cultural de los británicos a la civilización estadounidense fue mucho más significativa que la de cualquier otra nación o grupo de naciones, los británicos no son más que una rama de una división racial mayor con la que decenas de millones de miembros de la Mayoría pueden reclamar parentesco. Dado que la unidad de la Mayoría no puede basarse nunca en los orígenes nacionales, que son intrínsecamente divisorios, sería conveniente que los historiadores dejaran de tratar el pasado de la Mayoría como un mosaico cronológico de pequeñas rivalidades del Viejo Mundo, entremezcladas con dogmas sociológicos tendenciosos, y empezaran a tratarlo como un continuo genético y cultural discreto.

Una de las grandes dificultades de este enfoque no es desenterrar las pruebas antropológicas. Ya hay suficientes. El principal obstáculo es la formidable

---

[126] La extrapolación del autor de un estudio de la Oficina del Censo de Grupos "America's Ancestry" publicado en abril de 1983 sitúa el número de estadounidenses de ascendencia británica en 43.666.413. Véase el Apéndice B.

[127] Rudyard Kipling oyó una vez a Theodore Roosevelt, que habría sido un príncipe si hubiera existido la nobleza americana, "dar gracias a Dios en voz alta por no tener ni una gota de sangre británica". Kipling, *Algo de mí mismo*, Doubleday, Garden City, Nueva York, 1937, p. 131.

oposición de los intelectuales que dictan la forma y el contenido de la interpretación histórica contemporánea. Un solo paso en la dirección de establecer las raíces raciales comunes de la Mayoría supondría, a sus ojos, un desafío directo a una o más de las modas actualmente aceptadas en el historicismo: las fijaciones materialistas de Marx, los éxtasis religiosos de Toynbee, las profecías morfológicas de Spengler, los tópicos liberales de la Asociación Histórica Americana y la antihistoria de Karl Popper.

Por otra parte, el curioso doble rasero de la comunidad intelectual fomenta, de hecho, ciertos escarceos minoritarios con la historia racial. No hay protestas cuando los judíos estadounidenses, pasando por alto los países europeos de los que la mayoría de ellos llegaron a América, afirman descender de una raza semita de hebreos de la antigua Palestina.[128] Se trata de una gran concesión, ya que las ciencias sociales contemporáneas están totalmente en contra de la derivación de líneas de sangre a partir de similitudes culturales y religiosas. Los académicos tampoco ponen objeciones cuando los negros escriben volúmenes sobre los vínculos étnicos de los negros americanos, no sólo con las tribus de África Occidental de las que proceden, sino con la *négritude* y el "alma africana". La misma licencia histórica se concede libremente a los románticos irlandeses y galeses americanos que sueñan con las glorias difuntas de los Kelts (a pesar de las evidentes pruebas de su nordicismo),[129] y a los indios americanos y mexicoamericanos que especulan sobre nobles antepasados en una edad de oro precolombina. Pero todos esos vuelos de fantasía racial, todos esos intentos imaginativos de establecer una identidad racial, parecen estar prohibidos para la Mayoría. Desde el punto de vista de una minoría, este tabú es bastante comprensible. Cuanto más se remonta la historia racial de la Mayoría, más inevitable es su colisión con la teoría aria.

Suponiendo, en aras del argumento, que la teoría aria merezca cierta credibilidad, se deduce entonces que un protoráculo indoeuropeo o nórdico fue la fuente primaria de muchas de las principales civilizaciones del mundo: aria (India), casita, hitita, persa, micénica, griega, romana, céltica, teutónica, eslava y la actual europea occidental.[130] Además, si se admite una conexión racial y lingüística entre los antiguos pueblos indoeuropeos y los actuales

---

[128] *Este pueblo* (Harper, Nueva York, 1933) de Ludwig Lewisohn es quizá el ejemplo clásico del misticismo racial judío moderno.

[129] Coon, *Las razas de Europa*, pp. 378, 397.

[130] Algunos de los más vigorosos defensores de la teoría aria ya se han mencionado en el capítulo 3, junto con la sorprendente similitud de ciertas palabras de raíz indoeuropea. No es necesario añadir que la defensa de la teoría aria por parte de Hitler no contribuyó en absoluto a mejorar su ya baja consideración por parte de la comunidad intelectual occidental.

europeos del norte y sus primos raciales de ultramar, entonces los miembros de la Mayoría pueden reclamar como antepasados a los autores de los *Vedas*, Homero, Darío, Platón, Alejandro y César, así como a muchas de las más grandes figuras de la historia medieval y moderna. También pueden reclamar un arte tan antiguo como el egipcio y el sumerio (quizás incluso más), y una literatura que precede a la de los hebreos en más de un milenio.[131]

Con algo más de licencia antropológica, la teoría aria puede remontarse a los cromañones, los magníficos artistas de las pinturas rupestres del sur de Francia y el norte de España, las mejores de las cuales se remontan al 18.000 a.C. Los esqueletos de los cromañones, algunos de los cuales llegan a medir 1,80 m, tienen cráneos dolicocéfalos (con un volumen medio de 1.650 cc, frente a la media de 1.350 cc del europeo moderno).[132] Tales dimensiones esqueléticas ofrecen indicios de una ascendencia parcial cromañón para los nórdicos actuales. A esto hay que añadir los recientes descubrimientos de orfebrería bellamente labrada en Europa del Este, que preceden en 1.600 años a las mejores joyas de oro de los egipcios. Por otra parte, la datación por radiocarbono revisada demuestra que las espléndidas tumbas megalíticas de cámara de Europa Occidental tienen 6.000 años de antigüedad, 1.300 años más que las Pirámides. Al parecer, Stonehenge funcionaba como laboratorio astronómico unos mil años antes de que Homero compusiera una línea de poesía.[133] A todo esto podrían añadirse leyendas de vikingos en la América Central y del Sur precolombina,[134] y marinos de una cultura nórdica muy

---

[131] Los himnos védicos se remontan al año 2000 a.C., y las partes más antiguas de la Biblia al 850 a.C. Véase p. 155.

[132] *Ency. Brit.*, 14ª edición, 1963, Vol. 6, p. 792.

[133] Colin Renfrew, *Before Civilization*, Knopf, Nueva York, 1973, pp. 16, 66, 123. Renfrew, profesor de arqueología de la Universidad de Southampton (Inglaterra), y Marija Gimbutas, de la Universidad de California en Los Ángeles, han estado a la vanguardia de los revisionistas arqueológicos que han asestado golpes demoledores a la teoría de la difusión del crecimiento de la civilización. Antes se atribuían los avances de la cultura europea a las influencias egipcias y del Próximo Oriente. Se suponía que toda la luz procedía de Oriente (*ex oriente lux*). La datación por radiocarbono demuestra ahora que muchas luces brillaron por primera vez de forma independiente en Europa Occidental. Gustav Kossinna propuso una teoría difusionista inversa mucho antes de que se oyera hablar del carbono 14. *En Die deutsche Vorgeschichte, eine hervorragend nationale Wissenschaft* (1912), Kossinna declaraba que la civilización europea se inició por oleadas de "indogermanos" que llevaron sus inventos de la escritura y la metalurgia hacia el sur en los grandes "movimientos folclóricos" del tercer milenio a.C.

[134] Véanse varias obras del difunto Jacques de Mahieu, antropólogo francés que vivió en Argentina, en particular *Drakkars sur l'Amazone*, Copernic, París, 1977. Los antepasados remotos de estos vikingos pueden haber llegado tan lejos como China. En 1980 se encontró en el noroeste de China el cadáver bien conservado de una mujer alta,

desarrollada en Helgoland, cuya armada supuestamente venció a la flota de Ramsés III en una batalla naval egipcia en el siglo XII a.C.[135]

Aunque no es de conocimiento general, varios historiadores y eruditos muy respetados han prestado su apoyo a la teoría aria. Gordon Childe, descrito por la Encyclopaedia Britannica como "fácilmente el mayor prehistoriador británico de su generación, y probablemente del mundo",[136] escribió que los arios "aparecen en todas partes como promotores del verdadero progreso y en Europa su expansión marcó el momento en que la prehistoria de nuestro continente empieza a divergir de la de África o el Pacífico".[137] Un destacado académico francés, Georges Dumézil, fue mucho más allá de la relación lingüística indoeuropea y postuló una mitología común e incluso una *estructura mental común spécifique*, que inducían una cosmovisión indoeuropea distinta.[138] Arnold Toynbee no hizo ningún daño a la causa aria con algunos comentarios halagadores sobre la perspicacia histórica de Gobineau,[139] uno de los padres fundadores del arianismo.

Más recientemente, el profesor de Oxford C. D. Darlington declaró sobre los arios: "Aunque se extienden a través de dos continentes, les atribuimos una ascendencia y un origen comunes, en algún lugar entre el Danubio y el Don y en algún momento antes del final del tercer milenio, antes de Cristo"[140].

Entre las pruebas más firmes en apoyo de la teoría aria se encuentran la huella genética de cráneos debidamente datados con el índice cefálico adecuado en zonas donde se hablaban lenguas indoeuropeas, y una gran cantidad de alusiones literarias y artísticas que atribuyen la coloración clara y la ceguera a los dioses y héroes de las primeras culturas indoeuropeas.[141] La sensibilidad de los invasores arios de la India hacia el color de la piel -base de su sistema de castas- podría haber sido un rasgo genético más que

---

"extremadamente bella", de pelo largo y rubio, ojos grandes, nariz alta y "labios pequeños y finos". La datación por radiocarbono estimó que murió hace 6.470 años. *Atlanta Constitution*, 19 de febrero de 1981.

[135] Jurgen Spanuth, *Atlantis*, Grabert, Tubinga, 1965.

[136] *Ency. Brit.*, Vol. 5, p. 502.

[137] Citado por Darlington, *The Evolution of Man in Society*, p. 146.

[138] Georges Dumézil, *L'Idéologie tripartite des Indo-Européens*, Latomus, Bruselas, 1978.

[139] *A Study of History*, Vol. VI, pp. 216-17.

[140] Darlington, op. cit., p. 140.

[141] Coon, *Las razas de Europa*, capítulos V y VI. Véase también el capítulo 12 de este estudio.

adquirido, ya que sigue siendo frecuente entre los europeos del norte y los estadounidenses de la mayoría.

Finalmente, para consternación e incomodidad extrema de los igualitaristas raciales ortodoxos, el antropólogo Carleton Coon reavivó y dio nueva vida a la correlación habla/raza indoeuropea al afirmar: "Las lenguas indoeuropeas estuvieron, en su momento, asociadas a un tipo racial único, aunque compuesto, y que ese tipo racial era un nórdico ancestral".[142] Coon, que llegó a afirmar que los patricios de la República Romana eran mayoritariamente de raza nórdica,[143] actualizó la conexión genética al describir Norteamérica como el "mayor reservorio nórdico del mundo".

Desde cualquier punto de vista académico, la teoría aria es una simplificación excesiva. Unos cuantos cráneos oblongos, unos cuantos perfiles nórdicos en estatuas desmoronadas, unas cuantas referencias literarias al rubismo no prueban la existencia de una gran raza indoeuropea portadora de cultura. Pero tampoco la desmienten. En cualquier caso, si la intelligentsia mayoritaria es demasiado cauta o está demasiado intimidada para suscribir un linaje indoeuropeo remoto y lejano, difícilmente puede ignorar la ascendencia más fácilmente rastreable de la mayoría de los pueblos germánicos de habla indoeuropea, que empezaron a desempeñar un papel preponderante en la historia mundial durante y después de la caída del Imperio Romano de Occidente.

En los siglos IV, V y VI d.C., *las völkerwanderungen* procedentes de los bosques alemanes liberaron un torrente de genes del norte de Europa sobre gran parte del continente, algunos incluso desbordándose hasta África. Para los miembros de la Mayoría de ascendencia británica en particular, y para la historia americana en general, la parte más agitada de esta migración fue la teutonización, germanización o "nordificación" de una gran parte de Inglaterra por parte de los anglos y sajones. En los cuatro o cinco siglos siguientes, las incursiones de daneses y otros norteños introdujeron en las islas británicas otras influencias genéticas de este tipo.

Mientras la oleada de expansión germánica se contraía y los ostrogodos, visigodos y vándalos[144] perdían sus reinos en Italia, España y el norte de África, se estaba gestando una nueva migración del norte de Europa. En los

---

[142] Coon, op. cit., p. 221.

[143] Ibídem, pp. 554, 651. Tal vez también lo fueran algunos de los primeros emperadores. Suetonio habla del cabello de Augusto como "inclinado al dorado", del "cabello rubio claro" de Nerón y de los "ojos azules" de Galba. *De Vita Caesarum*, 2.79.

[144] Ochenta mil vándalos, según el rey Genserico, desaparecieron después de tres generaciones, presumiblemente por apareamiento indiscriminado. Darlington, op. cit., p. 317.

600 años siguientes, los vikingos y normandos escandinavos conquistaron Normandía, Sicilia, el sur de Italia, Inglaterra y partes de Irlanda, y se asentaron en Islandia, la costa de Groenlandia y, brevemente, Terranova.[145] En el este, aproximadamente en la misma época, bandas de guerreros y comerciantes suecos errantes conocidos como rus y varangios se convirtieron en señores de las vías fluviales rusas. Además de dar nombre al país, nombraron a uno de sus líderes, Rurik, primer zar ruso. En 1042, los varegos que navegaban hacia el sur por el Egeo y los normandos que navegaban hacia el este desde Sicilia marcaron el cerco escandinavo de Europa al enfrentarse en una batalla naval en el Mediterráneo.[146]

El impulso racial de los hombres del norte, antes de que se enervara en la *dulce Francia* y en las tierras más cálidas y perfumadas de limón del sur, catalizó las Cruzadas, un esfuerzo hercúleo y malogrado para fundar un vasto dominio de feudos teutónicos en Oriente Próximo. Aunque el objetivo aparente de los cruzados, bajo el mando de líderes normandos como Tancredo, Bohemundo y Ricardo I de Inglaterra, era hacer de Tierra Santa un lugar seguro para la cristiandad, su motivación era igual, si no más intensa, el ansia de gloria y riqueza.

En otros movimientos cruzados que tenían lugar en Europa en esos años, los objetivos eran más específicamente raciales. En el este y el noreste, los Caballeros Teutónicos hacían retroceder a bálticos y eslavos. En España, la aristocracia visigoda había resurgido tras siglos de esconderse en las montañas de Galicia y Asturias y estaba organizando un contraataque para expulsar a los árabes de la península Ibérica, una operación militar que culminó con la fundación del Imperio español y la colonización del Nuevo Mundo.[147] Huelga decir que ninguna de estas cruzadas se llevó a cabo de

---

[145] Los norteños casi capturan Londres (895), París (885-886) y Constantinopla (860). En *A Study of History* (Vol. II, pp. 43), Toynbee ha insertado una fascinante pieza de especulación histórica en la que imagina lo que podría haber sucedido si los escandinavos paganos hubieran capturado estas capitales europeas, hubieran pasado de Islandia a establecerse permanentemente en América y, en lugar de convertirse al cristianismo, lo hubieran proscrito.

[146] Durante siglos, los varangios formaron la guardia personal de los emperadores bizantinos. Tras la batalla de Hastings, fueron sustituidos por ingleses que huían de la conquista normanda de Gran Bretaña. Eric Oxenstierna, *The Norsemen*, trad. Catherine Hutter, New York Graphic Society Publishers, Greenwich, Conn., 1965, p. 279.

[147] Los visigodos y sus descendientes identificables prácticamente han desaparecido del mapa racial de España. Pero si se han desvanecido en la abrumadora solvencia étnica mediterránea de España, algunos recuerdos raciales aún se agitan en una de las mentes más brillantes de la España moderna. Ortega y Gasset en *Meditación Preliminar* ha escrito, "¿Quién ha puesto en mi pecho estas reminiscencias sonoras, donde-como en un

acuerdo con las enseñanzas del Nuevo Testamento. Las restricciones morales y los actos humanos que se exhibieron podrían atribuirse tanto a la caballería como al cristianismo.[148]

Antes de que terminara la Edad Media,[149] se perdió Tierra Santa. Los turcos iniciaron su marcha hacia Constantinopla, Budapest y los alrededores de Viena. Los papas, en su mayoría de origen lombardo (germánico),[150] se colocaron a la cabeza de las poblaciones del sur de Europa y humillaron a los emperadores alemanes. Mientras tanto, la aristocracia teutona y normanda, tras haber desarrollado lealtades nacionales, comenzó a casarse con ricas familias mercantiles. En el este, los eslavos nórdicos se "alpinizaban" a medida que la nobleza y la soldadesca nórdicas se extinguían en interminables guerras contra los invasores asiáticos y que los restos nórdicos, más dóciles, se mezclaban con los pueblos vecinos y el enemigo mongoloide.[151]

---

caracol los alientos oceánicos-perviven las voces íntimas que da el viento en los senos de las selvas germánicas?" *Obras Completas*, Madrid, 1963, Vol. 1, p. 356.

[148] La caballería es una refinada mezcla de cortesía militar estilizada, honor y amor cortés, que aún es débilmente reconocible en las reglas no escritas de lo que en Inglaterra y entre algunos miembros de la Mayoría estadounidense se conoce como fair play (juego limpio). Tácito detectó un rito caballeresco en la sociedad pagana germana: "Tum in ipso concilio vel principum aliquis vel pater vel propinquus scuto frameaque juvenem ornant". *De Germania*, 13. 5-6. Swan Sonnenschein, Londres, 1901. Una visión menos reverente y un tanto hilarante del mismo tema la ofrece la obra de Robert Briffault *The Mothers*, Macmillan, Nueva York, 1927, vol. 3, pp. 382-423.

[149] El historiador Will Durant tenía algunas apreciaciones interesantes sobre la composición racial de Europa en el punto álgido de la Edad Media. "Los germanos, tras un milenio de migraciones y conquistas, habían hecho prevalecer su tipo en las clases altas de toda Europa occidental, excepto en el centro y sur de Italia y España. El tipo rubio era tan definitivamente admirado en cabello y ojos que San Bernardo luchó durante todo un sermón para reconciliar con esta preferencia el 'Soy negro pero hermoso' del Cantar de los Cantares. El caballero ideal debía ser alto, rubio y barbudo; la mujer ideal en la épica y el romance era esbelta y grácil, de ojos azules y largos cabellos rubios o dorados". *The Age of Faith*, Simon and Schuster, Nueva York, 1950, p. 832.

[150] Hildebrando, que llegó a ser Gregorio VII y el más temporal de todos los papas, era un lombardo de Toscana. Antes de que los alemanes en la oficina papal pusieran sus preferencias religiosas por encima de sus lazos raciales, sus sentimientos pro-teutónicos a menudo se acercaban a los de Hitler. Véase en particular la polémica del obispo Liutprands en el siglo X sobre la "bajeza y cobardía y avaricia y afeminamiento y mendacidad" de los romanos en Toynbee's *A Study of History*, Vol. IV, pp. 522-23.

[151] "Los eslavos, como todos los demás pueblos de habla indoeuropea que hemos podido rastrear, eran originalmente nórdicos, y no hay indicios en sus primeros restos, en las regiones estudiadas, de los incrementos raciales braquicéfalos numéricamente

Las empresas coloniales a gran escala de España y Portugal a partir del siglo XVI difícilmente podrían calificarse de manifestaciones del impulso racial del norte de Europa, aunque no pocos conquistadores mostraban una inusual desproporción de rasgos no mediterráneos.[152] Sin embargo, los lineamientos raciales de la Reforma eran inconfundibles. En palabras de Thomas Macaulay:

"La Reforma había sido una revuelta tanto nacional como moral. Había sido, no sólo una insurrección de los laicos contra el clero, sino también una insurrección de todas las ramas de la gran raza alemana contra una dominación extranjera".[153] Macaulay podría haber dicho mejor raza europea septentrional en lugar de alemana, porque los alemanes meridionales y austriacos seguían siendo sólidamente católicos.

El protestantismo, la emancipación religiosa del Norte, contribuyó a inspirar y acelerar la mayor expansión noreuropea de todos los tiempos. En una sucesión de grandes "Folkwanderings" marítimos, que duraron desde el siglo XVII hasta finales del XIX, británicos, alemanes, escandinavos, franceses, holandeses e irlandeses se embarcaron por millones hacia Norteamérica, Sudáfrica, Australia y Nueva Zelanda, y por decenas de miles hacia los puestos avanzados del imperio en el África negra, Sudamérica, Asia y las islas del Pacífico.

A principios del siglo XX, a pesar de la Revolución Francesa que prácticamente había demolido a la antigua clase dirigente teutona en la mayor parte de Europa Latina, el poder y la influencia del norte de Europa nunca habían sido mayores. Los imperios británico y alemán, con sus invencibles fuerzas terrestres y marítimas, su cuasi monopolio del comercio mundial, su eficiencia técnica y la energía ilimitada de su industriosa ciudadanía, constituían una concentración de fuerza militar y económica a la que ninguna otra nación o grupo de naciones podía siquiera aproximarse.

---

predominantes que hoy se consideran típicamente eslavos." Coon, *Las razas de Europa*, p. 220.

[152] La bisabuela de Vasco da Gama era una Hereford, miembro del más alto escalón de la nobleza inglesa. Henry Hart, *Sea Road to the Indies*, Macmillan, Nueva York, 1950, p. 97. Colón, italiano del norte, era alto, de cabeza larga, ojos azules y pelo castaño. Samuel Morison, *Admiral of the Ocean Sea*, Little, Brown, Boston, 1942, p. 47. Cortés remontaba su linaje a los reyes lombardos de Italia y Pedro de Alvarado, su lugarteniente más valiente, era tan rubio que los aztecas le llamaban *Tonatiuh*, el Sol. Prescott, *Conquest of Mexico*, Modern Library, Nueva York, pp. 128, 258. Prescott describió al rey Fernando como el "godo pelirrojo" de la reina Isabel. Balboa, el descubridor del Pacífico, era rubio con el pelo y la barba rojizos y dorados. Kathleen Romoli, *Balboa of Darien*, Doubleday, Garden City, N.Y., 1953, p. 31.

[153] *The History of England from the Accession of James II*, Vol. 1, p. 58.

Este inmenso poder, cabe señalar, se basaba en algo más que armas y mantequilla. Era el producto final de un conjunto de instituciones únicas, entre las que se encontraba el gobierno representativo, cuyos orígenes Montesquieu había detectado en el comportamiento y las prácticas de las antiguas asambleas tribales alemanas.[154] Tácito, en su ensayo *De Germania*, consideró características típicas de los pueblos de habla teutónica la afición a la libertad personal, la independencia de espíritu, el estatus inusualmente alto concedido a las mujeres y un profundo afecto por la tierra. Tales actitudes y hábitos fueron probablemente la semilla de la Carta Magna y del posterior énfasis británico en los derechos y libertades individuales. Tal vez el mayor logro institucional de todos fue el sistema jurídico, incluida esa invención escandinava o teutónica conocida como juicio por un jurado de iguales, una forma rudimentaria de la cual fue transportada a Inglaterra por los normandos.[155]

Todos estos hitos de la evolución política y social surgieron, al parecer, de un reconocimiento casi instintivo de que "la base de... la sociedad era el hombre libre".[156] El mayor refinamiento y expresión de este reflejo político se plasmó en la actividad y legislación del Parlamento británico, que fomentó un clima de estabilidad política y económica sin parangón en la historia. El entorno social comparativamente estable producido por tales instituciones fue la condición previa básica para el liderazgo del norte de Europa en el gobierno, el arte, la ciencia, la industria, la agricultura y casi todos los demás aspectos del quehacer humano.

Era natural que estas instituciones cruzaran el Atlántico y fueran perfeccionadas y desarrolladas por los ingleses y los demás europeos del norte que colonizaron Norteamérica. Si el progreso y la prosperidad de los estados del norte de Europa en el Viejo Mundo se debían a una herencia biológica especial, era razonable esperar que un país del Nuevo Mundo con una sobreabundancia de los mismos recursos genéticos se convirtiera en una nación aún mayor, quizá la más grande de todas.

Hicieron falta menos de dos siglos de independencia nacional y dos guerras mundiales para que esta profecía se hiciera realidad. La ironía fue que para cuando Estados Unidos se había convertido en la fuerza dominante en los

---

[154] *De l'esprit des lois*, 11, 6-8. Islandia ya contaba con un parlamento, el Althing, en el siglo X.

[155] Véase el capítulo 28.

[156] J. R. Green, *A Short History of the English People*, Harper, Nueva York, 1892, Vol. 1, p. 2.

asuntos mundiales, la Mayoría Americana, el principal agente de la grandeza americana, ya no era la fuerza dominante en América.

CAPÍTULO 10

El declive de la mayoría

EL DECLIVE de la mayoría estadounidense comenzó con la lucha política y militar entre el Norte y el Sur. Además de las diferencias nacionalistas y culturales, en Europa los europeos del norte estaban divididos por la geografía, principalmente por los mares Báltico y del Norte y el Canal de la Mancha. En Estados Unidos, el gran divisor era el clima. Las temperaturas medias en julio de Massachusetts y Pensilvania son de 73,5 °F y 75,5 °F, respectivamente. Las temperaturas medias de julio en Virginia y Mississippi, 79 °F y 80 °F. Estos pocos grados extra de calor estival hacían imposible a los propietarios de plantaciones del Sur reclutar mano de obra blanca. En climas cálidos, el europeo del norte no vale nada como peón de campo. El Sur nunca habría obtenido nada parecido a su floreciente prosperidad de *antebellum* sin un gran suministro de negros.

Para responder a las exigencias de su entorno, los sureños crearon su propio *modus vivendi, una* versión muy romántica y perfumada que aún perdura en la historia de Estados Unidos. Los norteños, impulsados en parte por lo que se ha descrito como el "defecto sentimental" de los anglosajones,[157] el deseo altruista de extender las libertades civiles a los no ingleses, intentaron primero aliviar la esclavitud y luego acabar con ella. Los sureños reaccionaron a la intromisión del Norte del mismo modo que ellos y los colonos del Norte habían reaccionado a la intromisión del rey Jorge un siglo antes. Se separaron.

Si el Norte hubiera sido más paciente y hubiera estado dispuesto a "esperar" la esclavitud un poco más -ya estaba amenazada por la mecanización de la cosecha del algodón, la competencia extranjera y otras causas-, la Guerra Civil podría no haberse librado nunca En ese caso, la Mayoría estadounidense actual sería sustancialmente más numerosa. El número de muertos en la guerra fue de 610.000 -en comparación con los 4.435 de la Guerra de Independencia- y casi todos los muertos eran descendientes de europeos del norte. A pesar del mayor número de bajas norteñas,[158] los efectos disgenésicos de la guerra recayeron mucho más en el Sur. El Norte tenía una población de 22 millones de habitantes, casi todos blancos, frente

---

[157] Madison Grant, *The Passing of the Great Race*, Scribner's, N.Y, 1916, pp. 14, 77.

[158] Hubo 360.000 muertos en el bando del Norte; 250.000 en el del Sur. Los costes de la guerra ascendieron a unos 5.000 millones de dólares, con otros 3.000 millones para la rehabilitación de posguerra. Beard, *The Rise of American Civilization*, Vol. 2, pp. 98-99.

a los 12 millones del Sur, un tercio de los cuales eran esclavos.[159] La clase de oficiales del Sur, rebosante de belicosidad y bravuconería, quedó diezmada, mientras que en el Norte la compra de sustitutos era un negocio floreciente. El 17% de los generales confederados fueron asesinados, frente al 2,5% de los generales de la Unión.[160]

Una vez terminada la carnicería, la rama sureña de la mayoría se convirtió en una minoría oprimida. Los "carpetbaggers" del Norte y los "scalawags" del Sur, utilizando como herramientas a negros confundidos e ignorantes, hicieron una apuesta exitosa, aunque efímera, por el control político y económico. Los historiadores lo llamaron Reconstrucción. El Sur, amargado por la derrota, tuvo que soportar una vengativa ocupación militar. El paso del tiempo y el auge de la unidad nacional durante la Primera y la Segunda Guerras Mundiales sirvieron para enfriar el resentimiento del Sur, hasta que se reavivó en la década de 1950 con la reapertura de la cuestión negra por parte del Norte. El uso de paracaidistas y alguaciles federales para hacer cumplir las sentencias del Tribunal Supremo en el Sur no estaba calculado para dejar reposar animosidades dormidas. Después de la trágica polarización del Norte y el Sur, la causa del declive de la mayoría fue el tremendo desarrollo de la economía nacional. Si el exceso de dinero es el semillero de la corrupción, también lo es de la amnesia racial. La gran riqueza generada antes de la Guerra Civil por los propietarios de plantaciones y los magnates navieros de la Mayoría, y después de la guerra por los magnates industriales y financieros, tendió a concentrar sus mentes y energías en asuntos tan mundanos como la fabricación de dinero, la obtención de beneficios y la organización empresarial. Los plutócratas de la mayoría pensaron poco en el efecto que sus demandas de una mano de obra cada vez mayor tendrían en la composición racial de Estados Unidos.

"Al igual que el plantador nórdico del Sur", explicó el historiador Charles Beard, "en su apasionada búsqueda de riqueza, estaba dispuesto a sabotear a los suyos con una avalancha de negros procedentes de las tierras salvajes de África, el propietario nórdico de molinos de Nueva Inglaterra, con la mente puesta en los dividendos, apenas pensaba en la nacionalidad o el color de

---

[159] John Hope Franklin, *De la esclavitud a la libertad*, Knopf, Nueva York, 1967, p. 386.

[160] Nathaniel Weyl, *The Creative Elite in America*, Public Affairs Press, Washington, D.C., 1966, p. 57. "El coste en sangre para la Unión", añadió Weyl, "lo pagaron principalmente las clases más pobres y quienes carecían de mucha educación e influencia. La confederación, por el contrario, promulgó leyes de reclutamiento que afectaban por igual a ricos y pobres..."

quienes permanecían pacientemente ante sus husos y telares o se apiñaban en las viviendas de sus ciudades".[161]

Las consecuencias políticas de esta petición indiscriminada de mano de obra no se hicieron esperar. Incluso antes de la Guerra Civil, la presencia irlandesa comenzó a hacerse sentir en algunas de las ciudades más grandes, donde la Mayoría probó por primera vez la derrota en las urnas. La derrota se convirtió en nacional muchas décadas después, cuando las minorías blancas del Norte se combinaron con los sureños que odiaban a los yanquis para ganar las elecciones presidenciales.

Fue el materialismo obsesivo de la Mayoría, su hábito de anteponer los tangibles a los intangibles de la civilización, lo que hizo posible y quizá hizo segura la Gran Depresión. El rudo individualismo, *el laissez-faire*, la separación de poderes y muchas otras preciadas posesiones del baúl de las esperanzas de la Mayoría se esfumaron entre el humo de la legislación de emergencia para salvar la economía nacional. El New Deal, la primera administración que inyectó una cantidad significativa de personal e ideología no mayoritarios en el gobierno federal, significó la mayoría de edad de la coalición liberal-minoritaria.

La participación de las minorías en la política y en todos los demás aspectos de la vida estadounidense ha aumentado hasta el punto de que puede decirse que la Mayoría ya no es el establecimiento racial de Estados Unidos.[162]

La imagen de la Mayoría -la del hombre occidental derivada de los antecedentes del norte de Europa (principalmente anglosajones) y modificada por la frontera y otras peculiaridades del entorno estadounidense- está siendo borrada por otras huellas raciales y culturales. Y a medida que el poder y la influencia de la Mayoría siguen disminuyendo, la civilización estadounidense, como cada día resulta más evidente, está perdiendo gran parte de su pegamento cultural. Las viejas formas permanecen, pero el contenido se va o desaparece.

Como las formas se mantienen, la mayoría estadounidense sólo es vagamente consciente de su desposesión. Sigue votando, pero ya no elige. Sigue siendo libre para hablar, pero no para hablar libremente. Sigue

---

[161] Beard, op. cit., Vol. 1, p. 640.

[162] Este declive ha sido malinterpretado por los sociólogos liberales como un fenómeno exclusivamente WASP. "[Existe] un establishment protestante anglosajón blanco que... ha ido perdiendo gradualmente su poder y autoridad en el transcurso del siglo XX". E. Digby Baltzell, *The Protestant Establishment*, Random House, Nueva York, 1964, p. ix. Algunos escritores de minorías no sólo han descrito con cariño, sino que han exultado ante la caída del poder de la Mayoría. Véase Peter Schrag, *The Decline of the Wasp*, Simon and Schuster, Nueva York, 1972.

patrocinando las artes, pero éstas se han convertido en un páramo minoritario. Sigue teniendo cierto peso económico, pero ya no dirige la economía. Sigue teniendo una gran influencia en la determinación de la política local, pero sólo ejerce una influencia menor en la determinación de áreas vitales de la política nacional y exterior. Muchos miembros de la Mayoría siguen llevando una vida privada que es la envidia del mundo. En público, sin embargo, son circunspectos hasta la pusilanimidad.

A quienes se inclinan por negar la desposesión de la Mayoría se les puede perdonar que adopten la siguiente línea de interrogación. ¿Cómo, pueden preguntarse, puede la Mayoría ser desposeída cuando el país está lleno de muchos estadounidenses ricos de impecable linaje mayoritario... cuando hay tantos políticos, escritores, artistas, abogados, médicos, científicos y agentes del FBI de la Mayoría... cuando el presidente, la mayoría de los congresistas y la mayoría de los gobernadores estatales pertenecen a la Mayoría... cuando las fuerzas armadas siguen estando comandadas por un cuerpo de oficiales mayoritariamente mayoritario... cuando la Mayoría, que sigue siendo el grupo de población más numeroso, puede influir fácilmente en el voto?

Las respuestas a estas y otras preguntas similares constituirán gran parte del resto del contenido de este libro. Aquí nos limitaremos a resumirlas.

Una de las principales pruebas de la desposesión de la Mayoría es que no existe un partido político de la Mayoría. como tal. Durante la mayor parte del siglo XX, la fuerza dinámica de la política estadounidense ha sido el partido Demócrata, financiado en gran medida por las minorías,[163] el partido de Franklin D. Roosevelt, que "encabezó un gobierno de minorías".[164] Los miembros reconstruidos y no reconstruidos de la Mayoría del Sur (los llamados Yellow Dog Democrats) siguen apoyando al partido Demócrata, aunque cada vez en menor número. Debido a la espiral de criminalidad negra, muchos de los que viven por debajo de la línea Mason-Dixon están volviendo a las nociones supremacistas blancas de sus antepasados en los tiempos de la esclavitud. Irónicamente, estos últimos supremacistas blancos, algunos de los cuales prefieren ser llamados separatistas blancos, incluyen ahora a los blancos del Norte, que hasta hace poco eran conocidos por mirar con recelo a los "paletos" del Sur.

El partido republicano o, al menos, los candidatos republicanos son actualmente los favoritos de los miembros de la Mayoría del norte, aunque muchos en las filas sindicales y de bajos ingresos siguen votando a los demócratas. En general, los liberales del este de la Mayoría están en mucha mayor armonía intelectual con los liberales de las minorías que con los

---

[163] Véase el capítulo 15.

[164] "Archbishop Spellman", por Robert I. Gannon, *Look*, agosto de 1962, p. 103.

conservadores de la Mayoría. Estos últimos diluyen su eficacia política dividiendo el voto conservador en el Sur y mediante una larga historia de compromiso con el liberalismo del Norte y del Este. En cuanto a la siempre cacareada Mayoría Silenciosa, se define mejor por su actitud blanda y discreta ante el proceso político que por sus hábitos de voto o sus impulsos raciales. Blanco o de color, cristiano, judío, musulmán o no creyente, cualquiera que mantenga la voz baja y, en las raras ocasiones en que vota, vote a los republicanos, reúne los requisitos para ser miembro.

Sin embargo, la "Estrategia del Sur" de los republicanos tiene implicaciones raciales genuinas: un movimiento para atraer al redil republicano a los sureños blancos a los que no les gusta la postura pro-negra de los políticos del "Nuevo Sur" y el creciente peso de los negros en la política demócrata de todo el país. Pero la estrategia sureña, aunque ha dado buenos resultados en algunas elecciones presidenciales, todavía no ha producido una mayoría de congresistas republicanos en los estados situados por debajo de la línea Mason-Dixon.

Incluso ese santuario interior del privilegio protestante anglosajón, la presidencia, ha sido objeto de ataques. Al Smith perdió las elecciones presidenciales de 1928,[165] , pero un católico irlandés más carismático, John F. Kennedy, ganó las elecciones de 1960. Barry Goldwater, parcialmente judío, fue el fracasado abanderado republicano en las presidenciales de 1964. Lyndon Johnson, el ganador, era un miembro de buena fe de la Mayoría que, como senador por Texas, había luchado con uñas y dientes contra la legislación de derechos civiles.[166] Sin embargo, cuando llegó a la presidencia, cambió completamente de actitud, y en una ocasión entonó solemnemente el grito de guerra de las minorías, "Venceremos", en una conexión de televisión nacional.

Richard Nixon, que sucedió a Johnson en la Casa Blanca, aunque considerado por algunos como un super-WASP, era irlandés por ambos lados

---

[165] Smith ascendió en la escala política como un católico irlandés puro y duro, aunque su abuelo paterno era casi con toda seguridad italiano y su abuela paterna muy posiblemente alemana. Matthew y Hannah Josephson, *Al Smith*, Houghton Mifflin, Boston, 1969, pp. 13-15. Smith, como tantos políticos de las grandes ciudades, estaba "en el ajo". Thomas Chadbourne, un demócrata millonario, le dio 400.000 dólares en efectivo y opciones sobre acciones cuando era gobernador de Nueva York. *New York Times*, 22 de mayo de 1985. Si Herbert Hoover hubiera muerto en el cargo, Estados Unidos habría tenido un jefe ejecutivo con un cuarto de indio en la persona de Charles Curtis, el vicepresidente. *Globe and Mail* (Toronto), 13 de julio de 1984.

[166] En 1948, el senador Johnson dijo: "El programa de derechos civiles es una farsa y una farsa: un esfuerzo por establecer un estado policial disfrazado de libertad". Clarke Newton, LB], *The Man From Johnson City*, Dodd, Mead, Nueva York, 1964, p. 112.

de su árbol genealógico.[167] Su primer vicepresidente, Spiro Agnew, era de padre griego y madre de Virginia. Ronald Reagan, vencedor en 1980 y 1984, anunció varias veces en ambas campañas que era "irlandés", ya que tenía un padre irlandés-católico. Hablaba poco o nada de su madre de ascendencia británica. La política estadounidense había llegado al punto en que un candidato presidencial consideraba impolítico hablar de sus orígenes británicos.

George Bush llegó a la Casa Blanca de la mano de Reagan. Cuando la economía flaqueó y se le percibió más como un liberal republicano del Este que como un reaganiano, sólo duró un mandato, a pesar de su fácil victoria en la Guerra del Golfo.

Las presidencias de Jimmy Carter y Bill Clinton podrían atribuirse a la "Estrategia del Sur" de los demócratas, que consiste en presentar a un sureño a la presidencia con el fin de atraer a algunos estados sureños de vuelta al ya no tan sólido Sur. Aunque Carter y Clinton son miembros de la Mayoría, ambos hicieron un gran juego no sólo por el apoyo de los blancos sureños, sino también por los votos de las minorías. Clinton hizo todo lo posible por llenar su administración de negros, hispanos y judíos, por no mencionar a Ruth Bader Ginsburg, la primera abogada judía en el Tribunal Supremo desde la poco gloriosa salida de Abe Fortas, compinche de Johnson, en 1969.

Cuando un hombre como Lyndon Johnson, con todo el poder de la presidencia a sus espaldas, se siente obligado a cambiar sus creencias tan radicalmente y a proclamar sus simpatías por las minorías de forma tan pública y estridente, no se puede culpar al político de la Mayoría de menor rango, en agudo contraste con las prioridades de la mayoría de los políticos de las minorías, por poner al partido por encima de la raza. Obviamente, si representa a un distrito abrumadoramente mayoritario, el congresista de la Mayoría apoyará los objetivos y aspiraciones de quienes le votaron en lo que respecta a cuestiones locales y algunas de las cuestiones nacionales menos controvertidas. Pero en el momento en que se ve obligado a adoptar una postura sobre cuestiones más amplias que pueden afectar de manera crucial a la nación en su conjunto, suele doblegarse y ceder a la voluntad y el capricho de organizaciones y grupos de presión profusamente financiados y orientados a las minorías, que parecen dedicados a todos los intereses menos a los de sus electores.

Volviendo a los asuntos exteriores, los lazos emocionales de algunas minorías con sus antiguas o a veces nuevas patrias en el extranjero - mantenidos en el horno caliente por la mecánica del racismo- han producido

---

[167] Los Nixon, que no eran católicos, procedían del condado de Cork; la familia Milhous, del condado de Kildare. Phillips, op. cit., pp. 174-75.

una influencia minoritaria totalmente desproporcionada. La historia reciente de la política exterior estadounidense revela ejemplo tras ejemplo de compromisos diplomáticos, económicos y militares que fueron el resultado directo de la sensibilidad de la Casa Blanca y del Congreso a la presión de las minorías.

La rendición incondicional de Alemania, que entregó el este de Europa a Rusia al final de la Segunda Guerra Mundial y pudo haber causado un millón de bajas innecesarias, es uno de esos ejemplos. El apoyo estadounidense a Israel, que costó a Estados Unidos la amistad y la buena voluntad de más de 100 millones de árabes y allanó el camino para la entrada de Rusia en la política de Oriente Medio, es uno de esos ejemplos. Otro es la ayuda militar y financiera de Estados Unidos a las naciones africanas, en el mismo momento en que los medios de comunicación y los políticos en busca de titulares intensificaban las sanciones económicas contra Sudáfrica, la única entidad política estable del continente. La Rodesia independiente se vio obligada a rendirse a los marxistas negros en parte como consecuencia de las sanciones económicas de las Naciones Unidas, en las que Estados Unidos participó voluntariamente.

Si los intereses de las minorías coincidieron con el interés nacional en estas importantes acciones de política exterior es una cuestión que merece un serio debate. Lo que no es discutible son las motivaciones raciales inherentes a tales decisiones. La mayoría, al no tener más patria que Estados Unidos, tiende a ver los asuntos exteriores desde un punto de vista puramente estadounidense. Otros grupos de población suelen contemplar la escena internacional desde una perspectiva totalmente distinta. Este enfoque esquizoide de la política exterior fue sin duda una razón de peso para que Estados Unidos se retirara de la guerra de Vietnam, donde los intereses de las minorías eran intrascendentes, en el mismo momento en que la Casa Blanca y el Congreso se ocupaban de enfatizar y volver a enfatizar los compromisos estadounidenses en Oriente Medio, donde los intereses judíos se consideran más importantes que el suministro y la disponibilidad de petróleo árabe. En Cuba, por la que las minorías más influyentes se preocupan poco, pero donde la amenaza para las defensas de Estados Unidos fue real hasta la desintegración de la Unión Soviética, el estacionamiento de fuerzas armadas rusas fue considerado un *hecho consumado* por la Casa Blanca.

Los dos principales logros de la política exterior de la Mayoría -la Doctrina Monroe y la no implicación en la política de las potencias del Viejo Mundo- han sido ahora desechados y sustituidos por una política exterior sin centro de gravedad, un revoltijo de *non sequiturs* diplomáticos que vuela por una tangente para satisfacer el emocionalismo de las minorías, por otra para aplacar el apasionado antitotalitarismo de los liberales, por otra para calmar la fobia al socialismo de los conservadores.

Para bien o para mal, el control mayoritario de los asuntos exteriores era el único medio de desarrollar y aplicar una política exterior coherente. Una vez que la diplomacia estadounidense, impulsada por el racismo de las minorías, se hizo pluralista, la sucesión de desastres que tuvo lugar en la segunda mitad de este siglo fue inevitable. Hasta el reinado de Henry Kissinger no hubo rama del gobierno en la que la Mayoría tuviera una mayor representación per cápita que en el Departamento de Estado. Sin embargo, fue precisamente en el ámbito de la política exterior donde el interés de la Mayoría fue y es más estudiadamente ignorado.

Una gran objeción a la tesis del despojo de la Mayoría tiene que surgir del hecho innegable de que muchas de las mayores fortunas de la nación y muchas de las principales corporaciones siguen en manos de la Mayoría. Aquí basta con decir, junto con el profesor de Harvard y economista John K. Galbraith,[168] que la riqueza ya no es equivalente al poder, y que el miembro medio de la Mayoría es considerablemente menos opulento que el miembro medio de algunas minorías, en particular la minoría judía,[169] que ahora ha empezado a desafiar el control de la Mayoría sobre las grandes corporaciones.[170] El hecho de que estas mismas corporaciones, las principales fuentes de riqueza de la Mayoría, tuvieran prohibido por ley aportar dinero a los partidos políticos, mientras que los sindicatos, muchos bajo control directo de las minorías, podían canalizar millones de dólares a sus candidatos favoritos a través de los comités de acción política (PAC), no era más que un indicio más de la curva descendente de la influencia de la Mayoría. Sin embargo, a finales de la década de 1970, una decisión del Tribunal Supremo permitió que tanto los sindicatos como las empresas patrocinaran comités de acción política.

---

[168] Uno de los principales liberales del país, el profesor Galbraith se expuso a una acusación de deslealtad de casta cuando intentó desenterrar la vieja historia de una Mayoría conspiradora que ataba con sus hilos la política y la economía estadounidenses. John K. Galbraith, *The Affluent Society*, Houghton Mifflin, Boston, 1958, pp. 88-90.

[169] En el capítulo 15 se presenta un estudio sobre la riqueza de los judíos. No se dispone de datos sobre la situación económica de las minorías armenia, china, japonesa y coreana, pero todo indica que el miembro medio de estas minorías tiene un patrimonio neto mayor que el miembro medio de la mayoría. La incalculable riqueza de la Mafia eleva posiblemente la renta y la riqueza per cápita de la minoría del sur de Italia por encima de la media nacional.

[170] Cabe destacar que el juez federal Harold Greene, un refugiado judío-alemán, supervisó la disolución de AT&T, la que fuera la mayor empresa del mundo.

Irónicamente, muchas de las mayores fortunas de la Mayoría han pasado ahora a manos de grandes fideicomisos y fundaciones, que destinan gran parte de sus ingresos y capital a causas de las minorías. Asimismo, algunos de los miembros más ricos de la Mayoría, cuando se trata de ayudar a los suyos, han convertido en un fetiche la no implicación y la invisibilidad De los tres auténticos multimillonarios de la Mayoría en la década de 1970, uno, J. Paul Getty, que ocasionalmente escribía homilías económicas para una revista de sexo, murió en un espléndido aislamiento en una mansión baronial inglesa y llevaba décadas sin pisar su propio país. Otro, el pionero de la aviación Howard Hughes, llevaba una vida enclaustrada en hoteles extranjeros tras levantar en Las Vegas el mayor imperio del juego del mundo. El tercero, el magnate de los petroleros Daniel Ludwig, pasó la mayor parte de sus últimos años construyendo un vasto y poco rentable complejo industrial y agrícola en Brasil. En 1993, según la revista *Forbes, el* miembro más rico de la Mayoría era Warren Buffet, que tiene una inversión sustancial en Washington Post Co, editora del liberaloide *Washington Post*, controlado por minorías. Ni que decir tiene que los superricos minoritarios son mucho menos proclives a desvincularse de lo que conciben como sus obligaciones étnicas.

No es sorprendente que la desposesión de la Mayoría se haga más patente en el ámbito de la opinión pública. Si Ortega y Gasset tiene razón al afirmar: "Nunca nadie ha gobernado en esta tierra basando su gobierno esencialmente en otra cosa que no fuera la opinión pública",[171] , entonces el dominio de las minorías en los Estados Unidos actuales es incontestable. Los miembros de las minorías se encuentran en los escalones más altos de las tres principales cadenas comerciales de radio y televisión, la red pública de radio y televisión, todas las grandes compañías cinematográficas (incluidos los estudios Disney), los dos periódicos más influyentes del país, una de las mayores cadenas de periódicos, al menos la mitad de las editoriales importantes, las tres revistas de noticias y la mayoría de los principales diarios de opinión (para más detalles, véase el capítulo 15). Pero esta notable concentración de poder no se detiene aquí. Organizaciones de minorías agresivamente censoras, la principal de ellas la Liga Antidifamación de B'nai B'rith, vigilan la palabra impresa y hablada en busca de las alusiones más sutiles contra las minorías. Si se encuentra alguna, se avisa y amonesta al propietario, editor o productor del medio infractor. Esta presión no puede evitar que con frecuencia se minimicen, omitan o tergiversen noticias e

---

[171] *La rebelión de las masas*, Espasa-Calpe, Madrid, 1966, p. 116.

información vitales para el interés público.[172] La mayoría, para su gran pérdida, no tiene organizaciones de vigilancia similares.

Al ser un compuesto de lo que la gente lee, ve, siente y piensa, la opinión pública es sólo en parte creación de los canales minoritarios de información. Ningún periodista, comentarista, autor, filósofo o profeta puede hacer que un adulto normalmente inteligente acepte como cierto lo que sabe que es falso. Pero a medida que la opinión pública pasa de los asuntos locales a los estatales y nacionales, se vuelve menos informada. Más sabe un tonto en su casa que un sabio en la de su vecino, reza el refranero español. El conocimiento de primera mano es suplantado por información de segunda mano e incluso chismes de tercera mano. Por último, en el ámbito de los asuntos exteriores, la opinión pública se basa en gran medida en la opinión "organizada", que representa la agenda de quienes tienen un interés directo o indirecto en condicionar las actitudes del público hacia los acontecimientos de los que se informa y las políticas que se debaten.

En cuanto a las encuestas de opinión pública, a menudo son más eficaces para influir en la opinión pública que para medirla, revelan más el estado de ánimo del encuestador que el del público. Los periódicos que suscriben los sondeos influyen considerablemente en el tipo de preguntas que se formulan y en el tamaño y composición de la muestra. Con ocasión de las elecciones nacionales y estatales, los sondeos han servido a menudo para hacer campaña

---

[172] El periodista del *New York Times* Gay Talese ha escrito: "Los medios de comunicación fabricaron acontecimientos dramáticos y personajes colosales a partir de muchos pequeños incidentes y hombres menores". *The Kingdom and the Power*, World, Nueva York, 1969, p. 194. Ejemplos flagrantes de la distorsión de los medios de comunicación en las últimas décadas: la diabolización del senador Joseph McCarthy; la apoteosis de los asesinados hermanos Kennedy y Martin Luther King, Jr.; el afecto risueño por los revolucionarios blancos y negros de postín, los evasores de la conscripción, los líderes de disturbios y las bandas de asesinos; el encubrimiento de Chappaquiddick. "¿Se ha oído alguna vez un debate equilibrado sobre la situación en Sudáfrica? ¿O una presentación razonable del punto de vista 'halcón' sobre Vietnam? ¿O de las acciones de una fuerza policial enfrentada a multitudes descontroladas?", se pregunta Ernest van den Haag en *The Jewish Mystique*, Stein and Day, Nueva York, 1969, p. 142. La tendencia de los medios de comunicación es más obvia en la técnica de editorializar mediante titulares. "Dejadme controlar los titulares y no me importará quién controle los editoriales", dijo Frederick Birchall, antiguo director del *New York Times*. Talese, op. cit., p. 168. En la década de 1950, cuando cualquier objeción en voz alta al comunismo evocaba la respuesta pavloviana del "McCarthyismo", el presidente Truman acusó al candidato presidencial Eisenhower de "estar dispuesto a aceptar los principios que identifican a la llamada raza superior". *New York Times*, 18 de octubre de 1952, p. 1. En la carrera presidencial de 1972, George McGovern asoció dos veces al presidente Nixon con Hitler.

electoral, en la que las estadísticas favorables al candidato preferido se exaltan, mientras que las desfavorables se minimizan o se ocultan.[173]

En caso de que la Mayoría recupere el control de los medios informativos, la opinión pública no sufrirá ninguna transformación de la noche a la mañana. El tratamiento de las noticias moldea las mentes de la gente, pero la ideología que define y circunscribe el modo en que se tratan las noticias fluye del dominio de la cultura, del que la opinión pública no es a menudo más que un servil adjunto. En los estratos más bajos del ámbito cultural estadounidense -cómics, películas de Hollywood y programas de televisión- apenas se cuestiona el dominio de las minorías. En los estratos superiores -poesía, novelas serias, crítica literaria, teatro off-Broadway, música moderna, pintura y escultura- las minorías también han asumido una posición dominante (véase el capítulo 18).

A menudo se ha dicho, con más malicia que acierto, que la única contribución original de Estados Unidos al arte fue la de una minoría: el jazz negro. Ahora, se nos dice, las minorías se han apoderado de toda la cultura estadounidense, y se han escrito libros para documentar este tema. Según Leslie Fiedler, el tono básico de la vida intelectual creativa de Estados Unidos se ha vuelto judío.[174] Nathaniel Weyl no sólo proclama la supremacía de los judíos en la cultura estadounidense moderna, sino que da razones biológicas de esta supremacía.[175] Ampliando el planteamiento genético de Weyl, Ernest van den Haag, profesor de filosofía social en la Universidad de Nueva York, afirma que "la propia sensibilidad estadounidense se ha vuelto en parte judía".[176] Van den Haag reconoce el dominio de los medios de comunicación por los "liberales judíos", el dominio cultural ejercido por el "establishment cultural judío" y, en un paroxismo de adulación étnica que convenientemente pasa por alto la civilización griega y romana, el Renacimiento y las obras maestras del arte y la ciencia occidentales, declara que los judíos "han dado el significado esencial a los últimos dos mil años de la historia occidental".[177]

---

[173] La encuesta Louis Harris predijo que Hubert Humphrey ganaría las elecciones presidenciales de 1968. Sin una sola excepción, todos los grandes periódicos y revistas estadounidenses predijeron una amplia victoria laborista en las elecciones generales británicas de 1970, que llevaron al partido conservador al poder. La capacidad de predicción de los encuestadores en la victoria presidencial de Reagan en 1980 fue ridícula.

[174] *Time*, 19 de agosto de 1966, p. 80.

[175] *La élite creativa en América*, Capítulo XVIII.

[176] *La mística judía*, p. 98.

[177] Ibídem, pp. 14, 41, 129-33.

Como cegados por su concentración en un fenómeno cultural, los intelectuales antes mencionados parecen haber restado importancia a los movimientos artísticos de otra minoría. Puede que los judíos tengan la cultura de la mayoría a la fuga, pero los negros la tienen acorralada. El reciente auge del drama negro y de los tratados racistas semibiográficos en forma de novelas y documentales de televisión no sólo está remodelando y reorientando la cultura de la mayoría, sino que está a punto de herirla de muerte. Las nuevas celebridades literarias negras tienen mentes unidireccionales y temas que se repiten constantemente (véase el capítulo 18). Las mujeres blancas pueden ser violadas. Los hombres blancos tienen graves defectos sexuales.[178] El saqueo, el incendio provocado, el caos, el asesinato e incluso la masacre son a menudo objetivos dignos y comprensibles. El lenguaje empleado se basa en gran medida en insultos raciales y repetitivos conjuros de blasfemia.

A pesar de estas limitaciones artísticas, el renacimiento literario y dramático de los negros es promovido activamente por los principales editores y productores, y se ve a menudo en la televisión educativa.[179] Los escritores de la mayoría no pueden responder de la misma manera, ya que cualquier exhibición pública del racismo de la mayoría, cultural o de otro tipo, es objeto de una prohibición automática y generalizada.[180] Al no permitirse ningún contraataque o refutación eficaz o significativa, el golpe cultural

---

[178] Esta afirmación parece especialmente inapropiada si se tiene en cuenta que el estado fisiológico conocido como "feminización" es mucho más frecuente entre los negros que entre los blancos. La atrofia de los testículos y la ginecomastia (agrandamiento de los senos masculinos) son afecciones bastante comunes entre los negros. J. C. Carothers, *The African Mind in Health and Disease*, Organización Mundial de la Salud, Ginebra, 1953, p. 64. El mito de la falta de hombría de los blancos ha sido recogido por algunas publicaciones blancas. "Pregunta: ¿Cómo se llama cuando una prostituta atiende a un cliente blanco? Respuesta: "La desnuda y la muerta".

[179] Quizá el drama más violentamente racista que jamás haya llegado a un escenario fue Slave Ship, presentado en Brooklyn en otoño de 1969. Su autor era LeRoi Jones (Imri Baraka), un negro que se casó y luego se divorció de una dama judía porque era un vivo reproche "a las cosas que en mí me importaban". *Village Voice*, 17-23 de diciembre de 1980. Los libelos contra los blancos y los llamamientos "literarios" a la violencia racial son un tema frecuente en los programas de entrevistas de la televisión negra.

[180] La prohibición selectiva del uso de improperios raciales no se limita a las obras literarias y a lo que aparece en los medios de comunicación. En Washington, D.C., la policía ha recibido órdenes formales de evitar las siguientes expresiones: boy, wop, kike, chink, dago, polack, bohunk, limey, frog, kraut, nigger, burrhead y spic. *San Francisco Chronicle and Examiner, This World*, 5 de mayo de 1968, p. 12.

avanza implacablemente hacia el establecimiento de la tesis de que "la raza blanca es el cáncer de la historia de la humanidad".[181]

Con respecto a la religión, una de las manifestaciones más importantes de la cultura, no es tanto que la Mayoría esté perdiendo su iglesia como que la iglesia, exceptuando algunas denominaciones fundamentalistas, está perdiendo a la Mayoría. Un gran número de protestantes de la Mayoría no pueden sentirse demasiado entusiasmados ante el espectáculo de sus ministros dedicando gran parte de su tiempo y gran parte del dinero de sus congregaciones a dar cobijo y alimento a bandas callejeras revolucionarias en su país y a guerrillas antiblancas en África, y a traer extranjeros de Centroamérica, Haití y la antigua Unión Soviética. La mayoría de los católicos han experimentado la misma desilusión al ver cómo sus sacerdotes y monjas izquierdistas promovían la desafección entre las tropas estadounidenses en Vietnam y fomentaban el antigringoísmo en América Latina.

Como era de esperar, el clero católico y protestante ha proporcionado muchos de los más activos flautistas de Hamelín de las minorías -el difunto Padre Groppi, Adam Clayton Powell, Martin Luther King, Jr.-, todos los cuales desarrollaron el hábito de alimentar a sus seguidores con una embriagadora mezcla de socialcristianismo y racismo minoritario. En cambio, no ha surgido de ningún cuerpo religioso ningún gran defensor de la Mayoría, ni es probable que surja mientras haya personajes de cuello invertido como el reverendo William Sloane Coffin, Jr. dos veces divorciado, que predicaba la desobediencia civil en casa y la retirada en Extremo Oriente, al tiempo que guardaba silencio sobre Oriente Medio, en la Iglesia Riverside de Nueva York, subvencionada por Rockefeller, y mientras Billy Graham y otros evangelistas, algunos de los cuales acabaron en la cárcel por delitos sexuales o financieros, desconcierten a sus audiencias con sus propias marcas especiales de fosilismo religioso, y mientras el reverendo Jerry Falwell predique un "renacimiento moral" estrechamente vinculado a *Israel über Alles*.

Un ataque a la cultura de un pueblo incluye necesariamente un ataque a la historia de un pueblo, que es a la vez el almacén y el arsenal de la cultura. Los "muckrakers" de la minoría[182] empezaron a reescribir el pasado de la

---

[181] Esta declaración de la literata judía Susan Sontag apareció en *Partisan Review*, invierno de 1967.

[182] Uno de los más destacados fue Gustavus Myers, que en su célebre estudio *The History of the Great American Fortunes (La historia de las grandes fortunas americanas) se* esforzó en detallar la fabulosa riqueza de las familias más ricas de la Mayoría, mientras que prácticamente ignoraba a millonarios minoritarios como August Belmont, que era el

mayoría hace muchos años, pero sólo recientemente los textos escolares, hábilmente ayudados por "Westerns" televisivos y documentales, se han propuesto deliberadamente desacreditar el papel estelar de la mayoría en la crónica estadounidense. A los niños de la mayoría se les sigue permitiendo aprender que sus antepasados, en la mayoría de los casos con la ayuda de grupos minoritarios, abrieron el desierto y colonizaron la tierra, pero se les inculca que esos mismos antepasados quemaron brujas y cometieron atrocidades indecibles contra los indefensos indios. A la vez que se les caracteriza como avaros sin ley y brutales explotadores de la mano de obra, se sigue admitiendo, aunque a regañadientes, que los gigantes industriales de la mayoría construyeron los ferrocarriles y las acerías, y desenterraron el petróleo que dio a la humanidad el motor de combustión.[183] El Sur, se enseña, produjo la mayor parte del algodón del mundo y una civilización elegante, al precio de linchamientos masivos, jinetes nocturnos, bandas de esclavos y genocidio bajo el sol ardiente. Poco de lo que hizo la Mayoría estuvo bien; aún menos fue decente.

Admitiendo que la Mayoría no tiene representación política efectiva, que su papel en la configuración de la política interior y exterior es menos que decisivo, que su influencia económica está en eclipse, que sus líderes religiosos la han abandonado o se han vuelto contra ella, que su cultura ha sido destrozada y su historia degradada -admitiendo todo esto, se puede argumentar, sin embargo, que la Mayoría no puede ser realmente desposeída

---

representante americano de los Rothschild y probablemente disponía de más dinero contante y sonante que cualquiera de sus competidores nativos. Myers tampoco equilibró su lista de golpes financieros de la Mayoría llamando la atención sobre Jesse Seligman, que ayudó a persuadir a estadounidenses y a otros a invertir 400 millones de dólares en una frustrada empresa francesa para construir un canal a través de Panamá. Nadie recuperó un céntimo, pero Seligman conservó su anticipo de 300.000 dólares y los enormes beneficios adicionales que obtuvo como suscriptor. Stephen Birmingham, *Our Crowd*, Dell, Nueva York, 1967, pp. 273-75. Myers no mencionó la posible ascendencia minoritaria de su principal villano, Jay Gould, que descendía de Nathan Gold de Fairfax, Connecticut, añadiéndose la "u" en 1806. Birmingham, op. cit., p. 132. Matthew Josephson presenta el mismo lúgubre catálogo de peculado a gran escala de la Mayoría en su libro *The Robber Barons*, y omite casi por completo los malabarismos financieros de los magnates de la minoría. Otra obra de este género es *The Rich and the Super-Rich*, de Ferdinand Lundberg. Se dedican páginas, a veces capítulos enteros, a los Rockefeller, los Mellon, los Ford, los Du-Pont, los Hunts y los Vanderbilt, pero sólo unas pocas palabras a los Rosenwald, los Blaustein, los Zellerbach, los Loebs, los Seligman y los Warburg. El índice ni siquiera menciona a los Guggenheims, Zemurrays, Baruchs, Schiffs, Sarnoffs, Annenbergs, Sulzbergers y Hirshhorns.

[183] La Dra. Lucy Rockefeller Hamlin, hija de Laurance Rockefeller, dijo: "Nunca estudié historia americana porque no quería sentarme en una clase y arriesgarme a oír a mi bisabuelo descrito como un barón ladrón". *San Francisco Examiner and Chronicle*, 2 de marzo de 1969, Sección A, p. 21.

hasta que pierda el mando de la fuente última de poder, las fuerzas armadas. La refutación es que Estados Unidos no es la Prusia del siglo XIX. No tiene una tradición militar que anime a su cuerpo de oficiales a sostener una espada Damoclean sobre la política. Debido en gran parte a la resistencia de las instituciones de la Mayoría, el ejército estadounidense sigue estando firmemente bajo el pulgar civil.

Si existen dudas al respecto, los latigazos verbales propinados a oficiales de alto rango por los medios de comunicación en las últimas décadas deberían disiparlas. La brusca destitución del General MacArthur por el Presidente Truman, la "mala prensa" del General Curtis LeMay en la contienda presidencial de 1968, los altibajos del General Edwin Walker,[184] los ataques póstumos al General George Patton, y el revuelo causado por las críticas del General George Brown al lobby israelí son la prueba de que, como siempre en la América moderna, la pluma es más poderosa y afilada que la espada.

Además, las fuerzas armadas no están tan dominadas por la mayoría como podría parecer. La administración Carter tuvo un secretario de Defensa judío, Harold Brown, y un secretario del Ejército negro, Clifford Alexander. Los principales negociadores de control de armas del presidente Reagan eran judíos. Había almirantes judíos en la marina,[185] generales negros en la fuerza aérea y cuadros revolucionarios negros en el ejército.[186] En un futuro no muy lejano, es posible que los negros y los hispanos superen pronto en número a los miembros de la Mayoría. La coalición liberal-minoritaria, no el Pentágono, presidió el estancamiento de Corea y el desastre de Vietnam,

---

[184] Walker era una figura popular, al menos en el Norte, cuando comandó las tropas que impusieron la desegregación de un instituto de Little Rock en 1957. Más tarde, cuando dimitió del ejército y empezó a criticar las leyes que antes había tenido que ejecutar, fue internado temporalmente en un manicomio, tiroteado por Lee Harvey Oswald y transformado sin esfuerzo en un chiflado por los creadores de opinión. Walker volvió a los titulares en 1976, cuando fue detenido y acusado de incitación a la homosexualidad.

[185] El difunto Hyman Rickover, "padre del submarino nuclear", recibió 67.628 dólares en regalos ilegales de General Dynamics.

[186] "Pero ahora se está librando otra guerra en Vietnam: entre estadounidenses blancos y negros... Se han organizado grupos 'Ju Ju' y 'Mau Mau'... los tanques enarbolan banderas negras... el elaborado entrenamiento en guerra de guerrillas no se les ha escapado, y muchos oficiales, blancos y negros, creen que Vietnam puede resultar un campo de entrenamiento para el comando urbano negro del futuro." *Time*, 19 de septiembre de 1969, p. 22. Algunos jóvenes radicales y viejos marxistas consideran a este ejército dentro del ejército como la vanguardia de la revolución.

donde ya se había puesto en marcha una derrota a plazos y donde la victoria, gracias a la cobertura televisiva, se había descartado de antemano.[187]

El general Norman Schwarzkopf tuvo buena prensa por su victoria casi sin esfuerzo y sin bajas sobre los iraquíes, pero la perdió cuando criticó a su presidente por el intento de Clinton de convertir a los homosexuales en una minoría militar protegida. Su superior, el general Colin Powell, el primer presidente negro de los jefes conjuntos, recibió mucho crédito por la victoria, no porque lo mereciera -su contribución fue trivial- sino por su color de piel.

A principios de la década de 1990, cuando la violencia y el crimen alcanzaron niveles astronómicos que escapaban al control de la policía y a las esporádicas apariciones de la Guardia Nacional, se habló de convertir a las fuerzas armadas en una agencia masiva de aplicación de la ley, algo del orden de la Oficina Federal de Investigación, otra organización con la desesperada misión de intentar forzar a una sociedad enferma a funcionar como una sociedad ordenada. En lugar de servir como instrumento para detener el despojo de la Mayoría, los militares, tan mansos, permisivos y aquiescentes como cualquier otra rama del gobierno, están principalmente interesados en ascensos y en mantenerse lo más lejos posible de cualquier campo de batalla, extranjero o nacional. Los generales políticos, que dirigen las fuerzas armadas, son muy conscientes de que la forma más segura de conseguir su segunda o tercera estrella es no hacer absolutamente ninguna ola, no dar rienda suelta a ninguna opinión controvertida y sonreír dulcemente al que esquiva el reclutamiento en la Casa Blanca.

De todas las pruebas del declive de la Mayoría, ninguna fue más concluyente que la compendiosa antología de postmortems mediáticos sobre el alunizaje. Se trataba de la gran empresa de la Mayoría del siglo, quizá el momento más memorable de la humanidad, y sin embargo, una vez concluida la cobertura televisiva, tras los desfiles de confeti, el acontecimiento fue tratado a menudo

---

[187] El juicio de la masacre de My Lai, iniciado por el escabroso reportaje del corresponsal de un periódico minoritario Seymour Hersh, se escenificó de tal manera que permitió a los militares presidir su propio hara-kiri. Cuando el planificador militar minoritario Daniel Ellsberg robó los secretos "Papeles del Pentágono" fue tratado más como un héroe que como un criminal. Más tarde se retiraron todos los cargos contra él y fue prácticamente canonizado por los medios de comunicación, después de que se supiera que investigadores de la Casa Blanca habían entrado en la consulta de su psiquiatra en busca de información perjudicial. El espía quedó libre. Los contraespías fueron acusados. La última vez que se supo de Ellsberg fue como uno de los principales agitadores contra la energía nuclear y como miembro de un club sexual de Los Ángeles. Anteriormente había formado parte de un comité de defensa de Abbie Hoffman, que se libró de la fianza en 1973 tras su detención como traficante de cocaína y cuya triunfal aparición en 1980 fue descrita por los medios de comunicación como una especie de Segunda Venida. *Miami Herald*, 30 de agosto de 1973, p. 16A.

con velada hostilidad e incluso descrito como un truco deliberado para desviar la atención de la difícil situación y las necesidades de los pobres y desfavorecidos.

La línea definitiva de la minoría liberal sobre la misión Apolo 11 se estableció en una disertación en tres partes en una revista de circulación masiva del escritor judío Norman Mailer.[188] El autor insinuaba que el viaje épico de Neil Armstrong era una aventura disparatada, injustificable, derrochadora y seminazi que insultaba las aspiraciones de los negros. La mancha nazi, presumiblemente, se debía a la participación de científicos nacidos en Alemania en el programa espacial. En opinión de Mailer, todo el asunto era un lúgubre anticipo de la era fría e informatizada que se avecinaba, una era cuya única salvación serían las drogas, los tambores y el dharma de una raza de hombres diferente y mejor que la de los astronautas. La elección de Mailer, cuyas incursiones payasescas en política le habían valido mayores titulares que sus afectaciones literarias, para valorar una hazaña casi inapreciable de la Mayoría fue en sí misma un triste indicio más del desestablecimiento de la Mayoría.[189]

Con la degradación de los astronautas y la mejora de violadores arrepentidos como Eldridge Cleaver, terroristas pueriles como Tom Hayden y retrocesos culturales como Abbie Hoffman y Jerry Rubin, la pendiente descendente de la historia de la Mayoría se hizo cada vez más pronunciada. El elemento europeo septentrional de la población estadounidense, dominante desde los primeros tiempos coloniales hasta después del cambio de siglo, fue degradado a un lugar secundario en el esquema estadounidense de las cosas. Las instituciones de la Mayoría y su lealtad a estas instituciones, sus hábitos de trabajo y su presencia física siguen uniendo al país, pero con un efecto decreciente a medida que pasan los años.

El proceso general de desposesión de la Mayoría no es demasiado difícil de resumir. Fragmentados por la Guerra de Secesión, ablandados luego en un estado de ánimo humanitario por una larga era de paz y abundancia, e impulsados por un deseo abrumador de mano de obra barata, los constructores de la nación de Gran Bretaña y otras partes del norte de Europa decidieron compartir los beneficios de sus instituciones políticas

---

[188] *Life*, 29 de agosto de 1969, 14 de noviembre de 1969 y 9 de enero de 1970. Los artículos de revista del escritor se ampliaron posteriormente en *Of a Fire on the Moon*, Little Brown, Boston, 1970.

[189] Más tarde, Mailer calificó a los WASP como "la gente más fáustica, bárbara, draconiana, progresista y desarraigada de la Tierra", un insulto racial que le valió altas calificaciones entre la intelligentsia. Su última palabra sobre el Apolo 11 fue que el "nihilismo WASP encontró su expresión perfecta en la odisea a la luna..." *Time*, 8 de febrero de 1971.

laboriosamente desarrolladas con los recién llegados de diferentes razas y culturas. Dado que estos nuevos americanos carecían casi por completo de práctica y destreza en los misterios del autogobierno y, por su propia experiencia histórica, estaban bastante poco familiarizados con ideas como la autosuficiencia y los derechos individuales, se mostraron tanto más deseosos de atiborrarse del rico festín libertario, aunque más por sus propios apetitos privados y colectivos que por el bien público.

Sin embargo, la plena igualdad social se vio frenada por los sentimientos residuales de superioridad racial de la mayoría. Para ayudar a eliminar este último impedimento, los antropólogos de las minorías presentaron y divulgaron "pruebas científicas" de que todas las razas eran intrínsecamente iguales. Las teorías desarrolladas a partir de dichas pruebas (o que las precedieron) fueron promovidas amplia e implacablemente por una alianza de intelectuales liberales y de minorías, y de mercaderes de la opinión pública. No pasó mucho tiempo antes de que el igualitarismo racial se convirtiera en un dogma establecido que fue asumido con venganza por los no blancos, cuya experiencia histórica era aún más ajena a la organización social de la Mayoría que la de los blancos de la Nueva Inmigración.

En su celo por la nivelación racial, la escuela igualitaria perdió de vista el hecho de que el propio dinamismo que impulsa a una raza a obtener la igualdad la obliga a ir más allá de la igualdad. Después de décadas de lucha, los intereses creados en el ascenso racial se vuelven demasiado grandes para ser cerrados arbitrariamente por resoluciones de la Unión Americana de Libertades Civiles o de los Americanos por la Acción Democrática. Inevitablemente, la igualdad se acerca a la superigualdad, y la superigualdad se convierte en superioridad.

Hoy, bajo la rúbrica de Acción Afirmativa, el racismo de las minorías ha recibido el sello de aprobación de las tres ramas del gobierno y se ha institucionalizado en Estados Unidos. La piel negra o morena, el origen hispano o el pliegue epicántico proporcionan a su afortunado poseedor privilegios especiales en el trabajo, la educación e incluso en los tribunales de justicia.

Mientras tanto, las teorías que proponen la superioridad racial de ciertas minorías están siendo publicadas por las principales editoriales, aparecen en los medios de comunicación y se discuten seriamente en los círculos más altos de los conocedores de las minorías liberales.[190] No debería sorprender

---

[190] En el capítulo 15 se examinan tres casos de superioridad racial judía y uno de inferioridad judía. Las alegaciones de Marshall McLuhan sobre la superioridad racial de los negros se tratarán brevemente en el capítulo 17. Un artículo de la revista *Sepia* (mayo de 1980) se titulaba "La superioridad genética negra". El Dr. Asa Hilliard III, decano

a los que entienden las verdaderas motivaciones de los integracionistas raciales que los mismos antropólogos que han estado predicando el igualitarismo con más vigor parezcan los menos perturbados por esta tendencia. Montague Francis Ashley Montagu (nacido Israel Ehrenberg), durante muchos años el principal defensor de la escuela igualitaria de antropología, ha elogiado y respaldado públicamente un tour de force literario que describe a los judíos como una raza superior dotada innatamente de un aparato intelectual que los hace superiores a todos los demás grupos de población del planeta.

Y así ha sucedido que a la antaño dominante Mayoría se le ha otorgado el estatus -y el estigma- de inferioridad, no sólo por la radical reordenación del orden social estadounidense, no sólo por el dinamismo racial minoritario, sino por los pronunciamientos *ex cathedra* de los científicos sociales más influyentes. No hay mayor forma de desposesión que convertirse en sirviente en la propia casa.

---

negro de la Facultad de Educación de San Francisco State, una universidad con cierto prestigio en el mundo académico, intentó apuntalar esta pretensión de superioridad afirmando que Mozart, Haydn y Beethoven eran "afroeuropeos". Discurso en la Academia de las Fuerzas Aéreas de Estados Unidos, marzo de 1980.

CAPÍTULO 11

La división en las filas

¿ **N**O ES INCREÍBLE que el mayor grupo de población estadounidense, el grupo con las raíces más profundas, el grupo más ordenado y técnicamente más competente, el grupo de población nuclear de la cultura estadounidense y del acervo genético estadounidense, haya perdido su preeminencia en favor de minorías más débiles, menos establecidas, menos numerosas, culturalmente heterogéneas y a menudo mutuamente hostiles?

Teniendo en cuenta el dinamismo de las minorías y la variedad de causas analizadas en capítulos anteriores, este milagroso cambio de poder nunca podría haber tenido lugar sin una "división en las filas" de la Mayoría, sin la ayuda y participación activas de los propios miembros de la Mayoría. Ya se ha señalado que la conciencia racial es una de las mayores fuerzas vinculantes de la humanidad. De esto se deduce que cuando la atracción gravitatoria racial disminuye, la gente tiende a separarse del núcleo del grupo. Algunos vagan sin rumbo por la vida como seres humanos aislados. Otros buscan un núcleo sustitutivo en una vida religiosa o política intensificada, o en una conciencia de clase ampliada. Otros, por idealismo, romanticismo, inercia o perversidad, se unen a otra raza en un intento de encontrar la solidaridad que echan de menos en la suya propia.

En sentido estricto, como ya se ha sugerido, nadie puede cambiar o intercambiar su raza. Lo impide el importantísimo estrato físico de la raza. Pero uno puede perder o renunciar a su mentalidad racial, a su orgullo racial, a su racismo. Se puede adquirir la cultura, la lengua y la religión de otra raza. Uno puede casarse con una persona de otra raza y tener hijos híbridos. Al dar uno o más de estos pasos, el miembro de la Mayoría se retira a todos los efectos prácticos de su propio grupo y se convierte, si no en un miembro de buena fe, al menos en un miembro ad hoc de una minoría.

Los miembros de la Mayoría dividen sus filas por multitud de razones, la principal de las cuales probablemente sea la ignorancia -ignorancia del mundo moderno que les rodea y del mundo antiguo que tienen detrás-, ignorancia derivada de la falta de voluntad o de la incapacidad para reconocer la influencia osmótica de la raza en asuntos que afectan a su existencia cotidiana. Paradójicamente, esta ignorancia está muy extendida entre los elementos más educados de la Mayoría, ya que el hombre alfabetizado que no lee más que tonterías es más ignorante que el analfabeto que no lee nada. La prosperidad, que aumenta la movilidad social al tiempo que diluye la conciencia de raza, es también un factor importante para dividir a la Mayoría desde dentro. La preocupación excesiva por las comodidades materiales y las conveniencias de la tecnología moderna sirve para embotar tanto la razón como los instintos. Pero sean cuales sean las circunstancias, quienes abandonan el redil racial lo debilitan. No es que la unión haga la fuerza, sino que la deserción debilita. ¿Quiénes son exactamente los desertores de la mayoría racial? En términos generales, pueden dividirse en cinco categorías.

1. GRÁCQUITOS. El nombre deriva de los Gracos, dos hermanos que, pese a pertenecer a una de las grandes familias patricias de Roma, no pudieron alimentar suficientemente su elevada ambición permaneciendo en la órbita de su propia casta aristocrática. Tiberio y Cayo Graco descubrieron que, en tiempos de tensión en una república relativamente tolerante, un descenso de uno o dos peldaños en la escala social equivalía a un ascenso de varios peldaños en la escala política. En consecuencia, se convirtieron en los abanderados de la revolución y la revuelta agraria y fueron adulados por los plebeyos. La estrategia política de los Gracos no se limitaba en absoluto a agitar clase contra clase, campesino contra terrateniente,[191] explotado contra explotador. Los patricios, descendientes de los invasores itálicos, se diferenciaban racialmente de los plebeyos, hijos de inmigrantes anteriores y posteriores. Por consiguiente, el llamamiento de los Gracos se dirigía tanto a las razas oprimidas como a las clases oprimidas.

En un Estado multirracial, el miembro bien nacido y ambicioso de una raza dominante está constantemente tentado de tomar el camino graconiano hacia el poder. Es más difícil para el patricio ganarse el respeto del patricio que ganarse el respeto del plebeyo. También es mucho más fácil regalar dinero que ganarlo; relajar la disciplina que imponerla; ser un héroe para el criado que para el espejo.

La historia está llena de Gracos. La lista incluye a papas, monarcas y príncipes famosos. Philippe d'Orléans, que votó a favor de la muerte de Luis XVI, su propio primo, para ganarse el favor de la turba revolucionaria, es quizá el caso más notorio. Aristócratas teutones como León IX, que como Papa azuzó a las masas italianas contra el Emperador del Sacro Imperio Romano Germánico, ciertamente encajan en la descripción. Lo mismo ocurre con los reyes y duques reinantes que, a finales de la época feudal,

---

[191] No eran pocos los rastros de populismo en el programa revolucionario de los Gracchi. Impulsado por su peculiar dinámica racial, el populismo puede ser unificador a la vez que divisivo. Hay una clara diferencia entre el reformista que apela a los campesinos y a la burguesía de su propia raza y el extremista político cuyas propuestas de reforma agraria son sólo un elemento de un gran paquete de cambio revolucionario y agitación racial y de clase.

establecieron un dominio absoluto aplastando a sus compañeros nobles con la ayuda de la burguesía y la chusma urbana. El príncipe Valerian Obolensky, un destacado gracchita del siglo XX, cambió su lealtad del zar a los bolcheviques y sirvió como alto funcionario soviético hasta que fue purgado por Stalin.[192]

Los gracos han sido especialmente numerosos en Estados Unidos desde la década de 1930. Franklin D. Roosevelt, Averell Harriman y Adlai Stevenson son tres de ellos. Todos nacieron millonarios. Todos eran vástagos de familias bien arraigadas en la Mayoría. Ninguno tuvo especial éxito en el ámbito privado.[193] En sus carreras públicas se especializaron en atender a las minorías, rodeándose de asesores, consultores y escritores fantasma pertenecientes a minorías.[194] Su terreno de juego natural fue el Partido Demócrata, descrito anteriormente como el partido de las minorías. Pero también hay republicanos que están muy cerca de ser gracchitas. Nelson Rockefeller podría igualar a sus homólogos demócratas en nacimiento, riqueza y todos los demás atributos de lo que en Estados Unidos se considera aristocracia, habiendo basado su carrera en una reputación de liberalismo, tolerancia, amistad con los trabajadores y una preocupación muy publicitada por los oprimidos. Pero como la base de votantes del partido republicano está formada por miembros de la mayoría y no de la minoría, la comparación con los gracos demócratas sólo es válida cuando se limita a los feudos estatales o municipales de los gracos republicanos. En Nueva York, por ejemplo, el gobernador Rockefeller actuó casi exactamente igual que el presidente

---

[192] *Enciclopedia de Rusia y la Unión Soviética*, p. 403.

[193] ¡La larga y ridícula cadena de especulaciones financieras de FDR a principios de los años veinte en Nueva York incluyó una pérdida de 26.000 dólares con Louis Howe en un plan para engordar langostas! Alfred B. Rollins, Jr., *Roosevelt and Howe,* Knopf, N. Y., 1962, pp. 196-97.

[194] Un Gracchite que sigue entre bastidores es John D. Rockefeller IV, que en 1980 se gastó un millón de dólares, o unos 25,80 dólares por voto, consiguiendo ser reelegido gobernador de Virginia Occidental. Jay, como le llaman, puede haber elegido el partido demócrata después de ver el fracaso constante del tío Nelson para ganar la nominación presidencial republicana. Un gracchite cuya estrella ha cuajado es John Lindsay, que se presentó bajo la bandera republicana hasta que fue repudiado por su partido en las elecciones a la alcaldía de Nueva York de 1969, que ganó como independiente. En 1970, Lindsay dijo en una reunión de estudiantes de la Universidad de Pensilvania: "Siento una admiración infinita por los que dicen: 'Sencillamente, no serviré en el ejército de Estados Unidos en Vietnam y estoy dispuesto a asumir las consecuencias'. Esos son los héroes". *Human Events*, 16 de mayo de 1970, p. 374. Su padre, un banquero de origen británico, y su madre, miembro de una de las familias más antiguas del país, Lindsay dio a su hija en matrimonio a un estudiante judío de postgrado. *New York Times*, 7 de junio de 1970, p. 80. A pesar de una costosa campaña televisiva publicitando sus rasgos físicos nórdicos, Lindsay quedó fuera de la carrera en las primarias presidenciales demócratas de 1972.

Roosevelt a nivel nacional, es decir, respondió obedientemente a la voluntad de la coalición liberal-minoritaria.[195] En el ámbito de las relaciones exteriores, sin embargo, es probable que los gracos republicanos tengan algo más en cuenta los intereses de la Mayoría.

El Gracchite hace un uso considerable de la fortuna familiar para atacar o socavar el sistema en el que prosperó su familia. Aprovecha su aire aristocrático, su voz cultivada y sus buenos modales para seducir y ganarse a los proletarios, del mismo modo que el pulido actor inglés, que no es más que otro actor en Londres, "los deja tirados en los pasillos" en los mítines electorales de Iowa. La adulación de los más humildes es un vino embriagador para el Gracchite. Todo esto no quiere decir que la política gracchite sea necesariamente o siempre mala. Puede llegar un momento en la vida de cada nación en que ciertas cuestiones se vuelvan tan críticas que deban resolverse incluso a riesgo de revolución o conflagración racial. Si en un momento de crisis no se puede encontrar un líder genuino, como suele ocurrir en una sociedad desmoralizada y decadente, el gracquista es a veces una solución más feliz que el nihilista psicótico o el revolucionario que hace rodar la cabeza. Suele quedar al menos una chispa de sentimiento en el corazón del Gracchite por el pueblo al que ha dado la espalda.

Los gracos, por supuesto, se encuentran en otros ámbitos aparte de la política. Marshall Field III, nieto del príncipe mercader de Chicago y subvencionador de *PM*, el desaparecido diario neoyorquino orientado a las minorías, era un gracchita convencido. También lo es Michael Straight, hijo de un socio de Morgan, antiguo director y editor del *New Republic* y compañero de aventuras de los espías soviéticos. También lo es el hijo de otro socio de Morgan, Corliss Lamont, el acaudalado apologista y filósofo del marxismo. También Hamilton Fish III, antiguo editor del ultraizquierdista *The Nation*. Los Gracchite son abogados, médicos y filántropos. Hay gracos del teatro y la pantalla. Hay una sorprendente aglomeración de diplomáticos gracchitas. Hay numerosas mujeres griegas, la más notable de las cuales es Eleanor Roosevelt. También hay gracos matrimoniales: hombres y mujeres de familias mayoritarias establecidas que se casan con miembros de minorías por dinero, por una broma racial o por los halagos y la atención que los trepadores sociales prestan a quienes tienen árboles genealógicos más altos y frondosos.

El gracchite suele pagar un alto precio por su medida de gloria. La adulación y los halagos de la muchedumbre nunca compensan del todo el odio

---

[195] Nelson Rockefeller se convirtió en un político de centro en la contienda por la gobernación de Nueva York de 1970 para aprovechar la oleada conservadora en las filas de irlandeses e italianos.

implacable que todo grupo reserva al desertor.[196] En la guerra, la deserción de un general causa mucho más revuelo que la de un soldado raso. En tiempos de problemas raciales, la deserción de un aristócrata, el guardián de la raza, eleva las emociones a un tono mucho más alto que la deserción de un plebeyo. No sólo fueron asesinados Tiberio y Cayo Graco, sino también dos aristócratas romanos posteriores, Catilina y Clodio.[197]

El griego, incluso más que la mayoría de los liberales, tiene el hábito peculiar de fomentar guerras, pero rara vez lucha en ellas.[198] Denuncia en voz alta la riqueza de los demás, pero conserva la suya. Se mofa de las clases altas, pero no puede evitar identificarse con ellas. Está públicamente a favor de las escuelas integradas, pero envía a sus propios hijos a escuelas segregadas.

---

[196] Fue este tipo de odio el que impidió que Nelson Rockefeller, potencialmente el candidato más fuerte, obtuviera la nominación republicana en 1964. También dio lugar a los estentóreos abucheos a Rockefeller en la convención republicana de San Francisco por parte de activistas conservadores, que durante años se habían sentido indignados por su costumbre oriental de trabajar más por los votos de las minorías que por los de la mayoría. El recuerdo de estos abucheos indujo probablemente a Rockefeller a presentar una imagen algo "desliberalizada" ante el pueblo estadounidense en 1974, cuando fue nombrado vicepresidente de Estados Unidos en la administración Ford.

[197] No es del todo exacto llamar gracos a Clodio y Catilina, ya que ambos fueron abatidos en medio de sus conspiraciones y rebeliones, por lo que los historiadores han tenido grandes dificultades para sondear sus verdaderas intenciones. Puede que estuvieran imitando a Julio César, que practicaba una forma de política mucho más sofisticada. El cesarismo es el uso de la turba para obtener el poder de destruir a la turba.

[198] En la Primera Guerra Mundial, Franklin Roosevelt, entonces con buena salud y en edad militar, fue subsecretario de Marina. Harriman y Stevenson no participaron en la Segunda Guerra Mundial como burócratas de Washington, aunque ambos fueron intervencionistas muy activos. Thomas Jefferson, que vivió en una época en la que los gracos eran escasos, tenía sin embargo algunas tendencias gracas. Su padre era un hombre hecho a sí mismo de linaje incierto, pero su madre era una Randolph, miembro de una de las principales familias de Virginia. Nadie fue más responsable de la Guerra de la Independencia que Jefferson, a pesar de lo cual ni una sola vez oyó disparar un arma con rabia. Su única hazaña militar fue una retirada innoble y apresurada a las montañas de Virginia cuando los británicos descendieron repentinamente sobre Monticello. "¿Dónde está Jefferson?", escribió Washington amargamente mientras se encontraba en Valley Forge. Fue este mismo Jefferson, tan atento a su propia vida, quien se inspiró en la Rebelión de Shay para escribir: "¡Dios no lo quiera! que lleguemos a estar 20 años sin una rebelión semejante... ¿Qué país puede preservar sus libertades si sus gobernantes no son advertidos de vez en cuando de que su pueblo conserva el espíritu de resistencia? Que tomen las armas!... ¿Qué significan unas pocas vidas perdidas en uno o dos siglos? El árbol de la libertad debe ser refrescado de vez en cuando con la sangre de patriotas y tiranos. Es su abono natural..." Véase la carta de Jefferson a Smith, 13 de noviembre de 1787. Véase también Nathan Schachner, *Thomas Jefferson*, Thomas Yoseloff, Nueva York, 1957, p. 216, y Albert Beveridge, *The Life of John Marshall*, Houghton Mifflin, Boston, 1916, Vol. 1, pp. 126, 303.

Probablemente sea pedir demasiado a cualquier hombre, especialmente a un graconita, que practique lo que predica. Giovanni Francesco Bernardone, que se convirtió en San Francisco tras una breve etapa de vividor como el joven más rico de Asís, y Gautama Siddhartha, que pasó de príncipe a Buda, eran los más raros de los mortales, y desde luego no eran gracos. Eran humanitarios en el mejor y más completo sentido de la palabra. Sin embargo, el humanitarismo de los gracos siempre parece ir acompañado de una acumulación de poder y de un torrencial derramamiento de odio sobre todos y cada uno de los que se atreven a desafiar ese poder.

¿Cuáles son exactamente los verdaderos motivos del gracchite? ¿Es simplemente un hombre cuya ambición pesa más que su carácter, alguien que, a pesar de las inmensas ventajas de su derecho de nacimiento, no consigue entrar en el primer equipo y, en consecuencia, decide abandonar a sus compañeros, pasarse al bando contrario, cambiar las reglas del juego e intentar ganar de todos modos? ¿No será que el miedo a competir con sus compañeros es siempre su mayor preocupación? ¿No estará, a la larga, descargando sus propios fallos contra los suyos?

2. CAMIONEROS. Son los miembros de la Mayoría que no han nacido ricos como los Gracos y no desprenden ningún aroma aristocrático que deleite los órganos olfativos del hoi polloi. Proceden de las capas medias y bajas de la Mayoría. Si son hombres ricos -y muchos lo son-, ellos mismos se hicieron ricos, ya sea en los negocios, en las profesiones liberales o, en el caso nada inusual de Lyndon Johnson, en la política.

Los camioneros desempeñan un papel activo en la vida pública y en la formación de la opinión pública, al tiempo que abjuran casi formalmente de su propio nicho racial en la sociedad. El único racismo que aceptan es el de las minorías, que contribuyen a cultivar con su celo y su intromisión en los asuntos de las minorías. Pero sus razones para jugar el juego de las minorías son más oportunistas que idealistas. Saben por larga experiencia que mimar a las minorías aumentará su prestigio y respetabilidad, les dará una imagen más favorable en la prensa y, si son políticos, les aportará más apoyo financiero y más votos. También son muy conscientes de lo que ocurriría si alguna vez se asociaran en lo más mínimo con el racismo de la mayoría.

Un camionero típico es el joven e ingenuo periodista de la Mayoría que, tras escribir su primer reportaje importante en un periódico o una revista sobre algún acontecimiento internacional o nacional desde un punto de vista puramente mayoritario, un día es llamado a la oficina principal y le entregan un montón de cartas indignadas e incluso amenazadoras con membretes elegantes y firmas ilustres. En ese momento puede: (1) negarse a ser presionado y ser despedido en el acto; (2) dimitir antes de ser despedido; (3) prometer ser más "objetivo" en el futuro y conservar su empleo. Como ha invertido mucho tiempo y dinero en convertirse en periodista y no quiere abandonar la carrera que ha elegido antes de que apenas haya empezado, inevitablemente elige la opción (3). Entonces adquiere más "objetividad" al adaptar sus escritos de tal manera que se eliminen más cartas y más reprimendas. Ha nacido otro Truckler.[199]

Una segunda especie de Camionero es el joven político o burócrata de la mayoría que, durante su primera estancia en Washington o en la capital de un estado, hace inadvertidamente un comentario improvisado criticando alguna extravagante muestra de racismo minoritario. Vilipendiado en menos de una hora, corre el riesgo de convertirse en un paria social. Se disculpa y no vuelve a cometer el mismo error. Ahora entiende la situación. Ahora contratará los servicios de un asesor de minorías para que le mantenga alerta en cuestiones de minorías, junto con un escritor fantasma de minorías para que prepare sus discursos. Así evitará que se le escapen más comentarios embarazosos, al tiempo que mejora su oratoria. El lenguaje dinámico del racismo de las minorías se refleja muy bien en la reacción del público, en contraste con las frases lánguidas y enlatadas de los redactores de discursos de la Mayoría.[200]

Uno de los aspectos más curiosos del camionaje político es su dependencia de la geografía. Harry Truman, un modisto que pasó por tiempos difíciles y

---

[199] El *nec plus ultra de* Truckler en el campo de las noticias era Turner Catledge, nativo de Mississippi y durante mucho tiempo redactor jefe del *New York Times*. Como escribió otro Timesman, el "estado natal de Catledge había sido denigrado regularmente en la prensa durante una década..." Gay Talese, *El reino y el poder*, p. 143. El *Times*, por supuesto, había sido el principal denigrador. Otros destacados denigradores periodísticos son Benjamin Bradlee, editor durante muchos años del *Washington Post*, y Osborne Elliott, editor durante muchos años de *Newsweek*. Los presentadores de televisión entran en esta categoría, aunque normalmente se limitan a leer lo que se les entrega.

[200] El juez Sam Rosenman, más tarde presidente del consejo de Twentieth Century Fox, escribió muchos de los discursos de Roosevelt y Truman. Muchos discursos famosos de Kennedy y Johnson fueron escritos por escritores minoritarios, Theodore Chaikin Sorensen y Richard Naradoff Goodwin. El principal escritor de discursos para Carter en su fracasada campaña de reelección de 1980 fue Hendrik Hertzberg, que celebró la victoria comunista en Vietnam. Los aburridos y turgentes discursos de Eisenhower fueron escritos generalmente por profesores de la Mayoría. En cuanto a la creación de frases, el epíteto "Guerrero Feliz" de FDR para Al Smith fue ideado por el juez Joseph Proskauer, y la "Nueva Frontera" de Kennedy fue idea simultánea de Walt Rostow y Max Freedman. Ernest K. Lindley, *Franklin D. Roosevelt*, Bobbs-Merrill, Nueva York, 1931, p. 223, y *San Francisco Chronicle*, This World, 17 de agosto de 1965. Ken Khachigan era el encargado de preparar los discursos del Presidente Reagan.

coqueteó con el Ku Klux Klan,[201] debutó en política como recadero de la corrupta maquinaria política Pendergast de Kansas City. Cuando llegó a la Casa Blanca era un defensor de los derechos civiles. Finalmente, una vez retirado de Washington y a salvo en los suburbios de Kansas City, dominados por la mayoría, lanzó vitriólicos comentarios contra el movimiento de derechos civiles y su líder, el reverendo Martin Luther King, Jr.[202] Mientras era fiscal general de California, Earl Warren encontró una justificación legal para la redada de 1942 y el transporte a campos de "reubicación" de más de 110.000 japoneses de la costa oeste, el 64% de ellos ciudadanos estadounidenses. Fue quizá la mayor violación masiva de la Declaración de Derechos en la historia de Estados Unidos.[203] En Washington, el presidente Warren se transformó en el ángel de la guarda de la Declaración de Derechos.

Los trileros no sólo se encuentran en los poderes ejecutivo, judicial y legislativo del Gobierno. Abundan en todos los rincones brillantes y oscuros de la vida estadounidense. Están los novelistas que se preocupan de que sus personajes minoritarios sean "inofensivos"; los dramaturgos y escenógrafos que metódicamente dan a sus villanos pedigríes y rasgos físicos propios de la mayoría; los hombres de negocios que prestan el nombre de sus empresas a un sinfín de grupos de presión minoritarios; los clérigos que predican la rectitud de las causas de las minorías y no tienen reparos en hacer valer sus argumentos encabezando violentas manifestaciones callejeras y sentadas.

Conscientes de las inmensas recompensas que se reparten entre los fieles, muchos camioneros se convierten en entusiastas de las minorías a tiempo completo, por lo que no sólo reciben numerosos elogios académicos y un mercado prefabricado para sus libros y artículos, sino también dinero en efectivo. Los organizadores de las recaudaciones de fondos para las minorías pagan miles de dólares a destacados oradores de la Mayoría. El vicepresidente Hubert Humphrey, los senadores Henry Jackson y Robert Packwood, el secretario de Defensa Les Aspin y una serie de notables menores de la Mayoría se embolsaron considerables sumas como atracciones estrella de las cenas de Bonds for Israel y B'nai B'rith.

---

[201] Truman pagó 10 dólares por su iniciación en el Ku Klux Klan de Misuri en 1922. Le devolvieron los 10 dólares cuando se opuso a las políticas anticatólicas del Ku Klux Klan, lo que sin duda era lo más leal a la vista de la religión del jefe Pendergast. Alfred Steinberg, *The Man from Missouri*, Putnam, Nueva York, 1962, p. 64.

[202] Para los ataques postpresidenciales de Truman contra los derechos civiles, véase *New York Times*, 13 de abril de 1965, p. 24.

[203] *Harvard Encyclopedia of American Ethnic Groups*, p. 566.

Con frecuencia, los Trucklers prestan un mayor servicio a los proyectos de las minorías que los propios líderes de éstas. Muchos camioneros legislativos han sido tan bien formados en cuestiones raciales que a menudo son más sensibles a las preocupaciones de las minorías que a las de sus propios electores. En cuanto al atractivo para los votantes, un miembro de la mayoría guapo e imponente es a veces un activo político y social más importante para las minorías, siempre que esté debidamente "sensibilizado", que un candidato de una minoría. Este último puede carecer de la apariencia limpia tan útil para atraer un amplio apoyo a la legislación orientada a las minorías.

Ningún miembro de la Mayoría nace Truckler. El trilero es el resultado de un proceso educativo -a veces de años de duración, a veces una conversión de la noche a la mañana- en el que el joven aspirante a político o profesional ha aprendido el catecismo estadounidense contemporáneo del éxito. Aprende que debe tener más tacto que verdad, que puede cuestionar lo no controvertido pero no lo controvertido, que debe navegar ante los vientos de la "opinión pública" pero no dirigirse hacia ellos. Se le enseña a temer todos los "no-nos" actuales tan a fondo como al hombre primitivo se le enseñó a temer los tabúes de su época.

Uno puede admirar a una persona que, al cambiar sus ideas y principios, se arriesga a la muerte, la desgracia o graves pérdidas económicas. Uno se reserva el derecho a adoptar un cierto escepticismo hacia aquellos cuya muda de piel ideológica, a menudo conveniente y bellamente oportuna, les hace ricos, poderosos y famosos. Tal vez Truckler sea una palabra demasiado fuerte para referirse a esos recortadores políticos y morales que, al menos superficialmente, están llevando a cabo el viejo truco de sacrificar la integridad a la ambición. Pero el camionero, tal y como se define aquí, va más allá de este vicio común. Va más allá de convertir el interés propio en un fetiche. Trasciende todos los límites normales del comportamiento humano al anteponer los intereses de otros grupos étnicos a los suyos propios.

3. LOS PUSILÁNIMES. Son los miembros de la Mayoría que no emprenden ninguna acción positiva contra su propio grupo, pero que rara vez, o nunca, lo defienden. Comprenden el segundo y tercer escalón de liderazgo de la Mayoría: abogados, médicos, científicos, editores de periódicos de pueblos pequeños, profesores, maestros, predicadores, empresarios grandes y pequeños, y funcionarios locales, estatales y federales.

En contraste con los Gracos y los Camioneros, que traicionan y violan los intereses de la Mayoría, los Pussyfooters los suavizan y subordinan. Inmersos en sus propios problemas cotidianos, obsesionados con los aspectos materiales de la existencia, a menudo aislados en zonas donde la Mayoría es abrumadoramente predominante, los Pussyfooters tienen menos contacto directo con el dinamismo de las minorías y, en consecuencia, se preocupan menos por él. Cuando se encuentran cara a cara con racistas minoritarios, en reuniones sociales o en asuntos comunitarios, en lugar de defender el punto de vista de la Mayoría, simplemente se callan.

Los Pussyfooters saben que algo va mal, pero no saben qué, y no tienen el tiempo, la inclinación, el valor o la iniciativa intelectual para averiguarlo. Algunos se andan con pies de plomo porque no les gusta discutir; otros temen por su sustento. Algunos son simplemente temperamentalmente inadecuados para los golpes verbales y la lógica histérica en la que sus vecinos liberales y minoritarios tratan de involucrarlos. Mientras les vaya bien económicamente, mientras sus estómagos estén llenos, se puede esperar que los "pussyfooters" sigan "pussyfooting". Sólo una variedad de racismo en el plexo solar puede despertarlos de su racismo.

Pero cada día, innumerables pequeños enfrentamientos sociales e innumerables pequeñas porciones poco atractivas de la vida americana corroen la no implicación del Pussyfooter. Todos los días, el subdirector de la Mayoría en el caro hotel de vacaciones recibe una afluencia cada vez mayor de ruidosos millonarios de las minorías. Cada día, el artista, poeta, dramaturgo y novelista de la Mayoría debe enfrentarse a un dominio cada vez mayor de las minorías en el arte, la literatura y el teatro. Cada día, los solicitantes de empleo de la Mayoría y los trabajadores de la Mayoría ven peligrar sus oportunidades de empleo, ascensos o antigüedad debido al aumento de las cuotas raciales para negros, hispanos y asiáticos y a los puntos extra que se conceden a los no blancos en las pruebas de cualificación laboral. Con el aumento de la delincuencia, los disturbios, la discriminación inversa y la inmigración ilegal en nuestro país, y con los miles de millones de dólares que se siguen vertiendo cada año en Oriente Próximo, el racismo de las minorías se está volviendo tan estridente que hasta los sordos empiezan a oírlo.

Oír, sin embargo, está muy lejos de comprender. A diferencia de los miembros de las minorías dinámicas que se agitan y tiemblan como un solo organismo a la menor insinuación de reducción de los programas de bienestar o de restauración de una política exterior de "América primero", los Pussyfooters siguen a la deriva supinamente en el borde del gran vórtice social, girando en el sentido de las agujas del reloj o en sentido contrario según dicte la opinión pública.

4. VIEJOS CREYENTES. La tradición política estadounidense es una rara y delicada mezcla de whiggery inglés, igualitarismo francés, estoicismo clásico y socialcristianismo. Esta compleja amalgama doctrinal fue en su día la ideología exclusiva de la Mayoría estadounidense. Hoy, considerablemente alterada en su esencia y bautizada con el nombre de

liberalismo, ha sido adoptada con entusiasmo, cuando no asumida, por las minorías. Sin embargo, muchos miembros de la Mayoría siguen llamándose liberales. Aquellos que honestamente suscriben el liberalismo, no en su forma moderna pervertida, sino en su versión original lockeana, jeffersoniana y lincolniana, son designados aquí como Viejos Creyentes. Los Gracos y Camioneros son hipócritas, oportunistas, miedosos o pseudoliberales. Los Pussyfooters son liberales reticentes o aptos. Los Old Believers pertenecen a la raza en vías de desaparición de los liberales honestos.

Los Viejos Creyentes rara vez llegan a ser particularmente prominentes o exitosos en la América actual, porque la pura verdad es que el establishment liberal no puede soportar el liberalismo en su forma pura y no adulterada. Los Old Believers no sólo pretenden creer, sino que creen en la libertad de la palabra impresa y hablada, una superstición intolerable para los mediáticos que han establecido ciertos límites críticos para el pensamiento estadounidense. El liberalismo es igualmente intolerable para los políticos y creadores de opinión cuyas carreras se basan en una visión unidimensional, unilateral y simplista de la sociedad moderna.

Cada vez más pasados de moda, los Viejos Creyentes se encuentran actualmente en pequeñas universidades, en círculos libertarios o entre el clero no fundamentalista, no violento y no permisivo. Los más ruidosos suelen ser descendientes de familias con raíces en la tradición de las asambleas municipales o populistas de Nueva Inglaterra. En general, están tratando de trasplantar una ideología marchita y desvaída, que funcionó adecuadamente bajo un conjunto especial de condiciones históricas y genéticas, a una época diferente y a un entorno a menudo hostil y extraño, un trasplante que está siendo continuamente rechazado por el cuerpo político estadounidense. A pesar de todas las enseñanzas modernas, el liberalismo no es independiente del tiempo y la raza.

Dos de los más destacados Viejos Creyentes de los últimos tiempos fueron Dorothy Thompson, la columnista, y Charles Beard, el historiador. La primera se ganó la aclamación nacional cuando condenaba la persecución nazi de los judíos con vehemencia veterotestamentaria. Pero cuando, después de la Segunda Guerra Mundial, utilizó los mismos argumentos apasionados para denunciar la desposesión de los árabes palestinos, perdió sus medios de comunicación más importantes y murió en Portugal en una relativa oscuridad. Charles Beard, considerado a principios del New Deal el mejor historiador vivo de Estados Unidos y un ejemplo del liberalismo, fue expulsado de la comunidad intelectual estadounidense tras acusar al Presidente Roosevelt de actos inconstitucionales en la gestión de la diplomacia y la política exterior estadounidenses antes de Pearl Harbor. El mismo trato recibió el distinguido historiador Harry Elmer Barnes, que cometió el imperdonable crimen de cuestionar el Holocausto y acusar a Roosevelt de haber urdido Pearl Harbor.[204]

Los viejos creyentes también se agrupan, y uno de los más influyentes es la Sociedad de Amigos, o Cuáqueros. Practicando una tolerancia religiosa, política y social casi total, e impulsados por una compulsión por las "buenas obras", los Amigos vuelcan sus esfuerzos y su dinero (del que disponen en cantidad considerable) en proyectos que promueven activamente el racismo de las minorías, a pesar de que la doctrina cuáquera eriza el propio concepto de raza. La aceptación acrítica por parte de los cuáqueros del liberalismo anglosajón de viejo cuño, aplicado a una sociedad moderna y racialmente heterogénea, ha dado lugar a algunos extraños híbridos ideológicos dentro de la comunidad cuáquera. Drew Pearson, el más vituperable de los columnistas; Alger Hiss, el más sutil de los conspiradores comunistas; Klaus Fuchs, el más tramposo de los espías atómicos, así como algunos de los más notorios miembros de la Mayoría de las bandas de terror marxistas, tenían orígenes cuáqueros.[205] Como los grandes titulares de los periódicos nos han recordado con frecuencia, la distancia entre el Viejo Creyente y el Verdadero Creyente no es a menudo más que un corto paso.

Los cuáqueros y otros viejos creyentes son dignos de elogio por su fe inquebrantable en la naturaleza humana. Al mismo tiempo, deben ser duramente criticados por su caridad entrometida y mal dirigida, y por su compasión deformada, que les ha valido el nombre de Corazones Sangrantes. En algunos aspectos, el Viejo Creyente puede compararse al capitán de un barco en apuros que, en otro siglo y con otra tripulación, podría haber contado con su obstinado coraje para haber pilotado su nave a buen puerto. Hoy, prisionero de su propia marinería anticuada, navega a ciegas de arrecife en arrecife.

5. PRODUCTORES.[206] La quinta y última categoría de los que han provocado la división en las filas de la Mayoría es única en el sentido de que sus miembros están manchados de deslealtad absoluta, no sólo hacia la Mayoría, su grupo de población, sino hacia América, su nación. El Gracchite o Truckler, aunque a menudo va en contra de los mejores intereses del pueblo estadounidense, no se desviará a sabiendas hacia el ignominioso reino de la

---

[204] Charles Beard, *President Roosevelt and the Coming of the War*, 1941, Yale University Press, New Haven, 1948. Véase Barnes's *Revisionism: A Key to Peace and Other Essays*, Cato Institute, San Francisco, California, 1980.

[205] Sin embargo, la madre de Pearson era hija de un dentista judío.

[206] La palabra, que significa una forma particularmente desagradable de traidor, se utiliza aquí en el sentido shakesperiano: "tú, usurpador prodigador, y no protector, del rey o del reino". I Enrique VI, acto 1, escena 3.

alta traición. Franklin D. Roosevelt transigía con los comunistas, los ascendía a altos cargos, les daba mucho más de lo que recibió en Teherán y Yalta, pero nunca fue uno de ellos. Políticos y personajes públicos menores los mimaron durante años, pero finalmente los denunciaron.[207] El Proditor, en cambio, se deleita salvajemente cortando todas sus raíces, buscando deliberadamente y uniéndose a los enemigos de su país, extranjeros y nacionales, y en el proceso destrozando y destruyendo con entusiasmo a todos y todo lo que una vez estuvo más cerca de su corazón y su mente.

El Proditor, en resumen, establece su residencia permanente en ese lejano país en el que el Gracchite y el Truckler no se atreven ni quieren penetrar. Aunque pueda creerse un Robin Hood, aunque pueda fabricar las excusas más plausibles e idealistas para sus grandes y pequeñas traiciones, el Proditor -¿por qué ser eufemístico?- es un criminal común o, más exactamente, poco común.

Las circunstancias que producen el Proditor no desafían el análisis. Como en el caso de los Gracos, suele haber un fracaso personal previo. La posterior deriva hacia filosofías políticas exóticas es más un indicador que una causa de la traición que se avecina.

Thomas Paine abandonó a su mujer y se declaró en bancarrota. Después abandonó su país, Inglaterra, se fue a América y, al cabo de unos años, regresó a Europa, donde ayudó a atizar el terror revolucionario en Francia. En 1796 Paine acusó a Washington de traición,[208] un libelo que no ha sacudido a Paine de su elevado pedestal en el panteón liberal, aunque acusaciones más recientes de traición por parte de no liberales no fueron recibidas con tanta calidez.[209]

John Brown también pasó por la bancarrota antes de encontrar su verdadera vocación: tratar de encender la Guerra Civil. Probó por primera vez la sangre durante las disputas por la colonización de las tierras de Kansas, cuando él y

---

[207] Dedicar algunos de los mejores años de la vida a apoyar a la Unión Soviética era una forma de deslealtad para cualquier miembro de la Mayoría, ya fuera espiando abiertamente o mintiendo al por mayor en libros, revistas y discursos defendiendo a los rapaces regímenes comunistas. Por esta razón, miembros del Partido o compañeros de viaje como Max Eastman, Granville Hicks, John Chamberlain, William Henry Chamberlin y James Burnham estuvieron terriblemente cerca de entrar en la categoría de Proditor, aunque todos ellos acabaron viendo el error de sus caminos y terminaron predicando *en contra* en lugar de a favor de la U.R.S.S., su otrora patria espiritual, y de Marx, Engels y Lenin, su otrora Santísima Trinidad.

[208] En represalia, Theodore Roosevelt llamó a Paine "pequeño y sucio ateo".

[209] A saber, las acusaciones del senador Joseph McCarthy contra el general Marshall y las de Robert Welch contra Eisenhower.

sus cuatro hijos atacaron a cinco hombres que dormían en sus tiendas y los mataron a hachazos con espadas.[210] En Harpers Ferry parecía tan ansioso por incitar a los esclavos a la revolución y al caos como por liberarlos.

Es inherente a la profesión de renegado que la traición sea más fácil la segunda vez. Sin apenas inmutarse, el desertor se convierte en redeflector; el agente, en agente doble. De forma casi ritual, el productor hace una nueva carrera confesando sus pecados anteriores y delatando a sus antiguos socios.

Whittaker Chambers fue quizás el mejor ejemplo de redefinidor. Triste despojo de joven, pero dotado de cierta intelectualidad insípida, se convirtió sucesivamente en vagabundo, marxista, mensajero del partido comunista, redactor jefe de Time, testigo estrella contra Alger Hiss y, en el otoño de sus años, autor de un confesionario agónico y superventas. Si el tema de Testigo no hubiera sido tan banal, Chambers, un cuáquero tardío, podría haber alcanzado las cotas autobiográficas de un San Agustín. Con torturada introspección y con detalles de culebrón, relató cómo primero se traicionó a sí mismo, luego a su pueblo, después a su país, después a su país de adopción (la U.R.S.S.) y, por último, a sus amigos.

John Reed, nacido en Oregón, llegó a ser miembro del Comité Ejecutivo del Partido Comunista en Moscú. Murió a los treinta y tres años, en plena efervescencia bolchevique, y yace en una tumba junto al muro del Kremlin, a 8.000 millas de casa, pero a tiro de piedra de los huesos de Stalin.

Proditores más recientes son: Jane Fonda y Ramsey Clark, que traficaron abiertamente con el enemigo durante la guerra de Vietnam; los hombres y mujeres de la Mayoría que pertenecieron al Ejército Simbionés de Liberación, de raza mixta, que se dedicó al asesinato, el caos y el secuestro; los estudiantes de la Mayoría que pertenecieron a los Estudiantes por una Sociedad Democrática, otra organización dedicada principalmente, no a la guerra de clases, sino al ascenso racial de una minoría.

Alger Hiss, que casi merece una categoría especial propia, empequeñece a todos los demás traidores de la Mayoría, pasados y presentes, no sólo en la naturaleza sino en el alcance de su traición. Benedict Arnold, cuyos antepasados eran ingleses, que se casó con una lealista y que traicionó a un país que sólo tenía unos pocos años de vida, no podía ser acusado de la traición superior de traicionar a sus antecedentes raciales y culturales. La traición de Aaron Burr no fue total, ya que posiblemente habría dado lugar al establecimiento de un imperio estadounidense en México.

---

[210] En total había ocho miembros del equipo de homicidios de Brown. Uno de ellos, Theodore Weiner, era judío.

Alger Hiss, en cambio, sirvió directamente a un coloso totalitario extranjero cuya filosofía política, social y económica y cuya estrategia militar eran inalterablemente antiamericanas. Aunque se movía en los círculos más elevados y había recibido muchas de las importantes recompensas y honores que su país podía conceder, puso su amplio talento y sus valiosas conexiones a disposición de un complot internacional, cuyo objetivo era la destrucción o mutilación de todo lo que había hecho posible su propio éxito. Hiss es el caso supremo de la mente brillante, desligada de toda atadura racial, que se vuelve contra sí misma. En su *Divina Comedia*, Dante reservó los mayores tormentos para Judas, Casio y Bruto, los traidores de sus benefactores. Le habría resultado difícil concebir un círculo infernal adecuado para gente como Alger Hiss.[211]

Todos los separatistas de las filas -gracistas, trileros, pederastas, viejos creyentes y proxenetas- hieren y mortifican a la Mayoría menos por su actividad o pasividad, su complicidad secreta o colaboración abierta con sus adversarios que por la confusión con la que rodean la confrontación Mayoría-minoría. La mera presencia de un miembro de la Mayoría en las reuniones de las minorías o en las manifestaciones callejeras, la mera aparición de un nombre de la Mayoría en el membrete de los grupos de presión de las minorías o de las organizaciones de recaudación de fondos ayuda a disfrazar el carácter esencialmente racial de estos grupos. Además, apelando a principios cuidadosamente elegidos de pensamiento liberal y civismo, y a principios cuidadosamente seleccionados de religión y ética, los divisores de filas de la Mayoría pueden hacerse pasar por herederos legítimos de la gran tradición humanitaria occidental. De este modo, pueden dar más fácilmente el brillo de la respetabilidad moral y un sentido de urgencia cristiana a *la Realpolitik de* las minorías.

El número y la influencia de los Divisores de las Filas no disminuirán sustancialmente hasta que el miembro de la Mayoría que alienta, defiende o excusa el liberalismo orientado a las minorías y el racismo de las minorías ya no pueda hacer una carrera exitosa depreciando la participación de la Mayoría en la civilización estadounidense. Hasta ese momento, los rangos inferiores de la Mayoría tendrán que llevar la carga principal de la defensa

---

[211] La traición de los espías atómicos Julius y Ethel Rosenberg, Harry Gold, Morton Sobell y David Greenglass, aunque pueda tener un impacto más mortífero en el futuro estadounidense (véase el capítulo 38), carecía de la depravación racial y cultural y del autodesprecio de los traidores de la Mayoría. Los Rosenberg y otros eran miembros de una Minoría Inasimilable. Como empezaron con menos apegos reales y sentimentales a su país de residencia, el nudo gordiano que tuvieron que cortar estaba más flojo y hecho de una cuerda más débil. Jonathan Pollard, el judío estadounidense condenado en 1987 por espiar para Israel, admitió abiertamente su lealtad al sionismo. Dijo que sus crímenes eran su "obligación racial".

de la Mayoría, confiando principalmente en sus instintos, en su sentido común no lavado ni lavable, y en su conciencia inexpungible de bondad, en otras palabras, en sus recursos genéticos. |

CAPÍTULO 12

El accesorio estético

TAL RECURSO GENÉTICO podría definirse como el Atrezzo Estético. Incluso el igualitarista racial más comprometido difícilmente puede negar que los rasgos físicos del estereotipo nórdico idealizado son considerados deseables por la mayoría de los blancos y por muchos no blancos.[212] La línea sociológica actual, en parte derivada del marxismo, es que estos rasgos no se favorecen debido a una preferencia estética innata o universal, sino porque son típicos del grupo de población dominante e ipso facto otorgan un estatus social superior a sus poseedores.

No es difícil encontrar agujeros en la teoría materialista de la estética. La primera prueba documentada de rubismo es una pintura mural egipcia de una hija de Keops, la reina Hetep-Heres II.[213] Si uno de los primeros y más grandes faraones egipcios tuvo una hija rubia, tanto él como su esposa debían de tener algunos genes rubios.[214] La rubia, por consiguiente, debió de ser atractiva o prestigiosa ya en el año 3075 a.C. en una tierra altamente civilizada de mediterráneos morenos y nunca gobernada, que se sepa, por una raza rubia.

En la época clásica eran constantes las referencias al rubismo de los dioses y semidioses romanos.[215] Las convenciones del teatro griego exigían un tirano de peluca negra y pelo negro, pelirrojo para el esclavo deshonesto y rubios rizos para el héroe juvenil.[216] Ovidio y Marcial declararon que las matronas romanas preferían el pelo claro para las pelucas, preferencia que se extendió

---

[212] El estereotipo se ha descrito en la p. 26.

[213] Coon, *Las razas de Europa*, p. 98.

[214] El rubismo es un rasgo recesivo que debe estar presente en ambos progenitores. Puede manifestarse tanto por el pelo castaño claro como por el rubio, que incluso en los nórdicos más puros tiende a oscurecerse con la edad.

[215] *Flavens*, la palabra latina para amarillo, dorado o castaño rojizo, era "el color universalmente atribuido al cabello de las personas heroicas por los antiguos". J. B. Greenough, *Virgil and the Other Latin Poets*, Ginn & Co., Boston, 1930, p. 133, nota 590.

[216] A. E. Haigh, *Attic Theatre*, Clarendon Press, Oxford, 1907, pp. 221, 239.

a América 1.900 años después.[217] El Papa Gregorio Magno llamó "ángeles" a unos cautivos anglosajones que vio por casualidad en Roma, no anglos, sino "ángeles", porque eran "de belleza brillante" y de "gracioso brillo exterior".[218]

El *Rigsthula,* un poema cultural de los vikingos, describe la sociedad escandinava primitiva como tripartita: una clase baja de pelo negro y piel arrugada, una clase burguesa de cuerpo robusto y rostro rubio, y una nobleza de pelo rubio y piel más blanca que la nieve.[219] Sobre el califato medieval de Córdoba se ha escrito: "La mayoría de los califas eran rubios o pelirrojos de ojos azules",[220] , una coloración debida quizá a los matrimonios mixtos con la anterior nobleza visigoda. Las familias más nobles de la España cristiana, que afirmaban descender directamente de los visigodos, tenían la piel tan blanca que la red azul de sus venas era muy visible. Por esta razón, *sangre azul* se convirtió en sinónimo de los miembros de la aristocracia. Las venas de los españoles más humildes quedaban ocultas por su piel mediterránea más oscura.[221]

La leyenda de Quetzalcóatl, el dios azteca del aire, que supuestamente instruyó a los mexicanos de piel cobriza en el uso de los metales y en las artes de gobierno, ofrece pruebas más tenues del atractivo estético de la coloración clara. Se decía que tenía la piel blanca y barba, algo prácticamente desconocido para los casi imberbes nativos. Cuando provocó la ira de otra divinidad, abandonó México y navegó hacia el este a través del Gran Océano, diciendo que volvería. En Perú, un mito similar cuenta con hombres blancos y barbudos que conquistaron a los habitantes preincaicos y les transmitieron los secretos de la civilización.[222] En la actualidad, el mito de la Estética

---

[217] "Pagamos 10 dólares por kilo de pelo oriental y hasta 350 dólares por kilo del mejor pelo rubio europeo", dijo Adolph Jacoby, ejecutivo de una empresa de pelucas de Nueva York. *Wall Street Journal,* 17 de octubre de 1962, p. 1.

[218] Will Durant, *La edad de la fe,* p. 522.

[219] Coon, *Las razas de Europa,* p. 321.

[220] Enrique Sordo, *Moorish Spain,* Crown, Nueva York, 1962, p. 24. Véase también Cities of Destiny, ed., Arnold Toynbee, McGraw-Hill, Nueva York, 1967. Arnold Toynbee, McGraw-Hill, Nueva York, 1967. Aunque no es muy conocido, los árabes siempre han trazado una línea de color muy marcada. En el Iraq actual, un ciudadano puede obtener una sentencia judicial contra una persona que le acuse falsamente de ascendencia negra. Carleton Coon, *Caravan,* Henry Holt, Nueva York, 1951, p. 161.

[221] Don Quijote dice de la ficticia, no de la real, Dulcinea: "sus cabellos son oro... su blancura, nieve". Cervantes, *Don Quijote,* E. Castilla, Madrid, 1966, p. 98.

[222] William H. Prescott, *The History of the Conquest of Mexico and the History of the Conquest of Peru,* Modern Library, Nueva York, pp. 39, 736. Otros investigadores de la

persiste en América Latina, sobre todo en las zonas donde predominan los negros y los indios. Un pueblo tan remoto como Ita, en el alto Amazonas, tiene una sencilla regla de estatus: cuanto más clara es la piel, más alta es la clase. La tez clara es reconocida por todos como el sello de la belleza.[223] Incluso en Japón se favorece la tez pálida. La expresión japonesa para referirse a los bien nacidos es "ventana profunda", que alude a la pigmentación más clara de las personas protegidas del sol por casas de paredes gruesas.[224]

El atractivo puramente estético del nordicismo es innegable en todo el Estados Unidos contemporáneo. Los hombres de pelo claro, cara estrecha y cabeza larga siguen dominando los anuncios de moda masculina, mientras que en la llamada contracultura, que supuestamente rechaza por completo los gustos y estilos contemporáneos, la chica de pelo rubio, ya sea largo, liso o rizado, encrespado o con trenzas, sigue siendo el símbolo de la feminidad deseable. Cada año, millones de mujeres estadounidenses gastan decenas de millones de dólares en decolorantes. "Las rubias se divierten más" se ha convertido prácticamente en un proverbio, al igual que "Los caballeros las prefieren rubias".[225] La avalancha de rubias artificiales desatada por semejante publicidad, acompañada del incongruente y feo contraste del pelo platino con los ojos oscuros, las cejas oscuras y la piel aceitunada, debería haber bastado para destruir para siempre el ideal rubio. Pero no fue así, lo que verificó una preferencia estética duradera y profundamente arraigada en la mayoría de los estadounidenses.[226] Muchas otras formas de alterar la

---

prehistoria de México niegan que Quetzalcóatl tuviera rasgos físicos blancos. César A. Saenz, *Quetzalcóatl*, Instituto Nacional de Antropología e Historia, México, 1962. Para una serie de animados comentarios sobre el dios mexicano, véase D. H. Lawrence, *The Plumed Serpent*. Aquellos inclinados a exprimir la historia del mito difícilmente pueden evitar sentir que Quetzalcóatl era un vikingo náufrago y nostálgico.

[223] Charles Wagley, *Amazon Town*, Macmillan, Nueva York, 1953, pp. 12-40.

[224] *Life*, 5 de septiembre de 1969, p. 42.

[225] *Los caballeros las prefieren rubias* era el título de una novela de una morena guionista de cine de Hollywood, Anita Loos, cuyo padre era de ascendencia francesa. La Srta. Loos explicó más tarde por qué había escrito el libro: "La satisfacción de vengarme de Mae Davis por seducir al hombre que amaba [H. L. Mencken] compensó con creces las molestias [de escribirlo]". Continuó su venganza contra las rubias en otra novela, *But Gentlemen Marry Brunettes*. Sin embargo, a pesar de las mejores intenciones de la autora, la "tonta" y buscadora de oro Lorelei ha entrado en el folclore americano como la joven rubia que se sale con la suya. Anita Loos, *A Girl Like I*, Viking Press, Nueva York, 1966, p. 274.

[226] El rubio es más atractivo cuando va acompañado de otras características físicas nórdicas. Si no fuera por la sensibilidad al color de la mayoría de los estadounidenses, la

naturaleza: el alisamiento de la nariz, la electrólisis para elevar la línea del cabello y realzar las cejas y la frente, los zapatos de ascensor para aumentar la estatura, han sido adoptadas por miembros de minorías que se esfuerzan por tener el "aspecto de la mayoría".[227]

El poder del Objeto Estético también es evidente en los actuales hábitos de apareamiento y citas de los estadounidenses. Aunque la Mayoría está en la descendencia, los varones de las minorías más prometedoras parecen impulsados a casarse o a buscar la compañía de mujeres de la Mayoría. Para comprobarlo, basta con mirar a las parejas que acuden a los clubes nocturnos, restaurantes y hoteles más caros. Además, el ideal físico nórdico no sólo ha sido el ideal matrimonial de la minoría de los "nuevos ricos" en Estados Unidos, sino de los escaladores sociales europeos durante al menos mil años.

El número relativamente pequeño de nórdicos en el mundo -unos 300 millones en 1980 y en rápido descenso- ha aumentado sin duda su atractivo estético. La rareza per se ejerce una atracción especial, y lo que es bello suele contener un elemento de lo poco común. Del mismo modo que el nórdico puro es una rareza entre los paranórdicos que componen la mayoría de la población estadounidense, ésta representa un tipo raro y esotérico de la población mundial en su conjunto. Tanto para los blancos como para los no blancos, los nórdicos son la personificación de la raza blanca porque son los blancos "más blancos". Quizá la mejor descripción del atractivo físico de la Mayoría la haya dado Wyndham Lewis:

> Es una experiencia común al hablar con estadounidenses oír a algún magnífico espécimen humano (que obviamente es el vástago de, digamos, un sueco de primera clase y una magnífica suiza, con un poco de irlandés y un toque de vasco) referirse a sí mismo como un "mestizo". Es inconcebible y, sin embargo, así es como un producto "mestizo" suele considerar este magnífico matrimonio de escandinavos, godos y celtas, todos ellos linajes tan estrechamente emparentados en sangre como la casta brahmánica de la India...

> Basta con observar a este excelente tipo de "mestizo" americano para admirar la pureza de línea y el fino ajuste logrado por la conjunción de

---

pigmentación nórdica y el tono de piel podrían ser menos importantes que otros rasgos nórdicos como criterios de atractivo masculino y belleza femenina. Ciertamente, los mediterráneos nórdicos "altos, morenos y guapos" son especímenes físicos más atractivos que los tipos más bajos y achaparrados, aunque más rubios.

[227] La manía del bronceado no contradice la lógica del Prop Estético. Los rayos ultravioleta del sol pueden oscurecer la piel, pero también aclaran el pelo y proporcionan un agradable contraste con los ojos claros y otras manifestaciones de coloración clara. Básicamente, el bronceado es un signo de salud y riqueza, tanto un camuflaje temporal como una máscara exótica.

estas estirpes hermanas. Lejos de ser un "mestizo", por supuesto, es una especie de super-europeo; lo mejor de varias estirpes estrechamente aliadas se han reunido en él, exactamente de la misma manera que ocurría constantemente en las nobles familias europeas, donde el resultado del matrimonio entre nobles, ya fueran de Inglaterra e Italia, o de España y Rusia, no constituía un "mestizo", sino más bien un producto feudal más exaltado...[228]

La posibilidad de que la Propuesta Estética vaya por debajo de la piel, de que exista una relación entre lo que Herbert Spencer denominó "belleza de carácter y belleza de aspecto", plantea problemas que escapan al ámbito de este estudio.[229] Sin embargo, sin enredarse demasiado en complejidades psicobiológicas, hay que estar de acuerdo con la sugerencia de Spencer de que la belleza es "idealización alejada del mono". Tres fuentes principales de fealdad, según Spencer, son la recesión de la frente, la protuberancia de la mandíbula y los pómulos grandes. Por consiguiente, sólo son guapos los seres humanos cuyas mandíbulas y pómulos se han retraído y cuyas depresiones nasales se han rellenado. Otros requisitos son la ausencia de orificios nasales abiertos hacia delante y una boca pequeña.[230] Dado que el nórdico idealizado cumple estos requisitos mejor que otros estereotipos raciales, se deduce que los nórdicos son los menos "parecidos" a los mortales y, por tanto, los más merecedores del primer premio en el concurso de belleza étnica.[231]

---

[228] Wyndham Lewis, *Pale Face*, Chatto and Windus, Londres, 1929, p. 278.

[229] Herbert Spencer, *Ensayos*, Appleton, Nueva York, 1910, Vol. II, p. 387. Schopenhauer era otro filósofo que creía en una conexión entre la apariencia exterior y el ser interior. La boca, decía, expresa el pensamiento del hombre, mientras que el rostro expresa el pensamiento de la naturaleza y de la especie. "Vielmehr ist jedes Menschengesicht eine Hieroglyphe", así resumía Schopenhauer su opinión al respecto. *Parerga und Paralipomena*, F. A. Brockhaus, Leipzig, 1877, pp. 670-71.

[230] Ibídem, pp. 390-92.

[231] En una obra que se queda angustiosamente lejos de *Moby Dick* y *Billy Budd*, Melville llevó este argumento físico al plano espiritual cuando intentó equiparar el rubismo con la bondad. En *Pierre*, Melville hace que Isabel se queje: "¡Oh, Dios, si hubiera nacido con los ojos azules y el pelo rubio! Son la librea del cielo. ¿Has oído hablar alguna vez de un buen ángel con ojos oscuros, Pierre? No, no, no, todos azules, azules, azules, los azules del cielo...". *Pierre*, Hendrick's House, Nueva York, 1957, p. 370. Por el contrario, la novela de Melville, *Benito Cereno*, sólo igualada por *El corazón de las tinieblas* de Conrad a la hora de sondear el lado oscuro de la mentalidad negra, parecía proponer una correlación entre la negritud y el mal. Montesquieu y Mozart también eran miembros fundadores del club "El negro no es bello". En la ópera de este último, *Die Zauberflöte*, su villano negro, Monostatos, canta: "Weiss ist schon, weil ein Schwarzer hasslich ist".

Por otra parte, la propuesta estética se ha trasladado a menudo al ámbito de la ética e incluso de la política. Platón no fue ni el primero ni el último en equiparar la belleza con el bien. En igualdad de condiciones, el político o estadista guapo (es decir, de aspecto nórdico) ha sido capaz de evocar más deferencia que su rival menos guapo (es decir, de aspecto menos nórdico), cuya apariencia poco atractiva puede ser una grave desventaja para ganar y mantener seguidores. Al darse cuenta de la fuerza que estos estándares estéticos siguen ejerciendo en Occidente, un intelectual perspicaz como el filósofo marxista George Lukács, que se sitúa bastante fuera del locus genético y cultural del norte de Europa, ha reaccionado teniendo un "miedo liberal a la belleza, con [una] sospecha obsesiva de que la belleza y, por inferencia, buena parte del arte es una máscara que impide una visión clara del mal y el sufrimiento humanos".[232]

Fue la Prop Estética la que prolongó la supervivencia de la decadente [aristocracia teutónica en el centro y sur de Europa siglos después de haber sido despojada de su preeminencia. Es el mismo Objeto Estético que ayuda a la Mayoría Estadounidense a aferrarse a los adornos, pero no a la sustancia, de su antiguo poder.[233] Sólo en el sector de la estética, a través de la omnipresencia del tipo biológico nórdico idealizado y su continua aceptación como el modelo nacional de encanto y atractivo físico, la Mayoría ha sido capaz de montar una pequeña pero exitosa acción de contención en la melé racial actual.

---

[232] *Times Literary Supplement*, 18 de junio de 1970, p. 660.

[233] Después de intentar persuadir a las chicas negras para que vuelvan a sus peinados naturales y lanosos y abandonen las cremas decolorantes y los estilos de vestir occidentales, los militantes negros buscan chicas blancas, prefiriendo, cuando van de vacaciones al extranjero, Escandinavia a África. Fletcher Knebel, "The Black Woman's Burden", *Look*, 23 de septiembre de 1969, pp. 77-79.

PARTE IV

Las minorías:
Asimilados y no asimilables

CAPÍTULO 13

Las minorías asimiladas

S E HA Demostrado que 55.506.205 estadounidenses -casi el 30% de la población del país- pertenecen a lo que se ha descrito como minorías asimiladas.[234] En la terminología de la antropología física, estas minorías son predominantemente alpinas, designación que en este estudio también engloba a las razas dinárica y báltica oriental. Geográficamente hablando, sus países de origen han sido Irlanda, Francia, las tierras eslavas y varios estados centroeuropeos y balcánicos. Descendientes en su mayoría de los que llegaron a mediados del siglo XIX y en oleadas de inmigrantes posteriores, los miembros de la Minoría Asimilada, debido a sus afinidades raciales y culturales no remotas con los elementos nórdicos o del norte de Europa de la población, han sido absorbidos en gran medida por la matriz demográfica de la Mayoría.

En las secciones siguientes, que enumeran y examinan brevemente las Minorías Asimiladas, no se encontrará ningún grupo de población del norte de Europa, excepto los irlandeses y los finlandeses. Esto puede parecer extraño, ya que muchos de los alemanes, holandeses y belgas, y no pocos de los escandinavos y británicos que llegaron a América eran alpinos y formaban parte de la Nueva Inmigración. Pero el alpinismo por sí mismo no es un impedimento serio para el proceso de asimilación. Tampoco lo es la llegada tardía. Lo que sí retrasa u obstaculiza la asimilación es una combinación o, más exactamente, una combinación múltiple de alpinismo, llegada tardía, diferencias religiosas y lingüísticas, una tradición de absolutismo político y peonaje y, en el caso de los grupos eslavos, una herencia cultural europea oriental en lugar de occidental.

Como los alpinos de ascendencia noreuropea no han tenido esta multiplicidad de obstáculos que bloquean su asimilación, a la mayoría se les ha concedido automáticamente el estatus de mayoría y se les ha considerado asimilados. La misma dispensa se ha extendido a los alpinos de origen suizo, austriaco y francés septentrional. Pero esto no quiere decir que todos los estadounidenses de ascendencia europea septentrional, nórdica o alpina, sean miembros de la Mayoría en regla. Algunos irlandeses y otros estadounidenses de linaje europeo septentrional igualmente auténtico aún

---

[234] Véase el cuadro II, p. 60.

conservan una pizca de clanismo, votan en bloque[235] y se aferran sin entusiasmo a sus costumbres del Viejo Mundo. Los holandeses de Pensilvania son otro ejemplo de clanismo persistente. Algunos europeos del Este, especialmente los que han sido minorías en sus países de origen, trajeron consigo una conciencia de minoría que sólo se ha erradicado en parte. Muchos franceses de Luisiana y Nueva Inglaterra siguen hablando el patois de sus antepasados europeos. Ciertas sectas religiosas enseñan a sus miembros la necesidad de la secesión moral o física de la sociedad en general. Todos estos grupos de población, sin embargo, han perdido parte o la mayor parte de sus afiliaciones del Viejo Mundo y, si aún no están completamente asimilados, es muy posible que lo estén en unas pocas décadas más. Debido a su número cada vez menor y a su acelerado ritmo de americanización, probablemente sea más exacto clasificarlos como tribus, clanes o cultos que como minorías de buena fe. La creciente presión y los desafíos de las minorías inasimilables inducen a veces a los miembros de las minorías asimiladas a desempolvar algunos de sus desvaídos vínculos con el Viejo Mundo, pero en general están cerrando filas como blancos, no como polacos, franceses o lo que sea.

Un estadounidense de ascendencia del norte de Europa que no puede calificarse de totalmente asimilado es el estadounidense de primera generación y, con menos frecuencia, el de segunda generación procedente de Gran Bretaña, Alemania, Holanda, Escandinavia o Canadá. Por mucho que se aproxime a la norma racial y cultural de la mayoría, el recién llegado, a diferencia del recién llegado, casi siempre conserva algunos rastros de conciencia de minoría, una conciencia que a menudo consigue transmitir a sus hijos y a veces, dependiendo de su intensidad, a sus nietos. El nacimiento en el extranjero de figuras públicas contemporáneas de tendencia izquierdista como Cyrus Eaton, John Galbraith y James Reston ha tenido probablemente más influencia de la que ellos admitirían en sus actitudes políticas y sociales. Si el padre de Earl Warren hubiera nacido en Estados Unidos en lugar de Noruega y si no hubiera sido un socialista tan intransigente, es posible que su hijo, cuando fue Presidente del Tribunal

---

[235] Ya en la Segunda Guerra Mundial se observó un voto alemán nacional pero indeciso, cuando algunos germano-estadounidenses se volvieron contra el presidente Roosevelt por su política intervencionista. Tanto los protestantes como los católicos alemanes votaron en gran número a Eisenhower, pero muchos de estos últimos volvieron al partido demócrata cuando el católico John Kennedy se presentó a las elecciones presidenciales. Kevin Phillips, *The Emerging Republican Majority*, Arlington House, New Rochelle, Nueva York, 1969, pp. 296, 314, 339.

Supremo, se hubiera preocupado más por los intereses de la mayoría que por los de las minorías.[236]

Dado que sólo es cuestión de tiempo que la progenie de los pocos europeos del norte que quedan forme parte de la mayoría, la atención se centrará ahora en las minorías asimiladas. Se trata de los grupos de población que en algún momento del pasado se mostraron reticentes a la asimilación, un proceso que consideraban un salto cultural hacia lo desconocido, cuando no una forma de rendición étnica.

IRISH:[237] Una de las mayores ironías de la historia estadounidense es que el grupo de población que ha ejercido tanto poder político en Estados Unidos en la primera mitad del siglo XX tuvo hasta su llegada al Nuevo Mundo una experiencia muy limitada con el proceso democrático.[238] Aunque esta inexperiencia no se debía necesariamente a un defecto personal o a una antipatía innata hacia la democracia -sus amos británicos repartían libertad con moderación-, los irlandeses nunca fueron capaces de establecer un gobierno representativo permanente en Irlanda hasta hace relativamente poco tiempo. Sólo en 1948, cuando las grandes migraciones irlandesas a América habían terminado hacía tiempo, Irlanda, tras unas décadas de estatus de Commonwealth, logró la independencia completa.

Puede que Irlanda o Eire sean ahora una república, pero los antepasados de los actuales irlandeses estadounidenses en su mayoría nunca habían pasado por el largo, exasperante, pero ricamente instructivo ciclo de aprendizaje político que evolucionó desde la aristocracia feudal, pasando por la monarquía absoluta, hasta la democracia representativa.

En el detallado estudio racial de 10.000 varones irlandeses realizado en Irlanda por E. A. Hooton, el 28,9 por ciento fueron clasificados como nórdico-mediterráneos, el 25,3 como célticos, el 18,6 como dináricos, el 18,4 como nórdico-alpinos, el 6,8 como predominantemente nórdicos, el 1,1 como bálticos orientales, el 0,6 como nórdicos puros y el 0,3 como

---

[236] Reston nació en Escocia. Eaton y Galbraith en Canadá. Al igual que Warren, el senador Henry Jackson y el candidato presidencial de 1980 John Anderson tenían padres inmigrantes escandinavos.

[237] Para la distinción entre los irlandeses católicos y los irlandeses protestantes escoceses del Ulster, véase la nota 9, p. 43.

[238] "La importancia de los grupos de inmigrantes en la historia de la política estadounidense difícilmente puede sobrestimarse. En esta historia, los irlandeses han desempeñado el papel principal". One America, Francis J. Brown, ed., Prentice-Hall, Englewood Cliffs, N. J., p. 61.

mediterráneos puros.[239] Carleton Coon, cuya terminología racial a menudo difería de la del Dr. Hooton, encontró una veta paleolítica superior relativamente grande en la composición racial irlandesa.[240] Por consiguiente, los tipos físicos irlandeses van desde una mezcla racial de sazón nórdica, apenas distinguible de la de la mayoría de los demás europeos septentrionales,[241] , hasta el tipo del Paleolítico Superior, de huesos pesados, complexión fuerte, cara ancha y complexión grande, presumiblemente los restos genéticos de una raza europea más antigua que huyó a las regiones más remotas de Europa occidental para escapar de los kelts y otros invasores. Otra raza característica es la de los "irlandeses negros", los habitantes de la Isla Esmeralda con un marcado matiz mediterráneo, supuestos descendientes de los prehistóricos mediterráneos atlánticos que remontaron la costa atlántica desde Gibraltar y Portugal. Según las leyendas que circulan desde hace siglos sobre los Ould Sod, los irlandeses negros son descendientes lejanos de náufragos de la Armada española.

El equilibrio racial de Irlanda ha sido reproducido con bastante fidelidad por las filas de los irlandeses estadounidenses, aunque posiblemente con menos acento en el elemento nórdico. El éxodo irlandés estaba compuesto principalmente por los segmentos más pobres de la población: los granjeros arrendatarios y los irlandeses occidentales que vivían en las ciénagas, los más alejados en tiempo y lugar de los irlandeses más nórdicos del este, donde vikingos, normandos e ingleses llevaban siglos asentados. Un conjunto de rasgos físicos -nariz de pato, pecas, pelo rojo y los "ojos más azules del mundo"-, aunque no es exclusivamente irlandés, se ha llegado a considerar, al menos en Estados Unidos, el ingrediente básico de un estereotipo irlandés común.[242]

Si los estudios raciales de E. A. Hooton dan en el clavo, los alpinos nórdicos, los nórdicos predominantes y los nórdicos puros representan el 25,8 por ciento de los irlandeses de Irlanda. Esta cifra podría reducirse al 20 por ciento en el caso de la inmigración irlandesa, para tener en cuenta la menor

---

[239] E. A. Hooton y C. W. Dupertuis, *The Physical Anthropology of Ireland*, Papers of the Peabody Museum of Archaeology and Ethnology, Harvard University, Vol. XXX, Nos. 1-2, p. 143.

[240] Coon, *Las razas de Europa*, pp. 376-84.

[241] Wyndham Lewis, describiendo una manifestación mixta anglo-irlandesa en Londres, escribió: "Nunca fui capaz de descubrir cuáles eran irlandeses y cuáles ingleses... me parecieron exactamente iguales". *Pale Face*, pp. 284-85.

[242] Coon, op. cit., pp. 371, 381, 383. Cejas pobladas, cabeza grande, mentón prominente, labio superior largo y convexo y gran anchura malar son otros rasgos irlandeses bastante comunes.

proporción de elementos nórdicos. En total, hay casi 22 millones de estadounidenses de ascendencia irlandesa en Estados Unidos.[243]

El historial de voto de los irlandeses es una demostración elocuente de su paso de asimilables a asimilados. En las elecciones presidenciales de 1952, se calcula que alrededor del 38% del voto católico fue para Eisenhower. Una proporción aún mayor de católicos votó a los republicanos en las elecciones de 1956.[244] En 1960, sin embargo, una encuesta de Gallup afirmaba que tres de cada cinco católicos que votaron a Eisenhower se pasaron a Kennedy.[245] Aplicando estos porcentajes al segmento irlandés de la población católica y a la población irlandesa-estadounidense en su conjunto, así como a los votantes irlandeses, 6,8 millones de irlandeses (38 por ciento) estaban en las filas republicanas en 1952, quizás hasta 7 millones en 1956. Luego, en 1960, el 60% de estos republicanos temporales volvieron al redil demócrata. Esto hizo que 2,8 millones de irlandeses votaran a Nixon, el perdedor no católico. Un número mucho mayor de irlandeses votó a Ronald Reagan, de padre irlandés, en sus dos exitosas campañas a la presidencia, que tuvieron el efecto secundario de barrer de sus puestos a algunas maquinarias políticas irlandesas de las grandes ciudades. En 1992 los irlandeses recuperaron la alcaldía de Chicago, pero en 1993, poniendo fin a un reinado de 68 años, perdieron la de Boston a manos de un italiano. Los irlandeses siguen votando como irlandeses en algunas grandes ciudades del norte, pero ya no pueden considerarse un bloque electoral sólido a escala nacional.[246]

Esto no significa que los irlandeses, por haber cambiado sus hábitos de voto, hayan cambiado su carácter, que Carl Wittke describió como un

> mezcla de ego ardiente, temperamento fogoso, terquedad, gran encanto personal y calidez y un ingenio que brilla a través de la adversidad. Una alegría incontenible, un espíritu vivaz, una amabilidad y tolerancia hacia las debilidades comunes de los hombres... rápido para la ira y rápido para perdonar, frecuentemente engañado... generoso, hospitalario y leal.

---

[243] Véase el Cuadro 2, Apéndice B.

[244] William Shannon, *The American Irish*, Macmillan, N. Y., 1963, pp. 410-11.

[245] Ibid.

[246] Durante las elecciones presidenciales de 1960, Nixon apenas habló de sus antepasados irlandeses, que no eran católicos, mientras que Kennedy, con su inconfundible aspecto de Keltic, exageró su origen étnico y religioso en las zonas urbanas del norte. Sin embargo, en la campaña para las elecciones al Congreso de 1970, Nixon, que planeaba un segundo intento de llegar a la presidencia, hizo un viaje a Irlanda, donde se habló mucho de sus antepasados irlandeses.

Wittke también afirmaba que los irlandeses, aunque demostraban talento para el arte y la literatura, nunca han sido especialmente hábiles en los campos de la ciencia y la invención.[247]

Fue la gran hambruna de la patata de la década de 1840 la que atrajo por primera vez a los irlandeses a América en gran número. Llevaban consigo amargos recuerdos de inanición, humillación y represión bajo el yugo de los ingleses. Una vez terminado su aprendizaje del pico y la pala en el Canal de Erie y en los ferrocarriles, se agruparon en las grandes ciudades y a menudo renovaron su enemistad con el Imperio Británico haciéndola extensiva a los estadounidenses de ascendencia inglesa.

Cuando los irlandeses empezaron a controlar la maquinaria política demócrata en las ciudades del norte, a menudo la utilizaron como arma de defensa y venganza contra el partido republicano, que a los ojos de muchos irlandeses representaba los intereses de la clase dirigente de ascendencia inglesa. La publicitada promesa del alcalde de Chicago "Big Bill" Thompson en 1927 de "hacer que el rey de Inglaterra no se meta en América" fue un típico llamamiento a la anglofobia gaélica.[248] Un brote posterior de esta hostilidad centenaria tuvo lugar en la huelga del metro de Nueva York de 1966, en la que Michael Quill, jefe del Sindicato de Trabajadores del Transporte, intentó convertir el paro en una venganza personal contra el alcalde John Lindsay, quien, a pesar de su ultraliberalismo gracquista, era considerado, si no tan malo como un orangista, al menos tan malo como un WASP.[249]

Es casi imposible escribir sobre los irlandeses en Estados Unidos sin hablar de la Iglesia Católica Romana. El catolicismo irlandés, al que asisten tanto hombres como mujeres, es muy diferente del catolicismo en España, Francia e Italia, donde las congregaciones están formadas casi exclusivamente por mujeres y donde el anticlericalismo es una prerrogativa tradicionalmente masculina. El lugar entrañable que los irlandeses reservan en sus corazones a la Iglesia se debe en gran parte a la participación de ésta en la larga lucha por la independencia de Irlanda. Los sacerdotes irlandeses a menudo tuvieron que pagar un precio tan alto por sus vidas como los patriotas laicos, ya que la Iglesia utilizó todos sus recursos para evitar que la moral irlandesa decayera en los días más oscuros de la ocupación protestante. En

[247] Carl Wittke, *The Irish in America*, Louisiana State University Press, Baton Rouge, 1956, p. 233.

[248] *Literary Digest*, 5 de noviembre de 1927, p. 5.

[249] *New York Times*, 2 de enero de 1966, p. 1, y 4 de enero de 1966, pp. 14, 17. Todo el ambiente que rodeaba las conversaciones sobre la huelga, según un reportero del Times, era "¡Abajo los protestantes ingleses! ¡Arriba los irlandeses!".

consecuencia, existe un vínculo tanto secular como religioso entre la Iglesia católica y la mayoría de los irlandeses americanos. En los países latinos donde, durante largos periodos de la historia medieval y moderna, los prelados católicos se aliaron con aristócratas, monarcas y plutócratas, la conexión secular es mucho más débil.

Tras haber contribuido a mantener viva a Irlanda durante tantos siglos, la Iglesia católica ha luchado tenazmente, en la retaguardia, pero perdiendo, para aislar a su rebaño irlandés-estadounidense de las tentaciones y presiones de la asimilación. La Iglesia temía que casarse e incluso socializar con miembros de la mayoría no irlandesa y no católica pudiera ser el primer paso hacia el abandono de la fe, la fe que llena los bancos y las urnas a rebosar. Aunque los irlandeses representan menos de la mitad de todos los católicos estadounidenses, siguen siendo la congregación católica dominante, aportando la mayor parte del dinero y la mayor parte de la jerarquía. Aparte de las implicaciones culturales y financieras, un declive del etnocentrismo irlandés y el consiguiente descenso del fervor religioso irlandés podrían exponer a la rama estadounidense de la Iglesia a una toma de poder por parte de italianos, polacos o hispanos.

Para evitarlo, la Iglesia se ha esforzado por mantener encendida la llama de la etnicidad irlandesa mediante una red de escuelas parroquiales, campañas bien organizadas contra el control de la natalidad, restricciones contra el matrimonio fuera del matrimonio y la subvención y promoción de multitud de actividades irlandesas. Por estas razones, el catolicismo debe cargar con una gran parte de la responsabilidad de la persistente condición de irlandeses estadounidenses. Sin embargo, a pesar de los reparos de los sacerdotes, la mayoría de los irlandeses, cuando entraron en las filas de la Mayoría, consiguieron llevarse consigo su religión.

Por razones obvias, la Iglesia Católica se opone oficialmente al marxismo y al comunismo. El ateísmo no es el ismo favorito de la jerarquía. Pero no por ello todos los irlandeses americanos son capitalistas furibundos. Inspirados tanto por antiguos antagonismos nacionales y raciales como por antipatías de clase, los líderes irlandeses han entrado y salido de los movimientos socialistas y comunistas estadounidenses casi desde el primer día que llegaron a estas costas. William Z. Foster, cuyo padre era un "inmigrante irlandés que odiaba a los ingleses", fue durante muchos años el Grand Old Man del comunismo estadounidense, y Elizabeth Gurley Flynn, la Grand Old Lady.[250] Jim Larkin, destacado agitador comunista en los años veinte,

---

[250] Elizabeth Flynn escribió una vez: "La conciencia de ser irlandeses nos llegó de pequeños, a través de canciones lastimeras y relatos heroicos... inculcamos un odio ardiente al dominio británico con la leche de nuestra madre". Shannon, *The American*

cumplió una condena en Sing Sing antes de ser indultado por Al Smith, el gobernador católico de Nueva York. Vincent Sheean, que más tarde se convirtió en devoto de Mahatma Gandhi, escribió un libro, *Historia personal*, que probablemente atrajo a más estadounidenses a la bandera de la hoz y el martillo que cualquier obra o tratado de Engels, Marx, Lenin, Trotsky o Stalin.[251]

Como cabía esperar de un grupo de inmigrantes extremadamente verbales, de dos puños y muy trabajadores, los irlandeses han estado muy implicados en el sindicalismo estadounidense, desde las organizaciones sindicales más radicales[252] hasta las más conservadoras. John Mitchell fue uno de los fundadores de United Mine Workers, y P. J. McGuire ayudó a organizar la American Federation of Labor. Otros destacados líderes sindicales irlandeses-estadounidenses: Joseph Curran, del Sindicato Marítimo Nacional; P. H. Morrissey, de la Hermandad de Bomberos Ferroviarios; Teddy Gleason, de la Asociación Internacional de Estibadores; James O'Connell, de la Asociación Internacional de Maquinistas; Michael Quill, del Sindicato de Trabajadores del Transporte; y, por último, George Meany, que dirigió la AFL-CIO durante un cuarto de siglo.

La fuerza irlandesa ayudó a construir la América industrial y la sangre irlandesa ayudó a defenderla. Ha habido grandes estadounidenses de ascendencia irlandesa en todas las épocas de la historia de Estados Unidos y en todos los sectores de la actividad estadounidense. Aunque es imposible determinar la magnitud y el alcance de la contribución irlandesa, el historiador Samuel Eliot Morison afirma que ha sido menor que la alemana.[253] En cualquier caso, ha sido considerable y significativa. Sin ella, la América actual sería muy diferente.

Mientras que las pasiones políticas irlando-americanas han sido altas, los estándares políticos irlandeses han sido frecuentemente bajos. Los escándalos de alcaldes como Jimmy Walker y William O'Dwyer de Nueva York, James Curley de Boston y John Houlihan de Oakland, California,

---

Irish, pp. 166-67. Una dama irlandesa-estadounidense radical más moderna y "filósofa" del Movimiento de Liberación de la Mujer es Kate Millett, casada con un japonés. *New York Times*, 27 de agosto de 1970, p. 30.

[251] Sheean saltó del expreso soviético tras la firma del pacto de no agresión ruso-alemán. En una ocasión admitió ante Granville Hicks que había ocultado deliberadamente hechos perjudiciales para la U.R.S.S. al escribir sobre las glorias del estalinismo. Granville Hicks, *Part of the Truth*, Harcourt, Brace, N.Y., 1965, p. 187.

[252] Para las más radicales de todas, las Molly Maguires, véase la nota 1, capítulo 26.

[253] Samuel Eliot Morison, *The Oxford History of the American People*, Oxford University Press, Nueva York, 1965, pp. 480-81.

atestiguan el éxito de los irlandeses a la hora de conseguir cargos públicos y su fracaso ocasional a la hora de dignificarlos. Durante muchos años, Boston, Nueva York, Chicago, San Francisco y otras grandes ciudades estadounidenses fueron poco más que feudos políticos irlandeses, en los que los jefes de los partidos daban enormes plenos a los candidatos de su elección, independientemente de los problemas. Recientemente, sin embargo, los irlandeses se han visto obligados a compartir sus feudos urbanos con otras minorías. En muchas ciudades, su control político, antaño indiscutible, ha llegado a su fin.

Los católicos irlandeses, como ya se ha dicho, abandonaron el Partido Demócrata en 1952, cuando contribuyeron a que Dwight Eisenhower ganara las elecciones. La lealtad demócrata de los jefes del partido permaneció inquebrantable, pero el liberalismo de torre de marfil del candidato presidencial Adlai Stevenson, que se inclinaba cada vez más hacia el apaciguamiento de la Unión Soviética, fue demasiado para muchos de los fieles, que habían alcanzado cierto grado de respetabilidad y prosperidad de clase media en el auge económico de la posguerra. Es esta misma respetabilidad y afluencia, cuando se extienden entre otras minorías asimiladas, lo que tan a menudo da origen a los hábitos de voto republicano.

Como ya se ha señalado, la mayoría de los irlandeses volvieron a cerrar filas en las elecciones presidenciales de 1960, cuando tuvieron la oportunidad de votar a uno de los suyos, que además era un héroe de guerra. John F. Kennedy, con la ayuda de la gran riqueza de su padre y la proliferación de sus parientes, dio una oportunidad en las urnas a la política irlandesa-estadounidense. La aparición de la dinastía Kennedy, a pesar del asesinato de sus dos miembros estelares en un periodo de seis años, no pareció amortiguar el afecto irlandés y no irlandés por las dinastías menores.

Sin embargo, el nombramiento de George McGovern como abanderado demócrata en 1972 provocó otra deserción masiva hacia la candidatura republicana. Más pragmático que ideológico, el típico político maquinista irlandés quiere los votos de la gente, no las mentes de la gente. Aunque el liberalismo es la teología aceptada del partido demócrata, los jefes irlandeses lo tratan en gran medida como un recurso para conseguir votos; se entiende que en la intimidad de sus hogares es probable que sus propias creencias políticas tengan un tono marcadamente antiliberal. Cuando se trata de política exterior, estas creencias suelen salir a la luz. En conjunto, los irlandeses-estadounidenses han ejercido una influencia estabilizadora y conservadora en las relaciones internacionales de Estados Unidos durante la mayor parte de este siglo, en primer lugar ayudando a preservar la neutralidad estadounidense durante la Guerra Civil española,[254] en segundo lugar apoyando a los partidos católicos anticomunistas en Europa Occidental después de la Segunda Guerra Mundial. Sin este apoyo, una zona mucho mayor del continente europeo podría haberse sovietizado.

En casa, el miedo y el odio al comunismo inspiraron a algunos disidentes irlandeses-estadounidenses a cruzar las líneas del partido y atacar al marxismo y a los apologistas marxistas con la insinuación demagógica que hasta entonces había sido monopolio de comunistas y liberales vitriólicos. Dos de esos individuos fueron el padre Charles Coughlin, el sacerdote radiofónico de la era del New Deal, y el senador Joseph McCarthy, que no debe confundirse con Eugene McCarthy, el erudito senador irlandés-escandinavo de Minnesota. Un tono intelectual más elevado lo proporcionó William F. Buckley, hijo de un multimillonario irlandés, al igual que el presidente Kennedy, cuyo ingenio mordaz y poses recónditas recordaban a conservadores franceses como Léon Daudet y Charles Maurras, de la Action Frangaise.[255] Fieles a las prédicas igualitarias de su iglesia, Buckley y muchos otros destacados conservadores irlandeses-americanos han apoyado incondicionalmente la integración racial. Al hablar del componente irlandés del conservadurismo, no debe olvidarse que el presidente Nixon, de procedencia irlandesa no católica, "fue elegido a la presidencia en una campaña sustancialmente planificada por los conservadores irlandeses de Nueva York".[256] Tampoco debe olvidarse que Reagan tenía un padre católico irlandés y que el presidente Clinton se califica parcialmente como vinculado a los Ould Sod sobre la base de que el apellido de soltera de su madre era Kelley.

Debido a sus afinidades raciales y culturales del norte de Europa, debido a que se han convertido en muchos aspectos en tan típica y genéricamente estadounidenses, es difícil afirmar que los estadounidenses de origen irlandés

---

[254] Joseph Kennedy, mientras era embajador en Gran Bretaña, tomó la iniciativa en la defensa del embargo, que prohibía el envío de material de guerra tanto a las fuerzas nacionalistas como a las republicanas en un momento en que la mayoría de los funcionarios estadounidenses estaban dispuestos a levantarlo. Hugh Thomas, *The Spanish Civil War*, Harper & Row, N.Y., 1961, pp. 536, 614.

[255] James Buckley, hermano de William, que fue senador por Nueva York durante un mandato, es un destacado miembro de una camarilla conservadora irlandesa dentro del partido republicano que intenta contrarrestar el poder de la llamada mafia irlandesa o facción Kennedy en el partido demócrata.

[256] Phillips, op. cit., pp. 174-75. El jefe de campaña de Nixon en 1968 fue John N. Mitchell, más tarde fiscal general, a la postre uno de los principales villanos del Watergate. Presbiteriano de madre irlandesa, Mitchell tenía un adjunto llamado Peter Marcus Flanigan. Muchos antiguos hombres de idea de Nixon, en particular Patrick Buchanan, son también de ascendencia irlandesa.

sigan perteneciendo a una minoría. En la superficie y bajo ella, el estadounidense de ascendencia irlandesa es un prototipo de la mayoría hecho a medida. Es patriota. Está dispuesto a vivir y dejar vivir. No es tan intrusivo ni adquisitivo como los miembros de otros grupos de población. No abarrota las profesiones. Su patrimonio neto no es superior a la media. Sólo cuando entran en juego cuestiones de fe, orgullo, política maquinista e Irlanda - asuntos sobre los que los irlandeses siguen siendo bastante sensibles- un número cada vez menor de estadounidenses de origen irlandés muestran desafiantemente lo que podría describirse como colores minoritarios. Casi todas las razones que una vez fueron de peso para la separación irlandesa-estadounidense se han evaporado. El tiempo, la distancia y el declive y caída del Imperio Británico han suavizado el antiguo rencor contra Inglaterra. Sólo el Ulster sigue siendo una llaga y un recordatorio demasiado frecuente de la antigua enemistad. La mayoría americana, en la que los irlandeses solían encontrar tantas características y costumbres inglesas desagradables, ya no es exclusivamente anglosajona y ha adquirido una base de población del norte de Europa más uniformemente distribuida. En cuanto a las diferencias religiosas, gran parte del protestantismo de línea dura de la frontera, con resonancias anticatólicas y antipapales de la Reforma, se está disolviendo en un deísmo de vivir y dejar vivir cuyas principales preocupaciones son la tolerancia y la justicia social. Las directivas liberalizadoras de Roma, las cuestiones sobre la infalibilidad papal, las exigencias de poner fin al celibato sacerdotal, el creciente número de sacerdotes radicales, la misa deslatinizada, la agria controversia sobre el control de la natalidad y el aborto: todos estos fragmentos del movimiento ecuménico están socavando la antigua estructura monolítica del catolicismo,[257] y, en el proceso, rebajando el prestigio de la Iglesia a los ojos y oídos de quienes prefieren tomar su religión con una gran ración de dogma, dramaturgia y ritual.

Antes de que los romanos llegaran a Gran Bretaña, los Kelts (nórdicos primitivos) de Irlanda y Gran Bretaña eran similares en cultura, civilización y raza. Tras la marcha de los romanos y la llegada de los misioneros cristianos, Irlanda y Gran Bretaña compartieron la misma religión durante más de mil años, aunque durante al menos la mitad de ese tiempo el catolicismo irlandés fue más kelta que romano. Si los dos pueblos siguen

---

[257] El vínculo entre el pueblo irlandés y el catolicismo romano no es congénito ni inquebrantable. Muchos de los más grandes irlandeses, quizá los más grandes, eran protestantes o no creyentes. La lista incluye a Charles Parnell, el abnegado luchador por la libertad irlandesa del siglo XIX, Douglas Hyde, primer presidente de Irlanda, Swift, Goldsmith, Sheridan, Wilde, Shaw, Yeats, Joyce, Synge y O'Casey. Paul Carroll, un dramaturgo irlandés moderno, se hace eco en su *White Steed de los* sentimientos de muchos de sus compatriotas cuando su heroína despotrica contra los curas y los "hombrecillos" por privar a los irlandeses de su orgullo y virilidad primitivos.

teniendo dificultades para sacar partido de sus similitudes en el Viejo Mundo, sus descendientes en el Nuevo han demostrado que los antiguos odios y divisiones ya no tienen mucho sentido. ¿De qué le sirve a un irlandés estadounidense atar su bienestar a los faldones de dinastías étnicas irresponsables, cuya única función restante es servir de acosadores políticos del liberalismo y el racismo de las minorías?

A los irlandeses, que ahora son miembros de buena fe de la Mayoría estadounidense, les interesa profundamente que la Mayoría proteja y guarde su molde racial y cultural. Si se rompe el molde, los irlandeses americanos perderán tanto como cualquier otro americano de ascendencia europea del norte.

MINORÍAS FINLANDESAS Y BÁLTICAS Algunos finlandeses se asociaron con la inmigración sueca original que tuvo lugar cuando los estadounidenses aún eran coloniales británicos. Pero un número apreciable de ellos no llegó a Estados Unidos hasta 1864. Muchos fueron a Michigan como mineros; otros fundaron granjas en Minnesota. La represión política rusa de finales del siglo XIX empujó a más finlandeses a Estados Unidos. Un estudio de la Oficina del Censo calcula que hay 615.872 estadounidenses de ascendencia finlandesa o parcialmente finlandesa.[258]

A pesar de su lengua difícil y aglutinante y de su supuesto origen euroasiático, la mayoría de los finlandeses americanos apenas se distinguen de sus vecinos del Viejo Mundo, los suecos. Son casi tan nórdicos e igualmente protestantes (luteranos). Después de la Primera Guerra Mundial, los finlandeses estadounidenses recibieron una especie de reconocimiento honorífico como miembros de la Mayoría cuando Finlandia fue saludada como la única nación europea que pagó íntegramente su deuda de guerra. La ética protestante murió en Boston, pero pervivió en Helsinki. La popularidad de Finlandia en Estados Unidos ganó algunos puntos adicionales cuando los finlandeses opusieron una resistencia valiente, aunque algo desesperada, a los invasores rusos en 1939-40, una de las brutales secuelas del pacto Hitler-Stalin. Sin embargo, cuando Alemania atacó a la Unión Soviética en 1941 y los finlandeses se convirtieron en aliados de Alemania, el apoyo estadounidense a Finlandia se agotó rápidamente. La posterior rendición a Stalin del estratégico territorio finlandés al final de la Segunda Guerra Mundial despertó escasos sentimientos de simpatía entre los estadounidenses. En la actualidad, Finlandia mantiene una política exterior estrictamente neutral para evitar dar a los rusos una excusa para ejercer más presión sobre el país, especialmente ahora que algunos nacionalistas

---

[258] Salvo que se indique lo contrario, todas las cifras de población de este capítulo proceden del estudio de la Oficina del Censo de 1980 sobre grupos de ascendencia. Véase el Apéndice B.

moscovitas de alto nivel hablan de "reincorporar" lo que una vez fue el Gran Ducado de Finlandia de los zares a un renacido Imperio ruso.

Menos retóricas y más concretas son las actuales exigencias rusas a los tres Estados bálticos, que declararon su independencia tras la desintegración de la Unión Soviética. A diferencia de Lituania, que es católica y tiene lazos culturales con Polonia, Estonia y Letonia son protestantes y están más en sintonía cultural con Escandinavia. Los tres países bálticos, cada uno con una gran minoría rusa, tuvieron un breve periodo de independencia entre la Primera y la Segunda Guerras Mundiales. El éxito de su nuevo intento de convertirse en nación dependerá probablemente menos de lo que hagan los letones, estonios y lituanos que de la política exterior de Moscú, que ya ha amenazado con poner fin a los envíos de petróleo a los países bálticos si las minorías rusas son objeto de discriminación.

Se calcula que 25.994 estonios, 92.141 letones y 742.776 lituanos viven en Estados Unidos animando a sus patrias recién liberadas. No son pocos los que han regresado a sus países ancestrales para echar una mano en su adaptación a los niveles occidentales. Como los bálticos son nórdicos o alpinos, o mezclas de ellos, están racialmente cualificados para la asimilación. Los estonios, letones y sus descendientes en ultramar son rubios y de ojos claros, aunque los lituanos, en su mayoría, son algo más oscuros. A lo largo de los siglos, el duro imperialismo ruso y soviético ha avivado y reavivado el irredentismo báltico. Pero aquí, en la última década de este siglo, se puede afirmar que los inmigrantes bálticos que permanecieron en Estados Unidos, a pesar de su llegada relativamente tardía, han pasado de la fase de asimilables a la de asimilados.

MINORÍAS ESLAVAS: Los rusos fueron los únicos blancos que emigraron a América por una ruta hacia el este, llegando primero a Alaska y descendiendo después por la costa de Washington, Oregón y California. Sin embargo, en la época de la Locura de Seward, en 1867, la expansión zarista hacia Norteamérica había perdido casi todo su impulso y retrocedía hacia Siberia. La emigración rusa a gran escala, esta vez por el paso atlántico convencional, no comenzó hasta el punto culminante de la Nueva Inmigración. Tras la Primera y la Segunda Guerras Mundiales, decenas de miles de anticomunistas rusos intentaron entrar en Estados Unidos, muchos de ellos sin éxito.

Dado que muchos inmigrantes no eslavos, especialmente judíos, declararon Rusia como su patria, es bastante difícil llegar a una cifra exacta de estadounidenses de auténtica ascendencia rusa. Una estimación bastante fiable la sitúa en 350.000 personas.[259] La mayoría de los estadounidenses de origen ruso son agricultores y trabajadores industriales, aunque entre los fugitivos de la revolución de 1917 había algunos artistas y científicos muy competentes.

El nacionalismo ucraniano, intensificado por mil años de dominación rusa y extranjera, es a menudo tan ardiente en América como lo es -o era- en la Unión Soviética antes de que el Estado comunista se hundiera y Ucrania obtuviera finalmente su tan ansiada independencia. Aun así, lo que se ha dicho sobre la minoría rusa en Estados Unidos se aplica en general a la ucraniana, salvo que esta última, con unos 730.056 miembros, es más numerosa. Los ucranianos estadounidenses se alegran de la recién adquirida independencia de su patria, pero sus manos y sus corazones están firmemente plantados, al menos de momento, a este lado del Atlántico.

Los polacos llegaron antes y participaron más activamente en la historia estadounidense que otras minorías eslavas. Unos 10.000 disidentes polacos llegaron a Estados Unidos desde la época colonial hasta la Guerra de Secesión. Dos oficiales polacos, Thaddeus Kosciusko y el conde Casimir Pulaski, lucharon valientemente a las órdenes de Washington. Sin embargo, la gran migración polaca a Estados Unidos no se produjo hasta los trece primeros años de este siglo, cuando 1,5 millones de polacos pasaron por Ellis Island. Hoy se calcula que la nación cuenta con 5,1 millones de descendientes de polacos, cifra que no incluye a los judíos polacos. Esto convierte al contingente polaco en la minoría eslava más numerosa e influyente.

Al igual que los ucranianos, los polacos son antirrusos por hábito e instinto, como demostró el intento del Movimiento Solidaridad de salir de la órbita soviética cuando los demás satélites soviéticos seguían doblegándose en los años ochenta. A diferencia de los ucranianos[260] y los rusos, son católicos romanos. Al igual que en Polonia, la Iglesia católica de Estados Unidos se esfuerza por mantener vivos los sentimientos étnicos polacos y fomenta oficialmente la conservación de la lengua polaca, "la lengua del alma". Aunque un pequeño porcentaje de estadounidenses de origen polaco son agricultores, la mayoría residen en grandes ciudades y están repartidos de forma bastante uniforme entre la industria, el comercio y las profesiones liberales. Hace cincuenta años, los polacos estadounidenses votaban

---

[259] Se considera que la cifra de 2.781.432 de la Oficina del Censo está muy inflada. Debe incluir a judíos y no rusos de muchas otras partes de la antigua Unión Soviética.

[260] Los ucranianos occidentales de la URSS, en su mayoría uniatas (greco-católicos vinculados a Roma), fueron convertidos a la fuerza a la Iglesia Ortodoxa Oriental en 1945-46.

directamente a los demócratas. Pero en las últimas décadas muchos polacos, algunos por la postura antisoviética de los republicanos en la Guerra Fría, otros por las revueltas de los negros, se decantaron por el G.O.P., aunque el increíble comentario de Gerald Ford en la carrera presidencial de 1976 de que Polonia era una nación independiente no le hizo ganar muchos votos de los grupos de población de Europa del Este de Estados Unidos.

Algunos checos, sobre todo miembros de la Hermandad Morava, desembarcaron en América en la época colonial. Pero la gran oleada de inmigración checa y eslovaca no comenzó hasta principios del siglo XX, cuando la efervescencia nacionalista en el Imperio Austrohúngaro estaba en su apogeo. Las minorías checa y eslovaca, que en el Nuevo Mundo se mezclan tan poco como en la ya disuelta Checoslovaquia, se concentran ahora en 1,75 millones de personas en las grandes ciudades del Medio Oeste. Por término medio, checos y eslovacos, en su mayoría católicos, tienen la tez más oscura que polacos y rusos.

Los eslavos meridionales son principalmente serbios, croatas y eslovenos, que en el pasado ya no se conocían colectivamente como yugoslavos. Actualmente viven en Estados Unidos unos 500.000 croatas, 300.000 eslovenos y 200.000 serbios, la mayoría de cuyos antepasados llegaron a finales del siglo XIX y principios del XX. Los croatas y los eslovenos son católicos romanos. Los serbios son ortodoxos orientales. La mayoría de los que ganan el pan trabajaban -y muchos siguen trabajando- en la industria pesada, las minas y las canteras.

Algunos eslavos presentan rasgos físicos del norte de Europa, sobre todo los que tienen orígenes ancestrales en el noroeste de Rusia y el norte de Polonia. Una buena proporción de rusos americanos tienen los ojos azules, el pelo rubio y la cabeza larga de los varangios suecos que fundaron Rusia hace un milenio. Pero, en general, los rostros eslavos suelen ser anchos, los pómulos altos, las cabezas redondas y las narices respingonas. Aunque ocasionalmente se dan algunos rasgos mongólicos, físicos y mentales, los grupos de población eslava en América no han encontrado obstáculos raciales o culturales insalvables en el camino de su asimilación. Incluso los estadounidenses de origen polaco, que hace unas décadas contaban con cientos de sociedades literarias, dramáticas, de canto, sociales, religiosas y atléticas en EE.UU., se están "mayoritizando" lenta pero completamente.

HUNGAROS: Los estadounidenses de origen húngaro abarcan un amplio espectro racial. Originarios de las estepas asiáticas, se cree que los protohúngaros pertenecían a la raza blanca y no a la amarilla. Hoy, sin más dudas sobre su blancura, se les designa como alpinos. En cuanto al número de estadounidenses de origen húngaro, el popurrí racial del antiguo Imperio Austrohúngaro hacía extremadamente difícil obtener un recuento fiable de las llegadas de Europa Central. Incluyendo a los 35.000 que huyeron a través del Atlántico tras el frustrado levantamiento húngaro de 1956, se calcula que actualmente hay 310.000 estadounidenses de origen húngaro.

LOS FRANCESES CANADIENSES Y LOS FRANCESES DE LOUISIANA: Los franceses son una de las minorías estadounidenses más difíciles de clasificar. En el lado mayoritario se encuentran los hugonotes, protestantes de credo calvinista que comenzaron su migración a Estados Unidos cuando Luis XIV revocó el Edicto de Nantes en 1685. Paul Revere y John Jay son los dos hugonotes más célebres de la época revolucionaria. Aunque apenas representaban el 0,5% de la población colonial blanca original, en la actualidad hay unos 2 millones de estadounidenses de ascendencia hugonote, además de otros 1,2 millones de descendientes de franceses católicos. Los franceses de América tienden a tener la tez más clara que los franceses de Francia, por lo que es adecuado asignarles un pequeño componente nórdico. La mayoría de los franceses, sin embargo, deberían asignarse a la raza alpina con una pizca de genes mediterráneos. El más notable de los llegados a principios del siglo XIX fue Pierre Samuel du Pont de Nemours, fundador del imperio industrial Du Pont.

En cuanto a los francocanadienses, unos 1,5 millones viven actualmente en Estados Unidos, la mayoría concentrados en las zonas rurales e industriales de Nueva Inglaterra. Los francocanadienses no son un pueblo agresivo económicamente ni se caracterizan por intentar dominar el pensamiento o la política de los demás, pero se aferran tenazmente a su herencia cultural francesa y a su dialecto francés. Al igual que los mexicanos, plantean a los estadounidenses un problema de minorías según el modelo europeo: un grupo de población fronteriza con vínculos emocionales e históricos tanto con el lado lejano como con el cercano de la frontera nacional. En 1886, en Rutland, Vermont, los delegados intentaron organizar una "nacionalidad" francocanadiense con su propia bandera e himno nacional, que debía servir como organización paraguas para todos los francófonos, tanto en Canadá como en Estados Unidos.[261] El proyecto nunca se materializó, pero es sintomático de por qué se citó a un diplomático estadounidense diciendo que los francocanadienses son "la más difícil de asimilar de todas las razas inmigrantes".[262] Pero esas palabras se pronunciaron hace más de medio siglo. Aunque tal vez un tono o dos más oscuros que la norma de la población estadounidense, todos los francocanadienses, salvo un puñado de acérrimos, pueden asignarse con seguridad a la categoría de asimilados. Esto no quiere decir, sin embargo, que si el desorden racial en Estados Unidos sigue aumentando, un número considerable de ellos no regresará a su punto de

[261] Wilfred Bovey, *Canadien*, J. M. Dent, Toronto, 1934, p. 100.

[262] Ibid,. p. 187.

partida original en Quebec, que para entonces puede haberse convertido en un país independiente.

De los 800.000 habitantes de Luisiana de ascendencia francesa, unos 300.000 siguen hablando un patois francés heredado de sus antepasados, los exiliados acadios de Nueva Escocia recordados por Longfellow.[263] Algunos de estos "cajunes" tienen semblantes que exhiben una coloración mediterránea,[264] pero no tan oscura como para definir a los dueños de estos rostros como inasimilables. Trabajando en pequeñas granjas y pescando en remotos bayous, llevaban hasta hace poco una existencia aislada que ofrecía pocas posibilidades de asimilación. Pero los rápidos cambios económicos que se están produciendo ahora en Luisiana les están sacando de su aislamiento y modificando gravemente sus hábitos matrimoniales endogámicos y sus costumbres provincianas. Muchos, si no la mayoría, ya han obtenido el estatus de asimilados, y el resto probablemente se les unirá antes de que acabe el siglo.

Es impropio terminar un debate sobre las minorías asimiladas sin decir que, en algunos aspectos, son más dinámicamente estadounidenses que la mayoría en su conjunto. La mayoría de los miembros de las minorías asimiladas siguen *creyendo* en Estados Unidos con una intensidad anticuada que casi se ha desvanecido en los corazones de muchas personas con raíces más profundas en el pasado estadounidense. Muchos miembros de la Minoría Asimilada, además, consiguen aferrarse a esta creencia, a pesar de que, como trabajadores de cuello blanco y azul, viven y trabajan en el tumulto de las grandes ciudades, donde han aprendido mucho más rápido que los estadounidenses de zonas rurales y suburbanas lo que le está ocurriendo a su país.

Dado que las minorías asimiladas han sufrido mucho más la desegregación escolar, la delincuencia y el deterioro de los barrios que otros elementos de la Mayoría, es muy posible que el liderazgo de un resurgimiento de la Mayoría proceda de las filas de las minorías asimiladas, de los grupos de población cuyas vidas y medios de subsistencia se han visto más abiertamente amenazados que los de los estadounidenses de las zonas suburbanas y rurales. La exposición cara a cara a los problemas suele crear un mayor interés por las soluciones.

---

[263] El Gobernador de Luisiana, Edwin Edwards, afirma que su madre tenía genes cajún.

[264] Alexis Carrel, el difunto biólogo francés galardonado con el Premio Nobel, afirmó que los elementos mediterráneos de la población francesa son inferiores a los elementos septentrionales. Lo atribuyó al hecho de que la aclimatación de los blancos al calor se logra a expensas del desarrollo del sistema nervioso y del intelecto. *L'homme, cet inconnu*, p. 300.

Pero también es posible, si continúa la actual torpeza de la mayoría de los miembros de la Mayoría y se abandona a las minorías asimiladas y se las deja a su suerte, que para sobrevivir en la jungla megapolitana reaviven sus antiguas lealtades étnicas. Tal reacción podría inclinar fácilmente la balanza a la hora de determinar la irreversibilidad de la desposesión de la Mayoría.[265]

---

[265] En la primavera de 1972, Michael Novak, en *The Rise of the Unmeltable Ethnics* (Macmillan, Nueva York), instó a una alianza política de negros y Minorías Asimilables. Decía (p. 20) que este último grupo comprendía 70.000.000 de estadounidenses de ascendencia irlandesa, italiana, eslava, española, griega y armenia. Jerome Rosow, antiguo subsecretario de Trabajo, fue citado como fuente de esta cifra. Rosow, sin embargo, se había limitado a decir que 70.000.000 de estadounidenses eran miembros de familias de "renta media-baja". Más tarde, quizá como recompensa por la hazaña académica de convertir un grupo de ingresos en un aglomerado de grupos étnicos, el profesor Novak apareció como escritor de discursos para Sargent Shriver en la campaña presidencial de 1972. En realidad, hay al menos 2.000.000 de negros en el grupo de "renta media-baja", así como decenas de millones de miembros de la Mayoría. Véase Jerome Rosow, *Overcoming Middle Class Rage*, Westminster Press, Filadelfia, 1971, p. 87. Tras trabajar para la Fundación Rockefeller, Novak se convirtió en editor de un boletín étnico y en columnista sindicado a nivel nacional, cuyos escritos y opiniones han ido mostrando una vena cada vez más conservadora.

CAPÍTULO 14

Minorías blancas inasimilables

EN CONTRA posición a las Minorías Asimiladas, cuyas diferencias raciales y culturales no eran lo suficientemente grandes como para impedir la asimilación, las Minorías Inasimilables están permanentemente excluidas de la condición de Mayoría. La línea de color, en el caso de los no blancos, es en sí misma un obstáculo insuperable. Con respecto a las Minorías Blancas Inasimilables, las causas que impiden la asimilación pueden ser culturales o biológicas, o ambas.

Esto no significa que las Minorías No Asimilables estén unidas por antecedentes raciales o culturales similares o por una situación económica o social común. Por el contrario, es probable que algunas Minorías No Asimilables, blancas y no blancas, difieran entre sí más de lo que difieren de algunas Minorías Asimiladas. Entre las Minorías No Asimilables se encuentran los grupos de población estadounidenses más acomodados y los más empobrecidos, los más verbales y los más taciturnos, los más religiosos y los más irreligiosos. De hecho, las divisiones que atormentan a las Minorías Inasimilables son lo suficientemente grandes como para dar lugar a enfrentamientos raciales intestinos. Uno de ellos fue el asesinato en 1992 de un judío jasídico en Crown Heights a manos de una turba negra en represalia porque un rabino perdió el control de su coche y atropelló y mató a un joven negro. Causas anteriores de las desavenencias raciales fueron la huelga de profesores de Nueva York de 1968, apoyada en gran parte por negros, para reclamar más sueldo, y el despido de Andrew Young, embajador ante las Naciones Unidas, por hablar con un representante de la Organización para la Liberación de Palestina.

Sin embargo, a pesar de sus marcadas divergencias, las Minorías Inasimilables han formado una alianza política, económica y cultural que, con la ayuda activa de los Partidarios de la Mayoría, ha dirigido la marcha de los acontecimientos estadounidenses durante la mayor parte del siglo. Además de combinar sus votos por candidatos políticos cuidadosamente seleccionados, las más dinámicas de estas minorías han superado sus diferencias polares para forjar el frente ideológico que está derrocando una a una las más sacrosantas instituciones estadounidenses.

Entonces, ¿cuál es la fuerza unificadora lo suficientemente fuerte como para prevalecer frente a toda esta diversidad, la fuerza centrípeta lo suficientemente poderosa como para apagar la centrifugadora racial en la que estas minorías deberían lógicamente estar girando separadas? Parafraseando a Nietzsche, probablemente tenga que ver tanto con la voluntad de poder como con la voluntad de impotencia: el deseo de poder de las minorías inasimilables que tienen poco, el deseo de más poder de los que tienen mucho y el deseo de ceder poder de los miembros de la mayoría desarraigados. Alimentan estos deseos viejos imponderables psicológicos e intangibles como la envidia, la inseguridad, el miedo, el odio e incluso el odio a uno mismo. Estos deseos también han recibido un considerable alimento económico. En los últimos años, en los guetos de las grandes ciudades, aunque una minoría ha estado saqueando, robando y quemando los bienes de otra, esta última sigue poniendo una cantidad significativa de su capacidad intelectual y su dinero a disposición de la primera.

La única suposición segura que se puede hacer sobre la fuerza que unifica y galvaniza a las minorías inasimilables es que es más evidente y contundente cuando se dirige contra la mayoría. En consecuencia, puede decirse que la principal fuente de unidad y coordinación de las minorías es esa gran ballena demográfica, enferma y tambaleante, que puede ser atacada, acuchillada, mordida y mordisqueada con impunidad. Por encima de todo, es la oposición a la Mayoría la que ha construido la eficaz pero incómoda alianza entre las Minorías No Asimilables y los Gracos, Camioneros, Pussyfooters, Viejos Creyentes y Proditores de la Mayoría, una alianza que todavía goza del apoyo parcial, aunque no siempre entusiasta, de segmentos considerables de las Minorías Asimilables.[266]

Antes de presentar el orden de batalla de la Minoría Inasimilable, sería prudente advertir que siempre hay innumerables excepciones a todas las generalizaciones sobre masas de cualquier cosa, especialmente masas de seres humanos. Obviamente, hay miembros inasimilables de cada Minoría Asimilable y miembros asimilables de cada Minoría Blanca Inasimilable. Pero en lo que sigue se hace hincapié en las frecuencias, no en los individuos, en los promedios estadísticos, no en las curvas de un punto.

ITALIANOS DEL SUR: En general, Italia es una nación birracial. Los alpinos predominan en el norte y el centro, mientras que los mediterráneos se concentran en la bota baja (Campania y Calabria) y Sicilia. De estas regiones procede el 80% de la inmigración italiana.[267] Habiendo unos

---

[266] Esta alianza, en sus aspectos puramente minoritarios, ha sido definida por un destacado analista político como formada por "grandes comunidades étnicas cohesionadas que siguen medio arraigadas en Cork, Calabria y Cracovia." Kevin Phillips, *The Emerging Republican Majority*, p. 438. Phillips exageraba un poco en lo referente a Cork y estaba cerca de acertar en lo referente a Calabria, la base de los italianos del sur, pero se equivocaba si se refería a los polacos cuando mencionaba Cracovia, acertaba si se refería a los judíos.

[267] L. F. Pisani, *The Italian in America*, Exposition Press, Nueva York, 1957, p. 143.

8.764.000 italoamericanos,[268] las simples matemáticas y las reglas de asimilación definidas anteriormente en este estudio indicarían que al menos la mitad son demasiado oscuros para poder optar a la asimilación.

De todos los nuevos inmigrantes, los italianos fueron los más numerosos. Aunque la mayoría eran campesinos en el viejo continente, cuando llegaron a América se agruparon en "pequeñas Italias" urbanas, donde el habla italiana, la cocina italiana, las canciones italianas, las costumbres italianas y la exuberancia italiana aún proyectan un sabor italiano muy resistente a ser disuelto en cualquier crisol de culturas. La Iglesia católica contribuye a preservar este sabor, pero los italianos del sur no son católicos en el sentido irlandés-americano o franco-canadiense. Un autor explica: "Quizá el italiano medio [esté] demasiado cerca de Roma... para dejarse impresionar por ella".[269] Muchos italoamericanos miran con recelo a la Iglesia por su larga asociación con los ricos intereses terratenientes de Italia.

La ciudad de Nueva York cuenta con 1,3 millones de italoamericanos,[270] muchos de ellos en los oficios de la aguja. Es la tercera ciudad italiana más grande del planeta, sólo superada por Roma y Milán. A diferencia de los italianos del sur, que en su mayoría prefirieron quedarse en el este urbano, los más aventureros del norte y centro de Italia se fueron al oeste, bastantes a California, donde se convirtieron en granjeros y viticultores, y donde uno de ellos, A. P. Giannini, de ascendencia genovesa, fundó el que fue el banco más grande y dinamitado del mundo.[271] Su dispersión por todo el país, su laboriosidad y sus rasgos raciales alpinos en lugar de mediterráneos han convertido a la mayoría de los italianos del norte y del centro en candidatos fáciles a la asimilación.

---

[268] Informe del Bureau of the Census, 1973. Véanse también las Tablas A y B, Apéndice A. Algunas estimaciones descabelladas, políticamente inspiradas, llegan hasta los 21 millones.

[269] Pisani, op. cit., p. 54.

[270] *New York Times Magazine*, 10 de agosto de 1969, p. 56.

[271] Otros italoamericanos ricos, además del difunto Giannini, pertenecen en su mayoría a la categoría de asimilados: la familia DiGiorgio (dinastía de la fruta de California), Angelo Petri y la familia Gallo (vino), John Cuneo (propietario de una de las mayores imprentas del mundo), Pio Crespi (rey del algodón de Texas), Antonio Giaccione (papel), Louis Pagnotti (carbón), Joseph Martino (plomo), Salvatore Giordano (aire acondicionado), Vincent Riggio (ex presidente de American Tobacco Co.), Lee Iacocca (Chrysler Corp.), la familia Pope (periódicos), Bernard Castro (muebles), Jeno Paolucci (procesador de alimentos). Véase Michael Musmanno, *The Story of the Italians in America*, Doubleday, Nueva York, 1965, pp. 247-49.

La minoría italiana del sur cuenta entre sus filas con una organización criminal en la que la etnia es el principal requisito para ser miembro.[272] Sin embargo, el italoamericano corriente no tiene ninguna relación con los 5.000 italianos del sur, en su mayoría sicilianos, que dominan el crimen organizado. Para transmitir este mensaje al público, los grupos de presión italianos han intentado, no siempre con éxito, persuadir a los productores de televisión y cine de que "aligeren" sus personajes de gánsteres y les den nombres no italianos.[273] En el proceso, Sacco y Vanzetti, los villanos radicales de los años veinte, han sido parcialmente rehabilitados.

Históricamente, los italoamericanos han votado directamente a los demócratas,[274], aunque cuando aparecía en la papeleta un criptocomunista como Vito Marcantonio o un criptorepublicano como Fiorello La Guardia, las lealtades raciales primaban sobre la política.[275] Últimamente, como reacción a la radicalización de otras minorías inasimilables más ávidas de poder, los italoamericanos han abandonado el Partido Demócrata en un número cada vez mayor. En 1970, el voto italiano contribuyó a la sorprendente sorpresa que convirtió a James Buckley, candidato del partido conservador, en senador junior por Nueva York. Una victoria igualmente sorprendente fue la elección del republicano Alphonse D'Amato en 1980 para el escaño de senador que durante mucho tiempo ocupó Jacob Javits, un

---

[272] El historial de la Mafia o Cosa Nostra se revisará en el capítulo 30.

[273] Las sensibilidades étnicas italianas también se han despertado por el descubrimiento de un mapa "vikingo" que mostraba "Vinlandia" como parte de Norteamérica. Los italoamericanos profesionales calificaron el mapa de fraude y difamación del buen nombre de Colón. *Ency. Brit. Book of the Year*, 1967, p. 102. El mapa puede ser falso o no, pero los vikingos desembarcaron en el Nuevo Mundo mucho antes de que los tres barcos de Colón echasen el ancla frente a San Salvador.

[274] Entre los políticos italoamericanos más destacados, en el cargo o fuera de él, figuran el gobernador de Nueva York, Mario Cuomo; el senador de Nuevo México, Peter Domenici; John Volpe, ex secretario de Transporte; Anthony Celebrezze, ex secretario de Trabajo; Jack Valenti, presidente de la Motion Picture Association of America; el congresista de California, George Miller; y los alcaldes de Newark, Hugh Addonizio, y de San Francisco, Joseph Alioto. Frank Carlucci fue Secretario de Defensa en los últimos días de la presidencia de Reagan. Entre los italoamericanos del mundo de las artes y el espectáculo figuran: el compositor Gian Carlo Menotti, el poeta John Ciardi, los directores de cine Frank Capra y Francis F. Coppola, y los cantantes populares Dean Martin, Frank Sinatra y Tony Bennett.

[275] Vito Marcantonio fue enviado al Congreso por el Partido Laborista estadounidense y su historial de voto reveló la a menudo estrecha alianza entre el comunismo y las antipatías raciales de las Minorías Inasimilables. Fue la única oposición cuando la Cámara de Representantes votó 350 a 1 a favor de la Ley de Asignaciones del Departamento de Guerra de 1941 para reforzar las defensas estadounidenses en un mundo que se dirigía a la guerra total.

judío fijo en la política del estado. El ex gobernador de Nueva York, Mario Cuomo, ha sido considerado a menudo como un candidato presidencial. La demócrata Geraldine Ferraro fue la primera mujer candidata a la vicepresidencia de un gran partido.

En general, los italoamericanos ejercen relativamente poca influencia política y social, salvo en algunas grandes ciudades y en las zonas donde se concentra la mafia. Se contentan con vivir en una especie de cuarentena étnica autoimpuesta y no tienen grandes deseos de imponer su modo de vida a los demás. Tienen más hijos que la mayoría de las madres de minorías blancas, asimiladas o no. Como otros europeos del sur, muestran un cálido apego a la familia y a la Iglesia católica romana.

Carleton Coon propuso que los italianos del sur de Estados Unidos se componen de dos subrazas fácilmente identificables: Mediterránea "tosca" y Armenoide.[276] El miembro medio de la Mayoría, que desconoce estas sutilezas raciales, sólo sabe que la pigmentación de los italianos del sur es más oscura que la suya, que la mayoría de los estadounidenses del sur de Italia y Sicilia tienen "aspecto extranjero" y que, por tanto, están predestinados a una separación racial y cultural duradera.[277]

MINORÍAS BLANCAS HISPANOHABLANTES: Los españoles llegaron a Florida, Luisiana, el Suroeste y California mucho antes de que los peregrinos desembarcaran en Massachusetts. Pero la colonización española fue tan escasa que probablemente no más de 100.000 españoles del Viejo Mundo o mexicanos de origen preponderantemente español llegaron a establecerse de forma permanente dentro de los límites de los actuales Estados Unidos. El tiempo y el mestizaje han asimilado a sus descendientes, excepto a aquellos que, como los hispanos de Nuevo México, se casaron con indios locales. Demasiado oscuros para encajar en el molde de la mayoría o la minoría asimilada, los entre 100.000 y 125.000 españoles que llegaron en la Nueva Inmigración han permanecido en gran medida sin asimilar.

La minoría cubana en Estados Unidos se ha multiplicado exponencialmente desde la creación del primer -y quizás último- Estado comunista del hemisferio occidental por Fidel Castro en 1959. Aunque la Perla de las Antillas tiene una considerable población negra, la primera oleada de

---

[276] Coon, *Las razas de Europa*, p. 558.

[277] El juez Michael Musmanno escribe de forma conmovedora -y precisa- sobre la difícil situación a la que se enfrentan casi todos los italianos del sur en lo que respecta a la asimilación. De niño, le propuso matrimonio a una joven recién llegada de Inglaterra. Él sólo tenía doce años, pero ella no lo rechazó por su edad. Dijo que nunca podría casarse con un "extranjero". Musmanno había nacido en América. La chica inglesa sólo llevaba siete meses en Estados Unidos. Musmanno, op. cit., p. 7.

refugiados de la isla totalitaria de Castro era mayoritariamente blanca (mediterránea) y pertenecía a los segmentos más acomodados de la sociedad cubana. Las oleadas posteriores de inmigrantes cubanos eran notablemente más oscuras y contenían un gran componente criminal y homosexual. Hoy se calcula que hay unos 800.000 cubanos en Estados Unidos, la mayoría concentrados en el sur de Florida, que están convirtiendo en una pequeña América Latina. Aproximadamente un tercio de ellos son negros o mulatos.

Otra minoría con raíces en España, pero que presume de tener una lengua más antigua que el español, está compuesta por 10.000 vascos, que se concentran sobre todo en Nevada, donde se han convertido en la casta de pastores estadounidense. En 1966 ayudaron a elegir gobernador a un compatriota vasco, Paul Laxalt. Laxalt llegó más tarde al Senado y, a pesar de las acusaciones de vínculos con el crimen organizado, desempeñó un papel importante en las victorias electorales de 1980 y 1984 del Presidente Reagan. Los vascos están en la frontera entre los blancos oscuros y los blancos. Aunque siempre hay excepciones como Paul Laxalt, se les ha designado como no asimilados aunque sólo sea porque nunca fueron asimilados con éxito por los españoles. Es dudoso que Estados Unidos tenga mejor suerte.

DIVERSAS MINORÍAS MEDITERRÁNEAS Y BALCÁNICAS: Se calcula que 435.000 estadounidenses de origen portugués -la mayoría pescadores, agricultores, ganaderos y trabajadores del sector textil- tienen un aspecto típicamente mediterráneo y, por lo tanto, están demasiado en el lado moreno del espectro de pigmentación para ser asimilados.[278] La influencia racial mediterránea también es evidente entre los 70.000 albaneses,[279] 90.000 rumanos, 70.000 búlgaros, casi 100.000 turcos y 1,4 millones de griegos,[280] estos últimos especialmente activos en las industrias del tabaco, los dulces,

---

[278] Los azorianos rubios o pelirrojos de Gloucester, Massachusetts, son una excepción a esta regla. Descienden de colonos flamencos que se asentaron en las Azores de propiedad portuguesa hace muchos siglos.

[279] Antes había 100.000 albaneses en Estados Unidos, pero aproximadamente un tercio de ellos regresó a su país.

[280] Spiro Agnew es medio griego, su madre era virginiana. Si hubiera sido un mediterráneo moreno y pequeño como Aristóteles Onassis, podría haberse casado con Jacqueline Kennedy, pero nunca habría sido el 39º vicepresidente de Estados Unidos. El lado minoritario de Agnew salió a relucir en su cálida amistad con Frank Sinatra y su asociación con los traficantes de influencias minoritarios que se volvieron contra él y le destruyeron políticamente. Peter Peterson, ex secretario de Comercio, también es grecoamericano, al igual que Michael Thevis, el magnate de la pornografía que tiene una extensión de 1.200.000 dólares en Atlanta y ha pasado algún tiempo en la cárcel. El gobernador de Massachusetts, Michael Dukakis, grecoamericano casado con una judía, fue el candidato del Partido Demócrata a la presidencia en 1988.

las esponjas y la navegación. La piel aceitunada, el pelo negro y los ojos castaños oscuros ofrecen pocas posibilidades de asimilación a los 1,5 millones de árabes, 75.000 iraníes, 2.500 afganos y un número indeterminado de otros grupos de población de Oriente Medio y el norte de África.[281] Los 400.000 armenioamericanos, que tienen su propia Iglesia Apostólica Armenia, proceden de uno de los pueblos más antiguos del mundo. Por razones tanto culturales como raciales y de pigmentación, menos de la mitad pueden considerarse asimilables.[282]

Mientras que las minorías asimilables suelen tener a la cultura trabajando en su contra pero a la raza trabajando a su favor en el proceso de asimilación, las minorías mediterráneas tienen tanto a la cultura como a la raza trabajando en su contra. En Europa, las poblaciones latinas solían resolver sus diferencias con sus conquistadores del Norte mediante el mestizaje, engulléndolos genéticamente. En Estados Unidos, donde los europeos del Norte superan ampliamente en número a los mediterráneos, este proceso no es tan fácil. Tampoco lo es su contrario: la absorción de los mediterráneos por los europeos del Norte. La sensibilidad al color de estos últimos, agudizada por la presencia de negros, indios, mexicanos y otros no blancos, es mucho mayor que la de los europeos del norte en Europa y más parecida a la de los europeos del norte en Sudáfrica.

Bastarían unas pocas generaciones de matrimonios mixtos con miembros de la Mayoría para que la mayoría de los mediterráneos obtuvieran las credenciales físicas adecuadas para la asimilación. Pero los italianos, españoles, portugueses, griegos y otros blancos de piel oscura del sur están excluidos de la deriva genética estadounidense por decisión propia y por los tabúes de la Mayoría. En tales condiciones, pasará bastante tiempo antes de que un número apreciable de miembros de la Mayoría -los nórdicos entre

---

[281] Danny Thomas, el showman de la televisión, Ralph Nader, el tábano consumista de las grandes corporaciones, y el juez Robert Merhige, que dictó la orden de integrar las escuelas urbanas y suburbanas en Richmond, Virginia, son algunos de los libaneses estadounidenses más destacados. Sirhan Sirhan, que asesinó a Robert Kennedy, es el palestino-americano más publicitado.

[282] Charles Garry, el abogado de ascendencia armenia de los Panteras Negras y del Templo del Pueblo del reverendo Jim Jones, dijo que nunca olvidó que en la escuela le llamaban "maldito armenio". *Time*, 12 de enero de 1970, p. 30. El armenio americano más rico es probablemente Kirk Kerkorian, magnate del cine, que admitió haber pagado 21.300 dólares a la Cosa Nostra. *New York Times*, 17 de enero de 1970, p. 1. George Deukmejian, antiguo gobernador de California, fue probablemente el político armenio más poderoso de su época. El número de armenios que entran en Estados Unidos está aumentando porque se están concediendo más visados de salida a los ciudadanos del nuevo estado independiente de Armenia, y Estados Unidos está aceptando a muchos de ellos como refugiados.

ellos son mediterráneos "blanqueados", según Carleton Coon[283] - se recombinen con la raza más pequeña, más oscura, pero por lo demás algo similar, de la que supuestamente se separaron sus antepasados hace cien siglos.

---

[283] "La raza nórdica en sentido estricto no es más que una fase pigmentaria de la mediterránea". *Las razas de Europa*, p. 83.

CAPÍTULO 15

Los judíos

POR DERECHO LA minoría judía debería haberse incluido en el capítulo anterior. Es blanca e inasimilable. Pero también es la minoría más influyente, más organizada y más dinámica. Como tal, merece un capítulo aparte.

En la opinión pública, sólidamente instalados en la cúspide de la pirámide estadounidense, los judíos representan un asombrosamente ínfimo 2,34% de la población total: 5.828.000 de 248.709.873 habitantes.[284] Estas cifras ponen de manifiesto una desproporción bastante extraordinaria entre el tamaño de los judíos estadounidenses y su influencia, una disparidad que no es nueva en la historia, que no se limita a Estados Unidos y que no es bien comprendida por los no judíos. De hecho, muchos estadounidenses, asombrados por la ubicuidad de la presencia judía, están convencidos de que los judíos son considerablemente más numerosos de lo que realmente son. Una encuesta de la B'nai B'rith entre 2.000 estudiantes de secundaria de 21 ciudades, excluida Nueva York, reveló que el 82% sobrestimaba la población judía, ¡algunos estudiantes hasta en 70 millones![285] Para explicar este engaño popular generalizado y muchos otros fenómenos sociológicos extraños relacionados con los judíos, es útil y necesario hacer una breve excursión por la historia judía.

Los judíos eran una tribu de pastores semitas que se unieron en algo parecido a una nación en el segundo milenio a.C. Una vez que se establecieron en Canaán, muchos fueron a Egipto como asaltantes del desierto, colonos, cautivos o refugiados. Allí, como está escrito en Éxodo 1:7, "los hijos de Israel fructificaron, crecieron en abundancia, se multiplicaron y se hicieron muy poderosos; y la tierra se llenó de ellos". Fue en Egipto donde los judíos adquirieron a Moisés, quien les dio su ley y los instruyó en el monoteísmo. De ninguna manera una invención judía o mosaica, la creencia en un solo

---

[284] Población estadounidense según el censo de 1990. Población judía según *el Anuario Judío Estadounidense de 1992*. Como todas las estadísticas recopiladas por grupos privados cuyos métodos de tabulación no están abiertos al escrutinio público, estas cifras deben aceptarse con ciertas reservas, sobre todo porque la judería organizada se ha opuesto con éxito a los esfuerzos de la Oficina del Censo por contar a los judíos. *New York Times*, 13 de diciembre de 1957, p. 30.

[285] *New York Post*, 20 de marzo de 1962, p. 12.

dios había sido brevemente forzada en Egipto ya en el siglo XIV a.C. por el faraón Ikhnaton.

Es apenas posible que Moisés (nombre egipcio) fuera uno de los sumos sacerdotes de Ikhnaton y miembro de la familia real. Tras la muerte del faraón y el restablecimiento del politeísmo, Moisés pudo haberse convertido en un profeta sin honor entre sus propios compatriotas. En la búsqueda de nuevos seguidores, pudo haber predicado la "causa perdida" de Ikhnaton a los judíos, cuya condición de siervos de la esclavitud podría haberles hecho muy susceptibles a una nueva y revolucionaria forma de consuelo espiritual. Esta teoría, propuesta por el célebre judío moderno Sigmund Freud, se apoya en el misterioso nacimiento de Moisés, su educación real y el uso de Aarón como intérprete.[286]

Se nos dice que fue durante su estancia en Egipto cuando los judíos sobrevivieron a la primera de sus innumerables persecuciones, aunque en este caso los egipcios recibieron una retribución en especie. Antes de que comenzara el Éxodo, Jehová eliminó a los primogénitos de todas las familias egipcias. Hoy, más de tres milenios después de la primera Pascua, los judíos en su reencarnación como israelíes han vuelto a castigar a los egipcios (en las guerras de 1967 y 1973), esta vez no con piojos, forúnculos, nubes de langostas y otras plagas y aflicciones variadas, sino con aviones Phantom estadounidenses.[287]

Algunos siglos después de haber alcanzado y organizado la Tierra Prometida, los judíos decidieron que eran el Pueblo Elegido y el etnocentrismo más perdurable de la historia estaba en pleno florecimiento. Aunque la Biblia está llena de batallas conmovedoras, fortaleza sacerdotal, gloria salomónica y cautiverios asirio y babilónico, la impronta judía en la conciencia y el conocimiento del mundo no se desarrolló de la noche a la

---

[286] Sigmund Freud, *Moisés y el monoteísmo*, trans. Katherine Jones, Hogarth Press, Londres, 1951. Con respecto a su egiptización de Moisés, Freud escribió (p. 11): "Negar a un pueblo al hombre que alaba como el más grande de sus hijos no es un acto que deba emprenderse a la ligera, especialmente por alguien que pertenezca a ese pueblo". Freud no se detuvo en el asesinato de Moisés de un egipcio, su matrimonio con una mujer madianita y sus sangrientas instrucciones a sus seguidores judíos sobre qué hacer con los madianitas (Números: 31.17-18): "Matad, pues, ahora a todo varón de los pequeños, y matad a toda mujer que haya conocido varón acostándose con él. Pero a todas las mujeres niñas que no hayan conocido varón acostándose con él, conservadlas vivas para vosotros."

[287] Jehová perdonó a los judíos "pasando por encima" de sus casas, que habían marcado con sangre de cordero. En cuanto a los egipcios, "no había casa donde no hubiera un muerto". La Pascua se celebra cada año como una alta festividad judía, aunque es difícil encontrar mucho contenido religioso en un acto de filicidio masivo. Éxodo 12:35 también cuenta cómo los judíos, antes de partir, "tomaron prestadas de los egipcios joyas de plata, joyas de oro y vestidos".

mañana. Heródoto, el historiador griego que hizo un extenso recorrido por Oriente Próximo en el siglo V a.c. y describió con detalle casi todas las naciones y pueblos de la zona, no mencionó a los judíos, a los que no pudo localizar o consideró demasiado insignificantes para escribir sobre ellos.

El Estado judío fue invadido por los persas de Ciro en el siglo VI a.C. y por los griegos y macedonios de Alejandro Magno dos siglos más tarde. Los generales sucesores de Alejandro y sus herederos dinásticos mantuvieron la ocupación del territorio judío, a pesar de las esporádicas revueltas judías, hasta la llegada de los romanos con Pompeyo. De vez en cuando estallaban feroces rebeliones contra el dominio romano, que culminaron con la conquista de Jerusalén por Tito en el año 70 d.C. y la dispersión y expulsión por Adriano sesenta y cinco años más tarde[288] de los judíos que aún no habían huido.

En el siglo I a.C., los judíos habían abandonado el hebreo y hablaban arameo, la lengua de Jesús. La versión más antigua del Antiguo Testamento, la Septuaginta, no está en hebreo, arameo ni ninguna otra lengua semítica, sino en griego. Su traducción se llevó a cabo en Alejandría durante el reinado de los Ptolomeos, tradicionalmente por setenta rabinos, que estaban aislados en cabañas separadas, pero que sin embargo llegaron a setenta versiones idénticas, exactamente iguales incluso en la puntuación. Los escritos religiosos de los judíos fueron su única contribución duradera a la civilización antigua, a menos que se insista en añadir la filosofía chovinista de Filón y las historias alegóricas de Josefo.[289] Casi ninguna pintura o escultura judía, contra las cuales había mandatos bíblicos, y sólo los rastros más escasos de música, arquitectura y ciencia judías han sobrevivido de los tiempos clásicos.[290]

En cuanto al Antiguo Testamento, los cinco primeros libros, el Pentateuco, son una colección de historias y leyendas, muchas de ellas establecidas desde hace tiempo en el folclore de Oriente Próximo. La ley mosaica, el diluvio, la mujer del pesebre, el jardín del Edén, la historia de David, todo ello procede

---

[288] Fue la intransigencia de los judíos hacia Roma y su rechazo a la Pax Romana lo que llevó a Gibbon a culparlos de "su odio irreconciliable hacia la humanidad" y a calificarlos de "raza de fanáticos". *Decline and Fall of the Roman Empire*, Lippincott, Filadelfia, 1878, Vol. 2, p. 4.

[289] Filón intentó sin éxito demostrar que los filósofos griegos habían plagiado a los profetas judíos. Aunque Josefo se puso del lado de Tito contra sus compatriotas, más tarde intentó compensar su traición escribiendo historias filosemitas.

[290] En la *Ency. Brit.* (14ª edición) hay artículos independientes sobre arquitectura, arte, literatura y música griegas. También hay artículos independientes sobre arquitectura romana, arte romano y literatura latina. Las actividades artísticas de los judíos se han limitado a un artículo, Literatura hebrea.

de fuentes no judías.[291] Los treinta y cuatro libros restantes consisten en genealogías y leyes, historia racial, las fulminaciones y la sabiduría trascendental de los profetas, sucesos milagrosos, burdos libelos y poesía conmovedora. Cuando su protagonista, Jehová, pasa a cuchillo a todos sus enemigos, el Antiguo Testamento es literatura y religión en su estado más crudo. En otros momentos, sobre todo en Isaías, Eclesiastés, Job y los Salmos, resuenan las expresiones más elevadas del genio humano. El Antiguo Testamento tiene un atractivo especial para el mundo anglosajón debido al lenguaje resplandeciente y evocador de la versión King James.

Los libros más antiguos del Antiguo Testamento no se remontan más allá del siglo IX a.C. y algunos fueron escritos menos de 200 años antes del nacimiento de Cristo, mucho después de que la influencia literaria griega se hiciera predominante en el Mediterráneo oriental.[292] El Eclesiastés fue objeto de mucha animosidad rabínica por su estilo y pensamiento griegos.

En la época clásica, al igual que hoy, el antisemitismo acechaba al semitismo sin tregua. Mucho antes del comienzo de su diáspora oficial, los judíos habían emigrado por todo el Mediterráneo y Oriente Próximo. Dondequiera que fueran, como deja claro el Libro de Ester, el antisemita pronto se convirtió en una figura familiar. Los primeros pogromos y bagarres antijudíos documentados históricamente tuvieron lugar en Alejandría, la capital del Egipto ptolemaico, donde había muchos más judíos que en Jerusalén.[293] En el año 19 d.C., quizá debido a su permanente hostilidad hacia todo lo romano, Tiberio los expulsó de su capital.[294] Pero la prohibición fue sólo temporal. Menos de un siglo después, se decía que Trajano estaba

---

[291] P. E. Cleator, *Lost Languages*, Mentor Books, Nueva York, 1962, pp. 109, 112.

[292] Poco en el Antiguo Testamento es más de uno o dos siglos anterior a los poemas homéricos... Heródoto fue contemporáneo de Malaquías y Abdías... Teócrito cantaba en Sicilia mientras el Cantar de los Cantares se compilaba en Palestina". "T. Eric Peet, *A Comparative Study of the Literature of Egypt, Palestine and Mesopotamia*, Oxford University Press, 1931, pp. 1-2. Peet afirma que cuando los primeros fragmentos del Antiguo Testamento tomaron su forma actual, alrededor del año 850 a.C., "las literaturas de Egipto y Babilonia ya tenían... cientos, casi se podría decir miles, de años de antigüedad".

[293] En la época griega y romana abundaban los tratados antisemitas, y una obra (que ya no existe) del griego Apión era tan conocida e influyente que Josefo dedicó un libro entero a rebatirla.

[294] "Sólo ellos, de entre todas las naciones, evitaban el trato con cualquier otro pueblo y consideraban a todos los hombres como sus enemigos". *Diodoro de Sicilia*, trad. F. R. Walton, Loeb Classical Library, Harvard University Press, Cambridge, 1967, Vol. XII, p. 53.

rodeado de "judíos impíos".[295] En el siglo II d.C., los judíos llevaron su tradicional antihelenismo hasta el genocidio. "En Cirene", escribió Gibbon, "masacraron a 220.000 griegos; en Chipre, a 240.000; en Egipto, a una multitud muy grande".[296]

Una de las principales fuentes de antisemitismo en el mundo clásico era el alto grado de participación judía en el campo de la banca y el préstamo de dinero. En Egipto, en palabras de E. M. Forster, "especulaban con la teología y el grano...".[297] Al describir las condiciones económicas de Italia en la época de Julio César, Theodor Mommsen, especialista en este periodo de la historia romana, escribió: "Junto a la cría de latifundios que prosperaba de forma antinatural sobre la ruina de los pequeños agricultores, la banca privada también adquirió enormes proporciones a medida que los comerciantes italianos que rivalizaban con los judíos se extendían por todas las provincias y protectorados del imperio".[298]

Pero fueron las prácticas religiosas y el clanismo endémico de los judíos, más que su perspicacia financiera, lo que suscitó ácidos comentarios de "viejos romanos" como Cicerón, Juvenal, Tácito y Séneca.[299] La misma crítica se dirigió contra los judíos mucho más tarde, en la naciente civilización árabe, donde Mahoma tomó mucho prestado de su religión, pero los acosó sin piedad. Sin embargo, en los grandes *zocos* y centros comerciales de Arabia, donde "los judíos controlaban muchos de los bancos locales",[300] los motivos financieros del antisemitismo probablemente superaban a todos los demás.

La llegada del cristianismo fue una bendición mixta para los judíos. Les dio una importancia especial como "Pueblo del Libro", como antepasados físicos y espirituales de Jesús. Pero también los hizo cómplices de la crucifixión. Fueron Caifás, los sumos sacerdotes y los ancianos quienes incitaron a la multitud a presionar por la muerte de Cristo y la liberación de Barrabás. Hoy en día, la participación judía en la ejecución de Jesús se ha minimizado hasta el punto de que una encíclica papal ha absuelto a los judíos del deicidio. Pero

[295] *Papiros de Oxirrinco*, X, 1242, 42.

[296] Gibbon, op. cit., Vol. 2, p. 4, incluidas las notas a pie de página.

[297] E. M. Forster, *Pharos and Pharillon*, Knopf, Nueva York, 1961, p. 17.

[298] Theodor Mommsen, *The History of Rome*, editado por Saunders y Collins, Meridian, Nueva York, 1961, p. 539.

[299] Los sentimientos de Séneca sobre la gran influencia del judaísmo en sus compatriotas romanos se desahogaron en su epigrama, *Victi victoribus leges dederunt*. Séneca, *Opera*, Teubner, Leipzig, 1878, Vol. III, p. 427.

[300] R. V. C. Bodley, *The Messenger*, Doubleday, Nueva York, 1946, p. 166.

no es probable que las absoluciones más solemnes de los Santos Padres más solemnes tengan mucho efecto mientras Mateo (27:24-25) cite a Pilato declarando: "Soy inocente de la sangre de este justo", y a los judíos respondiendo: "su sangre sea sobre nosotros y sobre nuestros hijos".

Al principio existía la posibilidad de que el cristianismo y el judaísmo se fusionaran, pero en el momento en que los primeros cristianos judíos admitieron a los gentiles en los servicios cristianos, el etnocentrismo judío forzó una división permanente de las dos religiones. En la época de Cristo, los judíos anhelaban un Mesías que castigara a sus enemigos, no un Hijo del Hombre tolerante que perdonara a todos sus pecados y acogiera a todos, judíos y no judíos, en una iglesia universal. En un siglo, el abismo entre las dos religiones era tan grande que se incorporaron a los Evangelios algunas alusiones antisemitas. Incluso al propio Jesús se le hace decir de Natanael (Juan 1:47): "He aquí un verdadero israelita, en quien no hay engaño".

En definitiva, el cristianismo proporcionó a los no judíos nuevas razones para respetar a los judíos y nuevas razones para perseguirlos. Quizá en el balance final, los judíos ganaron más de lo que perdieron. El cristianismo fue su pasaporte a la civilización occidental, en la que periódicamente caían en picado a las profundidades más bajas de la degradación y ascendían a alturas empíreas de preeminencia. Además, fue apelando a las enseñanzas sociales y morales de Jesús, principalmente a las ramificaciones democráticas y liberales del demoledor mensaje del Sermón de la Montaña, como los judíos consiguieron salir de sus guetos europeos en los años entre las revoluciones francesa y rusa.

Los judíos sobrevivieron a la caída de Roma tan bien como a la de Jerusalén. En la Edad Media fueron tolerados y perseguidos alternativamente por los invasores teutones. En España obtuvieron los más altos cargos públicos en el reino moro de Granada en el siglo XI, y dominaban el comercio y poseían un tercio de los bienes inmuebles de la Barcelona cristiana en el siglo XII.[301] En Inglaterra, Aarón de Lincoln, precursor medieval de los Rothschild, amasó riqueza suficiente para financiar la construcción de nueve monasterios cistercienses y la abadía de St. Albans.[302] Pero la fortuna de los judíos decayó cuando Europa se vio invadida por el fervor -a menudo más gótico que cristiano- que construyó las grandes catedrales y desencadenó las Cruzadas. Desde la Renania alemana, donde unos cruzados demasiado entusiastas organizaron una serie de pogromos, una violenta reacción antijudía se

---

[301] Durant, *La edad de la fe*, pp. 371-73.

[302] Ibídem, pp. 377-78.

extendió irresistiblemente por la Europa medieval y renacentista.[303] Inglaterra expulsó a sus judíos en 1290, Francia en 1306, Austria en 1420, España en 1492, Florencia en 1495, Portugal en 1496-97, Nápoles en 1541 y Milán en 1597.[304]

Llevando consigo un rudimentario dialecto teutónico que más tarde evolucionó hasta convertirse en yiddish, la mayoría de los judíos alemanes y centroeuropeos se trasladaron al este, a Polonia, el gran refugio medieval de los judíos. Es posible que los que se desplazaron más al este se encontraran y mezclaran con contingentes judíos que durante siglos se habían abierto camino hacia el norte desde el Cáucaso, casándose por el camino con no judíos, a los que más tarde convirtieron al judaísmo. Los judíos de Europa oriental, los asquenazíes, se distinguen de los sefardíes, los judíos mediterráneos de sangre pura expulsados de España por Fernando e Isabel el mismo año en que Colón descubrió América. Los sefardíes encontraron refugio en Holanda, Leghorn (Italia) y Turquía, y unos pocos llegaron hasta Brasil, de donde fueron deportados más tarde por los portugueses. Veinticuatro de estos deportados, capturados por los franceses cuando regresaban a Holanda, fueron depositados en Nieuw Amsterdam (Nueva York) en 1654.[305]

Ya se ha hablado de la composición racial de los asquenazíes y sefardíes, así como de los numerosos e importantes cambios genéticos provocados por 2.500 años de mestizaje intermitente con pueblos no judíos.[306] Sin embargo, a los judíos modernos de origen sefardí o ashkenazí -judíos franceses, estadounidenses, rusos, iraníes, yemenitas o de cualquier otra nacionalidad- les gusta pensar que descienden directamente de los antiguos hebreos de Palestina. Merece la pena repetir que esta creencia en una ascendencia

---

[303] En general, en la Edad Media los judíos apoyaban a las monarquías porque era más fácil tratar con un rey que con decenas de nobles. También sentían predilección por el papado, que los protegía y humillaba alternativamente. En 1215, Inocencio III ordenó que todos los judíos, hombres y mujeres, llevaran un distintivo amarillo. Darlington, *The Evolution of Man and Society*, p. 459. La tensión entre los judíos y la aristocracia inglesa se puso de manifiesto en la Carta Magna, que contenía restricciones específicas relativas al pago de deudas e intereses a los judíos.

[304] Las fechas de expulsión se han tomado de los artículos sobre los países y ciudades correspondientes de la *Enciclopedia Judía*, Ktav Publishing, Nueva York, 1904.

[305] Peter Stuyvesant, el gobernador, no quería dejarlos quedarse, pero los directores judíos de la Compañía Holandesa de las Indias Occidentales le hicieron cambiar de opinión. Howard M. Sachar, *The Course of Modern Jewish History*, World Publishing, Cleveland, 1958, p. 161. Véase también Stephen Birmingham, *The Grandees*, Harper & Row, Nueva York, 1971, cap. 4.

[306] Véanse las pp. 30-31.

común, reforzada por tradiciones religiosas transmitidas durante treinta siglos, puede superar todo tipo de diferencias biológicas heredadas para dar la bienvenida a una fuerte conciencia de raza.

A finales de la Edad Media, la mayoría de los judíos europeos vivían completamente separados en guetos amurallados. La asociación con los cristianos se limitaba principalmente a asuntos económicos. En muchos países europeos y ciudades libres existió una prohibición total contra los judíos durante siglos. Como resultado, apenas se encontraba un judío identificable o profesante en la Inglaterra de Chaucer y Shakespeare, en la Florencia de Miguel Ángel y en la España de Cervantes y Velázquez.

A los judíos no se les permitió regresar a Inglaterra hasta la época de Cromwell. No fue hasta 1791 cuando la Asamblea Francesa concedió a los judíos franceses la plena ciudadanía. A partir de entonces, el destino judío se animó. A partir de las guerras napoleónicas, escribe Joseph Wechsberg,

"La supremacía de los Rothschild en las finanzas internacionales duró cien años".[307] En 1858, Lionel Rothschild fue el primer judío británico elegido al Parlamento. En 1868, Disraeli se convirtió en primer ministro de Gran Bretaña. A medida que la liberalización y la comercialización de Occidente continuaban a finales del siglo XIX y principios del XX, la emancipación judía siguió su ritmo.

En la década de 1920 se podía afirmar sin temor a equivocarse que los judíos marcaban la pauta de gran parte de la cultura occidental. Basta mencionar a Marx, Freud, Einstein, los filósofos Bergson y Wittgenstein, y el antropólogo Boas. Tras 500 años de eclipse y una recuperación que había necesitado poco más de un siglo, los judíos habían alcanzado más poder e influencia que nunca antes en su historia.

Entonces llegó Hitler. Aunque la Segunda Guerra Mundial fue otro intento desesperado de Alemania por establecer un imperio continental en Europa, también fue una amarga guerra entre alemanes y judíos. El número de judíos europeos realmente asesinados por los alemanes y sus aliados nunca se ha establecido correctamente. La cifra aceptada y ampliamente citada de 6 millones se basa aparentemente en pruebas de oídas proporcionadas por un

---

[307] *The Merchant Bankers*, Little, Brown, Boston, 1966, p. 343. Un aspecto del poder de los Rothschild quedó ampliamente demostrado durante la campaña de Wellington contra los franceses en España. El general británico estaba muy necesitado de oro, que los Rothschild británicos tenían dificultades para transmitir debido al bloqueo terrestre y marítimo francés. Los Rothschild franceses resolvieron el problema para sus relaciones británicas organizando el transbordo del oro de Wellington a través de Francia. No obstante, Wechsberg elogia a los Rothschild por su lealtad a los gobernantes de los países en los que residían. Ibídem, pp. 338, 342.

oficial de las SS, Wilhelm Hottl, que declaró que Adolf Eichmann le había informado de que 4 millones de judíos habían muerto en campos de exterminio y 2 millones en otros lugares.[308] La Encyclopaedia Britannica (1963) es más conservadora y utiliza la expresión "más de 5 millones".[309] Un historiador judío ha situado la cifra entre 4.200.000 y 4.600.000, un tercio de los cuales murieron de enfermedades y hambre.[310] Por otra parte, Paul Rassinier, un socialista francés que estuvo preso en Buchenwald, escribió una serie de libros en los que afirmaba que sólo hubo alrededor de un millón de víctimas judías del nazismo. Negó específicamente la existencia de las cámaras de gas y afirmó que eran un engaño deliberado ideado por los sionistas para asegurarse las reparaciones de los alemanes y obtener apoyo moral y militar para el Estado de Israel.

Robert Faurisson, profesor francés de literatura en la Universidad de Lyon 2, Arthur Butz, profesor estadounidense de ingeniería eléctrica en la Universidad Northwestern, Wilhelm Staglich, juez jubilado de Alemania Occidental, el historiador británico David Irving y Fred Leuchter, experto estadounidense en procedimientos de ejecución (inyecciones letales, sillas eléctricas más eficaces, diseño avanzado de cámaras de gas) han defendido la tesis de Rassinier en libros, artículos y conferencias.[311] Su trabajo no ha sido bien recibido. El coche de Butz sufrió una bomba incendiaria, y las oficinas y el almacén de su editorial ardieron hasta los cimientos. Faurisson, expulsado de su puesto de profesor víctima de una sangrienta agresión física, fue condenado a 90 días de prisión en suspenso y multado. A Staglich le redujeron la pensión, le retiraron el título de doctor y la policía alemana se

---

[308] *Juicio de los principales criminales de guerra ante el Tribunal Militar Internacional*, Nuremberg, Alemania, Vol. XXI, Doc. 2738-PS, p. 85. Otro oficial de las SS, Dieter von Wisliceny, dijo que Eichmann le había informado de que habían matado a 4 millones de judíos. En otras ocasiones, según Wisliceny, Eichmann aumentó el total a 5 millones. Hottl, que fue expulsado de las SS en 1942, trabajó para el contraespionaje estadounidense después de la guerra. En 1953 fue detenido en Viena y acusado de espionaje.

[309] Vol. 13, p. 64.

[310] Sachar, op. cit., p. 457.

[311] Véase Paul Rassinier, *Debunking the Genocide Myth*, trans. Adam Robbins, Noontide Press, Torrance, California, 1978; Arthur Butz, *The Hoax of the Twentieth Century*, Noontide Press, 1977; Wilhelm Staglich, *Der Auschwitz Mythos*, Grabert Verlag, Tubinga, 1979. Un resumen de los argumentos de Robert Faurisson figura en *Vérité historique ou vérité politique*, de Serge Thion, La Vieille Taupe, París, 1980. El Institute for Historical Review, con sede en Torrance, California, publica una revista que a lo largo de los años ha seguido de cerca las andanzas de los más destacados escépticos del Holocausto. Es probablemente la mejor fuente de información sobre las experiencias de Zündel e Irving con las fuerzas del orden en tres continentes.

incautó de todos los ejemplares de su libro que no se habían vendido. David Irving fue esposado y expulsado de Canadá, se le negó la entrada en Australia y se le ordenó salir de Alemania y Austria. A principios de 1994, Leuchter pasó casi un mes en prisión en Alemania por incitación al odio racial. Fue detenido momentos antes de aparecer en un programa de entrevistas en televisión. Ernst Zundel, alemán residente en Canadá, fue condenado a 15 meses de prisión por sus publicaciones en las que cuestionaba la existencia de cámaras de gas en Auschwitz. (James Keegstra, profesor canadiense, perdió su trabajo por negar el Holocausto delante de sus alumnos.

Dado que no ha habido un amplio debate público sobre lo que ocurrió en los campos de concentración nazis en la Segunda Guerra Mundial, puede que pase algún tiempo antes de que se establezcan finalmente los hechos. La propaganda de la Primera Guerra Mundial, en la que los hunos mutilaban a las enfermeras, cortaban las manos a los bebés belgas, daban caramelos envenenados a los niños, profanaban altares, crucificaban a soldados canadienses... todas estas historias de atrocidades, algunas acompañadas de fotografías falsas, fueron desmentidas pocos años después de la guerra y enterradas para siempre en 1928 con la publicación de *La falsedad en tiempos de guerra*, de Arthur Ponsonby. La propaganda de la Segunda Guerra Mundial, a la inversa y de forma perversa, sigue vigente después de casi cincuenta años, aunque demasiada de ella se basa en confesiones forzadas, pruebas falsificadas y testigos ensayados.

La Segunda Guerra Mundial fue desastrosa para los judíos de Alemania y de la mayor parte de Europa. Pero al fortalecer la unidad judía fuera de las zonas controladas por el Eje, el antisemitismo nazi contribuyó a sellar la derrota de Alemania. El apoyo masivo y sincero de los judíos de todo el mundo, en particular de los judíos estadounidenses, en la guerra contra Hitler fue un factor de suma importancia en la victoria final de los Aliados.[312]

En la posguerra, los judíos alcanzaron nuevos niveles de prosperidad en el mundo no comunista. En España, por primera vez desde 1492, se permitió a los judíos abrir sinagogas. Incluso en Alemania, donde aún vivían 30.000 judíos, volvieron a surgir comunidades judías en muchas de las ciudades más grandes. Sin embargo, el mayor triunfo del judaísmo moderno fue la creación de Israel, que proporcionó a los judíos un impulso psicológico que no habían tenido desde los tiempos de Judá Macabeo y Bar Cocheba.[313] Para asombro

---

[312] El destacado papel desempeñado por los judíos estadounidenses en el desarrollo de la bomba atómica, en la exigencia de la rendición incondicional de Alemania en la Segunda Guerra Mundial y en la organización de los juicios de Nuremberg se tratará más adelante.

[313] La influencia de Israel en la política exterior estadounidense se tratará en el Capítulo 35. Judá Macabeo y Bar Cocheba fueron héroes judíos que lideraron rebeliones armadas contra las fuerzas de ocupación griegas y romanas.

de judíos y no judíos, el estereotipo histórico de los judíos cambió casi de la noche a la mañana, pasando de ser el tímido y astuto cambista al intrépido luchador del desierto.[314] Pero la colonización y conquista de Palestina trajo consigo un nuevo brote de antisemitismo en una región, Oriente Próximo, que había estado relativamente libre de él durante siglos.

Aunque Israel sea el hogar espiritual de los judíos, Estados Unidos sigue siendo el centro de gravedad judío. Del mismo modo que nadie puede comprender plenamente los asuntos mundiales actuales sin tener en cuenta a los judíos, ningún miembro de la Mayoría estadounidense puede siquiera empezar a comprender el patrón de los acontecimientos estadounidenses del siglo XX sin un conocimiento rudimentario de los objetivos, hábitos y estatus político, económico y social de los judíos estadounidenses.

Fue durante la Guerra de Secesión cuando los judíos llamaron por primera vez la atención del público estadounidense en general. El primer judío estadounidense que atrajo la atención internacional fue Judah Benjamin, secretario de Estado confederado, que huyó a Inglaterra después de Appomattox.[315] En el bando norteño, mientras la administración Lincoln se apoyaba en gran medida en los Rothschild para obtener apoyo financiero,[316] el general Grant generó un furor antisemita al ordenar a sus comandantes subordinados que expulsaran a los vendedores ambulantes y comisionistas judíos de detrás de las líneas de la Unión.[317] Sin embargo, fue Grant, cuando

---

[314] Los pioneros sionistas de Palestina eran en su mayoría ashkenazim, un grupo selecto, como suelen ser los pioneros, lo que ayuda a explicar su sorprendente despliegue de valor marcial. El temperamento y el carácter "no judíos" de muchos de estos sionistas quedaban ilustrados por su aspecto "no judío".

[315] David Levy Yulee, de Florida, elegido en 1845, fue el primer senador judío.

[316] August Belmont, el agente americano de los Rothschild, "pudo, gracias a la enorme reserva de capital de los Rothschild, empezar a operar en América su propio Sistema de Reserva Federal". Belmont fue uno de los primeros judíos en entrar en el sanctasanctórum de la alta sociedad estadounidense al casarse con la hija del héroe naval comodoro Perry. Birmingham, *Our Crowd*, pp. 27, 79-80, 101.

[317] Ibídem, p. 98. Hasta el presente, la historia del antisemitismo estadounidense ha sido poco impresionante e inflada. Hubo unos cuantos incidentes sociales notorios, como la negativa del Grand Union Hotel de Saratoga a alojar a Joseph Seligman (1877); unos cuantos juicios con acento de Dreyfus en los que se acusó a los tribunales estadounidenses de condenar erróneamente a judíos, como el caso de violación de Leo Frank, que condujo a su linchamiento en Atlanta (1913-15), y el caso del espía atómico Rosenberg tras la Segunda Guerra Mundial; algunos brotes antijudíos, como la resurrección del Ku Klux Klan y el *Dearborn Independent* de Henry Ford en los años veinte; la oratoria radiofónica del padre Coughlin y la revista *Social Justice* a finales de los treinta; algunos movimientos antibelicistas, como el Frente Cristiano y el Bund Germano-Americano. Huey Long fue el único líder político estadounidense con la astucia suficiente para haber

era presidente, quien consideró seriamente nombrar a su íntimo amigo, Joseph Seligman, secretario del Tesoro. Cuando el presidente Garfield fue tiroteado en 1881, lo llevaron a Elberon, Nueva Jersey, donde Jesse Seligman, hermano de Joseph, abrió las puertas de su casa a la familia del moribundo. En una reunión de los sábados de Seligman en Elberon, "nunca fue una sorpresa encontrar a un ex presidente de los EE.UU., un juez del Tribunal Supremo, varios senadores y uno o dos congresistas".[318]

Los relativamente pocos judíos sefardíes y el número mucho mayor de judíos alemanes veían con sentimientos encontrados la afluencia masiva de judíos que comenzó en la década de 1890 y que procedía en gran parte del extenso reino de los zares rusos antisemitas. Pero aunque no abrieron sus corazones a los recién llegados ni los aceptaron socialmente, los antiguos inmigrantes judíos sí abrieron sus monederos. Este capital inicial, rápidamente incrementado por la habilidad financiera de los nuevos inmigrantes, permitió a la mayoría de ellos escapar de sus viviendas del Lower East Side en el plazo de una generación. Hoy en día, aunque los judíos de ascendencia europea occidental y central siguen conservando gran parte de su riqueza, los judíos de Europa del Este, además de ser ricos por derecho propio, han asumido el liderazgo no sólo de la judería estadounidense, sino también de la judería mundial.

La administración de Franklin Roosevelt fue la primera en introducir a decenas de judíos en los escalones decisorios del gobierno.[319] Es cierto que

---

llevado el antisemitismo con eficacia a la política nacional, pero fue asesinado por el Dr. Carl Weiss en 1935. El difunto Gerald L. K. Smith, uno de los principales ayudantes de Long, publicó una amplia gama de literatura antisemita durante varias décadas. En un discurso radiofónico a escala nacional en 1941, Charles Lindbergh acusó a los judíos de belicismo y repitió la acusación en sus memorias de guerra publicadas 29 años después Unas pocas organizaciones dispersas -algunos grupos del Ku Klux Klan, algunas unidades nazis estadounidenses- defendieron el antisemitismo en el período posterior a la Segunda Guerra Mundial. Liberty Lobby, una organización conservadora con sede en Washington, D.C., y el tabloide *Spotlight* montaron fuertes campañas antisionistas en la última parte del siglo. David Duke, asociado en su día a algunos grupos del Ku Klux Klan, tras obtener un escaño en la legislatura de Luisiana, se presentó a senador y más tarde a gobernador. En ambos casos tuvo una actuación bastante respetable, aunque la clase política y los medios de comunicación le atacaron sin piedad. En su candidatura a gobernador obtuvo más votos blancos que el ganador, el ex gobernador Edwin Edwards.

[318] Birmingham, op. cit., pp. 126, 308-9.

[319] Los judíos destacaban especialmente en la Comisión de Valores y Bolsa, la Junta Nacional de Relaciones Laborales, la Junta de la Seguridad Social y los Departamentos de Trabajo y Justicia. *Reader's Digest*, septiembre de 1946, pp. 2-3. Tres gobernadores judíos durante la era Roosevelt fueron Henry Horner de Illinois, Julius Meier de Oregón y Herbert Lehman de Nueva York. Cuando Roosevelt murió, un rabino lo comparó con

Theodore Roosevelt nombró a Oscar Straus secretario de Comercio y Trabajo, al igual que es cierto que hubo nombramientos dispersos de judíos en las épocas de Wilson y Hoover, incluidas figuras tan notables como Paul Warburg, Louis Brandeis, Benjamin Cardozo y Felix Frankfurter.[320] Pero la lista de los New Dealers contenía muchos más nombres judíos, aunque menos distinguidos: Henry Morgenthau, Jr., Benjamin Cohen, Sol Bloom, Emanuel Celler, Herbert Lehman, David Niles, Samuel Rosenman, Isador Lubin, Mordecai Ezekiel, Anna Rosenberg, Morris Ernst, Nathan Straus, Donald Richberg, Lawrence Steinhardt y Robert Nathan. Bernard Baruch, en cuyo apartamento neoyorquino pernoctaba Winston Churchill cuando realizaba visitas de Estado a Estados Unidos en la Segunda Guerra Mundial, parecía coincidir con todas las administraciones, habiendo sido asesor de cinco presidentes estadounidenses.[321] Al igual que Baruch, los banqueros Alexander Sachs y Sidney Weinberg asistieron a importantes sesiones políticas de las administraciones republicanas y demócratas.

Tras la Segunda Guerra Mundial, David Lilienthal y Lewis Strauss presidieron la Comisión de Energía Atómica y ayudaron a guiar a Estados Unidos hacia la era nuclear. En la década de 1950, el senador Joseph McCarthy puso en el punto de mira de la opinión pública a sus dos jóvenes ayudantes judíos, David Schine y Roy Cohn.[322]

El presidente Truman mantuvo en la nómina federal a muchos de los judíos nombrados por Roosevelt. Pero el presidente Eisenhower, que sólo obtuvo una pequeña fracción del voto judío, dejó marchar a la mayoría de ellos. Sin embargo, Eisenhower nombró a Douglas Dillon para un alto cargo del Departamento de Estado. Mientras tanto, los senadores republicanos Barry Goldwater y Jacob Javits, el primero el fracasado candidato presidencial del partido en 1964, alcanzaron prominencia nacional e internacional.[323]

Moisés. Barnet Litvinoff, *A Peculiar People*, Weybright and Talley, Nueva York, 1969, p. 41.

[320] Warburg fue en parte responsable de idear el Sistema de la Reserva Federal y fue nombrado vicepresidente de la Junta de la Reserva Federal.

[321] Baruch hizo la mayor parte de sus millones especulando con acciones de cobre. Cuando Estados Unidos entró en la Primera Guerra Mundial, Wilson le nombró jefe de la Junta de Industrias de Guerra.

[322] Para la carrera posterior de Cohn, véase el capítulo 30.

[323] ¿Es realmente exacto decir que hombres como Dillon y Goldwater son judíos? Ambos tenían como abuelos paternos a judíos polacos: Samuel Lapowski (de Dillon) llegó a Texas como pañero y Michael Goldwasser (de Goldwater) llegó al Suroeste como vendedor ambulante. Tanto Dillon como Goldwater, al igual que sus padres antes que

Los judíos volvieron a Washington con fuerza cuando John F. Kennedy asumió la presidencia en 1961. Arthur Goldberg fue nombrado secretario de Trabajo, y el senador Abraham Ribicoff, secretario de Sanidad, Educación y Bienestar. Cuando Goldberg ascendió al Tribunal Supremo, Willard Wirtz le sucedió. Otros nombramientos de Kennedy incluyeron a Newton Minow, jefe de la Comisión Federal de Comunicaciones; Mortimer Caplin, jefe del Servicio de Impuestos Internos, y Pierre Salinger, secretario de prensa presidencial. Dillon permaneció como secretario del Tesoro de Kennedy. Arthur Schlesinger, Jr., Theodore Chaikin Sorensen, y Richard Goodwin estaban entre los que más susurraban al oído de Kennedy.[324]

Cuando Lyndon Johnson se convirtió en presidente tras el asesinato de Kennedy, trasladó a Goldberg del Tribunal Supremo a las Naciones Unidas. Otros nombramientos de Johnson: Walt Rostow, principal asesor presidencial en asuntos exteriores; Wilbur Cohen, secretario de Sanidad, Educación y Bienestar; Abe Fortas, juez asociado del Tribunal Supremo.[325] Edwin Weisl, presidente del comité ejecutivo de Paramount Pictures, actuó como asesor financiero personal de Johnson.

---

ellos, se casaron con no judíos. Ambos llevaban la vida de miembros acomodados de la Mayoría-Dillon, el banquero, era más acomodado que Goldwater. Pero los residuos de la conciencia racial judía son profundos. En un entorno de intensas divisiones raciales, como el de la América actual, es extremadamente difícil determinar con exactitud cuándo un judío deja de serlo. Incluso si un individuo ya no desea considerarse judío, el mundo puede obligarle a serlo. El origen racial de Goldwater, por ejemplo, podría ayudar a explicar sus desconcertantes amistades con gángsters judíos. Para los antecedentes de Dillon y Goldwater, véase *Time*, 18 de agosto de 1961, p. 13 y 24 de julio de 1964, p. 22. Para los amigos gángsters de Goldwater, véase el capítulo 30.

[324] En su calidad de asesor de Kennedy sobre asuntos caribeños en las primarias de 1968 para la nominación presidencial demócrata, Goodwin, que tuvo mucho que ver con el fiasco de Bahía de Cochinos, estaba dividido entre Eugene McCarthy y Robert Kennedy. "El problema es, cariño", explicó, "que no sé a cuál de los dos hacer presidente". Le dijo a Seymour Hersch, secretario de prensa de McCarthy: "Sólo tú y yo y dos máquinas de escribir, Sy, y derribaremos al gobierno". *San Francisco Sunday Examiner & Chronicle*, *Sunday Punch*, 14 de julio de 1968, p. 2.

[325] Tanto antes como después de la toma de posesión de Johnson, Abe Fortas "hablaba por teléfono [con Johnson] al menos una vez al día y a menudo hasta tres o cuatro veces". *Esquire*, junio de 1965, p. 86. El teléfono siguió sonando después de que Fortas se incorporara al Tribunal Supremo. Esta estrecha relación, en cierto modo inconstitucional, entre el poder ejecutivo y el judicial fue una de las principales razones por las que el Senado se negó a confirmar el nombramiento de Fortas como Presidente del Tribunal Supremo. No se sabe si Johnson estaba al tanto de los tratos monetarios de Fortas con el malversador de acciones convicto, Louis Wolfson, que más tarde condujeron a la dimisión de Fortas. Véase el capítulo 30.

Richard Nixon, a pesar de su actitud ambivalente hacia los judíos, continuó la práctica de rodear la presidencia con miembros judíos del gabinete y asesores de alto nivel. Henry Kissinger fue secretario de Estado y prácticamente ayudante del presidente en la marea alta del Watergate; James Schlesinger, converso al luteranismo, fue jefe de la CIA y más tarde secretario de Defensa; Arthur F. Burns,[326] presidente de la Junta de la Reserva Federal; Herbert Stein, principal asesor económico; Laurence Silberman, fiscal general adjunto; Leonard Garment, encargado del departamento de derechos civiles de la Casa Blanca.[327]

Como primer presidente designado, Gerald Ford mantuvo a Kissinger, destituyó a Schlesinger, trajo a Edward Levi, un viejo compañero de viaje estalinista, como fiscal general, y sustituyó a Stein por Alan Greenspan.

En cuanto a los perdedores de las presidenciales de 1968 y 1972, Hubert Humphrey tuvo como asesor más cercano a E. F. Berman, y sus once mayores contribuyentes a la campaña fueron judíos.[328] La candidatura presidencial de George McGovern en 1972 también estuvo muy financiada por judíos. Su principal asesor fue Frank Mankiewicz.

La administración Carter, aunque no todos al mismo tiempo, tuvo a Harold Brown como secretario de Defensa, James Schlesinger como secretario de Energía (al igual que Dillon, sirvió a ambos partidos), Michael Blumenthal, secretario del Tesoro, Neil Goldschmidt, secretario de Transporte, Philip Klutznick, secretario de Comercio, Stuart Eizenstat, asesor jefe de Asuntos Internos, Robert Strauss, que dirigió la campaña presidencial demócrata de 1980, Robert Lipshutz, consejero presidencial, y Gerald Rafshoon, asesor de medios de comunicación. Sol Linowitz, impulsor de las negociaciones del Canal de Panamá, se encargó más tarde de la aplicación de los acuerdos de Camp David. En un momento u otro de la presidencia de Carter, los judíos dirigieron el Servicio de Impuestos Internos, la Comisión de Valores y Bolsa, la Comisión Federal de Comercio, la Oficina del Censo, la Administración de Servicios Generales, la Oficina Presupuestaria del Congreso y la Biblioteca del Congreso. Los judíos también ocuparon los puestos número dos o número tres en los Departamentos de Estado, Hacienda, Agricultura, Interior, Trabajo, Comercio, Transporte, Vivienda y Desarrollo Urbano, y

---

[326] "El presidente de la Junta de la Reserva Federal tiene mayor influencia sobre la vida cotidiana de todos los ciudadanos de EE.UU. que casi nadie, excepto el Presidente ..." *Time*, 24 de octubre de 1969, p. 89.

[327] *Newsweek*, 18 de noviembre de 1968, p. 44. En consecuencia, todas las comunicaciones relativas a los problemas de las minorías tenían que pasar por la oficina de Garment.

[328] *San Francisco Chronicle*, 23 de noviembre de 1968, p. 9.

Salud, Educación y Bienestar. Varias agencias federales y grupos asesores del gobierno también estaban en manos judías. El Consejo de Seguridad Nacional era especialmente conocido por el número de judíos que formaban parte de su personal.

Los resultados de las elecciones presidenciales de 1980 auguraban una fuerte reducción de la proporción de minorías en el poder ejecutivo, aunque muchos judíos se sintieron atraídos por la plataforma republicana, que a menudo superaba a los demócratas en lo referente a Israel. Sólo una persona de origen judío, Caspar Weinberger, episcopaliano de abuelo judío, obtuvo un puesto (secretario de Defensa) en el gabinete de Reagan; Murray Weidenbaum fue nombrado principal asesor económico; Henry Kissinger era ahora el estadista más anciano de Estados Unidos. Reagan terminó su segundo mandato con Kenneth Duberstein como su hombre viernes y jefe del personal de la Casa Blanca.

La administración Bush también tuvo relativamente pocos judíos. Alan Greenspan siguió siendo Presidente de la Reserva Federal, y Robert Mosbacher, un destacado recaudador de fondos republicano,[329] fue nombrado Secretario de Comercio.

El componente judío del gobierno estadounidense saltó por los aires con la llegada de la administración Clinton. Robert Reich, un profesor de Harvard intensamente liberal, se convirtió en secretario de Trabajo; Madeleine Albright, embajadora ante la ONU; Bernard Nussbaum (obligado a dimitir más tarde por intentar ocultar los papeles de Vincent Foster, amigo íntimo de Clinton, que se suicidó); Abner Mikva, sucesor de Nussbaum; Mickey Kantor, representante comercial; Ruth Ginsburg, la primera jueza judía del Tribunal Supremo desde la dimisión de Fortas en 1976; Stephen Breyer, el segundo judío nombrado por Clinton para el Alto Tribunal; Robert Rubin, secretario del Tesoro; John Deutch, jefe de la CIA. Clinton dijo que quería que su gobierno "se pareciera más a Estados Unidos". Lo que hizo, en lo que respecta a sus nombramientos, fue hacer que "se pareciera más a Israel".

Dado que los judíos afirman ser sólo el 2,3 por ciento de la población (*Anuario Judío Americano* de 1992), su número en el Congreso (33 en la Cámara de Representantes, 11 en el Senado en 1994) es claramente desproporcionado. Pero donde la sobrerrepresentación judía es abrumadora es en los santuarios de formación de opinión del orden social estadounidense. En teoría, el político es el servidor del público. En la práctica, con demasiada frecuencia es el servidor de los medios de comunicación.

---

[329] "[Los judíos] dan más de la mitad del dinero recaudado por el partido demócrata y hasta una cuarta parte de los fondos republicanos", según un estudio de 1985 patrocinado por el Congreso Judío Americano. *Washington Post*, 6 de marzo de 1985, p. A5.

Las grandes cadenas de periódicos y los tabloides de gran tirada tienen parte de responsabilidad en la formación de la opinión pública. Pero sólo unos pocos periódicos selectos, la llamada prensa de "alto impacto", moldea las mentes de quienes gobiernan al público. Los más importantes, con diferencia, son el *New York Times* y el *Washington Post*. Lo que publican y cómo lo presentan determina en gran medida lo que dicen, piensan y hacen los dirigentes de Estados Unidos. Los judíos controlan estas dos publicaciones. El *New York Times*, que se enorgullece de ser el periódico nacional de referencia,[330] ha sido la preciada posesión de los Ocheses y los Sulzbergers[331] durante varias generaciones, al igual que el *Chattanooga Times*.[332] La mayoría de las acciones con derecho a voto del Washington Post Co. son propiedad de Katharine Graham, hija de Eugene Meyer, banquero judío. La Sra. Graham, descrita como "la jefa del monolito editorial", también controla *Newsweek* y un canal de televisión de Washington, D.C., estratégicamente situado.[333] El otro diario de la capital, el *Washington Times*, aunque siempre conservador y a veces incluso patriótico, está financiado por el evangelista y evasor fiscal coreano Sun Myung Moon.

Los periódicos menos importantes, en el sentido de que su influencia es más regional que nacional, son: el St. Louis Post-Dispatch, dominado por un nieto de Joseph Pulitzer, el editor judío-húngaro al que se atribuye la invención del periodismo amarillo;[334] el *San Francisco Chronicle,* el segundo periódico más influyente de California, propiedad y dirigido por la familia Thieriot, descendientes de Charles y Michael de Jung, los fundadores judíos del periódico; y el *Post-Gazette* y el *Press* de Pittsburgh, y el *Blade* y el *Times de Toledo,* propiedad de la familia Block. Los veintiséis diarios de los dos hermanos Newhouse conforman un imperio periodístico que es el tercero en difusión nacional y el primero en beneficios. El New York *Daily News*,

---

[330] Cincuenta ejemplares *del*Times llegan cada día a la Casa Blanca. Se distribuye en 11.464 ciudades estadounidenses. Talese, *El reino y el poder*, pp. 72, 346.

[331] George, hermano de Adolph Ochs, fundador de la dinastía, anglicizó en parte su nombre a Ochs-Oakes. John Oakes, su hijo, supervisó en su día la página editorial del *Times*. Cuando otros editorialistas tienen "opiniones [que] entran en conflicto con las suyas, no se publican". Talese, op. cit., pp. 72, 79, 81.

[332] En 1970, el *Chattanooga Times* fue demandado en un proceso antimonopolio por "intentos ilegales" de monopolizar el negocio de la prensa en la ciudad de Tennessee. *New York Times*, 8 de mayo de 1970, p. 9.

[333] La información relativa a la Sra. Graham, como muchos otros datos sobre los medios de comunicación en estas páginas, procede del artículo "America's Media Baronies", en *Atlantic*, julio de 1969.

[334] Beard, op. cit., Vol. 2, p. 461. Harry Truman definió a Joseph Pulitzer como "el asesino de carácter más ruin de toda la historia de los mentirosos".

antaño el principal tabloide del país y faro del aislacionismo, fue comprado en 1992 por Mortimer Zuckerman y ahora toca los tambores a favor de Israel. Ejerciendo una influencia que se extiende mucho más allá de la comunidad empresarial, el *Wall Street Journal* (Peter Kann, editor) es propiedad de Dow Jones & Co, cuyo presidente, Warren Phillips, judío de nacimiento, es ahora cristiano.

Muchos periódicos más pequeños son propiedad, están dirigidos o editados por judíos, por no mencionar los periódicos en yiddish o inglés dirigidos a comunidades judías específicas. También algunos de los mayores periódicos o cadenas de periódicos que no son propiedad ni están controlados por judíos tienen ejecutivos, directores, editores, reporteros o columnistas judíos. El *International Herald-Tribune*, publicado en París y leído a diario por muchos altos funcionarios de gobiernos europeos, es propiedad de un consorcio en el que el *New York Times* y el *Washington Post tienen una* importante inversión.

La lista de revistas controladas o editadas por judíos es voluminosa. Incluye: *Vogue, Glamour, Mademoiselle, House and Garden, New Yorker, Vanity Fair* (todas parte de la cadena Newhouse), *American Home, Consumer Reports, Family Circle, Ladies' Home Journal, McCall's, Redbook, Seventeen, Woman's Day, American Heritage, Atlantic, Commentary, Daedalus, Dissent, Esquire, Human Events, High Times, Ms, Nation, National Journal, New Republic, New York Review of Books, Newsweek, Partisan Review, The Public Interest, Rolling Stone, Village Voice, New York Observer* y *U.S. News & World Report. TV Guide,* con la mayor tirada de Estados Unidos (20.000.000) y los mayores ingresos anuales por publicidad (casi 200.000.000 de dólares) fue durante años, hasta que la vendió por una enorme suma a Rupert Murdoch, propiedad de Walter Annenberg.

En 1991, Time, Inc. (*Time, Fortune, Sports Illustrated, Money, People,* 13 canales de televisión, Home Box Office, la editorial de libros Little, Brown, y grandes participaciones en Metro-Goldwyn-Mayer) se fusionó con Warner Communications, controlada por el fallecido artista judío de las adquisiciones, Steven Ross, para convertirse en Time Warner, actualmente el segundo mayor imperio de medios de comunicación y entretenimiento del mundo. El director general es Gerald Levin; el redactor jefe, Norman Pearlstine. En 1969, como redactor jefe de *Time,* Henry Grunwald, nacido en Alemania de padres judíos, fue quizás el "periodista lineal más influyente del mundo".[335]

Controladas o no por judíos, prácticamente todas las publicaciones importantes compiten por los servicios de expertos judíos. En el nivel

---

[335] *Atlantic*, julio de 1969, p. 43.

literario o semiliterario están o estuvieron nombres como: Walter Lippman, David Lawrence, Max Lerner, Arthur Krock, David Broder, Richard Cohen, Anthony y Flora Lewis, Joseph Kraft, Midge Decter, Paul Goodman, Irving Howe, Barbara Ehrenreich, Irving y William Kristol, Victor Navasky, William Phillips, Norman y John Podhoretz, Philip Rahv, Susan Sontag, William Safire, Frank Rich y Art Buchwald; a nivel de mirilla, Walter Winchell, Drew Pearson, Leonard Lyons, Irv Kupcinet y Herb Caen;[336] a nivel de corazones solitarios, Ann Landers y Abigail van Buren; a nivel de sexología, la Dra. Ruth Westheimer, antigua miembro de Haganah. Uno de los caricaturistas de prensa más influyentes -y más salvajes- del país es Herblock (Herbert Block), del *Washington Post*. Una de las tiras cómicas más populares: *L'il Abner*, de Al Capp.[337]

En el sector editorial, el imperio Newhouse es propietario de Random House, The Modern Library, Knopf, Pantheon y Ballantine Books. Columbia Broadcasting System es propietaria de Popular Library, Fawcett Publications y Holt, Rinehart and Winston. Music Corporation of America es propietaria de G. P. Putnam's Sons. Gulf and Western es propietaria de Simon and Schuster. Otras editoriales judías son Grosset and Dunlap, Lyle Stuart, Viking Press, Stein and Day, Grove Press, Crown, Schocken Books y Farrar, Straus and Giroux. Casi todas las editoriales importantes, judías y no judías, promueven obras de autores judíos y emplean a judíos en puestos ejecutivos o editoriales.

Ancorp National Services, de Henry Garfinkle, tiene casi el monopolio de la distribución de periódicos, revistas y libros de bolsillo en Nueva York, y recibe lo que el *Wall Street Journal* ha descrito como "sobornos" de 30.000 y 26.000 dólares al año del *New York Times* y el *Daily News*, respectivamente. Estrecho colaborador de figuras de la Mafia, Garfinkle es conocido por presumir de tener "editores en el bolsillo de la cadera".[338]

Una fuerza poderosa en el campo de la distribución de libros es el Book-of-theMonth Club (Club del Libro del Mes), del que fue pionero el difunto Harry Scherman, nacido en Montreal de padres anglo-galés-judíos. El

---

[336] Cuando un periódico de la costa oeste publicó el titular "Un huracán asesino se acerca a Texas", Caen marcó un mínimo histórico en su profesión al comentar: "Promesas, promesas". *San Francisco Chronicle*, 20 de septiembre, p. 24.

[337] Sin embargo, la tira cómica más divertida, *L'il Abner, era* un duro ataque por entregas a las costumbres de la mayoría, una versión invertida de Esopo en la que el ratón de ciudad triunfa sobre su primo de campo. En el personaje de Daisy Mae, sin embargo, Capp se preocupa de rendir la debida pleitesía al Estético Prop. En 1972, el dibujante se declaró culpable de un cargo de intento de violación y fue multado con 500 dólares por un juez de Wisconsin. *Facts on File*, 1972, p. 335.

[338] *Wall Street Journal*, 3 de julio de 1969, p. 43.

BOMC, que ahora forma parte del conglomerado Time Warner, envió por correo más de 250 millones de libros en sus primeros 40 años de existencia. Igualmente influyentes son las empresas mayoristas de libros, dos de las más importantes son Bookazine y Diamondstein, ambas de propiedad judía. Los críticos literarios también desempeñan un papel importante en el negocio del libro.[339] Como era de esperar, el *New York Times Book Review* y el *New York Review of Books,* las dos publicaciones más importantes de este género, funcionan bajo la égida de editores judíos. De hecho, la crítica literaria judía es un elemento básico de casi todas las llamadas revistas intelectuales.

Tal vez la prueba más concluyente de su dominio sobre los medios de comunicación sea la posición dominante de los judíos en las industrias de la televisión, la radio y el cine. Laurence Tisch dirigió la Columbia Broadcasting System con mano de hierro hasta que la vendió a Westinghouse Electric en 1995. Capital Cities Communications Inc, una empresa mayoritaria, fue propietaria de American Broadcasting Co. hasta que la vendió al coloso del entretenimiento Disney, controlado por los judíos. General Electric, una empresa mayoritaria, es la matriz de la National Broadcasting Company, que a menudo parece estar en juego. El Sistema Público de Radiodifusión está financiado en su mayor parte con fondos federales, pero eso no lo libra de la significativa influencia judía sobre sus programas de entretenimiento y educativos. Tampoco el hecho de que la cadena Fox pertenezca al australiano-estadounidense Rupert Murdoch la libra de una abrumadora influencia judía. No hace falta añadir que los productores y directores de todos los programas de entretenimiento, noticias, documentales y tertulias de la cadena y locales son desproporcionadamente judíos. Además, es justo decir que los judíos son los principales responsables de la mayoría de los "especiales", documentales, docudramas y comedias de televisión, la mayoría de los cuales presentan a los miembros de las minorías con simpatía y a los miembros de la mayoría como villanos, paletos ignorantes o fanáticos de derechas.[340] Don Hewitt es el productor del

---

[339] Para simplificar sus procedimientos contables, muchas de las librerías más grandes sólo hacen pedidos a mayoristas de libros.

[340] Ben Stein, un ensayista judío que hizo un estudio exhaustivo de la televisión, señala que la televisión del entretenimiento está en manos de unos cientos de judíos burgueses, ayudados e instigados por un pequeño número de irlandeses e italianos, todos ellos mayores de treinta y cinco años y prácticamente todos procedentes de Nueva York y residentes en el lado oeste de Los Ángeles. Sus sueldos suelen alcanzar los 10.000 dólares semanales, pero se inclinan por el socialismo, aman a los pobres y odian las ciudades pequeñas, a los militares, a los hombres de negocios y a los policías. En sus comedias e historias de aventuras, pocos miembros de minorías viven de la asistencia social y menos cometen delitos. El malo es casi siempre el blanco, cuanto más rubio y WASP mejor. Estos productores-guionistas de televisión en realidad "creen que el mundo está dirigido

programa de alto nivel *60 Minutes, en el que trabajan* Mike Wallace, Morley Safer y Leslie Stahl. Michael Kinsley, Robert Novak, Maury Povich, Geraldo Rivera y Larry King son algunos de los tertulianos más populares. Barbara Walters es la reina de las entrevistadoras. Daniel Schorr y Bob Simon son dos de los reporteros más activos de la televisión.

Desde sus inicios, Hollywood ha sido indiscutiblemente judío. Basta mencionar empresas como Metro-Goldwyn-Mayer, 20th Century-Fox, Paramount Pictures, Warner Brothers, Universal, Columbia Pictures, United Artists, y personalidades míticas como Samuel Goldwyn, William Fox, Carl Laemmle, Joe Schenck, Jesse Lasky, Adolph Zukor, Irving Thalberg, Harry Cohn, Louis Mayer, David Selznick y los tres hermanos Warner.[341]

Estos magnates del cine pertenecen, por supuesto, a una antigua generación de Hollywood. Pero la nueva generación también es en gran parte judía: Ted Ashley, Gordon Stulberg, Dan Melnick, Jennings Lang, Robert Evans y David Begelman. Entre los principales productores-directores están Peter Bogdanovich, Sidney Lumet, Woody Allen, John Frankenheimer, Arthur Penn, Stanley Kubrick, Stanley Kramer, Oliver Stone, Mike Nichols y Steven Spielberg. El vínculo de Hollywood con Broadway siempre ha sido estrecho y aquí también ha habido una sobrerrepresentación casi fantástica de los judíos.[342] La lista de "gigantes" del espectáculo como los productores David Belasco, Daniel Frohman, Florenz Ziegfeld, Jed Harris, Billy Rose, Mike Todd, Hal Prince, David Merrick y Joseph Papp ofrece una breve idea del dominio judío del mundo del espectáculo estadounidense, pasado y

---

por un consorcio de antiguos nazis y ejecutivos de empresas multinacionales". Ben Stein, *The View from Sunset Boulevard*, Basic Books, Nueva York, 1979.

[341] Los pocos responsables importantes no judíos de Hollywood también tenían orígenes minoritarios, por ejemplo, Darryl Zanuck, de ascendencia húngara, y Spyros Skouras, de origen griego. Sin embargo, uno de los grandes pioneros del cine, D. W. Griffith, no era judío. Tampoco lo eran los otros dos grandes de Hollywood: Greta Garbo y Charlie Chaplin. La afirmación de que Chaplin es en parte judío es una ficción de los pro y antisemitas más locuaces. Su madre era tres cuartas partes irlandesa y una cuarta parte gitana. Su padre era descendiente de hugonotes franceses que llevaban siglos en Inglaterra. Charles Chaplin, *My Autobiography*, Simon and Schuster, Nueva York, 1964, pp. 18-19, 37, 45, 109. Chaplin admitió que una vez fingió ser judío para progresar en el negocio del cine. J. L. de Vilalengue, *Gold Gotha, París, 1972*.

[342] Los dramaturgos serios, judíos o no, se tratarán en el capítulo 18. Los escritores de obras de mensaje y de tratados políticos y sociológicos dramatizados no aparecen en absoluto, pero una rápida consulta a los archivos de los periódicos mostrará que sus productores y autores son casi todos miembros de minorías, principalmente judíos. En cuanto al teatro pornográfico, baste decir que las obras más sucias de las últimas décadas -*Ché, Geese* y *¡Oh, Calcuta!*- fueron escritas, dirigidas o producidas por judíos, al igual que muchas de las películas pornográficas y de explotación negra ("odio a los blancos").

presente;[343] cantautores como Irving Berlin, Richard Rodgers y Lorenz Hart, Oscar Hammerstein II, Ira Gershwin, Harold Arlen, Burton Lane, Burt Bacharach, E. Y. Harburg, Jerry Bock, Sheldon Harnick, Stephen Sondheim y Lerner y Loewe;[344] personalidades del mundo del espectáculo como Al Jolson, Fanny Brice, Eddie Cantor, Sophie Tucker, Ethel Merman, Sammy Davis Jr. (un converso), y Barbra Streisand; célebres cómicos, la mayoría de los cuales son "monologuistas", como Jack Benny, Bert Lahr, George Jessel, Shelley Berman, Joey Bishop, Morey Amsterdam, Myron Cohen, Henny Youngman, Buddy Hackett, Victor Borge, los hermanos Marx, Ed Wynn, George Burns, Don Rickles, Mort Sahl, Alan King, Jerry Lewis, Red Buttons, Lenny Bruce, Milton Berle, Joan Rivers, Sid Caesar, Rodney Dangerfield y Howard Stern. Gracias a estos cómicos, los chistes judíos se han convertido en la piedra de toque del humor estadounidense contemporáneo.[345]

Las industrias editorial y del entretenimiento se alimentan tanto de ideas como de acontecimientos, y en el ámbito de las ideas los judíos estadounidenses están tan firmemente arraigados como en cualquier otro. Lo que sigue es una muestra de los judíos que en la segunda mitad del siglo han ocupado un lugar destacado en las diversas ciencias sociales y otras disciplinas académicas. Algunos de estos eruditos concentraron sus actividades en países extranjeros, sobre todo en Gran Bretaña y en la Alemania anterior y posterior a Hitler.

FILÓSOFOS: Mortimer Adler, Hannah Arendt, Morris Cohen, Irwin Edman, Sidney Hook, Abraham Kaplan, Herbert Marcuse, Robert Nozick, Murray Rothbard, Paul Weiss, Walter Kaufman, Karl Popper, Leo Strauss, Nathaniel Brandon, Horace Kallen, Robert Nozick, Martin Buber, Jacob Bronowski, Ernest Cassirer.

HISTORIADORES: Daniel Boorstin, Herbert Feis, Peter Gay, Eric Goldman, Oscar Handlin, Gertrude Himmelfarb, Richard Hofstadter, Bernard Lewis, Richard Morris, Arthur Schlesinger, Jr., Barbara Tuchman, Louis Hacker, Richard Pipes, Bertram Wolfe, Walter Laqueur, Arno Mayer, George Mosse, Allen Weinstein, Lewis Namier.

---

[343] "El mundo del espectáculo estadounidense... debe la mayor parte de su ingenio, animación y franqueza emocional a la efervescencia del talento judío", escribió en la revista *Holiday* (junio de 1961) el difunto Kenneth Tynan, el crítico de teatro mejor pagado de Gran Bretaña y él mismo en parte judío. Tynan fue el productor de ¡*Oh, Calcuta!*

[344] Tin Pan Alley es casi 100% judío. *High Fidelity*, julio de 1977, pp. 27-29.

[345] Los judíos representan el 80% de los cómicos profesionales del país. *Time*, 2 de octubre de 1978.

POLITÓLOGOS: Stanley Hoffman, Hans Kohn, Hans Morgenthau, Saul Padover, Adam Ulam, Paul Green, Michael Walzer, Morton Kaplan, Richard Neustadt, Isaiah Berlin, Max Beloff.

SOCIÓLOGOS: Daniel Bell, Peter Drucker, Amitai Etzioni, Nathan Glazer, Philip Hauser, Paul Lazarsfeld, Seymour Lipset, Robert Merton, David Riesman, Lewis S. Feuer, Arnold Ross, Theodor Adorno, Melville Tumin.

ECONOMISTAS: Kenneth Arrow, Abraham Becker, Mordecai Ezekiel, Alfred Kahn, Ludwig von Mises, Arthur Okun, Paul Samuelson, Milton Friedman, Alan Greenspan, Morton Feldstein, Otto Eckstein, Arthur Burns, Robert Lekachman, Simon Kuznets, Leon Keyserling, Wassily Leonief, Murray Weidenbaum, Robert Heilbroner, Lawrence Klein, Robert Solomon, Peter Bernstein, Solomon Fabricant, Allan Meltzer, Herbert Stein.

PSICÓLOGOS O PSIQUIATRAS: Franz Alexander, Bruno Bettelheim, Eric Berne, Erik Enkson, Victor Frankl, Sigmund y Anna Freud, Erich Fromm, Haim Ginott, Robert Jay Lifton, Abraham Maslow, Thomas Szasz, Melanie Klein, Lawrence Kubie, Wilhelm Reich, Gregory Zilboorg Marvin Opler, Otto Rank, Theodor Reik.

ANTROPÓLOGOS: Franz Boas, Melville Herskovits, Oscar Lewis, Ashley Montagu, Edward Sapir, Sol Tax, Lionel Tiger, Saul Riesenberg, Geza Roheim, Melford Spiro, Morton Freed, Robert Lowie, Morris Opler, David Mandelbaum, Paul Radin, Lucien Levy-Bruhl, Claude Levi-Strauss, Phillip Tobias.

Los judíos también están muy representados 1 en las profesiones y las ciencias físicas, como atestigua su larga serie de premios Nobel.[346] Están increíblemente sobrerrepresentados en la enseñanza superior, ocupando la presidencia de las tres universidades más prestigiosas de la Ivy League: Neil Rudenstine (Harvard), Richard C. Levin (Yale), Harold T. Shapiro (Princeton).

Antes de explorar otras áreas de influencia y poder judío, sería bueno mencionar uno de los muchos efectos secundarios del ascenso judío. Se trata de la marea favorable de publicidad que se desborda sobre los judíos, en parte debido a su posición estratégica en los medios de comunicación, en parte porque la publicidad desfavorable suele condenarse como antisemitismo. El resultado inevitable de este proteccionismo y de este lavado de imagen es que cuando un judío y un no judío han establecido un historial de logros

---

[346] En el periodo 1901-62, el 16% de los 225 científicos que ganaron premios Nobel eran judíos. Weyl y Possony, *Geography of Intellect*, p. 143.

similares en la misma línea de trabajo, es probable que el primero reciba más atención y reconocimiento que el segundo.

Un ejemplo es el de Max Planck y Albert Einstein, los dos hombres que dieron a la física moderna sus dos hipótesis fundamentales, la teoría cuántica y la relatividad. Planck, que no era judío, apenas era conocido en Estados Unidos, salvo en los círculos científicos, mientras que Einstein, incluso cuando apoyaba acríticamente a Joseph Stalin, era objeto de la más calurosa estima del público estadounidense.[347] Otro ejemplo de adulación fuera de lugar es Sigmund Freud, considerado un semi charlatán en muchas partes de Europa, pero hasta hace poco tan vigorosamente aclamado en Estados Unidos que la opinión pública lo consideraba un genio universal. Carl Jung, por otra parte, el psiquiatra no judío más eminente, sólo ha recibido una fracción de la publicidad de Freud, parte de ella extremadamente hostil. La amplia aclamación concedida a un antropólogo judío como Ashley Montagu y el escaso reconocimiento otorgado a un antropólogo no judío enormemente superior, como Carleton Coon, es una prueba adicional de la inclinación semítica en los canales de información pública.[348]

Este mismo sesgo se ha trasladado al campo de las relaciones internacionales, sobre todo en la "buena prensa" concedida a Israel, que sólo se vio ligeramente atenuada por las repetidas invasiones de Líbano, los bombardeos de Beirut, el devastador ataque contra el *U. S. S. Liberty, la masacre de palestinos en los campos de Sabra y Shatilah por los falangistas aliados de Israel y, quizás lo más espantoso de todo, el asesinato de 30 musulmanes en el campo de concentración de Sabra.S.S. Liberty,* la masacre de palestinos en los campos de Sabra y Shatilah a manos de los falangistas, aliados de Israel y, quizá lo más espantoso de todo, el asesinato de 30

---

[347] Para conocer el papel de Einstein en la promoción y construcción de la bomba atómica, véase elcapítulo 38. Para algunas críticas no reconocidas a la física einsteniana, véase el capítulo 21.

[348] La "inclinación" semita de las relaciones públicas actuales queda ilustrada por la avalancha de artículos de revistas y libros que destacan el enriquecimiento judío de la cultura estadounidense pero omiten nombres como Arnold Rothstein, los hermanos Minsky, Mickey Cohen, Meyer Lansky, Abe Fortas, Louis Wolfson, Fred Silverman, Serge Rubinstein, Julius y Ethel Rosenberg, Bugsy Siegel, Bernard Goldfine, Michael Milken, Ivan Boesky, Jack Ruby y la cohorte de asaltantes corporativos judíos. A veces, este enfoque unilateral se disuelve en puro adulterio literario, como en el caso de una "biografía" de Albert Lasker. Lasker, uno de los primeros magnates de la publicidad, y sin duda el más rico, fue el héroe de un extenso elogio escrito por un periodista de fama internacional, aunque los puntos culminantes de la carrera de Lasker fueron la organización de las primeras telenovelas y la iniciación de millones de mujeres en el hábito de fumar ("Coge un Lucky en vez de un caramelo"). John Gunther, *Taken at the Flood, The Story of Albert D. Lasker*, Harper, Nueva York, 1960, pp. 4-5.

musulmanes durante la oración en la mezquita de Hebrón a manos de un colono judío de Estados Unidos.

La propiedad o el control judíos de muchas de las principales tuberías del pensamiento moderno pueden haber desbancado al propio judaísmo como la causa secundaria más importante de la supervivencia, la unidad y el poder judíos. La causa principal sigue siendo, como siempre, la riqueza judía. Desde la diáspora, e incluso antes, los no judíos han identificado al financiero, al fabricante de dinero y al prestamista judíos como tipos casi biológicos. Durante 2.000 años de historia judía, la supervivencia del más fuerte ha significado a menudo la supervivencia del más rico.[349]

La riqueza judía es un tema extremadamente delicado. Desde que Fortune examinó el problema con cierto desgano en febrero de 1936, no ha habido un estudio serio, objetivo y a gran escala sobre el tema en Estados Unidos. Incluso en 1936, *Fortune* descubrió que los judíos estadounidenses estaban firmemente establecidos en determinadas áreas económicas. Ahora, más de cinco décadas después, ha llegado el momento de echar otro vistazo.

Una encuesta nacional que intentó correlacionar los ingresos con la confesión religiosa proporcionó una idea de la riqueza judía en Estados Unidos. Se descubrió que el 18,9 por ciento de todos los estadounidenses que disfrutaban de unos ingresos anuales superiores a 10.000 dólares eran judíos. Los episcopales representaban el 14,1%, las personas sin afiliación religiosa el 11,6%, los presbiterianos el 8,7%, los católicos el 4,6% y los bautistas el 2,1%.[350] Traducido a términos raciales, el sondeo indicaba que los judíos eran los estadounidenses más acomodados, los miembros de las mayorías los siguientes, los miembros de las minorías blancas asimilables y no asimilables los siguientes, y los negros, tradicionalmente bautistas, los más pobres.

Resultados similares se obtuvieron en un informe especial del Censo Federal de 1950 que revelaba que, de treinta y nueve grupos de población diferentes de EE.UU., los "rusos nacidos en el extranjero" tenían la renta media más

---

[349] En el capítulo 10 de este libro, se cita a J. K. Galbraith diciendo que la riqueza ya no equivale al poder. En la medida en que se refería a la riqueza de la Mayoría, estaba en lo cierto. Como ya se ha dicho, la mayoría de las grandes fortunas de la Mayoría se han dispersado, malgastado o entregado a fundaciones que apoyan proyectos que a menudo van en contra de los intereses de la Mayoría. La mayor parte de la riqueza judía, en cambio, se agrupa y concentra en objetivos étnicos específicos: Israel, la lucha contra el antisemitismo, las causas de las minorías y las campañas políticas, económicas y sociales para eliminar los últimos vestigios del privilegio de la mayoría. Por el contrario, según el profesor Galbraith, una gran riqueza orientada hacia la *ventaja del grupo* no sólo equivale a poder, sino a un gran poder.

[350] D. J. Bogue, *The Population of the U. S.*, The Free Press of Glencoe, Illinois, 1959, p. 706.

alta. La renta media de los estadounidenses de origen blanco era un 40% inferior. El informe del Censo explicaba el éxito económico de los rusos nacidos en el extranjero diciendo que "el grupo ruso contiene grandes componentes de refugiados y judíos".[351]

Dado que los judíos constituyen el 2,3 por ciento de la población estadounidense, un estadístico incauto podría cometer la tontería de predecir que el 2,3 por ciento de los millonarios estadounidenses serían judíos y que los judíos poseerían el 2,3 por ciento de la riqueza del país. En 1955, la revista *Look* publicó una lista de los 400 estadounidenses más ricos (con un patrimonio de 100 millones de dólares o más). Aproximadamente el 25 por ciento de las personas que figuraban en la lista llevaban nombres identificablemente judíos.

Tal vez la mejor prueba de la constante expansión del poder financiero judío en los EE.UU. es proporcionada por las actividades de las grandes casas bancarias de inversión judías. Año tras año, Goldman Sachs, Shearson Lehman, Lazard Frères, Salomon Bros., Warburg Paribas Becker, Wertheim & Co., Oppenheimer & Co. y otros extienden su alcance financiero a segmentos más amplios de la economía. Nadie puede determinar el alcance de este control, pero se obtiene alguna indicación examinando la lista de directores de las principales corporaciones de Estados Unidos. Cada vez que un socio o funcionario de estas empresas de inversión aparece como director de una gran empresa, es señal de que representa un interés financiero significativo, aunque no necesariamente de control.[352] Cabe añadir que, aunque estos "banqueros mercantiles", como los llaman los británicos, pueden tener varios socios no judíos, los socios judíos suelen tener la última palabra."[353]

---

[351] Ibídem, pp. 367-69, 371.

[352] Henry Ford, protestante empedernido, sentía aversión por Wall Street, los liberales, los extranjeros, los judíos y los no protestantes en general. Podríamos imaginarnos su reacción si volviera a la Tierra y se encontrara con: (1) Joseph Cullman, un magnate judío del tabaco, director de Ford Motor Co.(2) la Fundación Ford, el patrocinador más rico del mundo de causas liberales y minoritarias; (3) su nieto, Henry Ford II, católico converso, casado por segunda vez con una italiana de la jet set, que más tarde se divorció de él; (4) sus dos bisnietas, Anne y Charlotte, casadas a la vez con extranjeros, la primera con un magnate naviero griego, la segunda con un judío florentino que trabaja en Wall Street; (5) su bisnieto Alfred, devoto de los Hare Krishna, casado con una joven de Bombay.

[353] *Standard and Poor's Register of Corporations, Directors and Executives* (1980) enumera a los socios de Goldman, Sachs como directores de las siguientes corporaciones: Associated Dry Goods, Capital Holding Corp., Kraft, Knight-Ridder Newspapers, Witco Chemical, TWA, Franklin Mint, Corning, Pillsbury, Brown Group, Eagle-Picher, B. F. Goodrich, Cluett Peabody, Cowles Communications, J. P. Stevens. Lehman Brothers y

Ahora debería ser evidente que los judíos tienen más que un punto de apoyo en la fabricación de automóviles, el acero, los servicios públicos, los ferrocarriles, las líneas aéreas, los seguros, el petróleo y los productos químicos, en muchas de las mismas grandes empresas que supuestamente habían tenido más éxito en resistirse a la infiltración judía.[354] En algunos casos, los judíos se han convertido en consejeros delegados de las empresas más antiguas o innovadoras, como Irving Shapiro, durante muchos años consejero delegado de Du Pont, y Michael Blumenthal, que primero dirigió Bendix, luego Burroughs y después Unisys. En algunas áreas corporativas importantes, los judíos ejercen tanto el control de gestión como el financiero. Las dos mayores destilerías (Seagram y Schenley) pertenecen a esta categoría, al igual que algunas de las mayores empresas textiles, firmas de calzado, fabricantes de ordenadores y programas informáticos, dos de las principales tabacaleras (P. Lorillard y Philip Morris) y una de las mayores cerveceras (Miller). El mayor accionista de Pabst Brewing es o era el asaltante de empresas Irwin Jacob. La industria de la ropa a nivel de fabricación, venta al por mayor y al por menor es predominantemente judía. Los judíos controlan o poseen muchos de los mayores grandes almacenes del país, y se han convertido en una poderosa fuerza en la publicidad (Saatchi y

---

Kuhn, Loeb se fusionaron en 1977 y fueron absorbidas por American Express en 1983. Sanford Weil fue puesto al frente de lo que pasó a llamarse Shearson Lehman, que presumiblemente heredó las antiguas direcciones de Lehman Brothers y Kuhn, Loeb en las siguientes sociedades: Goebel Brothers, Twentieth Century-Fox, United Fruit, Commercial Solvents, Chesebrough Pond's, Paramount Pictures, Beckman Instruments, Singer Sewing Machine, Bristol-Myers, General Cable, RCA, Federated Department Stores, Bulova Watch, Western Union, Shell Oil, General Analine and Film, Standard Oil of California, Greyhound, FMC, Jones & Laughlin Steel, Anchor-Hocking, Times-Mirror, United California Bank, Union Oil, Wells Fargo Bank, Hertz, Litton Industries, General Motors, Allied Chemical, Continental Can, United States Lines, Caterpillar Tractor, IBM, Southern Pacific, Chase Manhattan Bank, Pacific Gas and Electric, Air Reduction, Northern Pacific, Bendix, Smith-Corona Marchant, Flintkote, Sperry-Rand, Allied Stores. En los años sesenta, los socios de Kuhn, Loeb fueron directores de: Westinghouse Electric, Sears Industries, U.S. Rubber, Anglo-Israel Bank, Revlon, Benrus Watch, Tishman Realty, American Export Lines, Polaroid, C.I.T. Financial, Brush-Beryllium, Getty Oil, A & P, Kennecott Corp., Marine Midland Trust, Metromedia, Buckeye Pipe, General American Transportation. Los *Poor's* de 1964 y 1968, que contenían mucha más información sobre Lazard Freres que las ediciones actuales, mostraban que los socios de la empresa eran directores de: Jones & Laughlin Steel, National Fire Insurance, Olivetti-Underwood, Owens-Illinois, Manufacturers Life Insurance, Chemical Bank-New York Trust, Harcourt Brace, Harper and Row, Libby-Owens-Ford Glass, Warner Lambert Pharmaceutical, Sun Insurance, RCA, Engelhard Minerals & Chemicals Corp., ITT.

[354] En 1980 corrían rumores en Wall Street de que los Rothschild europeos tenían intereses sustanciales en Kaiser Aluminum, Atlas Steel, Bethlehem Steel, Anaconda, U.S. Borax, Aetna Life, Litton Industries, Standard Oil of California y Rand Corporation.

Saatchi). La joyería y las piedras preciosas son prácticamente un monopolio judío, al igual que los cosméticos y los artículos para mascotas.

El anonimato que rodea las operaciones de las casas de banca de inversión y las sociedades de bolsa se rompe de vez en cuando con efusivas referencias a la riqueza de sus principales socios. Robert Lehman, de Lehman Brothers, según se supo antes de su muerte, tenía una colección de arte valorada en más de 150 millones de dólares.[355] Gustave Levy, socio de Goldman, Sachs, fue descrito en una ocasión como "el hombre con más dinero de Wall Street".[356] El difunto André Meyer, de Lazard Frères, fundada hace más de cien años por un comerciante de oro judío-francés de Nueva Orleans, ni siquiera fijó su residencia en Estados Unidos hasta 1940, y sin embargo era "el banquero de inversiones más importante del mundo".[357]

Meyer fue director de RCA y Allied Chemical en Estados Unidos, y de Fiat y Montecatini Edison en Italia. El presidente Kennedy le nombró para puestos importantes en el gobierno y entre sus amigos íntimos se encontraban Robert McNamara, Henry Fowler, antiguo secretario del Tesoro, Eugene Black, antiguo director del Banco Mundial, y Jacqueline Kennedy. Lyndon Johnson consultaba a Meyer con regularidad. David Rockefeller se unió a él en varias empresas inmobiliarias. La sucursal neoyorquina de Lazard Frères participó en vastas operaciones financieras de American Metal Climax, Minnesota Mining y Lockheed Aircraft. En 1966, Lazard organizó la fusión McDonnell-Douglas por una comisión de un millón de dólares. Lazard posee o poseía una participación de 40 millones de dólares en International Telephone and Telegraph, uno de los mayores conglomerados del país. Las sucursales de Lazard en Nueva York, Londres y París han supervisado inversiones por un total de 3.000 millones de dólares.[358]

Aunque no tienen el poder que ejercen los hombres de dinero como Meyer, los fondos de inversión, los fondos de pensiones y las empresas de corretaje, que poseen enormes bloques de acciones en las mayores corporaciones, también ejercen una gran influencia en los niveles superiores de los negocios estadounidenses. La posición judía en esta área de la comunidad financiera es muy fuerte. Hay enormes fondos comunes de dinero controlados por judíos, como el Fondo Dreyfus, y grandes empresas judías de corretaje, como

---

[355] Joseph Wechsberg, *The Merchant Bankers*, Little, Brown, Boston, 1966, p. 333.

[356] Martin Mayer, *Wall Street*, Harper, Nueva York, 1955, p. 193.

[357] *Fortune*, agosto de 1968, p. 101.

[358] En el artículo citado en la nota anterior, *Fortune* afirmaba: "El núcleo financiero duro del capitalismo en el mundo libre está compuesto por no más de 60 empresas, sociedades y corporaciones que son propiedad o están controladas por unos 1.000 hombres."

Salomon Brothers, cuyos dos principales ejecutivos judíos fueron destituidos por mala gestión en 1991 y sustituidos temporalmente por Warren Buffet, un no judío. Los judíos son directores o funcionarios de algunos de los mayores bancos comerciales, aunque en este caso hay que admitir que su influencia es relativamente escasa. Los judíos han sido presidentes de la Bolsa de Nueva York y de las bolsas más pequeñas. Los judíos forman parte de los comités del Senado y de la Cámara de Representantes que redactan la legislación que regula las finanzas de las empresas. Igualmente importante es el hecho de que los judíos suelen dominar la Comisión del Mercado de Valores, que tiene el poder de hacer o deshacer cualquier empresa que considere que ha violado las normas y reglamentos de la SEC. Sin duda, el puesto más importante del sistema bancario estadounidense pertenece a Alan Greenspan, presidente durante muchos años del Banco de la Reserva Federal. El programa de televisión "La semana de Wall Street", presidido por Louis Rukeyser, es visto por decenas, posiblemente cientos, de miles de inversores o inversores potenciales.

En la lista *Forbes* de 1993 de los 400 estadounidenses más ricos, al menos el 26% eran judíos. Entre los multimillonarios figuraban:

John W. Kluge (7.050 millones de dólares). Alemán convertido al catolicismo. Donó 110 millones de dólares a la Universidad de Columbia para becas a minorías. No se sabe qué era antes de su conversión, pero sus conexiones empresariales y políticas, su vida social y sus matrimonios indican al menos una o dos ramas judías en su árbol genealógico. Ganó dinero con el cine, la radio y los teléfonos móviles.

Sumner M. Redstone (5.600 millones de dólares). Cines, televisión por cable. En febrero de 1994, su empresa Viacom se impuso en la pugna por Paramount Communications (estudios de cine, Simon & Shuster).

Ted Arison (3.650 millones de dólares). Antiguo teniente coronel israelí. Cruceros, equipo de baloncesto Miami Heat.

Ronald Perelman (3.600 millones de dólares). Cosméticos Revlon, entretenimiento Marvel, equipamiento para exteriores, S&L, productos sanitarios.

Los hermanos Newhouse, Donald y Samuel Jr. (3.500 millones de dólares cada uno). Veintiún diarios, cinco revistas, seis cadenas de televisión, cuatro emisoras de radio, veinte sistemas de televisión por cable, Random House, Condé Nast.

Edgar Bronfman (2.300 millones de dólares). Barón del licor, hijo de un contrabandista canadiense. Mayor accionista de The Seagram Co., Ltd., que poseía el 24,3% de Du Pont y tiene el 5,7% de Time Warner. Su hijo Edgar Jr., heredero aparente, magnate de Hollywood, se casó y divorció de una negra, que le dio tres hijos.

Los hermanos Pritzker, Jay Arthur y Robert Alan (2.200 millones de dólares cada uno). Hoteles Hyatt, empresas manufactureras y de servicios, 33% de Royal Caribbean Cruises.

Lester Crown (2.200 millones de dólares). General Dynamics, Material Service Corp., participaciones en estaciones de esquí, N.Y. Yankees, Chicago Bulls.

Walter Annenberg (2.200 millones de dólares). Embajador de Nixon en Gran Bretaña, Triangle Publications, acciones de GM, vendió TV Guide a Rupert Murdoch, pagó 57 millones de dólares por un Van Gogh. Una vez encarcelado por fraude.

Marvin H. Davis (1.700 millones de dólares). Davis Oil Co., arrendamientos petrolíferos, bienes inmuebles.

Lawrence J. Ellison (1.600 millones de dólares). Abandonó la universidad, hijo de inmigrantes rusos, software informático.

Leslie H. Wexner (1.600 millones de dólares). Ropa de mujer, Victoria's Secret, Lane Bryant, constructor de viviendas, gran defensor de las causas judías.

William B. Ziff, Jr. (1.500 millones de dólares). Revistas comerciales y de consumo.

Peter E. Haas, Sr. (1.400 millones de dólares). Levi Strauss & Co., la mayor firma de ropa del mundo.

Los hermanos Tisch, Laurence Alan y Preston Robert (1.300 millones de dólares cada uno). CBS, Loews Corp., Bulova Watch, participaciones en los grandes almacenes Macy's, la tabacalera Lorillard, el 50% de los New York Giants.

Donald L. Bren (1.300 millones de dólares). Promotor inmobiliario, copropietario del rancho Irvine.

Samuel J. LeFrak (1.300 millones de dólares). Promotor inmobiliario y de centros comerciales, mayor arrendador privado de apartamentos de Estados Unidos.

Milton Petrie (1.100 millones de dólares). Hijo de inmigrantes rusos, 1.729 tiendas de ropa en 50 estados.

George Soros (1.100 millones de dólares). Gestor monetario, especulador con divisas, creó el Quantum Fund, que ahora vale 4.200 millones de dólares. Casi por sí solo consiguió devaluar la libra esterlina.

Familia Lauder, Estée, Leonard Alan y Ronald Steven (1.000 millones de dólares cada uno). Cosméticos.

Michel Fribourg (1.000 millones de dólares). Comerciante de cereales.

En total, en la lista *Forbes figuraban* exactamente 100 multimillonarios. Como ya se ha indicado, el 26% eran judíos. El mismo porcentaje, más o menos, se aplica al resto de los 400 estadounidenses más ricos de Forbes. Los judíos también han estado en las primeras filas de los que cobran los mayores salarios y primas anuales. El estadounidense mejor pagado en 1943 era Louis Mayer de MGM (949.765 dólares); en 1979 Frank Rosenfelt de MGM (5,1 millones de dólares); en 1981 Steven Ross de Warner Communications (22,5 millones de dólares).

En los escalones más altos de la riqueza estadounidense se encuentran siempre familias judías de larga tradición (algunos de cuyos miembros se han hecho cristianos) como los Seligman, los Warburg y los Kahns, y los más *recientes* Strause, Gimbels, Kaufmann y Magnins. Las familias judías de élite de San Francisco -Hellmans (Wells Fargo Bank), Fleishhackers, Sutros y Schwabachers- también merecen mención en cualquier censo exhaustivo de la riqueza heredada.

A medida que las gigantescas empresas industriales de Estados Unidos se vuelven inmanejables y los costes de explotación se pierden de vista, a medida que la contabilidad, la financiación, las relaciones laborales y gubernamentales y la discriminación positiva tienen prioridad sobre la invención, la producción y el control de calidad, los judíos se han lanzado a los lucrativos pastos del arbitraje, la especulación con la tierra[359], las subdivisiones, los centros comerciales, las cadenas de descuento, las tarjetas de crédito y varias empresas tecnológicas como los chips informáticos y el empalme genético. Entre ellos se encuentran Armand Hammer de Occidental Petroleum, los Levitts de Levittown, Louis Aronson de los encendedores Ronson, Alfred Bloomingdale del Diners Club, Eugene Ferkauf de E. J. Korvette Department Stores, Stanley Marcus de Nieman-Marcus, Herbert Siegel de ChrisCraft Industries e Irving Feist, el agente inmobiliario de Newark que ha sido presidente de los Boy Scouts of America durante varios mandatos. Uno de los más meteóricos es Meshulam Ricklis, nacido en Estambul, criado en Israel y nacionalizado estadounidense, que en una semana ganó 2 millones de dólares en bolsa.[360] Entre los multimillonarios judíos con ambiciones políticas figuran el republicano Lew Lehrman, de Rite-Aid Drugs, el senador demócrata Frank Lautenberg, de Nueva Jersey, cuya riqueza procede de la empresa Automatic Data Processing, y el senador demócrata Herbert Koch, de Wisconsin, antiguo magnate de los seguros. Un judío con inclinaciones políticas que prefiere trabajar entre bastidores es

---

[359] La mayoría de los culpables de delitos financieros, desde Michael Milken hasta Ivan Boesky, son judíos.

[360] Schenley Industries, el gigante de la destilación, es una filial de Rapid American Corp. de Ricklis.

Felix Rohatyn, socio de Lazard Fréres nacido en Viena, que ayudó a desenmarañar las enmarañadas finanzas de la ciudad de Nueva York, técnicamente en quiebra.[361]

Otra fuente importante de riqueza judía es la preferencia aparentemente congénita de los judíos por las ocupaciones mejor pagadas. Entre el 35 y el 40 por ciento de los adultos judíos que trabajan se dedican al comercio, frente al 13,8 por ciento de los no judíos; entre el 10 y el 12 por ciento ejercen profesiones liberales, frente al 6,8 por ciento de los no judíos; el 73 por ciento tienen empleos de "cuello blanco", frente al 43 por ciento de los protestantes y el 33 por ciento de los católicos; el 48 por ciento trabajan por cuenta propia, frente al 19 por ciento de los protestantes y el 10 por ciento de los católicos.

Previendo un dominio judío en las profesiones, muchas facultades de medicina y derecho estadounidenses establecieron un sistema de cuotas a principios de siglo. Bajo los embates de la presión liberal y de las minorías, el *numerus clausus* para los judíos se ha abandonado en gran medida.[362] En la actualidad, las facultades de medicina reciben unas 14.000 solicitudes de ingreso al año, de las que entre 5.000 y 7.000 proceden de judíos.[363] En Nueva York, la mitad de los 15.000 médicos son judíos. Las crecientes matrículas de las facultades de medicina y derecho han dado a los judíos una ventaja adicional en la carrera por los títulos profesionales. Al pertenecer al grupo de población estadounidense más rico, los judíos pueden permitirse más fácilmente los elevados costes de la educación de postgrado.

Para resumir el fenómeno de la opulencia judía, lo que ocurre hoy en Estados Unidos es lo que ha venido ocurriendo a lo largo de gran parte de la historia occidental. Los judíos, al encontrarse sin restricciones ni trabas en una tierra rica en recursos y mano de obra, están adquiriendo rápidamente una parte totalmente desproporcionada de su riqueza. Es casi seguro que se trata del mismo proceso histórico que tuvo lugar en la España visigoda, árabe y católica, en la Inglaterra, Francia y Alemania medievales y, más recientemente, en la Alemania del siglo XX. Sin embargo, casi nadie se preocupa -o se atreve- a darse cuenta de ello. Aquellos que están tan preocupados por los cárteles del petróleo, la proliferación de conglomerados,

---

[361] Nathan Ruck en *Economic Trends in the American Jew*, ed. Oscar Janovsky, Harper, Nueva York, 1942, pp. 162, 165. Oscar Janovsky, Harper, Nueva York, 1942, pp. 162, 165.

[362] Sin embargo, con el auge de la discriminación positiva surgieron complicaciones. Las cuotas impuestas en su día contra los judíos se transformaron en "objetivos" patrocinados por el gobierno para los no blancos en detrimento de los blancos, una categoría que incluye a los judíos. La ambivalencia judía hacia este programa gubernamental de preferencia racial se analizará más adelante en este libro.

[363] Simpson y Yinger, op. cit., pp. 677-79.

la influencia de la Iglesia católica romana, el complejo militar-industrial, el SIDA y la discriminación racial y de género, están extrañamente callados y totalmente despreocupados por las actividades de un etnocentrismo supranacional cada vez más poderoso, cada vez más dominante y con recursos financieros ilimitados a su disposición.

Pero el silencio no es tan extraño cuando se reflexiona sobre lo que el difunto analista político británico R. H. S. Crossman describió como "el veto antisemita que ha suprimido con éxito cualquier escrito sincero y eficaz sobre el problema judío..."[364] Cualquier discusión crítica sobre la riqueza judía -o para el caso, cualquier crítica objetiva de cualquier aspecto del poder judío- expone inmediatamente al orador a acusaciones de antisemitismo. Dado que el antisemitismo es la gran herejía de los tiempos modernos, una persona así acusada se ve inmediatamente sometida a tales dosis de ostracismo social y desgaste económico que se le cierra para siempre una carrera pública de éxito. En consecuencia, no es de extrañar que casi toda la clase intelectual occidental haya rehuido una tarea tan ingrata y poco rentable. En el Occidente actual sólo se puede ser verdaderamente objetivo sobre los judíos cuando se es judío. Muy pocos judíos antisionistas, que creen que el sionismo perjudica a los judíos al poner de manifiesto lealtades judías bipolares, claman contra Israel. Muy pocos pensadores y científicos judíos, y muy pocos novelistas judíos que se dejan llevar por sus personajes, muestran ocasionalmente síntomas de la antigua neurosis judía de *Selbsthass* y desahogan sus sentimientos de una manera incompatible con el esfuerzo judío generalizado por mantener el antisemitismo bajo un velo impenetrable.[365]

La eliminación de todo lo judío del ámbito de la discusión racional relega automáticamente las opiniones hostiles a los judíos a los susurros silenciosos de la oficina, la sala de estar y el club de campo, a las "hojas de odio" clandestinas y a las elucubraciones verbales de chiflados atormentados por visiones de ancianos barbudos que traman la conquista del mundo. Todo esto confiere al antisemitismo un aura de misticismo y oscurantismo romántico que no merece y que lo dota de una especie de diabolismo cinético y subterráneo. El día en que el antisemitismo vuelva a salir a la luz -como

---

[364] R. H. S. Crossman, *Partisan Review*, otoño de 1964, p. 565.

[365] Uno de esos pensadores fue Simone Weil, la poetisa-filósofa franco-judía que equiparó el espíritu del judaísmo con el espíritu del nazismo y se quejó de que el culto al "Jehová terrenal, cruel y exclusivo había convertido a los judíos en una nación de esclavos fugitivos". Uno de esos científicos fue el premio Nobel Dr. Karl Landsteiner, que solicitó sin éxito una medida cautelar contra Who's Who in American Jewry por llamarle judío. Sachar, *The Course of Modern Jewish History*, p. 404. Uno de esos novelistas es Philip Roth, autor de *Portnoy's Complaint*.

suelen hacer las ideologías reprimidas-, no podrá evitar convertirse en la mercancía del vengador apocalíptico que sabe que la emoción y el dogma mueven más montañas que la razón. La súbita liberación de tensiones y odios reprimidos durante décadas de censura y adoctrinamiento puede obviar cualquier resultado menos explosivo. En lugar de someter el antisemitismo al libre juego de las ideas, en lugar de convertirlo en un tema de debate público en el que todos puedan participar, los judíos y sus partidarios liberales han conseguido organizar una inquisición en la que todos los actos, escritos e incluso pensamientos críticos con los judíos son tratados como una amenaza para el orden moral de la humanidad. En consecuencia, el pro-semita se ha convertido en una imagen especular del antisemita. El Tartufo de la era contemporánea resulta ser el intelectual judío que cree apasionadamente en los derechos de libertad de expresión y de reunión pacífica para todos, pero que se alegra cuando se deniegan permisos para reuniones antisemitas y cuando estallan piedras contra los cráneos de los oradores antisemitas.

Admitiendo la casi increíble disparidad entre el número de judíos y su influencia en Estados Unidos -y cada vez es más difícil que alguien no la admita-, ¿cómo la explican los estudiosos modernos? La respuesta inmediata es que la mayoría de los eruditos modernos no intentan explicarlo en absoluto o, si lo hacen, simplemente niegan que haya poco más en el problema judío que una serie de coincidencias históricas. Aquellos con una mente más inquisitiva o con un hacha especial que afilar han propuesto algunas teorías interesantes sobre el tema, teorías, sin embargo, que son básicamente apologías, ya que están circunscritas por la advertencia actual de que cualquier discusión sobre los judíos nunca debe ponerlos bajo una luz desfavorable.

Una teoría muy difundida, propuesta por el erudito judío Ludwig Lewisohn, es que los judíos eran principalmente un pueblo agrícola que se vio obligado a dedicarse a la banca y el comercio por los edictos papales que prohibían a todos los cristianos dedicarse a la usura.[366] La implicación es que los judíos, en contra de sus inclinaciones naturales, se vieron obligados a enriquecerse al ser obligados a establecer una casta plutocrática hereditaria. Esta proposición, sin embargo, es insostenible por la razón obvia de que los judíos eran muy activos en el préstamo de dinero mucho antes de que el cristianismo -por no hablar del papado- hubiera entrado en el escenario de la historia.

---

[366] Sachar, op. cit., p. 533. Lewisohn, que enseñó en varias universidades estadounidenses antes de convertirse en profesor de literatura comparada en Brandeis, era un supremacista judío que despotricaba contra los alemanes, los eslavos, los negros y la "barbarie" anglosajona. Se podría especular sobre la reacción de los medios de comunicación ante un profesor de la Mayoría que despotricaba contra la "barbarie" judía.

El difunto A. L. Kroeber, respetado director del departamento de antropología de la Universidad de California, adoptó un enfoque imperturbable de la cuestión judía. Señalando la "extremadamente irregular participación judía en las grandes civilizaciones", Kroeber definió el actual ascenso judío como un "fenómeno de transición". Fue, dijo, la "movilidad liberada" de los judíos la que tuvo el efecto de impulsarlos hacia adelante "más rápidamente que los gentiles en campos en los que ingresan recientemente, y temporalmente con brillante éxito".[367] Sin embargo, a medida que pasan los años y la curva ascendente de los judíos muestra pocos signos de estabilización, la tesis de Kroeber pierde gran parte de su fuerza.

Una tesis más plausible tiene una base darwiniana. El judío más rico era el que tenía más posibilidades de sobrevivir a los pogromos y persecuciones menores que han perseguido los pasos de los judíos a lo largo de los siglos. En la mayoría de los casos podía comprar su salida. Pero el judío más rico era generalmente el judío más hábil, el que mejor se adaptaba a las peculiares condiciones y requisitos de la vida urbana y del gueto. El judío acomodado y urbanizado de hoy es el producto final de 2.000 años de una forma especial de selección natural, el afortunado poseedor de un cosmopolitismo innato que constituye una gran ventaja competitiva en las sociedades decadentes y urbanizadas incapaces de proteger a sus ciudadanos contra el dinamismo racial de los intrusos.

Richard Swartzbaugh, profesor adjunto de Antropología de la Universidad de Illinois Oriental, cree que una sociedad multirracial fragmentada, dividida y plagada de clases no puede sobrevivir sin una aportación masiva de mediación. Dado que los judíos siempre han sido hábiles mediadores, dado que su condición de forasteros les cualifica altamente como intermediarios profesionales, especialmente en los ámbitos de las relaciones laborales, el derecho y la política, han sido elevados casi automáticamente a la cima de un orden social que debe resolver sus multiplicados conflictos internos mediante el arbitraje y los "tratos" o disolverse en la guerra y la anarquía.[368]

Tal vez la teoría más original que intenta explicar la actual ascendencia judía en las ciencias sociales sea la de John Murray Cuddihy, profesor adjunto de Sociología y descendiente de una prominente familia irlandesa-estadounidense. En opinión de Cuddihy, los escritos de Freud, Marx, Claude Lévi-Strauss y otros destacados judíos de la diáspora que tanto han contribuido a empañar la cultura occidental no estaban motivados por el amor a la verdad o el deseo de mejorar la humanidad, sino por su miedo y

---

[367] A. L. Kroeber, *Configurations of Cultural Growth*, Universidad de California, Berkeley, 1969, p. 740.

[368] Richard Swartzbaugh, *The Mediator*, Howard Allen, Cabo Cañaveral, Florida, 1973.

aversión a la civilidad occidental, el comportamiento reprimido y controlado que resulta incomprensible para un pueblo irreprimible. Como obviamente no podían salirse con la suya atacando directamente la conducta gentil, elaboraron consciente o inconscientemente interpretaciones muy ramificadas de la historia, la economía, la política, la psicología y la antropología para socavarla. El comunismo era un arma ideal para dividir y destruir el orden político y económico occidental. El freudismo atacó la moral occidental por su énfasis neurótico en el sexo y por otorgar respetabilidad a los impulsos de los bajos instintos. La antropología de Levi-Strauss comparó las sociedades salvajes y civilizadas en perjuicio de estas últimas. Cuddihy incluso insinúa que la física de Einstein se inspiró en parte en un deseo de conmocionar y destrozar en lugar de refinar y hacer avanzar la ciencia occidental.[369]

Del reconocimiento de que los pueblos o las razas tienen aptitudes especiales para alcanzar altos logros en determinadas ocupaciones al desarrollo de teorías de inferioridad o superioridad racial hay sólo un paso. Un ardiente defensor contemporáneo de la supremacía judía, Nathaniel Weyl, alega que los judíos son intrínsecamente más inteligentes que otros pueblos porque se han criado para la inteligencia desde el principio de la diáspora. Los eclesiásticos gentiles, la flor y nata de la intelectualidad medieval no judía, según Weyl, solían ser célibes y morían sin descendencia, mientras que los rabinos y eruditos talmúdicos, menos inhibidos sexualmente, eran codiciados por las hijas de prominentes mercaderes judíos.[370] El argumento de Weyl sobre la combinación sinérgica y la recombinación, en lugar de la ascesis de los genes judíos inteligentes, tendría más validez si no confundiera inteligencia con verbalismo y brillo intelectual.[371] ¿Acaso la mayoría de los reyes, artistas, escritores, arquitectos y guerreros de la Edad Media, así como

---

[369] John M. Cuddihy, *The Ordeal of Civility*, Dell Publishing, Nueva York, 1976.

[370] *The Creative Elite in America*, Cap. XVII. Boccaccio y Rabelais habrían sonreído ante las afirmaciones de Weyl sobre el celibato y la inteligencia del clero. Parte del tema de Weyl fue tomado de Sir Francis Galton, que estaba igualmente amargado por la disgenia de la soltería religiosa. Pero en sus propias clasificaciones de inteligencia Galton excluyó a los judíos y dio el primer lugar a los atenienses, a los que situó dos grados por encima de los británicos del siglo XIX y cuatro grados por encima de los negros. Francis Galton, *Hereditary Genius*, Macmillan, Londres, 1869, especialmente pp. 42, 257, 342, 357.

[371] "Toda intelectualidad es, a la larga, superficialidad; nunca permite sondear las raíces mismas de un asunto, nunca llega a las profundidades del alma o del universo. De ahí que la intelectualidad facilite ir de un extremo a otro. Por eso entre los judíos coexisten la ortodoxia fanática y la duda no ilustrada; ambas surgen de la misma fuente". Werner Sombart, *Los judíos y el capitalismo moderno*, trans. M. Epstein, Dutton, N.Y., 1914, p. 269.

no pocos papas, no fueron tan lujuriosos y prolíficos como sus rabinos y magnates del gueto?

En *The Geography of Intellect (La geografía del intelecto)*, que escribió con Stefan T. Possony, Weyl apoyó sus afirmaciones sobre la inteligencia judía refiriéndose a diecisiete estudios: "Once encontraron a los judíos superiores en las puntuaciones de las pruebas mentales, cuatro los encontraron iguales y dos los encontraron inferiores".[372] Los autores sólo daban detalles sobre un estudio, una serie de pruebas que abarcaban a casi 2.000 niños judíos y no judíos de tres escuelas londinenses: una de clase alta, otra pobre y la tercera muy pobre. Las puntuaciones de los judíos fueron significativamente superiores.[373]

Weyl no lo mencionó, pero debía de ser consciente de que los tests que pretenden comparar la inteligencia judía con la de grupos de tan amplio espectro como los blancos, los gentiles o los cristianos están necesariamente cargados a favor de los judíos. Dado que la población judía se concentra casi por completo en las ciudades más grandes o en sus alrededores, los tests en los que participa un gran número de judíos tienen que realizarse en zonas en las que la población blanca es extremadamente heterogénea, con un fuerte énfasis en grupos de origen distinto al norte de Europa. Muchos de estos "blancos" pueden ser en realidad no blancos. Cuando se ve obligada a clasificar a los estadounidenses como blancos o no blancos, la Oficina del Censo suele incluir a muchos puertorriqueños y a casi todos los mexicanos en la categoría de caucásicos.

Para obtener una medida precisa de la inteligencia judía, parecería razonable comparar a los judíos, un grupo selecto dentro de la población blanca, con otros grupos selectos de población blanca, no con la población blanca en su conjunto. Un test de inteligencia restringido a los judíos y a los estadounidenses descendientes de europeos del norte podría producir resultados que difirieran significativamente de los tests citados por Weyl. Además, dado que algunos tests de inteligencia revelan tanta información sobre la agilidad verbal, la rapidez de memoria y los niveles educativos como sobre la inteligencia en sí, debería tenerse en cuenta el hecho de que los judíos, al ser el grupo de población más rico y cosmopolita, tienen un acceso

---

[372] Un estudio que determinó que los judíos eran mentalmente inferiores fue el análisis de Carl Brigham de las pruebas de inteligencia del Ejército durante la Primera Guerra Mundial. Para más información sobre Brigham, véase el Apéndice A.

[373] Nathaniel Weyl y Stefan T. Possony, *The Geography of Intellect*, Henry Regnery, Chicago, 1963, pp. 162-63. Los autores tampoco mencionaron un estudio detallado de la Dra. Audrey Shuey, que demostraba que los estudiantes universitarios protestantes obtenían mejores resultados que sus homólogos judíos en los tests de inteligencia. Véase *The Journal of Social Psychology*, 1942, Vol. 15, pp. 221-43.

más fácil que otros estadounidenses a la educación y a subproductos educativos como el entrenamiento de la memoria y el desarrollo del vocabulario. Aunque pueda sonar herético en los tiempos que corren, un título universitario, una suscripción al *New York Times* y una afición por la ciencia forense no son pruebas concluyentes de una inteligencia superior.

Fueron judíos cultos de ciudad, no paletos, quienes avivaron el fuego del comunismo mundial, un credo erróneo que, aunque prometía igualdad y libertad, batió récords de desigualdad y opresión, transformando a todos los países que lo abrazaron en un caso perdido económico.

Fueron los judíos educados de ciudad, no los paletos, los principales responsables de imponer a la población estadounidense la discriminación positiva, el transporte forzoso en autobús y la integración de los lugares de trabajo y aprendizaje.

Fueron judíos cultos, no paletos, los que compusieron, financiaron y distribuyeron las comedias televisivas de mal gusto y sin alma, y dirigieron los negocios y se repartieron las ricas ganancias de los negros raperos de la Edad de Piedra.

Fueron judíos cultos de ciudad, no paletos, quienes persuadieron a Estados Unidos para que contribuyera con al menos 50.000 millones de dólares a la conquista y ocupación sionista de Palestina, convirtiendo así a los estadounidenses, les guste o no, en archienemigos de gran parte del mundo árabe y musulmán y en participantes automáticos en las guerras pasadas y futuras de Oriente Próximo, guerras que un día pueden llegar a ser nucleares cuando los mil millones de seguidores del Islam lancen su *reconquista*.

A pesar de estas hazañas no precisamente brillantes de estadista, el argumento de la superioridad intelectual judía sigue cobrando fuerza. Ernest van den Haag dedicó el primer capítulo de su bestseller, *La mística judía,* a generalizaciones de gran alcance sobre el aparato cerebral más afinado de los judíos.[374] Aunque sólo en un caso aportó documentación para sus afirmaciones[375] y aunque ni una sola vez se refirió a Weyl por su nombre, es

---

[374] Las observaciones de Van den Haag sobre la dominación cultural judía se han citado en la p. 91.

[375] *La mística judía,* p. 24. El autor se basó en un antiguo estudio de Lewis Terman, quien en pruebas realizadas a escolares de California descubrió que había el doble de alumnos judíos superdotados de lo que justificaba su proporción en la población. También en este caso, las pruebas se realizaron en las ciudades más grandes -San Francisco, Oakland y Los Ángeles-, donde se concentraban los judíos de California y donde la Mayoría estaba infrarrepresentada tanto en cantidad como en calidad. Otros grupos de población obtuvieron puntuaciones extremadamente altas, pero Van den Haag no los mencionó. Los escoceses obtuvieron incluso mejores resultados que los judíos en términos porcentuales.

evidente que el profesor van den Haag se basaba en la hipótesis de Weyl de la "cría para la inteligencia" y su escrito respiraba el espíritu de los argumentos de este último.

Sin embargo, el argumento de la superioridad genética de la inteligencia judía no recibió prominencia nacional hasta una entrevista en la prensa en 1969 con el científico británico convertido en novelista C. P. Snow. Citando un discurso que se disponía a pronunciar en el Hebrew Union College, Snow afirmó que los judíos eran definitivamente más inteligentes que otros pueblos vivos y atribuyó esta superioridad a la endogamia.[376]

Irónicamente, las teorías de la supremacía racial aria, nórdica o teutónica, que asignaban a los judíos los peldaños inferiores de la escala racial blanca, se han invertido ahora por completo. A los cincuenta años de la muerte de Adolf Hitler y tras la ejecución, encarcelamiento u ostracismo social de todos los supremacistas raciales del norte de Europa, dentro y fuera de Alemania, un escritor internacionalmente conocido, como C. P. Snow, recibió un suculento estipendio y el trato más generoso por parte de la prensa estadounidense tras proclamar públicamente una teoría de superioridad racial. Pero, a fin de cuentas, el razonamiento de Snow, van den Haag y Weyl no demuestra la preeminencia intelectual judía tanto como la reorganización de la estructura de poder racial de Occidente.

Cuando se trata de evaluar la inteligencia racial, el registro histórico, la evidencia acumulada de la experiencia humana entre los pueblos, parece ser más fiable que unos pocos *obiter dicta* académicos dispersos, a menudo interesados, y las puntuaciones del coeficiente intelectual. Si los judíos son realmente superiores al resto de la humanidad, cabría preguntarse por qué, con una o dos excepciones, los mayores logros culturales del hombre occidental tuvieron lugar exactamente en aquellas zonas donde los judíos

---

La lección más importante del estudio Terman fue el lamentable bajo rendimiento de los niños negros y mexicanos. Lewis Terman, *Genetic Studies of Genius*, Stanford University Press, 1925, Vol. 1, pp. 55-56.

[376] *Pittsburgh Post-Gazette*, 1 de abril de 1969, p. 26. En la misma entrevista, Snow se negó a entrar en una discusión sobre la inteligencia de los negros. Al eludir la cuestión de los negros, Snow demostró ser menos valiente que Weyl, quien tras abandonar el partido comunista escribió profusamente sobre el tema de la inferioridad intelectual de los negros. El profesor van den Haag, que también tiene ideas definidas sobre las capacidades de los negros, testificó a favor de los niños blancos del Sur en los procedimientos legales iniciados en 1963 para anular (sin éxito, cabría añadir) la sentencia del Tribunal Supremo de 1954 sobre la desegregación escolar. Putnam, *Race and Reality*, pp. 87-88.

eran desconocidos, segregados, prohibidos o activamente perseguidos.[377] Si la superioridad debe medirse en términos políticos y económicos más que culturales, ¿cómo es que los imperios, repúblicas y ciudades-estado más grandes y duraderos de la civilización occidental se fundaron sin ayuda judía y alcanzaron su apogeo antes de la aparición de influyentes establecimientos judíos dentro de sus fronteras?[378] Ningún judío firmó la Carta Magna ni la Declaración de Independencia. Ningún judío participó activamente en el Parlamento Largo, en la Convención Constitucional de Filadelfia o en la mayoría de las otras grandes deliberaciones que dieron forma y sustancia a los experimentos más exitosos del hombre con el gobierno representativo.

Los escasos casos, al menos en la historia reciente, en los que grupos de judíos han asumido el control político absoluto -el régimen de Kurt Eisner en Baviera (a finales de 1919), el efímero levantamiento de Espartaco en Berlín (diciembre de 1918-enero de 1919), la orgía sádica de Bela Kun en Budapest (marzo-agosto de 1919)- difícilmente podrían clasificarse como épocas doradas del estadismo. Tampoco la Revolución Rusa, en la que los judíos desempeñaron un papel preponderante hasta las purgas de Stalin. La región autónoma judía de Birobidzhan, en el Lejano Oriente de la extinta Unión Soviética, se desvaneció casi antes de empezar.[379] Israel ha estado en estado de guerra desde su creación en 1948.

En cuanto a las ventajas económicas que se supone que los judíos confieren a sus países de acogida, no cabe duda de que traen consigo una gran cantidad de dinero y conocimientos financieros. Pero un flujo creciente de dinero suele ir acompañado de inflación, delincuencia financiera y una avalancha de especulación. Si los judíos son tan intrínsecos a la buena vida económica como afirman algunos economistas, parece extraño que la República de Weimar, con su plétora de financieros judíos, fuera un miasma económico,

---

[377] La lista de países y ciudades prohibidos a los judíos en diferentes épocas se ha dado anteriormente en este capítulo. Aquí la lista puede alargarse añadiendo que no había judíos de ninguna influencia en la Atenas de Pericles y que la participación judía identificable en la vida cultural de la República y el Imperio romanos (en sus grandes días) era mínima. En la Alemania de Goethe y la Rusia de Dostoievski, los judíos apenas empezaban a salir de su capullo del gueto. El único ejemplo de una cultura grandiosa y exclusivamente hebrea, aunque algo restringida en el sentido de que el judaísmo prohibía específicamente la pintura y la escultura, se desarrolló en la antigua Palestina, donde los hebreos eran mayoría en su propia tierra.

[378] El cenit no significa la época de mayor expansión territorial o de mayor riqueza, sino el momento de mayor moral, propósito y unidad nacionales. En este sentido, los mejores días de Inglaterra tuvieron lugar en el siglo XVI y no en el XIX. Estados Unidos ya ha pasado su apogeo o está muy lejos de él.

[379] Para la debacle de Birobidzhan, véase *Encyclopedia of Russia and the Soviet Union*, McGraw-Hill, Nueva York, 1961, p. 258.

mientras que el milagro económico de Alemania Occidental tuvo lugar en la
única gran nación occidental casi libre del dominio financiero judío y en el
mismo momento (1952-1962) en que pagaba 900 millones de dólares a Israel
en concepto de reparaciones y miles de millones más a judíos individuales
de todo el mundo. Un país con una economía igualmente dinámica en la era
posterior a la Segunda Guerra Mundial, Japón, no tiene judíos en absoluto.[380]

Otra forma de medir la contribución judía a la civilización es examinar las
condiciones políticas, económicas y sociales de las zonas donde los judíos
están muy concentrados. Los dos principales centros de poder y población
judíos en el mundo moderno son la ciudad de Nueva York e Israel. La
primera, en bancarrota tanto financiera como moral, sólo puede describirse
como una de las grandes catástrofes municipales del momento, un escabroso
montón de fealdad, mal gusto y anarquía, desde luego no la brillante capital
mundial de un pueblo con dotes civilizadoras superiores. Aunque no han
conseguido que Nueva York florezca, los judíos han logrado maravillas
tecnológicas en el desierto palestino. Pero la verdadera medida del genio de
un pueblo no viene determinada por su capacidad para cultivar la tierra,
construir ciudades y librar una serie de guerras exitosas. El lugar definitivo
de una nación en la historia viene determinado por su arte de gobernar, por
su capacidad para crear un entorno especialmente fértil en el que la
ciudadanía pueda desarrollar sus recursos culturales distintivos al máximo
nivel posible.

Los judíos modernos pueden estar dotados por encima de todos los demás
pueblos. O pueden ser, como afirma Toynbee, los restos de una civilización
fosilizada.[381] O incluso pueden ser, como afirman los antisemitas, un
organismo social parasitario que sobrevive alimentándose de otros
organismos sociales. Es demasiado pronto para saber cuál de estas
descripciones es la más realista. Los judíos modernos llevan menos de dos
siglos emancipados y no se han recopilado suficientes datos. Pero si resulta
que los judíos son seres superiores, como muchos de ellos sienten y como
sus estudiosos y simpatizantes más entusiastas siempre intentan demostrar,
ha llegado el momento de una demostración más concluyente de sus
capacidades.

---

[380] Sin embargo, en el enormemente rentable comercio de Japón con Occidente participan
muchas empresas importadoras judías. En un intento de explicar por qué los judíos tienen
una influencia tan enorme en Estados Unidos, a mediados de la década de 1980 se
publicaron en Japón varios libros antisemitas.

[381] Por afirmar esta idea, Toynbee fue acusado por el historiador judío Maurice Samuel
de perpetuar un "antisemitismo demonológico". Toynbee, *A Study of History*, Vol. V, p.
76, y Samuel, *The Professor and the Fossil*, Knopf, N.Y., 1956, p. 194.

Una cosa es remodelar los hábitos de pensamiento y las pautas de vida de unos Estados Unidos decadentes y otra muy distinta dar al mundo un escritor mejor que Shakespeare, un compositor mejor que Mozart, un artista mejor que Miguel Ángel. No es tarea fácil para Israel existir como un minúsculo oasis militar en medio de un entorno humano y natural hostil. Pero es una tarea mucho más difícil emprender una misión civilizadora en Oriente Próximo comparable a la de España en Latinoamérica, Gran Bretaña en Norteamérica y Francia en el norte de África. Como prueba final de la superioridad judía, las teorías de Einstein deben convertirse en las leyes de Einstein, y el efecto neto sobre el proceso evolutivo de Marx, Freud y otros profetas y sabios judíos modernos debe ser positivo y no negativo, constructivo y no destructivo.

Hasta que no se tengan todas las pruebas, la explicación más lógica de la hegemonía judía en Estados Unidos es la simple verdad de que una minoría organizada con una cantidad determinada de inteligencia puede obtener la supremacía sobre una mayoría desorganizada de igual inteligencia. Un grupo de población con conciencia de raza es mucho más eficaz y exitoso en la mayoría de las formas de esfuerzo que un grupo de población sin conciencia de raza. El espíritu racial, como el espíritu de equipo, estimula la victoria en todo tipo de competición, atlética o política, intelectual o social. Si la Mayoría tuviera tanta conciencia racial como la minoría judía y contara con la mitad de organizaciones trabajando para ella, el predominio judío en América desaparecería de la noche a la mañana.

En lo que más se diferencian los judíos de la Mayoría, aparte de importantes diferencias de personalidad,[382] es en su mayor grado de etnocentrismo, no en

---

[382] Según James Yaffe, los judíos tienen más interés por el sexo que los no judíos, menos interés por el atletismo, menos fe en una vida después de la muerte, una tasa de natalidad más baja, toman muchas más vacaciones caras, viven más, pasan más tiempo en psicoanálisis y es mucho más probable que sean hippies. En Hollywood, los judíos se divorcian más, cometen más adulterios y beben menos que sus vecinos no judíos. Los judíos recurren a médicos judíos el 95% de las veces; a abogados judíos, el 87%. Aunque a veces intentan entrar a la fuerza en clubes de campo no judíos, son muy exclusivos con los suyos. Uno de ellos, el Hillcrest de Los Ángeles, tiene la cuota de iniciación más alta (22.000 dólares) de todos los clubes de golf de Estados Unidos y prohíbe la entrada a los no judíos, salvo a unas pocas figuras del mundo del espectáculo que son admitidas como "judíos honorarios". Los judíos, continúa Yaffe, destacan por su "miedo, servilismo, aislacionismo y beligerancia", un abismo psicológico entre judíos y no judíos que quizá nunca se pueda salvar. Tradicionalmente dogmáticos ellos mismos, exigen racionalismo en los demás. Para el judío "el intelecto no puede ser sólo una herramienta... tiene que ser también un arma. No lo utiliza simplemente para descubrir cómo es el mundo o para crear algo bello, o para comunicar sus ideas. Debe utilizarla para derrotar a sus competidores, para demostrar su superioridad. Para él, la polémica es inseparable de la actividad intelectual. Obsérvenlo en una fiesta; observen el vicioso deleite con el que arrincona a

su mayor grado de inteligencia. Dicho de otro modo, el poder judío puede derivar tanto o más de la debilidad y desorganización de la Mayoría que de la fuerza judía.

Dado que el tabú antisemita ha hecho imposible someter la cuestión judía a un debate libre y a una investigación abierta, los judíos de[383] sólo tienen que agradecerse a sí mismos el haberse situado por encima y fuera de las reglas de la conducta democrática convencional. Teniendo en cuenta su historia y sus recuerdos, es humano que los judíos lo hayan hecho. Pero también es humano que los miembros de la Mayoría se opongan al tipo de comportamiento de grupo organizado para el que sus instituciones nunca fueron diseñadas. Cuando se presenta la ocasión, los judíos pueden apelar al juego limpio y a la tolerancia para sí mismos, pero cuando el debate se centra en los judíos rara vez extienden estas prerrogativas democráticas tradicionales a los demás. Si los miembros de la Mayoría que piensan de forma diferente dieran siquiera el primer paso vacilante hacia un grupo de protección racial como la Liga Antidifamación de B'nai B'rith,[384] serían

los intelectos inferiores. Es implacable; ni el decoro social ni la compasión humana pueden suavizar su ataque. Si quiere observar este rasgo a una distancia más segura, lea lo que escribe en las páginas de cartas al editor. En todas las publicaciones judías, desde *Commentary* hasta el semanario yiddish más oscuro, estas páginas bañan al lector en vitriolo. Como su padre, el fabricante de ropa, el intelectual judío no comercia fácil". *The American Jews*, pp. 38, 65, 68, 234-35, 268-69, 292-93.

[383] Estas conspiraciones de silencio también se extienden a escuelas de pensamiento y vías de investigación que podrían reforzar la unidad de la Mayoría y, por tanto, perjudicar en última instancia a los judíos: por ejemplo, la interpretación racial de la historia estadounidense, los argumentos genéticos a favor de la educación segregada, los estudios estadísticos sobre delitos financieros, etcétera.

[384] En su 50 aniversario, en 1963, la Liga Antidifamación podía enorgullecerse de tener una sede en Nueva York, oficinas regionales en treinta ciudades y una plantilla de 150 abogados, científicos sociales, educadores y especialistas en relaciones públicas a tiempo completo. Su presupuesto para 1960 fue de 3.940.000 dólares. Thomas B. Morgan, "La lucha contra los prejuicios", Look, 4 de junio de 1963. Aunque está exenta de impuestos, la ADL desempeña un papel muy político y en ocasiones usurpa el poder de la policía. El director regional de la ADL en Nueva Orleans puso la mayor parte del dinero para los informadores que el FBI utilizó para atrapar a un presunto terrorista de sinagogas en Mississippi. Una joven maestra de escuela fue asesinada a tiros durante la detención, pero la ADL se libró de la investigación habitual que se hace de cualquier individuo o grupo implicado en un homicidio. *Los Angeles Times*, 13 de febrero de 1970. En cuanto a la propia B'nai B'rith, fundada en 1843 y dirigida por un Gran Saar, cuenta con 205.000 miembros masculinos en 1.350 logias de cuarenta y tres países y 130.000 miembros femeninos en 600 capítulos. Edward Grusd, *B'nai B'nth*, Appleton-Century, Nueva York, 1966, pp. 283, 286. La B'nai B'rith es la única agencia privada a la que las Naciones Unidas han concedido oficialmente el "estatus de consulta", donde actúa como un fuerte grupo de presión para Israel y otros intereses judíos, aunque nunca se ha registrado como

expulsados de la vida pública de la noche a la mañana por los medios de comunicación, los investigadores "privados", las fuerzas del orden y, si fuera necesario, los comités del Congreso, todos ellos empujados a actuar por una avalancha nacional de protestas judías.

A largo plazo, el lugar de los judíos en la vida estadounidense no puede basarse en la santidad de las instituciones, en dogmas fechados, en *argumenta ad misericordiam o en* el derecho divino de las minorías. Debe basarse en la relación causa-efecto entre el ascenso de la clase dirigente judía y la desestructuración de la mayoría. Si los judíos son los principales responsables del actual asalto a la columna vertebral racial de la nación, entonces la minoría judía debe someterse al escrutinio público. Estados Unidos podría sobrevivir para siempre sin los judíos. No podría durar ni un día sin la Mayoría.

Mientras tanto, el ajuste de cuentas cíclico que ha marcado el ritmo de la supervivencia judía en el pasado se cierne sobre el judaísmo estadounidense. Aunque la acumulación y conservación de la riqueza judía sólo es factible en una sociedad ordenada en la que la propiedad privada sea un derecho, no un delito, los judíos parecen empeñados en destruir el mismo clima político, económico y social que ha hecho posible su éxito.[385] Como si estuvieran presos de un frenesí de lemming, han estado a la vanguardia de todas las fuerzas divisorias de la era moderna, desde la agitación clasista hasta el racismo de las minorías, desde la peor explotación capitalista hasta el colectivismo más brutal, desde la ortodoxia religiosa ciega hasta el ateísmo y el psicoanálisis, desde la intolerancia rabiosa hasta la permisividad total.

Además, a medida que la dominación judía se ha hecho más pronunciada, también lo ha hecho el separatismo judío, una tendencia peligrosa para una minoría que prospera mejor ocultando su divergencia de la norma racial. Estímulos históricos recientes como el antisemitismo nazi, la experiencia israelí, el antisionismo soviético y el ritmo acelerado de la desintegración

---

agente de un gobierno extranjero. *New York Times,* 28 de mayo de 1970, p. 21. En 1993, la sucursal de la ADL en San Francisco, que se libró por los pelos de un proceso penal, tuvo que pagar lo que equivalía a una multa de 50.000 dólares por recibir archivos policiales confidenciales de uno de sus agentes a sueldo.

[385] El efecto final de una economía de propiedad estatal y dirigida por el Estado sobre los judíos ha sido en gran medida malinterpretado, no sólo por la mayoría de los judíos sino también por la mayoría de los antisemitas. Después de que el régimen comunista de Rusia confiscara las fortunas judías y prohibiera el capitalismo financiero, los judíos rusos no tuvieron ninguna de las defensas judías habituales a las que recurrir cuando Stalin decidió volverse contra ellos: ni prensa de propiedad judía, ni opinión pública orientada a los judíos, ni una red de grupos de presión judíos lujosamente financiada. Tras el colapso de la Unión Soviética, un Estado marxista creado en gran parte por la propaganda judía, un gran número de judíos huyeron a Israel y a Estados Unidos.

social han llenado a rebosar el arsenal judío de conciencia racial. La aparición de cada vez más judíos en los estratos superiores de la vida pública produce inevitablemente una mayor autoidentificación judía, así como una conciencia mucho mayor de los judíos por parte de los no judíos. La intensificación de la publicidad, a la vez que revela el extremo cultivo de unos pocos judíos, también centra la atención en rasgos judíos tan poco atractivos como el intrusismo, el contencioso, el regateo, y en la llamativa chabacanería que impregna Catskills, Miami Beach, Las Vegas y otros centros de la vida turística judía.

La misma dinámica racial que ha elevado esporádicamente a los judíos a la cima de la sociedad también los ha arrojado al abismo. El vaivén pendular de la historia judía, de la pobreza a la riqueza, ha conducido tanto a los castillos de ensueño de los Rothschild como a las alambradas de Buchenwald y Auschwitz. Vista desde el Olimpo, la historia del deambular de los judíos por el tiempo y el espacio es a la vez fascinante y repulsiva, ennoblecedora y degradante, en parte cómica y en gran parte trágica.

La única última palabra que puede decirse sobre los judíos es que no hay última palabra. Los judíos son tal masa de contradicciones y abarcan tales extremos del comportamiento humano que simplemente están fuera del alcance de las fórmulas pat, las generalizaciones casuales o los clichés proféticos. Son tanto el "Pueblo del Libro" como los explotadores del striptease.[386] Fueron y son campeones tanto de la plutocracia como del socialismo. Originaron y viven según el concepto del Pueblo Elegido, pero pretenden ser los más vociferantes antirracistas. Son el pueblo más temeroso de Dios y el que más odia a Dios, el más estricto y el más hedonista, el más generoso y el más tacaño, el más cosmopolita y el más estrecho de miras, el más culto y el más vulgar. Los sabras judíos de Israel lucharon (hasta la guerra de 1973) como 10.000 Lawrences de Arabia. En Europa, con algunas excepciones, como el levantamiento de Varsovia, sus hermanos fueron conducidos como ovejas a los corrales de los campos de concentración.[387] Como paradoja final, cabe señalar que muchos de los más grandes judíos,

---

[386] *New York Times*, 25 de febrero de 1937, p. 10.

[387] La docilidad de los judíos en los campos de concentración de Hitler ha despertado la ira de los judíos militantes, en particular de los israelíes. "Pero ¿por qué", se pregunta un artículo de Commentary (abril de 1962, p.354), "no hubo resistencia?... En Auschwitz la proporción de prisioneros por guardia variaba de 20 a 1 a 35 a 1. [Y sin embargo] los judíos aceptaban dócilmente cada orden sucesiva que los volvía impotentes, hacían cola para los trenes de deportación...".

quizá los más grandes, han sido judíos renegados, medio judíos o seudojudíos.[388]

A través de toda esta montaña de incoherencias se vislumbra una fina y apenas visible veta de lógica. El sistema nervioso judío soporta la carga de muchas obsesiones, 'siendo una obsesión principal una hostilidad implacable, casi innata, hacia los pueblos que en diferentes épocas los han protegido o perseguido, enriquecido o empobrecido, deificado o satanizado. Puede que la fascinación judía por los experimentos políticos, económicos y sociales no sea, como a menudo se supone, la prueba de un noble y desinteresado deseo de salvar a la humanidad por parte de una camarilla de Mesías profesionales, sino la evidencia de una vendetta profundamente arraigada, semiconsciente y semicoordinada -Francis Bacon la llamó un "rencor endogámico secreto"[389] - contra todo lo no judío y, en la cuenta atrás final, posiblemente también contra todo lo judío.

Si el pasado sirve de indicación, si lo que Lord Acton dijo sobre los individuos es aplicable a los grupos, se avecina una fuerte reducción del vector racial judío. La forma más fácil e indolora de lograrlo sería mediante la asimilación. Pero no hay signos convincentes de ello en el horizonte, a pesar del descenso de la natalidad y de la mayor incidencia de matrimonios judíos fuera de las fronteras. El récord de 3.000 años de no asimilación judía sólo se ha batido una vez.[390] La alternativa a la asimilación es la represión, de la que la historia ofrece muchos modelos: la esclavitud egipcia, los cautiverios asirio y babilónico, las deportaciones masivas, el bautismo forzoso, los guetos en cuarentena, los pogromos rusos y los campos de concentración alemanes.

Cuando y si una mayoría estadounidense resucitada tiene la fuerza y la voluntad de poner fin al envolvimiento judío de Estados Unidos, la historia no debería repetirse. La operación debe llevarse a cabo con una delicadeza que honre a ambas partes. El propósito rector debería ser moral, además de

---

[388] Renegados en el sentido de que abrazaron el cristianismo (Berenson, Disraeli, Heine, Husserl, Mahler, Mendelssohn, San Pedro y San Pablo) o se volvieron ateos (Marx, Trotsky y otros destacados materialistas dialécticos). La posibilidad de que Moisés fuera egipcio y el hecho de que Josefo fuera un traidor ya se han mencionado anteriormente. Spinoza, el mayor filósofo judío, fue expulsado de la comunidad judía de Ámsterdam en 1656 por orden rabínica. Muchos judíos ortodoxos y antisemitas están de acuerdo -o así lo esperan- en que Jesús no era judío porque procedía de la "Galilea de los gentiles". Una tradición talmúdica predominante sostiene que Jesús era el vástago ilegítimo de José Panthera, un centurión romano, y Miriam, la esposa de un carpintero. *Jüdische Enzyklopädie*, Judischer Verlag, Berlín, 1930, Banda IV/I, pp. 772-73.

[389] *New Atlantis*, Great Books, Chicago, 1952, Vol. 30, p. 209.

[390] Véase la nota 4, p. 64.

cultural y político: trascender, por primera vez, las antiguas luchas raciales internas afrontando la cuestión con la cabeza y el corazón, no con el garrote y el cuchillo.

Las soluciones a los problemas derivados de enfrentamientos raciales masivos dentro de las fronteras de un país requieren hasta la última gota de razón e imaginación que existe en el rebosante pozo del espíritu humano. La separación es, obviamente, parte de la solución. Pero, ¿cómo puede llevarse a cabo con éxito esta peligrosísima operación social? ¿Cómo puede llevarse a cabo sin dislocaciones insoportables en las tierras del éxodo y sin sacrificios intolerables en las tierras de la recolección?

En teoría, la respuesta es Israel. Pero Israel es la mecha chisporroteante de un holocausto en Oriente Medio.[391]

---

[391] La mecha chisporroteó un poco más de lo habitual con motivo del ataque aéreo israelí contra el reactor nuclear iraquí en junio de 1981, y la masacre de 29 musulmanes durante la oración a manos de un fundamentalista judío obsesionado en la mezquita de Hebrón a principios de 1994.

CAPÍTULO 16

Minorías no blancas

H ISPÁNICO ES UN TÉRMINO bastante impreciso que los medios de comunicación y la Oficina del Censo han asignado a las minorías de cualquier raza o combinación de razas cuyos miembros hablan mayoritariamente español o portugués y se adhieren a alguna forma de cultura española. Casi todos los denominados hispanos, salvo un pequeño contingente de blancos que llegaron directamente de España, tienen su punto de origen en América Central, del Sur y el Caribe, y el mayor número de ellos llegó después de la Segunda Guerra Mundial. Según la Oficina del Censo, en 1990 había 22.354.059 hispanos en Estados Unidos. En las páginas siguientes se intentará examinar a los hispanos desde una perspectiva tanto racial como geográfica. El resto del capítulo se dedicará a las minorías asiáticas, seguido de un capítulo aparte sobre la minoría no blanca más numerosa de todas: los negros.

MEXICANOS: El mexicano típico y corriente no es ni español ni asiático, ni blanco ni amarillo.[392] Aunque hispanohablante y heredero de un laminado de cultura española, no sueña con España ni con las glorias del pasado español. No es consciente de ningún vínculo con el noreste de Asia, punto de partida de sus antepasados mongoloides. Principalmente mestizo, cruce o híbrido de español e indio, el mexicano se considera un espécimen racial único.

Aparte de la distinción genética, donde más se diferencian los mexicanos de los miembros de la Mayoría es en el arte de vivir. Con sus fiestas y flores, sus formas de arte antiguas y modernas, sus ricos y variados recursos minerales y petrolíferos, sus escarpadas *mesetas* y *barrancas* y sus flamantes playas tropicales, el México real, no los horrendos enjambres de gente que hacen de las grandes ciudades hormigueros humanos, ni la contaminación industrial que hace irrespirable y gris el aire urbano, sino el México real que añade gracia y belleza a un mundo cada vez más monótono. Tras las revoluciones y contrarrevoluciones de principios del siglo XX, una intensa oleada de nativismo se abatió sobre el país, trayendo consigo esplendores culturales como las pinturas murales de Orozco, sin duda el arte pictórico más magnífico y deslumbrante surgido del Nuevo Mundo. El enemigo jurado

---

[392] *Focus*, una publicación de la National Geographic Society, afirma que la población de México es un 55% mestiza, un 29% india, un 15% europea y menos de un 1% negra y mulata. Para el visitante ocasional, la estimación europea parece elevada.

de este arte es el kitsch de Madison Avenue y Hollywood exportado a México desde Estados Unidos, una cultura espuria que vulgariza y degrada a exportadores e importadores por igual.

El censo de 1990 contabilizó 13.495.938 personas de ascendencia mexicana en EE.UU. La cifra representa el 60% de todos los hispanos dispersos por los 50 estados. La mayoría vive en California, Texas, Colorado y el suroeste, aunque en muchas ciudades del norte están arraigando grandes concentraciones.[393] Los *pochos* o ciudadanos nacidos en el país y los *cholos* o inmigrantes legales constituyen una parte considerable del recuento del censo. No se sabe cuántos ilegales o "sin papeles" se incluyeron. Miembros de la segunda minoría no blanca más numerosa, los mexicano-americanos suelen tener un nivel educativo tan bajo y estar tan desfavorecidos económicamente como los negros. Su tasa de abandono escolar es alta; su renta per cápita, baja.[394] Aun así, el nivel de vida de la mayoría de los mexicano-americanos es muy superior al de los mexicanos en México.

Siempre inasimilables por su coloración y sus rasgos mongoloides o indios, los mexicano-americanos acentúan su condición de minoría aferrándose a su lengua (vastas extensiones del suroeste estadounidense son ahora bilingües), votando a los demócratas,[395] sindicalizándose y agitándose contra las clases y el racismo.

Emulando a los negros, los mexicano-estadounidenses se han puesto a jugar duro a la política étnica. Los valles de California y las llanuras de Texas, los barrios de Los Ángeles y Denver ya han sido escenario de algunos enfrentamientos serios con los anglos, aunque "la revuelta chicana [mexicano-americana] contra el establishment anglosajón aún está en fase de planificación".[396] El etnocentrismo mexicano-americano también se alimenta de constantes recordatorios de la agresión estadounidense contra su patria y de una demagogia que sostiene que los mexicano-americanos son ahora ciudadanos de segunda clase en una región de Norteamérica que una vez perteneció a sus antepasados.

---

[393] Procedentes de México desde hace varios siglos, unos 250.000 "hispanos" de Nuevo México, que consideran intrusos a los llegados más tarde, perpetúan una subcultura hispanohablante propia a prueba de asimilación.

[394] *New York Times*, 20 de abril de 1969, p. 54.

[395] Un sólido bloque de votos mexicano-estadounidenses, algunos de ellos de votantes fallecidos hace mucho tiempo, ganó a Lyndon Johnson las disputadas primarias para senador de 1948 en Texas, en un momento crucial de su carrera política. Véanse pp. 428-29.

[396] *New York Times*, 20 de abril de 1969, p. 1.

Existe una clara posibilidad de que, si continúa la constante afluencia legal e ilegal de genes mexicanos a través del Río Grande y si las tasas de natalidad mexicano-estadounidense y mexicana se mantienen en sus altos niveles actuales, los mexicano-estadounidenses recuperen sus territorios perdidos de Alta California y Texas -ya denominados por los irredentistas fanáticos como Aztlán- no por medio de la violencia o la politiquería de minorías, sino simplemente ejerciendo los derechos de los ocupantes ilegales.

CUBANOS: A pesar de su gran componente negro y de su duradera dictadura, Cuba, en su aspecto descuidado y desaliñado, conserva más del viejo ambiente colonial español que ningún otro país de América Latina. En cuanto a las relaciones de la isla con Estados Unidos, han sido frías y calientes. Tras el hundimiento del acorazado *Maine* en el puerto de La Habana en 1898, las tropas estadounidenses ayudaron activamente a Cuba a independizarse de España. Sin embargo, con la llegada a escena de Fidel Castro, el país dio la espalda o se vio obligado a dar la espalda a su gigantesco vecino del norte y se pasó al lado rojo del espectro político y económico. El desastroso fracaso de una variopinta banda de anticomunistas y variopintos enemigos de Castro en Bahía de Cochinos no contribuyó en absoluto a mejorar las relaciones cubano-estadounidenses. La inesperada aparición de bombas atómicas soviéticas en la Perla de las Antillas estuvo tan cerca como cualquier otro acontecimiento hasta entonces de provocar una guerra nuclear, guerra que se evitó cuando Jruschov parpadeó y envió sus bombas a casa.

Desde hace varias décadas, Cuba y Estados Unidos, aunque sólo les separan 90 millas, actúan como si estuvieran en dos mundos diferentes, siendo su principal contacto la salida de anticastristas a Estados Unidos, principalmente al sur de Florida, donde permanecen la mayoría de los 1.043.932 cubanos y donde han establecido un próspero enclave cubano. Como muchos cubanos pertenecían a la clase media e incluso alta y poseían diversas habilidades empresariales, han prosperado en su nuevo país. A diferencia de otros inmigrantes hispanos, la mayoría se afilió al Partido Republicano y han hecho política con tanta diligencia que ahora son la principal fuerza política de la zona de Miami. Un cubanoamericano ha sido elegido alcalde, congresista y jefe de policía. Es difícil que un político blanco o negro sea elegido para un cargo local o incluso estatal en Florida sin el apoyo cubano. A diferencia de la mayoría de los demás inmigrantes hispanos, una gran parte de la inmigración cubana, sobre todo en su primera etapa, era blanca, lo que ayudó a disminuir la desconfianza que se tenía hacia los extranjeros de piel oscura. Sólo en sus etapas posteriores el flujo inmigratorio estuvo compuesto en gran parte por negros y mulatos. Los mestizos (cruces de español e indio) y los indios puros, que constituyen una gran parte de los mexicanos en EE.UU., fueron casi invisibles en la inmigración cubana.

La primera hornada de cubanos que huían de Castro tuvo una calurosa acogida en el sur de Florida. Se les consideraba refugiados y, por tanto, quedaban fuera de las cuotas de inmigración. Las llegadas posteriores incluyeron a los rechazados de las cárceles cubanas, lo que puso a prueba a las fuerzas del orden. Tras largas negociaciones, Castro accedió a acoger a algunos de ellos.

¿Qué harán los cubanos en Estados Unidos cuando Castro se vaya? Seguramente muchos de ellos volverán a casa. Pero muchos más se quedarán, sobre todo los que llevan fuera 30 años o más. Los elementos más ricos (más blancos) probablemente se irán si la situación política y económica se estabiliza. Los elementos más pobres (negros), que ahora representan casi la mitad de los cubanos en EE.UU., probablemente se quedarán. Los blancos que queden y que sean lo suficientemente blancos pueden deslizarse lentamente hacia las filas de la Mayoría. En general, sin embargo, las familias cubanas, sea cual sea el color de su piel, están tan unidas que su potencial de asimilación probablemente seguirá siendo bajo durante algún tiempo.

PUERTO RICANOS: Los puertorriqueños originales, entre 20.000 y 50.000 indios arawak, desaparecieron en el siglo XVI tras varias revueltas infructuosas contra los españoles, que los habían sobreexplotado en las minas de oro. El vacío de mano de obra se cubrió con esclavos negros procedentes de África. Dado que la mayoría de los puertorriqueños en Estados Unidos procedían en gran medida de los sectores más pobres de la población -en contraste directo con las primeras oleadas de la inmigración cubana-, la alta frecuencia de sus rasgos negroides no sólo los hace inasimilables, sino que hace difícil no confundirlos con los negros.

Como ciudadanos estadounidenses, los puertorriqueños no están sujetos a ninguna cuota de inmigración. Con pocas complicaciones legales que impidan su entrada y con una tasa de natalidad extremadamente alta, los estadounidenses de nacimiento o ascendencia puertorriqueña, según el censo de 1990, suman 2.727.754. Más de la mitad se concentran en Nueva York y alrededores. Más de la mitad de ellos se concentran en la ciudad de Nueva York y sus alrededores. Al igual que los mexicanos, los puertorriqueños trajeron consigo una cultura española muy arraigada. También como los mexicanos, los puertorriqueños han puesto su fortuna política en manos del partido demócrata. Para no perder tiempo en conseguir estos votos, los políticos neoyorquinos han cambiado la prueba de alfabetización de los votantes permitiendo que se realice en español. Como resultado, los puertorriqueños pueden llegar a Nueva York sin saber una palabra de inglés y acceder casi inmediatamente a la asistencia social.

Los puertorriqueños, procedentes de una de las islas más bellas y de clima más agradable del mundo, se las arreglan para adaptarse a uno de los barrios marginales más feos y a las zonas climáticas más crueles. Su estatus económico se aproxima al de los negros, a los que miran con desprecio a pesar de su ascendencia parcialmente africana. Sin embargo, los que rompen la barrera del idioma pronto superan a los negros nativos en la mayoría de los logros.

Los puertorriqueños de Puerto Rico, ahora Estado Libre Asociado de Estados Unidos, han demostrado hasta ahora ser demasiado orgullosos para la estadidad, pero no lo bastante para la independencia o la autosuficiencia (la mitad de la isla recibe cupones de alimentos). La vena de ferviente nacionalismo que recorre algunos segmentos de la población motivó a una banda de "patriotas" a intentar asesinar al Presidente Truman en 1950, a otra a disparar contra cinco congresistas en 1954 y a otra a lanzar atentados terroristas con bombas en varias ciudades estadounidenses en la década de 1970. Si los sentimientos separatistas de los puertorriqueños se calmarán y darán lugar al nacimiento del quincuagésimo primer estado o si los puertorriqueños, como los filipinos, optarán por la independencia no puede predecirse en este momento. Lo que sí se puede predecir es que la mayoría de ellos no tienen más posibilidades de ser asimilados que los habitantes de otras islas del Caribe.

OTRAS MINORÍAS LATINOAMERICANAS INASUMIBLES: Las islas más pequeñas del Caribe están pobladas en su mayor parte por negros y mulatos, con una fina espuma de blancos en la parte superior. La excepción es Haití, la mitad occidental de la gran isla de La Española. Haití no sólo es abrumadoramente negra, sino que mantiene una lejana herencia colonial francesa y un degradado patois francés como lengua. Muchos haitianos han zarpado hacia Florida en cascos caseros, atestados de gente y con goteras, algunos de los cuales se ahogaron antes de llegar a las playas de la Tierra Prometida. En total, la inmigración caribeña, incluidos Cuba y Puerto Rico, supera con creces los 5 millones. Ha supuesto una carga tan tremenda para la economía de Florida que el gobernador Lawton Chiles calcula que los recién llegados cuestan a su estado 1.000 millones de dólares al año, cantidad por la que está demandando al gobierno federal, alegando que el Servicio de Inmigración y Naturalización no ha hecho cumplir las leyes de inmigración.

Centroamérica también ha aportado un gran número de inmigrantes, legales e ilegales, la mayoría mestizos. En general, la población indígena pura se ha quedado en casa. El único país de Centroamérica con una población preponderantemente blanca es Costa Rica, cuyos ciudadanos son en su mayoría de raza mediterránea, lo que significa que la mayoría son demasiado morenos para optar a la condición de mayoría. Los levantamientos revolucionarios y las guerras de guerrillas en algunas de estas pequeñas naciones han acelerado la emigración hacia el norte, y no hay nada en el horizonte político de esas zonas que indique una estabilidad a largo plazo. Estratégica e idealmente, el Caribe debería ser un lago estadounidense bien vigilado. Estados Unidos tiene una base en la Bahía de Guantánamo, en el extremo oriental de Cuba. El Canal de Panamá permanecerá en manos estadounidenses hasta 1999. Sin embargo, el Caribe se ha convertido en una vía navegable muy transitada por mestizos, mulatos y blancos mediterráneos que huyen hacia el norte. No sería difícil interceptar ese tráfico con el uso de tecnología naval moderna, pero hasta ahora los intentos de hacerlo han sido, en el mejor de los casos, poco entusiastas. El panorama se complica por el hecho de que muchos inmigrantes centroamericanos toman la ruta terrestre a través de México. Los más pudientes pagan a "directores turísticos" para que los lleven en autobús hasta la frontera estadounidense.

Según el censo estadounidense de 1990, sin contar a mexicanos, cubanos y puertorriqueños, hay 5.086.435 hispanos de origen centroamericano y sudamericano. Los no blancos de los estados sudamericanos del norte son en su mayoría mestizos; los de Brasil, de habla portuguesa, principalmente mulatos. Argentina, Uruguay y Chile tienen aproximadamente la misma composición racial que las poblaciones de Italia y España. Por consiguiente, una gran proporción de inmigrantes de estos países tendría que asignarse a la categoría racial mediterránea, en gran medida inasimilable.

En resumen, América Latina, es decir, todo el Nuevo Mundo desde el Río Grande hacia el sur, tiene unas tasas de natalidad relativamente altas que están ejerciendo una fuerte presión demográfica para que se produzcan cambios en la composición racial de Estados Unidos.[397] Los hispanos, que ya han "tomado" grandes extensiones del sur de Florida, el sur de Texas y el sur de California, también se están convirtiendo en una fuerza política en algunas de las ciudades más grandes del norte. Cuando en estas zonas negros e hispanos combinan su fuerza política y social, los blancos no pueden hacer mucho más que confiar en las viejas salvaguardias constitucionales para protegerse.

Cada día los hispanos que ya están aquí superan en descendencia a los blancos mayoritarios. Cada día innumerables mestizos y mulatos, que llegan en barco o a pie, entran ilegalmente en EE.UU., donde muchos pronto se establecerán y criarán sus propias cosechas de bebés, que automáticamente se convertirán en ciudadanos estadounidenses. No es de extrañar que los demógrafos pronostiquen que dentro de medio siglo, más o menos, la

---

[397] Una forma indirecta de comparar las tasas de natalidad es decir que un tercio de todos los bebés nacidos en EE.UU. en 1993 lo hicieron gracias a Medicaid.

población blanca estadounidense, que ya incluye un gran número de inasimilables, se convertirá en minoría en lo que una vez fue su propia tierra.

CHINOS: El primer gran contingente de inmigrantes chinos (13.100) llegó a California en 1854.[398] De una civilización completamente ajena y totalmente desconocedores del entorno estadounidense, los chinos comenzaron su andadura bajo las más severas desventajas culturales y económicas. Miembros de una auténtica clase servil del siglo XIX, tendieron las vías del ferrocarril por todo el Oeste, trabajaron laboriosamente en las minas aluviales y proporcionaron gran parte de la ayuda doméstica a los colonos blancos. El chino con coleta en la trastienda fue una institución que perduró en San Francisco durante más de medio siglo.

Una vez que el auge del oro había disminuido y los ferrocarriles estaban en marcha, el Congreso respondió a la presión de los occidentales temerosos de la competencia de la mano de obra coolie y de la creciente marea de color (123.201 chinos llegaron a California en la década de 1870) mediante la aprobación de la: Ley de Exclusión de 1882. Fue el primer intento del Congreso de legislar sobre inmigración y precedió en casi cuarenta años al establecimiento de cuotas globales.[399] La Ley de 1923 establecía una cuota anual de 124.

El censo de 1970 registraba 435.062 estadounidenses de origen chino, de los cuales 52.039 residían en las islas Hawáianas. El Censo de 1990 elevó la cifra a 1.645.472, lo que demostró que la población china, concentrada sobre todo en California, Nueva York y Hawái, casi se había triplicado en tres décadas. Si las relaciones con la China continental se estabilizan, los chino-estadounidenses podrían iniciar de nuevo sus viajes de antaño hacia sus hogares a través del Pacífico, una migración hacia el oeste que en su día consiguió mantener su tasa de crecimiento por debajo de la de la mayoría de las demás minorías.

Los chinos estadounidenses son el mejor ejemplo de minoría autosuficiente y estática. Aunque en su día fueron víctimas de una persecución y una discriminación casi intolerables,[400] ahora han enterrado gran parte de su resentimiento y evitan recurrir a la agitación racial y a los grupos de presión

---

[398] Davie, *World Immigration*, p. 308.

[399] Ibídem, p. 313. Para más información sobre las cuotas, véanse los capítulos 5 y 6.

[400] Toda la población china de 1.000 habitantes fue expulsada sin piedad de Truckee, California, en 1878. El año anterior en San Francisco hubo una guerra casi abierta entre irlandeses y chinos. Davie, op. cit., pp. 318-21.

de las minorías.[401] Más bien orgullosos de su condición de minoría, conservan sus apellidos, mantienen muchas de sus costumbres del Lejano Oriente y son muy reservados. Sus vidas se caracterizan por una moral y respetabilidad de clase media. Cuando la mayoría de las minorías no blancas se trasladan a una zona urbana, ésta suele convertirse en un barrio marginal. Los enclaves chinos, en cambio, suelen convertirse en centros de atracción. El barrio chino de San Francisco, el mayor del Nuevo Mundo, es una de las zonas más limpias y mejor cuidadas de la ciudad. Antaño campo de batalla de bandas rivales, en los años posteriores a la II Guerra Mundial presumía de una baja incidencia de delitos violentos y delincuencia juvenil, hasta el gran aumento de la inmigración asiática. En los años 70, bandas de Taiwán y Hong Kong empezaron a aterrorizar a chinos respetuosos con la ley en California y Nueva York. En 1983 se produjo un asesinato masivo en un garito chino de Seattle.

La minoría china, al menos en el continente, es una minoría reclusa por donde se la mire. Conserva y desarrolla su propia cultura sin tratar de imponerla a los demás, aunque como otros grupos asiáticos es una "minoría protegida." En la bola de cristal del futuro chino-americano puede detectarse un oscuro punto de pesimismo. Si el fervor revolucionario o racial indujera a China a una nueva guerra contra Estados Unidos -llevó a cabo una no declarada en Corea en 1950-51- la posición de la minoría china podría llegar a ser tan endeble como la de los japoneses en la Segunda Guerra Mundial. Mientras tanto, las presiones demográficas en China y la existencia de redes de contrabando altamente profesionales hacen que el número de chinos en Estados Unidos aumente constantemente.

JAPONESES: Mucho de lo que se ha escrito sobre los chinos americanos se aplica a los japoneses americanos, o al menos a aquellos japoneses americanos que no residen en las islas Hawáianas. Los japoneses llegaron a Estados Unidos más tarde que los chinos, pero se encontraron con el mismo grado de hostilidad. Aunque el propio Japón había prohibido a todos los extranjeros, excepto a unos pocos holandeses, durante 230 años (1638-1868) y había prohibido a sus ciudadanos salir al extranjero bajo pena de muerte, el gobierno japonés se opuso firmemente a los planes del Congreso de incluir a los japoneses en la prohibición de la inmigración china.[402] Para calmar el orgullo japonés, el Presidente Theodore Roosevelt negoció un "Acuerdo de

---

[401] En Hawái, donde los no blancos son mayoría, los chinos son más activos políticamente, como demuestra la presencia en el Senado (1959-77) del millonario republicano Hiram Fong. En Estados Unidos continental, la minoría china se desmarca de la coalición liberal-minoritaria votando a menudo a candidatos conservadores y adoptando una postura agresiva contra la escolarización de los niños en autobús.

[402] Davis, op. cit., p. 321.

caballeros" en 1907, por el que Japón se comprometía a detener el éxodo japonés, siempre y cuando el Congreso no aprobara ninguna ley restrictiva de la inmigración que mencionara a los japoneses por su nombre. En 1940, unos 140.000 japoneses vivían en Estados Unidos continental, el 86% de ellos en el Lejano Oeste, donde muchos se habían convertido en prósperos granjeros camioneros. En 1990, el número de japoneses estadounidenses había aumentado a 847.562, la mayoría de ellos en California (312.959), Hawái (247.486), Nueva York (35.281) y Washington (34.366).[403]

Poco después de Pearl Harbor, que mostró los peligros de las bravuconadas militares japonesas, más de 110.000 japoneses de la costa oeste, la mayoría de ellos ciudadanos estadounidenses, fueron desalojados de sus hogares, granjas y negocios, y transportados a "campos de reubicación" occidentales, con una pérdida media de 10.000 dólares por familia.[404] A los japoneses de Hawái, donde estaban más concentrados y su amenaza potencial para la seguridad nacional era mucho mayor, se les dejó en relativa paz. En 1944, el Equipo de Combate del Regimiento 442, compuesto en su mayor parte por nisei, japoneses estadounidenses de segunda generación de Oahu, luchó valientemente contra las aguerridas tropas alemanas en la campaña italiana y acumuló uno de los mejores récords en los anales militares estadounidenses.

Tranquilos y discretos en el continente, donde algunos votan a los republicanos, los japoneses juegan a la política racial con fuerza en Hawái. Los japoneses, el grupo de población más numeroso de las islas, votan a los demócratas. Los dos senadores de Hawái son japoneses, al igual que uno de sus dos representantes y su gobernador. Este voto en bloque desmiente la afirmación de la ausencia de tensiones raciales en Hawái.

Para desesperación de las familias japonesas más antiguas e insulares, un número considerable de sus descendientes, hombres y mujeres, se están casando con blancos. Los orientales de todos los tamaños y formas se sienten muy atraídos por las rubias, una atracción que también motiva a los agentes y proxenetas japoneses del viejo continente a reclutar coristas rubias para que aparezcan en Japón, donde más tarde algunas son engatusadas u obligadas a prostituirse.

Japón es una nación terriblemente superpoblada, el primer país asiático en recuperarse de la Segunda Guerra Mundial, gracias en parte a la industria de

---

[403] Ibídem, p. 324. Cifras de población del censo de 1990. El aumento de la población se atribuye en gran parte al programa de unificación familiar.

[404] Simpson y Yinger, op. cit., pp. 132-33. Después de la guerra, las reclamaciones se liquidaron a una tasa media de diez centavos por dólar. *Washington Post*, 5 de octubre de 1965, p. 1.

su pueblo y a la constructiva ayuda de la ocupación militar estadounidense. Su prosperidad, sin embargo, se ve amenazada por otras naciones asiáticas, en particular Corea y China, que también quieren participar en la expansión económica. Con un presupuesto de defensa minúsculo y protegido por el paraguas nuclear estadounidense y los amistosos aranceles occidentales, Japón fue capaz de acumular un superávit comercial sin parangón tras copiar y mejorar productos del ingenio occidental como cámaras, automóviles, equipos informáticos, fotocopiadoras y todo tipo de productos para el hogar y la oficina. A medida que subía la calidad japonesa, bajaba la estadounidense.

Pero el fin del milagro económico japonés ya está a la vista. La competencia asiática y las fuertes reducciones de las importaciones japonesas forzadas por los enormes desequilibrios comerciales, junto con el concomitante malestar laboral, acabarán provocando una agitación interna y aumentando la emigración a otros países, especialmente a Estados Unidos.

La visita del comodoro Perry y su flotilla estadounidense en 1853 sacudió al Japón feudal en un frenesí de modernización. Tras ganar la guerra ruso-japonesa, la primera vez que una nación blanca era derrotada por una oriental en un conflicto en toda regla, Japón se unió al bando vencedor (los Aliados) en la Primera Guerra Mundial. Unos años más tarde comenzó a desbocarse por gran parte de Asia Oriental -Corea del Sur, China, Indonesia, incluso hasta las fronteras de la India- hasta que finalmente fue doblegado en la Segunda Guerra Mundial por dos bombas de fisión estadounidenses. El Sol Naciente salió y el Sol Naciente se hundió. Pero no por mucho tiempo. En pocos años, la otrora amenaza militar japonesa se transformó en una amenaza económica igualmente grave, aunque afortunadamente más fácil de contener. La potencia económica va a tener dificultades para mantener su floreciente prosperidad a medida que las naciones occidentales, incluido Estados Unidos, se vean obligadas a imponer aranceles más altos a los productos japoneses y de otros países de Asia Oriental para salvar su propia base manufacturera.

OTRAS MINORÍAS DEL OCÉANO PACÍFICO Y DE ASIA: La historia nos recuerda que, hasta hace muy poco, Hawái, el 50° estado, era un territorio gobernado con mano dura por los plantadores blancos y las fuerzas armadas estadounidenses. El hecho de que las minorías estadounidenses más vociferantes no se encuentren en gran número en Hawái,[405] , no significa que el racismo no exista o que en el futuro los diversos grupos étnicos no se

---

[405] El censo de 1990 mostraba 1.108.229 habitantes en las islas Hawáianas, divididos de la siguiente manera: Blancos, 369.616; japoneses, 247.486; Hawáianos, 211.014 (menos del 10% de pura sangre); filipinos, 168.682; chinos, 68.804; negros, 27.195; otros, 15.432. Muchos de los blancos pertenecen a familias de militares.

enzarcen en una encarnizada lucha por el poder. Las islas paradisíacas no son excepciones a las leyes de la dinámica racial.

A partir de 1979, los delitos por motivos raciales contra residentes y turistas blancos se convirtieron en un tema recurrente en las noticias Hawáianas. Muchos estudiantes blancos no acuden a clase el último día del curso escolar, que es observado por muchos Hawáianos con amenazas e intimidaciones - hasta ahora limitadas en gran medida a palabras y no a hechos- como "matar a un haole [blanco] al día".

Las estadísticas del censo demuestran el desarrollo de una tragedia racial en Hawái, el único estado donde los no blancos superan en número a los blancos. Una de las minorías más coloridas y románticas de Estados Unidos, la polinesia, se está extinguiendo rápidamente. De los 211.014 Hawáianos o Hawáianos parciales censados en 1990, tal vez sólo queden 10.000 ó 15.000 ejemplares "puros". Se está haciendo un esfuerzo concertado para salvarlos manteniendo un refugio subvencionado en la isla de Niihau, donde viven en cuarentena voluntaria, hablan la antigua lengua Hawáiana y carecen de televisión, automóviles, licorerías y establecimientos de comida rápida.

Una minoría no blanca muy numerosa en las islas Hawáianas y en el continente es la filipina. En 1990 había en Estados Unidos 1.406.770 personas cuyo punto de origen eran las islas Filipinas, un aumento de más de 600.000 en sólo veinte años. Los filipinos tenían fácil acceso a Estados Unidos cuando su país era posesión estadounidense, pero se les impuso una cuota cuando se les concedió la independencia en 1946. A efectos prácticos, la Ley de Inmigración de 1965 eliminó la cuota.

Al igual que Japón, Corea del Sur se ha convertido en un cuasi protectorado estadounidense. Las fuerzas armadas estadounidenses, tras haber defendido el país con éxito contra un ataque norcoreano y posteriormente chino en 1950-51, están dispuestas a hacerlo de nuevo. Esta colaboración militar, junto con un cambio radical en la política de inmigración, desencadenó una migración transpacífica masiva de civiles surcoreanos. Una vez en Estados Unidos, los coreanos se especializaron en abrir pequeñas tiendas de comestibles cerca o en el centro de las ciudades, donde muchos fueron despiadadamente asaltados y tiroteados por negros.

Tras la guerra de Vietnam y la conquista de gran parte de Indochina por el Vietnam del Norte comunista, el gobierno de Estados Unidos se encontró de repente con los "boat people", cientos de miles de survietnamitas (muchos de origen chino) que huían de Vietnam del Sur por mar. Tras haberlos abandonado en el campo de batalla, el Congreso y los medios de comunicación se sintieron en la obligación de acogerlos, más de un millón en 1990. Más tarde se les unió un número menor de camboyanos, cuya nación, antaño plácida, fue desgarrada por purgas de inspiración comunista que rozaron el nivel del genocidio. En el momento de escribir estas líneas, los jemeres rojos, adoradores de Marx, han sido devueltos a la jungla. Nadie sabe por cuánto tiempo.

Millones de asiáticos del sudeste desearían seguir los pasos de los que ya han encontrado refugio en este país. Cuántos más podrán establecerse aquí dependerá de las intenciones demográficas de los distintos gobiernos indochinos y de la política de inmigración, o falta de ella, de la Casa Blanca y el Congreso.

Otras minorías asiáticas o mongoloides son 62.964 samoanos, 49.345 guameños, 815.447 indios asiáticos del subcontinente indio, 81.371 pakistaníes,[406] 57.152 esquimales y 23.797 aleutianos[407] (antiguos inmigrantes asiáticos). Las preguntas sobre la probabilidad de asimilación de estos grupos se responden mejor con los conocidos versos de Kipling.

INDIOS AMERICANOS: Se han desarrollado varias teorías para explicar los orígenes raciales de los habitantes más antiguos del Nuevo Mundo. La más aceptable para la antropología contemporánea es que descienden de tribus mongolas que usaban pieles, llevaban lanzas y se alimentaban de mamuts, y que cruzaron el estrecho de Bering a pie o de isla en isla hace entre 10.000 y 20.000 años, cuando la mayor parte del territorio era una llanura cubierta de hierba. Algunos antropólogos disidentes aluden a la posibilidad de una descendencia parcial de polinesios y melanesios que podrían haber llegado a Sudamérica desde la isla de Pascua. También hay leyendas de refugiados de la Atlántida y del continente perdido de Mu, y de náufragos de juncos chinos arrastrados hasta la costa del Pacífico.[408] Los misteriosos grupos sanguíneos A; pueden deberse a elementos australoides, e incluso existe la remota posibilidad de un lejano parentesco con los ainus de Japón.

Se calcula que en el año 1500 había en Norteamérica (por encima del Río Grande) unos 850.000 indios.[409] En 1900 la población india de Estados

---

[406] Los pakistaníes han entrado con fuerza en el negocio de los moteles.

[407] Los aleutianos formaron parte de la primera migración procedente de Siberia, pero nunca llegaron más al este que las islas Aleutianas. Allí, hace unos 200 años, los comerciantes de pieles rusos encontraron a 25.000 de sus descendientes. Cuando los rusos se marcharon, tras vender Alaska a Estados Unidos en 1867, sólo quedaban vivos 2.950 aleutianos. Si el censo de 1990 es correcto, su número ha aumentado.

[408] *The American Heritage Book of Indians*, American Heritage Publishing Co., Nueva York, 1961, pp. 9, 25.

[409] *Our American Indians at a Glance*, Pacific Coast Publications, Menlo Park, California., 1961, p. 6.

Unidos había descendido a 237.196,[410] un descenso que parecía confirmar la teoría del Vanishing American y la verdad a medias del historiador Arnold Toynbee de que los pueblos de habla inglesa colonizaron por desposesión y genocidio.[411] Pero el censo de 1990 contabilizaba 1.878.285 indios, muchos cientos de miles más de los que existían antes de la llegada de los europeos. Alrededor del 70% de estos indios viven en 399 reservas gubernamentales.[412]

Los indios de Estados Unidos y Canadá nunca se convirtieron en una población mestiza como ocurrió con tantos indígenas latinoamericanos. El colono inglés, que a menudo traía consigo a su familia, no era tan propenso al mestizaje como el solitario soldado español. Además, los indios norteamericanos eran cazadores, nómadas, agricultores aislados y pescadores, menos adeptos a la socialización que los mongoloides de los aglomerados más urbanos de los imperios azteca e inca. Esto no quiere decir que no hubiera mestizaje entre los indios y los tramperos, comerciantes y otros "indios" blancos en el Oeste, y con los esclavos negros en los estados del Sur.[413] En América Latina, el mestizaje europeo meridional diluyó el tronco indio y negro. En Norteamérica, el mestizaje de los europeos del norte se produjo en gran medida con los negros del sur. En la época de las fronteras, a pesar de la noción bien difundida de Rousseau del "noble salvaje" y de los mohicanos plutarquianos de Cooper, los indios eran considerados los humanoides más bajos y degradados.[414] Ahora que ambos bandos han abandonado la senda de la guerra y que apenas hay contacto directo entre ellos, excepto en las salas de juego de sus tribus, son halagados y engatusados

---

[410] *Harvard Encyclopedia of American Ethnic Groups*, pp. 58-59. En la actualidad, la tribu india más numerosa es la de los navajos, con una población de 160.000 habitantes. En el siglo XVII, los navajos contaban con 9.000 habitantes.

[411] *A Study of History*, Vol. V, p. 46. En la misma vena exagerada Toynbee podría haber descrito la eterna guerra entre tribus indias nómadas como igualmente genocida.

[412] *Time*, 3 de septiembre de 1965, p. 72. Un autor indio, Vine Deloria, Jr. no está de acuerdo con estas cifras. Estima que la mitad de todos los indios de Estados Unidos viven en ciudades del este y que otros 100.000 están dispersos por las zonas rurales del este. *New York Times Magazine*, 7 de diciembre de 1969.

[413] Al menos 200 comunidades del este de Estados Unidos están formadas en gran parte por híbridos trirraciales de ascendencia mixta india, negra y blanca. Coon, op. cit., p. 307. Madison Grant creía que la mitad de la población india estadounidense tenía algo de sangre blanca.

[414] En 1866, tres años después de que Lincoln hubiera liberado a los esclavos, un condado de Arizona todavía ofrecía 250 dólares por una cabellera apache. *American Heritage Book of Indians*, p. 384. La detallada descripción que hace Francis Parkman del canibalismo indio y de los hábitos indios de torturar a los prisioneros blancos de ambos sexos hace más comprensibles las feroces reacciones de los hombres de frontera. *The Works of Francis Parkman*, Little Brown, Boston, 1892, Vol. III, especialmente el capítulo XVII.

por sus nuevos amigos blancos, la moderna generación de ideólogos elemenosinarios, y olvidados por sus antiguos enemigos. De hecho, se ha convertido en algo habitual -y una medida de su decreciente conciencia racial- que algunos blancos presuman de su "sangre india". No demasiada, por supuesto, pero suficiente para evocar visiones de amplios espacios abiertos y exploradores Remington. Mestizo, en su día la expresión más despectiva del inglés estadounidense, se ha diluido hasta convertirse en un peyorativo tan anémico que apenas levanta una ceja.

Si el clamor de las minorías fuera proporcional a los sufrimientos pasados, estaría justificado que los indios fueran el más clamoroso de todos los grupos de población estadounidenses. El hombre rojo, que una vez fue el único e indiscutible gobernante de todo lo que estudiaba, ha caído y ha sido rebajado a lo más bajo de la escala social estadounidense, donde permanece. Fue conducido a reservas, drogado con alcohol, diezmado por la viruela y no se le concedieron plenos derechos de ciudadanía hasta 1924. En 1966, el indio medio tenía los ingresos más bajos de todos los estadounidenses y una tasa de desempleo de casi el 40%. El noventa por ciento de su vivienda estaba por debajo de los estándares aceptables. Su esperanza de vida era veintiún años menor que la de la población general.[415] Los indios de las reservas siguen estando bajo la tutela de la Oficina de Asuntos Indios, una organización de 16.000 funcionarios gubernamentales que se distingue por un largo historial de ineptitud administrativa.[416]

Siguiendo el ejemplo de minorías más dinámicas, los indios han hecho recientemente algunos esfuerzos por cerrar filas, una tarea un tanto formidable si se tiene en cuenta que siguen hablando más de cien lenguas diferentes y pertenecen a más de 250 tribus. Como rara vez fueron capaces de unirse cuando los blancos los desalojaban de sus campos y cotos de caza, su tribalismo endémico seguramente seguirá dificultando la organización de cualquier grupo de presión nacional eficaz. El último gran intento de renacimiento indio fue la religión de la Danza de los Fantasmas (1889-90), cuando Wovoka, un curandero paiute, prometió el retorno de la Edad de Oro. Manadas millonarias de bisontes repoblarían las praderas. Los valientes muertos se alzarían con sus grandes jefes y emprenderían un último camino de guerra, que desarraigaría a los pálidos de la tierra. El movimiento fue fácilmente sofocado por el Séptimo de Caballería.[417] Los movimientos de los indios de los últimos tiempos, como el saqueo de la oficina de la Oficina India en Washington y el "levantamiento" de Wounded Knee en 1973,

---

[415] *Time*, 15 de marzo de 1968, p. 20.

[416] *San Francisco Examiner*, This World, 14 de abril de 1968, p. 19.

[417] *American Heritage Book of Indians*, p. 371.

aunque demostraron que el racismo indio estaba en auge, se describen más como acontecimientos mediáticos que como intentos serios de independencia.

Noblesse oblige exige que se conceda cierto respeto, aunque sus actos y comportamiento actuales no lo merezcan, a los americanos más antiguos, la otrora mayoría que hace siglos se convirtió en minoría, el único grupo de población estadounidense con una cultura en gran medida no derivada. El indio, aunque rara vez ha estado a la altura de su papel, es el héroe trágico de la epopeya americana. Fue el enemigo durante más de 250 años.[418] Es justo que los honores de la derrota se ocupen tanto de su supervivencia física como de su continuidad espiritual.

---

[418] Las guerras indias llegaron a su fin en 1891 con la pacificación definitiva de los sioux. Ibídem, p. 400. En comparación con la lucha de siglos con los indios, las guerras de Estados Unidos contra Francia en el periodo colonial, Gran Bretaña en la época revolucionaria, México y España en el siglo XIX, Alemania, Japón, Corea del Norte, Vietnam del Norte e Irak en el siglo XX fueron relativamente breves.

CAPÍTULO 17

Los negros

L A MINORÍA NEGRA, la más numerosa y violenta, merece un capítulo especial porque plantea a Estados Unidos un problema que a menudo parece no tener solución. Avivado y sobrecalentado por agitadores blancos y negros con distintos fines ideológicos, el racismo negro ha llegado a un punto en el que ha hundido literalmente el *Zeitgeist* estadounidense, antaño en auge, y amenaza con mutilarlo hasta hacerlo irreconocible. Por primera vez desde la pacificación de los indios, que ahora recurren a infrecuentes ataques de resistencia localizada, los autoproclamados líderes de una minoría estadounidense hablan seriamente de tomar las armas contra la autoridad del Estado. Simultáneamente, se está multiplicando una gran casta criminal dentro de la comunidad negra, junto con una casta aún mayor de receptores de asistencia social y drogadictos deshumanizados. También se ha formado una clase media negra, pero también una población de guetos de familias sin padre cuyos hijos ilegítimos superan ahora en número a los hijos de familias negras biparentales.

Los primeros negros que llegaron a las posesiones británicas de Norteamérica fueron veinte sirvientes contratados que desembarcaron de un barco holandés en Jamestown, Virginia, en 1619. Los negros, que se sepa, llevan en América tanto tiempo como la mayoría y más que todos los demás miembros de las minorías, excepto los indios. Abrumados por la cultura blanca, los negros cambiaron rápidamente sus dialectos tribales por el inglés, sus dioses tribales por el cristianismo y sus nombres tribales por los de sus amos blancos. Pero nunca pudieron cambiar su piel.

La esclavitud de los negros, una de las instituciones humanas más antiguas y duraderas, se introdujo en el Nuevo Mundo a instancias del piadoso obispo cristiano Bartolomé de las Casas, que predicaba que sólo los negros podían sobrevivir al yugo del peonaje que los españoles habían impuesto a los indios.[419] Aunque la "peculiar institución" estaba firmemente establecida en las colonias del Sur a finales del siglo XVII, la esclavitud no se convirtió en un gran negocio hasta los albores de la Revolución Industrial. Cuando el algodón se convirtió en rey y los "oscuros molinos satánicos" de Blake empezaron a marcar los paisajes de Nueva y Vieja Inglaterra, sólo los negros

---

[419] Davie, op. cit., p. 587. La propuesta de De las Casas se adoptó demasiado tarde. Casi todos los nativos de las grandes islas antillanas fueron exterminados antes de la llegada de sus sustitutos negros.

podían, y estaban disponibles, para soportar los rigores del trabajo de campo en las plantaciones del Sur.

Contrariamente a las teorías conspirativas de la historia negra que culpan de todas las desgracias de los negros a los blancos, los jefes tribales africanos desempeñaron un papel clave en el comercio de esclavos. Eran los agentes que reunían a los miembros de las tribus vecinas, así como a muchos de sus propios súbditos, y los enviaban a los barcos negreros.[420] El ron era el alimento básico de este dudoso comercio y pasaba por moneda en la costa occidental africana. Allí, escribe Charles Beard, "para saciar su feroz apetito, [los negros] vendían a sus enemigos, a sus amigos, a sus madres, padres, esposas, hijas e hijos por la poción hirviente de Nueva Inglaterra".[421]

La esclavitud era la inhumanidad de los blancos hacia los negros. Pero también era la inhumanidad de los negros hacia su propia especie. Para muchos negros, el transporte a América era simplemente renunciar a una forma de servidumbre por otra. A menudo era una huida fortuita del hambre, las enfermedades, los sacrificios humanos y el canibalismo. Los blancos que se sienten culpables por la esclavitud deberían tener en cuenta que, aunque está proscrita desde hace más de un siglo en Estados Unidos, sigue prevaleciendo en África. En la década de 1960, con 5,60 dólares se podía comprar un bebé mestizo sano en Somalia; con 2.200 dólares, una joven atractiva en Sudán.[422] En 1980, el gobierno de Mauritania aprobó una ley por la que se abolía la esclavitud, como ya había hecho varias veces antes, con escasos resultados. La cuestión de la esclavitud empezó a dividir a los estadounidenses desde el mismo momento de su independencia. Las mejores mentes de la época -Franklin, Patrick Henry, Washington, Hamilton, Jefferson, Madison- se oponían a la esclavitud pero no estaban dispuestos a enfrentarse a ella debido a la mayor urgencia de unificar la joven república. Cabe señalar que la oposición a la esclavitud no significaba necesariamente una creencia en la igualdad predicada con tanta elocuencia en la Declaración de Independencia. Thomas Jefferson, el autor de la mayor parte de ese documento, sugería que "los negros, ya sean originalmente una raza distinta o se hayan hecho distintos por el tiempo y las circunstancias, son inferiores

---

[420] El historiador negro John Hope Franklin señala: "La esclavitud era una función importante de la vida social y económica africana". *From Slavery to Freedom*, Knopf, Nueva York, 1967, p. 31. Uno de los métodos de redada favoritos consistía en incendiar un pueblo por la noche y capturar a los habitantes que huían. *Ency. Brit.*, Vol. 20, p. 780.

[421] Beard, *Rise of American Civilization*, Vol. I, pp. 93-94. Los esclavos eran transportados en barcos de los que se habían retirado temporalmente las porquerizas.

[422] Sean O'Callaghan, *The Slave Trade Today*, reseñado en *San Francisco Chronicle*, This World, 27 de mayo de 1962. En los últimos años en EE.UU. se ha arrestado a negros, no a blancos, por cometer el delito de peonaje. *Miami Herald*, 22 de marzo de 1973, p. 1.

a los blancos tanto en las dotes del cuerpo como de la mente".[423] Jefferson era especialmente pesimista sobre la capacidad intelectual de los negros.

> Comparándolos por sus facultades de memoria, razón e imaginación, me parece que en memoria son iguales a los blancos; en razón muy inferiores, pues creo que apenas se podría encontrar a uno capaz de trazar y comprender las investigaciones de Euclides; y que en imaginación son aburridos, insípidos y anómalos... Te asombran con golpes de la más sublime oratoria... Pero nunca he podido encontrar que un negro haya pronunciado un pensamiento por encima del nivel de la simple narración...".[424]

Después de que la cuestión de la esclavitud alcanzara una fase incendiaria, el presidente del Tribunal Supremo Roger B. Taney, nacido en Maryland, al escribir la opinión mayoritaria en la sentencia Dred Scott (1857), tomó nota judicial de que los negros eran "seres de orden inferior". Abraham Lincoln, otro no creyente en la igualdad genética de los negros, estaba firmemente comprometido con la separación de las dos razas y era un firme partidario de la ley de Illinois que tipificaba como delito el matrimonio entre blancos y negros.[425]

---

[423] *The Life and Selected Writings of Thomas Jefferson*, Modern Library, N.Y., 1944, p. 262. Jefferson estaba a favor de la emancipación de los negros, pero advirtió que el negro, "Una vez liberado... debe ser alejado del alcance de la mezcla...". Ibid. Cómo se editaron las ideas de Jefferson para adaptarlas a las nociones liberales modernas de igualitarismo lo demuestra la inscripción del monumento a Jefferson en Washington, que reza: "Nada está escrito con más certeza en el libro del destino que estas personas han de ser libres." El cantero puso un punto en lugar del punto y coma original. La frase de Jefferson continuaba: "ni es menos cierto que las dos razas, igualmente libres, no puedan vivir bajo el mismo gobierno". George Washington, cuya preocupación por los negros no era tan verbal como la de Jefferson, pero quizá más generosa, dispuso que sus esclavos fueran liberados a su muerte. Jefferson, que llegó a tener 212, no lo hizo.

[424] Ibídem, pp. 257-58.

[425] Benjamin Quarles, *Lincoln and the Negro*, Oxford University Press, N.Y., 1962, pp. 36-37. En uno de sus debates de 1858 con Stephen Douglas, se citó a Lincoln diciendo: "Lo que más desearía sería la separación de las razas blanca y negra". En 1862, Lincoln invitó a algunos negros libres a la Casa Blanca para explicar las razones de uno de sus proyectos favoritos, la repatriación de negros estadounidenses a África. "Tenemos entre nosotros una diferencia más amplia que la que existe entre casi cualquier otra dos razas... esta diferencia física es una gran desventaja para ambos... Vuestra raza sufre mucho... por vivir entre nosotros, mientras que la nuestra sufre por vuestra presencia... Si se admite esto, ofrece una razón, al menos, por la que deberíamos estar separados." Carl Sandburg, *Abraham Lincoln, The War Years*, Harcourt Brace, N.Y., 1939, Vol. 1, p. 574. Para un resumen de las actitudes de Lincoln hacia los negros, véase la declaración de Ludwell H. Johnson, profesor asociado del College of William and Mary, en Putnam's *Race and Reality*, pp. 134-37.

Como se ha señalado anteriormente en este estudio, los negros en Estados Unidos pasaron de unos 750.000 a casi 4.500.000 en los años (1790-1860) en los que casi el 90% de los negros eran esclavos.[426] La esclavitud era abominable para el cuerpo y el espíritu, pero como demostró el hecho de que la población negra se multiplicara casi por seis en setenta años, difícilmente fue un genocidio. Dado que el Congreso había prohibido el comercio de esclavos en 1808, la mayor parte del aumento sólo podía atribuirse a la fecundidad de los negros.

Las enormes bajas de la Guerra Civil son la prueba de que la maldición de la esclavitud descendió tanto sobre los blancos como sobre los negros. Una vez finalizada la guerra y abolida la esclavitud por la 13ª Enmienda, veinte representantes y dos senadores negros fueron enviados al Congreso. Al mismo tiempo, las capitales de los estados del Sur se llenaron de negros que ocupaban y buscaban cargos públicos. Durante un tiempo pareció que el poder militar y la venganza de los yanquis, sumados al número de negros y a la desmoralización del Sur, podrían cambiar el color y el carácter de la civilización sureña. Pero los blancos del Sur pasaron a la clandestinidad y organizaron el Ku Klux Klan, cuyos jinetes nocturnos enseñaron a las fuerzas de ocupación y a sus colaboradores blancos y negros algunos puntos sobre tácticas de terror y guerra de guerrillas. El Norte, cada vez más inmerso en la especulación financiera y la expansión industrial, se cansó finalmente de intentar imponer la igualdad donde no existía. El presidente Rutherford B. Hayes, un republicano moderado, retiró las últimas tropas federales en 1877, y el Sur fue devuelto a los sureños. Mientras los negros se hundían de nuevo en la servidumbre y la aparcería, el Tribunal Supremo reconoció la constitucionalidad de la segregación postbellum en la doctrina de "separados pero iguales" de *Plessy contra Ferguson* (1896).

Un visitante ocasional de Mississippi o Alabama a finales de siglo podría haber llegado a la conclusión de que, salvo algunas formalidades legales, la esclavitud había sido reinstaurada. Habría estado en lo cierto, pero no por mucho tiempo. La Revolución Industrial, ahora en su fase intermedia, se preparaba para torcer el destino de los negros en una nueva dirección. La entrada de Estados Unidos en la Primera Guerra Mundial vino acompañada de una gran escasez de trabajadores en las fábricas. Decenas de miles de agricultores arrendatarios y jornaleros negros escucharon la llamada e iniciaron una migración masiva a las ciudades del norte que sólo se detuvo a finales de los años setenta. En 1900, el 90% de la población negra vivía por debajo de la línea Mason-Dixon; en 1950, el 70%. Hoy, de los 29.986.060 negros censados en 1990, algo más de la mitad vive en el Sur.

---

[426] Franklin, op. cit., pp. 186, 217.

La transformación de la minoría negra en población urbana puso fin al aislamiento político de los negros y los puso por primera vez al alcance de la coalición liberal-minoritaria, que ha dominado la política estadounidense durante la mayor parte de este siglo. En el Norte, y más tarde en el Sur, se enseñó a los negros el secreto del voto en bloque.[427] A medida que las carreras políticas se hicieron más dependientes de estos votos, una ciudadela tras otra de la resistencia blanca comenzó a desmoronarse. Las principales claves del éxito del movimiento por los derechos civiles fueron las enormes aportaciones económicas de las fundaciones, las iglesias y las organizaciones de minorías blancas acomodadas, así como las maniobras legales y el cabildeo de las organizaciones de negros financiadas y en gran parte dirigidas por liberales blancos y judíos.[428] El Tribunal Supremo echó una mano anulando el impuesto de capitación y los exámenes de alfabetización, dos salvaguardas políticas que el Sur había erigido contra cualquier repetición del Poder Negro de los días de la Reconstrucción. A finales de la

---

[427] En las elecciones presidenciales de 1964, los negros votaron en un 95% por Lyndon Johnson. *Time*, 4 de noviembre de 1964, p. 4. Veintiocho años después, en las presidenciales de 1992, Clinton, el ganador demócrata, recibió el 83% de los votos negros. El 11% de los negros eligió a Bush; el 7% votó a Perot. *Voter Research and Survey*, estudio de ABC sobre 15.214 votantes.

[428] Julius Rosenwald, de Sears, Roebuck, fue durante muchos años el mayor contribuyente financiero a las causas de los negros. El primer presidente de la Urban League, la segunda mayor organización de negros, fue el banquero neoyorquino Edwin Seligman. Durante un cuarto de siglo, los presidentes de la Asociación Nacional para el Progreso de las Personas de Color (400.000 miembros y un presupuesto anual de 13 millones de dólares en 1992) fueron judíos; el último fue Kivie Kaplan, cincuenta y ocho miembros de cuya familia eran miembros vitalicios por valor de 500 dólares. El eterno jefe del Fondo de Defensa Legal de la NAACP es Jack Greenberg. Yaffe, *The American Jews*, p. 257, y Arnold Rose, *The Negro in America*, Beacon, Boston, 1961, p. 267. Antes de ser asesinado por separatistas negros, el activista negro Malcolm X escribió: "Le di crédito al judío por ser, entre todos los demás blancos, el más activo, y el más ruidoso, financista, 'líder' y 'liberal' en el movimiento por los derechos civiles de los negros". *Autobiografía de Malcolm X*, p. 372. El apoyo intelectual y financiero judío fue tan generoso con las organizaciones radicales negras como lo había sido con la Urban League y la NAACP. Grupos como CORE y SNCC prácticamente vivían de las contribuciones judías. En enero de 1970, Leonard Bernstein celebró una fiesta en su apartamento de Park Avenue y recaudó 3.000 dólares, a los que añadió la recaudación de su siguiente concierto, para veintiún Panteras Negras arrestados por conspirar para matar policías y dinamitar una comisaría, unos grandes almacenes y una vía férrea. *Time*, 26 de enero de 1970, p. 14. Una semana después, el ex juez del Tribunal Supremo Goldberg ayudó a formar una comisión especial para investigar si la policía de Chicago había violado los derechos de los Panteras Negras. Antes de esto, la prensa informó de que los Panteras habían matado a cinco policías y herido a cuarenta y dos más en "tiroteos" en veinte estados. *Human Events*, 7 de febrero de 1970, p. 10. El dinero judío fue muy importante en las campañas electorales de los alcaldes negros Carl Stokes de Cleveland y Richard Hatcher de Gary, Indiana. Phillips, *The Emerging Republican Majority*, p. 350.

década de 1950 parecía que la Guerra Civil iba a repetirse en miniatura. Manifestantes por la libertad, alguaciles federales, abogados del Departamento de Justicia, predicadores, profesores, parlanchines, liberales, ultraliberales -en resumen, toda una nueva generación de "carpetbaggers"- se unieron en el Sur para aumentar la tensión y avivar la violencia que provocó la decisión del Tribunal Supremo sobre la segregación escolar (1954). Pero los tiempos y la geopolítica habían cambiado. La escuálida desolación de los guetos del norte era un recordatorio diario de que el problema de los negros ya no podía relegarse a la mitad inferior de una nítida bisección geográfica.

Los liberales blancos y los miembros de las minorías que, siguiendo la tradición de los abolicionistas del siglo XIX, habían utilizado con entusiasmo las privaciones de los negros como un garrote político y económico con el que golpear al odiado Sur, el último bastión del racismo de la mayoría, no mostraron tanto entusiasmo cuando se encontraron cara a cara con los negros del Sur que emigraban *en masa* a las ciudades del Norte. Es más reconfortante decir a los demás cómo remediar sus errores que corregir los propios. Parte de la solución liberal-minoritaria para los apuros de los negros fue inculcarles el odio a los blancos del Sur. Pero para el negro del Norte todos los blancos parecían iguales. Irónicamente, los chivos expiatorios se estaban convirtiendo en los chivos expiatorios.

El viento se había sembrado y el torbellino arreciado cuando los negros percibieron por fin la hipocresía y cobardía de sus aliados blancos. Desde 1964 hasta la primera mitad de 1968, los disturbios raciales de negros,[429] la mayoría de ellos en grandes ciudades del norte, causaron 215 muertos, 8.950 heridos y 285 millones de dólares en indemnizaciones de seguros.[430] Los disturbios de Los Ángeles de 1992 fueron los mayores hasta la fecha, con un coste de más de 1.000 millones de dólares y 58 muertos. Aunque los medios de comunicación no se hicieron eco de ellos, los disturbios, algunos de los cuales podrían describirse más exactamente como insurrecciones, no siempre fueron actos locos e irracionales de autoinmolación. También podían considerarse una estrategia bien concebida para quemar a los comerciantes, sobre todo coreanos, que en opinión de los residentes del gueto

---

[429] El sociólogo sueco Gunnar Myrdal, cuyo tratado integracionista en dos volúmenes, *An American Dilemma* (1944), encendió la mecha intelectual del Black Power, predijo que no se producirían "más disturbios de ningún grado significativo de violencia en el Norte". Su coautor, Arnold Rose, dijo en 1962 que toda la segregación y discriminación formales acabarían en una década y que la segregación informal "se reduciría a una sombra" en dos. *New York Times Magazine*, 7 de diciembre de 1969, p. 152.

[430] *U.S. News & World Report*, 15 de julio de 1968, p. 31. En la década de 1970 se produjeron otros estallidos de saqueos y asesinatos. El motín de Miami, uno de los más sangrientos, se produjo en 1980.

les habían estado timando y cobrando de más.[431] Tampoco era de conocimiento general el hecho de que los disturbios no fueron protagonizados por los pobres o desfavorecidos, sino por los negros de mayores ingresos y mejor educados.[432]

En 1969, cuadros paramilitares negros que se esforzaban por establecerse como la guardia de élite de la revolución racial lanzaron ataques contra policías, tendiéndoles emboscadas en las calles de los guetos o disparándoles a quemarropa cuando detenían a militantes negros por infracciones de tráfico. Bandas de negros armados ocuparon edificios o aulas de varias universidades, tomaron como rehenes a funcionarios administrativos y profesores, y más tarde fueron amnistiados tras obligar a temblorosos presidentes, decanos y facultades a plegarse a sus exigencias. Otros grupos de negros cobraron tributos a las iglesias como "reparación" por los malos tratos sufridos en la época de la esclavitud.[433] Los pecados de los padres recaían sobre los hijos más allá de la tercera y cuarta generación. Se pedía a los liberales mayoritarios y a los racistas minoritarios que no soportaban las Leyes de Nuremberg de Hitler que aceptaran -y muchos lo hicieron- una ley moral que responsabilizaba a las razas de actos cometidos por individuos muertos hacía mucho tiempo.

---

[431] A finales de 1968, tras varios años de exposición a incendios provocados y saqueos, el 39% de las tiendas de los quince mayores guetos seguían siendo propiedad de judíos. *Wall St. Journal*, 31 de diciembre de 1968, pp. 1, 12. Los militantes negros acompañaron sus ataques contra los negocios judíos con ocasionales brotes de antisemitismo. Will Maslow, entonces director ejecutivo del Congreso Judío Estadounidense, dimitió del Comité Ejecutivo de CORE tras asistir a una reunión escolar en Mount Vernon, N.Y., en el transcurso de la cual un educador de Nego afirmó que Hitler no había matado a suficientes judíos. La mayoría de los judíos estaban demasiado comprometidos con la causa negra como para aplaudir el acto de Maslow. Yaffe, op. cit., p. 261. No fue hasta que los líderes negros atacaron abiertamente el sionismo en 1979, después de que Carter despidiera al embajador en la ONU Andrew Young por hablar con un miembro del P.L.O., que la ruptura en la alianza negro-judía se convirtió en un tema en las noticias de la noche de la televisión.

[432] Los sospechosos en la rueda de reconocimiento de la policía tras los disturbios de Washington de 1968 resultaron ser "asombrosamente respetables". La mayoría nunca había tenido problemas con la ley. Más de la mitad eran hombres de familia. *U.S. News & World Report*, 22 de abril de 1968, p. 29.

[433] La cuestión de las reparaciones ha sido retomada por congresistas negros que presentaron en la Cámara de Representantes la H.R. 40, un proyecto de ley para crear una comisión que recomiende, entre otras cosas, la cuantía de las reparaciones debidas a los negros por el tiempo que sus antepasados pasaron como esclavos desde la época colonial hasta la aprobación de la Decimotercera Enmienda.

Cuando no se atribuye a la malevolencia intencionada del "racismo blanco",[434] la militancia negra se explica a menudo como el resultado esperado y excusable de la baja condición económica del negro. Se hace referencia a las estadísticas gubernamentales que muestran la presencia de una enorme y creciente clase baja negra.[435] Sin embargo, las estadísticas de 1978 muestran avances económicos para los negros que habrían sido impensables unas décadas antes. El empleo negro en los campos profesionales y técnicos aumentó hasta el 8,7% (desde el 6,7% de 1970). La mediana de los ingresos de las mujeres negras trabajadoras era de 8.097 dólares, frente a los 8.672 dólares de las mujeres blancas trabajadoras. En trabajos de oficina, las mujeres negras ganaban más que las blancas (169 $ semanales frente a 165 $). Los graduados negros de secundaria ganaban el 77% de los ingresos de sus homólogos blancos (frente al 69% en 1967). Los graduados universitarios negros ganaban entre el 80 y el 85 por ciento de los ingresos de los graduados blancos (frente al 54 por ciento en 1967). Las familias negras con dos ingresos en el Norte y el Oeste ganaban más que las familias blancas con dos ingresos (14.995 $ frente a 14.030 $ en 1974).[436] La militancia negra, resulta, es tanto una función del progreso económico negro como de la privación negra.

También hay abundantes pruebas históricas de que la violencia y la pobreza de los negros no tienen fuertes vínculos causales. Nadie puede negar que la

[434] El racismo blanco fue nombrado específicamente como el principal villano en la difícil situación del negro estadounidense por el *Informe Kerner* (1967), patrocinado por el gobierno y compilado por el juez federal Otto Kerner, quien, junto con su antiguo socio, Theodore Isaacs, fue declarado más tarde culpable de soborno, fraude y extorsión. *Time*, 13 de diciembre de 1971, p. 15. Tales denuncias oficiales inevitablemente intensifican el odio hacia los blancos como grupo, lo que a su vez endurece los sentimientos de los blancos hacia los negros. Malcolm X ejemplificó el punto final de la hostilidad racial suscitada cuando dijo sobre un accidente de avión en el que murieron unos treinta estadounidenses blancos, la mayoría de Atlanta: "¡Acabo de oír una buena noticia!". *Autobiografía de Malcolm X*, p. 394. Tal vehemencia racial, por supuesto, no es propiedad exclusiva de los negros. Una tensión similar era perceptible en el difunto Ben Hecht, quien escribió que tenía una "fiesta en el corazón" cada vez que un sionista mataba a un soldado británico. *New York Times*, 20 de mayo de 1947, p. 1.

[435] Sin embargo, los ingresos de la familia media de negros en EE.UU. superan a los de la familia media británica. *Economist*, Londres, 10 de mayo de 1969, p. 19.

[436] The *Sunday Oregonian*, 14 de septiembre de 1980. Estos avances se ven contrarrestados, por supuesto, por el elevado desempleo de los blancos -y de los negros- y por el deterioro de las condiciones sociales de los negros del gueto. En 1992, el 67% de los bebés negros nacieron de madres solteras. Más de la mitad de las familias encabezadas por mujeres vivían por debajo del umbral de la pobreza. En cuanto a los jóvenes negros desempleados, algunos estudios indicaban que, si se les ofrecía trabajo, un gran número de jóvenes negros lo rechazaría o sería despedido en breve por incompetencia o absentismo.

situación económica de los negros era mucho peor en las épocas de la esclavitud y la aparcería que en la actualidad. Sin embargo, en todo ese tiempo sólo se conocen tres revueltas de negros, e incluso éstas fueron de escasa importancia. La mayor de ellas la protagonizó Nat Turner en el condado de Southampton, Virginia, en 1831. Si este acontecimiento más bien innoble -las muertes de blancos ascendieron a diez hombres, catorce mujeres y treinta y un niños- fue la mayor explosión de furia negra en el continente norteamericano en tres siglos, puede concluirse con seguridad que los propietarios WASP de esclavos no incitaron a los negros a la violencia.[437]

En otros lugares, el historial de los negros era diferente. La experiencia francesa en Haití, donde la masacre de la población blanca fue casi total, y la reciente guerra entre Nigeria y Biafra, en la que murieron un millón de negros, difícilmente indican una propensión negra al pacifismo. Tampoco el baño de sangre intertribal de 1994 en Ruanda, donde fueron masacrados más de 500.000 hombres, mujeres y niños. Lo que sí indica, sin embargo, es que los negros son más propensos a la revuelta o al motín, no cuando están oprimidos, sino cuando son azuzados por el fervor tribal, los discursos racistas de radicales blancos y negros y las oportunidades que se les presentan para el saqueo masivo.

Una causa innegable de la violencia negra ha sido el debilitamiento de la resistencia blanca. A lo largo de la historia estadounidense, la supremacía blanca ha sido una premisa básica de las relaciones sociales del país. Incluso los abolicionistas más acérrimos exudaban el aire del Gran Padre Blanco. De hecho, la supremacía blanca tenía una aceptación tan abrumadora, estaba tan firmemente arraigada y tan profundamente institucionalizada que los negros apenas se atrevían a criticarla, y mucho menos a tomar medidas más contundentes. Hoy, sin embargo, la supremacía blanca o, para darle su nombre moderno, el racismo blanco, está tan debilitada que la militancia negra no sólo es posible sino rentable. Pensar que la militancia negra se detendría una vez que los negros lograran la igualdad de oportunidades y de resultados es la forma más pura de ilusión. ¿Quiénes serían los jueces? ¿Los activistas negros? ¿Los políticos negros militantes? ¿Y cómo se mide la igualdad de resultados?

Si los miembros de la Mayoría comprendieran que el objetivo, el impulso, la esencia misma del racismo de las minorías no es obtener la igualdad sino la superioridad, se evitarían la mayoría de los malentendidos y las interpretaciones erróneas del comportamiento contemporáneo de los negros.

---

[437] Dos de estas tres rebeliones fueron traicionadas por esclavos domésticos negros. Cada una de ellas se inspiró en la Revolución Francesa o en pasajes apropiados del Antiguo y Nuevo Testamento. Franklin Frazier, *The Negro in the United States*, Macmillan, Nueva York, 1957, pp. 87-91.

Sencillamente, el racismo no se puede comprar con nombramientos simbólicos en el gabinete, puestos en el Tribunal Supremo o cuotas raciales. En sus fases dinámicas, el racismo sólo puede controlarse o suprimirse mediante una fuerza superior, una fuerza que proporciona de forma más eficaz un racismo opuesto o compensatorio. Lo que es indiscutible es que la única forma de no detener la militancia negra es recompensarla.

No hay mejor prueba del declive de la Mayoría estadounidense que los continuos éxitos del racismo negro. Los negros pertenecen a la más atrasada de las grandes razas del mundo y al más atrasado de los grandes grupos de población de Estados Unidos. Sin embargo, en las últimas décadas han conseguido erigir una especie de Estado dentro del Estado y, en nombre de la igualdad, han logrado una especie de superequidad que ha llevado al establecimiento de un doble rasero -uno para ellos y otro para los blancos- en los sectores judicial, educativo y económico de la sociedad estadounidense. Que lo que ha llegado a conocerse como acción afirmativa se haya logrado tan rápidamente es una clara confirmación del poder del racismo. Los negros, como algunos de sus propios líderes admiten en privado, no tienen mucho más a su favor. Se han propuesto varias teorías para explicar el retraso de los negros. Una de las más publicitadas fue la de Arnold Toynbee, cuyo monumental *Estudio de la Historia* registra veintiuna civilizaciones, la mayoría de ellas creadas por hombres blancos, algunas por hombres amarillos, ninguna por hombres negros.[438] Toynbee explicó la deficiencia civilizadora del negro mediante la teoría del desafío y la respuesta. Rodeado de la generosidad de la naturaleza en los exuberantes trópicos africanos, el negro, postulaba Toynbee, sólo tenía que levantar la mano para recoger su subsistencia. Con un mínimo de desafío había un mínimo de respuesta. Al ser, por así decirlo, alimentado a cucharadas por la Madre Naturaleza, el negro no recibía estímulos suficientes para desarrollar todo su potencial mental.[439]

Otra hipótesis, basada en lo que el difunto A. L. Kroeber denominó difusión cultural, afirmaba que el negro, al haber sido desviado de la vía principal del progreso social por la geografía, sufría la falta de contacto con otras civilizaciones y, en consecuencia, estaba programado para una barbarie duradera. Una teoría más ordenada, tan ordenada que es prácticamente incontestable, afirma que la difícil situación del negro se debe simplemente a la mala suerte, que el destino de todas las razas no es más que el resultado de la ciega casualidad y el accidente histórico, que si la fortuna no hubiera sido tan benévola con los blancos, éstos seguirían viviendo en cuevas. Stull otro punto de vista, más racionalizador que racional, alega que la condición

---

[438] Vol. 1, p. 232.

[439] Vol. 2, pp. 26-29.

actual de los negros se debe a un complot blanco hábilmente amañado. Se culpa a los traficantes de esclavos blancos de acabar deliberadamente con las prósperas civilizaciones negras de África, y a los constructores de imperios blancos que les siguieron se les acusa de transformar los estados tribales supervivientes en sórdidos enclaves financieros y plantaciones dominadas por los jefes.

Como era de esperar, algunas o todas estas conjeturas han encontrado el favor de las escuelas ecologistas de ciencias sociales, a pesar de que están cargadas de non sequiturs, conjeturas y hachazos raciales. La hipótesis de desafío y respuesta de Toynbee pierde gran parte de su credibilidad cuando se recuerda que muchas "zonas geográficas" ocupadas por negros africanos -como las tierras altas de África Oriental- son bastante atropicales y similares en clima, flora y fauna a las zonas que produjeron algunas de las veintiuna civilizaciones de Toynbee.[440] En cuanto a la teoría de la difusión cultural, dado que un gran número de negros vivían desde tiempos inmemoriales en la frontera sur del antiguo Egipto, eran el pueblo más próximo a una de las primeras y más grandes civilizaciones del mundo, a sólo un corto viaje por el Nilo. Dada esta ventaja, los negros deberían estar muy por delante de otras razas en logros culturales. En cuanto a la teoría del accidente histórico, todo lo que se puede decir es que en 6.000 años la suerte de los negros debería haber cambiado al menos una vez.

Los que encuentran motivos genéticos para el retraso de los negros parecen tener argumentos mucho más sólidos que los conductistas y los igualitaristas. Apuntan a la tesis de Carleton Coon de que la raza negra es más joven en grado evolutivo que otras razas.[441] Aportan investigaciones médicas para demostrar que los bebés negros tienen un ritmo de maduración más rápido que los bebés blancos, al igual que los animales tienen un ritmo de maduración más rápido que los seres humanos. En cuanto a la fisuración, el grosor de la capa supragranular y el número de neuronas piramidales, descubrieron que el lóbulo frontal y la corteza cerebral están menos desarrollados en los negros que en los blancos. [442]

---

[440] Puede que haya sido la enfermedad, y no un desafío insuficiente, lo que ha aletargado tanto al negro. La mitad de los negros africanos padecen anemia falciforme, un mal endémico que les ayuda a inmunizarse contra la malaria, pero ralentiza las funciones corporales y mentales. La anemia falciforme afecta a 50.000 estadounidenses, la mayoría de ellos negros.

[441] Véase p. 19.

[442] Para los índices de maduración, véase Marcelle Geber, *The Lancet*, 15 de junio de 1957, Vol. 272, N° 6981, págs. 1216-19. Para estudios sobre el lóbulo frontal y el córtex, véase C. J. Connolly, *External Morphology of the Primate Brain*, 1950, Springfield,

Los que confían más en los genes que en el entorno también presentan una gran cantidad de documentación derivada de décadas de pruebas de inteligencia para demostrar que la puntuación media del coeficiente intelectual de los negros está entre 15 y 20 puntos por debajo de la de los blancos.[443] Hacen referencia a estudios que atribuyen el constante bajo rendimiento escolar de los negros a problemas de aprendizaje inherentes.[444] Yuxtaponen la emancipación de los negros en Estados Unidos a la emancipación contemporánea de los siervos rusos, contrastando la movilidad social de los descendientes de estos últimos con la prolongada atonía posterior a la esclavitud de los negros estadounidenses.[445] Citan la historia de éxito de los coolies chinos que, a su llegada a América, eran tan analfabetos y pobres como los negros de la posguerra y estaban mucho menos familiarizados con las costumbres americanas. Sin embargo, no necesitaron más de un siglo para alcanzar y superar el nivel medio de ingresos. Citan a Hegel, Conrad, Schweitzer y Faulkner para sugerir que las diferencias de los negros se deben a la naturaleza y no a la crianza.[446]

Los defensores de la herencia corroboran sus argumentos refiriéndose al historial político y cultural del negro. Señalan que ni en el Viejo Mundo ni

Illinois, págs. 146, 203-4; C. W. M. Pynter y J. J. Keegan, "A Study of the American Negro Brain", 1915; *Journal of Comparative Neurology*, Vol. 25, pp. 183-212; Ward C. Halstead, *Brains and Intelligence, 1947*, Chicago, p. 149; F. W. Vint, "The Brain of the Kenya Native", 1934, *Journal of Anatomy*, Vol. 68, pp. 216-23.

[443] Audrey M. Shuey, *The Testing of Negro Intelligence*, Social Science Press, Nueva York, 1966. El libro analiza 380 pruebas de este tipo acumuladas a lo largo de un periodo de cuarenta años.

[444] Los más notables de estos estudios son los del Dr. Arthur R. Jensen, quien descubrió que los estudiantes blancos tenían una "capacidad significativamente mayor para captar conceptos abstractos." Véase el capítulo 20.

[445] Hablando de la posteridad de los siervos rusos, Pitirim Sorokin escribió que "produjeron un número considerable de genios de primer grado, por no mencionar a las personas eminentes de menor calibre... los negros americanos no han producido hasta ahora ni un solo genio de gran calibre". Contemporary Sociological Theories, p. 298, nota 162.

[446] Hegel, el filósofo favorito de Marx, equiparaba a los negros con los animales. *Vorlesungen tiber die Philosophie der Geschichte*, Stuttgart, 1971, pp. 137-44. Para la iluminación por Conrad de los oscuros recovecos de la psique negra, véase *El corazón de las tinieblas*. Schweitzer, que pasó gran parte de su vida en África, decía que el hombre blanco era el "hermano mayor" del negro. Consideraba al negro medio un niño, y añadía que "con los niños no se puede hacer nada sin recurrir a la autoridad." Putnam, *Race and Reason*, p. 76, y *Newsweek*, 8 de abril de 1963, p. 21. Por mucho que le gustaran y respetara a los negros, Faulkner dijo que si aumentaba la agitación racial antiblanca se vería obligado a unirse a su estado natal de Mississippi contra Estados Unidos y disparar a los negros en la calle. *Reporter*, 22 de marzo de 1956, pp. 18-19.

en el Nuevo el negro ha producido jamás un sistema de gobierno que fuera un paso más allá de las formas más elementales de absolutismo; que las sociedades indígenas negras no han dejado tras de sí ninguna literatura, ninguna inscripción o documento, ningún cuerpo de leyes, ninguna filosofía, ninguna ciencia; en resumen, ninguna historia. Incluso en aquellos campos del arte en los que los negros han mostrado cierta creatividad y originalidad, el efecto final, al menos en Occidente, ha sido anticultural: la fealdad contorsionada de la pintura y la escultura modernas, el chirrido selvático del jazz y la música rock, el grotesco arrastrar y entrelazar de las últimas modas de baile.

Sería superfluo decir que los intelectuales negros y sus partidarios blancos no están de acuerdo con estos argumentos biológicamente inclinados. Sin embargo, para rebatirlos no se privan de retocar la historia. Las ruinas de piedra de Zimbabue, en Rodesia del Sur, se presentan como prueba de que una antigua y sofisticada civilización negra estaba en pleno apogeo cuando los europeos avanzaban a tientas por la Edad Media. Poco después, los "reinos" de Ghana, Malí y Songhai inauguraron supuestamente una edad de oro en África Occidental, donde dos nuevas naciones emergentes han sido bautizadas en su honor. El hecho de que la "fortaleza" de piedra de Zimbabue fuera probablemente construida por comerciantes árabes en el siglo XI con mano de obra hotentote no debería estropear una buena leyenda. En cuanto a Ghana, Malí y Songhai, fueron fundadas por bereberes hamitas y árabes semitas y no estaban en África occidental, sino situadas más al este.[447] En realidad, los enclaves culturales totalmente negros más evolucionados se encontraban en el oeste de Nigeria y no necesitan una historia bordada por quienes insisten en medir los logros de los negros según los estándares de los blancos.

En un intento exagerado de elevar el orgullo negro hasta el punto de ebullición, un historiador ghanés ha escrito que Moisés y Buda eran negros egipcios, que el cristianismo se originó en Sudán y que los escritos de Nietzsche, Bergson, Marx y los existencialistas eran reflejos del pensamiento bantú. En la misma línea, se describe a los "hebreos originales" y a San Pablo como negros, y a Spinoza se le llama "judío negro español".[448] La dinastía nubia o XXV, que apareció en el ocaso de la historia del Antiguo Egipto (730-663 a.C.), se toma como prueba de que las brillantes civilizaciones

---

[447] R. Gayre, "Negrophile Falsification of Racial History", *The Mankind Quarterly*, enero-marzo de 1967, pp. 131-43. Véase también "Zimbabwe", del mismo autor, en el número de abril-junio de 1965.

[448] *Autobiografía de Malcolm X*, pp. 180, 190.

egipcias de los Reinos Antiguo y Medio fueron obra de negros.[449] Para el público televisivo, Cleopatra es a veces representada como una negra,[450] y un programa de televisión negro informó a sus telespectadores de que un rey de África Occidental envió cien barcos a Sudamérica 200 años antes que Colón.[451] En cuanto a la historia de Estados Unidos, Crispus Attucks, que pudo haber sido negro o indio, se ha convertido en un héroe negro, celebrado como el primer patriota que dio su vida en la batalla por la independencia de Estados Unidos.[452]

Quizá el ejemplo más descabellado de revisionismo histórico negro sea la versión del Génesis de Elijah Muhammad, el difunto profeta de los musulmanes negros, que afirma que hace 6.600 años, cuando todos los hombres eran negros, un científico negro llamado Yacub fue exiliado de La Meca con 59.999 seguidores. Amargado contra Alá, Yacub decidió crear una raza diabólica de "blancos blanqueados". Criados científicamente para la ceguera, los seguidores de Yacub se convirtieron, en sucesivas etapas de 200 años, en pardos, rojos, amarillos y, finalmente, en "diablos rubios, de piel pálida, ojos azules y fríos: salvajes, desnudos y desvergonzados; peludos, como animales [que caminan] a cuatro patas y [viven] en los árboles". Más tarde, estos blancos fueron acorralados por negros y enviados a cuevas europeas donde, después de 2.000 años, Moisés fue a domesticarlos y civilizarlos. Luego se dispusieron a gobernar la tierra durante 6.000 años. Estaba previsto que el interregno blanco terminara cuando un salvador, el maestro W. D. Fard, un vendedor de seda mitad blanco y mitad negro, llevó el mensaje de Alá y la guía divina a Elijah Muhammad en 1931.[453]

El dorado del pasado negro por parte de entusiastas religiosos e históricos arroja poca luz constructiva sobre el gran debate acerca de las diferencias raciales de los negros. Si los ecologistas están en lo cierto, entonces los negros deberían alcanzar a los blancos en cuanto se les concedan los mismos derechos políticos y legales y las mismas oportunidades educativas y económicas. Si, como sostenía el difunto Marshall McLuhan, el negro es en

---

[449] El Reino Antiguo construyó fuertes para repeler a los nubios. El Reino Medio impidió la entrada de todos, excepto esclavos, procedentes de Nubia. Darlington, *The Evolution of Man and Society*, p. 121.

[450] Cleopatra ni siquiera era una egipcia nativa, "siendo por ascendencia mitad griega y mitad macedonia". John Buchan, *Augustus*, Houghton Mifflin, Boston, 1937, p. 77.

[451] Del programa, *Soul*, WNET, Nueva York, 21 de agosto de 1969.

[452] En la masacre de Boston de 1770. *New York Times Magazine*, 20 de abril de 1969, pp. 33, 109-110.

[453] *Autobiografía de Malcolm X*, pp. 164-67. A la muerte de Elijah Muhammad, su hijo Wallace heredó el liderazgo de los Musulmanes Negros y suavizó la retórica antiblanca.

realidad un ser superior, el desfase debería ser muy breve.[454] Sin embargo, el problema de los negros es cada día más grave. Cuanto más se ayuda a los negros, más ayuda parecen necesitar y más la reclaman. Cuanto más progresan, más parece retroceder Estados Unidos como nación.

Si, por otro lado, los que defienden el argumento genético tienen razón, entonces todos los logros a corto plazo que los negros han conseguido en las últimas décadas se sumarán a un desastre a largo plazo. En lugar de intentar ser iguales a los blancos, los negros deberían intentar ser mejores negros. En lugar de jugar el juego de los blancos con dados que la herencia ha cargado en su contra, deberían desarrollar sus propios talentos especiales a su manera. Las frustraciones de los negros, dicen los hereditarios, sólo desaparecerán cuando los negros americanos lleven una vida negra en lugar de blanca.

Algunos de los apoyos más ardientes a la creencia de que las diferencias raciales de los negros son tan claras que hacen que la integración sea casi imposible han venido de los propios negros estadounidenses. Booker T. Washington advirtió a su pueblo que aceptara la segregación y se mantuviera alejado de las principales corrientes de la civilización blanca.[455] Marcus Garvey, que tras la Primera Guerra Mundial organizó el primer auténtico movimiento de masas negro, decidió que la solución era regresar a África.[456] El padre Divine, aunque la madre Divine era una rubia canadiense, insistió en trasladar a su congregación a comunidades amuralladas fuera del alcance de la contaminación blanca.

Los defensores más recientes del separatismo negro son los musulmanes negros y algunos grupos nacionalistas negros, que exigen el regreso a África o la creación de uno o más Estados negros independientes en suelo estadounidense. Pero al alinearse con grupos marginales blancos y regímenes extranjeros hostiles, los líderes negros no hacen sino agravar sus problemas.

---

[454] Las teorías raciales de McLuhan dan prioridad tanto al indio como al negro. El crítico social de origen canadiense ha escrito: "El negro y el indio... son en realidad psíquica y socialmente superiores al hombre fragmentado, alienado y disociado de la civilización occidental... Ha sido el triste destino del negro y del indio... nacer adelantados a su tiempo en lugar de atrasados". Julius Lester, *Search for the New Land*, Dial Press, Nueva York, 1969, pp. 57-58.

[455] "En todas las cosas puramente sociales", dijo Washington, "podemos estar separados como los dedos, pero ser uno como la mano en todas las cosas esenciales para el progreso mutuo". Putnam, *Race and Reason*, p. 90.

[456] Es significativo que Garvey fuera un negro de pura cepa que dirigió su llamamiento a los elementos más negros de la población negra. Fue una excepción a la dudosa regla de que los líderes de los movimientos negros deben ser mulatos, cuya condición híbrida los convierte en mediadores ideales entre blancos y negros.

El gran elemento disuasorio del separatismo negro no son las aspiraciones integracionistas de los marxistas y trepas sociales negros, sino toda la superestructura del pensamiento liberal moderno. Si la noción de igualdad racial se rinde ante el separatismo, que reconoce e institucionaliza las diferencias raciales, pronto se pondrían en tela de juicio el ecologismo, el conductismo, el determinismo económico e incluso la propia democracia. Las ortodoxias occidentales imperantes podrían entonces disolverse en el aire, y la mente occidental podría tener que emprender un camino completamente nuevo o encontrar el camino de vuelta a uno antiguo. Desde un punto de vista político, el separatismo negro sería una pérdida abrumadora para la coalición liberal-minoritaria. Dado que cualquier tipo de separación racial no es en absoluto desagradable para los blancos de mentalidad racial, no es inconcebible que los miembros de la Mayoría más presionados, especialmente en el Sur profundo, junto con los miembros de la Minoría Asimilable más presionados en las ciudades más grandes de la nación, se unieran a los separatistas negros en un pacto para liberar tanto a los blancos como a los negros de una administración liberal integracionista en Washington. Además, si el separatismo negro llegara a estar a la orden del día, otras Minorías No Asimilables podrían captar la indirecta, dejando al liberalismo como una ideología en busca de partido. En el otro extremo, la integración total asestaría un golpe igualmente letal al poder político de la izquierda, al sentenciar el fin de todas las minorías y, con ellas, de la principal razón de ser del liberalismo actual.[457] Sólo en la zona limítrofe entre la sociedad segregada y la sociedad integrada, entre la realidad y la utopía, el liberal de hoy se siente verdaderamente en casa.

Dado que está en juego mucho más que el destino de los negros estadounidenses, la coalición liberal-minoritaria, apoyada por un considerable contingente de los llamados conservadores, presiona para que se lleve a cabo la integración a toda costa. Como siempre, los que tienen el valor de expresar opiniones contrarias son ignorados o sometidos a una difamación instantánea.

Pero aunque el liberalismo sigue gobernando el pensamiento del país en materia de política social, tiene poco control sobre los procesos orgánicos de la sociedad. Como miembro de una tribu, el negro pertenecía a la familia tribal. Como esclavo, pertenecía a la familia de su amo. Como aparcero, tenía su propia familia. Como peón industrial o desempleado de núcleo duro, no tiene familia en absoluto, ya que el actual sistema de bienestar social proporciona edulcorantes financieros para los hogares sin padre y para cada

---

[457] "A lo que llegamos es que la 'integración', socialmente, no es buena para ninguna de las partes. La 'integración', en última instancia, destruiría a la raza blanca... y destruiría a la raza negra". *Autobiografía de Malcolm X*, p. 276.

hijo ilegítimo. El resultado es que el negro urbano ha llegado a un callejón sin salida en el que sólo le queda su color y su sensación de opresión. Habiendo perdido su hogar, sus raíces, su religión y su camino, está perdiendo rápidamente los pocos compromisos sociales que aún conserva.[458]

Una vez hecho lo peor, los negros más dinámicos exigen una reparación, algo así como los niños indisciplinados que han perdido la inocencia podrían pedir una reparación a los padres que los abandonaron. A estas demandas, los blancos pueden elegir entre cuatro respuestas: opresión, que es inmoral;[459] integración sin matrimonios mixtos, que es imposible; integración con matrimonios mixtos, que es inconcebible; y separación, que es impracticable.

De estos cuatro cursos de acción insostenibles, el último, que implicaría la repatriación a África o el establecimiento de comunidades negras independientes tangenciales a las comunidades blancas en los estados con un gran número de negros, es quizás el más cercano a ser sostenible. Pase lo que pase, el negro estadounidense saldrá tarde o temprano de su desierto privado. O bien regresará a su patria del Viejo Mundo o se le asignará una patria en el Nuevo, o no habrá patria para nadie, blanco o no blanco, en la América urbana.

---

[458] Charles Murray, en *Losing Ground* (Basic Books, 1984), ha analizado los programas federales que, según él, condujeron directamente a la difícil situación actual de los negros.

[459] Es demasiado tarde para la táctica que Tácito puso en boca de un general romano que intentaba sofocar una revuelta de los galos. "Nunc hostis, quia molle servitium; cum spoliati exutique fuerint, amicos fore". *Historiarum*, IV, lvii. "Ahora son nuestros enemigos porque la carga de su servidumbre es ligera; cuando los hayamos despojado y despojado serán nuestros amigos".

PARTE V
El choque cultural

CAPÍTULO 18

La disolución del arte

EL TEMA PRINCIPAL de las Partes I-IV fue el declive de la Mayoría y el ascenso de las Minorías No Asimiladas. El tema secundario fue el conflicto entre la mayoría y las minorías, incluidos los orígenes, las motivaciones y el número de combatientes. El resto de este estudio examinará la extensión de este conflicto a los ámbitos del arte, la religión, la educación, la política, la economía, el derecho y la política exterior. Este capítulo, el primero de los tres que abordan las incursiones de las minorías en la cultura nacional, se ocupará de la fase artística de la lucha.[460] En la desposesión de la mayoría, el artista de la mayoría ha sido la principal víctima.

Un supuesto básico del pensamiento occidental contemporáneo es que la democracia es la forma política y el liberalismo la ideología política más generadora de arte. Cuanto más haya de ambos, se admite generalmente, mayor será el desbordamiento artístico, tanto cuantitativa como cualitativamente. El corolario es que una vez que el arte se haya liberado del peso muerto de la casta, la clase y el fanatismo religioso y racial, su horizonte será ilimitado.

De todos los mitos modernos, quizá éste sea el más engañoso. En todo caso, el arte, o al menos el gran arte, parece depender de dos fenómenos sociales distintos de la democracia y el liberalismo. Éstos son:

(1) un grupo de población dominante y homogéneo que ha residido el tiempo suficiente en la tierra como para levantar de sus filas una aristocracia responsable y funcional;[461] (2) una o más escuelas de escritores, pintores,

---

[460] La cultura es "una búsqueda de nuestra perfección total por medio del conocimiento... de lo mejor que se ha pensado y dicho en el mundo; y a través de este conocimiento, volcando una corriente de pensamiento fresco y libre sobre nuestras nociones y hábitos preestablecidos, que ahora seguimos incondicional pero mecánicamente, imaginando vanamente que hay una virtud en seguirlos incondicionalmente, que compensa el mal de seguirlos mecánicamente". Matthew Arnold, *Culture and Anarchy*, Cambridge University Press, Inglaterra, 1961, p. 6.

[461] Aristocracia designa aquí el gobierno de los bien nacidos. Su significado no se limita a las familias de alta posición social o a los productos de una o dos generaciones de preeminencia política o financiera. Aristócratas de este último tipo pueden encontrarse en todos los Estados, incluidas las sociedades proletarias y plutocráticas. Para quienes están convencidos de que existe una brecha insalvable entre aristocracia y libertad, Alexis de

escultores, arquitectos o compositores que pertenecen a este grupo de población y cuyos impulsos creativos cristalizan los gustos, el tono y las maneras del liderazgo aristocrático en una continuidad cultural irradiante.

Pocos discutirán que las sociedades de la Grecia homérica, la Roma augusta, la Europa occidental medieval, la Inglaterra isabelina, la España de los siglos XVI y XVII, la Francia de Luis XIV, la Viena de Mozart, la Weimar de Goethe y la Rusia del siglo XIX tenían una base aristocrática. Pocos discutirán que en estas sociedades se produjeron grandes obras de arte.[462] Pero ¿qué decir de Atenas, escenario de la más magnífica eflorescencia artística de todos los tiempos, y de Florencia, con el mayor genio per cápita del Renacimiento? ¿No carecían estas ciudades-estado de una nobleza o aristocracia formal? ¿No es cierto que ni Pericles ni Cosme de Médicis fueron príncipes?

Antes de llegar a ninguna conclusión, estas dos ciudades y sus dos más grandes estadistas deben situarse en un foco histórico más nítido. Si Atenas fue la gloria de Grecia, la Era de Pericles -en términos artísticos- fue la gloria de Atenas. En 431 a.C., dos años antes de la muerte de Pericles, la población masculina adulta de Atenas estaba formada por 50.000 ciudadanos, 25.000 místicos o extranjeros residentes y 55.000 esclavos.[463] Puesto que los esclavos tenían pocos o ningún derecho, puesto que los místicos y las mujeres no podían votar, y puesto que la ciudadanía se limitaba a los que tenían padres atenienses por ambas partes, un historiador, Cyril Robinson, ha descrito Atenas como "una aristocracia de una clase a medias".[464] Esta aristocracia, de la que Pericles era un miembro destacado, remontaba su ascendencia a la guerra de Troya.[465]

En lo que respecta a Florencia, no debe sorprender saber que en 1494, cuando estaba en vigor la constitución más liberal de la ciudad, no había más de 3.200 ciudadanos de una población total de 90.000".[466] Desde la época de

---

Tocqueville escribió las siguientes palabras de advertencia: "parmi toutes les sociétés du monde, celles qui auront toujours le plus de peine à échapper pendant longtemps au gouvernement absolu sont précisément ces sociétés ou l'aristocratie n'est plus et ne peut plus être". *L'ancien régime et la révolution*. Michel Lévy Frères, París, 1856, p. xvi.

[462] En este contexto, se considera que el gran arte es intemporal, no anticuado; que los grandes artistas son creativos, no genios de la interpretación.

[463] Cyril Robinson, *A History of Greece*, Barnes & Noble, Nueva York, 1957, p. 83.

[464] Ibídem, p. 82.

[465] La madre de Pericles descendía de una antigua familia ateniense, los Alcmeónidas, y su padre era un victorioso comandante naval.

[466] Pasquale Villari, *Vida y época de Maquiavelo*, Fisher, Unwin, Londres, p. 4.

Dante hasta el ascenso de los Médicis, con la excepción de algunos breves intentos de gobierno popular por parte de los comerciantes y los gremios, Florencia fue en gran medida el juguete político de dos facciones aristocráticas rivales, los güelfos (pro-papa) y los gibelinos (pro-emperador). En cuanto a Cosme de Médicis, mecenas de Donatello, Ghiberti, Brunelleschi y Luca della Robbia, podía enorgullecerse de un linaje que se remontaba a diez generaciones de la historia florentina. Aunque el propio Cosme rehuía los títulos, cardenales, príncipes, duques reinantes e incluso dos papas llevaron más tarde el apellido Médicis.

Si se admite que Florencia y Atenas son semiaristocracias o al menos repúblicas aristocráticas, es evidente que todas las grandes épocas artísticas de Occidente han tenido lugar en sociedades aristocráticas. Ha habido arte en sociedades no aristocráticas, a menudo buen arte, pero nunca nada que se acerque a la escultura y el teatro griegos, las catedrales góticas, la pintura renacentista, las obras de Shakespeare, la música alemana o las novelas rusas. La mera existencia de una aristocracia no garantiza un gran arte. Tiene que ser una aristocracia vital con sus actitudes, modales y modos de vida firmemente impresos en la sociedad en la que funciona. No tiene por qué ser, de hecho no debería ser, demasiado rica. Más importante es la posesión de una conciencia cultural, además del ocio y la voluntad de expresar esta conciencia en forma de arte. Para el artista, una aristocracia tiene un inmenso valor práctico porque le proporciona un público cultivado y exigente que le mantiene en el *qui vive* creativo, así como un sentido del refinamiento y un conjunto de normas críticas que son a la vez un modelo y un incentivo para la más alta calidad de la artesanía artística.

Paradójicamente, las relaciones entre el artista y el mecenas suelen ser más "democráticas" en una aristocracia que en una democracia.[467] El aristócrata, que tanto por nacimiento como por educación se ha familiarizado fácilmente con el arte, se siente a gusto en compañía de artistas y suele buscarlos. El hombre hecho a sí mismo, por otra parte, no importa lo alto que ascienda en

---

[467] Pericles, Augusto y los Médicis se mezclaron libremente con los grandes artistas de su época. Virgilio leyó a Augusto sus *Geórgicas* completas a la vuelta de éste de Egipto en el año 30 a.C. El encuentro fue trascendental porque los versos de Virgilio pueden haber reavivado el italianismo latente de Augusto. Buchan, *Augustus*, p. 124. Lincoln, más allá de un breve apretón de manos en una recepción en la Casa Blanca, nunca conoció a Melville. Raymond Weaver, *Herman Melville*, Pageant Books, N.Y., 1961, p. 375. Franklin D. Roosevelt tampoco conoció a Faulkner ni a T. S. Eliot. Puede que John F. Kennedy concediera unos minutos de amistad a Robert Frost, pero difícilmente podría compararse con la atención que Luis XIV prodigó a Racine y Molière. En cierta ocasión, el Rey Sol actuó como "avanzadilla" de *Esther,* de Racine, y llegó a participar en una de las producciones de Molière. Racine, *Théâtre complet,* Edition Garnier Frères, París, 1960, p. 598; H. C. Chatfield-Taylor, *Molière,* Duffield, Nueva York, 1906, pp. 189-90.

la política o en los negocios, nunca puede desprenderse del todo de su filisteísmo nativo. Puede interesarse por el arte, a menudo subrepticiamente para evitar acusaciones de afeminamiento, pero siempre tendrá dificultades para moverse libremente en los círculos artísticos.

La estrecha alianza entre el arte y la aristocracia también es ventajosa para el artista, ya que facilita el conocimiento personal de muchos de los principales hombres de su época. Aristóteles nos dice que la tragedia sólo triunfa realmente cuando trata de la caída de un hombre grande o noble, una teoría que sigue sin ser refutada por los más valientes esfuerzos de los dramaturgos liberales y marxistas. La historia o la actualidad pueden proporcionar nombres y argumentos, pero sólo un estrecho contacto con los estratos dirigentes de su tiempo proporciona al dramaturgo que aborda la alta tragedia la carne y el hueso de una representación y caracterización creíbles.

Que los grandes artistas deben pertenecer al grupo de población dominante de una nación parece tan irrefutable como la ley de que el gran arte crece mejor en suelo aristocrático. Un trasfondo racial y cultural similar al de su mecenas permite al artista evitar los habituales obstáculos psicológicos y sociales que a menudo ralentizan o rompen la comunicación entre miembros de grupos humanos racial y culturalmente diferenciados.

El defecto fatal que niega al artista minoritario un lugar entre los grandes artistas es su alienación inherente. Al no pertenecer realmente a ese grupo, al escribir, pintar o componer para "otras personas", se esfuerza demasiado, alza demasiado la voz y se muestra demasiado desesperado. Inevitablemente, es un poco extravagante: está en su tierra, pero no es de su tierra. Su arte parece siempre lastrado por una dimensión artificial: la prueba de su pertenencia.[468]

En una sociedad no aristocrática, heterogénea y fragmentada, en un escenario de culturas o subculturas enfrentadas, el artista minoritario puede concentrarse en demostrar su "no pertenencia". En lugar de adoptar la cultura de acogida, la rechaza y se hunde en el nihilismo o regresa a las tradiciones culturales de su propio grupo étnico. En este proceso, su arte se convierte en un arma. Al sacrificar su talento a la inmediatez y despojarlo de la proporción y la sutileza que hacen que el arte sea arte, el artista minoritario no sólo rebaja

---

[468] Algunos ejemplos que nos vienen rápidamente a la mente son los lieder alemanes superrománticos de Heine, los himnos cristianos machacones de Mendelssohn, los hiperbólicos paisajes españoles y los santones alargados de El Greco, las *Wahnschaffe* cristianas de Jakob Wasserman, las sintéticas *Memorias de un cazador de zorros* de Siegfried Sassoon y la totalmente falsificada *Oklahoma* de Rodgers y Hammerstein. Para comprender mejor la diferencia entre lo auténtico y lo inauténtico en el arte, compárese el *Fausto* de Goethe con el *Doktor Faust* de Heine.

sus propios estándares artísticos, sino los de la sociedad en su conjunto. Todo lo que queda es la cruda fuerza de su estridencia y su "mensaje".[469]

Tal vez la prueba más clara de las cualidades de la aristocracia y la homogeneidad racial para construir y alimentar el arte se encuentre en la historia de las naciones que han pasado por fases aristocráticas y democráticas, homogéneas y heterogéneas. No fue en la Primera, Segunda, Tercera o Cuarta República Francesa cuando se construyeron las catedrales de Chartres y Reims, sino en la Francia feudal, cuando había un grupo étnico dominante (los teutones) y la estructura de la sociedad era aristocrática. Los más altos vuelos del genio inglés tuvieron lugar en los reinados de monarcas absolutos, no constitucionales, mucho antes de que los ingleses fueran absorbidos por la ciudadanía ampliada y más heterogénea del Reino Unido de Gran Bretaña e Irlanda. La Roma de Augusto, que favoreció y enriqueció a los patricios e impuso restricciones a los plebeyos, a los no romanos y a los esclavos, dio origen a la Edad de Oro de la literatura latina. La Roma de Caracalla, que en 211 d.C. extendió la ciudadanía a todos los habitantes libres del Imperio Romano, dejó pocas consecuencias artísticas. La España de Felipe II, III y IV, con todo su fanatismo religioso y su celo inquisitorial, fue la época de Cervantes y Calderón, artistas de un calibre que no se encontraba en épocas más liberales de la historia española. Dostoievski y Tolstoi, la culminación del genio literario ruso, florecieron bajo los zares, no bajo los comisarios de las minorías.

A pesar del dogma liberal, objetivos tan populares como la alfabetización universal no conducen necesariamente a una gran literatura. La Inglaterra de Shakespeare, además de tener una población mucho menor, tenía una tasa de analfabetismo mucho mayor que la Gran Bretaña actual.[470] El sufragio universal tampoco parece elevar la calidad de la producción artística. Cuando Bach era *Konzertmeister* en Weimar y componía una nueva cantata cada mes, nadie podía votar. Unos 220 años más tarde, en la República de Weimar había decenas de millones de votantes, pero ningún Bach.

Las grandes obras de teatro, que suelen incorporar una gran poesía, son la forma más rara de gran arte. Los críticos e historiadores del arte no han sabido explicar por qué las grandes obras de teatro han aparecido con tan

---

[469] Ejemplos de la estridencia minoritaria contemporánea son la música de Darius Milhaud, la escultura de Jacques Lipchitz, la poesía de Allen Ginsberg y las obras de teatro de LeRoi Jones.

[470] Alfabetización significa aquí la simple capacidad de leer y escribir. El rico lenguaje de la literatura y el teatro isabelinos indica que, si bien en aquella época eran menos los que sabían escribir, los que podían hacerlo lo hacían mucho mejor que los ingleses contemporáneos. Incluso los "analfabetos" de la época parecían apreciar y comprender mejor la literatura que sus sucesores alfabetizados.

poca frecuencia en la historia, y sólo en grupos: la Atenas del siglo V a.C., la Inglaterra de finales del siglo XVI y principios del XVII, la España y la Francia del siglo XVII. La respuesta puede estar en que las condiciones para un gran drama sólo están maduras cuando el artista y el público se compenetran biológica y lingüísticamente. Desgraciadamente, tal compenetración está destinada a durar poco porque la era del gran drama suele ir acompañada de avances económicos y materiales a gran escala que tienden a suavizar el carácter nacional, agudizar las divisiones de clase y atraer elementos raciales y culturales extraños procedentes del extranjero. Para el gran dramaturgo, un público heterogéneo o dividido no es público.

No sólo el arte elevado, sino todo el arte parece estancarse en un entorno de minorías enfrentadas, religiones diversas, tradiciones que chocan y costumbres que contrastan. Probablemente por eso, a pesar de su enorme riqueza y poder, ciudades mundiales como Alejandría y Antioquía en la antigüedad y Nueva York y Río de Janeiro en la actualidad no han producido nada que pueda compararse con el arte de municipios de una fracción de su tamaño. El artista necesita un público que le entienda, un público de su propio pueblo. El artista necesita un público al que escribir, pintar y componer, una aristocracia de su propio pueblo. Éstas parecen ser las *dos condiciones sine qua non* del gran arte. Cuando faltan, falta el gran arte.

¿De qué otra manera puede explicarse el arte intemporal de la "ignorante" Edad Media y el arte ya anticuado del "avanzado" siglo XX? ¿Por qué todos los recursos culturales de una superpotencia *dernier cri* como Estados Unidos no pueden producir una sola obra musical que pueda compararse con una composición menor de Mozart? ¿Por qué quizá la mayor contribución a la literatura inglesa del siglo XX no la hayan hecho los ingleses, los estadounidenses, los australianos o los canadienses, sino los irlandeses, los más nacionalistas, los más tribales, los más religiosos y los más raciales de todos los pueblos de habla inglesa actuales? Puede que la Inglaterra moderna haya tenido su D. H. Lawrence y los Estados Unidos su Faulkner, pero sólo Irlanda ha reunido en este siglo un conjunto literario tan formidable como Yeats, Synge, Shaw, Joyce, O'Casey, Elizabeth Bowen, Paul Vincent Carroll, Joyce Carey y James Stephens. Si, como sostiene la opinión actual, la democracia liberal, el internacionalismo y el pluralismo cultural enriquecen el suelo del arte, entonces estos artistas irlandeses florecieron en un jardín muy poco probable.

La secuencia histórica de las comunidades humanas parece ser la construcción de la raza, la construcción de la nación, la construcción del arte y la construcción del imperio. A medida que el país se acerca al imperialismo, el pueblo se aleja. Las fuerzas vinculantes del Estado se debilitan por la guerra, los conflictos civiles y la entropía, a medida que el armazón cultural es penetrado por forasteros. La aristocracia se repliega en una decadencia aislada, y su lugar es ocupado por una plutocracia. Los miembros del grupo de población antaño dominante se mezclan con los recién llegados y, para competir, se ven obligados a adoptar muchos de sus hábitos. El arte se vuelve multirracial, multinacional, multidireccional y multifacético.

Gran parte del arte occidental, sobre todo en Estados Unidos, se encuentra ahora en esa fase de disolución. Los pintores surrealistas, los musicólogos de jazz atonal, los poetas prosaicos, los novelistas eméticos, los criptopornógrafos y los pánfilos revanchistas dicen que buscan nuevas formas porque las antiguas están agotadas. En realidad, están exhumando las formas más antiguas de todas: formas geométricas simples, manchas de color, golpes de tambor, genitales, palabras de cuatro letras y frases de cuatro palabras. Las formas antiguas no están agotadas. El artista minoritario simplemente no las siente, porque no son sus formas. Como el estilo no es una mercancía que pueda comprarse o inventarse, la *vanguardia*, al no tener estilo propio, sólo puede refugiarse en un primitivismo sin estilo.

La disolución del arte se caracteriza por la aparición del falso artista[471] -el hombre sin talento ni formación que se convierte en artista mediante la autoproclamación y la autopromoción. Prospera en una cultura fisípara porque es un juego de niños desconcertar la sensibilidad artística de los abigarrados *nuevos ricos*, los buitres de la cultura, los críticos de arte sexualmente ambivalentes y los agentes artísticos minoritarios que dictan los niveles del gusto moderno. No es tan fácil engañar a aquellos cuyas normas de gusto se desarrollaron en el transcurso de generaciones.

En una sociedad homogénea, el artista tiene que enfrentarse a menos prejuicios. No tiene que sopesar y equilibrar su arte para ser "justo". No tiene que temer mortalmente herir los sentimientos religiosos y raciales de los demás. Aunque sus instintos, opiniones y juicios suelen ser parciales, para el propio artista pueden ser el motor de su creatividad. Lo que realmente limita y desvitaliza el arte no son los prejuicios del artista, sino los de su público, cuya variedad es infinita en una sociedad tan heterogénea como la estadounidense. El artista tiene suficientes problemas con un censor. Cuando tiene veinte, su arte se transforma en un acomodo cotidiano.

Las aristocracias han sido duramente criticadas por congelar a los plebeyos en castas y clases. Sin embargo, es casi seguro que los artistas tienen más posibilidades en un Estado dirigido por una nobleza culta que en uno dirigido por un congreso de Babbitts. Homero, Virgilio, Dante, Chaucer, Miguel

---

[471] El falso artista no es ajeno al antiartista, el tipo de individuo que voló *El Pensador* frente al Museo de Cleveland en la primavera de 1970. Era uno de los once vaciados realizados bajo la supervisión personal de Rodin. *New York Times*, 17 de julio de 1970.

Ángel, Shakespeare, Cervantes, Moliére, Mozart, Beethoven, Wagner y
Dostoyevski, de ninguna manera nacidos en un señorío, lograron adquirir
suficiente movilidad social en las sociedades aristocráticas para ascender a
la cima de la perfección artística. Cuántos de estos genios habrían sido
aplastados por las presiones niveladoras de la América de finales del siglo
XX es una cuestión abierta.

Se ha atacado a las aristocracias por anquilosar el arte, a pesar de que los
artistas que trabajan o creen en sociedades orientadas a la tradición han hecho
muchos más avances artísticos que los artistas liberales o progresistas soi-
disant. Aristófanes, que revolucionó la comedia, Wagner, que revolucionó la
música, Dostoievski, que revolucionó la novela, y T. S. Eliot, que
revolucionó la poesía moderna,[472] no eran ciertamente liberales. El artista
proletario o igualitario, por otra parte, apenas va más allá del naturalismo
fotográfico o el garabateo infantil -el arte tractor obligatorio de finales de la
Unión Soviética, y el op art, el pop art y el arte de la pintura en aerosol del
"mundo libre".[473]

Ningún gran arte ha surgido del aislamiento y ningún gran artista ha brotado
de la frente de Zeus. Los grandes artistas son el producto de escuelas de arte.
Sus obras son los picos que se elevan sobre una elevada meseta cultural. Las
"primeras familias", cuyas actitudes y gustos han sido moldeados por siglos
de participación en las altas esferas de la vida nacional, no se contentan con
coleccionar arte antiguo. Mantienen a las escuelas de artistas ocupadas
elaborando y mejorando lo que se ha hecho antes, el enfoque más seguro de
la evolución artística. Por el contrario, la colección actual de millonarios
semianalfabetos, que especulan con el arte como lo harían con los futuros
del cobre o del ganado,[474] gastan su dinero en viejos maestros y artistas "de
renombre" cuyas obras pueden revenderse con pingües beneficios o regalarse
para obtener una suculenta deducción fiscal. Al no haber más demanda de
continuidad en el arte, las escuelas de artistas pronto desaparecen, para ser

---

[472] Compárese el efecto asombrosamente nuevo de la poesía de Eliot, que se declaraba
monárquico y anglocatólico, con el verso casi clásico de la mejor obra del poeta marxista
francés Louis Aragon. William Butler Yeats, el otro gran poeta de los tiempos modernos,
difícilmente puede calificarse de izquierdista.

[473] El cuadro de una lata de sopa Campbell pintado por Andy Warhol, un homosexual
polaco-americano, se vendió por 60.000 dólares en una subasta en Nueva York en 1970,
y su precio aumentó a partir de entonces. El difunto crítico de arte británico Herbert Read
poseía dos cuadros pintados por una pareja de chimpancés que, según explicaba, dejaban
"que sus pinceles se guiaran por gestos instintivos, igual que los action painters de
América". *Times Literary Supplement*, 28 de agosto de 1970.

[474] Sobre Joseph Hirshhorn, el rey del uranio, James Yaffe escribió: "Cuando le gusta la
obra del pintor, a menudo la compra al por mayor e insiste en que le rebajen el precio,
como cualquier fabricante de ropa que compra telas." Yaffe, *The American Jews*, p. 233.

sustituidas por camarillas artísticas.[475] El árbitro del gusto ya no es el amante del arte, sino el marchante.[476] El arte se transforma en artisticidad.

Las pautas de crecimiento y declive artístico descritas en los párrafos anteriores ya han acabado con la mayor parte de la creatividad de los artistas de la Mayoría. Hoy en día, el judío estadounidense escribe sobre el judío y su herencia, el negro sobre el negro, el italoamericano sobre el italiano, y así sucesivamente. Pero ¿de quién escribe el estadounidense, el escritor de la mayoría? ¿De nórdicos y anglosajones? Si lo hiciera y los retratara como héroes rubios, se reirían de él en la literatura americana moderna. La conciencia del propio pueblo, una de las grandes reservas emocionales, uno de los grandes estimulantes artísticos, se le niega al artista de la mayoría en el mismo momento en que el pintor, compositor y escritor de la minoría se alimenta de ella tan vorazmente. Además de sus otras desventajas psicológicas, esta censura selectiva unilateral construye obviamente un alto muro de frustración en torno al libre juego de la imaginación.

Conscientes o inconscientes de las fuerzas que actúan contra ellos, muchos artistas de la Mayoría han huido al extranjero en busca del parentesco cultural que echan de menos en casa. Stephen Crane murió en Inglaterra. Eliot se nacionalizó británico. Robert Frost fue descubierto y publicado por primera vez mientras vivía en la Isla del Cetro. Pound, que probablemente ejerció más influencia que nadie en la literatura inglesa moderna, se instaló en Rapallo (Italia), donde incursionó en la política de derechas. Hemingway se trasladó a Francia, Italia, España, África y Cuba, antes de suicidarse en Idaho. Thomas Wolfe y F. Scott Fitzgerald pasaron muchos de sus años más creativos en el extranjero. Al volver a casa, ambos murieron

---

[475] Se dice que Picasso, a menudo considerado el mejor pintor del siglo XX, dijo lo siguiente sobre su papel en el arte moderno: "No soy más que un animador público que ha comprendido su época y ha agotado lo mejor que ha podido la imbecilidad, la vanidad, la codicia de sus contemporáneos. La mía es una confesión amarga, más dolorosa de lo que parece, pero tiene el mérito de ser sincera". No se ha podido comprobar si Picasso pronunció realmente estas palabras. Sin embargo, *Life,* en una época en que era la revista de mayor tirada de Estados Unidos, se las atribuyó a Picasso (27 de diciembre de 1968, p. 134). Véase también *Picasso, Order and Destiny*, de Michael Huffington.

[476] Frank Lloyd, un empresario petrolero de Viena, dirigía una cadena de galerías de arte en Londres, Roma y Nueva York, que en el mundo del arte destacaba "como U.S. Steel [en] una comunidad de herreros". Un competidor dijo del Sr. Lloyd, que no colecciona cuadros él mismo, "bien podría dedicarse al negocio de los coches usados..." *Wall Street Journal*, 31 de diciembre de 1968, pp. 1, 10. La última vez que se supo de él, Lloyd era un fugitivo de la justicia que vivía en las Bahamas. Sobre los chanchullos artísticos de Bernard Berenson y Lord Duveen, ambos judíos, véase Colin Simpson, *The Partnership*, Bodley Head, Londres, 1987.

prematuramente, ayudados o envenenados por el alcohol. El genio del cine D.W. Griffith fue otra víctima de la botella.

Algunos artistas de la Mayoría intentaron escapar al dilema de la desarraigo mediante una forma de emigración espiritual. El poeta Robert Lowell, de los Lowell de Boston que sólo hablaban con los Cabots, se convirtió al catolicismo romano.[477] Otros tomaron medidas más desesperadas. Hart Crane, un poeta prometedor, saltó de un barco y se ahogó en el Caribe.[478] Ross Lockridge, Jr, escribió una excelente primera novela, *Raintree County*, y luego cerró la puerta de su garaje, se subió a su coche y encendió el motor.[479] Thomas Heggen, otro joven autor que aprendió la vacuidad del éxito en una sociedad ajena, escribió *Mister Roberts* y luego tomó una sobredosis de somníferos en un apartamento alquilado en Nueva York.[480] F. O. Matthiesen, un brillante crítico literario moderno, escuchó los cantos de sirena del comunismo y se arrojó al vacío desde la habitación de un hotel de Boston.[481] W. J. Cash, un ensayista nacido en Carolina y dotado de una gran inteligencia, arremetió contra su Sur natal para deleite de los críticos liberales, pero al parecer no para el suyo propio. Fue encontrado colgado de la corbata en el baño de un hotel de Ciudad de México.[482] Otros talentosos escritores de la Mayoría se retiran a las esterilidades y barbaridades de los campus universitarios, donde evitan el problema del contenido concentrándose en la forma, en un intento desesperado e infructuoso de separar lo inseparable.

---

[477] *Time*, 17 de junio de 1965, p. 29.

[478] *New York Times*, 28 de abril de 1932, p. 4.

[479] *New York Times*, 8 de marzo de 1948, p. 1. Otros escritores mayoritarios que se quitaron la vida: los poetas John Berryman y Sylvia Plath; Laird Goldsborough, escritor de asuntos exteriores de Time; Parker Lloyd-Smith, genio de Fortune.

[480] *New York Times*, 20 de mayo de 1949, p. 1.

[481] *Time*, 10 de abril de 1950, p. 43. Otro escritor de talento que escuchó la misma canción y que quizá simbolizó mejor que nadie el trágico destino del artista de la mayoría en una sociedad obsesionada por las minorías fue Howard Rushmore. Americano de décima generación nacido en Dakota del Sur, Rushmore escribió primero para el *Daily Worker* y acabó perdiendo su trabajo por negarse a inyectar sentimientos negrófilos en sus críticas de cine. Luego se dedicó a la propaganda anticomunista para los periódicos de Hearst. Su último trabajo fue en la revista de cotilleos *Confidential*, para la que, sin saberlo él ni su editor, escribió algunas de las mejores sátiras de la literatura estadounidense. En 1958 se suicidó de un disparo junto con su esposa en el asiento trasero de un taxi. *Newsweek*, 13 de enero de 1958, pp. 19-20.

[482] W. J. Cash, *The Mind of the South*, Knopf, Nueva York, 1941. Véase también Joseph L. Morrison, W. J. Cash, Knopf, Nueva York, 1967, p. 131.

Todos los artistas de la Mayoría experimentan necesariamente la desgarradora depresión que produce la falta de hogar cultural forzada. De todas las personas, el artista es la menos capaz de trabajar en el vacío. Impedido de ejercer su propia "condición de pueblo", el artista de la Mayoría busca sustitutos en el racismo de las minorías, en religiones exóticas y cultos orientales, en descabelladas hazañas de desobediencia civil, en el arte africano y precolombino, el psicoanálisis, los narcóticos y la homosexualidad. Sobre este último tema, Susan Sontag, la célebre experta judía, dijo lo siguiente:

> Los judíos y los homosexuales son las minorías creativas más destacadas de la cultura urbana contemporánea. Creativos, es decir, en el sentido más verdadero: son creadores de sensibilidades. Las dos fuerzas pioneras de la sensibilidad moderna son la seriedad moral judía y la estética y la ironía homosexuales.[483]

George Steiner, un experto judío, no podría estar más de acuerdo:

> Se puede considerar que el judaísmo y la homosexualidad (más intensamente allí donde se solapan, como en un Proust o un Wittgenstein) han sido los dos principales generadores de todo el tejido y el sabor de la modernidad urbana en Occidente.[484]

La prohibición de mostrar el etnocentrismo de la Mayoría en el arte -una prohibición escrita en piedra en la cultura estadounidense actual- también se remonta al pasado cultural de la Mayoría. Chaucer y Shakespeare han sido recortados y marcados con lápiz azul, y algunas de sus obras incluidas en el índice de minorías.[485] La película Oliver Twist de Charles Dickens tuvo dificultades para estrenarse debido a los rasgos reconociblemente judíos de

---

[483] Susan Sontag, "Notes on Camp" en *Against Interpretation*, Dell, Nueva York, 1969, pp. 291-92.

[484] George Steiner, "El clérigo de la traición", *New Yorker*, 8 de diciembre de 1980, p. 180.

[485] Después de que la Junta de Rabinos de Nueva York protestara por la proyección televisiva del *Mercader de Venecia*, se eliminó del plan de estudios de inglés de los institutos de Nueva York. *Time*, 29 de junio de 1962, p. 32. Una presentación televisiva de ABC de El mercader *de Venecia* (16 de noviembre de 1974) terminó con Raquel alejándose de la casa de su marido mientras un cantor judío cantaba de fondo. Shakespeare la hizo entrar en la casa. En 1941 apareció una edición de Simon and Schuster de los *Cuentos de Canterbury* de Chaucer, con prólogo de Mark Van Doren, pero sin el *Cuento de la Priora*, que relata un atroz asesinato cometido por judíos. La *Pasión de* Oberammergau, un elemento fijo de la cultura europea desde 1634, ha sido objeto de constantes ataques por parte del Congreso Judío Americano por su "texto notoriamente antisemita". En 1980, el Secretario del Ejército prohibió las visitas organizadas a la obra para militares destinados en Alemania Occidental.

Fagin.[486] La obra maestra del cine mudo estadounidense, *El nacimiento de una nación*, ya no puede proyectarse en público sin la amenaza de piquetes, mientras que películas negras de "sexploitation" producidas por judíos, como *Mandingo* (1975), repletas de los más crudos insultos racistas contra los blancos, se exhiben en todo el país. *Huckleberry Finn* fue retirado de la biblioteca de la Mark Twain Intermediate School de Virginia.[487]

Trópico de Capricornio, de Henry Miller, fue atacada por el novelista millonario Leon Uris por "antisemita".[488] A las bandas de música de institutos y universidades del Sur se les ha prohibido tocar Dixie en reuniones públicas. Incluso las canciones infantiles y las canciones de Stephen Foster se están reescribiendo y "bowdlerizando".[489] Un colegio privado de Chicago cambió el título de la representación teatral de *Blancanieves* por el de *La princesa del bosque* por miedo a ser acusado de racismo. Mientras tanto, se sigue librando una incansable y clandestina venganza literaria contra escritores, compositores y eruditos modernos, tanto estadounidenses como europeos, como Eliot, Dreiser, Pound, Toynbee, Ernst Junger, D. H. Lawrence, Céline, Roy Campbell, Wyndham Lewis, Kipling, Knut Hamsun, Franz Lehar y Richard Strauss. Sus crímenes han consistido en haber dejado escapar algún comentario casual, haber escrito algún poema,[490] novela o ensayo, haberse unido, o al menos no haberse opuesto, a algún movimiento político ofensivo para una o varias minorías. Huelga decir que no ha habido

---

[486] *The Saturday Review of Literature*, 26 de febrero de 1949, pp. 9-10.

[487] El Consejo de Educación de Filadelfia desterró Huckleberry Finn del sistema escolar público de la ciudad y lo sustituyó por una versión en la que se suprimieron todas las referencias despectivas a los negros. *San Francisco Chronicle, This World*, 27 de mayo de 1962, p. 16 y 27 de abril de 1963, p. 8.

[488] *Los Angeles Times*, 16 de febrero de 1962, sección de cartas. El ataque de Uris fue especialmente descortés porque es el escritor racista minoritario *por excelencia*. Su bestseller, Éxodo, que vitorea la conquista israelí de Palestina, es Kipling de quinta categoría.

[489] En *My Old Kentucky Home, el himno del estado* de Kentucky, se han suprimido cuidadosamente expresiones como "Massa", "Darkies" y "Mammy". El himno del estado de Virginia, *Carry Me Back to Old Virginny*, ha sido atacado por un senador negro del estado como "aborrecible para su raza". Un congresista sureño ha predicho, no del todo en broma, que el cabildeo de las minorías acabará provocando el cambio de nombre de la Casa Blanca. *U.S. News & World Report*, 9 de agosto de 1957, p. 43 y *New York Times*, 2 de marzo de 1970, p. 28.

[490] Random House excluyó todas las obras de Pound de una antología poética, a pesar de que Conrad Aiken, uno de los editores, había elegido específicamente doce poemas de Pound para su inclusión. Charles Norman, *Ezra Pound*, Macmillan, N.Y., 1960, p. 416.

ninguna contravendetta notable de los críticos literarios de la mayoría contra los artistas que se entregan al racismo de las minorías.

Cabe añadir en este punto que prácticamente todos los directores, músicos e intérpretes de ópera destacados que permanecieron en Alemania o actuaron en Alemania durante la Segunda Guerra Mundial fueron víctimas de boicots judíos una vez finalizada la guerra. La lista incluye a: Wilhelm Furtwangler, Herbert von Karajan, Walter Gieseking y Elisabeth Schwarzkopf.[491] Tal vez la censura más intolerante fue la ejercida por los académicos refugiados, que durante años consiguieron "dejar fuera" o degradar a Martin Heidegger, uno de los pensadores más originales e inquietantes de la era moderna. Sólo permitieron que las ideas del filósofo alemán se filtraran en las adaptaciones adelgazadas y miméticas de Sartre.

Volviendo al tema principal de este capítulo, el poder y el sustento que un artista obtiene de formar parte de una comunidad racial y culturalmente homogénea ayuda a explicar el éxito de William Faulkner, el único escritor de primera fila de la Mayoría que sobrevivió como individuo y como artista al desarraigo nacional de su herencia cultural. Faulkner nació, vivió, floreció y está enterrado en Mississippi, considerado el cuarto estado más analfabeto.[492] Dado que deben ignorar la naturaleza comunitaria del arte, los liberales y los marxistas sólo pueden tratar a Faulkner como una paradoja.[493] La lógica ecologista no puede "explicar mejor por qué un estado supuestamente atrasado del Sur Profundo produjo al mejor novelista estadounidense del siglo XX que por qué la nación más alfabetizada de Europa sucumbió a Hitler".

Fuera del Sur, el arte estadounidense se ha visto desbordado por miembros de minorías. Para corroborar la afirmación de que el tono básico de la vida intelectual creativa estadounidense ha pasado a ser judío, basta con desplegar la casi interminable lista de judíos y parcialmente judíos en el mundo de las

---

[491] Durante años, los "monitores" judíos del periodo posterior a la Segunda Guerra Mundial también fueron responsables de privar al público estadounidense del renombrado Ballet Bolshoi, cuya gira americana fue cancelada en 1970 tras una serie de ataques sionistas, incluido un atentado con bomba, contra instalaciones soviéticas en la ciudad de Nueva York. El plan consistía en castigar a los rusos por el supuesto antisemitismo de algunos altos funcionarios del Kremlin y por prestar ayuda y consuelo a la causa palestina.

[492] Estimación de 1960 por la Oficina del Censo.

[493] Del mismo modo que tratan como una paradoja el hecho de que un número desproporcionado de todas las luminarias literarias modernas de la Mayoría sean sureños: James Agee, Flannery O'Connor, Katherine Anne Porter, John Crowe Ransom, Robert Penn Warren, Thomas Wolfe, Walker Percy, James Dickey, Stark Young, Carson McCullers, Eudora Welty, Allen Tate, Tom Wolfe, por nombrar algunos.

artes.[494] El contingente de artistas, escritores,[495] y compositores negros y de otras minorías, aunque no puede compararse con el agregado judío, crece día a día.

El dominio minoritario de la escena artística contemporánea se complica por la presencia de otra minoría, aún no mencionada, única por estar compuesta tanto por miembros de la mayoría como de la minoría. Se trata del culto homosexual. Los homosexuales, como es bien sabido, son uno de los dos

---

[494] *Escritores*: Edna Ferber, Gertrude Stein, Fannie Hurst, Mary McCarthy, Nathanael West, Bruce Jay Friedman, J. D. Salinger, Herbert Gold, Harvey Swados, Bernard Malamud, Saul Bellow, Norman Mailer, Irving Stone, Jerome Weidman, Irwin Shaw, Howard Fast, Budd Schulberg, Ben Hecht, Irving Wallace, Harold Robbins, Philip Roth, Joseph Heller, Herman Wouk, Meyer Levin, S. J. Perelman, Alexander King, E. L. Doctorow, Rona Jaffe, William Goldman.

Poetas: Louis Untermeyer, Dorothy Parker, Delmore Schwartz, Kenneth Fearing, Babette Deutsch, Karl Shapiro, Allen Ginsberg, Joseph Auslander, Howard Nemerov, Muriel Rukeyser.

Dramaturgos: Elmer Rice, Ceorge S. Kaufman, Moss Hart, Lillian Hellman, Sidney Kingsley, Clifford Odets, Sam y Bella Spewack, Arthur Miller, J. Howard Lawson, Neil Simon, Jack Gerber, Arthur Kopit, Paddy Chayefsky, Abe Burrows, Murray Schisgal, S. N. Behrman.

Críticos: Charles Angoff, Clifton Fadiman, Leslie Fiedler, John Gassner, Milton Hindus, Alfred Kazin, Louis Kronenberger, Norman Podhoretz, George Steiner, Diana Trilling, Lionel Trilling, Irving Kristol, Paul Goodman, Paul Jacobs, William Phillips, Irving Howe, Joseph Wechsberg, Midge Decter.

Pintores y escultores: George Grosz, Saul Steinberg, Moses y Raphael Soyer, Leon Kroll, Saul Raskin, Jacques Lipchitz, Jacob Epstein, Larry Rivers, Chaim Gross, Helen Frankenthaler, Mark Rothko, Jack Levine, Ben Shahn, Abraham Walkowitz, Milton Avery, Leonard Baskin, Eugene Berman, Leonid Berman, Hyman Bloom, Jim Dine, Louis Eilshemius, Adolph Gottlieb, Philip Guston, Hans Hoffman, Morris Louis, Louise Nevelson, Barnett Newman, Jules Olitski, Philip Pearlstein, George Segal.

Compositores: Aaron Copland, Ernest Bloch, Darius Milhaud, George Gershwin, Leonard Bernstein, Jerome Kern, Sigmund Romberg, André Previn, Marc Blitzstein.

Directores de orquesta, virtuosos y cantantes: Bruno Walter, Serge Koussevitsky, Pierre Monteux, Erich Leinsdorf, Eugene Ormandy, George Szell, Mischa Elman, Jascha Heifetz, Yehudi Menuhin, Rudolf Serkin, Artur Schnabel, Alexander Kipnis, Nathan Milstein, Artur Rubinstein, Jan Peerce, George London, Robert Merrill, Vladimir Horowitz, Gregor Piatorgorsky, Arthur Fiedler, George Solti, Richard Tucker, Michael Tilson-Thomas, James Levine, Antal Dorati, Otto Klemperer, Roberta Peters, Regina Resnik, Beverly Sills, Wanda Landowska, Emil Gilels, Dame Myra Hess, Isaac Stern, Joseph Szigeti.

[495] Entre los novelistas y poetas negros figuran: Ralph Ellison, Frank Yerby, Langston Hughes, Countee Cullen, Claude McKay, Richard Wright, James Baldwin, Lorraine Hansberry, Claude Brown, James Weldon Johnson, Maya Angelou y la poetisa laureada Rita Dove. Aunque difícilmente podrían considerarse miembros de la mayoría, *Time* (17 de marzo de 1980, p. 84) ha calificado al ruso Vladimir Nabokov, que acabó en Suiza, como el mejor novelista vivo de Estados Unidos, y a Isami Noguchi, como "el escultor estadounidense preeminente".

principales puntales del teatro estadounidense, el segundo son los judíos.[496] Los judíos poseen casi todos los grandes teatros, son la mayoría de los productores y casi la mitad de los directores, y proporcionan la mitad del público y de los dramaturgos. Los otros dramaturgos son en su mayoría homosexuales conocidos de la Mayoría.[497] Si se combinan estos dos ingredientes, se añaden los sobresueldos, los sobornos, la reventa de entradas y el emplumamiento sindical que plagan a todos los productores de Broadway, se comprende fácilmente por qué en Nueva York, que sigue siendo el núcleo radiante del teatro estadounidense, la mayor de todas las formas de arte ha degenerado en pornografía homosexual o heterosexual,[498] obras con mensaje izquierdista y marxista, importaciones extranjeras y estridentes comedias musicales de relojería.[499] Es dudoso que un nuevo Esquilo, Shakespeare o Pirandello pueda sobrevivir ni un minuto en el Broadway de hoy.

La penetración minoritaria de los medios de comunicación refuerza enormemente la dominación cultural minoritaria porque la prensa, las revistas y la televisión son las correas de transmisión del arte y, como tales,

---

[496] "Sin ninguno de los dos [judíos u homosexuales] Broadway estaría desesperadamente debilitado; sin ambos, sería un claro caso de evisceración". William Goldman, *The Season*, Harcourt, Brace & World, Nueva York, 1969, p. 12. En su análisis estadístico de las cincuenta y ocho obras de teatro de la temporada 1967-68 de Broadway, Goldman afirmó que los homosexuales produjeron dieciocho y dirigieron veintidós. Ibídem, p. 237. La cuota judía de Broadway quedaba indicada por el hecho de que de los treinta miembros del Dramatist's Guild Council al menos dos tercios eran judíos. Ibídem, p. 148. Respecto a David Merrick y Hal Prince, los productores judíos que se llevaron el 40 por ciento de la recaudación de la temporada, Goldman escribió: "La cuestión es ésta: ninguno de ellos tiene el menor interés, tiempo, gusto, habilidad o conocimiento para producir una obra original estadounidense". Ibídem, p. 111.

[497] La principal contribución dramática del dramaturgo homosexual ha sido la heroína sensible en una sociedad insensible, y la heroína perra en una sociedad depravada, la primera representando cómo siente el autor, la segunda cómo actúa. Los homosexuales idean la mayoría de los decorados llamativos y las rutinas de baile extravagantes de los musicales.

[498] *Che*, del dramaturgo minoritario Lennox Raphael, fue la primera obra estadounidense en presentar el acto de la cópula en escena.

[499] "La comedia musical americana... a veces parece ser en gran parte invención de los judíos". Yaffe, op. cit., p. 225. Owen Wister, describiendo la oferta musical de Boston de finales de la década de 1870 y comparándola con la de Nueva York cincuenta años más tarde, escribió: "*Pinafore* acababa de abrir su camino de melodía y risas por todo nuestro mapa, las óperas cómicas bonitas e ingeniosas de París y Viena atraían a salas llenas, el judío de Broadway aún no había inventado ningún espectáculo musical para el imbécil americano...". Owen Wister, *Roosevelt, The Story of a Friendship*, Macmillan, Nueva York, 1930, pp. 17-18.

su árbitro supremo. Al elogiar, condenar, destacar, restar importancia o ignorar libros,[500] pinturas, esculturas, música y otras obras artísticas, los medios de comunicación deciden, en efecto, qué se distribuirá (y se dará a conocer) y qué no se distribuirá (y permanecerá desconocido). Un libro reseñado desfavorablemente o no reseñado en absoluto en las influyentes columnas de opinión del *New York Times*, el *New York Times Book Review*, *Time*, *Newsweek* y algunas de las llamadas publicaciones cóctel[501] tiene pocas o ninguna posibilidad de llegar a las bibliotecas o a las mejores librerías.

Este proceso de depuración literaria se extiende también a la publicidad. La mayoría de los periódicos y revistas aceptan anuncios de libros que promueven el racismo de las minorías. Los anuncios de libros que promueven el racismo de la mayoría no. No sólo ningún periódico o revista importante reseñaría *La mayoría desposeída*, sino que ninguna de las principales revistas semanales de noticias aceptaría publicidad pagada por ella.[502] El agasajo de la prensa en forma de elogios de columnistas y personalidades de la televisión es otro medio probado de echar una mano a los artistas de las minorías o a los artistas de la Mayoría que se especializan en temas de minorías. Quizá el ejemplo más banal de la sociedad de admiración mutua de las minorías en las artes sea la práctica adoptada por el *New York Times Book Review* de hacer que los libros que propugnan el racismo negro sean reseñados por racistas negros. *Die Nigger Die!* de H. Rap Brown, un fugitivo de la justicia detenido tras atracar una taberna de Nueva York, recibió una crítica generalmente favorable, aunque Brown escribió que "no veía sentido en leer a Shakespeare", que era un "racista" y un "maricón".[503]

A lo largo de su vida y su carrera, el artista consciente de las minorías se identifica con un grupo de estadounidenses: su grupo. Al hacerlo, ataca con

---

[500] Hablando de libros, más de la mitad de las grandes editoriales estadounidenses tienen ahora propietarios judíos o directores judíos.

[501] "Las revistas literarias y políticas estadounidenses de 'alta cultura' ofrecen el ejemplo más claro que tenemos de este predominio [judío]. Aquí un sesgo, por extraño que parezca bastante inconsciente, selecciona el tema, el tratamiento y los autores más atractivos para la sensibilidad judía (o que mejor pueden encajar en ella). Se puede decir que estas revistas están dominadas por lo que podría llamarse el establishment cultural judío". Van den Haag, *La mística judía*, p. 129.

[502] Véase Wilmot Robertson, *Ventilations*, capítulo 3. Algunos periódicos aceptaron una vez un anuncio aguado, pero no permitieron que se repitiera.

[503] *New York Times Book Review*, 15 de junio de 1969, pp. 6, 38. Brown, según parece informar el crítico, robó algunos artículos de la Casa Blanca durante una reunión con el Presidente Johnson. Quiso robar un cuadro, pero no supo cómo ocultarlo bajo su abrigo.

frecuencia a la mayoría y a la tradición cultural del norte de Europa por la sencilla razón de que la América de la mayoría no es su América. Los puritanos son reducidos a cazadores de brujas, pietistas reaccionarios e intolerantes. El Sur de antebellum y postbellum se convierte en un vasto campo de concentración. Los gigantes de la industria son descritos como barones ladrones. Los primeros pioneros y colonos son encasillados como especialistas en genocidio. La policía son "cerdos". Los miembros de la mayoría son "goys, rednecks, honkies" o simplemente "bestias".

Para dar cabida *al Kulturkampf* minoritario, una obra de Broadway transforma a los indios en una raza de seres superiores virtuosos, mientras que los blancos son retratados como salvajes innobles, y la figura heroica de Custer se pavonea por el escenario como un gángster de segunda categoría.[504] Una película de Hollywood muestra a soldados de caballería estadounidenses violando y mutilando a doncellas indias.[505] Una obra de televisión ambientada en los años de la depresión de 1930 culpa directamente de los males de Estados Unidos a la Mayoría y termina con una diatriba específica contra los "anglosajones".[506]

Pero va mucho más allá. Un tema principal de la literatura negra moderna es la violación de las mujeres de la Mayoría. En su bestseller, *Soul on Ice*, de lectura obligatoria en los cursos de inglés de cientos de universidades, el militante negro Eldridge Cleaver, un negro que salta bajo fianza y que, según el último informe, estaba trabajando en el circuito de cristianos renacidos, cuenta cómo se siente al despojar "consciente, deliberada, voluntaria y metódicamente" a las mujeres blancas. "Me encantaba estar desafiando y pisoteando la ley del hombre blanco... estar mancillando a sus mujeres... Sentía que me estaba vengando... [quería enviar ondas de consternación a toda la raza blanca."[507]

En la misma página, Cleaver cita con aprobación algunos versos de un poema del negro LeRoi Jones: "Violar a las chicas blancas. Violad a sus padres. Degüella a sus madres". El coito con mujeres de la mayoría, aunque a una escala algo más sedada y controlada, es un tema que también aparece con frecuencia en los escritos del llamado renacimiento literario judío. Los héroes de la ficción judía suelen buscar chicas gentiles porque "hay menos

---

[504] *Los indios* de Arthur Kopit.

[505] *Soldado Azul.*

[506] Millard Lampell's *Hard Travelin'*, WNET, Nueva York, 16 de octubre de 1969.

[507] Eldridge Cleaver, *Soul on Ice*, McGraw-Hill, Nueva York, 1968, p.14.

necesidad de respeto y, por tanto, más posibilidades... de hacer cosas que no se podrían hacer con una persona a la que hay que respetar".[508]

Los esfuerzos artísticos contemporáneos de los blancos son tachados de "arte proxeneta" por LeRoi Jones en la primera página (segunda sección) del dominical *New York Times*.[509] Un autor judío afirma: "La familia es el fascismo americano". Un crítico literario judío llama "paleto profesional" al difunto Thomas Wolfe, que igualaba o superaba el talento de cualquier novelista de minorías." Un destacado escritor negro califica a Estados Unidos de "Cuarto Reich". Como ya se ha mencionado, una judía literaria describe a la raza blanca como "el cáncer de la historia de la humanidad".[510]

Pero el objetivo último va más allá de la destrucción de la cultura de la mayoría. Los escritos de las minorías tienden cada vez más a hacer llamamientos sutiles y no tan sutiles a la violencia física e incluso a la masacre de los blancos. Tal era el mensaje de la obra de LeRoi Jones, *Slave Ship*.[511] Con la misma salpicadura vitriólica, Eldridge Cleaver escribe con aprobación sobre "los jóvenes negros que hay ahora mismo por ahí y que están degollando blancos".[512] Una poetisa negra, Nikki Giovanni, tiene un poema en una antología negra popular que contiene estas líneas: "Can you kill/Can you run a Protestant down with your/'68 El Dorado/...Can you [obscenity] on a blond head/Can you cut off".[513] Ice-T, un excelente ejemplo de lo que se conoce como rapero "gangsta", escribió una canción de éxito para Time Warner, su pagador, titulada Cop Killer, en la que instaba a sus fans a empezar a "desempolvar policías".[514] Los comentarios de una rapera negra, Sister Souljah, iban dirigidos no sólo a los policías, sino a los blancos

---

[508] Van den Haag, op. cit., p. 217. El autor se refiere en particular a la novela de Philip Roth, *Portnoy's Complaint* (Random House, Nueva York, 1969), en la que aparece este pasaje (pp. 143-44): "Pero los shikses, ah, los shikses son otra cosa... la vista de su pelo rubio, fresco y frío, que se desparrama de sus pañuelos y gorros... ¡Cómo se ponen tan guapos, tan sanos, tan rubios! Mi desprecio por lo que creen queda más que neutralizado por mi admiración por su aspecto..."

[509] 16 de noviembre de 1969, Sec. 2, pág. 1.

[510] Los autores de estas citas son, por orden: Paul Goodman, Alfred Kazin, James Baldwin y Susan Sontag. Véase Benjamin De Mott, *Supergrow*, pp. 74-75 y *Partisan Review*, invierno, 1967. James *Agee*, camionero de cierto talento, prefería a los chinos y a los negros a su propia gente, despreciaba a los irlandeses y a los alemanes y se casó con una judía, *Letters of James Agee to Father Flye*, G. Braziller, N.Y., 1962, p. 151.

[511] Véase la nota 23, p. 92.

[512] Cleaver, op. cit., p. 15.

[513] *The Black Poets*, Bantam Books, Nueva York, 1971, pp. 318-19.

[514] *Los Angeles Times*, 23 de marzo de 1993, p. D6.

en general. "Si los negros matan negros todos los días, por qué no tener una semana y matar blancos".[515] En la misma línea, pero pasando de lo verbal a lo pictórico, el no blanco Andrés Serrano, financiado con una beca de 15.000 dólares del Fondo Nacional de las Artes, sumergió un crucifijo en un vaso de orina, tituló su obra de arte fotográfica "Piss Christ" (Cristo meado) y se la pasó a los esclavizados expositores.[516] Otros beneficiarios fueron Annie Sprinkle (60.000 dólares), una artista judía cuyo acto culminaba cuando orinaba en el escenario; el homosexual Robert Mapplethorpe, que recibió 30.000 dólares de la NEA para una exposición itinerante de sus fotos sádicas y homoeróticas; 15.000 dólares para una exposición itinerante de Tongues of Flame (las notas del programa calificaban a Jesús de drogadicto y describían al cardenal John O'Connor como un "gordo caníbal de esa casa de esvásticas andantes de la Quinta Avenida"[517]).

Lo descrito anteriormente, por supuesto, tiene poco que ver con el arte. Podría definirse mejor como antiarte. Las personas incapaces de producir o apreciar el arte elevado envidian a quienes sí pueden hacerlo. Pero en lugar de desarrollar su arte rudimentario hacia formas más elevadas, se concentran en pervertir y banalizar cualquier arte del que puedan echar mano. Es su forma de mostrar su odio al artista auténtico y a todas sus obras. Julius Lester, un anciano literato negro muy aplaudido, identificó, quizá sin saberlo, el verdadero rencor del artista minoritario -el radiante arte occidental que parece estar para siempre fuera del alcance de los negros- cuando, llegando tan lejos como París, pidió la destrucción de Notre Dame "porque separaba al hombre de sí mismo".[518]

Como los medios de comunicación y los principales foros académicos están en gran medida cerrados para él, el artista de la mayoría no tiene una defensa adecuada contra los ataques de las minorías a su cultura. Debe evitar alabar a su propio pueblo *como pueblo, y* debe evitar castigar a otros pueblos, especialmente a las minorías más dinámicas. El artista minoritario, por el contrario, no lleva esa camisa de fuerza cultural. Elogia libremente a quien le gusta y condena libremente a quien le disgusta, como individuos y como grupos. El artista de la mayoría, con una elección más limitada de héroes y villanos, tiene una elección más limitada de temas. Al carecer del empuje y la fuerza bruta del racismo minoritario, el arte de la Mayoría tiende a

---

[515] *USA Today*, 15 de junio de 1992, p. 2A.

[516] *Washington Times*, 22 de febrero de 1992, p. A7.

[517] Ibid.

[518] Lester, *Search for a New Land*, p. 144.

volverse soso, inocuo, carente de emoción, estéril y aburrido.[519] Prohibido explorar el texto y el contexto de su conciencia colectiva, el artista de la Mayoría se refugia en el surrealismo, la ciencia ficción, los misterios de asesinatos, la fantasía, las guías de viajes y la pornografía.[520] En el proceso se convierte en el saco de boxeo del activista de la minoría, que ve "la lucha esencial del hombre como social, contra otros hombres, en lugar de la lucha moral contra sí mismo".[521]

Muchos artistas potenciales de la Mayoría[522] probablemente intuyen con bastante antelación los obstáculos que se interponen en el camino hacia una

---

[519] Un historiador del arte del futuro, que sólo tuviera a su disposición las listas de los libros más vendidos, las exposiciones de arte y los recitales musicales del último tercio del siglo XX, podría llegar a la conclusión de que la Mayoría Estadounidense había dejado de existir. Según informaba *Time* (19 de mayo de 1969, p. 12), los cinco principales bestsellers de ficción del país eran: #n° 1, *La queja de Portnoy*, que tiene un héroe o antihéroe judío; n° 2, *El Padrino*, una novela italoamericana sobre los italoamericanos y la mafia; n° 3, *La conexión de Salzburgo*, una historia de espionaje con villanos nazis de cepa escrita por una inglesa; n° 4, *Matadero cinco*, una novela sobre la Segunda Guerra Mundial escrita por un camionero de la Mayoría; n° 5, *El domingo volvió el rabino a casa*. Los tres libros de ficción más vendidos según el *New York Times* (5 de septiembre de 1976) fueron: #n° 1, *Trinity*, de Leon Unis; n° 2, *Dolores*, de Jacqueline Susann; n° 3, *The Lonely Lady*, de Harold Robbins. Los tres autores son judíos. Cuando nos damos cuenta de que sólo el 17% de los adultos estadounidenses leen un libro al año, que el 50% de los graduados universitarios estadounidenses no leen un libro al año, que el 50% de los estadounidenses nunca han leído un libro hasta el final, los hábitos de lectura estadounidenses son aún más una tragedia de lo que indican las listas de los libros más vendidos. Véase Nancy Polette y Marjorie Hamlin, *Reading Guidance in a Media Age*, Scarecrow Press, Metuchen, Nueva Jersey, 1976.

[520] La pornografía ocupa un lugar cada vez mayor en las épocas de descomposición cultural, no, como les gusta pretender a algunos apóstoles de la permisividad, porque amplíe los horizontes artísticos, sino porque los encoge. Como el dinero malo expulsa al bueno, el arte de las partes privadas expulsa al arte del corazón y de la mente. De todas las actividades artísticas del hombre, la pornografía, si es que puede llamarse arte, es la que requiere menos esfuerzo mental. Quizá nada haya hecho más daño al desgarrado tejido de la civilización estadounidense que la sentencia del Tribunal Supremo de 1957 en el caso *Roth contra EE.UU.*, que definió la obscenidad como algo "carente por completo de importancia social redentora". Dado que un abogado avispado puede encontrar al menos un rastro de "importancia social" en cualquier tipo de basura, se abrió la caja de Pandora, y los magnates minoritarios de Hollywood, Broadway y Publishers' Row no tardaron en aprovechar la oportunidad... y los beneficios.

[521] John Leggett, "The Wasp Novel", *New York Times Book Review*, 30 de noviembre de 1969, p. 2.

[522] El genio bañado por lo que Matthew Arnold ha llamado "el resplandor nacional" tiene menos dificultades que el genio de una cultura fragmentada, que obliga a todos a un partidismo de un tipo u otro. Como dijo Goethe, "Bedauert doch den ausserordentlichen

carrera artística de éxito y se decantan por la ciencia, donde su creatividad se ve menos obstaculizada. Situaciones similares en el pasado pueden ilustrar por qué en la vida de las naciones la eflorescencia artística ha precedido generalmente a la científica: por qué Sófocles llegó antes que Arquímedes, Dante antes que Galileo, Shakespeare antes que Newton y Faraday, Goethe antes que Planck. Las matemáticas, la física y la química, pero no las ciencias de la vida, son menos controvertidas que el arte.[523] En una sociedad dividida y pluralista pueden ser el último refugio de la libre expresión y la libre investigación. Ortega y Gasset ha dicho que "se lee para juzgar". El aforismo podría ampliarse diciendo que a medida que las naciones envejecen y se vuelven más divergentes en política, religión, clase y raza, la gente lee para calmar o excitar sus prejuicios.

El atisbo de una gran era artística apareció en Estados Unidos en la primera mitad del siglo XIX. En Nueva Inglaterra, Nueva York, Filadelfia y el Sur se estaba formando una aristocracia autóctona a partir de generaciones de terratenientes, magnates navieros, oficiales del ejército y la marina, y dirigentes gubernamentales, eclesiásticos y educativos. Al mismo tiempo, surgían escuelas de artistas de la Mayoría, cuyo ritmo de crecimiento estaba sincronizado con el de la aristocracia en ciernes. Tal vez no fuera una coincidencia que el valle del río Hudson, la tierra de estampida de los primeros aristócratas estadounidenses, produjera el primer gran escritor estadounidense, Washington Irving, el mayor escritor estadounidense, Herman Melville, y la primera escuela de pintura estadounidense. Los patrones holandeses de Nueva Ámsterdam habían labrado sus haciendas

---

Menschen, dass er in einer so erbarmlichen Zeit leben, dass er immerfort polemisch wirken musste". Eckermann, *Gespräche mit Goethe* (7 de febrero de 1827).

[523] El arte menos controvertido es la música y, en consecuencia, el último en ser desvitalizado por la censura. El único arte que aún permanece en manos de la mayoría es la música country, e incluso ésta está cayendo bajo el triple asalto del jazz negro, las drogas y los cínicos promotores del mundo del espectáculo. El crítico Richard Goldstein, escribiendo para las jóvenes lectoras de *Mademoiselle* (junio de 1973), denunció que la música country era "amenazadora" para la sensibilidad judía. En su lugar, recomendaba la lúbrica cadencia de los ritmos negros. Los festivales de rock, que atraen a audiencias gigantescas y una atención gigantesca de los medios de comunicación, son en parte un intento confuso de rescatar la música popular de Tin Pan Alley. Pero no son en absoluto tan improvisados como la prensa los hace parecer. El Festival de Woodstock tuvo una venta anticipada de entradas de 1.400.000 dólares, generada por los 200.000 dólares que sus dos productores judíos, John Roberts y Mike Lang, gastaron en anuncios de radio y prensa. *New York Times Magazine*, 7 de septiembre de 1969, pp. 122, 124.

ribereñas décadas antes de la fundación de las plantaciones de Virginia y cuando Boston aún era una teocracia de cabañas de madera.[524]

La traumática experiencia de la Guerra Civil no fue la única responsable de poner fin a la gran promesa artística de Estados Unidos. Hubo una fluidez social desbordante que siguió a la guerra e hizo posible la colonización del Oeste. Había fortunas que ganar -en el comercio, la industria, la minería, la tierra- y mientras la plutocracia crecía, el arte menguaba.[525] También estaba la Nueva Inmigración, que causó estragos en los procesos normales y orgánicos de la evolución artística.

En el último momento de la República romana, cuando la cultura romana mostraba signos de rigor mortis, Augusto detuvo la disolución del arte romano frenando el despojo de la Mayoría romana. El resultado fue la Edad de Oro de la literatura latina. Hubo que esperar a que la decadencia de Roma comenzara propiamente -según Gibbon, con la llegada de Cómodo en 180 d.C.- para que el arte romano y la Mayoría Romana emprendieran un camino irreversible hacia la extinción.

Por el bien de la Mayoría Americana y del arte americano, es de esperar que Estados Unidos se encuentre en su etapa preagustiniana, no precomodiniana".[526]

---

[524] Significativamente, la madre de Melville, Maria Gansevoort, descendiente de una antigua familia holandesa, era una "mujer fría y orgullosa, arrogante en el sentido de su nombre, su sangre y la opulencia de sus antepasados". Raymond M. Weaver, *Herman Melville*, p. 34. Véase también Morison, *Oxford History of the American People*, pp. 1777, 487, para una comparación cronológica de las aristocracias de Nueva York y Nueva Inglaterra.

[525] "La verdadera revolución [en Estados Unidos] no fue lo que se llama la Revolución en los libros de historia, sino que es consecuencia de la Guerra Civil; tras la cual surgió una élite plutocrática". T. S. Eliot, *Notes towards the Definition of Culture*, Harcourt Brace, Nueva York, 1949, p. 44.

[526] Los medios adoptados por Augusto para rehabilitar a los "antiguos romanos" deberían dar mucho que pensar a los interesados en invertir la desposesión de la mayoría. El punto de partida de Augusto era "que la raza italiana era inconmensurablemente superior a cualquier otra, y no deseaba verla perdida en una maraña políglota". Buchan, *Augustus*, p. 20. "Considerando también de gran importancia mantener al pueblo puro y sin mancha alguna de sangre extranjera o servil, fue muy cauteloso a la hora de otorgar la ciudadanía romana y puso un límite a la manumisión." Suetonio, *Divus Augustus*, trad. J. C. Rolfe, XL, 3.

CAPÍTULO 19

La secularización de la religión

E L ARTE ES UNO DE LOS campos de batalla del choque cultural que se está produciendo en Estados Unidos. La religión es otro. La intención de este capítulo, sin embargo, no es entrar en especulaciones teológicas ni cuestionar la verdad o el error de ninguna fe en particular, sino examinar el aspecto puramente social y pragmático de la religión y su adecuación a las actuales mareas de cambio político, económico y social.

Puede que Dios haya muerto, como en su día se anunció que había muerto el Gran Pan, y como proclaman muchos eclesiásticos del siglo XX, haciéndose eco de las ilusiones de Nietzsche. Pero el instinto religioso está muy vivo. Aunque la ciencia está muy lejos de confirmarlo, a menudo parece que los hombres nacen con un gen religioso. Puede que en los tiempos modernos se haya producido una alarmante disminución del magnetismo espiritual y de la elevación de la religión formal, pero los hombres lo han compensado trasladando su religiosidad innata a credos más mundanos: democracia, liberalismo, capitalismo, nacionalismo, fascismo, socialismo y comunismo. Si la abundancia de santos, demonios, mártires y profetas es un signo de celo religioso, el siglo XX debería considerarse el más religioso de todos los siglos. Nunca desde los tiempos de Roma tantos jefes de estado, tanto vivos como muertos, habían sido deificados o diabolizados a tan gran escala. La creencia en los dioses antiguos puede estar parpadeando, pero la creencia en las deidades más mundanas del presente es brillante como el láser.

Una revisión de la religión organizada en Estados Unidos debe comenzar con un análisis del cristianismo. Hasta hace muy poco, Estados Unidos se llamaba una nación cristiana y, estadísticamente, alrededor del 60% de todos los estadounidenses siguen perteneciendo a una iglesia cristiana.[527] Pero,

---

[527] *El Almanaque Mundial* de 1980 recoge 169 confesiones religiosas en Estados Unidos, con un total de 170.185.693 miembros, es decir, el 78% de la población. De ellas, 49.836.176 son católicos romanos, 3.970.735 ortodoxos orientales, 1.850.000 judíos, 2.000.000 musulmanes y 21.000 budistas. De los 112.507.782 restantes, la mayoría son protestantes, cuasi-protestantes y miembros de sectas cristianas no afiliadas. La cifra de católicos romanos es bastante engañosa porque la Iglesia Católica cuenta como miembros a todos los que están bautizados. La cifra de judíos aumentó inexplicablemente a 3.985.000 en el *Almanaque Mundial* de 1981, aunque se sabe que los judíos son el grupo de población estadounidense más irreligioso. Por otra parte, muchas de las grandes

¿qué es exactamente un cristiano? La definición parece depender de la confesión religiosa de quien lo define. Para los católicos romanos, San Francisco, uno de los pocos que tomaron a Cristo al pie de la letra, y Bonifacio VIII, más César que Papa, eran cristianos. Para los protestantes, también lo era el capitán (más tarde reverendo) John Newton, que compuso el popular himno "Qué dulce suena el nombre de Jesús" mientras el barco que comandaba esperaba frente a la costa de Guinea para recoger un cargamento de esclavos del interior.[528] Otros cristianos han sido sirios encolumnados, nórdicos con espadas, negros caníbales, emperatrices lujuriosas y monjas piadosas.

La dificultad de definir a un cristiano procede en parte de las polarizaciones masivas y las reconciliaciones cíclicas del cristianismo en sus casi dos milenios de existencia. Ninguna religión ha sido tantas cosas para tantos creyentes y tantos teólogos. Ninguna ha provocado tantas herejías y cismas, tanta guerra y tanta paz, tanta animadversión y tanto amor, tanta puntillosidad y tanto éxtasis. Quizá el único momento en que el cristianismo estuvo verdaderamente unificado y fue una sola religión fue en su infancia, cuando era una simple rama del judaísmo, una de las muchas sectas que florecieron en el fermento espiritual provocado por la invasión romana del Estado judío.

El primer gran problema del cristianismo fue puramente racial. ¿Sería una religión para judíos o para gentiles? El propio Jesús era un galileo de la "Galilea de los gentiles". No hay pruebas definitivas de que fuera judío, pero es casi seguro que se crió en un ambiente cultural judío.[529] Al principio, muchos judíos lo veían como un posible Mesías venido a satisfacer sus ansias de un retorno a las glorias temporales de Salomón. Más tarde, cuando el ministerio de Jesús empezó a atraer a los de fuera y cuando demostró más

---

iglesias protestantes sólo cuentan los fieles activos y los comulgantes. El desglose de las grandes confesiones protestantes es el siguiente: 15.862.749 bautistas, 12.486.912 metodistas, 10.331.405 luteranos, 3.745.526 presbiterianos, 2.818.130 episcopales, 2.237.721 pentecostales.

[528] *Times Literary Supplement*, 9 de enero de 1964, p. 25.

[529] "Galilea de los gentiles" aparece en Mateo 4:15. En la época del nacimiento de Jesús, Galilea, una provincia romana del norte de Palestina, tenía una población mixta judía y asiria, y hacía menos de un siglo que se la consideraba judía. Toynbee, *Study of History*, Vol. II, pp. 73-74, y *Ency. Brit.*, Vol. 9, p. 978. Tanto los ultras como los antisemitas han intentado ocasionalmente hacer de Jesús algo distinto de un judío. La tradición talmúdica de una ascendencia en parte romana se ha señalado en la nota 105, p. 199. Un arianizador de Jesús apunta a una ascendencia de "proto-nórdicos" que una vez vivieron en Galilea y sus alrededores. C. G. Campbell, *Race and Religion*, Peter Nevill, Londres, 1973, p. 151. Houston Stewart Chamberlain en su *Foundations of the Nineteenth Century* también cuestionó el judaísmo de Jesús.

interés por un reino de otro mundo que por uno mundano, los judíos cerraron rápidamente sus corazones y sus carteras.[530] En palabras de Arnold Toynbee, "este inspirado vástago judío de gentiles galileos convertidos a la fuerza fue entonces rechazado y condenado a muerte por los líderes judaicos de la judería de su época".[531]

El siguiente problema al que se enfrentó el cristianismo, una vez que se alejó del judaísmo, fue qué parte de su trasfondo y tradición judíos originales se conservarían o deberían conservarse. Una facción, los marcionitas, intentó purgar a la Iglesia primitiva de toda influencia judía, llegando incluso a tachar el Antiguo Testamento de obra del diablo. La Iglesia petrina adoptó la postura contraria, aceptando la Biblia judía, canonizando gran parte de la teología y la ley judías y tratando a los judíos como parteras del cristianismo. De hecho, la Iglesia católica de Roma y la Iglesia ortodoxa oriental de Constantinopla absorbieron casi todo lo judío, excepto a los propios judíos. Finalmente, los judaizantes vencieron prácticamente a todos sus rivales, aunque persistieron restos de influencia marcionita hasta que los cátaros del sur de Francia fueron liquidados por auxiliares papales en el siglo XII.[532] Si los marcionitas hubieran prevalecido, no habría habido Judeo en la herencia judeo-cristiana de la civilización occidental.[533]

---

[530] El filósofo español Miguel de Unamuno dio otra razón por la que los judíos dieron la espalda a Jesús. Predicaba la inmortalidad, en la que los judíos tienen escaso interés. Unamuno, *Del Sentimiento Trágico de la Vida,* Editorial Las Américas, Nueva York, 1966, Capítulo IIT.

[531] *A Study of History,* Vol. V, p. 658.

[532] *Ency. Brit.,* Vol. 5, p. 72, y Vol. 14, p. 868.

[533] En esta herencia dividida pueden detectarse ciertas manifestaciones raciales. Marción, oriundo del norte de Asia Menor, nació fuera de la ecumene semítica. Los santos Pedro y Pablo y muchos otros líderes de la Iglesia petrina eran judíos conversos. Un importante legado judío al cristianismo fue la doctrina del pecado original, fuertemente apoyada por San Agustín, un norteafricano, y fuertemente combatida por Pelagio, un nativo de las Islas Británicas, en una de las disputas teológicas más serias del cristianismo. Ajenos al pensamiento y la tradición hebreos, pero demasiado arraigados para ser purgados por los judaizantes más fanáticos, estaban los tres reyes magos del Nuevo Testamento, la tentación en la montaña, el bautismo, el paraíso y la resurrección. Esta vertiente no judía del cristianismo, según un punto de vista, fue originada por el profeta persa Zoroastro, cuyas enseñanzas habían llegado a ser familiares a Jesús como resultado de su asociación con los amorreos, que mantenían estrechos contactos con los persas, y quizás por su relación de sangre con ellos. C. G. Campbell, op. cit., capítulo II. Con respecto a las diferencias aparentemente congénitas en la sensibilidad religiosa de semitas y no semitas, T. E. Lawrence dijo lo siguiente: "Yo había creído a los semitas incapaces de utilizar el amor como vínculo entre ellos y Dios... El cristianismo me había parecido el primer credo en proclamar el amor en este mundo superior, del que el desierto y el semita (desde

Uno de los temas principales del magnífico obituario de Gibbon sobre el Imperio Romano fue el importante papel del cristianismo en su decadencia y disolución.[534] Si el gran historiador hubiera explorado más a fondo el funcionamiento de la Iglesia primitiva, podría haber descubierto que el verdadero culpable no era la religión cristiana como tal, sino quienes exaltaban los elementos igualitarios e insurreccionales del cristianismo a expensas del concepto cristiano más fundamental de la inmortalidad. Por un lado, el poder y los privilegios de la menguante élite romana se vieron socavados por el acento del Nuevo Testamento en la fraternidad y la renuncia. Por otro lado, los sermones incendiarios de los primeros Padres, cuyas críticas contra el paganismo romano exigían la destrucción de todo lo relacionado con la antigua religión, incitaron a las razas súbditas a la violencia. En el 310 d.C. se produjo un último estallido de represión pagana cuando el emperador Galerio vertió plomo fundido en las gargantas cristianas y dio a los leones una última comida de mártires en el Coliseo. Dos años después, Constantino vio la cruz en llamas y Roma pronto tuvo un emperador cristiano.

Cuando el cristianismo se convirtió en religión de Estado, los obispos cambiaron de discurso. En lugar de oponerse al gobierno, la Iglesia se convirtió en su guardiana. En lugar de atacar el servicio militar, lo defendió. Los cristianos, que antes eran los oprimidos, ahora eran los opresores. Las llamas de los templos griegos y romanos iluminaban el cielo nocturno de la Roma moribunda. Aunque era demasiado tarde para evitar el colapso del Imperio, los obispos consiguieron convertir, en cierto modo, a los teutones conquistadores, que más tarde salvaron al cristianismo occidental de los hunos, árabes, turcos y otros merodeadores paganos.

En la época de las Cruzadas, el cristianismo se había dividido en las iglesias católica romana y ortodoxa griega. Volvió a dividirse cuando el norte de Europa, incitado por príncipes y potentados que codiciaban la riqueza que iba a parar a la Santa Sede, se separó del absolutismo espiritual y la *realpolitik temporal* de los Papas latinizados. La Reforma trazó las fronteras religiosas que aún separan a la Europa protestante de la católica y las

---

Moisés hasta Zenón) lo habían excluido... Su nacimiento en Galilea lo había salvado de ser una más de las innumerables revelaciones del semita". Galilea era la provincia no semita de Siria, cuyo contacto era casi impuro para el judío perfecto... Cristo, por elección, pasó su ministerio en su libertad intelectual... " *Siete Pilares de Sabiduría*, Doubleday, Doran, Garden City, N.Y., 1935, p. 356. También podría haber existido una repulsión racial por parte de los gentiles hacia algunas prácticas religiosas judías, en particular ese aspecto del ritual de la circuncisión en el que se pide a un "huésped venerable y honrado que aplique su boca al pene y aspire la primera gota de sangre". Ernest Van den Haag, *La mística judía*, p. 160.

[534] *Decadencia y caída del Imperio Romano*, capítulos 15 y 16.

fronteras raciales que en muchas zonas siguen separando a los nórdicos de los alpinos.

El difunto profesor Guignebert de la Universidad de París, experto en erudición bíblica, ha aportado una interesante visión lateral sobre el desarrollo del cristianismo al señalar el cambio de "apariencia" de Jesús a lo largo de los tiempos.[535] Las primeras representaciones de Jesús lo tenían peludo, feo y abyecto. Más tarde, en los rosetones y estatuas góticas, y en las pinturas y frescos renacentistas, Cristo fue dotado de rasgos nórdicos y a veces se parecía más a Sigfrido que al hijo de un carpintero mediterráneo. Muchos cuadros de la Sagrada Familia representaban a la Virgen y al Niño Jesús con el pelo rubio y los ojos azules. En las grandes obras maestras del arte cristiano se percibía por doquier la estética.

El cristianismo llegó a Estados Unidos de la mano de miembros de prácticamente todas las confesiones cristianas: anglicanos y anabaptistas, católicos y menonitas, luteranos, cuáqueros y shakers, ortodoxos griegos y doukhobors. La Iglesia Episcopal -dos tercios de los firmantes de la Declaración de Independencia eran episcopales[536] - y las iglesias calvinistas (principalmente la Congregacional y la Presbiteriana) siguieron siendo dominantes hasta el auge de las sectas evangelistas y revivalistas a principios del siglo XIX. La cuestión de la esclavitud disolvió la unidad cristiana que existía entre el Norte y el Sur, lo que hizo que muchos yanquis abandonaran la moral del ojo por ojo y la férrea predestinación del calvinismo[537] por el unitarismo y otras confesiones menos rigurosas y selectivas. En los mismos años, las iglesias del Sur impusieron un cristianismo estratificado y racialmente separado en los estados esclavistas, justificando sus acciones con turbios pasajes bíblicos sobre la esclavitud humana.[538]

---

[535] Charles Guignebert, *Jésus*, Le Renaissance du Livre, París, 1933, pp. 189-96. En *The Everlasting Gospel*, Blake se explayó sobre dos caras diferentes de Jesús: "The Vision of Christ that you dost see/Is my vision's greatest enemy./Thine has a great hooked nose like thine;/Mine has a snub nose like to mine".

[536] *Ency. Brit.*, Vol. 18, p. 612.

[537] El calvinista de Nueva Inglaterra de finales del siglo XVIII estaba tipificado por Samuel Adams, que "no era un revolucionario, sino un racista, anticatólico, sin ningún favor hacia las minorías". Samuel Morison, *Oxford History of the American People*, p. 211.

[538] El más citado fue Génesis 9:22-27. Cam, considerado por algunos teólogos como el progenitor de la raza negra, ve a su padre, Noé, desnudo en su borrachera. Cuando Noé se entera, lanza una maldición sobre Canaán, hijo de Cam, destinándolo a ser "siervo de siervos". Sem (el primer semita) y Jafet (¿el primer no semita?), los dos hermanos de Cam, debían a partir de entonces ser servidos por toda la eternidad por Canaán, según los intérpretes proesclavistas del Antiguo Testamento.

Poco antes de la Guerra Civil, el catolicismo romano comenzó a asumir cierta prominencia en los asuntos nacionales. Además de su función religiosa, la Iglesia Católica sirvió como una inmensa organización de servicios sociales para la afluencia masiva de inmigrantes irlandeses hambrientos y nostálgicos. Décadas más tarde, se convirtió en el pastor espiritual y, en ocasiones, político de los millones de católicos del centro y sur de Europa que aportaron el grueso de la nueva inmigración. A principios de los años treinta, la Iglesia católica era el mayor y más poderoso organismo religioso de Estados Unidos. En 1928, Alfred E. Smith perdió las elecciones presidenciales en parte por ser católico. En 1960, John F. Kennedy ganó la presidencia en parte porque era católico. En el 97° Congreso (1981-82), más congresistas pertenecían a la Iglesia Católica que a cualquier otra confesión religiosa.

Hoy en día, el cristianismo en Estados Unidos -salvo los fundamentalistas- ha desviado su atención de Dios hacia el hombre y se ha convertido en el paladín de las minorías. Muchos ministros protestantes cogen el dinero de sus colectas y lo gastan en proyectos para negros e hispanos que a menudo son más políticos que caritativos. Las iglesias se transforman en lugares de reunión de bandas de negros.[539] Los clérigos dejan constancia de su "profundo agradecimiento" al militante negro que irrumpió en la iglesia Riverside de Manhattan y exigió 500 millones de dólares en "reparaciones".[540] Durante mucho tiempo tolerantes con el comunismo en sus diversas formas estalinistas, titoístas y maoístas,[541] muchos clérigos ahora apoyan abiertamente la revolución en América Central,[542] trafican con

---

[539] Todo en vano, como predijo Nietzsche hace un siglo: "No hay nada más terrible que una clase bárbara esclava, que ha aprendido a considerar su existencia como una injusticia, y ahora se prepara para vengarse, no sólo de sí misma, sino de todas las generaciones futuras. Ante tales tormentas amenazadoras, ¿quién se atreve a apelar con alguna confianza a nuestras pálidas y agotadas religiones?" El *nacimiento de la tragedia*, de *La filosofía de Nietzsche*, trad. Clifton Fadiman, Modern Library, Nueva York, p. 1048.

[540] *Time*, 16 de mayo de 1969, p. 94.

[541] Según el investigador del Congreso J. B. Matthews, 7.000 clérigos estadounidenses abrazaron en su día la línea del partido comunista. A medida que la Unión Soviética se volvía más agresiva y belicosa, muchos de ellos adoptaron formas más seguras y aceptables de marxismo. Para la estimación de Matthews, véase Walter Goodman, *The Committee*, Farrar Straus, Nueva York, 1968, p. 335.

[542] Un cónclave londinense organizado por el Consejo Mundial de Iglesias (protestantes) publicó un informe en el que se afirmaba que "los guerrilleros que luchan contra regímenes racistas deben recibir el apoyo de la iglesia si se ha visto que todo lo demás ha fracasado". También afirmaba que, en determinadas circunstancias, "la iglesia debe apoyar los movimientos de resistencia, incluidas las revoluciones, cuyo objetivo sea la

extranjeros ilegales, hacen propaganda a favor del desarme unilateral,[543] aumentan la fianza de los matones de las Panteras Negras,[544] y conspiran contra un futuro servicio militar obligatorio como conspiraron contra el esfuerzo bélico de Estados Unidos en Vietnam.[545] Algunos sacerdotes católicos han participado activamente en la incitación a las huelgas de los trabajadores agrícolas inmigrantes mexicano-americanos contra los granjeros de California.[546] Otros, en particular los hermanos Berrigan, han irrumpido en las oficinas del Servicio Selectivo y destruido registros de reclutamiento.[547] Otros han salido a la calle y han encabezado sentadas masivas desafiando abiertamente las leyes estatales y locales y las restricciones del Papa Juan Pablo II contra la participación de los sacerdotes en política.

Por diversas razones, la actual versión liberal-minoritaria del cristianismo en Estados Unidos carece de credibilidad y huele a diletantismo. Jesús era un desvalido. Su pobreza y su condición de minoría estimularon una honesta preocupación por los oprimidos y oprimidas. El clérigo bien alimentado y financiado, que camina uno o dos kilómetros en una "marcha por la libertad",

---

eliminación de la tiranía política o económica que hace posible el racismo." La conferencia fue presidida por el senador George McGovern, delegado laico metodista. *Time*, 6 de junio de 1969, p. 88. A lo largo de los años, el Consejo Mundial, al que pertenecen la mayoría de las confesiones protestantes estadounidenses, ha seguido apoyando a los grupos terroristas negros de África con sermones y dinero en efectivo.

[543] Como hizo la Conferencia Nacional de Obispos Católicos en 1985.

[544] *New York Times*, 31 de enero de 1970, p. 9. En septiembre de 1970, la militante negra Angela Davis, aunque estaba en la lista de las diez más buscadas del FBI por poseer las armas que mataron a un juez de California, fue honrada con la exhibición de su retrato en un lugar destacado del Domingo de la Liberación anual de la Iglesia Episcopal de San Esteban en St. Louis. *Miami Herald*, 27 de septiembre de 1970, p. 30A. La Srta. Davis, una estalinista furibunda, fue exonerada más tarde por un jurado compuesto exclusivamente por blancos.

[545] El capellán de la Universidad de Yale William Sloane Coffin, Jr., casado en su día con la hija bailarina de Artur Rubinstein, fue condenado a dos años de prisión en 1968 por conspirar para aconsejar a jóvenes estadounidenses que eludieran el servicio militar obligatorio. El veredicto del jurado fue posteriormente anulado por un tribunal superior. *Almanaque mundial de* 1970, p. 922.

[546] *Time*, 10 de diciembre de 1965, p. 96.

[547] *New York Times*, 9 de agosto de 1970, Sec. 4, p. 7. En enero de 1971, los Berrigan fueron acusados de conspirar para volar los sistemas de calefacción de cinco edificios gubernamentales en Washington y secuestrar a Henry Kissinger. Según *Time*, los dos hermanos eran "rebeldes de cuna". Su padre, Tom Berrigan, organizador sindical, era hijo de inmigrantes irlandeses que habían huido a Estados Unidos para escapar de la pobreza del Ould Sod. *Time*, 25 de enero de 1971, pp. 14-15.

recibe un trato de alfombra roja en Hanoi y se deja caer de vez en cuando para ver cómo les va a sus amigos negros de los barrios bajos, parece un poco falso. También lo parece la "conciencia social" del Vaticano (80.000 millones de dólares en activos, incluida una cartera de acciones de 5.600 millones de dólares)[548] y del establishment religioso estadounidense (sólo en propiedades, valoradas en 102.000 millones de dólares).[549] Semejante acumulación de riqueza, que no es nada nuevo en la historia de la Iglesia, siempre ha hecho que el cristianismo resulte sospechoso a los ojos de los radicales de izquierda. Ayuda a explicar por qué, a pesar de todo lo que los liberales cristianos hicieron para preparar el camino, en las tres grandes revoluciones de la historia moderna -francesa, rusa y china- el cristianismo fue proscrito oficial o extraoficialmente.

Aunque los cristianos son casi mil millones, su fe se está enfriando.[550] Los Papas ya no mandan ejércitos, excomulgan reyes, ejecutan herejes ni organizan cruzadas. Ya no se construyen Sainte Chapelles ni hay artistas con un ápice de la intensidad religiosa de un cuadro de Fra Angelico. Las plumas de Lutero y Milton siguen vivas. Los enardecedores himnos protestantes de antaño han perdido su garra dominical y cada vez son menos cantados. Las reuniones de avivamiento en carpas y por televisión siguen atrayendo a grandes multitudes, aunque se convierten más labios que corazones. La religión de antaño sigue viva y goza de buena salud en algunas zonas, pero tiene más relevancia para las ambiciones temporales de los evangelistas que golpean el púlpito que para Dios. Puede que los predicadores católicos y protestantes obtengan resmas de publicidad favorable en la prensa cuando abandonan a sus rebaños para difundir sus "buenas nuevas" entre las

---

[548] Nino Lo Bello, *The Vatican Empire*, Fireside, Simon and Schuster, Nueva York, 1970, pp. 23, 135. La Santa Sede, que ha tenido su ración de escándalos financieros, negó formalmente estas estimaciones, aunque admitió que está tan enredada en las altas finanzas que ha establecido estrechas relaciones con los Rothschild. *New York Times*, 22 de julio de 1970, p. 8. El Papa Juan Pablo II reveló que la Iglesia tenía un déficit presupuestario de 20 millones de dólares en 1979. Informe de UPI, 10 de noviembre de 1979.

[549] *Time*, 18 de mayo de 1970, p. 44. De los 17.600 millones de dólares que particulares u organizaciones estadounidenses aportaron a obras benéficas en 1969, 7.900 millones se destinaron a fines religiosos. *U.S. News & World Report*, 13 de julio de 1970, p. 65. Las donaciones benéficas ascendieron a 124.300 millones de dólares en 1992.

[550] Según el *Almanaque Mundial* de 1994, hay 1.833.022.100 cristianos, frente a 971.328.000 musulmanes, 732.812.000 hindúes, 314.939.000 budistas, 187.107.000 practicantes de la religión popular china, 18.800.000 sijs, 17.822.000 judíos, 10.493.000 chamanistas, 6.028.000 confucianos y 6.028.000 baha'is. A pesar del enorme número de cristianos, se sabe que el rabino Arthur Hertzberg, presidente de la Liga Judía Americana, dijo: "Creo que el cristianismo ha muerto". *New York Daily News*, 13 de mayo de 1975, p. 44.

minorías, pero eso les hace ganar pocos puntos con sus congregaciones locales. Sin embargo, los líderes de la llamada Mayoría Moral se han ganado un cierto reconocimiento, no por predicar el Evangelio, sino por atacar la corrupción y la inmoralidad pandémicas de los poderes mundanos. Irónicamente, parte de esta corrupción puede atribuirse a los sacerdotes y predicadores que vociferan contra ella.

La deformación de la religión en Estados Unidos, el paso de la impronta del Antiguo Testamento de los colonos blancos originales al cristianismo social permisivo del presente, plantea la vieja cuestión de la eficacia con que la religión moldea el carácter y la eficacia con que el carácter moldea la religión. Según los criterios modernos, el americano colonial, con su rifle en una mano y su Biblia en la otra, era una caricatura de cristiano. Puede que leyera el Buen Libro a su familia una vez a la semana, pero rara vez iba a la iglesia. Se sabe que los peregrinos no tuvieron pastor durante los nueve años siguientes a su llegada. En Virginia, menos de uno de cada diecinueve era miembro de la iglesia. Entre los colonos de la bahía de Massachusetts, sólo una quinta parte profesaba la fe cristiana.[551] Joshua, aunque quizá no el difunto obispo Pike,[552] se habría sentido orgulloso de los peregrinos. Cuando

---

[551] William W. Sweet, *The Story of Religion in America*, Harper, Nueva York, 1950, pp. 5, 45, 48.

[552] La inmoralidad pública de muchos líderes eclesiásticos modernos es la mejor prueba del profundo cambio que se ha producido en la religión estadounidense. El obispo Pike, por ejemplo, era casi la antítesis del divino puritano del siglo XVII. Nacido católico romano en Hollywood, Pike asistió a un colegio jesuita y se hizo abogado antes de ser ordenado sacerdote episcopal. Alcohólico cuando fue ascendido a obispo, Pike se casó tres veces y se divorció dos. Su hijo y su secretaria favorita se suicidaron; su hija intentó suicidarse. Antes de morir en Israel, renunció a su obispado bajo fuego y se dedicó al espiritismo. *Time*, 11 de noviembre de 1966, p. 56, y *New York Times*, 8 de septiembre de 1969, p. 1. Dos destacados eclesiásticos negros dieron ejemplos igualmente pobres. Adam Clayton Powell, con sus nóminas abultadas y sus chanchullos con las cuentas de gastos, y Martin Luther King, Jr., con sus intentos de dirigir el curso de la política exterior e interior estadounidense, se comportaron más como cardenales renacentistas que como ministros bautistas. *New York Times*, 4 de enero de 1969, p. 1 y *Time*, 17 de agosto de 1970, p. 13. Incluso el "profeta" de los Musulmanes Negros, Elijah Muhammad, que cumplió una condena de tres años de prisión por eludir el servicio militar, escandalizó a su principal lugarteniente por sus escarceos con la ayudante de oficina. *Autobiografía de Malcolm X*, pp. 209-10, 299. Dean Moorehouse, ex ministro metodista, fue a la cárcel por dar LSD a menores. Era amigo de Charles Manson, líder de una secta de la Costa Oeste que cometió al menos nueve asesinatos. Moorehouse siguió siendo amigo de Manson, incluso después de que éste "adoptara" a la hija de quince años de Moorehouse en su banda homicida. *New York Times Magazine*, 4 de enero de 1970, p. 32. Cuando el obispo episcopal Robert Hatch fue informado de que su hija iba a aparecer desnuda en un teatro de San Francisco, dijo: "Me alegro de que tenga la oportunidad de expresarse". *Time*, 8 de junio de 1970, p. 40. El reverendo Ted McIlvenna, ministro metodista de San

consiguieron ir a la iglesia de Plymouth, marcharon de tres en tres con los mosquetes y los fusiles preparados, mientras otros miembros de la congregación tripulaban seis cañones en el tejado, cada uno capaz de disparar bolas de hierro de cuatro a cinco libras.[553] ¿Se trataba de un cristianismo diferente? ¿O era otro tipo de cristianismo?

Muchos otros aspectos del cristianismo americano primitivo son igualmente aborrecibles para los líderes eclesiásticos modernos. John Winthrop, el primer gobernador de la Colonia de la Bahía de Massachusetts, probablemente habló en nombre de todos los ancianos puritanos cuando dijo que la democracia "siempre ha sido considerada la más mezquina y la peor de todas las formas de gobierno".[554] En Connecticut y Massachusetts se restringió el derecho de voto a los miembros de las iglesias, por muy molesto que esto pueda resultar a quienes creen que la tradición política estadounidense está ligada de forma inalterable a la separación de la Iglesia y el Estado.[555] Igualmente inquietante es el hecho de que la Iglesia de Nueva Inglaterra prosperara gracias al comercio de esclavos y ron, y que muchos conocidos ministros congregacionales fueran propietarios de esclavos.[556]

La religión protestante ha pasado por su fase pionera del Antiguo Testamento y, a pesar de muchos fundamentalistas ruidosos, por su fase evangélica del Nuevo Testamento. Ahora se encuentra en su fase liberal. La religión católica en América sigue un calendario similar, aunque más tardío.[557] La fe

---

Francisco, hizo sesenta y cuatro películas de sexo explícito y las vendió por 150 a 250 dólares cada una a 8.000 clientes, "uno de los más importantes fue el gobierno federal". Utilizó un elenco de diez parejas voluntarias no remuneradas. *New York Times*, 18 de mayo de 1980. Unos años antes, noventa destacados sacerdotes episcopales estaban de acuerdo en que los actos homosexuales consentidos entre adultos son "moralmente neutros" e incluso podrían ser algo bueno. *New York Times*, 29 de noviembre de 1967, p. 1. Quizá el punto más bajo de la religión en Estados Unidos se alcanzó en Jonestown, Guyana, donde el reverendo psicópata Jim Jones ordenó el suicidio en masa de 911 personas de su rebaño, en su mayoría negras, en 1978. Otro divino enloquecido, David Koresh, presidió la inmolación de 85 de sus seguidores semihipnotizados en su enfrentamiento de 1993 con agentes federales en Waco. Para los que tengan poca memoria, en los años 80 y principios de los 90 un número considerable de sacerdotes católicos confesaron ser homosexuales o pederastas.

[553] Sweet, op. cit., pp. 46-47.

[554] Ibídem, p. 51.

[555] Ibídem, p. 53.

[556] Ibídem, pp. 285-86. En 1776 había 6.000 esclavos en Massachusetts.

[557] La colonia "católica" de Maryland fue en gran medida una ficción. Durante la mayor parte de su existencia se prohibió la entrada de inmigrantes católicos y se prohibió el culto católico. Beard, *The Rise of American Civilization*, Vol. I, p. 65.

ardiente que trajeron los inmigrantes de Irlanda y del centro y sur de Europa se ha ido enfriando poco a poco. Muchos de sus descendientes obedecen ahora un código menos rígido y más tolerante, que les permite desafiar la prohibición de los anticonceptivos y el divorcio, faltar a misa para jugar al golf y escapar o pensar en escapar de la cálida protección de su capullo religioso a los espacios inexplorados del agnosticismo.

Los sacerdotes e incluso algunas monjas se casan, no siempre dentro de la Iglesia.[558] Las escuelas parroquiales cierran por falta de fondos. Miembros de la jerarquía desafían la infalibilidad papal. Mientras se cierne la posibilidad de otro gran cisma, la Iglesia tiene cada vez más dificultades para mantener bajo un mismo techo a sus cada vez menos devotos comulgantes. Si la Iglesia se mueve demasiado a la izquierda para apaciguar a su creciente contingente hispano, aliena a sus irlandeses y a otros católicos blancos asimilados. A medida que se agudizan las divisiones raciales dentro de sus filas, a medida que la antigua batalla externa contra los protestantes se convierte en una lucha interna por el poder, la unidad católica, que antaño fue una fuerza política tan poderosa en Estados Unidos, puede decaer pronto hasta el punto de que los católicos ya no voten según su religión, sino según su raza.[559]

El judaísmo en América ha seguido la misma ruta hiloteísta que el protestantismo y el catolicismo. El fanatismo ortodoxo de los sefardíes de la época prerrevolucionaria y revolucionaria se compara con la religiosidad más racional del judaísmo reformista y conservador contemporáneo como un soplete de acetileno se compara con una vela. En la actualidad, no más del 10% de los judíos estadounidenses observan las leyes dietéticas. Las encuestas sugieren que los estudiantes universitarios judíos son considerablemente menos religiosos que los no judíos.[560] Hay unas 4.000 congregaciones judías en Estados Unidos, que comprenden aproximadamente el 70% de todas las familias judías. Sin embargo, la mayoría de los judíos afiliados a sinagogas difícilmente pueden calificarse

---

[558] La hermana Jacqueline Grennan se casó con el viudo judío Paul Wexler. La Sra. Wexler llegó a ser presidenta del Hunter College. Philip Berrigan, el sacerdote radical expulsado, se casó con una monja que más tarde fue detenida por robar en una tienda. *Time*, 18 de septiembre de 1973, p. 46.

[559] Una encuesta realizada en 1992 por el Centro de Investigación Religiosa de Princeton reveló que el 26% de los estadounidenses eran fieles de la Iglesia Católica Romana y el 56% de diversas confesiones protestantes.

[560] Albert L. Gordon, *Intermarriage*, Beacon, Boston, 1964, pp. 42, 47-48, 50, 97.

de piadosos. Sólo el 19% de los judíos estadounidenses visita un templo una vez a la semana.[561]

La creación de Israel ha invertido o al menos ralentizado esta tendencia secular, atrayendo a algunos judíos de vuelta al redil religioso al renovar su interés por la historia judía.[562] El judaísmo también sigue siendo atractivo para muchos judíos por una razón que no tiene nada que ver con la religión y sí mucho con la política práctica. Como explicó un destacado judío estadounidense: "Al luchar por la causa de los derechos judíos en el extranjero, el enfoque religioso suele ser el que los dirigentes judíos consideran más aconsejable adoptar."[563] Podría haber añadido que el judaísmo también sirve de útil camuflaje para la actividad judía en asuntos internos. Mientras tanto, su antigua animadversión religiosa contra el cristianismo se ha apaciguado a medida que los judíos descubren las ventajas que pueden obtener del énfasis liberal cristiano en la tolerancia selectiva y del apoyo conservador cristiano a Israel.

El movimiento ecuménico, aunque ha conseguido acercar a protestantes y católicos más que en ningún otro momento desde la Reforma, ha sido impotente para impedir que las diversas confesiones cristianas abandonen su ascendiente moral sobre la vida estadounidense. Si la secularización continúa a su ritmo actual, el cristianismo puede que pronto no tenga un significado más profundo en el esquema americano de las cosas que los deportes. El protestantismo, de hecho, se ha vuelto tan tibio que incluso la cuestión de la ayuda federal a la educación ya no segrega cantidades indebidas de adrenalina en las glándulas bautistas o metodistas. Sin tener en cuenta las pequeñas y dispersas voces de protesta, los gobiernos nacionales, estatales y

---

[561] Encuesta Gallup, 13 de enero de 1974.

[562] En cuanto a cifras, el judaísmo religioso apenas resiste, a pesar de la reciente llegada de grandes grupos de judíos rusos procedentes de la fragmentada Unión Soviética. En el mejor de los casos, se producen unas 3.000 conversiones al año, en su mayoría de mujeres gentiles que se disponen a casarse con varones judíos de orientación tradicional. Sin embargo, no son muchos los que se convierten a la rama ortodoxa del judaísmo, un proceso que incluye sentarse en una bañera con agua hasta el cuello mientras dos ancianos eruditos disertan sobre los mandamientos mayores y menores. Litvinoff, *A Peculiar People*, p. 26, y Yaffe, op. cit., pp. 46, 100, 102. La disminución del número de judíos ha llevado al rabino Alexander Schindler, presidente de la Unión de Congregaciones Hebreas Americanas, a proponer un remedio radical. Normalmente, la ley judía sólo considera judío al hijo de madre judía. En vista del creciente número de matrimonios mixtos, el rabino Schindler sugirió que se reconociera como judío al hijo de padre judío y madre gentil. A los conservadores y a los judíos reformistas no pareció importarles la sugerencia. Los judíos ortodoxos se indignaron. *Chicago Sentinel*, 20 de diciembre de 1979, p.6.

[563] Israel Goldstein, *The American Jewish Community*, Block Publishing, 1960.

locales subvencionan a menudo las escuelas parroquiales con almuerzos y transporte gratuitos. Las instituciones parroquiales de enseñanza superior reciben ayudas económicas de cinco y seis cifras para las ciencias físicas y sociales. Apenas se oyen protestas cuando el jesuita liberal Robert Drinan, con su cuello blanco resplandeciente bajo los focos de la televisión, se presenta a las elecciones.[564]

En los últimos años, el ámbito más delicado de la relación Iglesia-Estado no ha sido la mezcla de religión y política, sino la observancia pública de la religión. Las sentencias del Tribunal Supremo contra las oraciones en las escuelas públicas[565] y la exhibición de símbolos religiosos en lugares públicos,[566] los ataques de las minorías a la pompa navideña en las aulas,[567] las quejas de las minorías sobre los sellos navideños con temas religiosos[568] -todo esto son las consecuencias de lo que es esencialmente una creciente controversia racial.

En otros tiempos, la separación de la Iglesia y el Estado significaba que las iglesias debían mantenerse solas, sin ayuda financiera, legal ni de ningún otro tipo por parte del gobierno. Ahora tiende a significar que la religión debe estar aislada e incluso en cuarentena del contacto público. Esto podría interpretarse más como una constricción que como una ampliación de la

---

[564] Pero hay una protesta pública, o más bien mediática, cuando los predicadores fundamentalistas dan sermones políticos. El padre Drinan renunció a su escaño en el Congreso por orden del Papa Juan Pablo II en 1980, pero fue elegido inmediatamente presidente de Americans for Democratic Action.

[565] En 1962, el Tribunal decidió que la recitación del Padre Nuestro o de versículos de la Biblia en las escuelas públicas era inconstitucional, con lo que, según el senador Ervin, de Carolina del Norte, Dios mismo se convertía en inconstitucional. L. A. Huston, *Pathway to Judgment*, Chilton Press, Filadelfia, 1966, p. 4. La oración sobre la que se pronunció el Tribunal decía simplemente: "Dios Todopoderoso, reconocemos nuestra dependencia de Ti e imploramos tus bendiciones sobre nosotros, nuestros padres, nuestros maestros y nuestro país".

[566] El Tribunal falló cinco a dos al prohibir la erección de una cruz en un parque de la ciudad de Eugene, Oregón. *New York Times*, 5 de octubre de 1969, p. 68.

[567] En 1969, el superintendente del sistema de escuelas públicas de Marblehead, Massachusetts, prohibió toda mención de la Navidad, pero finalmente dio marcha atrás tras una serie de manifestaciones de los niños de la Mayoría. *Washington Evening Star*, 1 de diciembre de 1969, p. 4.

[568] La Oficina de Correos de Estados Unidos fue amargamente condenada por el Congreso Judío Americano por emitir un sello que contenía una reproducción de la gran pintura renacentista de Hans Memling, *Madonna y el Niño*. *New York Times*, 17 de julio de 1966. En deferencia a la presión negra, los Santa Claus negros y los "ángeles integrados" aparecen ahora en casi todas partes en la temporada navideña.

libertad religiosa. El libre ejercicio de la religión apenas es posible sin libertad de expresión religiosa.

La campaña contra las celebraciones públicas de la religión de la Mayoría,[569] además de su iconoclasia incorporada, no puede evitar convertirse en una campaña contra la cultura de la Mayoría. Aparte de su significado religioso, la Navidad -árbol decorativo, tronco de Navidad, Papá Noel, elfos, renos y trineos que cabalgan por el cielo- es una manifestación exuberante, quizá la más exuberante, de las costumbres populares de la Mayoría.

Los miembros de la Mayoría ya han permitido que su mayor fiesta se transforme en un bazar oriental excesivamente comercializado por grandes almacenes y tiendas de descuento, muchas de las cuales son propiedad de no cristianos. Cualquier otra censura o perversión de la Navidad sería una nueva restricción, no sólo de la libertad religiosa de la Mayoría, sino del acceso a su cultura. El juez Potter Stewart, el único disidente en la sentencia del Tribunal Supremo sobre la oración en las escuelas, dejó claro este punto cuando dijo que el Tribunal, en lugar de ser neutral hacia la religión, era en realidad hostil cuando negaba a los estudiantes "la oportunidad de compartir el patrimonio espiritual de la nación".[570]

T. S. Eliot escribió: "la cultura de un pueblo [es] una encarnación de su religión", y "ninguna cultura ha aparecido o se ha desarrollado... excepto junto con una religión...".[571] Esto equivale a decir que la religión y la cultura son indivisibles, que una no puede aislarse de la otra sin que ambas sufran graves daños. En opinión de Eliot, no era casualidad que los mayores logros artísticos de la humanidad se produjeran cuando la Iglesia y el Estado trabajaban juntos, no separados.

---

[569] Se puede considerar que el cristianismo es la religión nacional de EE.UU. en el sentido de que sólo el 4% de la población pertenece a iglesias no cristianas y que el 96% restante, ya sea por afiliación religiosa, tendencia eclesiástica, nacimiento, bautismo, tradición o inclinación, muestra cierto grado de adhesión a las creencias cristianas. Aunque según una encuesta Gallup de 1968 sólo 50.000.000 de estadounidenses asisten a la iglesia con regularidad, la mayoría de los estadounidenses que no van a la iglesia siguen considerándose cristianos. *San Francisco Sunday Examiner & Chronicle, This World*, 29 de diciembre de 1968, p. 10. Una encuesta Gallup de 1974 indicó que el 55% de los católicos, el 37% los protestantes y el 19% de los judíos asisten a la iglesia todas las semanas.

[570] *New York Times*, 26 de junio de 1962, p. 16, y 18 de junio de 1963, p. 28. En Boston, el Jewish Advocate, en un editorial en el que se mostraba de acuerdo con la decisión sobre la oración, sugería que lógicamente podría ampliarse para prohibir la tradicional exhibición en Navidad del belén y otros símbolos religiosos en cualquier reunión o fiesta pública. *Wall Street Journal*, 6 de julio de 1962, p. 1.

[571] *Notas para la definición de la cultura*, pp. 32, 13.

Siguiendo la tradición de las patrias europeas, nueve de las trece colonias habían establecido iglesias, al igual que Inglaterra y los _ países escandinavos durante la mayor parte de su historia. La desestructuración de la Iglesia en Estados Unidos se produjo durante la Guerra de la Independencia, que rompió los lazos coloniales con la Iglesia de Inglaterra. Se oficializó con la Primera Enmienda, obra principalmente de Franklin, Jefferson y Madison, muchas de cuyas ideas religiosas (o irreligiosas) habían sido tomadas de la Ilustración francesa.

Si los griegos hubieran sido desestabilizadores, no habría existido el Partenón, construido con fondos públicos, ni las grandes obras teatrales de Esquilo, Sófocles, Eurípides y Aristófanes, representadas en un anfiteatro público, subvencionadas en parte por el erario público y ofrecidas al público durante festividades religiosas patrocinadas por el Estado. Si la Iglesia y el Estado hubieran estado separados en la Edad Media y el Renacimiento, no habría habido Abadía de Cluny, ni catedrales góticas, ni Baptisterio florentino, ni Capilla Sixtina, ni *Última Cena*. Bach, cabe añadir, pasó gran parte de su vida musical en iglesias sostenidas por el Estado. Por último, dado que los más ardientes defensores de la separación Iglesia-Estado suelen ser los que consideran que cada palabra de la Biblia es revelación divina, habría que recordarles que el Antiguo Testamento era el libro de los antiguos hebreos, que más que ningún otro pueblo creían que la Iglesia y el Estado eran una sola cosa.

Resulta irónico que el Tribunal Supremo, en la actualidad el más poderoso opositor a la unidad Iglesia-Estado, se asiente en un templo griego de imitación, cuyos originales nunca se habrían construido sin las subvenciones de una Iglesia establecida.[572] ¿Podría ser que la pobreza y la falta de originalidad de la arquitectura de Washington -con su monumento más alto copiado de un obelisco egipcio y sus monumentos más famosos duplicando servilmente los estilos de construcción griego, helenístico y romano- deban algo al hecho de que es la capital de la única gran nación en la que la Iglesia y el Estado han estado separados durante más de cien años? El mayor atractivo de la religión, en opinión de Miguel de Unamuno, es la promesa de inmortalidad.[573] Igualmente atractivos, si la resistencia y la supervivencia

---

[572] El anacronismo de imitar estilos arquitectónicos antiguos en una época de nuevos e interesantes materiales de construcción quedó a la vista de todos cuando las columnas corintias del edificio del Tribunal Supremo se instalaron después de colocar el tejado.

[573] *Del sentimiento trágico de la vida*, p. 42. Además de su impacto puramente religioso, el concepto de una vida después de la muerte tiene obviamente una enorme utilidad social. Es más fácil para los individuos y las razas soportar las desigualdades de la existencia terrenal si creen, o pueden ser persuadidos de creer, que tendrán otra -y mejor- existencia en el Más Allá. En este contexto, la promesa de la inmortalidad no puede sino ejercer un

son signos de atractivo, son las ceremonias religiosas, los ritos, los sacramentos, las liturgias y los días de fiesta, los puntos de intersección entre la religión y el folclore, entre la fe y el arte. Los dioses del Norte se han ido al Valhalla, pero el tronco de Navidad sigue ardiendo. En la Unión Soviética, la Iglesia Ortodoxa Oriental fue despojada de su primacía y sus privilegios, pero los espectaculares servicios de Pascua rusos siguieron cautivando a creyentes y no creyentes. (Ahora que han pasado 70 años de persecución, la Iglesia ha vuelto a las andadas, aunque todavía le queda mucho por hacer para recuperar la influencia y la posición especial que tenía bajo los zares). En México, los sacerdotes no deben llevar sotana en la calle, pero cientos de miles de mexicanos peregrinan cada año, algunos incluso ensangrentando sus cabezas con coronas de espinas en horripilantes representaciones del Vía Crucis.

Por el contrario, la mayoría de la gente quiere vivir tanto en el presente como en el más allá. Las emanaciones inmediatamente comprensibles y agradables de la religión -especialmente su dramaturgia- parecen tan necesarias para el hombre y la estética occidentales como su teología. Como si lo intuyera, la coalición liberal-minoritaria ataca las manifestaciones del cristianismo en lugar del cristianismo mismo. Sin embargo, a los que están a la vanguardia del ataque ya les está resultando más sencillo silenciar las oraciones en las escuelas públicas que silenciar los villancicos navideños.

Muchos cristianos devotos, tras haber tomado nota de que la intelectualidad ha abierto la veda contra la religión y las observancias religiosas, concluyen que viven en una época profana. Tienen razón en la medida en que los

---

efecto tranquilizador y estabilizador sobre la sociedad en general. Por otra parte, el efecto puede ser demasiado tranquilizador y estabilizador, tal vez hasta el punto del estancamiento social. En opinión de Martin Heidegger, cuyas enseñanzas han sido tergiversadas más allá de toda comprensión por la llamada escuela existencialista de filosofía, la inmortalidad tiende a devaluar la vida. Es la conciencia de la muerte y de su finalidad lo que intensifica la existencia humana y le da su sentido más profundo. Del mismo modo que el drama sin telón final apenas es un drama, el tiempo infinito e inconmensurable no es tiempo en absoluto. La filosofía de Heidegger aumenta la individualidad del hombre hasta hacerla casi divina y casi insoportable. Sin embargo, va bien con la nueva visión anticopérnica. El hombre, cuyo tamaño se redujo drásticamente cuando la Tierra pasó de ser el centro del universo a una mota galáctica, ha vuelto a crecer, quizá más que antes. Es posible que el hombre sea el único ser inteligente en todo el espacio, el estatus exaltado que se le concedió hasta el Renacimiento. Si existen formas de vida superiores en el cosmos, es casi matemáticamente seguro que algunas estarían lo suficientemente adelantadas al hombre en el proceso evolutivo como para enviarle señales simples que pudieran ser captadas por radiotelescopios y otros sofisticados dispositivos electrónicos de escucha. Al menos por el momento, el espacio exterior está muy quieto. Sobre las grandes probabilidades en contra de la vida extraterrestre inteligente, véanse *Science News*, 24 de febrero de 1979, y *la revista Natural History*, mayo de 1979.

tiempos son poco propicios para la religión organizada. Pero, como ya se ha señalado, el depósito de la fe humana siempre está lleno. No es la cantidad de fe lo que cambia, sino la dirección. Las épocas religiosas no dan paso a épocas de escepticismo, como pretenden algunos historiadores. Las antiguas creencias establecidas simplemente dan paso a nuevas creencias incipientes. Gran parte del sentimiento religioso que anda suelto por el mundo está en los corazones de quienes más se oponen a que se les llame religiosos.

Una secuela frecuente del declive de la religión formal es la reaparición del chamán o brujo, cuya bolsa de pociones mágicas y remedios curativos es tan antigua como la propia humanidad. En tiempos de una iglesia establecida, el chamán debe trabajar en la sombra. Pero en épocas de "libertad" religiosa está en todas partes a la vez, reuniendo adeptos por aquí, recogiendo donativos por allá y difundiendo las noticias de su peculiar metafísica por toda la tierra. A veces, el chamán actúa al margen de una religión universal. A veces conduce a su rebaño de una religión universal a otra, como hizo Elijah Muhammad de los Musulmanes Negros. En ocasiones, se desvincula de todas las manifestaciones religiosas contemporáneas y regresa a los cimientos primigenios de la religión, al animismo y al antropomorfismo.

El fenomenal resurgimiento de la astrología y la adivinación es un ejemplo de esta tendencia. Pero la prueba más sorprendente del descenso de la religión de lo sublime a lo subliminal la proporciona esa rama especial y algo ilegítima de la psicología conocida como psicoanálisis. Aquí, en un paquete seductor y envuelto para regalo, se encuentra casi todo el acervo religioso del hombre antiguo: la expulsión de demonios, las interpretaciones de los sueños, los mitos del incesto, las teleologías sexuales obsesivas y las confesiones desgarradoras. ¿El director del espectáculo? Nada menos que el gran chamán en persona, Sigmund Freud.

Como método científico para la investigación del hombre interior, como herramienta terapéutica para la enfermedad mental, el psicoanálisis difícilmente puede ser tomado en serio por ninguna persona racional. Sin embargo, esta obra maestra del primitivismo espiritual se ha elevado a tales alturas psicológicas, filosóficas e incluso religiosas que ha ejercido y sigue ejerciendo un efecto profundamente corrosivo sobre las costumbres y la moral occidentales. En el ámbito del arte y la estética, donde probablemente ha hecho más daño, el psicoanálisis se ha centrado en el hombre, que una vez se pensó que era un poco más bajo que los ángeles, y lo ha desescalado al nivel del bruto.

Para conocer el funcionamiento del cerebro humano, habría parecido más sensato investigar la neurona, un hecho fisiológico, en lugar del id, el ego y el superego, que apenas son más que fantasías psicológicas o, más exactamente, psicománticas. Que Freud no adoptara el enfoque más difícil es uno de los secretos de su popularidad. La intuición y la revelación, cuyo eufemismo científico es síntesis, atraen a un público mucho mayor que largas horas de experimentos controlados en laboratorio.[574] Para establecer y preservar su estatus profesional, Freud recubrió sus enseñanzas con la suficiente sabiduría psicológica como para convencer a los incautos, inestables e ignorantes de que no era un charlatán. A pesar de sus pretensiones científicas, operaba más en la tradición de Joseph y Daniel, sus remotos antepasados, que en los pasos de aquellos que llevaron a cabo la laboriosa y dolorosa investigación responsable de los auténticos avances en el estudio del comportamiento humano.[575]

Leyendo a Freud, a uno le cuesta imaginar cómo se las arreglaba el mundo hasta la llegada del psicoanálisis. O bien las víctimas pre-freudianas de la neurosis nunca supieron lo que sufrían, o bien la aflicción no era más antigua que el diagnóstico. Aunque sólo los ricos pueden permitirse ser psicoanalizados, el ciudadano de a pie se somete diariamente a algo parecido al proceso a precios de ganga mediante la exposición a la masiva resaca freudiana en las artes. Probablemente no sea necesario señalar que los más grandes escritores de la literatura inglesa moderna -Eliot, Yeats y D. H. Lawrence, por nombrar tres- aborrecieron a Freud. Lawrence incluso se tomó la molestia de escribir dos tratados antifreudianos, *Fantasía del inconsciente* y *El psicoanálisis y el inconsciente*. Sin embargo, escritores de segunda fila hicieron del freudismo una parte central de su obra. James Joyce y Thomas Mann fueron dos de los mejores novelistas que tomaron mucho de Freud, aunque Mann advirtió en *La montaña mágica* que hay un aspecto del psicoanálisis que "mutila la vida en sus raíces".

El liberalismo elevó el medio ambiente a la divinidad. Freud predicaba el inconsciente, el id, ese hervidero de instintos y pulsiones sexuales, ese demonio interior que sólo puede ser exorcizado eficazmente por el sacerdocio freudiano. Teóricamente, el liberalismo moderno y el psicoanálisis no deberían tener ni un centímetro cuadrado de terreno común. El primero apela, o pretende apelar, a lo racional del hombre; el segundo, a

---

[574] La tendencia de los científicos judíos a basarse en leyes matemáticas en lugar de físicas, en saltos inductivos en lugar de en la laboriosa acumulación de pruebas empíricas, es tan pronunciada que casi puede describirse como un rasgo racial. Einstein es el caso más célebre. Spengler escribió que Hertz, que era medio judío, fue el único científico moderno importante que intentó eliminar el concepto de fuerza de su física. *The Decline of the West*, Vol. 1, p. 414.

[575] Mientras Freud postulaba sobre las neurosis y las psicosis, John Houghlings Jackson (1835-1911), destacado neurólogo británico, dedicó su vida a estudiar la función y el desarrollo del sistema nervioso. La teoría evolutiva de Jackson sobre el desarrollo del cerebro es fundamental para el estudio del funcionamiento o mal funcionamiento del intelecto humano. Pero, ¿cuántos han oído hablar de John Houghlings Jackson?

lo irracional. Sin embargo, existen vínculos subterráneos que establecen una simbiosis muy extraña. Él mismo autoritario de primera agua, Freud rara vez dejó que sus escritos se alejaran del igualitarismo para adentrarse en el ámbito político de la raza. Liberal en política, miembro de una minoría y enemigo fanático del nazismo, probablemente hizo tanto como nadie para cambiar la forma de la civilización occidental, especialmente en Estados Unidos, donde se le perdonó su historicismo antiliberal, su determinismo y su enfermizo énfasis en los aspectos reptilianos y mamíferos del comportamiento humano, y se le dio la bienvenida al club.

Freud agudizó su ataque a la libertad de la voluntad clasificando varias manifestaciones importantes de la individualidad como represiones, que definió como precursoras de neurosis, psicosis o cosas peores. Una de estas represiones era la culpa, el coco favorito de Freud, cuya eliminación estableció como uno de los principales objetivos de la psicoterapia.[576] Pero al deshacerse de la culpa, uno también se deshace de un baluarte de la estabilidad y el orden social: el más práctico, posiblemente el más barato, de todos los elementos disuasorios del crimen conocidos. Si pudiera elegir, ¿qué preferiría la sociedad, asesinos que se sienten culpables o los que no?

La defensa de Freud de una adaptación complaciente al entorno no es ajena al conformismo intelectual generalizado que ha descendido sobre América. Su enfoque cloacal de las raíces del pensamiento y la acción humanos ha abierto toda una nueva dimensión de vulgaridad y mal gusto y ha contribuido a allanar el camino para la actual Era de la Pornografía. El antídoto freudiano contra el desequilibrio mental provocado por la tecnología, la desarraigo y la centrifugadora social contemporánea consiste en hurgar en los acontecimientos de la propia infancia en busca de fantasmas sexuales. La hirviente preocupación del buen doctor por lo extraño, lo banal y lo perverso[577] ha atraído a su campo a tantas personalidades neuróticas que a menudo resulta difícil distinguir entre paciente y analista.

---

[576] Cuando se trata de la culpabilidad de los miembros de la Mayoría hacia los negros y otras minorías o de los alemanes hacia los judíos, los freudianos suelen tener convenientes lapsus dogmáticos y pasan de las enseñanzas del psicoanálisis al Antiguo Testamento.

[577] Sólo un especialista en perversidad podría haberse tomado tales libertades con las bellas leyendas griegas del fénix y Prometeo. Sobre la primera, Freud escribió: "Probablemente el significado más antiguo del ave fénix era el del pene revivido después de su estado de flacidez, más que el del sol que se pone en el resplandor de la tarde y vuelve a salir". Freud descartó a Prometeo como un "pene-símbolo" y dio su propia versión del descubrimiento del fuego. "Ahora conjeturo que, para poseerse a sí mismo del fuego, fue necesario que el hombre renunciara al deseo, teñido de homosexualidad, de extinguirlo mediante un chorro de orina... para el hombre primitivo el intento de extinguir el fuego mediante su propia agua significaba una lucha placentera con otro falo". Por estas

Un ejemplo de ello es el Dr. Douglas Kelley, uno de los psiquiatras designados por el tribunal para los juicios de Núremberg, que escribió un bestseller sobre las tendencias neuróticas de los líderes nazis encarcelados, dedicando gran parte del espacio a un análisis de Hermann Goering. Más tarde Kelley, al igual que Goering, se suicidó ingiriendo una pastilla de cianuro.[578] Otro médico freudiano, Wilhelm Reich, que murió en la Penitenciaría Federal de Lewisburg en 1957 mientras cumplía condena por fraude postal, fundó y dirigió un culto psicoanalítico cismático dedicado al conocimiento, la función y las ramificaciones psicológicas del orgasmo.[579]

En sus aberrantes intentos de curar o controlar los trastornos mentales, el psicoanálisis ha sido capaz de oscurecer, pero no de enterrar, ciertas verdades axiomáticas. La mente se quiebra permanente o temporalmente por exceso de trabajo o de ocio. Algunas mentes nacen con defectos. Otras los desarrollan. Si la mente vive sola, si la mente intenta sobrevivir con sus propios desechos, se desordena. La cordura es una función del propósito. Si se suprimen los apoyos espirituales, los refuerzos culturales, las estructuras morales probadas a lo largo del tiempo, el seguro cuatridimensional de la familia, la raza, la nación y la iglesia, la mentalidad humana, delicadamente equilibrada, puede resquebrajarse con facilidad. Ni siquiera un cerebro tan poderoso como el de Nietzsche podría soportar la tensión de un aislamiento continuo.

El psicoanálisis reconoce el desarraigo como causa de trastorno mental, pero evita el tema del desarraigo racial, el caso extremo de desarraigo. Subraya la importancia para la salud mental del sentimiento de pertenencia, pero ignora la conciencia de raza, una de las expresiones más intensas de este sentimiento. Por estas y otras razones, el psicoanálisis se equivoca totalmente cuando intenta explicar los orígenes de la aflicción mental más perniciosa de todas: el estado mental que conduce al suicidio.

---

razones, según Freud, las sociedades primitivas ponían a las mujeres a cargo del fuego porque su anatomía impedía ceder a la tentación a la que se enfrentaban los varones. Freud, *Collected Papers*, Hogarth Press, Londres, 1950, Vol. 5, pp. 288, 291-92, y *Civilization and its Discontents*, trans. Joan Riviere, Jonathan Cape y Harrison Smith, Nueva York, 1930, p. 50, nota 1.

[578] Douglas Kelley, *22 Cells in Nuremberg*, Greenberg, Nueva York, 1947, pp. 76-77. Ben Swearingen, autor de *The Mystery of Hermann Goering's Suicide* (*El misterio del suicidio de Hermann Goering*, Harcourt Brace Jovanovich, Nueva York, 1985), afirma que el teniente Jack White le pasó la píldora al segundo al mando nazi horas antes de su ejecución programada. La había recuperado meses antes del equipaje de Goering.

[579] Wilhelm Reich, *Selected Writings*, Noonday Press, Nueva York, 1956. Reich estableció un próspero negocio de venta de "cajas de orgón" a su banda de verdaderos creyentes.

El suicidio es la novena causa de muerte en Estados Unidos entre la población general, la tercera entre el grupo de 15 a 19 años y la segunda entre los universitarios.[580] Algunas de las tasas de suicidio más bajas se dan en estados menos prósperos como Mississippi y Carolina del Sur; algunas de las más altas, en los estados más prósperos del Pacífico. Un estudio de 1992 reveló que la tasa de suicidio de los blancos estadounidenses era 2,5 veces mayor que la de los negros estadounidenses.[581] Entre 1950 y 1977, la tasa anual de suicidios de varones blancos jóvenes pasó de 3,5/100.000 a 15,3/100.000, un aumento del 437%. En 1992, 3.360 varones estadounidenses de entre 15 y 24 años se quitaron la vida.

Las correlaciones raciales que se desprenden de estas estadísticas parecen estar casi totalmente perdidas para los psicoanalistas, que siguen explicando el suicidio en términos de deseos de muerte, estados depresivos, la frustración de grandes expectativas y la implosión de instintos agresivos. Las estadísticas también contradicen abiertamente las teorías marxistas y ecologistas que predicen que los ricos, con sus mayores bendiciones materiales, son menos propensos al suicidio que los pobres.

Por supuesto, ocurre lo contrario. El mayor número de suicidios no se produce en las zonas atrasadas del mundo, sino en las más avanzadas. Es entre los ricos y "exitosos" donde suelen darse las tasas de suicidio más altas, no entre los pobres. Donde hay más racismo, es probable que haya menos suicidios. El urbanismo, la pérdida de la religión, los reveses en la carrera profesional y el agotamiento intelectual son factores que contribuyen al suicidio, pero la correlación más importante sigue siendo la "moral racial" de un determinado grupo de población en un momento dado.

Casi todos los que han estudiado los orígenes del psicoanálisis son conscientes de que es el producto de la mente minoritaria. No sólo Freud era judío, sino que también lo eran prácticamente todos sus colaboradores.[582]

---

[580] *Time*, 25 de noviembre de 1966, p. 48, y 1994 *World Almanac*, p 956.

[581] La baja tasa de suicidios de los no blancos se debía casi en su totalidad a los negros, ya que la de los indios americanos era del 11,5, la de los japoneses americanos del 6,9 y la de los chinos americanos del 13,1. Louis Dublin, *Suicide*, Ronald Press, Nueva York, 1963, pp. 33-35.

[582] Sachar, *The Course of Modern Jewish History*, p. 400. El círculo freudiano original incluía a Kahane, Reitler, Heller, Graf, Sadger, Steiner, Sachs y Silberer. Entre los principales seguidores de Sigmund Freud, aunque algunos se desviaron mucho más allá de las fronteras doctrinales del fundador, estaban Adler, Rank, Abraham, Stekel, Federn, Klein, Reich, Horney y Fromm. Ruth L. Monroe, *Schools of Psychoanalytic Thought*, Dryden Press, Nueva York, 1955, p. 14. Los tres psicoanalistas no judíos más destacados fueron Ernest Jones, el galés ingenioso y dotado conocido como "el apóstol de Freud para

Pocos, sin embargo, saben que el psicoanálisis es también el producto de la animadversión a las minorías. Según Howard Sachar, un célebre erudito judío, una motivación primordial de los freudianos pioneros

> era el deseo inconsciente de los judíos de desenmascarar la respetabilidad de la sociedad europea que les había cerrado el paso. No había otra forma de hacerlo que desenterrando de la psique humana las aberraciones sexuales sórdidas e infantiles... Incluso los judíos que no eran psiquiatras debieron de deleitarse con la hazaña de igualación social llevada a cabo por el "nuevo pensamiento" de Freud. La logia B'nai B'rith de Viena, por ejemplo, se deleitaba escuchando a Freud exponer sus teorías...[583]

Freud podía contar con un gran número de destacados científicos sociales entre sus seguidores. Claude Lévi-Strauss, el "antropólogo estructural", ha inyectado el esquema freudiano en la antropología moderna, escribiendo en la típica jerga psicoanalítica: "En el lenguaje... del mito el vómito es el término correlativo e inverso del coito, y la defecación es el término correlativo e inverso de la comunicación auditiva".[584]

Herbert Marcuse, el difunto mentor de la Nueva Izquierda, construyó una síntesis de Marx y Freud, modificando y reorganizando el Complejo de Edipo de tal manera que el padre representa el capitalismo y el hijo parricida, el proletariado.[585] Semejante disparate de fantasía sería una interesante nota a pie de página en la historia de las payasadas académicas, si no fuera porque tantos intelectuales liberales se lo toman en serio.

Es a los practicantes freudianos a los que suele acudir el miembro de la Mayoría cuando busca alivio para una enfermedad mental real o imaginaria. Se le somete de inmediato a un interrogatorio sórdido, degradante,

---

los anglosajones", que tenía una esposa judía; Harry Stack Sullivan, de origen irlandés, el único psicoanalista estadounidense de alto rango; y Carl Jung, suizo. Freud estaba tan interesado en evitar que el psicoanálisis fuera conocido como una "ciencia judía" que toleró que Jung dirigiera la Sociedad Psicoanalítica Internacional, a pesar del desacuerdo básico de este último con el dogma freudiano. Jung acabó interesándose más por el inconsciente colectivo que por el individual y coqueteó con los problemas de la memoria racial y los arquetipos raciales. Por ello y por hacer algunos comentarios no demasiado desagradables sobre la Alemania nacionalsocialista, fue tachado de fascista. Weyl, *The Creative Elite in America*, p. 95, y *Saturday Review of Literature*, 6 de septiembre de 1947, p. 21, y 11 de junio de 1949, p. 10. Aunque nunca se libró del todo de la mancha freudiana, es posible que la labor más importante de Jung se haya desarrollado en los campos de la mitología y la historia de la cultura, más que en la fontanería de la psique.

[583] Sachar, op. cit., pp. 400-401.

[584] Edmund Leach, *Lévi-Strauss*, Fontana/Collins, Londres, 1970, p. 81.

[585] Alasdair MacIntyre, *Marcuse*, Fontana/Collins, Londres, 1970, pp. 41-54 y *New York Times Book Review*, 26 de octubre de 1969, p. 66.

desmoralizador y deracinante que extingue cualquier chispa de amor propio que le quede.[586] No se toca el meollo de su problema, y el propio problema se agrava. Para el paciente de la Mayoría, como no suele descubrir a tiempo, el diván del psicoanalista es el lecho de Procusto. En ningún ámbito del choque cultural se ha cobrado tanto peaje la psique de la Mayoría.[587]

El fervor religioso puede ser un gran catalizador de la energía humana. Pero una pseudo religión como el freudismo, cuando es administrada por un sacerdocio minoritario a una congregación mayoritaria, sólo puede inducir un hedonismo letárgico que saca lo peor de cada uno. ¿Qué bien puede venir de lo que Jung ha llamado esos "dioses espantosos [que] sólo han cambiado sus nombres y ahora... riman con 'ismo'"?[588]

Percival Bailey, director de investigación del Instituto Psiquiátrico de Illinois, en el que quizá sea el ataque más devastador jamás escrito contra el freudismo, predijo que a la larga el psicoanálisis probablemente será recordado como algo parecido al magnetismo animal.[589] Como medio de

---

[586] A los pacientes judíos no les va mucho mejor, aunque su elevada conciencia étnica les ofrece más resistencia a la desarraigo. A medida que se alejan del judaísmo, los judíos se pasan al análisis en mayor número porque "conceptos como igualdad, hermandad e internacionalismo, han sido diferencialmente atractivos para los judíos". Era especialmente "atractivo para los judíos de origen europeo oriental... impregnados de tradiciones talmúdicas, porque implicaba una manipulación muy abstracta de conceptos abstrusos y un mínimo de experimentación científica." Weyl, op. cit., p. 96.

[587] "Es un error imperdonable", ha escrito Carl Jung, "aceptar las conclusiones de una psicología judía como válidas en general. A nadie se le ocurriría tomar la psicología china o india como vinculante para nosotros mismos. La barata acusación de antisemitismo que se me ha hecho por esta crítica es tan inteligente como acusarme de prejuicios antichinos. Sin duda, en un nivel anterior y más profundo de desarrollo psíquico, donde todavía es imposible distinguir entre una mentalidad aria, semítica, hamítica o mongola, todas las razas humanas tienen una psique colectiva común. Pero con el comienzo de la diferenciación racial, se desarrollan también diferencias esenciales en la psique colectiva. Por esta razón no podemos trasplantar el espíritu de una raza extranjera *en globo* a nuestra propia mentalidad sin una lesión sensible a esta última, un hecho que, sin embargo, no impide que diversas naturalezas de instinto débil afecten a la filosofía india y similares." *Obras Completas*, trad. R. F. C. Hull, Pantheon Books, Nueva York, 1953, Vol. 7, p. 149, nota 8.

[588] *Psychological Reflections*, Harper & Row, Nueva York, 1961, p. 134.

[589] Percival Bailey, "A Rigged Radio Interview-with Illustrations of Various Ego-Ideals", *Perspectives in Biology and Medicine*, The University of Chicago Press, invierno de 1961, págs. 199-265. Otro destacado antifreudiano es el Dr. Thomas Szasz, que considera que la enfermedad mental no es tanto una enfermedad como una forma de juego de roles en la que el paciente actúa deliberadamente de forma irracional para salirse con la suya. Thomas Szasz, *The Myth of Mental Illness*, Hoeber-Harper, Nueva York, 1961, capítulo 13. R. D. Laing, un psiquiatra muy de actualidad, afirma que toda psicosis lleva la semilla

evitar el callejón sin salida freudiano que, según afirma, nunca ha mantenido a un paciente psiquiátrico fuera de un manicomio, además de proporcionar una guía de advertencia para los miembros de la Mayoría en busca de una religión, el Dr. Bailey invoca unas palabras memorables de D. H. Lawrence:

> El alma no debe acumular defensas a su alrededor. No debe replegarse y buscar el cielo en su interior, en éxtasis místicos. No debe clamar a un Dios del más allá, pidiendo la salvación. Ella debe ir por el camino abierto, a medida que el camino se abre, hacia lo desconocido, en compañía de aquellos cuya alma los acerca a ella, sin lograr nada más que el viaje, y las obras relacionadas con el viaje, en el largo viaje de la vida hacia lo desconocido, el alma, en su sutil simpatía, se realiza a sí misma en el camino.[590]

El psicólogo Franz Winkler hizo un balance menos poético del psicoanálisis freudiano: "Casi invariablemente, una creciente indiferencia hacia las necesidades ajenas, un desplazamiento de los síntomas con graves dolencias psicosomáticas y una infelicidad profundamente arraigada sustituían a los conflictos y luchas emocionales que se habían 'curado'."[591]

---

de su propia cura, y que algunas formas de locura son una experiencia humana enormemente enriquecedora si se les permite seguir su curso. Para más información sobre las teorías de Laing, véase *Time*, 7 de febrero de 1969, p. 63. El filósofo Alfred North Whitehead encontró más defectos en los freudianos que en el propio Freud. "Las ideas de Freud fueron popularizadas por personas que sólo las comprendían imperfectamente, que eran incapaces del gran esfuerzo requerido para captarlas en su relación con verdades más amplias, y que por lo tanto les asignaron una prominencia fuera de toda proporción con su verdadera importancia." *Diálogos de Alfred N. Whitehead*, Little, Brown, Boston, 1954, p. 211. Henri Ellenberger, autor de *The Discovery of the Unconscious* (Basic Books, Nueva York, 1970), ha demostrado que muchas de estas "ideas de Freud" fueron tomadas prestadas y que Freud recibió el crédito por ellas debido a su genio para la autopopularización. Ciertamente, los medios de comunicación han tratado a Freud con mucha amabilidad. No fue hasta finales de la década de 1970 que el público en general se enteró de que el fundador del psicoanálisis había sido un adicto a la cocaína y que, de hecho, en 1885 había "publicado un ensayo sobre las glorias de la cocaína..." Martin Gross, *The Psychological Society* Random House, Nueva York, 1978, p. 235.

[590] D. H. Lawrence, *Studies in Classical American Literature*, Viking Press, Nueva York, 1964, p. 173.

[591] Franz Winkler, *El hombre: The Bridge Between Two Worlds*, Harper, Nueva York, 1960, p. 2.

CAPÍTULO 20

La atrofia de la educación

L A EDUCACIÓN, TERCERA de las tres principales zonas de combate en el choque cultural, es el proceso por el que la posesión más valiosa del hombre, su cultura, se transmite a la posteridad. Si el proceso se altera, si el testamento cultural de un pueblo o de una raza se altera, por así decirlo, cuando aún está en proceso de sucesión, la propia herencia puede perderse. La atrofia progresiva de los mecanismos tradicionales de transmisión cultural de una generación a otra es lo que caracteriza el estado actual de la educación estadounidense.

En el capítulo final de *Decadencia y caída del Imperio Romano*, Edward Gibbon dijo que había descrito el triunfo de la barbarie y la religión. Un futuro historiador que completara un estudio sobre el deterioro de la educación estadounidense podría decir con igual simplificación que había descrito el triunfo de John Dewey y Benjamin Spock. Se ha destacado al Dr. Spock porque su *libro Common Sense Book of Baby and Child Care* ha vendido más de 40 millones de ejemplares y, a excepción de la Biblia, puede que sea el libro más vendido de todos los tiempos en Estados Unidos.[592] Se calcula que entre 1945 y 1955 uno de cada cuatro niños estadounidenses fue educado según los preceptos spockianos.[593] Dado que la fase de educación en el hogar es tan importante como cualquiera de las etapas posteriores, Spock ha ejercido probablemente más influencia que cualquier otra persona, viva o muerta, en la educación estadounidense.

En cuanto a los méritos o deméritos de tal influencia, hay un punto que debe quedar claro: el Dr. Spock no sólo es pediatra, sino también psiquiatra, y psiquiatra freudiano para colmo. En consecuencia, sus teorías se basan en freudianas tan banales como el trauma del nacimiento, la sexualidad infantil, las etapas oral y anal y la envidia del pene.[594] Spock, centró la educación

---

[592] Alice Hackett, *70 Years of Best Sellers*, Bowker, Nueva York, 1967, p. 12, y *American Health*, junio de 1992, p. 38.

[593] *Current Biography*, 1956, pp. 599-601. El porcentaje desde 1956 ha disminuido, pero sigue siendo significativo.

[594] Spock comenzó su carrera como psiquiatra y sólo más tarde se convirtió en pediatra. Tras la publicación de *Baby and Child Care* en 1946, continuó como profesor asociado de psiquiatría en la Universidad de Minnesota. Después se incorporó al Departamento de Psiquiatría de la Case Western Reserve Univ., puesto que ocupó durante casi dos décadas.

preescolar del niño en el niño en lugar de en los padres y el niño como unidad, en el eslabón en lugar de en la cadena del continuo humano. La autoexpresión, en *la Weltblick* de Spock, es más importante que la disciplina, el afecto más importante que la orientación. Lo más importante, aunque nunca lo describe exactamente en estos términos, es lo que podría llamarse la economía de la preocupación paterna. Casi nada saldrá mal, promete Spock, si se deja que las cosas sigan su curso. En este sentido, el enfoque pediátrico de la vida salvaje de Spock se reduce a un gigantesco nostrum para el alivio de la ansiedad de los padres. En agradecimiento por aligerar su tradicional carga de responsabilidad y descargar gran parte de ella en el niño, millones de madres estadounidenses han hecho multimillonario a Spock.[595]

Era obvio desde el principio que los padres que seguían las enseñanzas de Spock mimarían y consentirían a sus hijos por miedo a herir su ego e implantarles neurosis que podrían llevar consigo el resto de sus vidas. Los frutos de esa permisividad se vieron en las actividades de los "niños de las flores", los hippies sectarios y los estudiantes insurrectos, todos ellos pertenecientes a la primera generación de estadounidenses formados por Spock.[596] Los resultados también se encuentran en el hijo mayor de Spock, Michael, un niño problemático que abandonó la universidad en tres ocasiones y pasó nueve años en análisis profundos.[597]

Demasiado tarde y algo a regañadientes, Spock llegó a ver, al menos vagamente, el error de sus actos. Admitiendo que había sido "demasiado permisivo", se retractó hasta el punto de acortar algunos de los latitudinos límites que había puesto a la autoexpresión. En ediciones posteriores de su libro, la palabra disciplina aparece con más frecuencia. En 1968, tras cambiar su esfera de interés de la pediatría a la guerra de Vietnam, Spock fue

---

La hija de Freud, Anna, especializada en la aplicación del psicoanálisis a los trastornos infantiles, ha tenido casi tanta influencia en Spock como el propio Freud.

[595] La popularidad de Spock puede atribuirse en parte a lo que Alexis Carrel ha descrito como "la trahison des femmes": anteponer las carreras, los placeres sexuales, el juego de puentes y el cine a la crianza de los hijos. Instó a las mujeres "non seulement de faire des enfants, mais de les élever". *L'homme, cet inconnu*, pp. 372, 431.

[596] Cabe preguntarse hasta qué punto el discurso de Jerry Rubin, uno de los "7 de Chicago", ante una reunión de estudiantes universitarios de Ohio puede atribuirse a Spock. Los comentarios de Rubin incluyeron: "La primera parte del programa Yippie, ustedes saben, es matar a sus padres. Y lo digo muy en serio, porque a menos que estés preparado para matar a tus padres, no estás realmente preparado para cambiar el país..." *Human Events*, 16 de mayo de 1970, p. 31.

[597] Michael Spock, "Mi padre", *Ladies Home Journal*, mayo de 1968, p. 72. Michael también reveló -algo sorprendente teniendo en cuenta el énfasis que su padre ponía en el amor paterno- que su padre nunca le había besado.

condenado a prisión por conspiración para aconsejar la evasión del servicio militar obligatorio. Por fin se había convertido en un mártir, aunque de corta vida. La sentencia fue revocada más tarde.[598]

Después de que Spock empezara a dedicar la mayor parte de su tiempo a los movimientos de protesta y al teatro callejero, su lugar fue ocupado en parte por el Dr. Haim Ginott, nacido en Israel, descrito como el "Dr. Spock de las emociones". La tesis principal de Ginott es que los padres deben convertirse en psicólogos aficionados para "descodificar" el comportamiento de sus hijos. El mal comportamiento debe tolerarse, pero no sancionarse. El equilibrio entre rigor e indulgencia se consigue mejor con una estrategia de simpatía.[599]

El control de la minoría sobre la educación de los hijos de la mayoría se ha visto reforzado por los expertos de periódicos y revistas, cuyos lectores se cuentan por millones. Los columnistas que ejercen una influencia más autoritaria sobre las actitudes de padres y adolescentes son los que tratan los problemas personales en forma de respuestas a cartas, algunas de las cuales son de buena fe y otras, obviamente, falsas o recicladas. Las dos "hermanas sollozantes" más leídas son Abigail van Buren ("Querida Abby") y Ann Landers, gemelas judías idénticas.[600] La creadora de *Barrio Sésamo*, el programa de televisión de la cadena que enseña integración a los niños de preescolar, es Joan Ganz Cooney, también de ascendencia judía. La doctora Ruth Westheimer, sexóloga de la televisión, fue en su día miembro de la Haganá clandestina en Israel.

Una vez que el niño sale de casa para ir a la escuela, los señuelos dogmáticos de los psiquiatras infantiles, aficionados y profesionales, se cambian por los de los pedagogos formales. Aquí, incluso en el primer curso, los niños caerán bajo la alargada y quijotesca sombra del difunto John Dewey, impulsor de lo que se ha dado en llamar educación progresista. Para Spock, el niño es el

---

[598] Hay que señalar que Spock es un pacifista selectivo. Ha admitido: "Si apareciera otro Hitler, iría a la guerra y me arriesgaría a que me mataran". Pero cuando tuvo la oportunidad de luchar contra el Hitler vivito y coleando en la Segunda Guerra Mundial, pasó la mayor parte del tiempo sirviendo en una instalación médica naval de San Francisco, escribiendo su bestseller por las noches. Jessica Mitford, *The Trial of Dr. Spock*, Knopf, Nueva York, 1969, pp. 8, 10-12.

[599] *Time*, 30 de mayo de 1969, pp. 62-63. Ginott se negó rotundamente a decir si él mismo tenía hijos. Su libro *Between Parent and Child* (Macmillan, Nueva York, 1965) se ha traducido a trece idiomas.

[600] Nacida el 4 de julio de 1918, hija del Sr. y la Sra. Abraham Friedman de Sioux City, Iowa. En su columna del *Miami Herald* (28 de enero de 1974, p. 3D), Ann Landers suscribió la teoría de la superioridad racial judía.

compañero mayor de los padres. Para Dewey, el alumno es el socio mayoritario del profesor.

En opinión de Dewey, la materia de la educación no es tan importante como el método. La formación del carácter y la formación moral deben ceder el paso a la resolución de problemas y al aprendizaje mediante la práctica. Se desaconseja el uso del ejemplo religioso e histórico para inculcar valor, lealtad, orgullo y buena ciudadanía. El verdadero objetivo de la educación se define como la búsqueda de un orden social mejor. La disciplina en el aula se relaja en favor del diálogo entre profesor y alumno. El instructor se preocupa más por el *cómo* del aprendizaje que por el *qué*.

Como era de esperar, la educación progresista pronto progresó hacia un estado de anarquía educativa. Fue un intento noble, como muchos de los grandes ideales del liberalismo y la democracia son nobles en teoría antes de que su aplicación indiscriminada los convierta en innobles en la práctica. Desgraciadamente, el hombre, que pertenece *al Homo sapiens* y no a una raza de dioses, no es autosuficiente ni mental, ni moral, ni físicamente. La sociedad más inteligente, más avanzada y más responsable de la historia difícilmente podría haberse beneficiado de esas puñaladas experimentales incontroladas y descoordinadas en el proceso de aprendizaje. Sin embargo, se impusieron a hordas cada vez mayores de niños desarraigados que vivían en barrios marginales, cuya educación, entorno y capacidades educativas apenas superaban el nivel neandertal. En poco tiempo, todas las grandes esperanzas y buenas intenciones se redujeron a shibboleths de agitadores raciales y de clase, mientras que en las grandes zonas urbanas la falta de enseñanza ética y la incesante depreciación de los valores sociales probados dieron lugar a toda una generación de nihilistas mentalmente anestesiados y moralmente desorientados.

Incluso Dewey empezó a ver la luz en sus últimos días. Al igual que Spock, ajustó sus velas abogando por el restablecimiento de cierta disciplina educativa.[601] Pero era demasiado poco y demasiado tarde. La jungla de pizarras, las agresiones de los estudiantes a los profesores, la violencia en los campus y las sentadas, la destrucción sin sentido de laboratorios y bibliotecas, todo indicaba la agonía de un sistema educativo antaño grandioso. Si Dewey hubiera vivido, se habría visto obligado, como viejo creyente y honesto pragmático que sabía que la prueba de la teoría estaba en

---

[601] *Ency. Brit.*, Vol. 7, p. 347.

el ensayo, a abandonar casi todas sus ideas educativas.[602] *Si monumentum requiris, circumspice.*

Un ejemplo extremo de cómo la educación fracasó completamente a la hora de preparar a los jóvenes estadounidenses para afrontar las pruebas y tribulaciones de la vida moderna fue el asesinato en masa de ocho enfermeras en Chicago en 1966. Una novena enfermera, una niña filipina, fue la única que logró escapar. No fue casualidad que fuera la que había estado menos expuesta a las técnicas educativas contemporáneas. Se escondió debajo de la cama mientras las demás eran conducidas una a una para ser acuchilladas hasta la muerte. Las otras enfermeras no se resistieron porque pensaban que podían razonar con el asesino. Pensaron que podrían calmarle con los procedimientos que habían aprendido en clase. Todas "tenían psicología y eran bastante avispadas", informó un periódico.[603]

Aunque la educación estadounidense se encuentra *en una situación extrema*, ha habido pocos intentos de salvarla. Una propuesta ha sido recuperar los "grandes libros" y dejar que se erijan en guías permanentes del aprendizaje.[604]

Pero los problemas de la educación estadounidense son demasiado complejos para resolverlos con la simple sustitución de lo muy antiguo por lo muy nuevo. Otra propuesta ha sido la de los pedagogos "esencialistas", que han acordado un núcleo común de aprendizaje que debe ser absorbido por todos, independientemente de la capacidad o de los objetivos personales.[605] Algunos pedagogos vuelven a Platón, que creía que la educación consistía en extraer las ideas innatas y que no podía insistir lo suficiente en los aspectos morales de la enseñanza.

> [S]i se pregunta universalmente qué considerable ventaja obtiene la ciudad de la educación de las personas instruidas, la respuesta es fácil. La

---

[602] Es lamentable que las mentes brillantes que con tanta frecuencia intentan empujar a la sociedad por nuevos caminos educativos tengan la costumbre de advertir a sus cobayas sociales de los peligros obvios *después* y no *antes* del acontecimiento. Con todo el respeto que merecen el talento epistemológico de Dewey y sus contribuciones a la filosofía moderna, simplemente no hay excusa para que evitara el factor racial en la educación y para afirmar, como hizo, que cualquier actividad de aprendizaje "realizada bajo coacción o dictado externo... carece de significado para la mente de quien la realiza". *Intelligence in the Modern World, John Dewey's Philosophy,* Modern Library, Nueva York, 1939, págs. 607-8. ¿Cuánto del caos de la educación moderna se deriva de semejante premisa?

[603] *San Francisco Chronicle,* 23 de julio de 1966, p. 7.

[604] S. E. Frost, Jr., *Introduction to American Education,* Doubleday, Garden City, N.Y., 1962, p. 42.

[605] Ibídem, pp. 26-27.

educación es la manera de producir hombres buenos y, una vez producidos, tales hombres vivirán noblemente...[606]

Aristóteles, considerado en su día la mayor autoridad en materia de educación, ha sido abandonado en gran medida por los pedagogos occidentales. El filósofo griego afirmaba que el principal objetivo de la educación era moldear a los ciudadanos para adaptarlos a la forma de gobierno bajo la que vivían, desarrollar en ellos un sentimiento de afecto por el Estado y fomentar el crecimiento y el despliegue de la inteligencia humana.[607] Las teorías educativas de Locke, que ponía el acento en la enseñanza de la tolerancia y la libertad civil, siguen en boga, aunque en gran medida por razones equivocadas. Más populares son las ideas de Rousseau, que abandonó a sus propios cinco vástagos, pero cuyo Emilio tuvo más influencia en la educación infantil que ninguna otra obra hasta la *magnum opus del* Dr. Spock. Aunque Rousseau declaró que los negros eran intelectualmente inferiores a los europeos,[608] es uno de los teóricos favoritos de quienes más presionan a favor de la desegregación escolar. Mientras que Platón sugería que la bondad se implantara en el alumno mediante la educación, Rousseau decidió que la bondad ya estaba ahí y que el trabajo del profesor era sacarla a la superficie.

En la época colonial y en los primeros tiempos de la independencia, la educación estadounidense era fundamentalmente una empresa religiosa. No se convirtió en pública, laica, obligatoria y "universal" hasta la última mitad del siglo XIX. En la actualidad, el control religioso y el patrocinio de la educación se limitan a las escuelas parroquiales y algunas otras privadas. En 1990-91, la Iglesia Católica gestionaba 8.731 escuelas parroquiales. En el mismo periodo, 2.555.930 alumnos asistían a escuelas parroquiales,[609] , una cifra que se espera que disminuya en la próxima generación. La educación católica se ve favorecida por el hecho de que miles de miembros de órdenes religiosas están dispuestos a enseñar por una remuneración casi nula. Ni que decir tiene que el aumento constante del coste de la vida y la disminución

---

[606] *Leyes,* I, 641c.

[607] Platón era más favorable que Aristóteles al sistema educativo espartano, que sacaba de casa a todos los niños varones a la edad de siete años y los internaba en instituciones estatales, donde recibían un curso de adoctrinamiento de once años en cualidades militares como la valentía y el coraje. Debido a que el ROTC comenzó tan pronto en Esparta, los espartanos han sido considerados atrasados educativos, a pesar de que fueron los únicos griegos que proporcionaron educación a las mujeres. Para las ideas de Aristóteles sobre la educación, véase *Política,* VIII, 1, y *Ency. Brit.,* Vol. 7, pp. 983-84.

[608] *Émile,* Éditions Garnier Frères, París, 1964, p. 27.

[609] *Almanaque mundial de 1994,* p.197.

constante de la fe amenazan seriamente el futuro de la profesión docente católica.

Mientras que el número de escuelas católicas ha ido disminuyendo, la matrícula de otras escuelas privadas, especialmente las academias cristianas del Sur, ha experimentado un notable aumento en este periodo, a medida que las familias blancas de todas las confesiones trasladan a sus hijos desde las escuelas públicas desegregadas.

Como se ha sugerido anteriormente, el declive de la religión formal no tiene por qué dar lugar a una nación de ateos. El instinto religioso no se mortifica. Fluye por distintos cauces en busca de distintas divinidades. En el sistema escolar, como en tantas otras instituciones estadounidenses, el cristianismo simplemente está siendo eliminado por el sincretismo religioso moderno de la democracia, la igualdad y el racismo de las minorías. Cualquiera que esté familiarizado con los programas escolares y universitarios contemporáneos difícilmente puede dejar de detectar un tono teológico en gran parte de la materia. Sean lo que sean, las conferencias sobre ciencias políticas son cada vez más difíciles de distinguir de los sermones.

Ningún ataque a la educación estadounidense -ni siquiera los bombardeos, el tráfico de drogas en los patios de las escuelas o el increíble vandalismo- ha sido tan demoledor como la desegregación escolar. La sentencia del Tribunal Supremo de 1954 en el caso *Brown contra el Consejo de Educación de Topeka* puede que algún día sea calificada como el Fort Sumter de la Segunda Guerra Civil estadounidense. Aunque la Constitución no dice nada sobre educación, el Tribunal ordenó la desegregación de todas las escuelas públicas basándose en que la segregación niega la igualdad de oportunidades a las minorías. Incluso si las instalaciones escolares eran iguales -como lo eran algunas, pero la mayoría ciertamente no- el mero hecho de la separación, en opinión del Tribunal, estaba generando en los niños negros "un sentimiento de inferioridad en cuanto a su estatus en la comunidad que puede afectar a sus corazones y a sus mentes de un modo que probablemente nunca se pueda deshacer". El Tribunal basó su argumentación en la cláusula de igualdad de protección de la 14ª Enmienda.[610]

Para llegar a su decisión, el Tribunal Supremo tomó nota judicial de pruebas sociológicas que no habían sido oídas en los tribunales inferiores, pruebas introducidas durante las vistas mediante un tecnicismo legal conocido como el "escrito Brandeis". Normalmente, los tribunales de apelación no permiten la introducción de nuevos hechos o nuevas pruebas. Pero Brandeis, cuando era juez del Tribunal Supremo, rompió este viejo precedente fomentando la admisión de escritos que contuvieran materiales que él consideraba

---

[610] Frost, op. cit., pp. 305-6.

incuestionables y que no prejuzgaran abiertamente a ninguna de las partes en litigio. Resultó que el escrito de Brandeis que escuchó el Tribunal Supremo en el caso Brown no era más que la repetición y elaboración de la tesis liberal-minoritaria del igualitarismo racial. El aspecto genético del argumento y el efecto de la integración en la educación de los niños blancos fueron totalmente ignorados.[611] A la defensa no se le permitió ninguna refutación "científica".[612]

Dado que la segregación implicaba la mezcla social de blancos y negros, la resistencia a la sentencia del Tribunal Supremo estalló inmediatamente en el Sur.[613] Tardó más en desarrollarse en el Norte, donde la segregación de facto en las zonas de guetos dio a las autoridades la oportunidad de mirar hacia otro lado. Sin embargo, tanto en el Norte como en el Sur, la integración significaba abandonar el concepto de escuela de barrio, ya que sólo podía lograrse mediante la manipulación educativa de distritos escolares enteros y el transporte forzoso en autobús.[614] Una vez que los consejos escolares locales adoptaron o consideraron seriamente estas medidas, el Norte se mostró a menudo más reacio y hostil que el Sur.

La desegregación escolar, frenada por el incumplimiento masivo de los blancos, ha provocado un éxodo blanco a los suburbios. En la cuna de la integración, Washington D.C., el sistema escolar público es ahora casi totalmente negro. Aunque cabría esperar que los patrocinadores gubernamentales de la desegregación hicieran al menos el amago de hacer lo que intentan obligar a hacer a los demás, sólo hay unos pocos casos autentificados de miembros blancos de alto rango de los poderes ejecutivo,

---

[611] En su dictamen, el Tribunal Supremo menciona por su nombre al sociólogo sueco Gunnar Myrdal. El tratado de Myrdal, *An American Dilemma,* guarda la misma relación con la revolución negra contemporánea en Estados Unidos que la *Encyclopédie* de Diderot con la Revolución Francesa. El error casi irrisorio de Myrdal sobre las tendencias sociales en EEUU ya se ha señalado en la nota 11, p. 223.

[612] Un intento de anular *Brown* mediante la presentación de esas pruebas en otro caso de desegregación, *Stell contra el Consejo de Educación de Savannah,* fracasó cuando el Tribunal Supremo se negó a dar curso a una apelación del Tribunal de Apelaciones del Quinto Circuito. Para una descripción detallada del juicio *Stell,* así como un análisis de los errores de hecho en el testimonio presentado en *Brown,* véase Putnam, *Race and Reality,* capítulo IV.

[613] La sentencia *Brown* "coronó el trabajo de una generación del Congreso Judío Estadounidense en asuntos internos, consumando la alianza entre las dos minorías pero provocando un profundo resentimiento entre los conservadores blancos". Litvinoff, *A Peculiar People,* p. 51.

[614] Todos los presidentes recientes, incluido Clinton, han seguido aplicando el transporte forzoso en autobús, aunque una encuesta de Gallup mostró que los estadounidenses se oponían a él por un margen de ocho a uno. *New York Times,* 5 de abril de 1970.

legislativo o judicial que hayan enviado a sus propios hijos a escuelas públicas desegregadas.

Antes de la sentencia del Tribunal Supremo en el caso *Bakke*, se demostró que se había aceptado a solicitantes negros e hispanos menos cualificados en la Facultad de Medicina de la Universidad de California en Davis, mientras que se había rechazado a solicitantes blancos más cualificados. Aunque los magistrados admitieron que se trataba de un error, dictaminaron que la raza podía ser tenida en cuenta por las juntas de admisión de las instituciones de enseñanza superior. Como resultado, estas juntas siguen las mismas políticas de admisión racial que antes, pero se cuidan de no llamarlas cuotas, que es exactamente lo que son. Prefieren llamarlas objetivos. Haciendo caso omiso de la Constitución, el Tribunal Supremo ha convertido la raza en un factor en las admisiones universitarias.

En las escuelas en las que antes sólo había blancos y en las que ahora están matriculados cerca de la mitad de los alumnos negros del país, los resultados de la segregación no han sido nada gratificantes.[615] Los alumnos de cada raza han tendido a adoptar las peores costumbres, hábitos, moral y forma de hablar de la otra. Alumnos brillantes, blancos y negros, se han marchado o han intentado marcharse, y en muchas escuelas se han tenido que abandonar todas las actividades sociales.[616] La violencia en las aulas y el vandalismo han reducido la calidad de la educación tanto como han elevado sus costes (unos 181.000 millones de dólares en 1980-81).[617]

El descenso constante de las medias nacionales de las Pruebas de Aptitud Académica que realizan millones de solicitantes universitarios es un ejemplo dramático de lo que ha ocurrido con la educación estadounidense En 1962, la media nacional del SAT verbal era de 478; en 1991, de 422. La media nacional del SAT de matemáticas descendió de 502 a 474 en el mismo periodo. En el mismo periodo, la media nacional del SAT de matemáticas

---

[615] Veinticinco años después de *Brown*, el 60% de los estudiantes negros asistían a escuelas que eran al menos mitad negras. En lugar de enviar a sus hijos a escuelas urbanas no segregadas, millones y millones de estadounidenses blancos perdieron cientos y cientos de millones de dólares trasladándose a los suburbios o más allá. Cuando los negros de clase media les siguieron, muchas familias blancas volvieron a mudarse. Para consternación de sus ávidos partidarios, *Brown resultó* ser la herramienta social más eficaz jamás ideada para la separación residencial de las razas.

[616] *Los Angeles Herald-Examiner*, 10 de octubre de 1980, p. 19.

[617] Un estudio del Senado sobre 757 distritos escolares públicos indicó que en un periodo de tres años el vandalismo escolar costó a los contribuyentes estadounidenses 500 millones de dólares; que hubo 70.000 agresiones a administradores y profesores, y varios cientos de miles a estudiantes; que más de cien estudiantes habían sido asesinados. *Christian Science Monitor*, 10 de abril de 1975, p. 5.

bajó de 502 a 474 puntos. Cualquiera con un mínimo conocimiento de las diferencias raciales en inteligencia podría haber predicho estos resultados, pero a los expertos se les ocurrieron todas las razones menos la correcta. La disminución de las puntuaciones de estos exámenes a lo largo de medio siglo fue casi exactamente proporcional a la disminución del porcentaje de blancos que realizaban la prueba.[618] En 1972, los no blancos representaban el 13% de los alumnos que hacían el examen; en 1994, el 30%. Para eliminar cualquier insinuación de que la Prueba de Aptitud Estándar medía alguna capacidad innata de aprendizaje, a principios de 1994 se cambió su segundo nombre por el de Evaluación. Ese mismo año, para que los alumnos con puntuaciones bajas se sintieran mejor con su rendimiento académico, la puntuación media tanto en el examen verbal como en el de matemáticas se elevó arbitrariamente a 500, para que todos pudieran recibir una nota más alta. Esto es algo similar a la práctica de subir las notas de algunos colegios y universidades que dan prácticamente a todos los estudiantes una A o una B. (Stanford prometió empezar a suspender a los estudiantes una vez más en el año académico 1995-96 repartiendo NP o ninguna nota de aprobado).

La mezcla de niños caucásicos con negros dos o tres años por detrás de ellos en nivel educativo y quince o veinte puntos por debajo en las puntuaciones del coeficiente intelectual no sólo ha ralentizado sustancialmente el progreso de los estudiantes en su conjunto, sino que ha aumentado el número de abandonos al presionar a los estudiantes negros para que rindan por encima de su capacidad. El célebre estudio de Jensen, que afirma que la herencia explica alrededor del 80% de las variaciones individuales del coeficiente intelectual, concluyó que los alumnos negros, aunque tan hábiles como los blancos en el aprendizaje memorístico, son mucho menos hábiles en el aprendizaje cognitivo.[619] Aunque estas conclusiones exigen claramente unos

---

[618] Un comentario más devastador y descorazonador sobre el estado actual de la educación en Estados Unidos lo proporcionó el Centro Nacional de Estadísticas Sanitarias, que en un informe de 1974 afirmaba que un millón de estadounidenses de entre 12 y 17 años eran analfabetos.

[619] El Dr. Arthur R. Jensen es catedrático de Psicología de la Educación en la Universidad de California en Berkeley. La *Harvard Educational Review* (invierno de 1969) se dedicó en gran parte al análisis estadístico de Jensen sobre la incapacidad de la educación para corregir las diferencias genéticas en la inteligencia de negros y blancos. Tras la publicación, Jensen recibió una cantidad de correo venenoso sin precedentes, incluidas algunas amenazas de muerte. En Berkeley, los Estudiantes por una Sociedad Democrática contrataron un camión de sonido para exigir el despido de Jensen, invadiendo posteriormente su aula y obligándole a impartir sus clases a escondidas. Finalmente tuvo que llamar a la policía para proteger sus archivos y tuvo que mantener encendidas las luces de su despacho toda la noche para disuadir a los saqueadores. Algunos de sus colegas liberales le llevaron ante una comisión de investigación especialmente organizada

planes de estudios diferentes para los alumnos negros, el afán de conformidad educativa a escala nacional sigue adelante sin cesar.

Para ayudarles a "ponerse al día", los estudiantes negros son promovidos con frecuencia en función de la edad, no del rendimiento, con el resultado de que algunos estudiantes con un nivel de lectura de tercer grado se encuentran en los grados noveno y décimo.[620] En cuanto a la enseñanza superior, sólo alrededor de la mitad de los graduados negros de la escuela secundaria son plenamente capaces de manejar un plan de estudios universitario.[621] Una vez que llegan a la universidad, los negros pueden recibir calificaciones más altas que los blancos por el mismo trabajo.[622] Se sabe que los profesores aprueban a todos en sus clases para no suspender a los estudiantes negros.[623] Otros profesores aplican este mismo sistema de dos niveles de calificación para evitar acusaciones de prejuicios raciales. La envidia, la frustración, la desconfianza y el cinismo que despiertan estas prácticas, incluidas las trampas generalizadas, son más evidentes en las universidades y escuelas superiores que, en su afán por matricular a negros, han suprimido sus requisitos de acceso tradicionales.[624] Insistiendo en que esta práctica se convirtiera en universal, las minorías llegaron a cerrar el City College de Nueva York para imponer sus exigencias. Después de que el alcalde John

---

con todos los adornos de un juicio de brujas medieval: la primera vez en la historia académica estadounidense que un profesor ha tenido que defender un artículo académico ante un procedimiento inquisitorial que incluía cámaras de vídeo. *New York Times Magazine*, 31 de agosto de 1969, p. 11. En 1970, un grupo de estudiantes de Harvard pidió a la *Harvard Educational Review* que entregara al fondo legal de las Panteras Negras todos los ingresos procedentes de la venta o distribución del artículo de Jensen. Además, exigieron que se destruyeran todas las copias y reimpresiones en circulación y que no se permitiera ninguna otra reproducción ni distribución. Además de la herejía del racismo, la acusación fundamental contra Jensen era que los tests de coeficiente intelectual estaban culturalmente sesgados contra los no blancos, a pesar de que los orientales obtuvieran a veces puntuaciones más altas que los "blancos" (una categoría que a menudo incluía a los hispanos) y a pesar de que los indios americanos también obtuvieran mejores resultados que los negros. Jensen echó por tierra estas acusaciones en su libro *Bias in Mental Testing*, The Free Press, Nueva York, 1980. Mientras tanto, un juez federal de San Francisco dictaminó que los tests de I.Q. estaban sesgados, y otro juez federal de Chicago dictaminó que no lo estaban.

[620] *San Francisco Sunday Examiner*, 20 de mayo de 1967, p. 2.

[621] Según Fred Crossland, experto en educación de la Fundación Ford. Otras estimaciones son mucho más bajas.

[622] Uno de estos casos en la Universidad de Nueva York fue relatado por James Burnham en su *Suicide of the West*, John Day, Nueva York, 1964, p. 197.

[623] *New York Times Magazine*, 28 de julio de 1969, p. 49.

[624] En 1964 había 234.000 negros en la universidad; en 1980, 1.100.000.

Lindsay y su Consejo de Educación se rindieran, en 1970 se inició una política de matrícula abierta para el City College. Cualquier neoyorquino que terminara el bachillerato, independientemente de sus calificaciones, estaba cualificado para entrar. En 1978, después de que el City College se hubiera convertido en una monstruosidad académica, se cerró parcialmente la puerta a la matrícula abierta. Se excluyó a los graduados de secundaria con conocimientos de matemáticas y lectura por debajo del nivel de octavo curso![625]

La admisión en la universidad sin los debidos créditos académicos es una idea nueva en la educación estadounidense. De llevarse a cabo, podría acarrear ciertas complicaciones, sobre todo en el ámbito de los estudios científicos. Si los estudiantes pueden acceder a la universidad con una preparación insuficiente, ¿se les concederán después títulos aunque suspendan la mayoría de los cursos? Y si obtienen esos títulos, ¿podrán utilizarlos para obtener un empleo diseñando rascacielos, puentes y aviones? Las respuestas tienen una relación directa no sólo con la seguridad nacional -la mayoría de los demás países conceden títulos de ingeniería en función de las notas y no del color de la piel-, sino también con la seguridad de todos los ciudadanos que deben trabajar en esos rascacielos, cruzar esos puentes y volar en esos aviones.

La invasión negra de la educación estadounidense ha traído consigo programas de Estudios Negros, que enseñan el racismo de las minorías en aulas donde está prohibida cualquier alusión positiva al racismo de la mayoría. Pero la inyección de racismo minoritario en los planes de estudios universitarios y de secundaria no es obra exclusiva de los grupos negros. Las organizaciones judías e hispanas también están al acecho de "desprecios raciales" en cursos y libros de texto que no profundizan en las contribuciones de las minorías a la historia de Estados Unidos o en la persecución de las minorías en el extranjero.[626] Ante la insistencia de estos grupos, que a menudo raya en la coacción, se han reescrito muchos libros de texto y se han sustituido otros.[627] Al mismo tiempo, se han puesto instalaciones educativas

---

[625] *Time*, 16 de mayo de 1969, p. 59, y *New York Times*, 8 de febrero de 1970, p. 25. En 1971, la mitad de los estudiantes del City College consumían drogas. *New York Daily News, 24 de febrero de 1971, p.* 4. Véase también *Chicago Tribune*, 29 de abril de 1979, Sect.

[626] En octubre de 1960, el Consejo de Educación de la ciudad de Nueva York envió una carta a 100 editoriales de libros de texto solicitando "revisiones sustanciales" en los libros de historia para hacer más hincapié en las atrocidades alemanas contra las minorías en la Segunda Guerra Mundial. *Overview*, octubre de 1961, p. 53.

[627] En California, los grupos de presión de las minorías forzaron una resolución a través del Consejo de Educación de Oakland para comprar libros de texto que "retraten con

públicas a disposición de grupos minoritarios para proyectos de investigación muy críticos con las instituciones de la Mayoría.[628]

Aunque las minorías apoyaron en general a los británicos o fueron neutrales en la Guerra de la Independencia,[629] una lectura de los textos escolares y universitarios publicados recientemente indicaría que sin la ayuda de las minorías los estadounidenses podrían estar jurando ahora lealtad a la Reina de Inglaterra. Crispus Attucks se ha magnificado hasta convertirse en una figura tan importante de la historia de Estados Unidos que una historia infantil ilustrada de la época colonial le dedica más espacio que a George Washington.[630] Haym Salomon, un comerciante judío nacido en Polonia, ha recibido un artículo con su nombre en la *Enciclopedia Británica,* aunque este "héroe" minoritario de la Revolución fue acogido más de una vez tras las líneas británicas.[631] Por otra parte, los negros de la Guerra de la Independencia que abastecieron a los buques de guerra británicos frente a la costa meridional y que permanecieron a bordo como voluntarios rara vez aparecen en la "nueva historia".[632]

Se diga lo que se diga de la educación estadounidense, su estado actual dista mucho de la década de 1660, cuando todo el alumnado y el profesorado de Harvard conversaba libremente en latín.[633] Está aún más lejos de la seriedad disciplinada de antaño de la educación occidental, resumida en la admonición en latín con la que la escuela de Winchester recibía a sus nuevos alumnos hace seis siglos: *Aut disce aut discede; manet sors tertia caedi.*[634] Había un aire al *Benito Cereno* de Melville[635] en la banda armada de

---

precisión la contribución de los grupos minoritarios en América." *San Francisco Chronicle,* 23 de enero de 1963, p. 30.

[628] La Liga Antidifamación concedió 500.000 dólares a la Universidad de California, una universidad estatal, para investigar el papel que desempeñan las iglesias cristianas en el fomento del antisemitismo. *Look,* 4 de junio de 1963, p. 78.

[629] William H. Nelson, *The American Tory,* Beacon Press, Boston, 1968. p. 89.

[630] *Reseña de An Album of Colonial America* en el *New York Times Book Review,* 6 de julio de 1969, p. 16.

[631] *Ency. Brit.,* Vol. 19, p. 2.

[632] Nelson, op. cit., p. 11.

[633] *Ency. Brit.,* Vol. 5, p. 876.

[634] "Aprender o partir; una tercera alternativa es ser azotado".

[635] El personaje de Benito Cereno, un capitán de navío español hecho prisionero en su propio barco por unos negros, está casi duplicado en la escena educativa moderna por Kingman Brewster, ex presidente de la Universidad de Yale. Brewster prohibió la entrada

militantes negros que ocupó el centro de estudiantes de la Universidad de Cornell durante treinta y cuatro horas y luego se marchó, con las armas preparadas, para recibir una amnistía general de la administración y el profesorado.[636] Había un aire de surrealismo en el hecho de que Princeton nombrara a Brent Henry administrador después de que el joven negro de veintiún años se hubiera distinguido en la toma de un edificio del campus.[637]

Si el propósito de la educación es la transmisión de la cultura, como ha opinado un gran poeta moderno,[638] entonces el deber de los educadores es la salvaguardia de la cultura. Aquí el fracaso de la educación estadounidense es más flagrante. Uno de los muchos ejemplos de este fracaso es la carrera del Dr. Hsue Shen-tsien. Con la ayuda de becas pagadas en parte por el gobierno estadounidense, el Dr. Hsue obtuvo su maestría en el Instituto Tecnológico de Massachusetts y su doctorado en el Instituto Tecnológico de California. Después regresó a su país natal, donde se encargó del diseño y la producción de sistemas de cohetes para las nuevas bombas H de la China Roja.[639]

El concepto de la educación estadounidense como un banco de datos desnacionalizado cuyos depósitos pertenecen a todos y deben ser transmitidos por todos a todos no es muy realista, especialmente en un mundo en el que la mayoría de las naciones tienen una idea totalmente distinta del proceso de aprendizaje. La China comunista y la Alemania capitalista se aferran a la anticuada opinión de que la labor de la educación es fortalecer el Estado y que toda la instrucción, eufemismo marxista de adoctrinamiento, debe dirigirse en última instancia hacia ese fin. Esta actitud es esencialmente aristotélica,[640] a pesar de lo que puedan decir los

de George Wallace al campus de Yale en 1963, pero lo abrió de par en par a una reunión de Panteras Negras el Primero de Mayo de 1970. *New York Times*, 30 de abril de 1970, p. 38. Brewster, que afirmaba que los negros no podían tener un juicio justo en Estados Unidos, participó en gran medida en el duelo nacional por los "4 de Kent State", que la prensa presentó como los típicos estudiantes estadounidenses, aunque tres de ellos eran judíos y la chica arrodillada junto al estudiante muerto en la fotografía ampliamente difundida era una fugitiva de Florida de quince años, detenida posteriormente por prostitución. Brewster y sus seguidores de la llamada Nueva Izquierda no protestaron cuando un estudiante fue asesinado y otros resultaron heridos en el atentado izquierdista contra un centro de física y matemáticas de la Universidad de Wisconsin. *Time*, 7 de septiembre de 1970, p. 9.

[636] *Time*, 2 de mayo de 1969, pp. 37-38.

[637] *New York Times*, 8 de junio de 1969, p. 1.

[638] Eliot, *Notas para la definición de la cultura*, p. 98.

[639] *Life*, 28 de mayo de 1965, pp. 92, 94.

[640] *Política*, 1337.

descontentos herederos de Lenin, y es compartida por aquellos miembros de las minorías estadounidenses cuyo clamor por oportunidades educativas especiales es en realidad una demanda de poder, no de aprender por aprender.

La Unión Soviética, antes de hundirse, mimó a sus grupos de nacionalidad no rusa dándoles sus propias escuelas y universidades donde podían seguir estudiando su historia y literatura en su lengua materna.[641] Hasta ahora, el resucitado Estado ruso ha hecho lo mismo. A los estudiantes, sin embargo, ya no se les exige que obedezcan el dictado del Octavo Congreso del Partido (1919) de que las escuelas rusas se transformen en un "arma del renacimiento comunista de la sociedad".[642]

En general, las escuelas estadounidenses dan mucha menos importancia a las ciencias y a la formación profesional que otros países avanzados. Es más, los académicos estadounidenses siguen tomándose a Freud mucho más en serio que las instituciones de enseñanza superior europeas comparables. En las pruebas realizadas a equipos de estudiantes de secundaria estadounidenses y de otros once países avanzados, el contingente estadounidense quedó en último lugar tanto en la división científica como en la académica.

Hay quien atribuye la crisis de la educación estadounidense a la brecha generacional, un fenómeno social que siempre ha existido en cierta medida en las sociedades fragmentadas. Pero en la América contemporánea la brecha es más publicitada que real. Aquellos que sí encajan en la descripción de pertenecer a una generación más joven alienada -la actual se llama Generación X- no se han vuelto, sino que han sido puestos, en contra de sus padres, a menudo por intelectuales minoritarios lo bastante mayores como para ser sus abuelos. Fue el septuagenario filósofo refugiado alemán Herbert Marcuse (1907-1979) quien dio el mayor impulso ideológico a ese segmento de la profesión docente que busca no sólo poner a los estudiantes de la Mayoría en contra de sus familias, sino también en contra de su historia, sus instituciones, su raza e incluso en contra de sí mismos. Habiendo decidido que la revolución ya no es posible según la vieja fórmula marxista de la guerra de clases, Marcuse propuso construir una nueva base revolucionaria sobre una alianza de estudiantes y negros.[643] Propuso además retirar el

---

[641] Nicholas Hans, *Comparative Education*, Routledge, Londres, 1949, pp. 28, 31, 58.

[642] *Enciclopedia de Rusia y la Unión Soviética*, p. 150. Cabe destacar que los rusos desarrollaron un sistema educativo especial para sus *bezprizorny*, el gran número de niños sin hogar que vivían de su ingenio y de la delincuencia durante el tumulto y el caos que siguieron a la Revolución de octubre de 1917. Para un número igualmente grande de niños sin hogar de los guetos, que muestran síntomas delictivos similares, los educadores estadounidenses, en lugar de ponerlos en escuelas de recuperación, a menudo tratan de resolver el problema colocándolos en la misma aula con niños normales.

[643] MacIntyre, *Marcuse*, p. 88.

derecho constitucional a la libertad de expresión a los que defienden la guerra, el racismo, la explotación y la brutalidad.[644]

A pesar del intenso lavado de cerebro de sus departamentos de ciencias políticas y sociales, el 22% de los estudiantes universitarios estadounidenses no temían identificarse en 1970 como "de centro-derecha".[645] Obviamente, no fue este grupo el que provocó la violencia universitaria que se abatió sobre el país. Tampoco fueron siempre los estudiantes radicales. Los estudiantes no se apoderaron de un ordenador de la Universidad de Nueva York y amenazaron con destruirlo a menos que se dieran 100.000 dólares a los Panteras Negras. Fue, afirmó el fiscal del distrito de Nueva York, obra de dos profesores minoritarios, Robert Wolfe y Nicholas Unger.[646] Una escopeta de estudiante no abatió a un juez en San Rafael, California, en un secuestro frustrado en un tribunal. La había comprado dos días antes la profesora de filosofía negra Angela Davis, a quien Marcuse había descrito como su "mejor" alumna.[647] No fue el alumnado en su conjunto el que convirtió la Universidad de California en Berkeley, otrora orgullo de la educación pública estadounidense, en un patíbulo intelectual. Fue una camarilla descerebrada de no estudiantes, estudiantes de minorías, desertores, profesores radicalizados y administradores sin carácter.

No es difícil encontrar una explicación mejor que la brecha generacional para el cambio que se ha producido en la educación estadounidense. En el año anterior a las cuatro muertes de estudiantes en Kent State, la matriculación de minorías en las universidades del Medio Oeste aumentó un 25%.[648] El profesorado de Harvard, uno de los mayores centros de agitación e inquietud, está ahora "dominado por judíos", y entre el 15 y el 25 por ciento del profesorado de otras universidades importantes son judíos.[649] Los judíos

---

[644] Informe de UPI, 18 de mayo de 1964.

[645] Encuesta Gallup, *Baltimore Evening Sun*, 26 de mayo de 1975. Como era de esperar, cuanto más tiempo permanecían los estudiantes en la universidad, más se desplazaban hacia la izquierda. Sólo el 40% de los estudiantes de primer año se identificaban como "de centro-izquierda" o "de extrema izquierda". El 53% de los estudiantes de último curso se identificaban así.

[646] *New York Times*, 30 de julio de 1970, p. 54.

[647] *Life*, 11 de septiembre de 1970, pp. 26-27.

[648] *New York Times*, 20 de mayo de 1970, p. 1.

[649] Yaffe, op. cit., p. 51. Los porcentajes son probablemente más altos en los departamentos de ciencias sociales, en los que se congregan los educadores judíos. Es esta alta concentración de judíos en las áreas más sensibles del proceso educativo lo que da peso al comentario de van den Haag: "La mente alfabetizada estadounidense ha llegado

representan ahora el 25% de los estudiantes universitarios en Harvard, el 18% en Yale, el 15% en Princeton y el 40% en Columbia.[650]

A la hora de resumir la situación actual de la enseñanza en Estados Unidos, cabe destacar lo siguiente: Como la mayoría de las instituciones establecidas, el sistema educativo estadounidense surgió de una concrescencia específica de personas, entorno e historia. Suponer que este sistema funcionaría eficientemente en condiciones notablemente diferentes para grupos étnicos notablemente diferentes es pedir al hombre que construya macrocosmos atemporales a partir de microcosmos efímeros. Un Estado multirracial, especialmente uno que permita y defienda el pluralismo cultural, requeriría lógicamente un programa educativo multirracial, no sólo porque los grupos de población difieren en sus capacidades de aprendizaje, sino porque también difieren en sus objetivos de aprendizaje. Alimentar a la fuerza a los estudiantes de las minorías y de las mayorías con una sopa curricular que consiste en una parte de dogma liberal, una parte de menosprecio de la mayoría y una parte de mitología de las minorías es proporcionar poco alimento educativo a cualquiera.

Los resultados de una prueba realizada en catorce países a niños de trece años demostraron lo poco nutridos que estaban. Los estudiantes estadounidenses quedaron penúltimos en matemáticas y apenas mejoraron en ciencias. Los surcoreanos quedaron primeros en ambas categorías. Al parecer, los chicos y chicas estadounidenses más inteligentes recibirán aún menos alimento educativo en el futuro. La nueva moda del aprendizaje es algo llamado Educación Basada en Resultados, que consiste en "atontar" a los alumnos brillantes para que los menos brillantes no se sientan desgraciados por sus notas más bajas. Esta "hazaña" se consigue suprimiendo las calificaciones y ralentizando el proceso de enseñanza para que los estudiantes menos brillantes puedan ponerse al día. Durante el tiempo de recuperación, a los alumnos brillantes no se les enseña nada. Deben dedicar su tiempo en clase a tutelar a los alumnos lentos.[651]

Los separatistas negros, para confusión y consternación de los integracionistas blancos y negros, piden más, no menos, segregación educativa para que puedan desarrollar más plenamente su identidad racial y cultural. Acceder a esta propuesta podría conducir al establecimiento de escuelas y colegios separados para todas las minorías inasimilables, que por definición nunca podrán ser asimiladas por la educación ni por ningún otro

---

en cierta medida a pensar de forma judía, a responder de forma judía. Se le ha enseñado a hacerlo y estaba preparada para ello". *The Jewish Mystique*, p. 98.

[650] Yaffe, op. cit., p. 52.

[651] Pete du Pont, *Washington Times*, 31 de mayo de 1994, p. A13.

medio. Esto formalizaría la separación de todas esas minorías y, al mismo tiempo, penetraría en el disfraz asimilacionista de algunas. En cualquier caso, una medida así no podría sino dar un nuevo impulso a la educación de la Mayoría, sustrayéndola al control de sus detractores y expoliadores.

En definitiva, el gran fracaso de un sistema escolar heterogéneo se debe a su incapacidad para insistir eficazmente en los aspectos morales de la educación. No hay mayor incentivo para el aprendizaje que la autoestima que fluye espontáneamente de la conciencia de un gran pasado, una conciencia que no proviene de las directrices publicadas por el Departamento de Educación o de los libros de texto esterilizados diseñados para complacer a todos y no educar a nadie.

El tipo de aprendizaje que prepara a un pueblo para prevalecer y perdurar debe estar preparado por siglos de historia común y milenios de ascendencia común. La segregación acaba con él al destruir su fuerza vinculante: la homogeneidad de profesor y alumno. La desaparición de este vínculo vital de las aulas estadounidenses puede convertirse en la mayor tragedia educativa de todas.

PARTE VI

El choque político

CAPÍTULO 21

La adaptabilidad del dogma

SI LA FASE CULTURAL de la desposesión de la Mayoría puede describirse como el asalto al alma de la Mayoría, la fase política es el asalto a la mente de la Mayoría. El poder político puede emanar del cañón de un arma, como propuso una vez el Presidente Mao.[652] Un arma, sin embargo, difícilmente es eficaz sin la voluntad de disparar, un ingrediente suministrado por esa forma de programación intelectual conocida como dogma.

La mente se alimenta vorazmente de dogmas porque los seres humanos están hambrientos de algún sistema de pensamiento, algún marco de referencia, con el que ver el mundo. Sólo unas pocas almas solitarias tienen la resistencia, el valor y la sabiduría para desarrollar sus propias creencias a partir de la observación independiente. Y cada día son menos. Cuanto más se amplían las fronteras del conocimiento, más difícil se vuelve alcanzarlo y más se aleja de las manos del individuo. Desesperadas por la verdad, asoladas por la duda, incluso las mejores mentes se refugian en el dogma, el gran enemigo de la duda, que siempre está dispuesto, pero rara vez cualificado, para llenar el vacío intelectual. Poncio Pilato no recibió respuesta inmediata cuando planteó su célebre pregunta.[653] Cuando el cristianismo se organizó adecuadamente, la Iglesia le respondió con el dogma.

De los principales componentes del dogma -verdad, falsedad, opinión y autoridad-, el mayor es la autoridad. Uno de los hábitos humanos más antiguos, fomentado por la inconmensurable inercia del cerebro, es rendirse ante un dogma concreto, simplemente por su antiguo pedigrí. Fue la autoridad de la antigüedad la que hizo posible que falsedades fácilmente detectables en el Antiguo Testamento y en la filosofía natural aristotélica se mantuvieran como verdades durante más de 1.500 años.

Los pocos que se niegan a aceptar el dogma a medias, en lugar de hacerlo de todo corazón, eligen hasta cierto punto. Pero el dogma que finalmente eligen no suele ser por su relevancia o correspondencia con los hechos, sino porque coincide con su propio conjunto de prejuicios, animadversiones y temores.

---

[652] Véase el capítulo 34 para otras declaraciones nietzscheanas del padre fundador del comunismo chino.

[653] Juan 18:38.

Los intelectuales modernos siguieron suscribiendo el dogma comunista mucho después de haber reconocido sus contradicciones, su persiflaje y sus errores. De hecho, parecían venerarlo más en el preciso momento (el clímax de las grandes purgas estalinistas de la década de 1930) en que estaban siendo más engañados. Querían creer y creyeron. *Credo quia absurdum.*[654]

Desgraciadamente para la raza humana, el intelectual tiene casi el monopolio en la formulación y propagación del dogma debido a su formación verbal y a su habilidad lingüística. La lengua fácil (o la pluma) y el dogma parecen generarse mutuamente. Fue esta estrecha conexión, casi predestinada, entre dogma e intelectuales la que llevó a Brunetière, el crítico literario francés, a definir al intelectual como aquel que se inmiscuye dogmáticamente en asuntos sobre los que es ignorante.[655]

Uno supondría lógicamente que cuanta más educación se tenga, menor será la susceptibilidad al dogma. Pero es todo lo contrario. La educación, aparte de las ciencias físicas, que no siempre están exentas, ha sido uno de los ejemplos más notorios de adoctrinamiento organizado. De hecho, la persona mejor educada o, más exactamente, la persona "más educada" es con demasiada frecuencia la más dogmática. El profesor que se pasa la vida enseñando dogmas se ha vuelto, por así decirlo, dogmáticamente ciego. Se apresura a atacar el dogma contrario, pero tarda en condenar o incluso en reconocer el suyo propio.

Sólo las mentes poco sofisticadas, cuyo número es legión, y las grandes mentes, *rarissimae aves*, han desarrollado cierta inmunidad al dogma que apuntala la ideología política y social predominante en Occidente. Las primeras no están preparadas ni por educación, ni por formación, ni por inclinación para comprender ese dogma, mientras que las segundas se resisten a tragarlo porque lo comprenden demasiado bien.

En consecuencia, no debería resultar chocante descubrir que el hombre "culto" puede ser más perjudicial para la sociedad que el inculto. La persona alfabetizada tiene la capacidad de difundir su ignorancia al exterior, de vender su dogma al por mayor. El individuo iletrado sólo puede transmitir sus creencias a las personas de su entorno inmediato.

---

[654] En más de un sentido, Tertuliano es un ejemplo de modernidad. Abogado cartaginés y el más dogmático de los primeros padres de la Iglesia, aconsejó a los cristianos que se negaran a cumplir el servicio militar bajo los emperadores romanos y que no obedecieran las leyes que consideraran injustas. Will Durant, *César y Cristo*, p. 647. Para las palabras exactas de Tertuliano, véase Toynbee, *Study of History*, Vol. V, p. 56.

[655] *Times Literary Supplement*, 22 de junio de 1962, p. 462. La diferencia entre un intelectual y un hombre inteligente podría describirse como la diferencia entre el que usa su mente y el que la usa sabiamente.

A veces, el dogma político está tan firmemente arraigado en las mentes de los hombres que el mero hecho de cuestionarlo es ponerse fuera de lugar. A menudo, todo el estamento intelectual de una cultura se retrae, como una tortuga, al menor intento de arrojar una luz objetiva sobre los oscuros recovecos del dogma por el que ha llegado a vivir y con el que vive. El menor rastro de crítica será juzgado como una mezcla cínica y antisocial de iconoclasia y desantificación. Si el crítico trabaja en secreto, con el tiempo empieza a sentirse como un criminal. Si sale a la luz, se le considera como tal. En palabras de Charles Peirce, "deja que se sepa que sostienes seriamente una creencia tabú, y puedes estar perfectamente seguro de que te tratarán con una crueldad menos brutal pero más refinada que la de cazarte como a un lobo".[656]

El dogma político, como todos los dogmas, se basa más en opiniones y sentimientos que en hechos. Sólo puede probarse objetivamente mediante el método casi imposible de colocar a grupos de población similares en entornos similares durante un periodo de generaciones, sometiendo a cada uno de ellos a un sistema político diferente. Incluso entonces, los resultados de estas largas y complicadas pruebas tendrían que medirse según criterios tan dudosos como el progreso económico, los logros culturales, la estabilidad gubernamental y la seguridad pública, todos los cuales se prestan fácilmente a diversas interpretaciones.

No es de extrañar que, en vista de la incurable "dogmatitis" del hombre, el dogma científico reciba a menudo la misma aclamación y aceptación acrítica que el dogma político, como demuestran ampliamente la vida y la obra de Albert Einstein. Al físico judío-alemán se le atribuye universalmente ser el padre de la relatividad, aunque en 1904, un año antes de que Einstein publicara su artículo sobre la Teoría Especial de la Relatividad, Henri Poincaré, físico francés, dio una conferencia en San Luis sobre "El principio de la relatividad".[657] Además, las diversas partes de la Teoría Especial que han resultado bastante bien se basan en gran medida en las ecuaciones matemáticas de dos físicos teóricos, George FitzGerald, irlandés, y Hendrik Lorentz, holandés. Se trata de la contracción FitzGerald-Lorentz y de las transformaciones de Lorentz.

En 1916, cuando Einstein presentó su Teoría General de la Relatividad, aún era prácticamente desconocido en el mundo de la física. De hecho, siempre que se mencionaba la relatividad, era probable que se asociara con el nombre

---

[656] *The Fixation of Belief, Collected Papers*, Harvard University Press, Cambridge, Mass., 1934, pp. 245-46.

[657] *The Einstein Myth and the Ives Papers*, eds. Richard Hazelett y Dean Turner Devin-Adair, Old Greenwich, Connecticut, 1979, p. 154.

de Lorentz.[658] Entonces, en 1919, llegó la famosa expedición científica británica para estudiar el eclipse total de sol. La curvatura de la luz al atravesar el campo gravitatorio del sol se aproximaba aproximadamente a las mediciones predichas por Einstein. Casi de la noche a la mañana, los medios de comunicación, con la ayuda del conocido científico británico Sir Arthur Eddington, convirtieron a Einstein en una celebridad internacional. En 1921, el físico, ahora mundialmente conocido, realizó una triunfal gira por Estados Unidos, pero no para predicar su nueva física, sino para recaudar fondos para el sionismo.

En la República de Weimar, el entusiasmo fue más moderado. Algunos destacados físicos alemanes convocaron un congreso antirrelativista, en el que se acusó a Einstein de alejar a la ciencia occidental del camino de la experimentación para adentrarla en el paraíso azul del misticismo, la abstracción y la especulación. Cien científicos y personalidades colaboraron en un libro que denunciaba a Einstein por desarrollar una física que ya no estaba en contacto con la realidad física.[659] Cuando Hitler entró en escena y el ataque se amplió hasta convertirse en una sonora andanada contra la "física judía", Einstein se marchó a Estados Unidos.

Los alemanes no fueron los únicos críticos de la relatividad. Algunos destacados físicos británicos y estadounidenses no estaban de acuerdo con algunas o todas las ideas de Einstein y no temían decirlo. Entre ellos se encontraban luminarias como: Dayton C. Miller, presidente de la American Physics Society, Herbert Dingle, presidente de la Royal Astronomical Society británica, Herbert Ives, el físico óptico estadounidense que ayudó a desarrollar la televisión, y, después de la Segunda Guerra Mundial, Louis Essen, el experto británico en relojes atómicos. Pero a medida que crecía la fama de Einstein, estas voces se desvanecían en la distancia. FitzGerald, Lorentz, Poincaré y otros pioneros cayeron en el olvido cuando los medios de comunicación concedieron a Einstein una patente exclusiva y acrítica sobre la relatividad.

La Relatividad Especial postula que nada puede moverse más rápido que la velocidad de la luz y que la masa aumenta con la velocidad y se hace infinita a 186.282 millas/seg. Al igual que existía una barrera del sonido, ahora existe una barrera de la luz. ¿Quién sabe cuánto durará la barrera de la luz de Einstein? En el momento de escribir estas líneas se han observado cuatro fuentes de radio extragalácticas que se expanden a velocidades entre dos y veinte veces superiores a la de la luz.[660] Los partidarios de la relatividad han

---

[658] Ibídem, p. 266.

[659] *Hundert Autoren Gegen Einstein*, R. Voigtlander Verlag, Leipzig, 1931.

[660] *Scientific American*, agosto de 1980, p. 82B.

tachado estas observaciones de ilusiones, el mismo término que los geocentristas aplicaron al descubrimiento de las lunas de Júpiter por Galileo.

A diferencia de la Teoría Especial, la Teoría General de la Relatividad sólo se ha confirmado en contadas ocasiones y de forma tenue. Cada vez que se produce un eclipse solar o se detecta algún objeto misterioso en el espacio profundo, los medios de comunicación, pero no necesariamente los astrónomos, anuncian dramáticamente que una vez más se ha demostrado que Einstein tenía razón. Si la Teoría General es tan sólida, ¿por qué hay que demostrarla tan repetidamente? El hecho es que existen varias otras teorías plausibles sobre la gravedad, el tema básico de la Teoría General. Una de ellas, la teoría de Brans-Dicke, se ha demostrado a veces tan bien como la teoría general.[661] A pesar de la creciente mortalidad de varias leyes físicas firmemente establecidas,[662] sin embargo, la Relatividad General sigue siendo inexpugnable. Una buena razón es que, si un científico se pronuncia demasiado alto contra Einstein, podría poner en peligro su carrera.

Los meandros políticos de Einstein -su apoyo a la coalición de comunistas e izquierdistas en la Guerra Civil española, su socialismo utópico, su asociación con al menos once organizaciones dirigidas por comunistas en Estados Unidos, el préstamo de su nombre a innumerables manifiestos estalinistas,[663] su papel de "vendedor" de la bomba atómica,[664] su amistad con la Alemania Oriental comunista después de la Segunda Guerra Mundial- todo ello le ha valido malas notas con un occidental tan eminente como Ortega y Gasset:

> Albert Einstein se arroga el derecho de opinar sobre la Guerra Civil española y de adoptar una postura unilateral al respecto. Albert Einstein demuestra una profunda ignorancia sobre lo que ha ocurrido en España hoy, hace siglos y siempre. El espíritu que ha inspirado esta insolente intervención es el mismo que ha acarreado el descrédito universal de otros

---

[661] *Scientific American*, noviembre de 1974, pp. 25-33.

[662] En 1962, una teoría más firmemente arraigada en el decálogo científico que la relatividad fue desechada cuando el profesor Bartlett, de la Universidad de Columbia Británica, fabricó hexafluoruro de xenón y platino. Hasta entonces existía la ley "inmutable" en química de que el platino y el xenón, un metal noble y un gas noble, eran totalmente resistentes a la combinación química. *San Francisco Chronicle, This World*, 9 de diciembre de 1962, p. 25.

[663] Sobre el prolongado coqueteo de Einstein con el estalinismo, véase el *Quinto Informe del Comité de Investigación del Senado sobre Actividades Antiamericanas*, Legislatura de California, 1949.

[664] Véanse las pp. 542-43.

intelectuales, al dejar el mundo a la deriva privándolo de *pouvoir spirituel*.[665]

H. L. Mencken fue aún más duro:

[N]ingún científico judío ha igualado a Newton, Darwin, Pasteur o Mendel... excepciones tan aparentes como Ehrlich, Freud y Einstein son sólo aparentes... Freud era un charlatán en nueve décimas partes, y hay razones sólidas para creer que Einstein no se sostendrá; a la larga, su espacio curvo puede clasificarse con los baches psicosomáticos de Gall y Spurzheim.[666]

Independientemente de cómo trate la historia a Einstein, de cómo sus logros resistan la prueba del tiempo, es indiscutible que ha recibido muchos más elogios de los que merece. Lo que le hizo "destacar" fue su capacidad para adaptarse tan bien al dogma liberal-minoritario imperante, al humanitarismo desbocado, al internacionalismo desarraigado, al antinazismo, al sionismo, a la tolerancia y, en ocasiones, al franco afecto por Marx y Freud. Todos estos ingredientes se combinaron en una receta irresistible para los medios de comunicación. Einstein fue bañado en un océano de publicidad favorable mucho mayor que la que se había concedido a cualquiera de sus contemporáneos, con la posible excepción de Franklin D. Roosevelt y Churchill. Un ingenioso científico físico que incursionaba incesante y confusamente en la ciencia política se transformó en el mayor cerebro del siglo XX, si no de todos los siglos.

Como el propio Einstein habría admitido, hay una marcada diferencia entre el dogma científico y el político. El primero puede ponerse a prueba en condiciones controladas de laboratorio.[667] Cuando se valida, se convierte en

---

[665] *La rebelión de las masas*, p. 189. Este párrafo ha sido traducido por el autor de este estudio.

[666] *Minority Report, H. L. Mencken's Notebooks*, Knopf, Nueva York, 1956, pp. 273-74.

[667] Macaulay fue uno de los pocos políticos partidarios de aplicar el método científico a la política: "¿Cómo, entonces, vamos a llegar a conclusiones justas sobre un tema tan importante para la felicidad de la humanidad? Seguramente mediante ese método que, en todas las ciencias experimentales a las que se ha aplicado, el método de la Inducción, observando el estado actual del mundo, estudiando asiduamente la historia de las épocas pasadas, tamizando la evidencia de los hechos, combinando y contrastando cuidadosamente los que son auténticos, generalizando con juicio y desconfianza, sometiendo perpetuamente la teoría que hemos construido a la prueba de nuevos hechos, corrigiéndola o abandonándola por completo, según el caso, corrigiéndola o abandonándola por completo, según los nuevos hechos demuestren ser parcial o fundamentalmente erróneos. Procediendo así -paciente, diligente, cándidamente- podemos esperar formar un sistema tan inferior en pretensiones al que hemos estado examinando, y tan superior a él en utilidad real, como las prescripciones de un gran

una ley, un estatus exaltado que rara vez alcanza ningún dogma o ideología política. Cuando un dogma científico es derribado, una ola de asombro recorre la comunidad científica, y eso es todo. Pero cuando un dogma político se hunde -puede ser debilitado por la razón, pero sólo puede ser suplantado por otro dogma- su desaparición suele ir acompañada del caos social, la revolución y la destrucción de miles o incluso millones de vidas.

Los dogmas más poderosos son los que tienen un atractivo universal e intemporal para los corazones y las mentes de todos los hombres. Sin embargo, es la propia universalidad de los grandes dogmas lo que los hace tan volubles e impredecibles, lo que les permite jugar tan rápido y sueltos con las esperanzas y aspiraciones de sus expositores. Los pronunciamientos dogmáticos sobre los derechos inalienables de la humanidad tienen un efecto político y social totalmente distinto en las sociedades monorraciales que en las multirraciales. El mismo dogma religioso que contribuyó a destruir el Imperio Romano ayudó a preservar el Sacro Imperio Romano Germánico. El mismo dogma político que inspiró a una raza a construir la sociedad estadounidense inspira ahora a otras razas a destruirla.

Parece razonable suponer que los grandes dogmas no han sobrevivido durante siglos e incluso milenios sólo por su contenido. Su vitalidad debe haber dependido también en gran medida de su adaptabilidad, de su capacidad para aliviar tantas penas humanas, para satisfacer tantos objetivos humanos en conflicto. El don de adaptar el dogma al crecimiento y el progreso nacionales es sin duda uno de los mayores que puede poseer un pueblo. Sin embargo, un don aún mayor es la capacidad de rechazar el dogma que ya no puede utilizarse de forma constructiva.

Desde el punto de vista de la mayoría estadounidense, el dogma político que tan bien le ha servido durante la mayor parte de la historia de Estados Unidos se ha convertido ahora en uno de los principales agentes de su declive. Desde el punto de vista de las minorías, este mismo dogma se ha convertido en una poderosa herramienta para su avance, ya que casi todos los actos políticos, pasados y presentes, se miden ahora con el rasero de los intereses de las minorías y se asignan a alguna estación de paso en la Marcha de la Democracia. Esto conduce a la visión engañosa y distorsionada de que la lucha política contemporánea es entre liberalismo y conservadurismo, explotados y explotadores, tolerancia e intolerancia, igualdad y desigualdad, libertad y opresión. Dado que la verdadera naturaleza de lo que está

---

médico, que varían con cada etapa de cada enfermedad y con la constitución de cada paciente, a la píldora del curandero publicitario que es curar a todos los seres humanos, en todos los climas, de todas las enfermedades." *The Miscellaneous Works of Lord Macaulay*, "Mill on Government," Universal Library Association, Philadelphia, Pennsylvania, Vol. 1, p. 399.

ocurriendo y las verdaderas intenciones de los dogmatizadores quedan así ocultas, los miembros inteligentes de la Mayoría deben llegar a comprender que están viviendo en una época y en un mundo en los que la interpretación del dogma se ha convertido en una fuerza tan poderosa como el propio dogma.

CAPÍTULO 22

Las tres fases de la democracia

E L SOCIÓLOGO William Graham Sumner dijo una vez de la democracia: "Es imposible discutirla o criticarla... Nadie la trata con total franqueza y sinceridad".[668] En los años transcurridos desde que Sumner escribiera estas líneas, el clima de objetividad no ha mejorado notablemente. Sin embargo, sin una comprensión más clara de la democracia que la que existe en la mente popular, no se puede entender la política estadounidense actual.

A la mayoría de los politólogos contemporáneos les gusta situar la democracia en lo más alto de la escala de la evolución política, aunque se han encontrado rastros de ella en las organizaciones tribales de los pueblos más atrasados y antiguos. En la ponderada opinión de Robert Marrett, don de Oxford y destacado antropólogo, "donde la sociedad es más primitiva es más democrática..."[669]

Históricamente, la democracia no apareció como forma de gobierno reconocida hasta el florecimiento de las ciudades-estado griegas, cuando adquirió suficiente categoría para ser incluida entre los cinco taxones políticos de Platón. Por orden de precedencia, éstos eran: (1) Aristocracia, gobierno de los mejores; (2) Timocracia, gobierno de los honorables; (3) Oligarquía, gobierno de unos pocos; (4) Democracia, gobierno del pueblo; (5) Tiranía, gobierno del déspota o advenedizo.[670] Las clasificaciones de Platón eran cinco peldaños de una escalera descendente que la mayoría de las ciudades-estado griegas estaban condenadas a recorrer. Se podía volver a subir la escalera, en parte o hasta el final, pero inevitablemente habría otro descenso, posiblemente incluso después de la creación del Estado perfecto, esa hazaña suprema del utopismo platónico, la polis soñada donde "o los filósofos se convierten en reyes... o los que ahora llamamos nuestros reyes y gobernantes se dedican a la búsqueda de la filosofía..."[671]

Aristóteles encontró un proceso degenerativo similar en la política. Dividió el gobierno en tres formas buenas y tres malas. Las formas buenas eran la

---

[668] *Folkways*, p. 77.

[669] *Ency. Brit.*, Vol. 19, p. 105.

[670] *República*, trad. Paul Shorey, VIII, 544-45.

[671] Ibídem, V, 473d.

monarquía, la aristocracia y el gobierno constitucional, que se "pervirtieron" en tiranía, oligarquía y democracia, respectivamente.[672] En la ciencia política de Aristóteles había cinco variedades diferentes de democracia, que le costó delimitar. Sin embargo, hizo una clara distinción entre las democracias en las que la ley estaba por encima del pueblo y las democracias en las que el pueblo estaba por encima de la ley.[673]

La política de Aristóteles estaba determinada en parte por su fe en la clase media, a la que él pertenecía. Su Estado preferido era una república de clase media no muy distinta del gobierno representativo limitado de Estados Unidos en los primeros años de su independencia.[674] Pero Aristóteles era también un relativista político, que creía que el mejor gobierno podía ser el que mejor se adaptara al pueblo, al tiempo y a las circunstancias. No era un fanático creyente en la superioridad inherente de ningún sistema político.[675]

El aristócrata Platón fue más hostil que Aristóteles a la democracia, cuyas etapas finales describió en términos que tienen un curioso tinte moderno:

> [A los que obedecen las reglas... los vilipendia como esclavos voluntarios y hombres de nada, pero elogia y honra en público y en privado a los gobernantes que se parecen a los súbditos y a los súbditos que se parecen a los gobernantes... [E]l padre habitualmente trata de parecerse al hijo y tiene miedo de sus hijos, y el hijo se asemeja al padre y no siente temor ni miedo de sus padres....Y el extranjero residente se siente igual al ciudadano y el ciudadano a él, y el extranjero igualmente... El maestro en tal caso teme y adula a los alumnos, y los alumnos no prestan atención ni al maestro ni a sus supervisores. Y en general los jóvenes imitan a sus mayores y rivalizan con ellos en el habla y en la acción, mientras que los viejos, acomodándose a los jóvenes, están llenos de cortesía y amabilidad, imitando a los jóvenes por miedo a ser considerados desagradables y autoritarios... Y casi se me olvida mencionar la libertad y la igualdad de derechos en las relaciones de los hombres con las mujeres y de las mujeres con los hombres...[676]

---

[672] Política, trans. Jowett, II, 7.

[673] Ibídem, IV, 4.

[674] Ibídem, IV, 11.

[675] Ibid.

[676] República, trans. Shorey, VIII, 562-64. Una de las quejas más elocuentes de Platón contra la democracia era su incapacidad para fomentar la aparición de estadistas virtuosos: "[Excepto] en el caso de dones naturales trascendentes, nadie podría llegar a ser un buen hombre a menos que desde la infancia su juego y todas sus actividades estuvieran relacionadas con las cosas justas y buenas; ¡qué soberbiamente pisotea [la

Como se sugiere en el capítulo 18, la democracia griega tenía muy poco en común con el tipo de democracia de los regímenes democráticos actuales. En sus fases democráticas, casi todas las ciudades-estado griegas se aferraron tenazmente a la institución de la esclavitud y negaron el derecho de voto a las mujeres, los extranjeros y los místicos, privando incluso del derecho de voto a muchos de los nativos mediante calificaciones raciales y de propiedad. Por otra parte, algunas ciudades como Atenas llevaron la democracia al extremo mediante la práctica de la sortición, en la que los cargos públicos no se elegían por votación, sino por sorteo. El sortilegio, una especie de bingo democrático, sólo es concebible cuando una ciudadanía pequeña, homogénea y muy inteligente posee un alto grado de sofisticación política.

La República romana tuvo sus momentos democráticos. Los experimentos griegos de democracia eran bien conocidos por los políticos romanos, pero con el paso del tiempo la plebe arrancó concesión tras concesión a las familias gobernantes, incluido el control del tribunado. Sin embargo, el Senado, la institución política romana más duradera y prestigiosa, era congénitamente autoritario y depositario de privilegios. Cuando la vacilante vela de la democracia fue finalmente apagada por los gracos y dictadores que enterraron la República,[677] no volvió a arder hasta el siglo XVII.

Durante este largo paréntesis se manifestaron algunos débiles movimientos democráticos. En el año 930 d.C., el *Althing* de Islandia celebró su primera sesión. Como este órgano parlamentario sigue funcionando hoy en día, los islandeses pueden presumir de ser los fundadores del gobierno representativo más duradero de la historia.[678]

Otros pálidos atisbos democráticos pueden detectarse en los primeros tiempos del Parlamento inglés, en los cantones suizos y en las comunas medievales, "el principal progenitor de la democracia moderna".[679]

Se admite generalmente que la democracia moderna nació durante la reacción popular contra la dinastía Estuardo en Inglaterra. Su partero fue John Locke, cuyos tratados sobre el gobierno civil contenían muchas ideas democráticas fundamentales. En una fraseología que más tarde fue

---

democracia] todos esos ideales, sin importarle nada de qué prácticas y forma de vida se convierta un hombre a la política, sino honrándolo si sólo dice que ama al pueblo!". Ibídem, 558b.

[677] El gobierno imperial romano fue quizás mejor resumido por Tiberio, quien escribió: "la parte de un buen pastor era esquilar a su rebaño, no despellejarlo". Suetonio, *Tiberio*, trad. J. C. Rolfe, Loeb Classical Library, XXXII.

[678] *Ency. Brit.*, Vol. 12, p. 45.

[679] Durant, *La edad de la fe*, p. 641.

reelaborada y en parte plagiada por Jefferson en la Declaración de Independencia, Locke afirmaba que los hombres, todos los cuales tenían ciertos derechos naturales, eran "libres, iguales e independientes" y que "nadie debe perjudicar a otro en su vida, salud, libertad o posesiones". [680]

Pero entonces Locke adoptó una postura dogmática que le apartó para siempre de los oráculos del pensamiento democrático contemporáneo. El propósito básico del gobierno, declaró, era la preservación de la propiedad.[681] Si los monarcas no podían proteger las posesiones materiales de sus súbditos, el pueblo tenía derecho a buscar protección en otra parte, aunque fuera en sí mismo.[682]

En opinión de Locke, la preservación de la propiedad equivalía a la preservación de la libertad humana. Para salvaguardar esta libertad, abogó por la división del gobierno en poderes legislativo y ejecutivo. Más tarde, el filósofo francés Montesquieu amplió la separación de poderes lockeana añadiendo un tercer poder, el judicial.[683] Jean-Jacques Rousseau completó la estructura básica de la teoría democrática premarxista haciendo al hombre inherentemente bueno, es decir, capaz y digno de controlar su propio destino sin interferencias ni reglamentaciones externas.[684] Para Rousseau, nacido en el ambiente de relativa pureza moral de Ginebra, no suponía tanto esfuerzo mental albergar tales opiniones heurísticas como para los filósofos criados en los tugurios de París o Londres. La democracia inglesa, aunque dio pasos importantes después de que los Estuardo fueran expulsados por segunda y última vez, no perdió su sabor aristocrático hasta la Ley de Reforma de 1832. Pero al otro lado del Atlántico, en Norteamérica, los colonos británicos, más alejados de las restricciones conservadoras del rey y el lord, dieron más libertad a la democracia. En Nueva Inglaterra, tras la relajación de la

---

[680] Locke, *Del Gobierno Civil*, Primer Tratado, prefacio, p. 3. También Ency. Brit., Vol. 16, p. 172D y Vol. 7, p. 217. Cabe señalar que en la constitución que se le pidió que redactara para Carolina, Locke incluyó extraños compañeros de cama democráticos como la servidumbre hereditaria y la primogenitura. Beard, *Rise of American Civilization*, Vol. 1, p. 66.

[681] Locke, op. cit., *Segundo Tratado*, n° 94.

[682] Ibídem, n° 228-29.

[683] *L'esprit des lois*, XI, vi.

[684] Al menos ésta es la impresión que se desprende de la lectura de las primeras páginas del *Du contrat social* de Rousseau. En la última parte, el ciudadano es amenazado de muerte si no cree en los artículos de la religión del Estado en el que reside. Rousseau, entre paréntesis, consideraba que una mezcla de aristocracia y democracia era la mejor forma de gobierno. Creía que la democracia directa era imposible y que las personas que vivían en zonas árticas o tropicales podían necesitar un gobierno absoluto. Durant, *Rousseau and Revolution*, pp. 173-74.

teocracia puritana, estos colonos exigieron y en algunos casos obtuvieron el derecho a intervenir en los asuntos de gobierno, a que los magistrados rindieran cuentas públicamente de sus actos, a ser juzgados por un jurado de iguales y a disfrutar de garantías legales de libertad personal y, quizá lo más dramático y controvertido de todo, a que los ciudadanos fijaran el tipo impositivo. La totalidad de esta legislación radical, que provocó la envidia de los británicos en Gran Bretaña, poco a poco llegó a considerarse un derecho de nacimiento de la mayoría de los blancos de las trece colonias.[685]

Sin embargo, la exuberancia democrática de las asambleas de los pueblos de Nueva Inglaterra no se extendió al conjunto de la nueva nación cuando las colonias obtuvieron su independencia.[686] Algunos de los intelectuales de los Padres Fundadores, sobre todo en el Sur, suscribían muchas de las ideas, tópicos y lugares comunes que estaban dando origen a la Revolución Francesa. Sin embargo, este tipo doctrinario de nivelación política y social difería mucho de la democracia evolutiva y pragmática de la mayoría de los estadounidenses de mentalidad independentista. Si bien es cierto que los clamorosos llamamientos de Jefferson a la libertad humana contribuyeron a aumentar la inclinación de los colonos por la guerra, eran meras sombras retóricas comparadas con los sustanciales logros democráticos de los pioneros y colonos de la Mayoría, que nunca habían oído hablar de leyes naturales, contratos sociales o "derechos inalienables" y a quienes "la búsqueda de la felicidad" les habría parecido blasfema y francamente hedonista.

Quizá más que ningún otro estadounidense, Thomas Jefferson debe asumir la responsabilidad de cargar a la democracia americana con la ambigüedad y la cantinela que la han perseguido a lo largo de los años. Cuando uno de los mayores propietarios de esclavos de Virginia escribe solemnemente "todos los hombres han sido creados iguales", hay que cuestionar su semántica o su integridad. Lo que Jefferson y la mayoría de los demás firmantes de la Declaración de Independencia querían decir con igualdad era que los colonos ingleses tenían el mismo derecho natural al autogobierno que los ingleses de la madre patria.[687] Pero eso no es lo que estaba escrito. Y es lo que se escribió

---

[685] De Tocqueville, *De la démocratie en Amérique*, Tomo 1, p. 38, Tomo 2, p. 298.

[686] Cuando Estados Unidos se convirtió en una nación soberana en 1776, la población no llegaba a los cuatro millones, de los cuales sólo votaba el seis por ciento. *Time*, 22 de marzo de 1963, p. 96. Dado que la participación ciudadana en el gobierno era mucho mayor en Nueva Inglaterra que en otros lugares, debió de ser extremadamente baja en la mayoría de las demás colonias.

[687] Richard Hofstadter, *The American Political Tradition*, p. 12. Stephen Douglas dijo (1858): "los firmantes de la Declaración no se referían en absoluto al negro ... [se referían

lo que, trasladado al siglo actual y utilizado en otro contexto, ha demostrado ser una bomba de relojería tan eficaz en manos de quienes defienden proyectos y políticas totalmente antitéticos a la democracia jeffersoniana.

Para hacerse una idea más clara de la interpretación que Jefferson hacía de la igualdad, basta con leer la Declaración de Independencia hasta el final. Al principio el tono es igualitario. Pero más adelante, Jefferson escribe sobre "los despiadados Salvajes Indios, cuya conocida Regla de Guerra, es una indistinta Destrucción de todas las Edades, Sexos y Condiciones".[688] Otros indicios de una disposición básicamente antiigualitaria son la creencia de Jefferson en la "aristocracia natural" y su insistencia en la supremacía innata del campesino americano. A pesar de sus fuertes simpatías por la Revolución Francesa, escribió a Lafayette: "La yeomanry de Estados Unidos no es la canaille de París".[689]

Jefferson daba a la democracia americana una oportunidad de supervivencia sólo mientras el país siguiera siendo básicamente agrícola. Estaba convencido de que los comerciantes y los especuladores eran corruptos; de que las ciudades eran "pestilentes"; de que las turbas de las ciudades eran "los proxenetas del vicio y los instrumentos por los que generalmente se anulan las libertades de un país".[690] Paradójicamente, este mismo Jefferson es ahora, con Lincoln, el ídolo del pueblo al que abominaba. La paradoja se ha visto agravada por el partido demócrata que, a pesar de su base de poder en las grandes ciudades, se ha autoproclamado heredero político de Jefferson.

Jefferson estaba en Francia durante la redacción de la Constitución[691] -una buena razón por la que la palabra democracia no aparece en ninguna parte de ese documento. Los Padres Fundadores, en su mayoría de tendencia

---

a] los hombres blancos, hombres de nacimiento europeo y ascendencia europea ... que tal era su entendimiento se encuentra en el hecho ... cada una de las trece colonias era una colonia esclavista, cada firmante de la Declaración representaba a un electorado esclavista... si pretendían declarar que el negro era igual al hombre blanco... estaban obligados, como hombres honestos, ese día y a esa hora, a poner a sus negros en igualdad de condiciones con ellos mismos.

[688] Para los comentarios de Jefferson sobre los negros, véase p. 219.

[689] Hofstadter, op. cit., p. 22.

[690] Ibídem, pp. 31-32.

[691] "Los hombres que pusieron 'Nosotros, el Pueblo' en la Constitución, con unas pocas excepciones quizás, temían el gobierno del pueblo y se habrían horrorizado si hubieran podido prever todo lo que iba a ocurrir bajo su Constitución en los siguientes 150 años". Beard, *The Republic*, p. 4. Cabe añadir que la Constitución se creó incluso en un ambiente antidemocrático, ya que todas las sesiones de la Convención fueron secretas.

conservadora, decidieron hacer de Estados Unidos una república, lo que en aquella época significaba casi cualquier gobierno que no fuera una monarquía".[692] Los pocos delegados de la Convención Constitucional que profesaban sentimientos democráticos tenían opiniones más cercanas a los conceptos griego y romano de democracia que a las nociones niveladoras de los utópicos regicidas parisinos. John Adams probablemente representaba los sentimientos de la mayoría de sus colegas cuando expuso: "Recordad que la democracia nunca dura mucho. Pronto se gasta, se agota y se asesina a sí misma. Nunca ha habido una democracia que no se haya suicidado".[693]

Tal pesimismo profético fue en gran medida responsable del miedo a la democracia inherente a muchas de las leyes y procedimientos que conformaron la postura y el comportamiento políticos de la nación durante su infancia y adolescencia. Los senadores eran elegidos por las asambleas legislativas de los distintos estados, no por votación popular directa.[694] En casi todos los estados existían requisitos de propiedad, a veces incluso religiosos, para votar. A efectos estadísticos, un negro equivalía a tres quintas partes de un hombre blanco. El gobierno federal y la mayoría de los estados reconocían y protegían la esclavitud.[695] Había mucho interés en proteger los derechos de los ciudadanos, como demuestra la Declaración de Derechos, pero mucho menos interés en animar a los ciudadanos a participar de forma independiente en el proceso gubernamental, como demuestra la aparición de la política maquinal.

Sin embargo, la semilla democrática había sido plantada. La posterior campaña para ampliar y ensanchar la base de votantes, para convertir a todo el mundo en ciudadano y a todo ciudadano adulto en votante, es uno de los hilos conductores más perceptibles de la historia estadounidense. Al principio, la evolución electoral fue bastante lenta. Los requisitos de propiedad para votar persistieron en algunos estados hasta 1856.[696] Los esclavos fueron liberados en 1863, pero el derecho de voto de los negros no

---

[692] Ni que decir tiene que ahora se han introducido matices democráticos en la palabra. *El Tercer Nuevo Diccionario Internacional de Webster* ofrece como definición alternativa de república, "una comunidad de seres... caracterizada por una igualdad general entre sus miembros".

[693] Hofstadter, op. cit., p. 13. Hamilton, que calificó al pueblo de "gran bestia", era aún más pesimista sobre la democracia que Adams. Charles Beard, *The Republic*, p. 11.

[694] Constitución, Art. I, Sec. 3, Par. 1.

[695] Art. I, Sec. 2, Par. 3; Art. IV, Sec. 2, Ap. 3. La esclavitud fue prohibida en el Territorio del Noroeste en 1787. El último estado del Norte en abolirla fue Nueva Jersey, que empezó a eliminar gradualmente la esclavitud en 1804.

[696] *Ency. Brit.*, Vol. 7, p. 218.

se concretó hasta 1870.[697] Los senadores no fueron elegidos directamente hasta la 17ª Enmienda (1913). Las mujeres no pudieron votar hasta la 19ª Enmienda (1919). Se mantiene el proceso electoral para elegir a los presidentes, pero ahora depende casi totalmente del voto popular. El impuesto de capitación no se prohibió hasta la 24ª Enmienda (1962). Las decisiones del Tribunal Supremo de "un hombre, un voto" de 1962, 1964 y 1968 hicieron obligatorio que los distritos que eligen a los representantes de los gobiernos de ciudades, condados y pueblos legalmente constituidos sean sustancialmente iguales en población.[698] Si los distritos electorales de los representantes de un mismo órgano legislativo diferían demasiado en población, debían equipararse mediante un nuevo reparto. Sólo los senadores, algunos de los cuales representan actualmente a estados con una población entre diez y veinte veces superior a la de otros estados, están exentos de esta norma.[699]

Que el sufragio universal y la igualdad de representación existan en teoría en Estados Unidos no significa que todo el mundo vote.[700] En las elecciones presidenciales, por ejemplo, poco más de la mitad de la población votante acude a las urnas.[701] En las elecciones al Congreso que se celebran fuera de año, la participación de los votantes es a veces tan baja como del 10% al 15%.[702]

Una de las explicaciones es que los candidatos a cargos públicos rara vez abordan los temas que más preocupan a los votantes. Si los ciudadanos no pueden expresar su opinión sobre los problemas nacionales y locales que más les interesan, ¿por qué deberían molestarse en votar? También hay que culpar a los deslucidos candidatos que, a pesar de pertenecer a partidos diferentes, a menudo parecen hablar el mismo lenguaje político, una retórica soporífera e insulsa cuyo único efecto es aumentar la apatía de los votantes. Si a esto se añade la desesperanza de derrotar a unas maquinarias políticas cuyo concepto de sufragio universal se extiende al registro de votantes

---

[697] La 15ª Enmienda (1870) prohibió negar el derecho al voto a cualquier ciudadano por motivos de "raza, color o condición previa de servidumbre".

[698] *Time*, 6 de julio de 1969, pp. 62-63.

[699] La exención está prevista en la 17ª Enmienda y en el Art. 1, Sec. 3, Par. I de la Constitución.

[700] Todavía existen algunas restricciones en materia de residencia, edad para votar y pruebas de alfabetización, cuando dichas pruebas no implican discriminación racial.

[701] *Almanaque mundial* de 1980, p. 280.

[702] Ferdinand Lundberg, *La traición del pueblo*, pp. 9-10.

reincidentes, fallecidos o ficticios,[703] el resultado es un cinismo general aderezado con una creciente incredulidad en el sistema político. Difícilmente se puede esperar que quienes han perdido la confianza en el gobierno democrático participen de todo corazón en el proceso de votación, el mecanismo fundamental del gobierno democrático.

Bélgica, Australia y algunos otros países atraen a los votantes a las urnas multando a los ausentes. Sin llegar a tales extremos, los políticos estadounidenses podrían lograr el mismo propósito presentando a sus electores cuestiones bien definidas que puedan apoyar o a las que puedan oponerse. La arraigada costumbre de los candidatos de dividirse en torno a cuestiones secundarias en lugar de primarias es uno de los grandes fracasos de la democracia estadounidense.

En las elecciones presidenciales de 1940, cuando la cuestión primordial era la intervención o no intervención en la Segunda Guerra Mundial, los dos candidatos de los principales partidos prometieron mantener a Estados Unidos al margen del conflicto, aunque en el fondo ambos eran intervencionistas. De hecho, mientras hacía campaña para su tercer mandato, el presidente Roosevelt ya estaba aplicando una política de ayuda militar a Gran Bretaña que hacía casi inevitable la participación estadounidense.[704]

La situación fue similar con respecto a la Acción Afirmativa más de un cuarto de siglo después. Casi todos los candidatos presidenciales republicanos y demócratas la apoyaron o la trataron con silencio, aunque las encuestas mostraban que la mayoría de los votantes se oponían. En la década de 1970, al menos el 75% de los estadounidenses estaban en contra del transporte forzoso en autobús, que los líderes de los dos partidos procedieron a ampliar en lugar de reducir. Ambos partidos apoyaron enormes cantidades de ayuda militar y financiera a Israel antes, durante y después del embargo petrolero árabe de 1973, que disparó el precio de la gasolina. Una vez más, los votantes no disponían de medios eficaces para aprobar o desaprobar políticas de importancia crucial.

En 1964, en las mismas elecciones en las que el Presidente Johnson, ferviente defensor de los derechos civiles, ganó en California por 1,2 millones de votos, la población de ese estado votó dos a uno a favor de la derogación de

---

[703] En las elecciones presidenciales de 1960 se registraron 150.000 votos "fantasma" en 5.199 distritos electorales del condado de Cook (Chicago). En las mismas elecciones, los jueces de Texas rechazaron unos 100.000 votos por tecnicismos. Un cambio de 23.117 votos en Texas y de 4.430 votos en Illinois habría dado la presidencia a Nixon y no a John. F. Kennedy. Así las cosas, Nixon tuvo que esperar 12 años más antes de llegar a la Casa Blanca. *Reader's Digest*, julio de 1969, pp. 37-43.

[704] Beard, *President Roosevelt and the Coming of the War*, 1941, pp. 5, 413.

una ley de vivienda abierta en un referéndum estatal, que posteriormente fue declarada inconstitucional por el Tribunal Supremo del estado.[705] La Proposición 13, que preveía una reducción de los impuestos sobre la propiedad, fue otro referéndum de California que obtuvo el apoyo abrumador de los votantes, aunque fue combatido con uñas y dientes por el gobierno estatal, los medios de comunicación y los magnates del dinero. Hasta ahora, a pesar de la agitación para hacerlo, los tribunales no lo han anulado. Mientras tanto, las enmiendas constitucionales para ilegalizar los autobuses forzosos y prohibir las cuotas raciales no pueden salir de los comités del Congreso, aunque tanto el pleno del Senado como el de la Cámara de Representantes aprobaron por los dos tercios de votos necesarios las enmiendas liberales a favor de la igualdad de derechos para las mujeres (ERA) y la condición de estado para el Distrito de Columbia. En las asambleas legislativas estatales, sin embargo, encontraron mucho menos entusiasmo. Uno de los mayores fracasos electorales se produjo durante la guerra de Vietnam. En la campaña presidencial de 1968, los candidatos de los dos principales partidos propusieron una estrategia de lenta retirada. Los estadounidenses que querían ganar la guerra o que deseaban la retirada inmediata simplemente no tenían voto, o ningún voto que contara. El único candidato que prometió una línea más dura tanto en la guerra como en la cuestión racial fue George Wallace, cuyo partido American Independent recibió 9.897.141 votos o el 13,53% del total emitido, el mayor porcentaje obtenido por un tercer partido desde que el senador La Follette se presentara en 1924 en la candidatura progresista.[706]

Wallace realizó este pequeño milagro a pesar de que toda la clase política estadounidense y la red de comunicaciones estaban sólidamente alineadas en su contra. Ni siquiera en el Sur le apoyó un solo periódico importante.[707] Si Wallace hubiera contado con la maquinaria política de un partido importante, si le hubiera apoyado siquiera el 10% de la prensa, si los republicanos no

---

[705] *Time*, 13 de noviembre de 1964, pp. 39, 43. El hecho de que los tribunales puedan anular un referéndum -la expresión más pura de la democracia después de la sortición- plantea interrogantes sobre hasta qué punto es realmente democrática la forma de democracia estadounidense. Dado que la vivienda libre fue apoyada casi universalmente por los medios de comunicación, el referéndum también sirvió para demostrar que la opinión editorial suele estar mucho más cerca de la opinión minoritaria que de la mayoritaria.

[706] *San Francisco Chronicle*, 12 de diciembre de 1968, p. 11.

[707] *Time*, 18 de octubre de 1968, p. 70.

hubieran intentado robarle el protagonismo a medida que avanzaba la campaña, podría haber ganado casi tantos votos como Nixon o Humphrey.[708]

En las elecciones a gobernador de Luisiana de 1991, David Duke obtuvo más votos blancos (55%) que el ganador, Edwin Edwards, aunque Edwards tenía una reputación extremadamente mala y aunque Duke fue atacado con saña en todo el país por los líderes de ambos partidos políticos (se presentó como republicano). El poder que se le oponía era inconmensurable.

Todo ello tiende a demostrar que la democracia, tal y como funciona ahora en Estados Unidos, no refleja realmente los deseos del público. Ni el votante ni el candidato tienen una oportunidad justa de dar a conocer sus opiniones, si se apartan de la línea aceptada por el partido mayoritario. Incluso en las raras ocasiones en que los votantes consiguen elegir a alguien que parece defender sus intereses, en cuanto llega al Congreso es probable que se retracte de sus compromisos más solemnes de campaña en cuanto sienta el aliento caliente de los medios de comunicación, los políticos veteranos y los grupos de presión de las minorías liberales.

Una de las principales causas de este poderoso y omnipresente elemento antidemocrático en la democracia estadounidense moderna es que las elecciones se suceden cada dos, cuatro o seis años, mientras que la prensa y los grupos de presión machacan con su propaganda todos los días. Es muy difícil para cualquier figura política resistir durante mucho tiempo la embestida combinada de la prensa, cientos de emisoras de radio y televisión y decenas de publicaciones periódicas dedicadas a la elaboración de políticas. Salvo para el político más duro, la traición parcial de su electorado o incluso la pérdida de unas elecciones es preferible a la Siberia social reservada al inconformista que insiste en poner los intereses de la sociedad en su conjunto por encima de los intereses particulares. El triste destino de James Forrestal y del senador Joseph McCarthy debería ser una lección inolvidable sobre el peligro de promover políticas con un amplio atractivo para el pueblo, pero con un estrecho atractivo para la gente que cuenta.[709]

---

[708] Wallace tuvo una actuación más espectacular en las primarias de 1972, saliendo vencedor en Michigan, sólo para quedar inmovilizado físicamente por una bala en la columna vertebral y políticamente por la apisonadora de McGovern en la convención demócrata de Miami.

[709] Una extraordinaria serie de ataques personales por parte de columnistas de prensa y comentaristas radiofónicos contribuyó a que el primer secretario de Defensa de la nación se suicidara en 1949. Un comentarista, Ira Hirschman, llegó a acusar a Forrestal de impedir el bombardeo de una planta química de I. G. Farben en Alemania durante la Segunda Guerra Mundial porque poseía acciones de la empresa. Otro, Walter Winchell, acusó a Forrestal de huir mientras robaban a su mujer. Forrestal había provocado la ira de

Permitir al votante una elección limitada o ninguna elección en absoluto ha tenido el efecto de hacer avanzar al gobierno hacia una "democracia corporativa" -Mussolini la habría llamado Estado corporativo- en la que las profesiones, las religiones, las economías regionales, los grupos empresariales y laborales, las clases y las razas suplantan al individuo como unidad básica de voto. Todo político es extremadamente sensible al voto obrero, al voto religioso, al voto agrícola y al voto de las minorías. Sus reflejos políticos, sin embargo, responden más lentamente a los deseos del votante individual de la mayoría que no disfruta del fácil acceso a los medios de comunicación del votante en bloque. Es este sistema corporativo de representación -el voto organizado o, más exactamente, el miedo a ese voto- el que inspira la mayoría de las políticas y decisiones de los cargos electos actuales.

Los bloques económicos que surgen bajo el techo protector del gobierno representativo son señales de tormenta de la segunda etapa del ciclo democrático, la progresión de la democracia política a la económica.[710] Los principales contribuyentes al desarrollo de la democracia política -Locke, los parlamentarios británicos del siglo XVIII, algunos filósofos de la Ilustración y los autores de la Constitución estadounidense- generalmente despreciaron la democracia económica y la descartaron como la fantasía de mentes desordenadas y peligrosas. Pero hay muchos que afirman -y si se aceptan las premisas igualitarias de la democracia, su lógica difícilmente puede refutarse- que sin una distribución "equitativa" de la riqueza no puede haber democracia en absoluto. El gran escollo de este razonamiento suele pasarse por alto. Impedir la acumulación de grandes cantidades de propiedad en manos individuales y aplanar eficazmente los altibajos de la curva de la renta nacional requiere un control centralizado que sólo está a un paso del absolutismo.

La democracia económica ha rondado los salones del gobierno casi tanto tiempo como la democracia política. Los Niveladores, de quienes se dice que fundaron el primer partido político de la historia moderna, fueron ardientes partidarios de Cromwell en las fases iniciales de la Guerra Civil inglesa, aunque sus reivindicaciones económicas, que incluían la abolición de los

---

la judería organizada porque se oponía al apoyo estadounidense a la toma de Palestina por los sionistas y a la agitación del mundo árabe contra Estados Unidos. Arnold Rogow, *Victim of Duty*, Rupert Hart-Davis, Londres, 1966, p. 24. La venganza de los medios de comunicación contra McCarthy, junto con su censura casi sin precedentes por parte del Senado, pareció quebrarle tanto física como mentalmente y sin duda tuvo mucho que ver con su prematura muerte en 1957. *Time*, 30 de mayo de 1949, pp. 13-14, y *U.S. News & World Report*, 7 de junio de 1957, p. 143.

[710] Otros aspectos económicos de los tres tipos de democracia se examinarán más a fondo en la Parte VI, El choque económico.

monopolios comerciales, hicieron que finalmente Cromwell se volviera contra ellos.[711] A partir de entonces, tanto en Inglaterra como en el Continente, hubo pocas evidencias de democracia económica hasta la Revolución Francesa. Lo que ayudó a mantenerla bajo control fue la ausencia de un cuerpo doctrinal desarrollado, un corpus como el de Locke, que le diera dirección y coherencia.

Si Locke fue el apóstol de la democracia política, Marx fue el profeta de la democracia económica. Tomando prestadas muchas de sus ideas y métodos de la facción de línea dura del jacobinismo francés del "reparto de la riqueza", Marx elaboró un apasionado y enciclopédico programa de escatología utópica, materialismo obsesivo y cruda nivelación económica que chocó tan violentamente con la teoría democrática clásica que esta última nunca se ha recuperado del todo. "Preocupado apasionadamente por el logro de la democracia económica tal como él la concebía, [Marx] no tenía ningún interés real ni comprensión de los problemas de la política democrática.[712] La falta de esta comprensión entre sus seguidores quedó patente en la Revolución Bolchevique.

La democracia económica se convirtió en un elemento permanente de la escena política estadounidense con la llegada del populismo. Puede que Bryan no impidiera que la humanidad fuera crucificada en una cruz de oro, pero él y el partido populista que le apoyaba implantaron firmemente una conciencia económica perdurable en la conciencia política estadounidense. Theodore Roosevelt, el senador La Follette y su Partido Progresista, Woodrow Wilson y su impuesto sobre la renta graduado y, lo que es más importante, el auge del Gran Trabajo, todos ellos dieron un tono económico a la democracia que culminó en el New Deal, que en sus primeros años se ocupó casi exclusivamente de las soluciones democráticas a los problemas económicos. El bienestar en forma de seguridad para los ancianos, el salario mínimo, el seguro médico y de desempleo, y toda la demás legislación de "dólares y céntimos" de las últimas administraciones son ejemplos adicionales del acento que sigue poniendo la democracia en las cuestiones económicas.

La tercera fase de la democracia es la fase social. Al igual que la democracia política y económica, la democracia social no es nueva. Pero es la última en el ciclo de crecimiento (o decadencia) democrático. Dado que aprovecha las corrientes más profundas e instintivas del comportamiento humano, sus manifestaciones históricas no siempre son fáciles de reconocer y no suelen aparecer en los libros de historia convencionales. Su génesis teórica, sin

---

[711] *Ency. Brit.*, Vol. 13, p. 964.

[712] Frederick M. Watkins en el artículo "Democracy", *Ency. Brit.*, Vol. 7, p. 222.

embargo, no es difícil de rastrear, siendo un compuesto del concepto religioso de la hermandad del hombre, las afirmaciones lockeanas y jeffersonianas sobre los derechos humanos, la agitación de clase marxista y los pronunciamientos de los antropólogos y sociólogos modernos sobre la igualdad humana.

Una vez que las formas políticas y económicas de la democracia se afianzan en una sociedad, es seguro que aumenta la presión en favor de la democracia social. Esto es especialmente cierto en un Estado multirracial. Inevitablemente, los desheredados, los desfavorecidos y los envidiosos empezarán a preguntar, o los políticos ambiciosos les pedirán que pregunten: "¿Por qué, si el hombre es políticamente igual y está llegando a ser económicamente igual, no debería ser socialmente igual?". En el contexto de la política democrática contemporánea, tal pregunta sólo tiene una respuesta.

La democracia social es la etapa más espinosa de la democracia, especialmente en un Estado multirracial, porque amplía enormemente el área de contacto, la interfaz social, de los diversos elementos demográficos. La democracia política ordena que los miembros de los distintos grupos de población voten juntos y legislen juntos. La democracia económica ordena que trabajen juntos. Lo que se conoce como democracia social amplía exponencialmente la zona de contacto al obligar a los elementos más diversos de la población a vivir juntos. En la actualidad, esta mezcla social se limita principalmente a las escuelas, los puestos de trabajo, el gobierno y el ejército.[713] Pero hay fuerzas en acción -el programa de televisión de anoche, el editorial del periódico de ayer, la última normativa federal- que llevan la socialdemocracia al último reducto del individualismo y la privacidad, el hogar.

Las contradicciones internas de las tres fases de la democracia, tanto antigua como moderna, se hacen evidentes cuando se recuerda que la democracia política comenzó como un medio para proteger la propiedad, mientras que la democracia económica pretende distribuirla y la democracia social fomenta su robo. En la irónica cadena de acontecimientos que rige el ciclo democrático, los mismos derechos que fueron asegurados y reconocidos, a menudo con grandes dificultades, en la fase política de la democracia, son

---

[713] Los judíos, que proporcionalmente tienen un número mucho mayor de clubes y organizaciones que cualquier otro grupo de población, han emprendido una campaña incesante bajo la dirección del Comité Judío Estadounidense para obligar a los clubes no judíos a aceptarlos como miembros con el argumento de que la exclusión los discrimina tanto financiera como socialmente. Muchos políticos prominentes y otras figuras públicas han sido persuadidos de dimitir de dichos clubes para escapar a las acusaciones de antisemitismo. Más recientemente, candidatos a altos cargos del gobierno han dimitido de clubes "exclusivamente blancos" para demostrar a diversas comisiones del Senado que no tienen prejuicios contra los negros.

frecuentemente revocados en las fases económica y social. Cuesta creer que el derecho a la intimidad, el derecho a elegir amigos, vecinos y compañeros de colegio, a afiliarse a organizaciones fraternales o sociales, a airear las propias opiniones en público y el derecho de acceso a la propia cultura no sean tan fundamentales para la libertad humana como cualquier otro. Sin embargo, estos son precisamente los derechos que menos estiman los más ardientes defensores de la socialdemocracia.

La retrospectiva y una cierta racionalización histórica permiten considerar las tres fases de la democracia en América como tres etapas de la desposesión de la Mayoría. La democracia política dividió a la Mayoría en partidos que representaban diversos intereses geográficos, regionales y sectoriales. La democracia económica y la inflación, los subsidios sociales y los elevados impuestos que la acompañan agotaron la riqueza de la Mayoría. Dado que la nivelación económica, al menos en sus primeras etapas, aumenta la conciencia de clase, la Mayoría se vio aún más debilitada por la agudización de sus divisiones de clase.

Privada de gran parte de su poder político y económico, la Mayoría fue sometida a continuación al tipo de ataque que más complacía a sus oponentes. Se la atacó como raza. La estrategia, a veces consciente, a veces inconsciente, siempre subconsciente, consistía en elevar el racismo de las minorías hasta el punto de ebullición mientras se sometía la conciencia racial de la Mayoría a la ideología adormecedora del liberalismo. El plan secundario era desarrollar una técnica refinada para sofocar cualquier intento de resistencia de la Mayoría. Esto se logró de dos maneras: (1) controlando los votos mediante noticias controladas, adoctrinamiento educativo y la nominación de candidatos cuidadosamente seleccionados; (2) eludiendo el voto, cuando fuera necesario, mediante sentencias del Tribunal Supremo y compromisos secretos de política exterior. Si la socialdemocracia fuera demasiado lejos, demasiado deprisa, y surgiera una chispa de resistencia, los contratiempos podrían solucionarse asesinando a personajes, gritando a los activistas de la Mayoría, disolviendo sus reuniones y manifestaciones, ocupando fábricas, oficinas gubernamentales y centros de enseñanza o, en el peor de los casos, recurriendo a la trampa y estrenando un nuevo docudrama en la cadena de televisión.

Aunque el auge de la socialdemocracia parece imparable, las minorías siempre tienen el persistente temor de que algún día la Mayoría cobre vida y forme un partido político mayoritario. En ese caso, la infraestructura liberal-minoritaria, laboriosamente montada, se derrumbaría como un castillo de naipes. Para evitarlo, los profetas de la socialdemocracia han formulado antídotos doctrinales contra cualquier posible manifestación de lo que denominan nerviosamente la "tiranía de la mayoría", una frase sacada de John Stuart Mill. Una de las propuestas consiste en hacer que los votos de las minorías cuenten más que los de la mayoría por el simple expediente de permitir que los grupos étnicos y económicos tengan sus propios representantes, además de los representantes elegidos de la manera tradicional. Esto permitiría a los delegados de las minorías, los conglomerados urbanos y los grupos de bienestar tener tanto poder como los delegados del pueblo en general.[714] Otra táctica para contrarrestar la voluntad de la mayoría es el voto acumulativo, idea de Lani Guinier, la mujer mitad negra y mitad judía cuyo nombramiento como fiscal general adjunta para los derechos civiles fue retirado por el presidente Clinton cuando sus opiniones agitadoras se hicieron más conocidas. En una elección para siete comisarios del condado, por ejemplo, la Sra. Guinier daría a cada votante el derecho a emitir siete votos. Esto permitiría a los votantes minoritarios combinar todos sus votos para un candidato, dificultando así que los blancos ganaran los siete escaños, como suele ocurrir en el sistema estándar de un hombre, un voto cuando superan en número a los negros y otras minorías en todos los distritos electorales.[715] Otro esfuerzo para aumentar el poder de voto de las minorías, ya recogido en la Ley del Derecho al Voto, es la suposición de que se han producido prácticas de voto ilegales cuando se elige a blancos en distritos densamente poblados por no blancos.[716]

La democracia estadounidense, incluso en su fase social o "depravada"[717], difícilmente podría sobrevivir a un exceso de gerrymandering minoritario.

---

[714] *New York Times Magazine*, 3 de agosto de 1969. El hecho de que esta propuesta apareciera en forma de largo artículo en el periódico más prestigioso de Estados Unidos significaba que había que tomarla en serio. El autor era Herbert J. Gans, un destacado sociólogo. En el curso de su argumentación, Gans sugería que la aprobación del 25 por ciento de un órgano legislativo sería suficiente para la introducción de una legislación patrocinada por una minoría, mientras que el 76 por ciento sería necesario para impedir su aprobación.

[715] *Time*, 25 de abril de 1994.

[716] Algunos políticos de minorías han mirado con malos ojos la representación proporcional adoptada por algunos países europeos. Los partidos que obtienen el cinco por ciento o más de los votos tienen derecho a escaños en la asamblea legislativa nacional en proporción a su porcentaje de votos. De este modo, los candidatos minoritarios no quedan excluidos por el sistema de "el ganador se lo lleva todo". A veces, la representación proporcional da a los partidos minoritarios más poder del que sugiere su número, especialmente cuando los votantes indecisos pueden aprobar o rechazar una ley de gran importancia.

[717] De Tocqueville utilizó la palabra intencionadamente cuando predijo que el futuro político de los estadounidenses "estaba entre dos males inevitables; que la cuestión había dejado de ser si [tendría] una aristocracia o una democracia, y ahora estaba entre una democracia sin poesía ni elevación en verdad, pero con orden y moralidad, y una democracia indisciplinada y depravada". Carta a M. Stoffels, Alexis de Tocqueville,

Considerándolo todo, la única posibilidad real de un renacimiento democrático reside en la creación de un bloque de voto mayoritario unido. Pero antes de que esto pueda ocurrir, debe entenderse, como una vez se entendió claramente, que la auténtica democracia plantea serias exigencias mentales y morales a sus participantes. Limita su oferta de libertad a aquellos que pueden manejar la libertad. La democracia sólo funciona bien cuando gobierna un pueblo, no varios pueblos. La más utópica y quijotesca de todas las formas políticas, puede ser la expresión de una aptitud racial. Si tal es el caso, los científicos sociales modernos de la categoría de la mezcla de razas han sido los mayores buscadores de oro de los tontos en la historia de la política.

Democracy in America, trans. Phillips Bradley, Knopf, Nueva York, 1963, Vol. I, pp. xx, xxi.

CAPÍTULO 23

La metamorfosis del liberalismo

C UANDO SE HABLA de democracia y liberalismo al mismo tiempo, resulta difícil hacer una distinción entre ambos. Una forma de resolver la dificultad es tratar la democracia como un sistema político y no como una teología política, como la expresión de un dogma y no como el dogma en sí. Entonces el liberalismo puede considerarse el credo democrático, la ideología que proporciona la justificación intelectual de la democracia, así como su impulso emocional.

El Tercer Nuevo Diccionario Internacional de Webster ofrece como definición de liberalismo "una filosofía política basada en la creencia en el progreso, la bondad esencial del hombre y la autonomía del individuo, y que defiende la tolerancia y la libertad del individuo frente a la autoridad arbitraria en todas las esferas de la vida...". Con menos elaboración y ampulosidad, y en mejor inglés, un diccionario popular describe al liberal como "libre de prejuicios o fanatismo".[718] Si una referencia histórica ayuda a precisar la elusividad del liberalismo, el primer liberal, según Walter Bagehot, fue Jeroboam, presumiblemente porque nombró "sacerdotes en altos cargos a los más bajos del pueblo" y pidió al rey Roboam que "aligerara el yugo que tu padre nos impuso".[719] En un tono más irreverente, un liberal moderno podría definirse como alguien que, si bien profesa horror al totalitarismo, favorece un tipo de totalitarismo en detrimento de otro;[720] quien, profesando horror al racismo, promueve activamente el racismo de las minorías; quien, profesando horror a las grandes empresas, es un entusiasta partidario de los grandes sindicatos. Campeón intolerante de la tolerancia, el liberal moderno es el enemigo intolerante de la intolerancia. Es cierto que está dispuesto a avanzar, temerariamente, en la búsqueda de nuevas formas

---

[718] *The American Everyday Dictionary*, Random House, Nueva York, 1955.

[719] Walter Bagehot, *Physics and Politics*, Knopf, Nueva York, 1948, p. 31. En respuesta, Roboam prometió castigar a Jeroboam, no con látigos sino con escorpiones. Jeroboam dividió definitivamente el Estado judío en dos al establecer el reino septentrional de Israel, donde adoró dos becerros de oro. I Reyes 12:4-19; 13:33.

[720] En agosto de 1939, el mes de la firma del Pacto de No Agresión Ruso-Alemán que preparó el terreno para la Segunda Guerra Mundial, los nombres de 400 destacados liberales estadounidenses aparecieron en un manifiesto que afirmaba que Rusia era un baluarte de la paz y que los ciudadanos soviéticos disfrutaban de tantas libertades civiles como los estadounidenses. *Nation*, 26 de agosto de 1939, p. 228.

de promover el igualitarismo en la política, la educación y las relaciones intergrupales. Pero no es tan progresista en lo que respecta a la exploración espacial,[721] la ciencia política (la única forma de gobierno que escuchará de cara a la izquierda) y la antropología (excepto las escuelas de Boas y Lévi-Strauss). No es necesario añadir que desconfía mucho de la genética y mantiene su mente firmemente cerrada sobre el tema de la eugenesia.

Las marcadas discrepancias entre las pretensiones liberales y el comportamiento liberal, entre la pose liberal y la actuación liberal, son fenómenos relativamente recientes y no típicos del liberalismo que existía hace dos siglos o incluso dos milenios. Al igual que la democracia, el liberalismo hizo una breve aparición en Grecia y Roma, donde los filósofos cínicos y estoicos lanzaban ocasionalmente epigramas antisistema contra reyes y dictadores. Había sentimientos liberales en algunos dichos de Jesús,[722] y una perspectiva liberal en algunos escritos de Spinoza.[723] Pero el liberalismo nunca encontró realmente su voz hasta la época de John Locke, una voz que se convirtió en un coro cuando se le unieron los estruendosos pronunciamientos de otros sabios liberales como Hume, Voltaire, Rousseau, Adam Smith y Thomas Jefferson. La palabra liberalismo se hizo carne con los gobiernos whig del siglo XVIII en Inglaterra, la fundación de Estados Unidos y la *Aufklärung* europea.

Pero el viejo liberalismo de Locke y Jefferson era una ideología totalmente distinta del nuevo liberalismo actual. El viejo liberalismo hacía hincapié en la empresa individual y no en la colectiva, en menos gobierno y no en más, en los derechos de los estados y no en el control federal, en el laissez-faire y no en el bienestar, en la libertad y no en la seguridad, en la evolución y no en la revolución. Además, muy pocos de los grandes liberales del pasado, a pesar de sus resonantes llamamientos a la igualdad, estaban dispuestos a reconocer la igualdad de las razas.

---

[721] El premio Nobel Linus Pauling, pilar del liberalismo moderno estadounidense, calificó el proyecto Apolo, mucho antes de que despegara, de "demostración lamentable"." *Science*, 1 de noviembre de 1963, p. 560.

[722] Tanto los liberales como los conservadores pueden citar las Escrituras, pero el tono actual del cristianismo en todo el mundo es decididamente liberal: en el Jesús radical y antifamiliar que enfrentó a padre e hijo y a madre e hija (Lucas 13:53), no en el Jesús apolítico del "dad al César", ni en el Jesús autoritario que dijo: "Pero a mis enemigos que no quieren que yo reine sobre ellos, traedlos aquí y matadlos delante de mí" (Lucas 19:27). Puede que los fundamentalistas abarroten las ondas de radio en Estados Unidos, pero los teólogos liberales tienen mucha más prensa.

[723] "La filosofía política de Spinoza es la primera declaración en la historia del punto de vista de un liberalismo democrático". Lewis Feuer, *Spinoza and the Rise of Liberalism*, Beacon Press, Boston, 1966, p. 65.

Hoy, en manos de quienes se autodenominan liberales modernos, el gran diseño humanista del liberalismo de los siglos XVIII y XIX se ha reducido a un catecismo mecánico de "preocuparse por los demás". Los artistas liberales contemporáneos se preocupan más por lo que los demás piensan de su obra que por lo que ellos mismos piensan. Los estadistas y políticos liberales no actúan. Reaccionan. Los guardianes liberales de la seguridad nacional anteponen la defensa al ataque y basan su estrategia nuclear en la represalia masiva y la aniquilación indiscriminada de poblaciones urbanas, no en un ataque preventivo contra instalaciones enemigas de misiles balísticos intercontinentales. En las raras ocasiones en que sus pensamientos se dirigen a Dios, los intelectuales liberales prefieren culparle del mal en el hombre en lugar de alabarle por el bien.[724] Una y otra vez, la atención se desplaza del meollo de la cuestión a la periferia.

Aunque la obsesiva extroversión del liberal le deja pocas oportunidades de resolver sus propios problemas, se siente sin embargo obligado a decir a los suyos y a todos los demás grupos de población cómo resolver los suyos. Figuras públicas cuyas vidas privadas han sido un caos y que han demostrado ser totalmente incapaces de criar a sus propios hijos se atreven a escribir copiosas columnas en periódicos y artículos en revistas sobre la vida familiar, los problemas matrimoniales y la educación de los hijos. La madre con una hija delincuente, en lugar de mejorar las condiciones en su propio hogar, se convierte en trabajadora social e intenta ayudar a otras familias con hijas delincuentes.

En el esquema liberal de las cosas hay un abismo cada vez mayor entre la persona y el acto, el pensamiento y la acción. El político que lucha por la integración escolar envía a sus propios hijos a colegios privados. El delincuente no tiene realmente la culpa. Simplemente ha cometido un acto desafortunado causado por un entorno desfavorable u hostil. El culpable es otro o algo. Los millonarios de tendencia liberal suelen estar más interesados en ayudar a los extranjeros pobres que a los estadounidenses pobres. El liberal quiere a todo el mundo de cualquier raza, pero huye a los suburbios, donde prefiere vivir entre blancos, incluso blancos conservadores.

No es ningún secreto que a los liberales les gusta más la humanidad que el hombre. La visión trágica de la vida -la lucha de un hombre, no del hombre masa, contra la irreversibilidad del destino- no encaja fácilmente en el pensamiento liberal. Tampoco el patriotismo. Mientras que el estadounidense medio considera a Estados Unidos como su país -ni más ni

---

[724] "Dios hizo mi cuerpo, y si está sucio, la imperfección es del fabricante, no del producto". La cita es del difunto Lenny Bruce, un cómico al que muchos escritores liberales se han empeñado en elevar al martirio, si no a la santidad. *Holiday*, noviembre de 1968, p. 74.

menos-, el liberal prefiere considerarlo como depositario de los principios liberales.

Es este hábito de cosificación, este miedo al toque personal en los asuntos humanos, lo que puede explicar por qué el panteón liberal moderno sólo tiene sitio para héroes que han mostrado una marcada vena antiheroica. Woodrow Wilson y Franklin Roosevelt ganaron dos guerras importantes, pero perdieron dos igual de importantes. Winston Churchill, que como conservador británico era más o menos equivalente a un republicano liberal en Estados Unidos, derrotó a los alemanes, pero presidió la liquidación del Imperio Británico.[725] Charles de Gaulle, aclamado como un gran cruzado liberal cuando lideró a la Francia Libre contra Hitler, después de la guerra entregó la posesión más rica de Francia, Argelia. Fue el endiosado demócrata liberal, el presidente John Kennedy, quien permitió que Cuba, antaño una avanzada económica estadounidense, se convirtiera en un Estado cliente de Rusia.

Recapitulando, la metamorfosis del liberalismo clásico -el liberalismo de Locke, Jefferson y Lincoln- en liberalismo moderno ha sido tan milagrosa y completa como la transmogrificación del renacuajo en sapo. Lo que estaba centrado en el hombre se ha convertido en centrado en el Estado; lo que estaba dedicado a la protección de la propiedad ahora la amenaza; lo que intentaba quitar la aplastante carga del absolutismo de la espalda del hombre ahora lo agobia con la regimentación; lo que una vez fue progresista en el sentido más verdadero de la palabra ahora se ha convertido en la muleta ideológica de nihilistas, maniáticos, oscurantistas y, sí, reaccionarios.

¿Cómo se explica este giro de 180 grados en la ortodoxia liberal? ¿Cómo ha conseguido este liberalismo sofisticado, esquizofrénico, de nuevo cuño y antiliberal hacerse pasar por el producto auténtico? ¿Por qué no se ha discutido o ridiculizado esta mentalidad retorcida e incipiente? Sobre todo, ¿cómo se mantiene tan firmemente en la mente de los estadounidenses?

---

[725] Las frases y cadencias de Churchill pueden haber sonado a Gibbon y Macaulay para aquellos a los que les gusta su oratoria servida con maíz sonoro, pero héroe no es la palabra adecuada para un brillante oportunista político que toma el timón del barco del Estado durante una tormenta y, a pesar de algunos gallardos timoneles, lo deja como un armatoste a la deriva. En algunos de sus momentos más difíciles durante la Segunda Guerra Mundial, por motivos no demasiado difíciles de descifrar, Churchill hizo mucho hincapié en su ascendencia estadounidense. Su madre, Jennie, era hija de Leonard Jerome, un playboy promotor de Nueva York. Pero Churchill habló poco de la sangre india que pudo haberle sido transmitida a través de la familia Jerome. Ralph Martin, *Jennie: the Life of Lady Randolph Churchill*, Prentice-Hall, Englewood Cliffs, Nueva Jersey, 1969, Vol. 1, pp. 2, 12.

Una respuesta tiene que ver con la tenacidad de la tradición. Como credo de la democracia, el liberalismo ha recorrido un camino muy similar al de la democracia. Sus artículos de fe alimentaron e inspiraron los movimientos populares que liberaron a los europeos en el Viejo Mundo y a los colonos europeos en el Nuevo de la asfixiante autoridad de monarcas, principados y papas decadentes. Sus rosados pronunciamientos sobre la naturaleza del hombre produjeron algunas de las mejores horas del Parlamento británico y del Congreso estadounidense. En sus grandes días, el liberalismo clásico transformó el alma política del mundo occidental.

Pero a medida que los tiempos cambiaban, a medida que el propietario de cuarenta acres y una mula se mudaba a un piso alquilado de agua fría, a medida que el monopolio financiero e industrial traspasaba los límites de lo razonable, a medida que la población se duplicaba y redoblaba, los liberales empezaron a concentrarse en los problemas económicos. De forma un tanto apologética, explicaron que un gobierno descentralizado de controles y equilibrios, el tipo de gobierno que siempre habían defendido en el pasado, no tenía poder para promulgar y aplicar la legislación económica y el control que exigían las injusticias y las inanidades del desempleo masivo, los ciclos económicos de auge y caída y la explotación desenfrenada del medio ambiente. Acusados de descuidar los derechos de propiedad, señalaron la lacra de la pobreza y declararon que ahora debían primar los "derechos humanos".

Fue este nuevo liberalismo, que apenas se distingue de una forma diluida de socialismo, el que preparó el camino para el Estado del bienestar y los servicios sociales posibles gracias a la financiación del déficit. Si no fuera por la inflación y el pacifismo que lo acompañan y que dejan a las naciones que lo adoptan a merced de vecinos más duros, más frugales y más agresivos, las fiestas podrían durar eternamente.

En su apego al colectivismo, el liberalismo moderno ha tomado la misma dirección que el socialismo y el comunismo, sin ir tan lejos. Continuamente atacados e insultados por los marxistas duros por su tibia actitud hacia la revolución, los liberales han puesto la otra mejilla y han seguido prestando su apoyo y respetabilidad a una variedad de causas ultraizquierdistas. Cuando los giros de la política del Kremlin lo permitieron, los liberales europeos se unieron a los comunistas en gobiernos del Frente Popular. Durante los gobiernos de Roosevelt y Truman, se hizo tan difícil diferenciar entre liberales y comunistas que se podía perdonar a sus oponentes por considerarlos a menudo gemelos idénticos.

En los últimos años, el liberalismo y la versión leninista del comunismo han tendido a distanciarse, aunque su hostilidad hacia la economía del laissez-faire sigue siendo tan fuerte como siempre. La razón ha sido la reciente concentración del liberalismo en la socialdemocracia y la nivelación racial más que en la nivelación económica, y en los derechos humanos, un tema al que los gobiernos marxistas dan poca importancia.

En las últimas décadas, en Estados Unidos, el liberalismo moderno se ha convertido en la plataforma del partido del racismo de las minorías. Con sólo unos pocos cambios en la redacción -*raza* por *hombres, seguridad* por *libertad, derechos de las minorías* por *derechos humanos*- todo el aparato del pensamiento liberal occidental se ha trasladado con bolsa y equipaje al campo de las minorías. El enemigo -siempre la figura más importante en cualquier ideología agresiva- ya no son los disolutos monarcas europeos, los reaccionarios hamiltonianos, los esclavistas sureños, los magnates industriales del siglo XIX, los fascistas italianos y alemanes o los militaristas japoneses. Ahora es la élite corporativa, el complejo militar-industrial, la estructura de poder blanca, el racismo blanco, los WASP, en resumen, la Mayoría Americana.

El liberalismo moderno, por supuesto, no admite ser racista. Al contrario, pretende ser antirracista. Pero cada palabra que pronuncia, cada política que apoya, cada programa que publicita, cada causa que apoya, cada ley que introduce, tiene probablemente alguna connotación racial directa o tenue. El liberalismo clásico en América, a pesar de su énfasis en la humanidad, se ocupaba principalmente de los intereses y aspiraciones de la mayoría en una época en la que los negros, los indios y otras minorías apenas contaban. El liberalismo moderno, a pesar de sus hechizantes clichés ecuménicos, también está dedicado a un segmento de la población estadounidense, las Minorías Inasimilables.

Subvertido su propósito original, reorientados y reinterpretados sus ideales originales, el liberalismo se ha convertido en una grotesca mascarada en la que los actores no quieren ni pueden adecuar la acción a la palabra y donde los tópicos del guión oscurecen casi por completo la trama, que se teje en torno a la sed de poder de los protagonistas. Este incesante choque de diálogos y motivos está en la raíz de las dramáticas contradicciones entre el pensamiento liberal moderno y el comportamiento liberal moderno, contradicciones no resueltas por soliloquios fustianos sobre el humanitarismo destinados a ocultar la estrecha colaboración entre el liberalismo y el racismo minoritario en las principales áreas de la política, económica, social y exterior.[726]

---

[726] "El liberalismo es la religión laica del judío estadounidense", escribió James Yaffe, quien señaló que la mitad de los miembros del Cuerpo de Paz, quizá la agencia más liberal del gobierno de Estados Unidos, son judíos. Yaffe, op. cit., pp. 245-46.

El liberalismo moderno es especialmente útil para las minorías porque tiene el efecto de oscurecer y distorsionar la perspectiva racial de la Mayoría. Su ambiguo idealismo y su falso buen samaritanismo animan a los miembros de la Mayoría a apoyar al bando minoritario sin darse cuenta de que están trabajando en contra de los intereses de su propio pueblo. Igualmente importante es que también permite a los miembros de la Mayoría que son muy conscientes de lo que están haciendo racionalizar su comportamiento contrario a la Mayoría.

Una de las curiosidades más notables del liberalismo moderno es la sorprendente diferencia entre el liberal de la mayoría y el de la minoría, una diferencia de intención, no de contenido. Los liberales de la mayoría y de la minoría no sólo tienen motivaciones diferentes, sino que gozan de privilegios muy distintos. Para el liberal de la mayoría, el liberalismo es, en el mejor de los casos, una cálida fe en la bondad y la inteligencia humanas, y en el peor, un dudoso conjunto de juicios de valor que es más prudente y seguro aceptar que rechazar. Para el liberal minoritario, el liberalismo representa un paquete de logros sólidos que no sólo le ha metido dinero en el bolsillo, sino que le ha armado con una ideología con la que golpear a la Mayoría, el enemigo tradicional. El liberalismo, en consecuencia, es para el miembro de la minoría un programa pragmático de avance, un medio de venganza y una cruzada idealista. Le envuelve en una reluciente túnica de brillantes generalidades, al tiempo que le permite el privilegio de ser racista. Al liberal de la mayoría no se le permite tal vestimenta. Un racista minoritario puede ser un buen liberal. Un racista de la Mayoría no puede ser liberal en absoluto y es anatematizado como un nazi incipiente.

Anteriormente se planteó la cuestión de cómo el liberalismo, con sus monumentales incoherencias y aberraciones, podía sobrevivir en la América actual. La pregunta puede responderse ahora en términos específicos en lugar de generales. El liberalismo ha sobrevivido e incluso prosperado porque se ha vinculado directamente a la causa del racismo de las minorías, el movimiento más dinámico de la vida estadounidense contemporánea. Seguirá sobreviviendo y prosperando hasta que el racismo de las minorías ya no tenga utilidad para él, hasta que ya no pueda funcionar como "cobertura emocional" de los liberales de la mayoría en su papel de compañeros de viaje de las minorías.

A medida que pasen los años y se endurezca la lucha racial en Estados Unidos, el liberal de la Mayoría será cada vez más sospechoso, no sólo para los miembros de la Mayoría en general, sino también para los miembros de las minorías que, como buenos racistas, sólo pueden sentir desprecio por los renegados raciales. Mientras el liberal de la Mayoría siga perdiendo prestigio, mientras le resulte cada vez más difícil y humillante pregonar el racismo de los demás, probablemente no tendrá más remedio que refugiarse en el conservadurismo, que en su forma actual, como mostrará el próximo capítulo, no es más que un refrito selectivo y oportuno del liberalismo clásico inspirado por personas, muchas de ellas ex marxistas, cuyos motivos distan mucho de ser puros.

En el sentido más amplio, la metamorfosis del liberalismo significa la transformación de una lucha intrarracial por los derechos individuales y la libertad en una lucha interracial por el poder. La lucha es total. Abarca todos los ámbitos del quehacer estadounidense, desde los niveles más bajos de brutalidad hasta los más altos del arte, la religión, la educación y la filosofía. No fue Sócrates, *como* Nietzsche, quien puso fin a la creatividad griega. Fue un sembrador y un segador del conflicto intrarracial. Las grandes obras de Platón y Aristóteles vinieron después. Lo que sí señaló la decadencia de Grecia y la metamorfosis del liberalismo que la acompañó fue el establecimiento, aún más tardío, de las escuelas filosóficas cínica, epicúrea y estoica.[727] No debería sorprender a quienes estén familiarizados con el funcionamiento de la dinámica racial saber que los fundadores de estas escuelas no procedían de Grecia propiamente dicha, sino de Asia Menor.

Diógenes, el más cínico de los cínicos y el arquetipo del hippie, era un falsificador confeso de Sinope, una colonia semigriega en la costa del Mar Negro de Asia Menor. Se consideraba un "ciudadano del mundo" y celebraba la "libertad de expresión" por encima de cualquier otro derecho humano. También se pronunció firmemente a favor del canibalismo y el incesto. Menipo, otro cínico destacado, era natural de Coele-Siria. Aunque empezó su vida como prestamista, enseñaba que los ricos debían compartir su riqueza con los pobres "virtuosos". Epicuro, eje de la filosofía epicúrea, nació en Samos, una isla a una milla de la costa de Asia Menor. Según Will Durant, "no hacía distinciones de posición o raza...". Zenón, el primer estoico, procedía de Citio, una ciudad fenicia de Chipre. Uno de los hombres más ricos de su época, pudo haber sido el primero en decir: "Todos los hombres son iguales por naturaleza". El estoicismo, escribe Durant, derivó del "panteísmo semítico, el fatalismo y la resignación..."[728] Epicteto, el apóstol del estoicismo para los romanos, era originalmente un esclavo frigio.[729]

---

[727] Sócrates murió en el 399 a.C.; Platón, en el 347 a.C.; Aristóteles, en el 322 a.C. Las filosofías cínica, epicúrea y estoica comenzaron a florecer tras la muerte de Aristóteles. Los estoicos proponían "una vasta sociedad en la que no hubiera naciones, ni clases, ni ricos ni pobres, ni amos ni esclavos..." Durant, *The Life of Greece*, pp. 506-7, 656.

[728] Ibídem, pp. 644-45.

[729] Datos biográficos de Diógenes Laercio, *The Lives and Opinions of the Eminent Philosophers*, trans. C. D. Yonge, Bohn's Classical Library, Londres, 1904.

Tanto por su contenido como por su oportunidad, las últimas escuelas de filosofía griega son en muchos aspectos análogas a las últimas doctrinas "occidentales" de Marx, Freud y Boas. Aunque en todas ellas hay una fuerte tendencia igualitaria, el resultado final nunca es la igualdad, sino la creación de nuevas jerarquías de clase o raciales. Distribuidas bajo una etiqueta universal, estas doctrinas antiguas y modernas, aunque aparentemente dirigidas a todos los hombres, tienen un atractivo especial para aquellos empeñados en revolucionar el orden social. No hace falta añadir que en las filas de los principales prosélitos y prosélitas escasean los miembros de la Mayoría.

La metamorfosis del liberalismo tiene lugar cuando se bajan las defensas normales de la sociedad, cuando la euforia y la exultación de la conquista, la colonización y la construcción de naciones dan paso a la falta de raza y de mente que son los frutos amargos de una tarea bien hecha. La prosperidad trae el materialismo, que a su vez trae lo que Gustave Le Bon ha descrito sabiamente como el "debilitamiento del carácter".[730] La situación podría compararse a la de una lámina de aire, cuya presión disminuye a medida que aumenta la velocidad del viento. A medida que los vientos de Babbittry soplan con más fuerza, las minorías fluyen hacia el vacío.

---

[730] "Or ce fût toujours par cet affaiblissement du caractère, et non par celui de l'intelligence, que de grands peuples disparurent de l'histoire." *Psychologie Politique*, Flammarion, París, 1919, p. 295.

CAPÍTULO 24

El conservadurismo redefinido

A HORA QUE EL INDIO ya no reúne los requisitos para la etiqueta, el conservador clásico se ha convertido en el estadounidense en vías de desaparición. Teniendo en cuenta sus creencias, y teniendo en cuenta los tiempos que corren, no es de extrañar. El conservador clásico defiende la mística de la autoridad y el rango en la sociedad. Es un aristócrata de nacimiento, antidemocrático por naturaleza, y sus principales preocupaciones son la familia, la raza y la continuidad. Para él, la cadena es más importante que los eslabones. Percibe el aflato divino en el hombre, pero también reconoce las adversidades contra las que trabaja. Sitúa la sabiduría colectiva de la especie (costumbres populares e instituciones) por encima de la sabiduría de los gobiernos y los individuos (leyes y política).

El conservador moderno tiene poco en común con estas opiniones. Está a favor de la democracia hasta cierto punto, cree en la igualdad racial -o dice que cree- y quiere menos gobierno, no más. Está totalmente a favor de los derechos humanos, pero le entusiasman tanto o más los derechos de propiedad. Se cree una persona racional y con sentido común, y se toma su religión con humor. Es, en suma, un liberal clásico[731] y se ha alejado tanto de las fuentes del conservadurismo clásico -Platón, Dante y Hobbes- como el liberal moderno de Locke. Donde el conservadurismo moderno difiere del liberalismo moderno -en su preocupación por la propiedad, el gobierno descentralizado y el laissez-faire- es precisamente donde el liberalismo clásico se separa del liberalismo moderno.

El conservadurismo moderno fue desviado de lo que podría describirse como la línea conservadora del mundo por Edmund Burke a finales del siglo XVIII. Burke, protestante irlandés casado con una católica romana y escolarizado en una escuela cuáquera inglesa, tenía credenciales sorprendentes para ser un líder del pensamiento conservador. Pertenecía al partido Whig, era conciliador y apaciguador en la disputa con las colonias americanas, y se oponía firmemente a la política del rey Jorge III y al imperialismo británico. Lo que impulsó a Burke a las alturas enrarecidas de la filosofía política fue el anarquismo de la Revolución Francesa. Fue uno de los primeros en darse cuenta de que la furia jacobina era letal para el orden

---

[731] "El liberalismo clásico, que adoptó su forma característica en los siglos XVIII y XIX, se ha convertido con modificaciones en el conservadurismo de nuestro tiempo". Henry Girvetz, *La evolución del liberalismo*, Collier Books, Nueva York, 1963.

social europeo existente. En sus *Reflexiones sobre la Revolución Francesa*, Burke, como Locke antes que él, abogaba por la responsabilidad individual, la inviolabilidad de la propiedad y unos controles políticos y económicos mínimos. A diferencia de Locke, hacía hincapié en la religión, la tradición y la prescripción, entendiendo por tales el conjunto de derechos, preceptos morales y costumbres ancestrales de un pueblo.[732]

A pesar de la pérdida del elemento más aristocrático de la población estadounidense, los 100.000 lealistas que fueron expulsados o se retiraron voluntariamente a Canadá y otros lugares durante la Guerra de la Independencia, el conservadurismo estadounidense tuvo un comienzo relativamente bueno. El presidente Washington, el partido federalista y su principal intelectual, Alexander Hamilton, así como la mayor parte del poder judicial, eran todos conservadores en el sentido burkeano, mientras que la Constitución era un documento tan conservador como cabía esperar de unos hombres que acababan de establecer un gobierno representativo que a los horrorizados autócratas europeos les parecía una ochlocracia furiosa. John Adams, el segundo presidente, aunque no era tan buen cristiano como Burke, estaba un poco más a la derecha. Debido a su alto cargo, en ocasiones pudo manifestar su conservadurismo mediante órdenes ejecutivas, algo que Burke, a pesar de su brillante y oracular carrera en la Cámara de los Comunes, nunca fue capaz de hacer.

Con el paso de los años, el conservadurismo estadounidense siguió la deriva liberal de la historia de Estados Unidos, aunque generalmente con un desfase de una o más décadas. Las democracias jeffersoniana y jacksoniana asestaron duros golpes al conservadurismo, pero el más duro fue la Guerra Civil, que dividió a los conservadores del Norte y del Sur y truncó el sueño del sureño John Calhoun de una república aristocrática, racial y esclavista según el modelo periclitado.[733]

La gran expansión industrial de la segunda mitad del siglo XIX, junto con la conquista del Oeste, ayudó indirectamente al conservadurismo por la estabilidad política inherente a la prosperidad y el crecimiento económico.

---

[732] *Reflexiones sobre la Revolución en Francia*, Dolphin Books, N.Y., 1961, pp. 71, 167.

[733] En la posguerra, después de que el maltrecho Sur se hundiera de nuevo en un hermético nativismo, norteños tan innatamente conservadores como Herman Melville, Henry Adams y Brooks Adams acabaron por dar la espalda por completo al sueño americano. En sus últimas obras, Melville se polarizó en un pesimismo sombrío (*Clarel*) y un misticismo religioso altisonante (*Billy Budd*). Henry Adams centró su atención e imaginación en la Edad Media (*Mont-Saint-Michel y Chartres*) y en el terrible futuro (*La educación de Henry Adams*), mientras que su hermano Brooks arrojó la esponja al predecir e incluso proyectar el inevitable triunfo de un determinismo científico frío y sin entrañas (La *ley de la civilización y la decadencia*).

Por el contrario, la causa conservadora se vio perjudicada por las oleadas de la Nueva Inmigración, que atrajo a millones de reclutas liberales. A pesar de ciertas tendencias liberales, la dinámica mezcla de Theodore Roosevelt de patriotismo ilustrado, vida extenuante y una política exterior de "América primero" fue quizá la última expresión de un conservadurismo estadounidense con un alto sentido de propósito nacional. (Cuando ya no estaba en la Casa Blanca y buscaba en vano la presidencia como candidato de un tercer partido, Bull Moose, Roosevelt cantó una melodía diferente. Su llamamiento a la intervención en la Primera Guerra Mundial prefiguró el trágico y desastroso aventurerismo internacional de Woodrow Wilson, Franklin D. Roosevelt y la mayoría de los jefes ejecutivos de la nación a partir de entonces).

La Gran Depresión fue un revés para el conservadurismo de proporciones casi catastróficas. Como defensores de la propiedad, del capitalismo sin restricciones y de un mercado de valores no regulado, se culpó directamente a los conservadores del caos financiero y la miseria de los años de la depresión. Los liberales modernos, en cambio, como hacía tiempo que se habían desprendido de su anclaje lockeano a la propiedad, pudieron beneficiarse políticamente del miedo y la confusión, y atribuirse todo el mérito de imponer las urgentes contramedidas económicas. Mientras el New Deal luchaba audazmente contra los aterradores problemas de la producción y la distribución en la sociedad más industrializada del mundo, los conservadores empeoraban las cosas con sus críticas destructivas, sus reaccionarias recetas financieras y sus anticuados y patéticos llamamientos a volver a los "viejos tiempos".

El ascenso del fascismo europeo brindó a los liberales otra oportunidad para degradar y desmoralizar a la oposición conservadora. Existen, por supuesto, vagas líneas de sangre que vinculan ciertos aspectos del conservadurismo con la actitud nietzscheana de Hitler, del mismo modo que existen lazos históricos que vinculan ciertos aspectos del liberalismo con la política demoníaca de Lenin.[734] Tanto liberales como conservadores habían aprovechado a menudo estas tenues analogías para calumniarse mutuamente. Pero como los liberales llevaron las riendas del poder a partir de la década de 1930, fueron más capaces de hacer que sus calumnias se mantuvieran.[735] Estas calumnias, a las que los sucesos y supuestos sucesos de la Segunda Guerra Mundial, además de los recuerdos persistentes de la depresión, dieron

[734] También es posible argumentar que el conservadurismo clásico y el liberalismo moderno, en su gran respeto por la autoridad gubernamental, están más cerca entre sí y de Lenin y Hitler que del liberalismo clásico y el conservadurismo moderno.

[735] "... para la mente judía, la *Gestalt* de la derecha requiere antisemitismo". Van den Haag, op. cit., p. 139.

mayor credibilidad, mantuvieron a millones de votantes normalmente conservadores en el partido demócrata. No fue hasta mediados de siglo, cuando ya no se podían ocultar los cruciales fracasos liberales en asuntos exteriores y los increíbles errores liberales en seguridad nacional, cuando se hizo perceptible un resurgimiento del conservadurismo. En los años sesenta y setenta, la causa conservadora se benefició enormemente de la reacción de los blancos generada por las revueltas de los negros, la discriminación inversa, la aceleración de la delincuencia y la inmigración masiva legal e ilegal.[736] Sin embargo, la inflación fue probablemente la causa principal de la victoria electoral de Reagan en 1980.

Irónicamente, el resurgimiento conservador fue también una victoria liberal. A estas alturas, el liberalismo moderno estaba tan arraigado que era capaz de dictar los argumentos e incluso las tácticas de sus críticos. Antes de que se le permitiera una plataforma nacional, el conservador moderno tenía que demostrar que era un miembro de la oposición leal, que en las cuestiones "delicadas" era de la misma opinión que el propio liberal. No se toleraría ninguna manifestación pública del conservadurismo clásico, es decir, ningún ataque directo contra la democracia y el racismo de las minorías. Si el fuego del antiliberalismo de las minorías y del racismo de las minorías no podía apagarse con modestos llamamientos al decoro, había que dejar que ardiera. Las únicas notas de disensión permitidas al conservador moderno eran las seguras. Podía ser más reverente hacia las grandes empresas, la propiedad, el patriotismo, la religión, la descentralización del gobierno y la ley y el orden. Podía ser más crítico con el socialismo, el marxismo, Castro, el exceso de regulación, los sindicatos y los déficits presupuestarios. Pero las diferencias admisibles eran diferencias de grado, no de tipo. En las grandes cuestiones, las cuestiones que subyacen a las cuestiones, el liberalismo

---

[736] El conservadurismo tuvo poco liderazgo intelectual tras la absorción del New Deal. Las obras de los historiadores raciales, Madison Grant y Lothrop Stoddard, cayeron en descrédito y las voces de dos profesores universitarios, Paul Elmer More e Irving Babbitt, que intentaron rehabilitar a Burke, apenas se oían. Después de la Segunda Guerra Mundial, las ideas de tres economistas centroeuropeos, Wilhelm Röpke, Ludwig von Mises y F. A. Hayek, que proponían la eliminación de los controles económicos y el restablecimiento del libre mercado, sólo recibieron una atención superficial. El monarquismo y el anglocatolicismo del expatriado T. S. Eliot no tuvieron un impacto perceptible en el pensamiento estadounidense. Tampoco las teorías económicas y raciales de Ezra Pound. Los dos intelectuales conservadores más influyentes del tercer cuarto de siglo fueron William F. Buckley, Jr. y Russell Kirk, cuyo pensamiento era puro Burke y que rehuyó desesperadamente la cuestión racial. Kirk, por cierto, atacó el entrenamiento militar universal con tanta firmeza como cualquier liberal. *The Conservative Mind*, Henry Regnery, Chicago, 1960, p. 378.

moderno y el conservadurismo moderno se estaban convirtiendo a menudo en sinónimos.[737]

Tales eran y siguen siendo las reglas de juego liberales, las limitaciones de las minorías liberales al debate político conservador. Ningún político conservador destacado de los últimos tiempos ha dejado de respetarlas.[738] Los tres más destacados -el difunto senador Robert Taft, el senador Barry Goldwater y Ronald Reagan- se cuidaron mucho de proclamar, en todas sus críticas al establishment liberal, su compromiso total con el proceso democrático, la igualdad racial y el dogma liberal en general.[739] Los presidentes Eisenhower y Nixon, por su parte, predicaron los principios fundamentales del liberalismo moderno en voz tan alta como cualquier otro estadounidense de la vida pública. Platón, por no hablar de Locke y Jefferson, probablemente habría clasificado a estos dos republicanos como radicales de ojos salvajes.

Es relativamente sencillo identificar al experto y al político conservador moderno. Pero, ¿quiénes son los miembros de las bases conservadoras? Debe de haber muchos, porque una encuesta Gallup de 1970 afirmaba que había más conservadores que liberales en Estados Unidos. De los que aceptaron etiquetarse a sí mismos como conservadores o liberales, los primeros superaban a los segundos en una proporción de casi tres a dos.[740]

Por ocupación, se supone que los agricultores, los ejecutivos de empresas, los oficiales de las fuerzas armadas, los profesionales y los trabajadores de

---

[737] Al igual que los conservadores se convertían en liberales, algunos de los principales comunistas de la extinta Unión Soviética se estaban convirtiendo en conservadores. "Suslov es el líder de los conservadores del partido", escribió la hija de Stalin, Svetlana Alliluyeva. *Only One Year*, Harper & Row, Nueva York, 1969, p. 47.

[738] Incluso el inconformista político George Wallace acató la prohibición de debatir abiertamente el problema racial. En sus discursos de campaña se basaba más en inferencias que en declaraciones, dejando que sus oyentes sacaran sus propias conclusiones cada vez que atacaba la integración escolar. En diciembre, el lisiado Wallace volvió a las andadas, disculpándose por su anterior postura supremacista y votando a Jimmy Carter.

[739] No fue un salto mental tan grande como algunos imaginaron que Karl Hess, un escritor de discursos y hombre de ideas de confianza de Goldwater, se convirtiera en un "anarquista radical y filosófico" y en un partidario de los norvietnamitas y de los Estudiantes por una Sociedad Democrática. *New York Times*, 28 de septiembre de 1969, p. 62.

[740] El desglose era conservador, 52%; liberal, 34%; sin opinión, 14%. Encuesta Gallup, New York Times, 11 de mayo de 1970, p. 56. En una encuesta Gallup de 1977, el 47% de los encuestados se describieron a sí mismos como "de centro-derecha", el 32% como "de centro-izquierda" y el 10% como "de centro-medio".

cuello blanco son conservadores. Los clérigos, los profesores universitarios, la gente de los medios de comunicación, los obreros y los beneficiarios de ayudas sociales suelen ser considerados liberales. La propiedad y una cartera de valores supuestamente convierten a un hombre en conservador. La falta de propiedades y un montón de facturas sin pagar lo convierten en liberal.

Estas generalizaciones, que se han convertido en artículos de fe para muchos sociólogos, se ajustan a algunos hechos, pero no a todos. Los judíos, el grupo de población más rico de Estados Unidos -es decir, el más rico per cápita-, han sido casi sólidamente liberales durante la mayor parte del siglo XX[741] y siguen siéndolo en lo que respecta a la mayoría de las cuestiones sociales, aunque el antisemitismo negro en casa y el antisionismo en el extranjero atrajeron a más de uno al campo neoconservador. Muchos obreros han desarrollado tendencias claramente conservadoras. Siempre que se produce una confrontación política directa entre los pobres blancos y los no blancos, los primeros suelen volverse menos liberales en sus hábitos de voto.

Geográficamente, las grandes ciudades están delimitadas como territorio liberal; los suburbios y las zonas rurales, como territorio conservador. La huida del campo a las ciudades, que comenzó en la Primera Guerra Mundial, engrosó las filas de los liberales urbanos, del mismo modo que la huida de las ciudades a los suburbios tras la Segunda Guerra Mundial aumentó el número de conservadores. El cambio de domicilio suele cambiar la política. Regionalmente, el Medio Oeste, el Sur profundo y el llamado "Cinturón del Sol" se consideran conservadores, mientras que los estados industriales del Norte, las megalópolis de todas partes y el Noroeste son liberales.

Aquí también hay mucha verdad, así como mucha verdad a medias. El Sur profundo tiene sus negros "liberales", que ahora votan en masa. El Cinturón del Sol tiene sus mexicano-americanos "liberales", también cada vez más

[741] "Todas las pruebas disponibles indican que políticamente los judíos siguen estando desproporcionadamente a la izquierda. Votan a los demócratas en un 75-85 por ciento... El dinero judío apoya gran parte de la actividad por los derechos civiles en este país... Los movimientos radicales en América... vuelven a tener una composición desproporcionadamente judía." *Commentary*, julio de 1961, p. 68. En las elecciones presidenciales de 1960 el voto judío fue demócrata en un 80%. Yaffe, *The American Jews*, p. 240. En las elecciones de 1968 los judíos votaron más del 90 por ciento por los demócratas. *Time*, 10 de noviembre de 1968, pp. 21 22. En 1968, los votantes de Scarsdale, Nueva York, uno de los suburbios más ricos de EE.UU. y con un alto porcentaje de judíos, eligieron a Hubert Humphrey frente a Richard Nixon. Phillips, *The Emerging Republican Majority*, p. 179. Que muchos judíos votaran a Richard Nixon en 1972, a Gerald Ford en 1976 y a Ronald Reagan en 1980 no significaba que abandonaran el liberalismo. Estos neoconservadores, como se llamaban a sí mismos, simplemente pensaban que estos políticos eran "mejores para Israel" y que el acento del partido republicano en una economía fuerte y un ejército fuerte pondría a Estados Unidos en mejor posición para defender al Estado sionista.

adictos a los hábitos del voto en bloque. El Noroeste, donde las antiguas pluralidades demócratas están disminuyendo, sigue siendo liberal, pero más por tradición que por convicción. Debido a su relativamente alto grado de homogeneidad, el Noroeste es una de las pocas regiones de Estados Unidos que ha permanecido relativamente indemne a la violencia de las minorías, teniendo en cuenta que "relativamente" todavía permite mucho caos y atracos en Seattle y Portland. Sin problemas raciales, el liberalismo se lleva mejor.

La correlación racial del liberalismo y el conservadurismo es más clara que sus correlaciones geográficas y económicas. La Mayoría Estadounidense es mayoritariamente conservadora. Las minorías inasimilables son liberales, aunque uno o dos grupos de población asiática del territorio continental de Estados Unidos, así como los cubanos de Florida, votan a los republicanos, mientras que los amerindios han mostrado pocos compromisos políticos duraderos de cualquier tipo. Dado que el conservadurismo es, entre otros muchos factores, una función de la asimilación, las Minorías Asimilables han ido moviéndose del lado liberal al conservador.

Desde el punto de vista político, tanto el liberalismo como el conservadurismo se han visto probablemente más perjudicados que favorecidos por el sistema bipartidista. Los demócratas del Sur, que en su día fueron los estadounidenses más conservadores, han actuado durante mucho tiempo como freno al ultraliberalismo de los demócratas del Norte. Al mismo tiempo, el ala liberal del Partido Republicano ha frenado sistemáticamente el crecimiento del conservadurismo en sus filas.

Si se supone que los partidos representan diferencias políticas básicas, el Republicano debería ser el partido del conservadurismo y el Demócrata el del liberalismo. Hasta cierto punto, los demócratas liberales del Norte, que en las últimas décadas han superado y eclipsado a los miembros sureños del partido, ya han cumplido este desiderátum. La presencia del Presidente Carter, un liberal del Nuevo Sur, sólo tuvo un pequeño efecto de freno en este juego de poder. En 1980 se podía decir que los demócratas del Sur, en lugar de movilizarse para resistir al ala norte del partido, estaban divididos en dos. La facción del Nuevo Sur seguía a los liberales del Norte, en parte por razones ideológicas y en parte para mantener el voto negro, mientras que la facción del Viejo Sur votaba a los demócratas conservadores de la vieja línea o a los republicanos. Este escenario se mantuvo más o menos sin cambios durante el gobierno de Bill Clinton, el segundo camionero sureño que llegó a la Casa Blanca en el último tercio del siglo.

El Partido Republicano, a pesar de hacer ruidos en ese sentido, tiene un largo camino por recorrer antes de convertirse en el campeón del conservadurismo. Su intento de aumentar su número de seguidores en el Sur, la llamada estrategia sureña, ha tenido y tendrá un éxito limitado mientras los presidentes republicanos sigan aplicando las sentencias del Tribunal Supremo sobre el transporte en autobús y la discriminación inversa. En cuanto a la estrategia del sombrero duro, la seducción republicana de los trabajadores con promesas de calles más seguras, más empleos y menos inflación puede ganarse a muchos votantes de minorías asimiladas, pero puede enfurecer a otros tantos republicanos de toda la vida, que siguen asociando a los sindicatos con banderas rojas y barricadas callejeras.

Incluso si los conservadores republicanos consiguieran asumir el control indiscutible de su partido, incluso si tanto la estrategia sureña como la del casco duro dieran buenos resultados, incluso si los republicanos fueran capaces de dominar la política estadounidense durante tanto tiempo y con tanta eficacia como el reinado demócrata inaugurado por Roosevelt, seguirían teniendo poco que ofrecer a la Mayoría estadounidense. Al combinar las abstracciones humanistas del liberalismo clásico con las nociones liberales modernas de igualdad y democracia social, el efecto neto de los conservadores modernos sobre los miembros de la Mayoría es anestesiarlos para que bajen la guardia racial justo en el momento en que más lo necesitan. Por eso, de todos los que se oponen consciente o inconscientemente a la causa de la Mayoría, el conservador moderno es el más peligroso. Los liberales de la mayoría y de las minorías son siempre algo sospechoso para el miembro medio y no comprometido de la Mayoría. La diferencia de origen racial o religioso del liberal minoritario puede afectar a su credibilidad, mientras que el humanitarismo fingido y los alegatos especiales del liberal profesional de la Mayoría pueden sonar huecos y poco convincentes. Al conservador moderno, en cambio, se le escucha con más atención. Sus ideas y argumentos, menos orientados a las minorías (excepto cuando el tema es Israel), se presentan de forma menos abrasiva y no es tan probable que caigan mal a los miembros de la Mayoría. El hecho de que el político conservador moderno suela pertenecer a la mayoría también favorece al miembro de la minoría. La gente es más proclive a seguir a "uno de los suyos".

El Viejo Creyente,[742] que es la quintaesencia del conservadurismo moderno porque es la quintaesencia del liberalismo clásico, es probablemente el más eficaz de todos los estadounidenses para mantener a la Mayoría en la profunda congelación de la apatía racial. El Viejo Creyente ha llegado a sus opiniones políticas honestamente y no las degrada con segundas intenciones. Cree sinceramente que los principios de Locke y Burke siguen vigentes en Estados Unidos. Sigue creyendo en la bondad innata del hombre y en el poder de la razón. A diferencia del liberal moderno, se dedica al progreso de

---

742 12. Véanse pp. 110-12.

todas las personas, no sólo de las minorías, y aún encuentra un lugar en su corazón para la religión, aunque prefiere las enseñanzas sociales de Cristo a la teología cristiana. No se da cuenta de que, al publicar noticias sobre el igualitarismo y la tolerancia en este momento concreto, está desarmando a la mayoría en pleno proceso de desposesión. Además, dado que representa todo lo mejor de la experiencia estadounidense, el razonamiento del Viejo Creyente se embellece apelando a la tradición.

Hay, por supuesto, muchos conservadores menos idealistas: los millonarios y hectomillonarios que apoyan el conservadurismo con la esperanza de que mantenga sus impuestos bajos y sus beneficios altos; los sectarios de Ayn Rand que han deificado el capitalismo y santificado el dólar. No hay que olvidar a los religiosos de la variedad fundamentalista o evangelista, que están más interesados en salvar a su iglesia que a sus congregaciones. Luego están los conservadores temerosos, que saben que el conservadurismo moderno no es suficiente, pero también saben que es lo más a la derecha que pueden llegar sin perder su respetabilidad o su medio de vida.

Otros conservadores son: patriotas de sol que tranquilizan sus conciencias y llenan sus bolsillos especializándose en un conservadurismo reaccionario dirigido principalmente a viejecitas y grandes generales; anticomunistas obsesivos que evitan la cuestión racial descubriendo bolcheviques barbudos debajo de cada colchón;[743] excomunistas béticos, ávidamente conscientes de las recompensas pecuniarias de la retractación; liberales reformados avergonzados de su miopía política. Por último, pero no por ello menos importante, están los nostálgicos sureños que creen con nostalgia que llegará el día en que la relajación de los controles gubernamentales y la reafirmación de los derechos de los estados permitirán al Sur labrar su propio destino.

Probablemente no sea necesario señalar que no son pocos los miembros de minorías que aparecen en las categorías anteriores. Al fin y al cabo, el conservadurismo moderno es ahora tan igualitario como el liberalismo moderno y la presencia de intelectuales minoritarios en sus escalones más altos sólo puede servir para mantenerlo así. Entre los principales conservadores judíos o parcialmente judíos, vivos o fallecidos, se encuentran: Ayn Rand, la autora de origen ruso de *Atlas Shrugged*, *un*

---

[743] Es más fácil comprender y aprobar la hipersensibilidad conservadora y católica hacia el puñado de comunistas estadounidenses si se recuerda que sólo había 10.000 comunistas con carné en España al comienzo de la Guerra Civil española, durante la cual el bando republicano asesinó a 12 obispos, 283 monjas, 5.255 sacerdotes, 2.492 monjes y 249 novicios. Hugh Thomas, *The Spanish Civil War*, pp. 99, 172-74. En 1917, el año del éxito de la revolución de Lenin, había un bolchevique ruso por cada 2.777 rusos. En 1947 había un comunista estadounidense por cada 1.814 estadounidenses. Goodman, *El Comité*, p. 196.

culebrón capitalista de palabrería y adoración a los héroes protagonizado por un gigante industrial poltrón;[744] David Lawrence, fundador de *U.S. News & World Report*, la revista conservadora de gran tirada; Lionel y Diana Trilling (crítica literaria); Herman Kahn (futurología); Alan Greenspan, presidente de la Reserva Federal; Milton Friedman (economía); Nathaniel Weyl (historia y crítica social); Ralph de Toledano,[745] Victor Lasky, Mona Charen, Norman Podhoretz, David Horowitz, William Safire (opinión pública); el difunto Lessing Rosenwald[746] del American Council for Judaism; ideólogos e intelectuales que polemizan incansablemente como Irving Kristol, Daniel Bell, Nathan Glazer, Seymour M. Lipset, Milton Himmelfarb, Walter Laqueur, Midge Decter, Sidney Hook, Daniel Boorstin, Ben J. Wattenberg y Richard Hofstadter. Quizá el conservador judío más conocido sea el senador Barry Goldwater, antiguo candidato republicano a la presidencia.

En los últimos años, las filas conservadoras judías se han visto reforzadas por un fenómeno político conocido como neoconservadores. Los judíos liberales, consternados por la tendencia de los gobiernos liberales israelíes a parlamentar con Yasser Arafat sobre la devolución de tierras a cambio de la paz, e igualmente consternados por el aumento del antisemitismo negro, se han despojado de algunos de sus rasgos liberales y han adoptado una postura más conservadora. Los neoconservadores judíos se sienten más cómodos con los no judíos que han jurado su fidelidad a Israel que con los liberales judíos. Trabajan abiertamente y entre bastidores para los gobiernos conservadores de Israel que han jurado mantener un firme control sobre cada centímetro de tierra arrebatada a los palestinos. En muchos casos, los neoconservadores judíos se sienten más cómodos con los políticos republicanos que con los demócratas.[747]

---

[744] Poltroonish porque cuando los liberales y los comunistas lo acosaron hasta el punto de ruptura, en lugar de contraatacar, el héroe de la señorita Rand "se declaró en huelga" y se retiró a la seguridad de una fortaleza de las Montañas Rocosas. Ayn Rand, *Atlas Shrugged*, Random House, Nueva York, 1957, Parte III.

[745] El "de" lo añadió el propio Toledano en un acto de autoennoblecimiento.

[746] Rosenwald, de los Rosenwald de Sears, Roebuck, encabezó el pequeño y casi invisible grupo de judíos estadounidenses que creían que el sionismo es perjudicial para los intereses de Estados Unidos, así como para los intereses judíos. En el momento de escribir estas líneas, los judíos antisionistas más destacados son Murray Rothbard y Robert Novak.

[747] "El desarrollo del neoconservadurismo en los últimos 20 años ha consistido en una reacción a un gran trauma: el miedo al antisemitismo". Isadore Silver, profesor de derecho constitucional en el John Jay College of Criminal Justice. *New York Times*, 4 de diciembre de 1977, p. 73.

Aunque los intelectuales y políticos de la Minoría Inasimilable se han infiltrado en el conservadurismo moderno, las masas de la Minoría Inasimilable han mantenido las distancias. No temen en absoluto al conservadurismo en su anémica forma actual, pero sí a lo que el conservadurismo ha sido en el pasado y a lo que podría ser en el futuro. Difícilmente pueden olvidar el conservadurismo clásico y aristocrático que durante siglos mantuvo a sus antepasados "en su sitio" tanto en el Viejo como en el Nuevo Mundo. Conocen bien -y algunos han tenido experiencia de primera mano- el nacionalsocialismo alemán, que identifican con el conservadurismo, aunque el nazismo tenía muchas facetas radicales. Comprenden perfectamente que el racismo latente de la Mayoría podría despertarse un día y volverse contra ciertos tipos de blancos, así como contra todo tipo de no blancos.

A pesar de su salvaje reacción exagerada ante la menor señal de conservadurismo serio en el horizonte político estadounidense, la mayoría de las minorías suelen ser mucho más conservadoras (a la antigua usanza) que la Mayoría.[748] Muchos blancos minoritarios pueden ser liberales en la cabina de votación, pero a menudo son reaccionarios en la sala de estar. Dirigen su mundo interior de acuerdo con normas y reglamentos que condenan públicamente en el mundo exterior. Su vida familiar es autoritaria. El padre sigue siendo el paterfamilias y los hijos, cuando vuelven de la escuela, siguen siendo filiales. Es este conservadurismo hogareño, este tribalismo actualizado, el que germina el racismo que ha obtenido tantas victorias minoritarias en la lucha étnica por el poder.

El conservadurismo moderno, que carece del impulso racial del liberalismo moderno, ha sido y seguirá siendo de poca ayuda para unificar a la Mayoría y elevarla al alto nivel de rendimiento necesario para invertir su actual declive.[749] Se necesita una medicina más fuerte para aquellos que están atrapados en una conflagración racial que se les va de las manos y que deben combatir el fuego con fuego para evitar ser consumidos por las llamas.

---

[748] Incluso los negros, cuyos frágiles vínculos con el pasado son en parte responsables de que sean los menos conservadores de todos los estadounidenses, se están volviendo ligeramente más conservadores a medida que buscan retazos de su herencia africana e inventan lo que no encuentran. Hay unos cuantos columnistas negros que venden la línea conservadora moderna estándar. Thomas Sowell y Walter Williams son dos de ellos. El conservador negro más conocido, por supuesto, es el juez del Tribunal Supremo Clarence Thomas.

[749] Algunos de los ataques más amargos contra el racismo de la mayoría y algunas de las palabras más amables para el racismo de las minorías han emanado de los conservadores modernos. Fue William F. Buckley, Jr. y no el senador Javits o el senador Kennedy, quien propuso que Israel se convirtiera en el quincuagésimo primer Estado.

El único conservadurismo que puede ser útil a la Mayoría en su actual estado de sitio es un conservadurismo despojado del peso muerto de dogmas políticos anticuados, un conservadurismo que apele tanto a los jóvenes como a los mayores, tanto al corazón como al bolsillo, tanto a la imaginación como a la razón; un conservadurismo, en resumen, que vitalice la tradición y construya la continuidad, mientras se concentra en el cuidado y la alimentación del ethos de la Mayoría.

PARTE VII

El choque económico

CAPÍTULO 25

La biología de la revolución

S I ALGUNA disciplina debería basarse en la razón, y sólo en la razón, ésa es la economía. Sin embargo, al igual que la política, la economía se ha teorizado y teologizado tanto, y se ha sobrecargado tanto de tendenciosidad y sinrazón, que está casi completamente protegida de la mirada indiscreta de la objetividad.[750] El sacerdocio de los diversos cultos fiscales que dominan el pensamiento económico moderno -muchos de los cuales se alejan de las preocupaciones tradicionales de la economía y se inmiscuyen en prácticamente todos los aspectos del comportamiento humano- está formado por una mezcolanza de historicistas liberales, materialistas doctrinarios, estadísticos burocráticos, utópicos anárquicos y plutócratas felices con los impuestos.

Cualquier sistema económico debe demostrar ser falso o inadecuado a lo largo del tiempo, por la razón obvia de que ningún sistema económico puede ajustarse eficazmente a las condiciones económicas salvajemente fluctuantes que acosan y atormentan a todas las naciones a lo largo de su vida. Lo que es una buena economía para un país con recursos naturales ilimitados y una población industriosa y en expansión puede ser una mala economía para una nación sin recursos y con una tasa de natalidad en declive. Además, dado que las guerras extranjeras o civiles tienen la costumbre de echar por tierra los planes económicos mejor trazados, incluso un pequeño cambio en la economía de una nación en un mundo cada vez más interdependiente puede producir una reacción en cadena en las economías de las demás.

Una de las visiones más funestas de la historia es la de dos facciones políticas que desgarran un país para imponer un dogma económico a la población en general. Lo mejor que puede ocurrir cuando dos doctrinas económicas se oponen tajantemente es que una de ellas tenga razón, o al menos esté mejor

---

[750] Un curso de economía comparada sería una adición extremadamente esclarecedora al plan de estudios universitario. Igualmente esclarecedor sería un examen obligatorio sobre el método científico, que debería realizar y aprobar todo escritor sobre temas económicos *antes de su publicación*. "El método científico", según una interpretación, "implica un manejo hábil del material que se estudia, observaciones cuidadosas, experimentos controlados, si es posible, una gran atención a los detalles... honestidad intelectual... amplitud de miras... cautela a la hora de llegar a conclusiones... disposición a repetir experimentos... vigilancia ante la aparición de posibles fallos en hipótesis, teorías, pruebas y conclusiones." Hegner y Stiles, *College Zoology*, Macmillan, Nueva York, 1959, p. 11.

orientada para servir al país en ese momento concreto. A menudo ambas son erróneas y totalmente inapropiadas. Sin embargo, miles, a veces millones, de personas tienen que morir para que un bando u otro pueda hacer valer su punto de vista. Dos físicos que se batieran en duelo a muerte por el resultado de un experimento de laboratorio antes de llevarlo a cabo serían considerados dementes sin remedio. Pero los duelos a muerte masivos entre partidarios de sistemas económicos por supuestos económicos no probados ni demostrables son cada vez más frecuentes.

Parece casi imposible para el hombre moderno, como lo era para el hombre antiguo, comprender o aceptar la relatividad básica de la economía. Al reducir la economía al denominador común del bolsillo y al capitalizar las quiebras económicas que afectan al nivel de vida y, a veces, a la vida misma, el agitador político consigue inyectar irracionalidad, emoción y fanatismo en un tema que requiere el más alto grado de racionalidad. Así como el hombre sintoniza su política con el hecho de que hay más plebeyos que aristócratas, sintoniza su economía con el hecho de que hay más indigentes que millonarios. En consecuencia, el político que promete quitar a los ricos para dar a los pobres siempre tiene más votos o más votos potenciales en el bolsillo que su oponente. Excepto en esas raras épocas en las que un pueblo altamente responsable y dotado se encuentra en medio de una extensión casi ilimitada de tierra fértil y sin desarrollar y está demasiado ocupado siendo pionero, explorando o adquiriendo bienes mundanos como para escuchar los cantos de sirena de la Loreleis económica, Robin Hood es siempre una figura mucho más popular que Horatio Alger.

Si los dos grandes sistemas económicos rivales del siglo XX, el capitalismo y el socialismo, se juzgan sobre la base de la producción, se encontrará que el primero (en su versión estadounidense) supera al segundo (en su versión soviética anterior a Gorbachov) hasta en una proporción de veinte a uno en productos de consumo.[751] Sin embargo, a pesar de sus niveles de vida más bajos, durante la mayor parte de este siglo el socialismo ha superado al capitalismo en el número de conversos o reclutas, especialmente en China y en el Tercer Mundo, mientras que el propio capitalismo ha adoptado cada vez más controles socialistas.

Las repetidas referencias a los éxitos del capitalismo ya no evocan las respuestas de Pollyanna del pasado. Tampoco ayudan a justificar las recesiones y depresiones cíclicas del capitalismo, la inflación sigilosa y

---

[751] En 1964, después de casi medio siglo de economía marxista-leninista, el ciudadano medio de Moscú todavía tenía que trabajar 16 minutos por una barra de pan, 315 minutos por un pollo de medio kilo, 71 minutos por un litro de leche. El neoyorquino medio, en cambio, sólo trabajaba 8 minutos por su pan, 23 minutos por su pollo y 7 minutos por su leche. *San Francisco Chronicle*, 12 de noviembre de 1964, Sección Financiera.

galopante, el elevado desempleo, las vastas bolsas de desolación y pobreza y las inclinaciones monopolistas de los grandes productores. Pero los defectos del socialismo son igualmente considerables. Las economías socialistas tienen sus propios periodos inflacionistas desgarradores y están continuamente plagadas de graves carencias y dislocaciones económicas. Los socialistas nunca han resuelto el atolladero agrícola creado por la colectivización de la tierra y nunca han logrado evitar el hábito de sofocar la iniciativa individual promoviendo el crecimiento de burocracias monstruosas y torpes cuya crueldad y falta de carácter superan a las de la variedad capitalista.

El vaivén hacia el socialismo, que no ofrece ventajas económicas reales a los consumidores, debe explicarse por factores distintos de los económicos. El más importante de ellos es que la doctrina económica socialista -aunque no la práctica económica socialista- se adapta al espíritu de la época. En una época de igualitarismo y racismo de las minorías, la política económica se concentra en el reparto y no en la creación de riqueza, en la seguridad del empleo y no en su mejora. Ya no se trata de ganar un salario decente, sino de tener *garantizado* un salario decente, ya no se trata de acumular ahorros para la jubilación, sino de recibir una renta de jubilación. En términos psicológicos, a medida que el capitalismo avanza hacia el socialismo, los sentimientos proletarios de envidia e inseguridad ceden el paso al consumismo.

Los votos se siguen comprando con promesas económicas, pero las promesas se hacen ahora a razas, clases y grupos de población, además de a individuos. El ataque a la propiedad privada se hace cada vez más feroz no porque, como dice la doctrina socialista oficial, el control estatal de los medios de producción y distribución traerá mayores beneficios económicos, sino porque la propiedad privada es uno de los mayores escollos en el camino de la democracia de los últimos tiempos.[752] La coalición liberal-minoritaria no codicia la propiedad únicamente para repartirla más equitativamente entre la ciudadanía. Las minorías acomodadas y la mayoría de los liberales de la Mayoría ya tienen suficientes posesiones, y las minorías pobres son tan codiciosas como necesitadas. La motivación principal es una extraña mezcla de compasión y resentimiento. El declive de la fortuna de los de abajo parece proporcionar una especie de macabra satisfacción a los de arriba.

---

[752] La propiedad privada no había muerto en el apogeo del comunismo soviético. La gente aún podía poseer casas, tener cuentas bancarias y dejar sus posesiones a los herederos. Pero la eliminación del sistema de beneficios impidió la acumulación de grandes fortunas, aunque el abismo entre salarios altos y bajos en la URSS hizo estremecerse a los puristas marxistas.

Del mismo modo, los miembros de la Mayoría no defienden simplemente la propiedad privada por sí misma o por el poder y la comodidad física que proporciona. Defienden una institución heredada de los grandes tiempos de la Mayoría.[753] La propiedad, en particular la propiedad en forma de tierras de cultivo, era una fijación de los colonos de la Mayoría que transformaron América en la cornucopia que ahora alimenta a poblaciones cuyos gobernantes favorecen la agricultura colectiva.

Los fundamentos no económicos de la doctrina económica aparecen claramente en las revoluciones, que los historiadores marxistas definen como guerras entre clases. Esta interpretación puede tener cierta relevancia cuando se limita a naciones monorraciales, pero en la mayoría de los casos de guerra de clases el factor racial ha superado probablemente al económico.[754] En los incesantes enfrentamientos entre patricios y plebeyos romanos, y entre el campesinado medieval y la nobleza teutónica, las partes contendientes diferían tanto racial como económicamente, y las diferencias raciales precedían, más que seguían, al establecimiento de clases y castas.[755]

Aunque se supone que la Revolución Francesa es el prototipo de la guerra de clases moderna, podría ser provechoso prestar atención a lo que una importante revista literaria británica tenía que decir sobre Restif de la Bretonne, cuyos relatos de testigos oculares de París en el clímax del Terror proporcionan un almacén casi inagotable de material de referencia para los historiadores.

> También en Restif hay indicios de un racismo de clase, del miedo que sienten los burgueses y los artesanos por los hombres pálidos, de cabellos oscuros y despeinados, ojos penetrantes y bigotes desgreñados... Su

---

[753] Max Weber ha afirmado que las grandes hazañas económicas del capitalismo del siglo XIX se inspiraron en la ética protestante. Podría haber remontado la inspiración más atrás, hasta los propios pueblos del norte de Europa, que no sólo fueron responsables del protestantismo, sino también del capitalismo y de la revolución industrial que lo acompañó. Weber, sin embargo, tuvo cuidado de distinguir entre el capitalismo protestante, la "organización burguesa del trabajo", y el capitalismo judío, un "capitalismo especulativo paria". Max Weber, *La ética protestante y el espíritu del capitalismo*, trans. Talcott Parsons, Allen and Unwin, Londres, 1930, especialmente p. 271, nota 58.

[754] Darlington constata que los artífices de la revolución tienen pocos motivos económicos. "La mayoría [de los revolucionarios] procedían de grupos a los que se negaban sus oportunidades en la sociedad por motivos nacionales, raciales o religiosos: Irlandeses en Gran Bretaña, polacos en Rusia, judíos en Alemania y más tarde en Rusia, bastardos (como Herzen) en cualquier parte." *The Evolution of Man and Society*, p. 543.

[755] "De hecho, las diferencias de clase se derivan en última instancia de las diferencias genéticas y, por lo general, raciales... son las desigualdades las que crean los avances en la sociedad y no los avances en la sociedad los que crean las desigualdades". Ibídem, p. 547.

canaille es siempre oscura y fulminante... Los respetables, los hombres de propiedad, los artesanos virtuosos, son rubios y tienen buena complexión... Restif se detiene en la inocencia esencial de Charlotte Corday, pues es rubia y normanda. En la década de 1780, la población de París... seguía siendo predominantemente rubia. En la década de 1790, los panfletistas realistas hacen hincapié en el hecho de que los terroristas tienden a ser oscuros y de la zona mediterránea: Marat, en particular, sirvió a su propósito en este sentido. También los masacradores de Restif serían presentados casi inevitablemente como hombres del Sur.[756]

El abate Siéyes, que también era del Sur y que, en el momento oportuno, pasó del catolicismo a la Diosa de la Razón de Robespierre y viceversa, reveló las motivaciones raciales de los revolucionarios cuando instó a devolver a la aristocracia francesa a los "pantanos alemanes" de donde habían venido.[757] La línea racial de Siéyes tuvo eco en miles de sansculottes más auténticos que insistían en presentarse como galos que luchaban por liberarse de los bárbaros francos.[758]

Si la raza tuvo algo que ver con el derrocamiento de los reyes Borbones,[759] tuvo mucho que ver con el derrocamiento de los Romanov. Casi en su totalidad, la camarilla dirigente bolchevique estaba compuesta por miembros de minorías rusas.[760] Lenin era un fárrago de razas. Darlington escribe que la abuela de Lenin "se casó con un acomodado médico judío jubilado,

---

[756] *Times Literary Supplement*, 27 de octubre de 1961.

[757] Ripley, *Las razas de Europa*, p. 156.

[758] Toynbee, *Estudio de la Historia*, Vol. VI, p. 217.

[759] La desarraigo de la nobleza francesa y de la élite de la jerarquía católica representó una escisión aristocrática en las filas. El Tercer Estado por sí solo nunca habría tenido la fuerza suficiente para provocar la Revolución Francesa si no se le hubieran unido 50 nobles, 44 obispos y 200 párrocos en 1789. En 1792, la Convención Nacional estaba compuesta por 782 delegados, de los cuales sólo dos eran obreros. Incluso Danton y Robespierre eran tan poco proletarios que al principio quisieron ser conocidos como d'Anton y de Robespierre. Darlington, op. cit., p. 534.

[760] "[C]on una proporción de población del 1,77 por ciento, los judíos en la Rusia de Lenin constituían el 5,2 por ciento del total de miembros del partido, el 25,7 por ciento del Comité Central del partido y del 36,8 por ciento al 42,9 por ciento del Politburó gobernante, mientras que entre los diplomáticos soviéticos y especialmente entre los altos cargos de la policía secreta el porcentaje de judíos era aún mayor." Geoffrey Bailey, *The Conspirators*, Harper, Nueva York, 1960, p. 129, nota a pie de página.

Alexander Blank... Los cuatro abuelos de Lenin eran... de cuatro razas y religiones diferentes..."[761]

Una vez ganada la revolución y expropiados los expropiadores, la teoría marxista predijo que ya no habría motivo para luchas internas por el poder ni para payasadas maquiavélicas. Las políticas reaccionarias e intestinas eran las consecuencias fatales de sistemas económicos tan primitivos como el feudalismo y el capitalismo. La teoría racial, por otra parte, predice que una vez que las minorías hubieran expulsado al zar, a la aristocracia, a la Iglesia ortodoxa y a la élite capitalista, dirigirían su racismo unos contra otros. Y esto, por supuesto, es lo que ocurrió. Tras la desaparición de Lenin, Stalin, miembro de la minoría georgiana de Rusia, comenzó su tortuoso ascenso hacia el poder unipersonal, primero exiliando a su rival, Trotsky (a quien más tarde mandó asesinar en Ciudad de México), y después liquidando sucesivamente a Kamenev, Rykov, Zinoviev, Yagoda, Yezhof y Radek, todos ellos judíos.

Durante la Segunda Guerra Mundial, otras minorías fueron sometidas: 600.000 alemanes del Volga, así como la mayoría de los miembros de las nacionalidades tártara, kalmyk, karachai, balkar y checheno-ingush fueron deportados a Siberia.[762] En el momento álgido del ataque alemán, cuando Rusia estaba al borde del colapso, la Mayoría Rusa volvió a ser favorecida, ya que fue llamada a librar la mayor parte de los combates.[763] Stalin, que murió en 1954, fue sucedido al frente del partido comunista por Malenkov, un ruso del sur con "mezcla mongola",[764] , al que a su vez sucedieron Jruschov, ucraniano, y Brézhnev, nacido en Ucrania.[765] Fue Malenkov quien depuso y ordenó fusilar a Beria, compañero georgiano de Stalin y durante mucho tiempo jefe de la policía secreta, aunque conservó a Mikoyan, el

---

[761] Darlington, op. cit., p. 557. El autor también señala la condición minoritaria de otros dos igualitarios históricos: Engels, el capitalista británico y magnate del algodón que era alemán de ascendencia hugonote francesa, y Rousseau, el moralista francés de Suiza. Ibídem, pp. 543, 545. Sólo unos pocos altos funcionarios judíos escaparon al asesinato judicial o a Siberia, entre ellos Maxim Litvinov y Lazar Kaganovich. El oficial soviético de más alto rango purgado por Stalin fue el mariscal Tukhachevsky, que era medio italiano.

[762] *Ency. of Russia and the Soviet Union*, p. 230.

[763] "[Stalin] abolió... la amplia autonomía cultural de la que habían disfrutado las minorías en la década de 1920, dejándoles al final poco más que el derecho a utilizar su lengua... y a disfrutar del arte popular. Stalin... se sintió impelido a discriminar a las minorías, no sólo en materia de nombramientos estatales y del partido, sino también en asuntos culturales". Ibídem, p. 380.

[764] Milovan Djilas *Conversations with Stalin*, Harcourt Brace, N.Y., p. 108.

[765] Ibídem, pp. 74-45, 274, 329.

experto financiero armenio.[766] Alexei Kosygin, un gran ruso, fue primer ministro con Brezhnev. Cuando Kosygin dimitió en 1980, fue sustituido por Nikolai Tikhonov, que conoció a Brezhnev cuando eran estudiantes en Ucrania. En los últimos días de la Unión Soviética, la camarilla gobernante estaba compuesta casi en su totalidad por eslavos, con un fuerte énfasis en los gran rusos. En cuanto a los judíos, en los años que precedieron al colapso de la URSS y al igual que en gran parte de la dictadura de Stalin, se convirtieron en el blanco de una campaña oficial antisionista y de una campaña antisemita casi oficial, un giro de los acontecimientos que constituyó un acto supremo de ingratitud hacia Marx y otros judíos impulsores del comunismo soviético.[767]

El papel preponderante que desempeñaron las minorías, en particular la judía, en las revoluciones abortadas o de corta duración de Hungría, Baviera y Prusia tras la Primera Guerra Mundial ya se ha señalado en el capítulo 15. El mariscal Tito, arquitecto de la Yugoslavia comunista, pertenecía a la minoría croata de su país. El mariscal Tito, arquitecto de la Yugoslavia comunista, pertenecía a la minoría croata de su país. Los dirigentes originales de los partidos comunistas polaco y checoslovaco eran en gran medida judíos[768] y, en consecuencia, fueron diezmados por Stalin.[769] En China, los principales asesores de los marxistas locales en la década de 1920 eran Vasili Blucher, un ruso, y Mikhail Borodin, un judío ruso que una vez enseñó en una escuela de Chicago.[770]

En Estados Unidos, las minorías dominaron el Partido Comunista desde su creación. Aunque el número de estadounidenses de origen irlandés en los

[766] Ibídem, pp. 329, 355.

[767] Véase el capítulo 33 de este estudio. Yuri Andropov, el heredero de Brézhnev, podía ser en parte judío o en parte armenio, pero se esforzó por representar el papel de un gran ruso, al igual que su heredero, el siberiano Konstantin Chernenko. Mijaíl Gorbachov, heredero de Chernenko, fue un auténtico gran ruso y comenzó su reinado mostrando una inusual apertura comunista en política interior y exterior.

[768] Parvus-Helphand, nacido en Hungría de padres judíos, estudiante de marxismo en Suiza, principal ideólogo del ala izquierda del Partido Socialista Alemán, amigo de Lenin, espía alemán, promotor de los bolcheviques y, finalmente, millonario especulador de tierras, fue uno de los revolucionarios que peregrinaron por Europa a principios de siglo. A Parvus-Helphand se le recordará sobre todo por sus inmortales palabras al llegar a Alemania: "Busco una patria. ¿Dónde puedo comprar una barata?". *Ich suche ein Vaterland, wo ist ein Vaterland zu haben fiir billiges Geld?* Winfried Scharlan y Zbynek Zeinan, *Fretbeuter der Revolution*, Verlag Wissenschaft und Politik, Colonia, 1964, especialmente p. 36.

[769] Sachar, *The Course of Modern Jewish History*, p. 545.

[770] *Ency. of Russia and the Soviet Union*, pp. 70, 72-73.

más altos consejos del partido era elevado,[771] la proporción de judíos era asombrosa.[772] Cuando los judíos empezaron a dimitir como consecuencia de las purgas de Stalin y del Pacto de No Agresión Ruso-Alemán de 1939, no abandonaron necesariamente sus inclinaciones radicales tradicionales, sino que las canalizaron hacia otras formas de marxismo no soviético o antisoviético.[773] A finales de la década de 1960, los judíos estadounidenses constituían "al menos la mitad de los manifestantes activos de la Nueva Izquierda",[774] y "el radicalismo no populista era ruidoso, intelectual, ideológico y principalmente judío".[775]

En la mente de Marx,[776] la revolución proletaria, la última extensión de la guerra de clases, ocurriría primero en las naciones altamente

---

[771] Véanse las pp. 132-33.

[772] Incluso en 1947 se calculaba que el 39,3 por ciento de los activistas del partido comunista estadounidense eran judíos, aproximadamente doce veces más que la proporción judía de la población en aquella época. El 39,3 por ciento no incluía a los compañeros de viaje judíos. Weyl, *The Creative Elite in America*, p. 103.

[773] Algunos judíos se convirtieron en anticomunistas estridentes, pero su anticomunismo era dialéctico, polémico y a menudo histérico. Algunos judíos resistieron a pesar de todo. Herbert Aptheker ha seguido siendo el principal teórico de la menguante rama estadounidense del Partido. Otros judíos han atemperado una persistente simpatía por el comunismo con una creciente simpatía por Israel. Un ejemplo de tales sentimientos encontrados, si no fuera tomado del *Wall Street Journal* (3 de julio de 1962), parecería apropiado para las páginas más salvajes de los *Protocolos de Sión*. El espía comunista Robert Soblen, que se libró de una fianza de 100.000 dólares, buscó refugio, no en Rusia, sino en Israel. Parte de la fianza fue recaudada por la Sra. Benjamin Buttenwieser, esposa de un socio de Kuhn, Loeb, que prestó a la Sra. Soblen 60.000 dólares en el entendimiento de que George Kirstein, editor del Nation, reembolsaría la mitad de la cantidad en caso de pérdida. Soblen, psiquiatra, se suicidó más tarde en Inglaterra cuando regresaba a Estados Unidos.

[774] Según una estimación de Nathan Clazer, profesor de sociología de la Universidad de California. *New York Times*, 4 de mayo de 1969, p. 80. Otro profesor de sociología formuló su estimación de otro modo: "De cada diez radicales, es probable que cinco sean judíos". Van den Haag, op. cit., p. 118.

[775] Yaffe, op. cit., p. 255.

[776] Una señal de que la evolución humana acaba de empezar o ya ha llegado a su fin es la seriedad y el respeto que generaciones de mentes occidentales han otorgado al "pensamiento" de Marx y Engels. Como la mayoría de sus contemporáneos, ambos tenían tantos conocimientos de biología y genética como un "orejón plano" actual de mecánica celeste y astrofísica. Aunque hicieron comentarios despectivos sobre los negros y se mofaron de los eslavos "tartarizados y mongolizados", los dos padres fundadores del comunismo estaban convencidos de que todas las evidencias de inferioridad racial serían rápidamente erradicadas y todos los humanos inferiores elevados rápidamente al nivel de las razas avanzadas una vez que el proletariado tomara el poder. Weyl y Possony,

industrializadas, que en su época eran Gran Bretaña y Alemania.[777] Situando a Rusia hacia el final del calendario revolucionario y a China al final, prestó poca o ninguna atención a las influencias que la homogeneidad o heterogeneidad racial podrían tener a la hora de provocar o amortiguar la revolución. Las predicciones de Marx podrían no haber sido tan erróneas si

---

Geography of Intellect, p. 20, y Darlington, op. cit., p. 546. Engels era particularmente conocido por un pervertido galimatías hegeliano que sería completamente ridículo si no fuera porque un gran segmento de la humanidad lo considera sagrado. "Las mariposas, por ejemplo, brotan del huevo a través de una negación del huevo", escribió Engels en *Ant-Dühring*, trans. Emile Burns, International Publishers, Nueva York, 1966, p. 149. "Pero si tomamos... una dalia o una orquídea: si tratamos la semilla y la planta que crece de ella como lo hace un jardinero, obtenemos como resultado de esta negación de la negación no sólo más semillas, sino también semillas cualitativamente mejores [y] cada negación repetida de la negación aumenta esta mejora." Ibid. Al igual que los cavernícolas de la Edad de Piedra, que veían el mundo como un campo de batalla de poderes sobrenaturales rivales, Engels tenía una visión igualmente simplista: una lucha mundial entre explotadores y explotados, capitalistas y trabajadores. "Toda la historia pasada fue la historia de las luchas de clases... las clases beligerantes de la sociedad son siempre el producto de los modos de producción e intercambio..." Ibídem, p. 33. No había, por supuesto, ninguna posibilidad de debate racional con Marx y Engels ya que "sus adversarios sólo podían ser o bien idiotas burgueses o bien traidores proletarios." Ludwig von Mises, *Theory and History*, Arlington House, New Rochelle, N.Y., 1969, p. 131. Con el paso del tiempo, los marxistas "ya no basaban sus esperanzas en el poder de sus argumentos, sino en el resentimiento, la envidia y el odio de las masas." Ibídem, p. 65. En su *Discurso sobre la guerra civil en Francia* (1871), Marx hizo gala de su distanciamiento filosófico acusando al vicepresidente Jules Favre, de "vivir en concubinato con la mujer de un dipsómano." Ibídem, p.134. "En cuanto a la... teoría de la concepción materialista de la historia de Marx [no añadió ni una] sola idea nueva en este campo..." Pitirim Sorokin, *Teorías sociológicas contemporáneas*, p. 520, nota 24. Sorokin comentó que un economista prusiano poco conocido, Georg Wilhelm von Raumer, formuló una teoría económica de la historia casi idéntica a la de Marx. Ibídem, pp. 521-22.

[777] El despreciado "racista" de Gobineau fue mucho mejor profeta de los acontecimientos europeos que Marx. En una carta de 1866, el autor de *La desigualdad de las razas* escribía que, si continuaban las tendencias actuales en la política alemana, "el poder caerá en manos del primer cabo que, de paso, se haga con él." Dostoievski, en su novela *Los poseídos*, pintó un cuadro casi exacto de la Rusia del siglo XX. Sin embargo, el pronosticador más asombroso del futuro fue el antropólogo francés Vacher de Lapouge, que predijo en 1899 (1) el meteórico ascenso y caída del Tercer Reich; (2) el socialismo absoluto en Rusia; (3) una contienda por la supremacía mundial entre Rusia y Estados Unidos, favoreciendo a este último por tener el 15% de la población nórdica del mundo frente al 9% de Rusia; (4) el ascenso judío, que según él sólo podría romperse con el socialismo. Lapouge, antisemita convencido, se oponía al antisemitismo francés de su época, que caracterizaba como una extraña mezcla de proteccionismo económico y clericalismo liberal que favorecía al elemento galo de Francia en detrimento del germánico. *L'Aryen, son rôle social*, Fontemoing, París, 1899, pp. 345, 371, 464, 469, 482, 510.

se hubiera detenido a considerar que, al igual que algunas razas son más propensas a la industrialización que otras, algunas son más resistentes a la revolución que otras, en particular a la revolución en su forma proletaria.

¿Por qué Japón, a pesar de su derrota en la Segunda Guerra Mundial, que supuso la devastación atómica, es la gran potencia más estable de Asia y la menos susceptible a la revolución? ¿No es parte de la respuesta que es la más racialmente homogénea de las grandes naciones asiáticas? ¿Por qué Costa Rica es el país más próspero y progresista de Centroamérica? El hecho de que sea el único país centroamericano con una población mayoritariamente blanca puede proporcionar una pista. ¿Por qué Alemania casi sucumbió a la revolución tras la derrota en la Primera Guerra Mundial, y por qué su parte occidental se convirtió en la nación más próspera de Europa tras la derrota alemana en la Segunda Guerra Mundial, que fue mucho peor? ¿Podría ser que la minoría dinámica presente en gran número tras la Primera Guerra Mundial brillara por su ausencia tras la Segunda?[778]

¿Y no fue esta misma minoría, hiperactiva a la hora de agitar el caos revolucionario que contribuyó a la derrota de Rusia en la Primera Guerra Mundial, incapaz y poco dispuesta a desinflar el patriotismo ruso en la Segunda Guerra Mundial? Fue la mayoría rusa y no los pueblos de la Unión Soviética en su conjunto, como admitió el propio Stalin, la principal responsable de la derrota de las fuerzas armadas alemanas en el frente oriental.[779]

El interrogatorio de los párrafos anteriores no pretende sentar las bases de una interpretación racial global de la historia. Simplemente sugiere que la raza puede proporcionar a menudo una mejor explicación de los acontecimientos que la clase.[780] Quizá por eso, en la jerga del liberalismo

---

[778] Había 600.000 judíos en Alemania al final de la Primera Guerra Mundial, sólo 25.000 en Alemania Occidental al final de la Segunda Guerra Mundial. Sachar, op. cit., pp. 425, 489.

[779] Para un análisis de la desintegración de la Unión Soviética, véase el capítulo 33.

[780] La *reductio ad absurdum* del marxismo es el caso del propio Marx. Si el diagnóstico marxista de la motivación económica del comportamiento humano es correcto, entonces la propia carrera de Marx debe ser la excepción que confirma la regla. Hijo de clase media de un acaudalado abogado judío que se convirtió al protestantismo, Marx tenía aspiraciones hacia la aristocracia, como demuestra su matrimonio con Jenny von Westphalen, hija de un funcionario del gobierno que era miembro de la pequeña nobleza. ¿Qué motivaciones de clase podrían haber influido en Marx para abrazar la causa del proletariado? Como miembro de una minoría, sin embargo, su ascenso social, su dogmatismo interesado y su odio a la civilización europea del siglo XIX se hacen más comprensibles. Además, como todos los dogmáticos entregados, Marx se resistía a practicar lo que predicaba. En el mismo momento en que estaba terminando su obra

moderno, clase se ha convertido a menudo en un eufemismo, cuando no en una palabra clave, para raza. La raza suena feo y tiende a reducir todos los argumentos a una ecuación personal. La clase, en cambio, se adapta bien a la semántica política y económica actual. Los líderes inteligentes de las minorías, que conocen de primera mano el trasfondo racial de la mayoría de los antagonismos de clase, se dan cuenta de que sacando la raza a la luz pueden despertar la conciencia racial de aquellos que han sido tan eficazmente divididos y desarmados por la propaganda de clase. Además, dado que en algunos países es necesaria una coalición de minorías para el éxito de la lucha revolucionaria, hablar demasiado de raza podría enfrentar a unas minorías con otras.

Si la esperada revolución proletaria de los marxistas estalla alguna vez en Estados Unidos, no será por el endurecimiento de las divisiones de clase o la explotación capitalista,[781] sino por la heterogeneidad de la población estadounidense, el racismo de los elementos minoritarios dentro de esta población y la desarraigo de la Mayoría Estadounidense. El orden de batalla ya está trazado. En el lado revolucionario de las barricadas estarán los militantes incombustibles de las minorías inasimilables, los líderes menos asimilados de las minorías asimilables y los liberales de la mayoría más desesperados y comprometidos. En el bando contrarrevolucionario[782] estarán el núcleo de la Mayoría y las minorías asimilables. Como en todas las revoluciones, la mayoría de la población asumirá o intentará asumir un perfil muy bajo y muy neutral.

Evidentemente, una revolución proletaria pondría el broche final a la desposesión de la Mayoría. Para acelerar el día, la retórica incendiaria, las insurrecciones urbanas y la guerra de guerrillas que los medios de comunicación todavía prefieren llamar ola de crímenes están poniendo a tantos estadounidenses en un estado de ánimo tan revolucionario que apenas será necesaria una mayor escalada de violencia. Unas cuantas décadas más

---

maestra, *El Capital*, invirtió mucho y tontamente en el mercado de valores de Londres y tuvo que pedirle a su tío Philips, un banquero cuyos descendientes fundaron la gigantesca empresa holandesa de electrónica del mismo nombre, que le sacara de apuros. Véase la revista alemana *Capital*, Hamburgo, junio de 1970, p. 166.

[781] En contradicción directa con la teoría marxista y, como ya se ha señalado en las págs. 224-25, la militancia negra en Estados Unidos parece aumentar en proporción directa a los ingresos de los negros.

[782] Los términos revolucionario y contrarrevolucionario pueden inducir a error cuando se aplican a los partidarios y detractores de la revolución. A largo plazo, una contrarrevolución exitosa puede derribar más instituciones y cambiar la sociedad de forma más radical que la revolución que la inspiró.

de este ablandamiento, de esta preparación para el asesinato, podrían ser tan perjudiciales para la Mayoría como un golpe marxista total.

Teniendo esto en cuenta o, por desgracia en muchos casos, sin tenerlo en cuenta, muchos de los miembros más ricos e influyentes de la Mayoría siguen dando contenido a la noción de guerra de clases con su servilismo a ultranza al dogma económico del siglo XIX. Su historial de voto, sus lecturas y sus discursos dan a menudo la impresión de que están más interesados en salvar un sistema económico que en salvar a su pueblo, a su país o a sí mismos. Los marxistas, que también creen en la asociación de la doctrina económica con el destino de las naciones, se regocijan ante el materialismo paranoico de la Vieja Guardia Mayoritaria.

Cuando la economía se convierte en una vaca sagrada, también se convierte en un Caballo de Troya. La única medida verdadera de cualquier sistema económico es su capacidad para preparar el entorno para la máxima expansión de la creatividad de las personas. Medir la economía de otra manera, permitir que la economía degenere en los pequeños dogmas malhumorados que actualmente desarman la resistencia de la mayoría, es acelerar el colapso económico que la coalición liberal-minoritaria espera con ansia.

CAPÍTULO 26

El síndrome proletario

U N BREVE ESTUDIO del sindicalismo estadounidense aporta pruebas adicionales de la naturaleza racial de la lucha de clases. Independientemente de la forma que hayan adoptado los sindicatos en Estados Unidos -los paternalistas sindicatos artesanales, los revolucionarios Trabajadores Industriales del Mundo, los dinámicos sindicatos industriales de los años treinta, los enormes conglomerados sindicales de millones de afiliados de la actualidad-, casi todos han tenido un denominador común. Su liderazgo, al menos en los últimos tiempos, no ha procedido a menudo de las filas de la Mayoría.

No es nuevo decir que poco del gremio medieval se detecta en los sindicatos modernos. Los lazos religiosos del gremio, los juramentos de hermandad, el énfasis en la calidad en lugar de la cantidad, el orgullo personal por el trabajo terminado: todo esto está muy lejos de la práctica y la filosofía de los gigantescos sindicatos actuales. El gremialista se preocupaba por lo que recibía por su trabajo. Pero también se preocupaba por el producto de su trabajo. No ocurre lo mismo con el miembro típico del gran sindicato industrial, que se preocupa casi exclusivamente de su salario y de sus beneficios complementarios.

Los sindicatos tuvieron una historia irregular y algo violenta en la América del siglo XIX.[783] A menudo, su propia existencia se declaraba ilegal. Hasta bien entrado el siglo XX, los tribunales dictaban habitualmente mandamientos judiciales antihuelga. Luego llegaron los problemas económicos de principios de los años 30, cuando el peso de la ley se puso del lado de los sindicatos.

En lugar de sancionar al empleado por sus actividades sindicales, ahora era el empresario quien era penalizado por "romper el sindicato". Como el taller cerrado se convirtió en una institución consagrada, se prohibió el contrato de perro amarillo (que prohibía a los trabajadores afiliarse a un sindicato).

---

[783] Un sindicato racial del siglo XIX plagado de violencia fue el de los Molly Maguires, un grupo secreto de mineros irlandeses que cometieron asesinatos y actos de violencia en los condados productores de carbón de Pensilvania entre 1862 y 1876. Diecinueve miembros del grupo fueron ahorcados. Muchos otros fueron encarcelados. *Ency. Brit.*, Vol. 15, p. 678.

No fue hasta mediados de siglo cuando se puso en tela de juicio la fuerza aparentemente irresistible adquirida por el movimiento obrero en la era del New Deal. La Ley Taft-Hartley (1947), aprobada por encima del veto del Presidente Truman, puso freno a ciertos abusos sindicales estableciendo un periodo de reflexión en las huelgas que afectaban al interés nacional y permitiendo a los estados poner trabas a la actividad sindical con leyes de derecho al trabajo. Los deterministas económicos que niegan automáticamente cualquier relación entre sindicalismo y raza podrían tomar nota de que los diecinueve estados que tenían leyes de derecho al trabajo en 1966 eran aquellos estados, con una o dos excepciones, donde la influencia política de la mayoría era más fuerte.[784]

El viso de minoría asimilable o inasimilable de los sindicatos estadounidenses fue evidente desde el principio. Los Caballeros del Trabajo se convirtieron en la primera organización laboral nacional importante, en gran parte gracias a Terence Powderly, abogado hijo de inmigrantes irlandeses.[785] Los Caballeros del Trabajo evolucionaron más tarde hasta convertirse en la Federación Americana del Trabajo, cuyo primer presidente fue el fabricante de puros Samuel Gompers, nacido en Gran Bretaña de padres judíos-holandeses. Eugene Debs, organizador del primer gran sindicato ferroviario y eterno candidato del Partido Socialista a la presidencia, era hijo de inmigrantes franco-alsacianos.[786]

La composición de los enormes sindicatos de la aguja era casi exclusivamente minoritaria, desde los dirigentes judíos de la cúpula hasta las bases judías e italianas de la base. Tanto David Dubinsky como Sidney Hillman, que dirigieron, respectivamente, la International Ladies Garment Workers y la Amalgamated Clothing Workers, nacieron en el extranjero de padres judíos. Hillman desempeñó un papel principal con John L. Lewis, el

---

[784] Los estados eran: Alabama, Arizona, Arkansas, Florida, Georgia, Iowa, Kansas, Misisipi, Nebraska, Nevada, Carolina del Norte, Dakota del Norte, Carolina del Sur, Dakota del Sur, Tennessee, Texas, Utah, Virginia y Wyoming.

[785] Para una lista de líderes sindicales irlandeses-estadounidenses, véase la p. 132.

[786] Los miembros de las minorías asimilables, algunos de los cuales descienden de minorías de sus países de origen en el Viejo Mundo, tienen como líderes sindicales un interés profesional y personal en resistirse a la asimilación. En una nación multirracial como Estados Unidos, dado que los sindicatos difícilmente pueden evitar complacer en cierta medida a las minorías, un origen minoritario es una cualificación útil y a menudo necesaria para el liderazgo sindical. La "pose minoritaria" cuidadosamente cultivada de muchos dirigentes sindicales que pertenecen a minorías asimilables no puede sino contagiarse a sus actitudes y sentimientos privados, y sembrar muchos obstáculos psicológicos en el camino de su asimilación.

pintoresco hijo de un minero galés,[787] en la formación del CIO (Congreso de Organizaciones Industriales). Personificó el apogeo del poder sindical en la Convención Demócrata de 1944, cuando el Presidente Roosevelt dio instrucciones de que cualquiera que deseara hacer propuestas sobre la plataforma o la estrategia política del partido debía primero "aclararlo con Sidney".[788]

Otros altos dirigentes sindicales con orígenes minoritarios asimilables o no asimilables fueron o son: William Green, segundo presidente de la Federación Estadounidense del Trabajo, hijo de un minero galés, como Lewis; George Meany, presidente durante muchos años de la AFLCIO, un irlandés estadounidense; Ike Gold, el jefe judío de los Trabajadores Unidos del Caucho; Sol Stetin, el jefe judío de los Trabajadores Textiles; Caesar Petrillo, de la Federación Estadounidense de Músicos; Philip Murray, de los Trabajadores Siderúrgicos Unidos, nacido en Escocia de padres irlandeses; Joseph Curran, del Sindicato Marítimo Nacional; Mike Quill, de los Trabajadores del Transporte; Walter Reuther, de los United Auto Workers, hijo de un socialista alemán y marido de una trabajadora social judía; Harry Bridges, australiano, jefe de los International Longshoremen, casado con una japonesa; Albert Shanker, jefe judío de la American Federation of Teachers; Jerry Wurf, jefe judío de la American Federation of State, County and Municipal Employees; César Chávez, de los United Farm Workers; y Jackie Presser, jefe judío de los Teamsters, el mayor sindicato del país. Debido a sus conexiones con los gánsteres, Presser tuvo serios encontronazos con la ley antes de su muerte en 1986.

Por supuesto, hay millones de miembros de la mayoría en las bases de los sindicatos estadounidenses, pero no es frecuente encontrarlos en los escalones superiores de la dirección sindical. Es la alta concentración de miembros de minorías asimilables y no asimilables en los círculos dirigentes sindicales lo que ha dado un tono minoritario al sindicalismo y explica el gasto de grandes cantidades de fondos sindicales en política orientada a las minorías, que a menudo se opone a los intereses de los afiliados en general.[789]

---

[787] El padre de Lewis pertenecía a una minoría británica. Su hijo debió de permitir que sus sentimientos heredados de minoría y su sindicalismo retrasaran el proceso de asimilación que suele completar un estadounidense de ascendencia británica de segunda generación. Es dudoso que un estadounidense plenamente asimilado hubiera convocado una huelga nacional del carbón en 1944 mientras su país estaba inmerso en una guerra mundial.

[788] Adrian A. Paradis en *Labor in Action*, Julian Messner, Nueva York, 1963, p. 119.

[789] Tanto los sindicatos como las empresas tienen prohibido por ley contribuir directamente a las campañas políticas nacionales, aunque ambos pueden patrocinar "Comités de Acción Política" para canalizar dinero a los candidatos. Ni que decir tiene

Ciertamente, no puede decirse que la desegregación escolar, el apaciguamiento de los militantes negros, las sanciones contra Sudáfrica y Rodesia, las políticas intervencionistas en Oriente Medio y las subvenciones monetarias a organizaciones sindicales marxistas en el extranjero representen los deseos del afiliado sindical típico.

Los trabajadores estadounidenses, junto con las empresas de su país, han sido responsables de la avalancha de bienes y servicios que hasta hace muy poco han hecho del nivel de vida estadounidense el más alto del mundo. Pero, aunque ha logrado un notable éxito en el aumento de los ingresos de los trabajadores y en acabar con algunos de los peores abusos del capitalismo de dientes y garras, el sindicalismo no ha tenido un historial intachable. La pérdida de producción causada por el pluriempleo, el absentismo masivo y las huelgas ha sido uno de los mayores despilfarros económicos de la historia.[790]

A los sindicatos todavía les gusta situarse en el lado progresista del balance político, pero su actitud egoísta y temerosa hacia la automatización ha convertido al sindicalismo en uno de los elementos más retrógrados y reaccionarios de la vida estadounidense.[791] En el campo de las comunicaciones, los sindicatos han conseguido lo que los señores de la prensa nunca fueron capaces de hacer: reducir algunas de las mayores áreas metropolitanas a una dieta de dos periódicos diarios, a menudo propiedad del mismo editor. En el ámbito cultural, la influencia de los sindicatos ha sido catastrófica. Las fantásticas escalas salariales y la contratación forzosa de

que la dirección puede presionar a los empleados para que contribuyan y los dirigentes sindicales pueden ejercer una "presión" similar sobre sus bases. El resultado es que los empleados de la empresa y los miembros del sindicato pueden verse obligados a apoyar a un partido, tema o candidato al que o al que se oponen. Sorprendentemente, los PAC empresariales suelen estar dispuestos a financiar a candidatos antiempresariales y proobreros. En una tabulación preliminar de la campaña presidencial de 1980, 867 PAC empresariales registrados dieron 3,8 millones de dólares a los demócratas y 3,6 millones a los republicanos. En el mismo periodo, los PAC laborales dieron 4,9 millones a los demócratas y sólo 400.000 a los republicanos. *Wall Street Journal*, 13 de octubre de 1980, pp. 1, 13. En las elecciones presidenciales de 1968, los sindicatos donaron 60 millones de dólares a la campaña de Hubert Humphrey, aunque el 44% del voto obrero fue para Nixon. Véase la columna periodística de Victor Riesel, 11 de noviembre de 1968. El sindicato de camioneros apoyó a Nixon en 1972, después de que el presidente conmutara la pena de prisión de James Hoffa.

[790] En 1970, se perdieron 66.414.000 horas de trabajo en 5.716 paros.

[791] El miedo de los trabajadores al progreso tecnológico podría describirse como similar al de Vespasiano. Cuando se le mostró una máquina que eliminaría el uso de mano de obra en el transporte de pesadas columnas de piedra, se rumorea que el emperador romano se negó diciendo: "Dejadme alimentar a mis pobres comunes".

tramoyistas y músicos superfluos han transformado el teatro, la ópera y la sala de conciertos en un gran negocio, en el que el arte de la financiación ha primado sobre el propio arte.

La Mayoría tiene poco que temer de las bases sindicales y no sindicales de Estados Unidos. La mayoría de los trabajadores blancos son miembros de buena fe de la Mayoría o se están asimilando rápidamente a ella. Lo que la Mayoría tiene que temer son los líderes sindicales inasimilables o trileros que convocan huelgas durante emergencias nacionales, que utilizan su dominio sobre diversos sectores de la economía para elevar tanto los salarios que los productos estadounidenses se quedan fuera de los mercados extranjeros, que desvían las cuotas sindicales a causas no sindicales y que están más preocupados por lo que ocurre en la política local y nacional que en sus propios sindicatos.

En un país relativamente homogéneo como Gran Bretaña, el sindicalismo es la encarnación de la lucha de clases y no debe considerarse el resultado de un conflicto racial, aunque el componente minoritario de la población británica se encuentre casi siempre en el bando sindical. El éxito del movimiento sindical británico, que contribuyó a convertir un imperio en un Estado del bienestar, puede atribuirse más bien a un proceso de envejecimiento, en el que la aristocracia, la nobleza terrateniente y el funcionariado, adelgazados hasta la extinción por siglos de espadachines imperiales y dos guerras mundiales genocidas, perdieron su control. En otras palabras, la guerra de clases en Gran Bretaña no la está ganando el sindicalismo británico. La está perdiendo la entropía de la clase dominante británica. Dado que las instituciones de una nación pueden sobrevivir a la entrega del poder a otra clase, pero no a otra raza, en los últimos años Gran Bretaña, aunque no se ha librado de la violencia laboral, ha evitado la revolución.[792]

Por otra parte, en un Estado multirracial, el sindicalismo no puede evitar convertirse en un puntal del racismo de las minorías. Afortunadamente para la mayoría estadounidense, se trata de un apoyo débil debido a las diferencias raciales que han abierto una amplia brecha entre los dirigentes sindicales y los afiliados. Mientras los líderes sindicales produzcan salarios más altos y mayores beneficios complementarios para las bases sindicales, todo va

---

[792] Hay una creciente población de color en Gran Bretaña y una minoría judía muy rica, aunque pequeña. Es muy posible que estos elementos minoritarios abrasivos, con alguna ayuda sustancial de los proles británicos, sean capaces finalmente de hacer que Gran Bretaña pase del socialismo evolutivo a una variedad más leninista.

bien.[793] Pero cuando las políticas sindicales chocan demasiado bruscamente con las actitudes sociales y los instintos políticos de una parte considerable de los miembros del sindicato, la delicada alianza empieza a desmoronarse.

Algunos elementos del movimiento obrero han adoptado una postura militante contra las usurpaciones de la socialdemocracia, usurpaciones fomentadas y en parte subvencionadas por los jefes del movimiento obrero. Mientras que la mayoría de los miembros de la Mayoría siguen acobardados por la violencia de las minorías, los cascos duros de los sindicatos artesanales, muchos de ellos pertenecientes a Minorías Asimiladas, se han atrevido a luchar contra las bandas callejeras de Minorías Inasimilables con sus propias armas y en su propio terreno. La agresividad de los obreros de la construcción al atacar a los manifestantes "pacifistas" en Wall Street en 1970 no sólo asestó otro golpe mortal a la teoría marxista, sino que reveló que la Legión Americana y las Hijas de la Revolución Americana ya no dominan el patriotismo.

En el lado negativo, muchos de estos mismos "cascos duros" están firmemente comprometidos, al igual que la mayoría de los miembros de los sindicatos, con la espiral salarios-precios que ha convertido a las grandes empresas y a los grandes sindicatos en sinónimos de monopolio e inflación. Sólo las empresas más ricas pueden permitirse ahora los salarios inflados, la asistencia médica gratuita, el seguro de accidentes, las pensiones de jubilación, las largas vacaciones, los múltiples periodos de descanso, el absentismo, las ralentizaciones y las huelgas que se asocian inevitablemente a los contratos sindicales. No se espera que el retroceso de algunos grandes sindicatos ante la creciente competencia de Japón marque una tendencia nacional. El aplazamiento temporal de los aumentos salariales, a menudo a cambio de la participación en los beneficios, podría interpretarse como un reconocimiento por parte de los grandes sindicatos de que habían exigido demasiado.

Incapaces de hacer frente al aumento de los costes, los impuestos cada vez más altos y las normativas federales cada vez más estrictas, muchas pequeñas empresas se encuentran en números rojos y los pequeños agricultores se ven obligados a vender. El antiguo empresario estadounidense, el propietario de

---

[793] Es a la vez lógico y preconcebido que las organizaciones sindicales estadounidenses luchen por elevar el nivel de vida, mejorar las condiciones de trabajo y garantizar la seguridad laboral de sus miembros. Sin embargo, si el resultado final es una mano de obra que trabaja desganadamente treinta y cinco horas o menos a la semana, mientras que los trabajadores de un Estado agresivo -donde florecen el trabajo a destajo y las cuotas de producción y se prohíben las huelgas- trabajan una media de cincuenta o más horas a la semana, ¿hasta qué punto está económicamente seguro el país con mejores condiciones laborales?

una tienda, el cazador de animales salvajes, el prospector, el ganadero con una pequeña extensión de ganado, el agricultor de tierra[794] -muchos de los que se dedican a ocupaciones tradicionales de la Mayoría- se están uniendo, o se enfrentan a la perspectiva de verse obligados a unirse, a las filas del proletariado.

"El verdadero distintivo del proletario", ha escrito Toynbee, "no es ni la pobreza ni el nacimiento humilde, sino la conciencia -y el resentimiento que esta conciencia inspira- de haber sido desheredado de su lugar ancestral en la Sociedad y de no ser querido en una comunidad que es su hogar por derecho; y este proletarismo subjetivo no es incompatible con la posesión de bienes materiales."[795] Para aplicar las palabras de Toynbee a los Estados Unidos de la década de 1990, el proletario de la mayoría es una víctima de la confrontación racial en curso. Su cuerpo puede estar ileso, pero su mente y su voluntad han sido temporal o permanentemente dañadas. Y como proletario, como alguien que ha sido neutralizado racialmente, puede ser persuadido eventualmente a alistarse con las fuerzas que lo han abatido.

La proletarización a menudo llega tan alto como las oficinas de los rascacielos de gestión corporativa, donde los ejecutivos de la Mayoría, atrapados en una masa octopeana de regulaciones gubernamentales, contratos laborales, impuestos, acción afirmativa y burocracia administrativa, se han convertido en engranajes sin rostro de una economía sin alma como los trabajadores más humildes de los talleres de explotación. Sus ingresos de seis cifras, sus cuentas de gastos excesivamente generosas y sus imponentes títulos apenas compensan la frustración de perder el mando, de dar menos órdenes y recibir más, de inclinarse sin cesar ante los burócratas de Washington, los accionistas molestos y los delegados sindicales pendencieros. Han perdido o están perdiendo la autoridad para despedir y están perdiendo la autoridad para contratar. El sindicato se ha abrogado la primera. Las cuotas raciales de las minorías están anulando la segunda.

La separación de la propiedad de la gestión en las grandes empresas y la creciente dificultad de conservar la propiedad en las pequeñas han transformado a los antaño esforzados ejecutivos de la Mayoría en una casta burocrática nómada que se desplaza de una empresa a otra en una migración circular interminable y a menudo improductiva. En muchas corporaciones, el director ejecutivo, a veces el hombre que construyó la empresa desde cero,

---

[794] Estados Unidos tenía 6.097.799 granjas en 1940; 2.094.000 en 1992. *Almanaque mundial de* 1994, p. 121. El número de granjas de negros ha disminuido a un ritmo aún mayor que el de las granjas de blancos.

[795] *A Study of History*, Vol. V, p. 63.

en la mayoría de los casos el único hombre que puede poner las cosas en marcha, ha sido sustituido por contables o abogados, con el resultado de que la producción en masa de calidad, el gran invento del genio empresarial de la Mayoría, se ha subordinado a consideraciones financieras y fiscales.[796] Aún más humillante para los responsables de la toma de decisiones de la vieja escuela de la Mayoría es que muchas políticas críticas de la empresa ya no son formuladas por la dirección, sino por las agencias federales y la "política pública".[797]

En su ataque diario a la comunidad empresarial de la Mayoría, la intelligentsia liberal-minoritaria añade insulto a la injuria agitando constantemente el espectro de un "complejo militar-industrial", que se describe como una especie de conspiración al por mayor contra el pueblo estadounidense por parte de los altos mandos militares WASP y los líderes industriales WASP.[798] Dado que basta un trazo de la pluma presidencial para destituir a cualquier oficial de las fuerzas armadas, los propios presidentes deben haber estado al tanto de la conspiración. Como el complejo supuestamente se alimenta de la guerra, debe haberse nutrido mucho mejor bajo las administraciones demócratas, que involucraron a Estados Unidos en la Primera y Segunda Guerras Mundiales y en los conflictos de Corea y Vietnam. Dicho de otro modo, el complejo militar-industrial, si es que existe, debe ser en parte obra de sus críticos. Que unos conspiradores tan poderosos tengan tan mala prensa, y que cualquier comentarista de televisión, editor de periódico o columnista de primera fila ejerza diez veces más influencia que

---

[796] Robert McNamara, ex presidente de la Ford Motor Company y más tarde Secretario de Defensa, comenzó su carrera empresarial como contable, no incorporándose a Ford hasta los treinta años. *Current Biography*, 1961, p. 292. En la actualidad, los consejos de administración de las "Tres Grandes" empresas automovilísticas de Detroit cuentan con algunos miembros que probablemente no sepan cambiar una rueda.

[797] Monroe J. Rathbone, cuando era presidente de Standard Oil de Nueva Jersey, declaró: "Nunca hacemos nada importante sin considerar antes con gran detalle los aspectos de las relaciones públicas". Wall Street Journal, Vol. LXVII, nº 99, p. 1.

[798] La frase apareció por primera vez en el discurso de despedida del Presidente Eisenhower al final de su segundo mandato, un discurso escrito por Malcolm Moos. *Nation*, 28 de abril de 1969, p. 525, y *U.S. News & World Report*, 19 de septiembre de 1958, p. 17. Como director de la Universidad de Minnesota en 1969, Moos prefirió no presentar cargos disciplinarios contra 70 estudiantes negros que tomaron un edificio durante 24 horas e hicieron daños por valor de 5.000 dólares. *New York Times*, 26 de octubre de 1969, p. 59. Lo más parecido a un complejo militar-industrial apareció por primera vez durante la Primera Guerra Mundial, cuando Bernard Baruch regimentó la industria estadounidense para satisfacer los requisitos de la guerra total. Revivió en la Segunda Guerra Mundial como parte del Plan de Movilización Industrial desarrollado por Louis Johnson, subsecretario de guerra, y aprobado por el presidente Roosevelt. *New York Times*, 22 de marzo de 1970.

un ejecutivo de una gran corporación o un general del Pentágono, parecería abogar en contra de la probabilidad de tal conspiración.

El complejo militar-industrial no es más que uno de los muchos bichos semánticos -una versión actualizada del explotador burgués, el monstruo capitalista, el monárquico económico, el gnomo de Zurich, el chupasangre de Wall Street, el fascista, el nazi y otros peyorativos liberales y marxistas- que pretenden dividir a la Mayoría en clases, en ricos y pobres, empresarios y trabajadores, favorecidos y desfavorecidos. Todo forma parte de la gran estratagema de asignar al hombre a categorías económicas en lugar de genéticas, una estrategia muy útil y muy eficaz para las minorías que desean superar a las mayorías.

Los líderes sindicales saben mejor que nadie que el camino más directo al corazón humano es la apelación al interés propio, que en la mejor tradición sindical incluye tanto la zanahoria del aumento salarial como el palo del desempleo. También saben que hay un poco de proletario en todos y que su trabajo es maximizarlo y sacarlo a la superficie. Lo que no saben, o fingen no saber, es que cuando el hombre se reduce a hombre económico pierde la mayor parte de su humanidad.

CAPÍTULO 27

El frente de batalla fiscal

N LA SUPERFICIE, los impuestos son un medio de sufragar los gastos del Estado y -en estos últimos tiempos de la era keynesiana-de regular la economía. Por debajo de la superficie, la fiscalidad es un medio para hacerse con el control del Estado y mantenerlo, para elegir a los ocupantes de los puestos de poder. En el pasado, los conquistadores de una nación solían eximirse a sí mismos del pago de impuestos y hacían recaer la carga fiscal sobre la población sometida. Los impuestos, por consiguiente, eran el precio de la derrota. Con la llegada de la democracia económica y social, poco ha cambiado. La finalidad de los impuestos se ha ampliado de la captación de riqueza a su igualación y redistribución. No es de extrañar que estas nuevas funciones fiscales, que bajo el nombre de "reforma fiscal" han presentado a los estadounidenses una factura de impuestos disparada, hayan tenido un atractivo peculiar para la coalición liberal-minoritaria.

Los impuestos que más fácilmente se prestan a la guerra fiscal son el impuesto sobre la renta de las personas físicas y el de sociedades, así como los impuestos sobre sucesiones y donaciones. A diferencia de los impuestos sobre la propiedad, los impuestos especiales y los impuestos sobre las ventas, estos impuestos "selectivos" tienen una escala móvil (algunos la llamarían aplastante). En la actualidad, la mayor parte de los ingresos fiscales federales proceden del impuesto sobre la renta de las personas físicas y de sociedades y de los "impuestos de la seguridad social", impuestos que ni siquiera existían a principios de siglo.[799]

Fue la administración demócrata de Woodrow Wilson la que impulsó el impuesto federal sobre la renta en 1913, el mismo año en que se convirtió en ley la 16ª Enmienda del "Impuesto sobre la Renta"".[800] El tipo era del 1% sobre los ingresos superiores a 3.000 dólares (solteros) y 4.000 dólares (casados), con recargos del 1% al 6% sobre los ingresos imponibles

---

[799] En el año fiscal 1992, el impuesto federal sobre la renta de las personas físicas reportó al Departamento del Tesoro 476.000 millones de dólares; el impuesto sobre la renta de las sociedades, más de 100.000 millones; los impuestos de la seguridad social, las cotizaciones de jubilación y desempleo, más de 413.000 millones; los impuestos especiales (alcohol, tabaco, combustible, etc.), los derechos de aduana y los impuestos sobre sucesiones y donaciones, unos 101.000 millones. *Almanaque Mundial* 1994, p. 99.

[800] Hubo un impuesto federal sobre la renta durante diez años, durante y después de la Guerra Civil, y otro en 1894 que fue declarado inconstitucional por el Tribunal Supremo.

superiores a 20.000 dólares. En la Primera Guerra Mundial, los impuestos sobre la renta habían aumentado del 6% al 12%, con recargos de hasta el 65%.[801]

Fue otra administración demócrata, la de Franklin Roosevelt, la que elevó los impuestos sobre la renta de las personas físicas a tipos destructores del ahorro que oscilaban entre un mínimo del 23% y un máximo del 94%. El impuesto de sociedades, del 1% en tiempos de Wilson, se elevó al 52%.[802] Desde la Segunda Guerra Mundial se han producido algunas reducciones del impuesto sobre la renta de las personas físicas y el de sociedades, pero pocas de gran importancia, salvo los grandes recortes en la parte alta del tramo impositivo individual. Para los estadounidenses que se benefician de las inversiones o la especulación (el Servicio de Impuestos Internos hace poca distinción entre ambas), existe un impuesto sobre las plusvalías que se ha reducido en los últimos años. A medida que aumentan los salarios para hacer frente al creciente coste de la vida provocado por una inflación progresiva, a veces galopante, el contribuyente se ve desplazado a tramos impositivos más elevados y, en consecuencia, debe pagar un impuesto sobre la renta desproporcionadamente más alto. Esto puede detenerse mediante la indexación. Mientras tanto, 38 estados y al menos cuarenta ciudades tienen ahora su propio impuesto sobre la renta de las personas físicas.[803]

En su forma actual, el impuesto sobre la renta discrimina a la mayoría estadounidense por muchas razones sutiles y no tan sutiles. La historia demuestra que el impuesto sobre la renta, una institución fiscal del norte de Europa, sólo funciona eficazmente en los países donde predominan los europeos del norte o sus descendientes.[804] En muchas naciones latinas, el fraude en el impuesto sobre la renta está tan extendido que la recaudación, salvo en el caso de las retenciones, se ha reducido a una operación de captura y captura prácticamente inaplicable. No es necesario añadir que los hábitos fiscales de muchos pueblos del Viejo Mundo no han sido alterados radicalmente por sus descendientes en el Nuevo. [805]

---

[801] *Ency. Brit.*, Vol. 12, p. 136.

[802] Ibid.

[803] *Almanaque mundial* de 1994, p. 148.

[804] "El mérito del establecimiento del primer gran impuesto sobre la renta que tuvo éxito en el mundo suele atribuirse a Gran Bretaña. El impuesto británico se introdujo por primera vez en 1779..." *Ency. Brit.*, Vol. 12, p. 136.

[805] En Italia se suele tributar por los ingresos "aparentes" y no por los reales. Por eso guardan sus coches deportivos en el garaje en los días previos a la liquidación del IRPF.

Una revisión de los casos de fraude fiscal en Estados Unidos en los últimos años revela una proporción inusualmente alta de nombres de minorías.[806] Los días de los burgueses medievales de Bremen que, sin el beneficio de recaudadores ni leyes fiscales, pagaban sus impuestos "en honesta evaluación de la propia capacidad de pago y en cumplimiento voluntario de un deber honorífico" hace tiempo que pasaron.[807] Pero es justo decir que la Mayoría sigue estando infrarrepresentada en la lista de evasores fiscales que, según una estimación del Servicio de Impuestos Internos, estafan anualmente al Tesoro de Estados Unidos 95.000 millones de dólares.[808] La Mafia, por supuesto, paga pocos o ningún impuesto sobre su "botín" anual estimado en 30.000 millones de dólares.[809]

Dado que es precisamente en los extremos del espectro de ingresos estadounidense donde se concentran las minorías, la carga fiscal ha recaído opresivamente en el centro del espectro, el centro de la mayoría. Las lagunas fiscales ayudan a los muy ricos y las exenciones fiscales a los muy pobres. Si son propietarios de una vivienda, los estadounidenses de clase media pueden deducir los intereses hipotecarios, pero por lo demás se benefician poco del sistema fiscal. Las retenciones impositivas hacen imposible que los asalariados escapen al recaudador de impuestos, pero los honorarios médicos y legales, los emolumentos que reciben las profesiones minoritarias, suelen ser difíciles de rastrear. En cuanto a la reforma fiscal, de la que todos los políticos dicen que es una necesidad absoluta, suele degenerar en una algarabía contra los paraísos fiscales y las rentas de seis dígitos, mientras que poco o nada se dice de las fundaciones que evaden impuestos, las organizaciones "educativas" políticamente motivadas y las enormes contribuciones deducibles a Israel.

Además de ir en contra del bolsillo de la Mayoría, el impuesto sobre la renta graduado también va en contra de los hábitos de trabajo de la Mayoría. Cuando los impuestos son demasiado elevados, destruyen los incentivos, desalientan el ahorro y fomentan el gasto: un comportamiento económico que se suma al repudio de la Ética Protestante, la directriz tradicional de los hábitos de trabajo de la Mayoría. Siglos de adoctrinamiento religioso, además de algunas posibles influencias genéticas, hacen que sea más difícil para los miembros de la Mayoría que para los de la minoría adaptarse a la

---

[806] Véase el capítulo 30.

[807] Wilhelm Ropke, *A Humane Economy*, Regnery, Chicago, 1960, p. 133.

[808] Más de un tercio del déficit presupuestario del ejercicio 1992, que ascendía a 290.204.000.000 $.

[809] Si la Mafia pagara impuestos sobre sus beneficios ilegales, podría haber una reducción de impuestos del 10% para todos. *Reader's Digest*, enero de 1969, p. 225.

nueva Ética Pródiga de las cuentas de gastos, las tarjetas de crédito y las compras a plazos ilimitadas, las costumbres de "vuela ahora y paga después" de una economía derrochadora. El más afectado es el empresario de la Mayoría, que en las primeras etapas del crecimiento empresarial se ve obligado por los elevados impuestos sobre los beneficios y los tipos de interés usurarios a buscar capital externo para sobrevivir. Si de algún modo consigue mantenerse solvente y su negocio crece, se convierte en el principal objetivo de los asaltantes de las empresas minoritarias.

Los herederos de las fortunas de la Mayoría que aún no han sido dilapidadas siguen manteniendo la mayor parte de sus participaciones en las grandes empresas fundadas por sus antepasados. Los ingresos de estas fortunas se han convertido ahora en el objetivo de un sistema de doble imposición, por el que los beneficios de las empresas tributan aproximadamente al 35% y los dividendos pagados con los beneficios restantes tributan de nuevo como ingresos ordinarios. Aún más perjudiciales para la conservación del capital de la Mayoría son los impuestos federales sobre sucesiones y donaciones (más del 50%), que han sido los principales responsables de la creación de la monumental argucia fiscal conocida como fundación exenta de impuestos.

En 1985 había en Estados Unidos unos 24.000 de estos grupos que evaden impuestos, con 20.000 millones de dólares en activos y que reparten anualmente 1.500 millones en subvenciones.[810] Al crear estas fundaciones, muchos millonarios y multimillonarios de la Mayoría han conseguido mantener gran parte de su riqueza fuera del alcance del Servicio de Impuestos Internos, pero no han impedido que estas vacas lecheras caigan en manos de aquellos cuyas filosofías políticas y económicas están muy alejadas de las de los fundadores. La mayoría de estas organizaciones caen en manos de abogados y gestores de fondos profesionales, que las donan generosamente a causas liberales y minoritarias.[811]

Cabe imaginar el disgusto de Henry Ford si descubriera que la Fundación Ford, una de las más ricas, estaba dirigida por un abogado negro, Franklin Thomas. Aún más perplejo se habría quedado al saber que la fundación construida con su dinero dio en su día 175.000 dólares al Congreso de Igualdad Racial para ayudar a elegir al primer alcalde negro de Cleveland,

---

[810] *Enciclopedia Americana*, edición de 1985, Vol. 11, p. 646.

[811] Alger Hiss dirigió en su día la Fundación Carnegie para la Paz Internacional. Otra fundación Carnegie, la Carnegie Corporation, financió *An American Dilemma* de Gunnar Myrdal. De las pocas fundaciones orientadas a la Mayoría, la única genuinamente antiliberal con activos dignos de mención es el Pioneer Fund. La Institución Alexis de Toqueville y la Fundación John M. Olin se consideran de derechas, pero su conservadurismo rara vez se aleja de la línea media.

Carl Stokes.[812] La Fundación Ford también subvencionó la escritura y producción de melodramas racistas negros, muchos de cuyos personajes no hacen más que pronunciar imprecaciones contra todo lo blanco.[813] Sin embargo, como antisemita, a Ford seguramente le habría hecho gracia saber que su fundación financió un experimento de descentralización escolar en Nueva York que precipitó una amarga división racial entre padres negros y profesores judíos.[814]

Es probable que las fundaciones pequeñas tengan un sesgo minoritario aún más pronunciado que las grandes. Cada vez son más las creadas por magnates pertenecientes a minorías que especifican que su dinero se utilice exclusivamente para promover causas minoritarias tanto en su país como en el extranjero. Los ricos pertenecientes a minorías también son más propensos a tomar el camino alternativo de evitar los impuestos de sucesiones donando antes de morir una gran parte de su patrimonio directamente a "organizaciones benéficas", es decir, organizaciones dedicadas estrictamente a los intereses nacionales o extranjeros de sus propios grupos de población.[815]

Resulta irónico que los miembros de la Mayoría, cuyos antepasados fueron los primeros en desarrollar el concepto revolucionario de que los impuestos debían derivarse del consentimiento del contribuyente y cuyo grito de guerra en la lucha contra el rey Jorge III fue "ningún impuesto sin representación", hayan renunciado tan fácilmente a sus prerrogativas fiscales. En teoría, los miembros del Congreso siguen determinando la estructura fiscal nacional. En la práctica, el gasto público se ha hecho tan enorme que, cuando los proyectos de ley tributaria se aprueban a toda prisa para hacerle frente, a

---

[812] *Time*, 19 de enero de 1968, p. 16.

[813] Las obras patrocinadas por la Fundación Ford no eran tan malas como las montadas por la Black Arts Theater School con 44.000 dólares de fondos federales contra la pobreza. Incluso Sargent Shriver, cuñado del presidente Kennedy, responsable último de la asignación de dichos fondos, tuvo que admitir que eran "obras viles y racistas"." *New York Times*, 38 de febrero de 1966, p. 11, y 9 de marzo de 1966, p. 24. En 1951, la Fundación Ford creó el Fondo para la República, que, entre otros proyectos, gastó una pequeña fortuna en atacar al Comité de Actividades Antiamericanas de la Cámara de Representantes. Goodman, *The Committee*, p. 379.

[814] *Wall Street Journal*, 18 de febrero de 1969, p. 16.

[815] De las 107 fundaciones exentas de impuestos en Maryland en 1967, cincuenta y siete eran judías, casi todas con objetivos específicamente judíos. *The Foundation Directory*, pp. 315-28. La proporción judía de la población de Maryland en 1970 era de aproximadamente el 5%.

menudo el Congreso no puede hacer otra cosa que aprobarlos.[816] Además, como en otras áreas de la legislación, los representantes de la mayoría son tan sensibles a los grupos de presión de las minorías liberales que a menudo votan a favor de impuestos que discriminan directamente a sus propios electores.

La fiscalidad, sin embargo, es sólo un aspecto de la guerra fiscal que se libra contra la Mayoría. El bienestar es otro. Los deberes y obligaciones de la sociedad para con los indigentes, enfermos, ancianos y desempleados fueron asumidos en su día por la familia, el pueblo, la caridad privada y la iglesia. Hoy en día, estas funciones han sido asumidas en gran medida por los gobiernos federales, estatales y locales. Una vez más, los beneficios no se distribuyen equitativamente. Los pobres, que en su mayoría no son blancos, pueden tener tantos hijos como quieran, ya que reciben atención médica y hospitalaria gratuita, así como cheques de asistencia social más cuantiosos por cada hijo adicional. Los estadounidenses de renta media, que en su mayoría siguen insistiendo en pagar sus propios gastos, ya no pueden permitirse familias numerosas.

Ahora que la caridad ya no empieza en casa, el gobierno federal gasta, según un estudio, 305.000 millones de dólares al año en asistencia social.[817] Esta suma no incluye los numerosos programas estatales de asistencia social no financiados por Washington. El programa de Ayuda a Niños Dependientes para 4,5 millones de familias (año fiscal 1992) costó 21.900 millones de dólares.[818] El número de madres con hijos ilegítimos aumenta a medida que sus hijas dependientes tienen sus propios hijos, con lo que tres generaciones de la misma familia pasan a engrosar las arcas públicas.[819] En una casa de vecindad de Nueva York, "todas las chicas... mayores de 13 años estaban embarazadas o habían dado a luz. [A los 18 años podían esperar recibir su propio cheque de asistencia pública procesado por IBM".[820]

El alivio se ve dificultado por las actitudes laborales de la clase indigente estadounidense, cada vez más numerosa. Un desempleado puede considerar que un trabajo es "servil", rechazarlo y aun así tener derecho al seguro de desempleo. Sin embargo, estos llamados puestos de baja categoría son los

---

[816] Los recortes fiscales más publicitados son estrictamente políticos y rara vez van a la par de los aumentos de las retenciones salariales para la seguridad social.

[817] *Issues '94*, Heritage Foundation, Washington D.C., p. 55.

[818] *Almanaque mundial* de 1994, p. 372.

[819] *Wall Street Journal*, 7 de febrero de 1964, p. 1.

[820] Ibid. Citado en un artículo de una revista por un asesor del Senado del Estado de Nueva York.

únicos para los que muchos de los desempleados están cualificados.[821] El problema del desempleo, por consiguiente, tiene raíces tanto sociales como económicas. También puede tener raíces genéticas. Demasiados de los "desfavorecidos" en Estados Unidos han sido siempre "desfavorecidos" en cualquier país en el que hayan vivido. Permitir e incluso animar a esta clase indigente a reproducirse a un ritmo mucho más rápido que la mayoría[822] es simplemente agravar la crisis de ayuda y forzar la asignación de una parte cada vez mayor del producto nacional bruto a los no productores.

La asistencia social se viste de humanitarismo, pero se le nota su desliz político. El propósito básico del bienestar, es razonable suponer, es garantizar un nivel de vida decente y una vida digna a los incapacitados por la edad, la mala salud o los accidentes. Pero los defensores más activos del Estado del bienestar hablan de seguridad de la cuna a la tumba, de ingresos garantizados para todos los adultos y, ocasionalmente, de gravámenes sobre el capital para redistribuir la riqueza. Llegan lejos, pero a menudo en la dirección equivocada. Buscan las causas económicas y sociales de la pobreza, pero rechazan las causas genéticas. Reclaman la eliminación de los barrios de chabolas, pero no exigen que se ponga fin a la cría irresponsable que tiene tanta responsabilidad en la creación y perpetuación de los barrios de chabolas.

La naturaleza política de la asistencia social se revela mejor en la tibia aceptación por parte de las minorías negra e hispana del control de la natalidad como una solución al problema de la pobreza. Como declaró un alto cargo de la NAACP, los negros "necesitan producir más bebés, no menos" para adquirir más peso político.[823]

El Estado del bienestar contiene las semillas de su propia destrucción en el aseguramiento de la inflación como medio de hacer frente a unos gastos públicos cada vez mayores. Con el fin de mantener los votos y cumplir sus promesas electorales de mayores y más frecuentes subsidios federales, los políticos del bienestar -una categoría que ahora incluye a algunas de las figuras políticas más poderosas de ambos partidos- deben recurrir al recurso

---

[821] En 1964 el desempleo costó a la nación unas 75.600.000 semanas de trabajo perdidas, a pesar de que había 2.000 oficinas de empleo estatales para ayudar a los desempleados a encontrar trabajo. Ese mismo año, California tuvo que importar decenas de miles de mexicanos para recoger las cosechas. George Pettitt, *Prisioneros de la cultura*, Scribner's, Nueva York, 1970, pp. 140, 142. En 1992 la cifra de desempleo era de 9,3 millones, el 7,4% de la población activa civil. *Almanaque mundial* de 1994, p. 130.

[822] También está apareciendo una clase cretina. En 1965 había 1.117.800 niños con retraso mental, 972.000 niños con trastornos mentales y 486.000 niños con dificultades de aprendizaje. Pettitt, op. cit., p. 221.

[823] *Time*, 25 de julio de 1969, p. 21.

del gasto deficitario. A medida que la deuda nacional se dispara, el valor del dólar se reduce. A medida que los sindicatos se niegan a permitir que las empresas, algunas al borde de la quiebra, reduzcan los salarios, más empresas recurren a proveedores y trabajadores extranjeros. El desequilibrio comercial en 1992 era de más de 7.000 millones de dólares al mes.

Todo es muy keynesiano, pero perjudica a la Mayoría, el elemento más estable de la población, más que a ningún otro grupo. Es la Mayoría la que, por costumbre y tradición -a veces incluso por patriotismo-, prefiere las cuentas de ahorro, los seguros de vida y los bonos del Estado, las inversiones "seguras" que más se deprecian durante la inflación, a las especulaciones y el peculado que amasan fortunas para los financieros en tiempos de devaluación de la moneda. Y serán los miembros de la Mayoría, aferrados desamparadamente a los últimos jirones de la Ética Protestante, quienes sin duda seguirán sufriendo esta paliza económica hasta que el dólar estadounidense empiece a imitar al marco alemán, que a finales de 1923 se desplomaba a un ritmo del 50% por hora.[824]

El veneno de la inflación es de acción lenta. No destruye una economía tan rápida y dramáticamente como el veneno devastador de una debacle bursátil o una ocupación militar. Pero a largo plazo es igual de letal. Que el día del juicio final llegará sin duda para los grandes derrochadores no debería ofrecer consuelo a la Mayoría. Para entonces será demasiado tarde, como lo fue para el saltamontes de Esopo cuando llegó el invierno.

La inflación puede frenarse supeditando todo aumento de los salarios a un aumento de la producción. Pero esto debe ir precedido de cambios profundos en el pensamiento y la composición de la jerarquía monetarista. El sistema de bienestar, que mata de hambre al espíritu mientras alimenta al cuerpo, podría ser redimido continuando con la asistencia a los necesitados, pero dejando de recompensar a los holgazanes, a los delincuentes, a los inmigrantes ilegales y a las yeguas de cría de los guetos. El poder de los impuestos puede recuperarse limitándolo a pagar el coste del gobierno. Las leyes fiscales deberían tener una finalidad más elevada que la de servir de cobertura legal a gravámenes arbitrarios y selectivos que fomentan que un grupo de población viva de los ingresos de otro. Si tiene que haber lagunas fiscales, que beneficien al agricultor, al fabricante, al trabajador de la producción, al ingeniero y al artista, a los creadores y guardianes de la civilización, no a los aprovechados.

---

[824] El franqueo de una carta local en Alemania costaba 100.000 millones de marcos a finales de 1923. Los salarios solían pagarse diariamente, por lo que los asalariados podían adquirir sus productos de primera necesidad al instante.

Pero ninguna de estas reformas vitales se llevará a cabo mientras se consideren cuestiones puramente fiscales. Las políticas fiscales no son la expresión o la marca de un sistema económico. Son la expresión de cómo los distintos pueblos miden la aportación que esperan dar a la sociedad y el producto que esperan recibir. Cuando la mano de obra de Detroit era de ascendencia europea, la industria automovilística estadounidense lideraba la producción mundial de automóviles. Cuando la mano de obra se oscureció, cuando los contables, abogados y reguladores gubernamentales sustituyeron a los empresarios e ingenieros como directores generales, el liderazgo pasó a los alemanes y japoneses.[825]

La cuestión no se reduce a la economía, sino a la raza.[826] Hay quienes ven el trabajo como un fin en sí mismo, quienes conciben América, el mundo e incluso el cosmos como una serie infinita de fronteras que ofrecen infinitas posibilidades de trabajo. Que sepan que las fronteras están contadas, que las últimas están a la vista, y su incentivo e iniciativa prácticamente desaparecerán. Luego están los que piensan en el trabajo como un medio, como una dificultad, a menudo como una maldición. Su América es un círculo cerrado, un proyecto económico que puede y debe completarse para que todo trabajo humano pueda reducirse al mínimo. Su mundo y su imaginación son finitos.[827] Incluso su universo está circunscrito por la curvatura einsteiniana del espacio.

---

[825] "De 1947 a 1965, el PNB estadounidense aumentó un 3,4 por ciento anual, descendió al 2,3 por ciento en los años 70, bajó al 0,9 por ciento en 1979 y al 0,7 por ciento en 1993. (El crecimiento de la productividad en Japón, por el contrario, ha aumentado a una tasa media anual de alrededor del 7,3 por ciento)". *Time*, 8 de diciembre de 1980, p. 73 y 1994 *World Almanac*, p. 58.

[826] Hoy, los alemanes occidentales tienen la economía capitalista más próspera del mundo blanco. Los alemanes orientales, hasta la unificación, tenían la economía comunista más próspera del mundo. Sin embargo, los economistas evitan cuidadosamente mencionar la raza o la genética cuando se les pide que expliquen este fenómeno.

[827] "Todas las leyes y hechos fundamentales más importantes de la ciencia física han sido descubiertos y éstos están ahora tan firmemente establecidos que la posibilidad de que alguna vez sean suplantados como consecuencia de nuevos descubrimientos debe buscarse en el sexto lugar de los decimales". Albert A. Michelson, 1894, en la inauguración del Laboratorio Físico Ryerson, Universidad de Chicago. Otro ejemplo de la mente estática es el argumento de la escuela antropológica de Boas, expresado en voz muy alta por Margaret Mead, de que nadie debería perder el tiempo buscando los orígenes de la cultura, una cuestión sobre la que "no hay ni puede haber ninguna prueba válida". Leslie A. White, *The Evolution of Culture*, McGraw-Hill, Nueva York, 1959, p. 71. Un grito igualmente estridente de negativismo se escuchó de Richard Lewontin, genetista de Harvard: "Debemos afrontar la posibilidad de que *nunca* comprenderemos la organización del sistema nervioso central más que al nivel más superficial". El subrayado

Los actuales dirigentes de la economía estadounidense no están haciendo avanzar a la nación hacia el futuro. La están haciendo retroceder para ajustarse a una antigua filosofía del trabajo que no es -y nunca ha sido- la de la Mayoría.

es de Lewontin. La cita está tomada de un artículo que escribió para *New York Review of Books* (20 de enero de 1983, p. 37). Quizá la afirmación más cerrada de todas salió de la boca de Max Born, un célebre físico judío, que predijo en 1928: "La física tal y como la conocemos habrá terminado en seis meses". *New York Review of Books*, 16 de junio de 1988. Las profecías de Casandra, la princesa troyana, siempre se cumplían, pero nunca nadie la creyó. El caso de Born fue el contrario.

PARTE VIII

El choque jurídico

CAPÍTULO 28

La adulteración de la Ley

En este estudio se ha prestado MUCHA ATENCIÓN a la habilidad de las minorías inasimilables para adaptar las instituciones de la mayoría en su propio beneficio. En ninguna parte se ha mostrado este talento de forma más dramática que en el campo de la jurisprudencia. Los resultados han sido tan estremecedores que unas palabras preliminares sobre la naturaleza y el origen del derecho pueden ayudar a presentar una imagen más clara de lo que ha ocurrido.

Las leyes tienen su origen en las costumbres de la tribu. Las primeras leyes surgieron probablemente de toscos intentos de formalizar las normas sociales de la vida primitiva. Con el tiempo, algunos ancianos sabios de la tribu, conscientes del miedo de sus parientes a lo sobrenatural, recibieron instrucciones directas de voces de otro mundo sobre las normas de comportamiento. De este modo, las leyes recibieron una sanción religiosa. Incluso cuando el legislador afirmaba no tener ninguna conexión celestial, como en los casos de Licurgo y Hammurabi, era rápidamente elevado a la categoría de semidivino. El derecho canónico fue la mejor prueba de la temprana y persistente relación entre jurista y sacerdote.

A medida que los sistemas sociales se hicieron más complejos, las leyes se codificaron y empezaron a tejer sus redes a lo largo y ancho de la actividad humana. En las sociedades más sofisticadas, las leyes se convirtieron en las reglas del juego de la civilización. A medida que disminuía el respeto por la ley, las leyes proliferaban o más bien degeneraban en masas de reglamentos burocráticos y a menudo contradictorios. Tácito describió la relación causa-efecto en uno de sus más prolijos epigramas: "Cuando el Estado es más corrupto, las leyes son más abundantes".[828]

No obstante, un corpus jurídico establecido ejerce una influencia conservadora en la sociedad. Cuanto más antiguas son las leyes, más inercia adquieren y más difícil resulta cambiarlas, sobre todo cuando cuentan con el apoyo combinado de la costumbre, la religión y el sentido práctico. Es una obviedad que estos tres fundamentos de un sistema jurídico eficaz son mucho más comunes en las sociedades homogéneas que en las heterogéneas. Una diversidad de pueblos significa una diversidad de costumbres, que crean contradicciones básicas en la ley. Como señaló en una ocasión Matthew

---

[828] "et corruptissima re publica plurimae leges". *Ab Excessu Divi Auvgusti*, I, xxvii.

Arnold, "la mezcla de personas de diferentes razas en la misma mancomunidad, a menos que una raza tuviera una ascendencia completa, tendía a confundir todas las relaciones de la vida humana, y todas las nociones de los hombres sobre el bien y el mal..."[829]

En su artículo sobre el Derecho inglés en la Enciclopedia Británica, Frederic Maitland adoptó un enfoque similar del tema al afirmar: "El Derecho era una cuestión de raza".[830] El derecho de los europeos del norte era, de hecho, el derecho germánico, que más tarde evolucionó hasta convertirse en el derecho anglosajón o common law y que aún se practica en Gran Bretaña, algunas antiguas dependencias y Estados Unidos. Era poco frecuente entre los sistemas jurídicos sofisticados porque se basaba en precedentes y no en códigos escritos (cabe hacer una excepción parcial con la Constitución estadounidense). En los casos penales, el common law consideraba que un acusado era inocente hasta que un jurado de sus iguales lo declarara culpable.[831]

La relación de la ley con los demás símbolos de la autoridad del Estado es tan importante como la propia ley. De Tocqueville afirmó que la estabilidad de Inglaterra se había debido en gran medida a la alianza entre la aristocracia y la abogacía. Atribuyó la inestabilidad de Francia a que los Borbones desairaron a los abogados franceses como clase, provocando así su resentimiento duradero.[832] Edmund Burke coincidió con de Tocqueville cuando éste criticó a la Asamblea Revolucionaria Francesa por estar compuesta "por los miembros inferiores, indoctos, mecánicos, meramente instrumentales de la abogacía... todo el tren de los ministros de litigios municipales...".[833]

En Estados Unidos, descubrió de Tocqueville, no existía una aristocracia a la que los abogados pudieran oponerse o a la que pudieran unirse, por lo que crearon la suya propia y se convirtieron en *una* auténtica *noblesse de robe*. Al describir la profesión jurídica estadounidense como una poderosa barrera contra los caprichos de la democracia, el filósofo político francés llegó a la conclusión de que representaba un poder que apenas se percibía, que no

---

[829] Citado por Walter Bagehot, *Physics and Politics*, pp. 29-30.

[830] Volumen 8, p. 47.

[831] El juicio por un jurado de iguales fue traído a Inglaterra por los normandos y probablemente se originó en Escandinavia, donde el número judicial de 12 siempre fue tenido en gran veneración. William Forsyth, *History of Trial by Jury*, John Parker, Londres, 1852, p. 4.

[832] *De la démocratie en Amérique*, Tome I, pp. 275-76.

[833] *Reflexiones sobre la Revolución en Francia*, p. 54.

causaba gran temor, que se plegaba tranquilamente a las necesidades de la época y que participaba de buen grado en todos los movimientos del cuerpo político, penetrando al mismo tiempo profundamente en todas las clases económicas, trabajando en secreto y actuando sin cesar para moldear la sociedad según sus deseos.[834]

La visión de De Tocqueville de los abogados estadounidenses, un tanto romántica y plagada de castas, tenía cierta relevancia en la época de Patrick Henry, Jefferson y Lincoln, abogados todos ellos. Hoy en día, aunque tal caracterización de los abogados pueda parecer absurda, de Tocqueville sigue prestando atención a los elementos conspirativos que actúan en la profesión jurídica, conspirativos no a la manera de los soldados abogados Alexander Hamilton y John Marshall, que conspiraron con pluma y fusil para liberar a las colonias de sus señores británicos,[835] sino a la manera del abogado sindicalista y juez del tribunal supremo, Arthur Goldberg, que se especializó en enfrentar a los trabajadores con las empresas, y del difunto abogado agitador, Saul Alinsky,[836] que se especializó en enfrentar a los negros con los blancos. En cuanto a los demás miembros contemporáneos de la profesión jurídica -incluidos los enjambres de abogados especializados en divorcios, cazadores de ambulancias, portavoces de la Mafia y otros sinvergüenzas variados cuyas principales funciones son desintegrar familias a cambio de honorarios exorbitantes, presentar demandas millonarias por negligencia y, en general, asegurarse de que los culpables salgan libres-, en general han reducido un corpus legal antaño importante a meros juegos de palabras y bromas litigiosas. Mientras tanto, los pocos abogados de la mayoría que todavía se aferran a la tradición de la *nobleza de la toga se* han encerrado en su mayoría en rascacielos con paneles de nogal donde defienden a sus clientes corporativos de las "demandas colectivas" por no contratar o ascender a suficientes mujeres, negros e hispanos.[837]

---

[834] Este párrafo resume a grandes rasgos el subcapítulo "De l'esprit légiste aux Etats-Unis" de *De la démocratie en Amérique*, Tome 1, pp. 274-81, de Tocqueville.

[835] La proporción entre abogados y no abogados en el Primer Congreso Continental fue de 24/45; en el Segundo, de 26/56; en la Convención Constitucional, de 33/55. Beard, *The Rise of American Civilization*, Vol. 1, p. 101.

[836] *Time*, 2 de marzo de 1970, pp. 56-57.

[837] Si estas son palabras duras, hay que recordar que incluso Jesucristo perdió su ecuanimidad al hablar de la profesión jurídica. "¡Ay de vosotros también, abogados! porque cargáis a los hombres con cargas pesadas de llevar, y vosotros mismos no tocáis las cargas con uno de vuestros dedos... habéis quitado la llave del conocimiento..." Lucas I I: 46, 52. Probablemente, Shakespeare estaba desahogando sus sentimientos personales cuando Dick el Carnicero aconseja a Jack Cade que, llegada la revolución, "lo primero

Las estadísticas legales de 1990, cuando los estadounidenses gastaban 100.000 millones de dólares en la profesión legal, mostraban 755.694 abogados licenciados en Estados Unidos. De los 54.989 abogados de Washington D.C., 20.489 trabajaban para el gobierno federal.[838] Una encuesta realizada en 1990 reveló que había 192 abogados en la Cámara de Representantes y 62 en el Senado.

La proporción de abogados en la población estadounidense es de uno por cada 360; en Japón, uno por cada 10.500. Las indemnizaciones por daños y perjuicios superaron los 300 millones de dólares en 1990, lo que representó alrededor del 2,4% del PIB. En todo el país, el 20% de los abogados son judíos; en Nueva York, el 60%. En las mejores facultades de Derecho, los judíos representan ahora casi un cuarto o un tercio de los alumnos. En Harvard, la facultad de Derecho más influyente y prestigiosa (el 25% de los profesores de Derecho del país son antiguos alumnos de Harvard), casi la mitad del profesorado es judío.

Cuanto mayor es la influencia de las minorías en el sistema jurídico estadounidense, más evidente se hace su quiebra. El derecho consuetudinario inglés, derivado del derecho popular del norte de Europa,[839] funcionó adecuadamente, a veces magníficamente, en Estados Unidos mientras la nación estuvo dominada por personas de ascendencia inglesa y del norte de Europa. Pero cuando las minorías se convirtieron en un elemento importante tanto en el proceso de elaboración de las leyes como en el de su aplicación, el derecho estadounidense sufrió una profunda transformación. El sistema jurídico, que solía ocuparse principalmente de las relaciones *intragrupales* de los miembros de la mayoría, se vio ahora obligado a dirigir su atención a

---

que hagamos sea matar a todos los abogados". Cade se muestra de acuerdo y se pregunta por qué "el pergamino, al ser garabateado, debe deshacer a un hombre". II *Enrique VI*, acto 4, sc. 1. Harold Laski, experto en la materia, ha dicho que en todas las revoluciones los abogados llevan la delantera hacia la guillotina o el pelotón de fusilamiento. Fred Rodell, *Woe Unto You, Lawyers*, Pageant Press, Nueva York, 1957, p. 17.

[838] Los datos y cifras de este párrafo proceden de Martin Mayer, *The Lawyers*, Harper & Row, Nueva York, 1967, pp. 97-98; *Washington Post*, 27 de agosto de 1980, p. A25; Economist, 18 de julio de 1992; y *Washingtonian magazine*, nov. 1990. Quizá la estadística más inquietante sea el rápido ritmo de proliferación de abogados. En 1963 había 43.000 estudiantes de derecho; en 1990, 124.471. Cabe añadir que la abogacía cuesta a los estadounidenses 500.000 millones de dólares al año. *Wall Street Journal*, 3 de enero de 1991.

[839] Apenas se encuentran huellas galesas, irlandesas o romanas en las antiguas leyes anglosajonas, que parecen tener un origen predominantemente franco (teutónico). *Ency. Brit.*, Vol. 8, pp. 546, 548.

las relaciones *intergrupales* de un número cada vez mayor de elementos extraños.

En contra de las teorías del absolutismo jurídico, la ley no es un conjunto abstracto de principios aplicables por igual a todos los hombres, sino una parte orgánica de la cultura de un pueblo, con un estilo y una forma propios de su cultura. El derecho consuetudinario inglés y estadounidense acabó basándose en el axioma de la responsabilidad individual y en actitudes morales comúnmente aceptadas e ideas compartidas sobre la vida y la propiedad. La noción de culpabilidad colectiva en lugar de personal, el hábito de culpar a la sociedad en lugar de al individuo por los actos delictivos, van en contra de la esencia y la práctica de la jurisprudencia estadounidense. Ni la ley judía ni la oriental, ni los "tribunales" tribales negros ni las costumbres negras han demostrado nunca ninguna protección legal sustancial para el individuo, cuyos intereses siempre se situaban por debajo de los de la nación o la tribu. Este enfoque colectivo es claramente evidente en el derecho contemporáneo, donde se hace más hincapié en los derechos de las minorías que en los derechos individuales.

La dilución liberal-minoritaria de las líneas de sangre del derecho anglosajón quedó demostrada en los juicios de Nuremberg (1945-46), que el difunto senador Robert Taft caracterizó como "una mancha en el historial estadounidense que lamentaremos durante mucho tiempo". Los veredictos, afirmó Taft, "violan ese principio fundamental del derecho estadounidense según el cual un hombre no puede ser juzgado en virtud de una ley *ex post facto*". Añadió que el propósito de los juicios era "revestir la venganza con la forma de un procedimiento legal".[840]

Ni que decir tiene que la prensa dio un apoyo casi unánime a los juicios de Nuremberg, al igual que al juicio de Eichmann en 1960, en el que el acusado fue condenado a muerte por jueces hostiles en un juicio sin jurado por un crimen que no existía en ningún cuerpo reconocido de derecho internacional cuando supuestamente lo cometió. Eichmann, que fue secuestrado en Argentina por agentes israelíes, tuvo que presentar su caso sin el testimonio de su testigo de descargo más importante, a quien el gobierno israelí se había negado a expedir un salvoconducto.[841]

De todas las instituciones jurídicas estadounidenses, la que más ha sufrido en los últimos años ha sido el juicio con jurado. Una cosa es ser juzgado por los vecinos y compañeros de uno. Otra muy distinta es arrancar un veredicto

---

[840] *New York Times*, 6 de octubre de 1946, p. 1.

[841] Yosal Rogal, *The Eichmann Trial*, Center for Study of Democratic Institutions, Santa Barbara, California, 1961, p. 28. El folleto (p. 25) contrasta las leyes retroactivas con la actitud occidental tradicional de *nullum crimen sine lege, nulla poena sine lege*.

unánime a doce personas de niveles de inteligencia, situación económica y orígenes raciales y culturales muy diversos. Es aún más difícil cuando se sientan jurados racialmente mixtos en casos que ya tienen implicaciones raciales o en los que abogados sin escrúpulos pueden inyectar tales implicaciones. En un juicio celebrado en San Francisco, diez miembros blancos del jurado que votaron a favor de condenar a un manifestante negro de la "sentada" fueron amenazados con violencia por el público predominantemente negro de la sala, mientras que los dos miembros negros del jurado que votaron a favor de la absolución fueron aplaudidos como héroes.[842] En un juicio por asesinato en Los Ángeles, no se pudo obtener un veredicto porque dos miembros del jurado pertenecientes a minorías (un negro y un mexicano) se sintieron víctimas de insultos racistas por parte de los miembros blancos del jurado.[843] En los juicios por asesinato y conspiración desencadenados por la violencia de las Panteras Negras y por los disturbios de Chicago de 1968, los abogados de los derechos civiles consiguieron que la raza fuera la cuestión principal y la justicia la secundaria.[844] En un juicio celebrado en el Distrito de Columbia, un joven negro de diecisiete años fue puesto en libertad por un jurado compuesto exclusivamente por negros tras haber intentado violar a una chica blanca de dieciocho años y haber conseguido violar a otra chica blanca de la misma edad, ambas cosas el mismo día. Posteriormente, el juez admitió que el acusado había confesado voluntariamente sus delitos a la policía, pero

---

[842] *San Francisco Chronicle*, 21 de mayo de 1964, p. 16.

[843] *Life*, 28 de marzo de 1960, p. 76. La admisión de negros en los jurados del Sur ha producido otra extraña perversión legal: el jurado analfabeto. El presidente de un jurado de negros firmó una declaración en la que declaraba inocente al acusado, aunque él y el resto del jurado lo habían declarado culpable. *Time*, 27 de agosto de 1965, p. 40.

[844] El difunto William Kunstler, judío y líder de los derechos civiles más controvertido, dirigió la defensa en el juicio de los llamados "7 de Chicago" en 1970, en el que los acusados, los abogados y el juez, casi todos miembros de minorías, casi consiguieron convertir el proceso judicial en una reyerta ininterrumpida. Condenado a cuatro años de prisión por desacato, Kunstler pasó en realidad unos días en la cárcel antes de que se anulara la citación por desacato. Más tarde, tras pronunciar un discurso tremendamente irresponsable en la Universidad de California en Santa Bárbara, algunos de sus oyentes organizaron una insurrección de una noche, durante la cual quemaron la sucursal local del Bank of America. *New York Times*, 1 de octubre de 1969, p. 30, y 27 de febrero de 1970, p. 1. La última estratagema legal de Kunstler es el "síndrome de la rabia negra". En el caso de Colin Ferguson, un negro que en 1993 disparó y mató a seis personas, cinco de ellas blancas, e hirió a otras once blancas en un tren de cercanías de Long Island Railroad, Kunstler y su socio abogado, Lawrence Kuby, que fueron despedidos por el acusado, excusaron la masacre alegando que la discriminación racial ha vuelto locos a los negros.

debido a decisiones del Tribunal Supremo la confesión no podía admitirse como prueba.[845]

Hoy en día, la selección del jurado en Estados Unidos se ha convertido en todo un arte. Si el fiscal quiere condenar a un acusado blanco, intentará que el jurado esté compuesto por negros. Ese fue el secreto de tantas condenas del Watergate. Los juicios se celebraron en la capital del país, donde los jurados son abrumadoramente negros. Por otra parte, si los abogados defensores quieren obtener la mejor condena para los criminales negros, exigen la inclusión de jurados negros. Si no consiguen suficientes, piden un nuevo juicio. En los casos "delicados", la defensa llama a un grupo de científicos sociales especializados en minorías y a abogados especialmente formados en minorías para que examinen las listas de jurados y a los miembros del jurado utilizando datos del censo, ordenadores, encuestas telefónicas y estudios antropológicos del "lenguaje corporal" y los estilos de vestir.[846]

Tal vez el peor aspecto del actual sistema de justicia penal sea el regreso de la doble incriminación, un truco legal que hace tiempo se consideraba muerto en los países más avanzados. En el caso de la paliza a Rodney King, después de que un jurado blanco declarara inocentes a los policías blancos, Los Ángeles fue objeto de una insurrección y un saqueo por valor de mil millones de dólares. Para apaciguar a los negros se celebró un segundo juicio en Los Ángeles en el que se acusó a los policías de violar los derechos civiles de King. Un jurado mixto emitió un veredicto de culpabilidad y dos de los policías fueron condenados a penas de cárcel. Unos meses más tarde, otro jurado mixto concedió a King, que había tenido al menos tres roces con la ley después de su paliza, la suma principesca de 3,8 millones de dólares en su demanda por daños y perjuicios contra Los Ángeles.

Increíblemente, la doble incriminación se ha convertido ahora en una forma aprobada por los tribunales de condenar a un acusado por cargos de derechos civiles si escapa a la condena en un juicio penal anterior.

En el pasado, la presencia de diferentes elementos raciales y culturales en una misma sociedad se resolvía mediante el establecimiento de varios sistemas jurídicos. Los antiguos judíos tenían un conjunto de leyes para ellos y otro para los gentiles de su entorno.[847] Los romanos reservaban el jus civile para los ciudadanos romanos y utilizaban el jus gentium para los litigios entre

---

[845] *Miami Herald*, 6 de diciembre de 1972, p. 7-A.

[846] *Miami Herald*, 5 de agosto de 1973, p. 16-A.

[847] Deut. 15:3 y 23:6-20. Quizá el ejemplo más célebre de este doble rasero legal sea la ley que permitía a los judíos prestar dinero con intereses a los extraños, pero no entre sí.

no romanos de distintas provincias. El derecho romano y los edictos imperiales sólo prevalecían sobre los estatutos locales cuando estaba en juego la seguridad del imperio.[848] En la Edad Media, Inglaterra tenía su common law, pero también contaba con una ley especial para judíos y comerciantes extranjeros.

Estados Unidos, aunque nunca ha reconocido formalmente sistemas jurídicos separados para sus minorías, no interfiere con demasiado celo cuando los indios resuelven sus problemas internos según las antiguas leyes tribales. Dado que los esclavos no estaban sujetos al derecho consuetudinario, todo un corpus de códigos especiales, algunos originados por los dictados judiciales de los dueños de las plantaciones, creció de la mano de la esclavitud y reflejaba no sólo las actitudes de los blancos, sino también las costumbres de los negros traídas de África. Incluso después de que los negros hubieran sido incluidos oficialmente en el sistema legal estadounidense por las enmiendas 13, 14 y 15, incluso después de la plena igualdad legal que se les ha concedido en las últimas décadas, la justicia penal sigue estando orientada a las "diferencias" de los negros. En el Sur, las infracciones menores cometidas por los negros entre sí suelen pasarse por alto.[849] En el Norte, a menudo se ignoran los llamamientos abiertamente sediciosos de los militantes negros para que provoquen incendios, maten a tiros a los "policías cerdos blancos" y se levanten en insurrección armada.

Si Estados Unidos tiene la flexibilidad legal de reconocer el *Código Napoleón* como ley estatal de Luisiana, ¿no podría reconocer también la necesidad de sistemas legales separados para las minorías inasimilables, una necesidad de leyes adaptadas a las diferentes actitudes que estos grupos han mostrado siempre hacia la propiedad, las relaciones familiares, los negocios y la ciudadanía? Aparte de acabar con la impracticabilidad y la injusticia de imponer la ley de un pueblo a otro, el propósito sería doble: preservar la identidad racial y cultural de *todos los* estadounidenses y detener el inmenso daño psicológico provocado por la agresiva superposición cultural. Ciertamente, proteger a un grupo de población contra el monopolio cultural de otro es un deber humano tan fundamental como proteger a un grupo de población contra el monopolio financiero de otro.

Hoy en día, hasta el estadounidense más obtuso empieza a comprender que ningún sistema jurídico es lo suficientemente grande o amplio como para abarcar tanto al militante urbano que considera "la ley" su enemigo mortal

---

[848] *Ency. Brit.*, Vol. 19, pp. 447-48.

[849] Un hombre de negocios de Georgia que había dedicado toda su vida a ser jurado dijo una vez: "En toda mi experiencia en los tribunales nunca he visto a un negro obtener justicia. Lo que obtuvo fue misericordia". Putnam, *Race and Reality*, p. 168.

como al granjero de Pensilvania que, trabajando la misma tierra que sus antepasados roturaron hace ocho generaciones, tiene una afinidad casi genética con la jurisprudencia anglosajona. Agrupar a grupos de población muy diferentes en un gigantesco supersistema legal, un vasto corral noético de estatutos incomprensibles, reglamentos incoherentes y normas inaplicables, es una tarea tan poco gratificante y peligrosa como cualquier otro tipo de integración forzada. La manera de salir del atolladero es exactamente en la dirección opuesta: leyes de las minorías para las minorías y leyes de la Mayoría para la Mayoría.

Una departamentalización étnica del derecho estadounidense devolvería a las minorías las leyes con las que han vivido durante miles de años, al tiempo que sustraería a los miembros de las minorías de la jurisdicción de las leyes con las que nunca han aprendido a vivir. La ley nacional sería la *Salus populi suprema est lex*[850] de los romanos, que tendría precedencia en las disputas entre grupos de población, pero no dentro de ellos. La ley de la Mayoría sería una mezcla del derecho consuetudinario anglosajón y del derecho constitucional estadounidense restaurado a un clima de razón, respeto y responsabilidad y listo para centrarse de nuevo en lo que debería ser su principal objetivo: proteger y ampliar la libertad de acción de la Mayoría.

---

[850] La ley suprema es la seguridad de las personas.

CAPÍTULO 29

El poder judicial legislador

E RA PREVISIBLE que la principal oleada del ataque legal contra la Mayoría procediera del poder judicial del gobierno. La anulación de la voluntad del mayor número de estadounidenses es más fácil de conseguir por nueve hombres nombrados para un cargo y que no responden ante nadie que por legisladores sujetos a una revisión electoral periódica. Las sentencias de los jueces liberales y minoritarios del Tribunal Supremo ofrecieron a las facciones contrarias a la Mayoría un medio cuasi legal de alcanzar objetivos sociales que nunca podrían haberse obtenido a través del proceso legislativo normal.

La carta del Tribunal Supremo es la Constitución, un documento cuya mera existencia violaba la tradición jurídica anglosajona. Los antepasados ingleses de los Padres Fundadores habían desconfiado bastante de las recetas escritas para el gobierno y habían decidido, según Walter Bagehot, que "la mayoría de ellas contienen muchos errores... las mejores de ellas destacan por extrañas omisiones... todas fracasarán por completo cuando se apliquen a un estado de cosas diferente de cualquiera que sus autores hayan imaginado jamás".[851] Que la Constitución estadounidense no quedara sin redactar, como su homóloga británica, se debió en parte a la influencia de francófilos como Franklin y Jefferson. Durante su estancia en París, estos dos grandes estadistas se habían contagiado de la fiebre contractual de la Ilustración francesa.[852] Afortunadamente, la Constitución, a pesar de su enorme inercia institucional, puede ser modificada, y lo ha sido, hasta 1993, veintisiete veces. También puede ser modificada por la función interpretativa del Tribunal Supremo, que en sí misma es una forma de legislación, como ha admitido libremente el ex Presidente del Tribunal Supremo Earl Warren.[853]

Hoy en día, la Constitución se ha convertido en objeto de especial veneración para los conservadores, que la consideran un escollo para el liberalismo moderno, concentrando su ira en lo que el Tribunal Supremo ha intentado hacer de ella más que en el propio documento. Al parecer, han olvidado que algunos de los grandes conservadores estadounidenses del pasado estaban

---

[851] *Bagehot's Historical Essays*, Anchor Books, Nueva York, 1965, pp. 348-49.

[852] Un francés, que no era de la Ilustración, tenía una visión inglesa de las constituciones: "Dès que l'on écrit une constitution", escribió Joseph de Maistre, "elle est morte".

[853] Según declaró en una entrevista televisiva en WNET, el 8 de septiembre de 1969.

muy descontentos con la Constitución. Alexander Hamilton, que hizo tanto como cualquiera para que se adoptara, la calificó de "tejido frágil y sin valor".[854] Patrick Henry era aún más pesimista: "Considero ese documento como el plan más fatal que se pueda concebir para esclavizar a un pueblo libre."[855]

En sus debates escritos y verbales, citados a menudo, los artífices de la Constitución se negaron a dejar que sus pensamientos o acciones estuvieran dominados por cuestiones raciales. Leyendo a John Jay, el primer Presidente del Tribunal Supremo, apenas se podría pensar que en la nueva nación existían minorías de ningún tipo. La Providencia", escribió en el segundo Federalist paper, "se ha complacido en dar este país unido a un pueblo unido: un pueblo que desciende de los mismos antepasados, que habla la misma lengua, que profesa la misma religión, que se adhiere a los mismos principios de gobierno, muy similar en sus modales y costumbres..."[856]

Aunque los indios y los negros constituían una proporción de la población total mayor que la actual, la Constitución los trataba con estudiada indiferencia. Los esclavos se describían como "otras personas" y, a efectos del reparto, se contabilizaban como tres quintos de un blanco. Los indios que no pagaban impuestos eran tratados como no personas y no se contabilizaban en absoluto.[857] El molesto tema de la esclavitud se eludió cuidadosamente, con dos excepciones. El comercio de esclavos se permitió hasta 1808, y la devolución de esclavos fugitivos se hizo obligatoria.[858]

La "neutralidad" de la Constitución respecto a la esclavitud provocó a los abolicionistas más allá de los límites del discurso civil. William Lloyd Garrison dejó perplejo al Norte, exigiendo nada menos que la anulación de este "pacto con la muerte", "acuerdo con el infierno" y "refugio de mentiras".[859] Poco a poco, los sureños se unieron en defensa del documento. El presidente del Tribunal Supremo, Taney, hijo de un plantador de Maryland, culminó la fase verbal de la controversia con su sentencia en el caso Dred Scott (1857). Declaró que los negros eran "seres de un orden

---

[854] Frank Donovan, *Mr. Madison's Constitution*, Dodd, Mead and Co., Nueva York, 1965, p. 1.

[855] Ibídem, p. 2.

[856] *The Federalist Papers*, Mentor Books, Nueva York, 1961, p. 38.

[857] Art. I, Sec. 2, Par. 3.

[858] Art. I, Sec. 9, Par. 1, y Art. IV, Sec. 2, Par. 3.

[859] Carl Becker, *The Declaration of Independence*, Knopf, Nueva York, 1956, p. 242. Los padres de Garrison, aprendiz de zapatero, procedían de la provincia británica de Nuevo Brunswick.

inferior y totalmente incapaces de asociarse con la raza blanca... tan inferiores que no tenían derechos que el hombre blanco estuviera obligado a respetar..."[860]

La Constitución adquirió un aspecto totalmente distinto tras la Guerra Civil, cuando se actualizó para ajustarse al ánimo vengativo de los vencedores del Norte. Las enmiendas 13, 14 y 15 abolieron la esclavitud y garantizaron la ciudadanía y otros derechos a los negros, aunque reiteraron que los "indios no tributarios" no debían tenerse en cuenta en el reparto de representantes al Congreso. El hecho de que estas enmiendas adicionales fueran necesarias - ya habían sido esbozadas en la Carta de Derechos- demostró una vez más que la Constitución en su forma original nunca tuvo la intención de aplicarse a los no blancos. Una vez finalizada la Reconstrucción y retiradas las tropas de ocupación del Norte, ninguna de estas enmiendas se aplicó seriamente en el Sur. Una vez más, el Tribunal Supremo adoptó dos decisiones históricas que parecían sancionar la no aplicación: *Derechos Civiles* (1883), en la que dictaminó que el Congreso no podía impedir que los blancos discriminaran a los negros en los lugares públicos, y *Plessy contra Ferguson* (1896), que estableció la histórica doctrina de "separados pero iguales".

El Tribunal Supremo dio la bienvenida a su primer miembro minoritario con el nombramiento de Louis Brandeis por Woodrow Wilson en 1916. Junto con Oliver Wendell Holmes, un relativista constitucional y legal, Brandeis acumuló el récord histórico de disensiones en el Tribunal. Aunque millonario varias veces, luchó con ahínco contra la "maldición de la grandeza", con la que se refería a las corporaciones mayoritarias. Luchó con igual ahínco por lo que él llamaba "sus hermanos", llegando a grandes extremos antropológicos para establecer su especificidad biológica.

"El porcentaje de sangre extranjera en los judíos de hoy es muy bajo", escribió. "Probablemente ninguna raza europea importante es tan pura". Brandeis, ahora aclamado como uno de los grandes del Tribunal Supremo, utilizó el prestigio de su alto cargo para instar a los jóvenes judíos estadounidenses "a formarse en el sionismo... a conocer el gran pasado de sus antepasados [para que] cuando crezcan, ellos también estén equipados para la dura tarea de la construcción de Palestina..."[861]

Después de que el nombramiento de Brandeis rompiera los lazos de la costumbre, el concepto de un "asiento judío" permanente en el Tribunal Supremo empezó a captar la imaginación de los editorialistas. Cuando el juez Holmes dimitió en 1932, Herbert Hoover, un presidente republicano, nombró a Benjamin Cardozo, un demócrata liberal, para cubrir la vacante. Cardozo,

---

[860] Bernard Steiner, *Roger B. Taney*, Williams and Wilkins, Baltimore, 1922, p. 347.

[861] *Brandeis on Zionism*, Organización Sionista de América, 1942, p. 77.

que, al igual que Brandeis, se hizo millonario como perseguidor de ambulancias, no tuvo dificultades para obtener la confirmación del Senado "porque la prensa había tenido a bien suprimir el desagradable hecho de que su padre había sido miembro del corrupto Tweed Ring y se había visto obligado a dimitir como juez del Tribunal Supremo estatal durante uno _de los perennes escándalos políticos de la ciudad de Nueva York.[862]

Cardozo murió en 1938. Un año después, Felix Frankfurter fue nombrado miembro del Tribunal. Frankfurter era el profesor de derecho de Harvard nacido en Viena que consiguió su primera gran oportunidad publicitaria como resultado de su celosa agitación en favor de Sacco y Vanzetti, dos buscadores de mundos canonizados por la prensa liberal y ejecutados por el Estado de Massachusetts por su participación en un atraco en Boston en 1920.[863] Frankfurter, padre fundador de la Unión Americana de Libertades Civiles, aspiró a la etiqueta de conservador en sus últimos años.[864] Abandonó el Tribunal en 1962, a los ochenta años, dejando paso a Arthur Goldberg, abogado laboralista del CIO. Goldberg dimitió en 1965 para convertirse en embajador ante las Naciones Unidas, tras lo cual el Presidente Johnson nombró a Abe Fortas para sucederle.

Cuando Johnson intentó ascender a Fortas a presidente del Tribunal Supremo, el Senado se negó. Aunque los medios de comunicación montaron en cólera, los senadores estaban bien asesorados. En 1969, tras salir a la luz la verdad sobre sus tratos financieros con el estafador convicto Louis

---

[862] *Dictionary of American Biography*, Vol. XXII, Suplemento Dos, Scribner's, Nueva York, 1958, p. 94.

[863] En un artículo que escribió para The *Atlantic* (marzo de 1924), Frankfurter calificó la sentencia del juez Thayer en el caso de "fárrago de citas erróneas, tergiversaciones, supresiones y mutilaciones". Si un profesor de Derecho hubiera hecho una declaración semejante en Inglaterra en relación con un caso en apelación, habría sido enviado a la cárcel. *Times Literary Supplement*, 26 de julio de 1963, p. 546. Un año antes de Pearl Harbor, Frankfurter, cuando era juez del Tribunal Supremo, envió un cable "Personal Secret" a Winston Churchill instándole a "untar de mantequilla" a Roosevelt como medio de arrastrar a Estados Unidos a la Segunda Guerra Mundial. Columna de Jack Anderson, 19 de octubre de 1973. Antes de entrar en el Tribunal, Frankfurter recibió 50.000 dólares durante años del juez Brandeis por transmitir las ideas de éste a los medios de comunicación y a diversos políticos. Nunca la separación de poderes había estado menos separada. Bruce Murphy, *The Brandeis/Frankfurter Connection*, Oxford University Press, N.Y., 1982.

[864] Un juez del Tribunal Supremo auténticamente conservador, James McReynolds, fue acusado por Frankfurter de "antisemitismo primitivo". *Felix Frankfurter Reminisces*, Reynal, Nueva York, 1960, p. 101.

Wolfson, Fortas tuvo que abandonar el Tribunal.[865] Thurgood Marshall, el primer juez negro, fue nominado y confirmado en 1967.

Los votos de estos miembros de la Minoría Inasimilable, sumados a los de los jueces liberales, fueron suficientes para generar las decisiones de gran alcance que han reordenado tan drásticamente la sociedad estadounidense.[866] Los tres miembros de la Mayoría más responsables de la transvaloración del ethos estadounidense por parte del Tribunal fueron el Presidente Warren y los jueces asociados Black y Douglas. Ya se han dado algunas pistas sobre las motivaciones de estos hombres.[867] Otras pueden reconstruirse escudriñando algunos de los párrafos más oscuros de sus voluminosas biografías.

Earl Warren era estadounidense de segunda generación, ya que sus padres habían nacido en el extranjero. Su padre noruego, Erik Methias Varran, cuya educación terminó en séptimo curso, era un mecánico sin fortuna que más tarde se convirtió en un próspero terrateniente de California. En 1938 murió apaleado con un tubo de hierro, un asesinato que nunca se resolvió.[868] Se dice que Earl, fiscal del distrito local en aquella época, compartía un patrimonio de 177.653 dólares con su hermana.[869]

En 1942, como fiscal general de California, Warren abogó por uno de los actos más inconstitucionales de la historia de Estados Unidos: el encarcelamiento masivo de ciudadanos estadounidenses de origen japonés

---

[865] Véanse las pp. 432-33.

[866] El impacto del Tribunal sobre la delincuencia y los derechos de los delincuentes se examinará en el capítulo 30. Según Warren, su decisión más importante y la de sus colegas fue *Baker v. Carr* (un hombre, un voto). La siguiente fue Brown v. *Board of Education* (desegregación escolar). Luego vinieron *Gideon v. Wainwright* (asistencia letrada gratuita para el acusado indigente), *Mapp v. Ohio* (inadmisibilidad de las pruebas incautadas ilegalmente), *Escobedo v. Illinois* (derecho del sospechoso a asistencia letrada durante el interrogatorio) y *Miranda v. Arizona* (deber de la policía de advertir al acusado de sus derechos). Al parecer, Warren no consideró que las siguientes decisiones fueran lo suficientemente importantes como para comentarlas: la decisión de 1963 de prohibir las oraciones y las lecturas de la Biblia en las escuelas públicas, las sentencias sobre pornografía, la inconstitucionalidad del registro obligatorio de los miembros del partido comunista, la anulación de la ley de mestizaje de Virginia, la definición de difamación como falsedad maliciosa e imprudente en lugar de desprecio por la verdad. Para un resumen del historial del Tribunal Warren, véase *Time*, 14 de julio de 1969, pp. 62-63.

[867] Véase el capítulo 11.

[868] Luther Huston, *Pathway to Judgment*, Chilton, Filadelfia, 1966, pp. 13, 15.

[869] John D. Weaver, *Warren*, Little, Brown, Boston, 1967, p. 50. Otro biógrafo de Warren dice que sólo heredó 6.000 dólares. Huston, op cit, p. 17.

en varios "centros de reubicación" occidentales.[870] Dos años más tarde, este enfoque estalinista de la seguridad interna recibió la aprobación oficial del Tribunal Supremo en el *caso Korematsu contra Estados Unidos*, con la opinión mayoritaria del juez Black y la concurrencia del juez Douglas.[871] En 1952, tras haber llegado a la gobernación de California y no haber conseguido la nominación presidencial, Warren inclinó su delegación a favor de Eisenhower en un momento crítico de la convención republicana. Un año después, cuando murió el presidente del Tribunal Supremo Vinson, Warren recibió su recompensa, aunque Eisenhower nunca admitió que hubiera habido un pago político.

Cuando se le notificó el asesinato del presidente Kennedy en 1963, Warren describió al asesino, en un comunicado de prensa nacional, como un fanático de derechas.[872] A pesar de prejuzgar el caso -y prejuzgarlo incorrectamente- Warren fue puesto a cargo de la comisión nombrada por el presidente Johnson para investigar el asesinato. Cuando un periodista le preguntó si algún día se harían públicos todos los hechos, Warren contestó: "Sí... Pero puede que no sea durante su vida".[873]

El *Informe Warren*, a pesar de su extensión, tenía lagunas. La investigación pareció enfriarse perceptiblemente cuando se trató de los antecedentes de gángster de Jack Ruby, la extraña coincidencia de su viaje a Cuba, el papel

---

[870] Véanse las pp. 108, 209-10.

[871] Weaver, op. cit., pp. 105-6. Robert Jackson fue uno de los tres jueces que no soportaron a *Korematsu*, aunque más tarde pidió una excedencia para convertirse en fiscal jefe en los Juicios de Nuremberg. Otro juez del Tribunal Supremo, Tom Clark, que en 1942, como funcionario del Departamento de Justicia, ayudó a dirigir la redada de estadounidenses de origen japonés, dijo en 1966: "He cometido muchos errores en mi vida, pero hay dos que reconozco públicamente. Uno es mi participación en la evacuación de los japoneses de California... y el otro son los juicios de Nuremberg. No creo que sirvieran para nada...". Ibid, p. 113.

[872] *New York Times*, 23 de noviembre de 1963, p. 8. El intento de los medios de comunicación de convertir el asesinato de Kennedy en un complot de la supremacía blanca fracasó lamentablemente cuando la propia comisión de Warren admitió que, antes de matar al presidente, Oswald había disparado contra el general derechista Edwin Walker. *Report of the President's Committee on the Assassination of President John F. Kennedy*, U.S. Government Printing Office, Washington, D.C., 1964, pp. 13-14.

[873] Leo Katcher, *Earl Warren*, McGraw-Hill, Nueva York, 1967, p. 458. Un destacado miembro de la Comisión Warren, el senador Richard Russell de Georgia, estaba convencido de que más de una persona estaba implicada en el asesinato. "Había demasiadas cosas -el hecho de que él [Oswald] estuviera en Minsk, y que ese fuera el principal centro de educación de estudiantes cubanos... algunos de los viajes que hizo a Ciudad de México y una serie de discrepancias en las pruebas... me hicieron dudar de que lo hubiera planeado todo él solo". *Human Events*, 31 de enero de 1970, p. 2.

desempeñado por altos funcionarios del gobierno en la organización del regreso a Estados Unidos del desertor Oswald y las conexiones de la familia de Marina Oswald con la policía secreta rusa.[874] La Comisión ignoró la declaración de Ruby de que había asesinado a Oswald porque "quería que el mundo entero supiera que los judíos tenían agallas".[875]

Incluso los más fervientes partidarios de Warren han tenido que reconocer que en su carrera mostró un amplio rasgo de incoherencia. Fue más responsable de la desegregación escolar que ningún otro estadounidense, pero nunca envió a ninguno de sus cuatro hijos (uno de ellos adoptado) a una escuela integrada. Llegó a la cima política como republicano, pero normalmente actuaba como demócrata e incluso fue descrito como tal por el Presidente Truman.[876] Algunas decisiones del Tribunal de Warren deberían haberse basado, al menos en parte, en pruebas científicas, pero Warren se mostró extremadamente reacio a considerar dichas pruebas, posiblemente porque, según se rumoreaba, casi había suspendido ciencias en el instituto.[877]

Warren, que nunca se dejó atar por los precedentes, legales o de otro tipo, no se convirtió en un defensor de los derechos de los acusados hasta que ocupó su puesto en el Alto Tribunal. En sus primeros días como fiscal de distrito y fiscal estatal en el Estado Dorado, había alcanzado cierta notoriedad por su arbitrariedad con los sospechosos, a los que en ocasiones retenía durante la noche sin fianza.[878] Hoy, sin embargo, Warren es recordado como el profeta emérito de esa escuela de procedimiento penal que cree que al acusado no sólo hay que concederle todo el beneficio de la duda, sino todos los tecnicismos de la ley. Sólo en el ámbito de la religión Warren, a quien se puede calificar con justicia de latitudinario, mantuvo cierta coherencia. Como afirmó uno de sus biógrafos, "Warren, un metodista de pura cepa

---

[874] *Audiencias ante la Comisión Presidencial sobre el Asesinato del Presidente Kennedy*, Vol. 1, p. 278. El tío de Marina Oswald, con quien ella había vivido durante muchos años, era un oficial de seguridad soviético.

[875] Melvin Belli, *Dallas Justice*, David McKay, Nueva York, 1964, p. 167. Belli fue el abogado principal de Ruby en el juicio por asesinato. Tras perder el caso para su cliente, Belli achacó su fracaso en parte a su creencia de que Dallas era "antisemita". *New York Times*, 16 de marzo de 1964, p. 23.

[876] Entrevista en la televisión WNET, 8 de septiembre de 1969.

[877] Huston, op. cit., p. 25. Véase también la nota 21, p. 294, de este estudio y Putnam, *Race and Reality*, capítulo IV.

[878] Huston, op. cit., p. 47. Cuando el Comité Judicial del Senado debatía el nombramiento de Warren como presidente del Tribunal Supremo, la persona que más acusaciones presentó contra él, un tal R. J. Wilson, fue arrestado tras abandonar una sesión ejecutiva del comité a petición telegrafiada del jefe de policía de San Francisco. Wilson fue posteriormente puesto en libertad por falta de pruebas. Ibídem, p. 99.

casado con una devota bautista cuyos hijos... no han trazado ninguna línea divisoria en sus matrimonios entre católicos y protestantes, gentiles y judíos, nunca ha hecho alarde de piedad en público".[879]

El razonamiento de Warren para su historial en el Tribunal Supremo era el mismo que el de sus otros colegas liberales. Insistía en que simplemente estaba deletreando la Carta de Derechos para todos los estadounidenses en lugar de para algunos. Su filosofía jurídica podría ser comprensible si las instituciones jurídicas desarrolladas laboriosamente por un pueblo pudieran trasladarse con su equipaje a través de los siglos y hacerlas funcionar eficazmente para una mezcla de población de muchos pueblos sin deshacer una "i" ni suprimir una coma. Por desgracia, no es así. El derecho de un pueblo a la vida, la libertad y la búsqueda de la felicidad puede ser el derecho de otro pueblo a la delincuencia. Los derechos *ganados* por un grupo se transforman curiosamente en texto y contexto cuando se *donan* a otro grupo. Por este motivo, la alteración de las costumbres por decreto judicial es una de las formas más nocivas de tiranía. Warren es el ejemplo clásico del operador político que aflora en los niveles más altos del gobierno en una época de declive y desintegración: un hombre lo bastante listo como para nadar maravillosamente con la marea política, pero no lo bastante inteligente como para sondear las corrientes evolutivas de aguas profundas. El secreto del éxito de un individuo así es una delicada mezcla de ignorancia, ambición desmedida y una aguda sensibilidad a los deseos y estados de ánimo de quienes controlan la opinión pública. En uno de los giros más extraños de la saga del esfuerzo humano, la fama de Warren se basa en su concepción casi totalmente errónea de la relación de uno a uno entre derecho y cultura.[880]

Aunque viola los límites de la caricatura permisible tanto con respecto al Tribunal de Warren como al papel de Warren en el mismo, el difunto juez Hugo Black puede ser categorizado como el Juan Bautista de Warren. Black, que "fue a la facultad de Derecho... porque estaba demasiado mal educado para ir a otro sitio",[881], no nació liberal. Al igual que Warren, acumuló liberalismo al mismo ritmo que acumulaba poder. En 1923-24 era miembro cotizante del Ku Klux Klan, un severo prohibicionista y un acaudalado abogado especializado en casos de lesiones personales. Cuando se presentó

[879] Weaver, op. cit., p. 268.

[880] Otros conceptos erróneos de Warren fueron igualmente espantosos. En un ejemplo extremo de analfabetismo en las altas esferas, emitido por una cadena de televisión pública, dio su aprobación incondicional a la "democracia romana" que, explicó, duró "mil años" debido a la destreza romana en el autogobierno -una afirmación, huelga decirlo, que habría sido una novedad para Marius, Sulla, Julio César y Elagabalus. Emisión televisiva de WNET, 8 de septiembre de 1969.

[881] John P. Frank, *The Warren Court*, Macmillan, Nueva York, 1964, p. 42.

como candidato al Senado de los Estados Unidos en 1926, Black consideró político abandonar su pertenencia al Ku Klux Klan. Sin embargo, tras ganar su escaño de senador, recibió el Gran Pasaporte del Ku Klux Klan, que aceptó agradecido en una ceremonia pública.[882]

Black fue nombrado miembro del Tribunal Supremo en 1937, tras convencer a Roosevelt de que era un auténtico New Dealer no klanniano. La forma en que, como juez del Tribunal Supremo, dispensó su recién adquirido liberalismo ya se ha señalado en la referencia a la decisión *Korematsu*. Fue mucho más lejos en *Yamashita* (1946), cuando confirmó la sentencia de muerte dictada contra un general japonés en un juicio por "crímenes de guerra" que había violado casi todos los artículos y párrafos de la Declaración de Derechos, el mismo documento del que se suponía que Black era el paladín.[883] En 1967, el erudito juez, que en su exaltación metafísica del debido proceso y la permisividad social había contribuido a llevar la ley del país al umbral de la anarquía, consternó a su claque liberal-minoritaria al confirmar las sentencias de manifestantes callejeros declarados culpables de subrayar sus protestas con violencia.[884] A medida que se acercaba el final de su carrera judicial, Black parecía vagamente consciente de lo que había hecho a la ley y de lo que había que deshacer para evitar su desintegración. Pero nunca enmendó formalmente su hiperactivismo judicial.

El juez asociado William Douglas, al igual que Black, un producto de la división de la mayoría en las filas, era un vigoroso escalador de montañas, excursionista de larga distancia, viajero por el mundo, conservacionista y bon vivant, que a menudo superaba en liberalismo al propio Black. Tan libertino como liberal, a los sesenta y siete años se casó con su cuarta esposa, una universitaria de veintidós años.[885] Unos meses más tarde se descubrió que Douglas recibía 12.000 dólares anuales de una fundación llamada Albert Parvin Foundation, cuyos ingresos procedían principalmente de las hipotecas de un hotel y casino de Las Vegas.[886] Douglas se negó a renunciar a este suplemento gratuito a sus ya cuantiosos ingresos (sueldo del Tribunal Supremo, gastos, honorarios por conferencias, derechos de autor de libros) hasta que se descubrió además que Albert Parvin había sido nombrado en una ocasión co-conspirador con Louis Wolfson en uno de los muchos

[882] Leo Pfeffer, *This Honorable Court*, Beacon, Boston, 1965, pp. 326-27.

[883] Rocco J. Tresolini, *Justice and the Supreme Court*, Lippincott, Filadelfia, 1963, capítulo VIII.

[884] Weaver, op. cit., pp. 337-40.

[885] *Time*, 29 de julio de 1966, p. 17.

[886] *San Francisco Examiner*, 16 de octubre de 1966, p. 1.

sórdidos negocios financieros de este último.[887] Aunque la relación de Douglas con el amigo de Wolfson era tan poco ética como la de Fortas con Wolfson, Douglas se negó a renunciar a su escaño.[888] En 1970, tras las audiencias del Comité Judicial de la Cámara de Representantes para determinar si debía iniciarse un procedimiento de destitución contra él, Douglas recibió la esperada blanqueada del octogenario presidente del Comité, Emanuel Celler. La coalición liberal-minoritaria protege a los suyos.

Cualquiera que fuera la causa del extremo vigor de Douglas, ya fuera glandular o una compensación por un ataque infantil de parálisis infantil, fue sin duda el juez más enérgico de la historia del Tribunal Supremo. También fue uno de los jueces más disidentes hasta que pudo unirse a la mayoría liberal que surgió tras el nombramiento de Warren. En la sentencia *Cramer* (1945), que tuvo su origen en una frustrada operación de sabotaje alemán en tiempos de guerra, el Tribunal, con la disidencia de Douglas, anuló una condena a muerte por traición, ya que la Constitución establece específicamente que "ninguna persona podrá ser condenada por traición a menos que dos testigos declaren haber cometido el mismo acto manifiesto".[889] Aunque había dos testigos, ninguno presentó pruebas de ningún acto manifiesto. Douglas basó su discrepancia en que la mera presencia de Cramer en compañía de dos saboteadores alemanes era suficiente para justificar la condena.[890]

Tras fracasar en su intento de electrocutar a un proalemán, Douglas, que más tarde se erigió en archienemigo de la pena capital, fracasó en otro disenso a la hora de salvar de la cárcel a un prorruso. En *Dennis contra Estados Unidos* (1950), su opinión minoritaria definió los llamamientos comunistas a la revolución como estrictamente legales.[891] En vista de su inclinación ultraliberal, no fue ninguna sorpresa que, después de que el Tribunal se negara a revisar el caso del espía atómico Rosenberg en 1953, los abogados

---

[887] *Time*, 6 de junio de 1969, p. 23.

[888] Entre otros pecadillos, en 1969 Douglas vendió un artículo por 350 dólares a la revista *Avant Garde*, cuyo editor, Ralph Ginzburg, había sido condenado a cinco años de cárcel por pornografía. Anteriormente, cuando el caso de Ginzburg había llegado al Tribunal Supremo y se había confirmado el veredicto, Douglas fue el único disidente. En 1970 se publicó el libro de Douglas *Points of Rebellion*. En él alentaba calurosamente las manifestaciones ilegales, escribiendo que "la violencia puede ser la única respuesta eficaz" a los problemas actuales de Estados Unidos. *Human Events*, 14 de febrero de 1970, p. 4, y 14 de marzo de 1970, p. 3.

[889] Art. III, Sec. 3, Par. 1.

[890] Frank, op. cit. pp. 60-61.

[891] Ibídem, pp. 58-59.

defensores se dirigieran directamente a Douglas, quien en el último minuto se encargó de suspender la ejecución de los Rosenberg.[892] Douglas volvió a mostrar su parcialidad por la izquierda totalitaria cuando, arrastrado por la histeria anti-McCarthy, se unió con entusiasmo a la mayoría del Tribunal en el caso Watkins (1957), que intentaba frenar el poder de las investigaciones del Congreso liberando a un compañero de viaje de boca cerrada de una citación por desacato emitida por el Comité de Actividades Antiamericanas de la Cámara de Representantes.[893]

Otros miembros del Tribunal Warren fueron William Brennan, Byron White y John M. Harlan. Brennan, cuyo padre nació en Irlanda, ascendió de palaquero de carbón a agente sindical antes de convertirse en abogado. White, un devoto partidario de Kennedy, fue el jugador de fútbol profesional mejor pagado de la nación en 1938. John M. Harlan era un abogado de corporaciones de Wall Street, cuyo abuelo, cuando formaba parte del Tribunal Supremo, pronunció las antaño famosas (y ahora anacrónicas) palabras: "La Constitución es daltónica". De todos los jueces del Tribunal Warren, sólo Potter Stewart mostró ocasionalmente preocupación por los derechos de la Mayoría. Como único disidente en la decisión sobre la oración en las escuelas, fue el único juez que reconoció el verdadero problema del caso, como demuestran sus comentarios de que la decisión era tanto un ataque a las "tradiciones religiosas de nuestro pueblo" como a la religión en sí misma.[894]

Cuando Richard Nixon asumió la presidencia en 1969, hizo saber que iba a invertir la deriva izquierdista del Tribunal. Aunque los dos jueces conservadores del Sur que propuso fueron rechazados por el Senado, su nombramiento de Warren Burger como presidente del Tribunal Supremo fue confirmado, al igual que sus nombramientos de Lewis Powell, William Rehnquist y Harry Blackmun. Con Warren retirado, Black muerto, Douglas enfermo y Fortas dimitido en desgracia, el país se preparaba para una reacción jurídica.

Lo que el país obtuvo, sin embargo, fue más de lo mismo. El Tribunal Burger demostró estar más en sintonía ideológica con la coalición liberal-minoritaria que con Nixon. Hubo cierto endurecimiento del sistema de justicia penal, cierta relajación de las restricciones para demandar al gobierno, algunas reducciones de los privilegios de la prensa, pero en lo que respecta a los

---

[892] Pfeffer, op. cit., pp. 374-76.

[893] Katcher, op. cit., pp. 365-68.

[894] Véanse los perfiles por capítulos de estos jueces en *The Warren Court*, de John Frank. Para otros comentarios del juez Stewart sobre el caso de la oración en las escuelas, véase la p. 275 de este estudio.

intereses de la mayoría, el Tribunal Burger hizo tanto como Warren para torcer la Constitución. Algunas de las decisiones más infames de los Nueve de Burger: (1) *Bakke* (1978), que ordenó a una facultad de medicina admitir a un solicitante blanco cualificado que había sido rechazado en favor de miembros de una minoría no asimilable menos cualificados, al tiempo que dictaminaba que la raza podía considerarse un factor en la política de admisión universitaria; (2) *Weber* (1979), en la que el Tribunal acordó que era legal una cuota del 50 por ciento de negros en un programa de formación de una empresa; (3) *Fullilove* (1980), en la que el Tribunal dictaminó que era totalmente constitucional que el gobierno especificara que el 10 por ciento de los contratos de un programa federal de obras públicas se adjudicara a contratistas pertenecientes a minorías.

A pesar de sus sentencias liberales en materia de desegregación escolar, pornografía, derechos penales y derecho de voto, el Tribunal Warren nunca llegó a introducir la noción de cuotas raciales en sus decisiones. Dejó esta tarea inacabada a los llamados moderados y conservadores del Tribunal Burger, que ofrecieron al público estadounidense el espectáculo del más alto tribunal del país poniendo la ley patas arriba. El Congreso había afirmado solemnemente en la Ley de Derechos Civiles de 1964 que no habría discriminación racial en el empleo ni en las oportunidades de empleo. El Tribunal saboteó o derogó astutamente esta ley en *Bakke, Weber* y *Fullilove*.

Para ser justos con Burger y con William Rehnquist, que le sucedió como presidente del Tribunal Supremo, hay que reconocer que ambos solían votar en contra de las sentencias más permisivas del Tribunal. Pero los nombramientos por parte de los Presidentes Reagan y Bush de los llamados jueces de centro, Sandra Day O'Connor, la primera dama de la Corte, y David Souter, como jueces asociados, hicieron poco para impedir que el Tribunal jugara al gato y al ratón con la discriminación positiva. Tampoco los recién nombrados jueces denominados conservadores, Anthony Kennedy, Antonin Scalia, el primer italoamericano del Alto Tribunal, y Clarence Thomas, un republicano negro,[895] fueron capaces de frenar las restricciones legales a las oportunidades de empleo y los ascensos laborales de los hombres blancos. De hecho, el nombramiento por el Presidente Clinton de dos jueces judíos, Ruth Bader Ginsburg y Stephen Breyer, para el Alto Tribunal hizo retroceder al Tribunal a la ideología jurídica de Earl Warren, a la ingeniería social y a reescribir, no interpretar, las leyes del país.

Como lo uno suele ir acompañado de lo otro, la escasez de justicia mostrada por el Tribunal Supremo en la segunda mitad de este siglo vino acompañada

---

[895] Thomas, casado con una blanca, ocupó el llamado "asiento negro" del tribunal que dejó vacante Thurgood Marshall, el primer juez negro, que estaba tan a la izquierda como su sucesor a la derecha.

de una escasez de dignidad. Esta última comenzó en 1949, cuando los jueces Felix Frankfurter y Stanley Reed comparecieron ante un tribunal federal de Nueva York como testigos de Alger Hiss.[896] Desde entonces, las disputas internas de los jueces, su pluriempleo en el circuito de conferencias, su partidismo político y su cobardía moral han hecho poco por restaurar la confianza menguante del público en la que solía ser la rama más prestigiosa del gobierno.[897]

Revolcándose en el engañoso brillo de la Weltanschauung liberal-minoritaria, el tribunal Warren intentó transformar la ley orgánica de la Majority America en un código de imperativos morales y raciales tan inaplicables a las cuestiones cruciales del momento como inaplicables. Los tribunales Burger y Rehnquist nunca tomaron ninguna decisión significativa para invertir la tendencia. Con su inoportuna y mal concebida reinterpretación de la Carta de Derechos y otras garantías constitucionales, el Tribunal Supremo ha usurpado de hecho la función legislativa del

---

[896] *New York Times*, 23 de junio de 1949, p. 1. Hiss empezó como uno de los Happy Hot Dogs de Frankfurter en la Facultad de Derecho de Harvard. Tras trabajar como asistente jurídico del juez Reed, se incorporó al Departamento de Estado. El propio Reed había sido secretario de Brandeis.

[897] La historia juzgará a los jueces de los Tribunales Warren, Burger y Rehnquist por su historial y por su comportamiento imprudente como individuos:
Artículo. Fortas en la nómina de un notorio estafador. Douglas en la nómina de un gángster. Brennan involucrada en turbios negocios inmobiliarios con Fortas.
Artículo. Brennan exhibiendo una grotesca máscara de Nixon en su despacho. Marshall interrumpiendo un almuerzo el lunes de "pelis guarras" para no perderse las duras exhibiciones en casos de obscenidad. White añadiendo "¡Vaya hombre!" a un memorándum de Burger sobre Richard Speck, que violó y mató a ocho mujeres.
Artículo. El casi ciego Harlan convirtiendo su habitación de hospital en su despacho y firmando su sábana en lugar de un informe jurídico. El medio paralítico Douglas insistiendo en sentarse en el banquillo cuando ya no podía permanecer despierto en su silla de ruedas más de una o dos horas.
Artículo. El Tribunal revoca la condena de Muhammad Ali por evasión de filas por un tecnicismo por miedo a despertar el resentimiento de los negros.
Artículo. La falta de voluntad de Marshall para hacer sus deberes hasta el punto de que no sabía nada del contenido de algunas de las opiniones que sus secretarios habían escrito para él.
Artículo. Marshall votando para forzar a Nixon a entregar sus cintas al Juez Sirica mientras admitía que no querría que sus propias conversaciones grabadas con el Presidente Johnson se hicieran públicas. Powell contratando a un judío radical de Harvard como asistente legal para demostrar que no era un viejo anticuado.
Artículo. El abogado William Kunstler abrazando a Harry Blackmun después de que éste apoyara la sentencia de un tribunal inferior contra el departamento de policía de Filadelfia.
Para más información, véase Bob Woodward y Scott Armstrong, *The Brethren*, Simon and Schuster, Nueva York, 1979.

Congreso, un abuso flagrante del poder judicial tal como lo define la Constitución.

Antes de dedicarse a la impracticable tarea de cambiar a los hombres cambiando las leyes, los magistrados podrían haber reflexionado sobre las palabras de Savigny (1779-1861), que escribió en su *Teoría del* derecho *orgánico y natural*:

> El derecho no lo hacen los juristas, como el lenguaje no lo hacen los gramáticos. El derecho es el producto moral natural de un pueblo... las costumbres persistentes de una nación, que surgen orgánicamente de su pasado y su presente. Incluso la ley vive en el consenso general del pueblo.[898]

Algunos han propuesto que el mejor medio de poner en cintura a un Tribunal Supremo desbocado es el complicado y poco utilizado proceso de destitución. Pero esto no eliminaría la enfermedad, sólo a algunos de los portadores. Si se quiere luchar seriamente contra el Tribunal, hay que combatirlo con sus propias armas y en su propio terreno. Lo que pervierte la ley puede ser controvertido por la ley. No hace falta recordar que el Tribunal existe y actúa al amparo de la Constitución. Una simple enmienda podría limitar su poder, transferir su autoridad a los tribunales estatales o abolirlo por completo.

Cuando la historia dicte su veredicto final sobre el Tribunal Supremo, se le declarará culpable de muchos cargos, ninguno más grave que su reciente manipulación del derecho penal. La justicia penal se concibió originalmente para proteger a la sociedad de los infractores de la ley. Cuando el Tribunal de Warren acabó con ella, su función principal era proteger al infractor de la ley de la sociedad. Huelga decir que la exagerada magnificación de los derechos penales por parte del Tribunal redundó directamente en beneficio de las minorías que albergan castas criminales entre sus filas. Con baterías de caros abogados a su disposición, los criminales organizados, ya sean miembros de la mafia, cuadros revolucionarios negros, terroristas judíos o bandas de estudiantes que ponen bombas, pueden obtener muchos más beneficios de la permisividad legal que el criminal solitario. Al suscitar falsas expectativas de beneficios económicos inmediatos y al aceptar aparentemente que la pobreza y el bajo rendimiento de los negros eran enteramente culpa de la discriminación pasada y presente por parte de los malévolos blancos, el Tribunal aumentó de hecho las tensiones raciales.

Como se verá en el próximo capítulo, el Tribunal Supremo ha abierto una caja de Pandora que no podrá volver a cerrarse sin medidas represivas que

---

[898] Citado en Carl Becker, *The Declaration of Independence*, Knopf, Nueva York, 1942, p. 264.

harán retroceder varios siglos a la justicia penal y a gran parte de lo que queda de la jurisprudencia estadounidense. Sólo el repudio total y la revocación de las principales sentencias del Tribunal en materia de derechos penales proporcionarán la maquinaria legal necesaria para eliminar la plaga que prácticamente ha acabado con la civilización occidental en amplias zonas de las ciudades más grandes de Estados Unidos. Mientras tanto, a medida que la delincuencia violenta crece más allá de lo soportable, también lo hace el catálogo de delincuentes y de aquellos que trabajan mano a mano con los delincuentes. Este catálogo es ahora tan grande y está tan repleto de nombres famosos que empieza a parecerse *al Quién es Quién en América*.

CAPÍTULO 30

La minoría clandestina

L A dimensión MENOS SALVAJES del conflicto que se libra contra la Mayoría es la guerra clandestina, descrita engañosamente por los funcionarios encargados de hacer cumplir la ley y los medios de comunicación como una ola de crímenes. El alcance y la ferocidad de esta guerra se revelan en las listas de víctimas que publica periódicamente la Oficina Federal de Investigación en forma de estadísticas sobre delincuencia. Los responsables de parte de esta violación de la ley son los elementos criminales presentes en todas las sociedades y en todas las razas. Pero una parte cada vez mayor se debe a los esfuerzos calculados de grupos minoritarios y personas pertenecientes a minorías.

La delincuencia callejera estadounidense es una forma de "disturbios lentos" y "sigue siendo astronómica en comparación con la de otras naciones industrializadas". Las palabras entrecomilladas no se escribieron en la década de 1990, sino medio siglo antes, en el Informe de la Fundación Eisenhower (3 de marzo de 1945). Si la delincuencia era mala entonces, ¿qué habría escrito esa fundación sobre la delincuencia hoy?

En 1992 se cometieron en EE.UU. 33.649.340 delitos, de los cuales 6.621.140 fueron clasificados como violentos. Los delitos violentos incluían 140.930 violaciones o intentos de violación, 1.225.520 intentos de robo o robos consumados y 5.254.690 agresiones.[899]

¿Qué pensar de estas estadísticas? Sin duda representan algo más que un "motín lento". Algunas guerras en toda regla han producido menos bajas. Lo que realmente tenemos aquí es una guerra racial a fuego lento entre negros y blancos, en la que los primeros toman la ofensiva y los segundos oponen una defensa en gran medida infructuosa. En esta guerra, los negros, que actualmente son responsables del 55% de todos los asesinatos, mataron a 1.698 blancos en 1992. En los casos en que se conoce la raza del asesino, los negros matan al doble de blancos que los blancos a los negros. Dicho de otro modo, el negro medio tiene 12,38 veces más probabilidades de matar a un blanco que el blanco medio de matar a un negro. En 1988 hubo 9.406 violaciones de negros a blancos y menos de diez violaciones de blancos a

---

[899] *Encuesta nacional sobre victimización delictiva*, 1993. Los asesinatos, que ascienden a 23.000 al año, no se incluyeron porque la encuesta se basaba en entrevistas a las víctimas.

negros. Es difícil obtener cifras exactas sobre violaciones porque algunos criminólogos estiman que sólo se denuncia una de cada siete. Los negros cometen prácticamente todas las violaciones de negros y la mitad de las de blancos Un investigador liberal, Andrew Hacker, descubrió que los hombres negros violaban a las mujeres blancas 30 veces más a menudo que los hombres blancos a las mujeres negras.[900]

En cuanto a otros delitos, una comisión presidencial sobre delincuencia ha declarado que se denuncian menos de la mitad.[901] Basándonos únicamente en los delitos denunciados, existe una probabilidad matemática de que cada año se cometa un acto delictivo contra una de cada cinco familias estadounidenses.[902] En opinión del ex senador Kenneth Keating de Nueva York, "todo el mundo en este país puede esperar ser víctima de un delito grave al menos una vez en su vida si vive hasta los sesenta años. [903]

En correlación con la explosión de la delincuencia, y quizá contribuyendo a ella, se produjeron varias sentencias del Tribunal Supremo que alteraron los métodos tradicionales de enjuiciar a los delincuentes. En *Gideon contra Wainwright* (1963), el Tribunal defendió el derecho del acusado a un abogado, si era necesario a costa de los contribuyentes. En *Escobedo contra Illinois (1964), los* jueces dictaminaron que no se puede impedir que un sospechoso vea a su abogado durante el interrogatorio policial. En *Miranda contra Arizona (1966), el* Tribunal declaró que la policía debe advertir al sospechoso de su derecho a guardar silencio y a ser representado por un abogado antes del interrogatorio.[904] Dado que todas estas decisiones eran retroactivas, su efecto sobre los calendarios judiciales ya abarrotados y sobre los agentes del orden ya sobrecargados fue desastroso. Después de Gideon, sólo en Florida 976 presos fueron puestos en libertad y eximidos de un nuevo

---

[900] Para una visión más completa de las estadísticas sobre delincuencia, véase Jared Taylor, *Paved With Good Intentions*, Carroll & Graf, N.Y., 1992, pp. 92-4.

[901] *San Francisco Examiner*, 4 de junio de 1963, p. 1. Sólo se denuncia una décima parte de los robos en comercios. Los minoristas afirman que podrían bajar los precios un 15% en general si se pusiera fin a los hurtos. *New York Times Magazine*, 15 de marzo de 1970.

[902] En palabras de Earl Morris, presidente de la American Bar Association. *U.S. News & World Report*, 5 de febrero de 1968, p. 50.

[903] *Wall Street Journal*, Vol. LXV, n° 68, p. 1.

[904] *Time*, 4 de julio de 1969, p. 63. Escobedo, que fue liberado mientras cumplía una condena por asesinato como resultado de la sentencia del Tribunal Supremo que lleva su nombre, fue detenido de nuevo más tarde por vender 11 gramos de heroína. *San Francisco Chronicle*, 4 de agosto de 1967, p. 2.

juicio, mientras que otros 500 tuvieron que ser procesados por segunda vez.[905]

El hecho de que el Tribunal se permitiera una ampliación tan amplia de las garantías procesales en el mismo momento en que a millones de ciudadanos estadounidenses les resultaba imposible caminar de noche por las calles de sus ciudades era una auténtica irresponsabilidad judicial. Una vez más, al igual que en sus sentencias sobre el mestizaje, la desegregación escolar y la oración en las escuelas, el Tribunal jugaba con favoritos. Una vez más, como en casi todas sus decisiones históricas, falló a favor de demandantes representados por abogados de minorías en recursos financiados en gran parte por organizaciones orientadas a las minorías.

Aunque el notable aumento de la delincuencia podía atribuirse en parte al colapso de la aplicación de la ley provocado por el mimo del Tribunal a los delincuentes, también se debía a la aparición de un nuevo tipo delictivo. No es que la delincuencia minoritaria en Estados Unidos fuera algo nuevo. Como escribió Samuel Eliot Morison, la "alianza entre los políticos urbanos, los bajos fondos del juego y la prostitución y el voto extranjero ya estaba establecida en 1850".[906] Pero la invasión de las ciudades por un ejército de saqueadores, pirómanos y francotiradores negros más de un siglo después elevó la delincuencia de las minorías al nivel de guerra urbana.

Las pérdidas materiales y el número de muertos causados por las insurrecciones de negros en las principales ciudades en 1964-68 se han expuesto anteriormente en el capítulo 17, "Los negros". El delincuente negro dejó de ser un ladrón común o un atracador para convertirse en un revolucionario autoproclamado, y empezó a ser considerado por su propia gente, y por algunos blancos ultraliberales, como una especie de Robin Hood de finales del siglo XX.[907] La toma armada de edificios universitarios por

---

[905] Anthony Lewis, *Gideon's Trumpet*, Random House, Nueva York, 1964, p. 205.

[906] Morison, *The Oxford History of the American People*, p. 487.

[907] La mayoría de los principales militantes negros adquirieron antecedentes penales mucho antes de convertirse en revolucionarios. Malcolm X fue un proxeneta, traficante de drogas y ladrón convicto; Eldridge Cleaver, un violador convicto; H. Rap Brown, un ladrón convicto; Marion Barry fue reelegido alcalde de Washington tras cumplir condena por posesión de cocaína. Los delitos cometidos por Bobby Seale y otros en sus actividades revolucionarias en nombre de los Panteras Negras eclipsaron sus anteriores infracciones de la ley. El juez federal de distrito Alcee Hastings, destituido en 1988 por el Senado por mala conducta, se recuperó consiguiendo que los floridanos le eligieran para el Congreso. Kweisi Mfume, líder de la Bancada Negra del Congreso y posiblemente el político negro más poderoso del país, fue detenido varias veces cuando era un joven delincuente en Baltimore. La adoración de estos individuos como héroes por parte de la comunidad negra y de muchos liberales blancos fue probablemente un incentivo tan grande para la

estudiantes negros y la invasión armada de una legislatura estatal por comandos de negros fanfarrones fueron recibidas como actos de liberación.[908] Por supuesto, seguía existiendo una considerable delincuencia entre negros. Pero, como los habitantes blancos de las ciudades y los suburbios estaban aprendiendo de primera mano, una cantidad intolerable de delitos se estaba convirtiendo en delitos de negros contra blancos.[909]

La delincuencia negra se ha semimilitarizado en el sentido de que gran parte de ella se comete contra "el enemigo". Demasiadas de las víctimas no se molestan en denunciar los delitos a la policía, simplemente se convierten en "bajas" y esperan en silencio nuevos ataques de bandas de forajidos desde los santuarios inviolados de los guetos metropolitanos, donde los estadounidenses blancos no están más seguros de lo que estarían en un bastión del Viet Cong. La delincuencia negra también se ha tribalizado, en el sentido de que implica ritos de iniciación y pruebas de valentía. En 1972, los miembros de un grupo negro llamado De Mau Mau fueron acusados de matar a nueve blancos en Illinois.[910] En 1973, en California, una banda de negros llamada los Ángeles de la Muerte asesinó a veintitrés blancos y

---

delincuencia negra como las órdenes de alcaldes blancos y negros que prohibían a la policía disparar a los saqueadores. Resumiendo la actitud de los habitantes negros de los barrios bajos, *Time* (14 de febrero de 1969, p. 60) comentaba que "no sólo aceptan pasivamente el crimen, sino que admiran activamente a los criminales, especialmente si sus víctimas son blancas". Charles Evers, un político negro sureño muy elogiado por los medios de comunicación y sus electores negros, era un antiguo proxeneta que con frecuencia dejaba de pagar el impuesto sobre la renta. Ronald Reagan se alegró de recibir el apoyo de Evers en la campaña presidencial de 1980.

[908] En 1967, un grupo de negros con rifles cargados entraron en el capitolio del estado de Sacramento, California, mientras la legislatura estaba en sesión. El castigo fue leve o nulo. *New York Times*, 3 de mayo de 1967, p. 24.

[909] Un informe gubernamental de 1970 afirmaba que los negros urbanos son detenidos entre ocho y veinte veces más que los blancos por homicidio, violación, agresión con agravantes y robo. Dado que una gran proporción de las víctimas de la delincuencia negra son negros, se añadía gratuitamente que no debían extraerse conclusiones raciales del informe. *New York Times*, 8 de septiembre de 1970, p. 1. Que una raza concreta tenga un índice de criminalidad muchas veces superior al de otras razas puede no tener connotaciones raciales para los burócratas del gobierno, pero sí las tiene para las víctimas blancas de la delincuencia negra. En Washington, D.C., en 1959-65, nueve de cada diez violadores eran negros y el 59% de las mujeres blancas violadas lo fueron por negros. *San Francisco Chronicle*, 4 de enero de 1967, p. 2. Otra tendencia ominosa es el secuestro de mujeres blancas jóvenes a plena luz del día. Una rubia ama de casa fue secuestrada en una estación de autobuses de Birmingham y llevada a una casa de prostitución regentada por negros. Al cabo de tres días consiguió escapar saltando desde la ventana de un segundo piso. *Birmingham News*, 10 de junio de 1980, p. 1.

[910] *Miami Herald*, 16 de octubre de 1972, p. 2-A.

torturó a uno de ellos durante casi un día antes de cortarlo en trozos pequeños, envolverlos en una bolsa de plástico y tirarlos en una playa cercana. El escritor de un libro sobre los espeluznantes asesinatos afirmó que el número de muertos blancos ascendía realmente a 135 hombres, 75 mujeres y 60 niños. Los miembros de Death Angel recibieron ascensos especiales y elogios de sus líderes por el asesinato masivo.[911] En este último estado, el jefe de una banda de jóvenes negros dijo a un miembro de 22 años: "Demuestra que eres un guerrero negro. Trae las orejas de un hombre blanco". El joven negro obedeció, dejando a un joven blanco de 16 años no sólo sin orejas, sino muerto.[912] En los disturbios de Miami de 1980, los blancos que tuvieron la mala suerte de meterse entre la multitud fueron mutilados antes y después de morir.

Es cierto que ha habido algunas reacciones a la violencia blanca, algunas pruebas de venganza de los blancos contra los negros, como algunos asesinatos de francotiradores en varias ciudades. Pero el número de negros muertos o heridos ha sido minúsculo en comparación con el número de víctimas blancas. Aunque los delincuentes negros han sido abatidos a tiros mientras amenazaban la vida de los agentes de policía o mientras huían de la escena del crimen, el número de policías blancos tiroteados por negros ha sido sustancialmente mayor. De 1983 a 1992, 963 agentes de policía fueron asesinados, 536 por blancos, 397 por negros y 30 por otras razas. El 80% de los policías asesinados eran blancos, el 10% negros y el 1% de otras razas.[913] Al ritmo indicado anteriormente, no pasarán demasiados años hasta que el número de policías blancos asesinados por negros supere el número total de víctimas negras de los linchamientos del Sur. La *Enciclopedia Británica* afirma que 4.730 personas fueron linchadas en Estados Unidos entre 1882 y 1951: 1.293 blancos y 3.437 negros.[914]

La "brutalidad policial", ya sea real o imaginaria, se ha convertido en una excusa estándar para los disturbios y saqueos de los negros. Como resultado, se ha ordenado a los agentes de policía de la mayoría de las ciudades que utilicen la fuerza mínima contra los infractores negros. La amenaza siempre presente de los disturbios de los negros también ha influido en los jueces y jurados para que hagan todo lo posible por conceder a los acusados negros todos los beneficios de la ley y el menor tiempo de cárcel posible. Una

---

[911] Clark Howard, *Zebra*, Richard Marek Publishing, Nueva York, 1979, véanse especialmente las pp. 34, 173-81.

[912] El grupo juvenil, cabe añadir, había recibido apoyo financiero de la "respetable" Liga Urbana, exenta de impuestos. *New York Times,* 4 de marzo de 1970, p. 31.

[913] *Sourcebook of Criminal Justice Statistics,* U.S. Dept. of Justice, 1993, pp. 401-05.

[914] *Ency. Brit.,* Vol. 14, p. 526.

sentencia dura para un acusado negro en un juicio bien publicitado puede costar a una ciudad decenas de millones de dólares en propiedades dañadas, quemadas y saqueadas. La misma indulgencia exagerada se extiende a la pena capital. A mediados de 1982, sólo cinco criminales habían sido ejecutados en Estados Unidos desde 1967. Cuatro de ellos eran blancos, aunque en los corredores de la muerte abundan los negros.

Se han cometido crímenes de negros contra blancos en todos los estratos de la sociedad blanca. Un juez blanco fue asesinado a tiros en su sala en California por negros. Un ladrón negro hirió gravemente al senador John Stennis a la puerta de su casa en Washington D.C. Pero, en general, la mayoría de las víctimas blancas han sido los propietarios o empleados de tiendas de comida rápida, gasolineras y pequeños comercios. Con demasiada frecuencia, después de vaciar la caja registradora, los atracadores matan a los atracados.

Mientras tanto, otra gran casta criminal,[915] la Cosa Nostra, se ha vuelto menos militante e incluso semirespetable a medida que ha escalado nuevas cotas de prosperidad, y sus miembros han abandonado las corbatas blancas y los sombreros de ala ancha por estilos conservadores de Brooks Brothers. Se ha renunciado a parte del ceremonial, pero el juramento de sangre se mantiene, al igual que el requisito básico para ser miembro, la prueba racial de filiación del sur de Italia o de Sicilia.[916]

Esta prueba racial sólo se ha suspendido para los judíos, que han suministrado a la Mafia la mayor parte de sus cerebros legales y financieros. De hecho, la cúpula de la Mafia, en palabras de Ralph Salerno, antiguo experto en delincuencia del Departamento de Policía de Nueva York, ha sido siempre un "feliz matrimonio de italianos y judíos." Meyer Lansky, durante muchas décadas director financiero de la Cosa Nostra, presumió una vez: "Somos más grandes que U.S. Steel". Dado que los ingresos brutos de la Mafia se estiman en más de 30.000 millones de dólares al año, con unos beneficios anuales de entre 7.000 y 10.000 millones, podría haber incluido algunas corporaciones más.[917] La riqueza de algunos mafiosos es casi inimaginable: se encontraron 521.000 dólares en efectivo en una maleta

---

[915] Los gitanos también pueden definirse como una casta criminal. Las bandas latinoamericanas que se están apoderando de gran parte del tráfico de drogas se describen más exactamente como "familias". Los judíos jasídicos, que tradicionalmente se dedican al contrabando de joyas, no consideran su ocupación un delito porque sólo va en contra de la "ley gentil"." Yaffe, op. cit., p. 120. Con respecto a la delincuencia judía en general, Yaffe ha escrito: "Nadie, por muy censurable que sea, llega a ser completamente excluido de la comunidad judía." Ibídem, p. 277.

[916] *Time*, 22 de agosto de 1969, pp. 19, 21.

[917] Ibídem, p. 18.

perteneciente al hijo del jefe Magaddino de Buffalo; el jefe Gambino de Nueva York y su familia adoptiva tenían propiedades inmobiliarias valoradas en 300 millones de dólares; el jefe Bruno de Filadelfia, cuando se le pidió una garantía para un negocio, presentó un cheque certificado por valor de 50 millones de dólares.[918]

La Cosa Nostra florece gracias a lo que podría describirse como protección política en profundidad. En un momento dado, los mafiosos ejercieron diversos grados de control sobre unos veinticinco congresistas, así como sobre miles de figuras políticas de menor importancia a nivel estatal y local.[919] Las relaciones serviles de ciertos jueces de Nueva York y Chicago con líderes mafiosos son demasiado conocidas como para necesitar una extensa documentación. Frank Sinatra, socio de importantes figuras de la mafia,[920] fue durante años uno de los principales recaudadores de fondos del partido demócrata antes de ofrecer su talento a los republicanos. Por su trabajo en la organización y dirección del Baile Pre-Inaugural de 1961 en Washington, Sinatra recibió el profuso agradecimiento del Presidente Kennedy y el primer baile con la Primera Dama.[921] Incluso Barry Goldwater, que se promocionaba como uno de los candidatos presidenciales más honestos en décadas, era muy amigo de dos importantes miembros del hampa. Del gángster Gus Greenbaum, que murió con su mujer en un macabro doble asesinato en el hampa de Phoenix en 1958, Goldwater dijo: "Le conocí toda mi vida". Goldwater también era buen amigo de Willie Bioff, un bandido convicto y extorsionador del hampa, a quien el senador de Arizona llevó de vuelta de Las Vegas a Phoenix en su propio avión sólo dos

---

[918] Ibídem, p. 21.

[919] Ibídem, p. 19. Extraído por *Time* del libro *The Crime Federation*, de Ralph Salerno. El líder de la Cosa Nostra de Nueva Jersey, Joe Zicarelli, afirmaba Salerno, ejercía tal poder sobre el congresista Cornelius Gallagher que podía convocarle desde el hemiciclo de la Cámara de Representantes para que respondiera a sus llamadas telefónicas. Gallagher era miembro del Comité de Operaciones Gubernamentales de la Cámara de Representantes, que vigila a las agencias federales que, a su vez, vigilan a la Mafia. En 1972 se declaró culpable de evadir 74.000 dólares en impuestos sobre la renta. *Miami Herald*, 22 de diciembre de 1972, p. 36-A.

[920] Sinatra era amigo personal de Lucky Luciano, en su día el gángster de mayor rango del país. Frank poseía el 9% del Hotel Sands de Las Vegas, controlado por la mafia, antes de que Howard Hughes lo comprara. Ed Reid y Ovid Demaris, *The Green Felt Jungle*, Pocket Books, Nueva York, 1964, pp. 56, 74-76, 198. La licencia de juego de Sinatra, revocada en 1963 por su asociación con el gángster Sam Giancana, fue restaurada de forma modificada en 1981 por la Junta de Control del Juego de Nevada.

[921] Victor Lasky, *JFK, The Man and the Myth*, Macmillan, Nueva York, 1963, p. 14.

semanas antes de que Bioff volara en pedazos cuando intentaba arrancar su coche.[922]

Los vínculos de los gángsters con las altas esferas del gobierno pueden detectarse en los indultos ejecutivos concedidos con frecuencia a importantes figuras de la banda. Lucky Luciano, sucesor de Al Capone en la cúspide de la jerarquía mafiosa y especialista en narcóticos, asesinatos y prostitución, fue indultado por el gobernador de Nueva York, Thomas Dewey, en 1946.[923] La influencia de Luciano era tan global que, trabajando con el ejército estadounidense en la Segunda Guerra Mundial, ayudó a restablecer la Mafia en su tierra natal, Sicilia, donde había sido despojada de la mayor parte de su poder durante la época de Mussolini. Bajo su dirección, aviones estadounidenses lanzaron paquetes especiales al jefe mundial de la Mafia, Don Calo Vizzini, en la ciudad de Villaba.[924]

El presidente Kennedy concedió un indulto presidencial a otro gángster, Jake (el Barbero) Factor, que iba a ser deportado por el Departamento de Justicia, pero fue nacionalizado tras contribuir con 10.000 dólares al partido demócrata.[925] Factor devolvió el favor aumentando sus donaciones. En 1968 fue descubierto como el mayor contribuyente financiero a la campaña presidencial del partido demócrata.[926] El presidente Truman concedió otro indulto cuestionable al magnate del cine Joseph Schenck, que había sido enviado a prisión por mentir sobre sus asociaciones con la Mafia.[927]

No hay signo más visible de decadencia nacional que el éxito continuado de la Cosa Nostra, una organización que, entre otras cosas, vendía heroína por valor de 350 millones de dólares al año allá por los años 60, antes de que las drogas duras se hubieran convertido en un gran negocio.[928] Los políticos y figuras públicas de la mayoría y de las minorías siguen escandalizados y horrorizados por las fechorías nazis décadas después de los hechos, pero ni ellos ni los medios de comunicación están ni la mitad de alterados por las atrocidades practicadas por matones de la Mafia contra miles de

---

[922] Reid y Demaris, op. cit., pp. 43, 144, 202.

[923] *New York Times*, 9 de febrero de 1946, p. 19.

[924] *Times Literary Supplement*, 18 de junio de 1964, p. 534.

[925] *New York Times*, 29 de diciembre de 1963, p. 4.

[926] *San Francisco Sunday Examiner and Chronicle, This World*, 12 de enero de 1969. Factor y su esposa supuestamente donaron o prestaron 350.000 dólares a varios comités de campaña de Humphrey-Muskie.

[927] *San Francisco Chronicle, This World*, 25 de octubre de 1961, p. 22. Schenck murió como multimillonario en su suite del ático del hotel Beverly Wilshire.

[928] Donald Cressey, *Theft of the Nation*, Harper & Row, N. Y., 1969, pp. 91-92.

estadounidenses. Aunque los líderes de la Cosa Nostra se han mudado a suburbios exclusivos y ahora se saludan en público con apretones de manos en lugar de besos, algunos todavía se jactan de enviar a sus víctimas a las carnicerías al por mayor propiedad de la Mafia, desde donde se distribuyen a los restaurantes en forma de "manburgers."[929] Mientras los medios de comunicación siguen centrándose en la brutalidad nazi o soviética, la Mafia ha perfeccionado una técnica de asesinato especialmente dolorosa en la que la muerte se consigue introduciendo el extremo de un extintor doméstico en los oídos del condenado.[930] La policía intervino y grabó una conversación telefónica de la Mafia en la que un risueño verdugo describía con todo lujo de detalles los tres últimos días de un hombre que había sido colgado de un gancho para carne y que "se revolcaba... gritando" cuando era torturado con una picana eléctrica.[931]

Así lo resumieron dos veteranos reporteros de sucesos: Lenta, pero inexorablemente, la Mafia ha asumido una posición de supremacía total y absoluta... Cada mafioso, joven o viejo, cree realmente que tiene un derecho inalienable a traficar con droga y prostituirse, a saquear y asesinar. Las leyes de la sociedad organizada no le obligan.[932]

Al haberse convertido la delincuencia colectiva u organizada en un monopolio minoritario, la ley de los promedios prediciría que la mayoría de los delincuentes "independientes", la mayoría de los criminales solitarios, serían miembros de la Mayoría. Pero no es así. También en este caso, la sobrerrepresentación de las minorías es incontestable. El hecho es que cada vez que un miembro de la Mayoría, en particular una figura pública conocida de la Mayoría, es llevado ante un tribunal, es sorprendente la frecuencia con la que su pareja o socio es un miembro de una minoría.

La siguiente lista de peculado, malversación de fondos, evasión de impuestos, delitos graves, pequeños hurtos, conflictos de intereses o traiciones a la confianza pública se limita a personas de importancia nacional o local. En ocasiones, el catálogo de fechorías incluye delitos en los que la conexión con la minoría es tenue o inexistente. En tales casos, la intención es demostrar la degradación moral de los líderes de la Mayoría en una era de

---

[929] *Saturday Evening Post*, 9 de noviembre de 1963, p. 21.

[930] Ibid.

[931] *Time*, 22 de agosto de 1969, p. 22.

[932] Reid y Demaris, op. cit., pp. 186-87. Los miembros de la mafia, según C. D. Darlington, son prisioneros de sus genes, "personas para las que no hay posibilidad de coerción, corrección o conversión. Nada en la tierra les hará llegar a un acuerdo con el cuerpo general de la sociedad. Son una raza aparte". *The Evolution of Man and Society*, p. 611.

dominación de las minorías, una degradación que ha sido tanto causa como efecto de dicha dominación.[933]

Para empezar por el principio, uno de los aspectos más feos de la delincuencia estadounidense ha sido su frecuente aparición en el ámbito de la presidencia. Ninguna administración de las últimas décadas ha salido indemne. La mayoría de los presidentes o candidatos presidenciales, si no todos, han incurrido en un momento u otro en conductas muy cuestionables o han tenido como amigos, asesores o recaudadores de fondos a conocidos infractores de la ley. Un ejemplo típico fue la estrecha asociación del presidente Truman con la flamante y corrupta maquinaria Pendergast, que patrocinó su entrada en política. En 1939, Boss Tom Pendergast, uno de los amigos más íntimos de Truman, fue a la cárcel por evasión del impuesto sobre la renta. En 1945, cuando Truman era vicepresidente, Pendergast murió. Truman voló inmediatamente a St. Louis y prestó la dignidad del segundo cargo más alto del país a la extremaunción de un delincuente convicto. Unos meses más tarde, cuando llegó a la presidencia, Truman indultó a quince secuaces de Pendergast que habían sido encarcelados por rellenar urnas.[934]

Fue Truman quien indultó al alcalde Curley de Boston por una condena penal previa y redujo la pena de cárcel de Curley por fraude postal.[935] Fue Truman quien nombró al alcalde O'Dwyer de Nueva York, amigo del gángster Frank Costello, embajador en México, y lo sacó del país justo a tiempo para evitar que lo detuvieran por soborno. Truman hizo otro intento de obstruir el curso de la justicia, cuando calificó el caso Alger Hiss, meses antes de que llegara a juicio, de "pista falsa".[936]

La administración del presidente Eisenhower produjo pocos escándalos comparables a los de la era Truman, aunque Sherman Adams, ayudante jefe de Eisenhower, se vio obligado a dimitir cuando se reveló que había recibido varios regalos y subvenciones de Bernard Goldfine. Encarcelado en 1961 por

---

[933] Las diferentes razas y grupos de población parecen tener diferentes propensiones a la delincuencia: los negros, a los crímenes violentos; los mediterráneos, a los crímenes pasionales; los judíos, a los delitos financieros. En términos generales, los no asimilados o parcialmente asimilados tienen menos capacidad de disuasión del delito porque tienen menos vínculos emocionales y personales con el Estado y con la ley del Estado.

[934] Jules Abels, *The Truman Scandals*, Henry Regnery, Chicago, 1956, pp. 22, 23.

[935] Ibídem, p. 32.

[936] Aunque más tarde cambió de opinión sobre los comunistas, Truman, siguiendo el modelo establecido por Franklin D. Roosevelt, mantuvo en el cargo a varios burócratas clave a los que el FBI había certificado como agentes soviéticos de buena fe, entre ellos el subsecretario del Tesoro Harry Dexter White. Chambers, *Witness*, pp. 68, 510.

evadir impuestos por valor de 7.838.298 dólares,[937] Goldfine salió en libertad condicional en menos de dos años, tras cumplir buena parte de su condena en un hospital.[938] El propio Eisenhower aceptó regalos caros de personas bienintencionadas, pero, a diferencia de Adams, no ejerció ninguna influencia en su favor ante los organismos federales. El senador Payne de Maine, que recibió más de la generosidad de Goldfine que Adams, fue derrotado estrepitosamente en su intento de reelección en 1958.[939]

La enorme estafa de Billie Sol Estes comenzó en los años de Eisenhower, pero alcanzó su clímax en la administración Kennedy. Estes, con altas conexiones en la política tejana y nacional, consiguió estafar 500.000 dólares al Departamento de Agricultura falsificando registros de inventario. Finalmente fue enviado a prisión, pero nadie ha podido descubrir todavía cómo consiguió estafar a tantos funcionarios importantes del gobierno, no sólo una vez, sino una y otra vez. Cuando se inició la investigación, el funcionario de mayor rango del Departamento de Agricultura en Texas, Hilton Bates, se "suicidó" mediante la asombrosa hazaña de dispararse cinco veces con un rifle de cerrojo. El funcionario del Departamento de Agricultura que cargó con la principal responsabilidad de los pagos a Estes resultó ser el subsecretario Thomas Murphy, que había sido nombrado gracias a los esfuerzos del amigo de Estes, Lyndon Johnson, a la sazón senador por Texas.[940]

La administración del Presidente Kennedy, aparte del asunto Estes y de estar en deuda con gente como Frank Sinatra, era relativamente limpia - o eso parecía en ese momento. Más tarde se descubrió que JFK, un mujeriego empedernido, había tenido un romance banal con una prostituta de la mafia llamada Judith Exner, entreteniéndola frecuentemente en la Casa Blanca cuando su esposa estaba ausente y haciéndole muchas llamadas telefónicas de larga distancia en Chicago mientras ella estaba sentada al lado del jefe de la mafia Sam Giancana.

La oveja negra de la familia Kennedy, excluyendo al padre Joseph Kennedy, que hizo millones en Wall Street vendiendo en corto al principio de la depresión,[941] es el senador más veterano de Massachusetts. Edward (Ted)

---

[937] *New York Times*, 30 de enero de 1962, p. 12 y 6 de junio, p. 20.

[938] Ibid, 21 de febrero de 1963, p. 10.

[939] Ibid, 9 de septiembre de 1958, p. 1.

[940] Clark Mollenhoff, *Despoilers of Democracy*, Doubleday, N.Y., 1965. Capítulos 7-9.

[941] Una operación típica de Joseph Kennedy fue el pool Libbey-Owens-Ford, en el que él y la casa bancaria Kuhn, Loeb tenían el mayor interés. El grupo consiguió el control de 1 millón de acciones de la compañía, forzó la bajada del precio vendiendo al descubierto,

fue expulsado de Harvard en 1951, después de convencer a un compañero para que hiciera un examen de español por él.[942] La influencia familiar consiguió que le readmitieran dos años después, aunque estudiantes que habían cometido faltas mucho menores fueron expulsados definitivamente. En el verano de 1969, la noche antes de que dos estadounidenses llegaran a la luna, Kennedy se cayó con su coche de un puente en la isla de Chappaquiddick, ahogando a su joven pasajera, Mary Jo Kopechne. Unas semanas más tarde, el senador, que había esperado diez horas antes de avisar a la policía, fue condenado a dos meses de prisión (en suspenso) por abandonar el lugar del accidente.

Mientras su marido era presidente, Jacqueline Kennedy, cuyo encanto mecánico y afectación artística, aunque irritantes, eran al menos una mejora de la bajeza de sus predecesores inmediatos, hizo un largo crucero por el Mediterráneo en el yate de Aristóteles Onassis, el magnate naviero griego acusado en 1953 de conspiración para defraudar a los Estados Unidos.[943] Para evitar ser detenido la próxima vez que visitara su oficina de Nueva York, Onassis tuvo que pagar una multa de 7 millones de dólares. Incluso en los reinados de los emperadores más depravados habría sido impensable que una primera dama de Roma se relacionara abiertamente con un hombre que había defraudado reconocidamente al imperio. Habría sido doblemente impensable que, cuando enviudara, se casara con él. La boda Kennedy-Onassis en 1967, sin embargo, no fue demasiado sorprendente desde una perspectiva racial. El bisabuelo paterno de Jacqueline era un carpintero del sur de Francia. Su padre, que tenía una coloración mediterránea más oscura que Onassis, llevaba el apodo de Black Jack.[944] Tras la muerte de su marido griego, se convirtió en la amante de Maurice Templesman, un comerciante sudafricano de joyas de origen judío.

La presidencia de Kennedy terminó con el doble crimen del siglo, el asesinato del presidente por Lee Harvey Oswald y el posterior asesinato del asesino ante millones de telespectadores por Jack Ruby (Rubenstein), un pequeño mafioso y empresario de strip-tease. Ya se ha señalado una

---

y luego compró antes de que las acciones subieran. Kennedy obtuvo 60.805 dólares por su participación en la transacción. Nadie invirtió ni un céntimo. Frank Cormier, *Wall Street's Shady Side*, Public Affairs Press, Washington, D.C., 1962, pp. 3, 9.

[942] *New York Times*, 31 de marzo de 1962, p. 1.

[943] Utilizando corporaciones ficticias, Onassis compró barcos Liberty en tiempos de guerra, que por ley federal estaban reservados para la venta a ciudadanos americanos con el fin de construir la marina mercante americana de posguerra. *New York Times*, 26 de febrero de 1963, p. 2, 9 de febrero de 1954, p. 1, y 22 de diciembre de 1955, p. 47.

[944] *Time*, 16 de mayo de 1969, p. E7.

motivación racial para el acto de Ruby,[945] , pero los motivos de Oswald han seguido siendo algo tenues. Barbara Garson, una dramaturga judía, escribió una obra, "MacBird", que proponía que Lyndon Johnson arregló la muerte de Kennedy para poder sucederle en la presidencia.[946] Igualmente descabellada era la tesis de un complot racista de derechas, que resultaba irrisorio a la vista de las afiliaciones rusas y cubanas de Oswald.[947]

El asesinato en 1968 del hermano de John Kennedy, Robert, tuvo connotaciones minoritarias explícitas en lugar de implícitas. En su demorada candidatura a la nominación presidencial demócrata, Robert Kennedy exigió la reducción del compromiso estadounidense con Vietnam, pero insistió en mantener el compromiso estadounidense con Israel. Fue después de que hiciera hincapié en este punto en una emisión de televisión cuando un joven árabe americano de Palestina se excitó lo suficiente como para dispararle en el sótano de un hotel de Los Ángeles. Si Robert Kennedy se hubiera concentrado más en los intereses de la mayoría y menos en los intereses de una minoría que ni siquiera era la suya, podría haberse convertido en el 37° presidente.

Como fiscal general en la administración de su hermano, Robert Kennedy había mostrado un encomiable celo por la aplicación de la ley. Inició los procedimientos legales contra el Teamster James Hoffa que finalmente enviaron al jefe del sindicato más grande de la nación a la cárcel durante ocho años por manipulación del jurado.[948] Sin embargo, la negativa de Robert a mimar a los delincuentes no impidió que su hermano John concediera un indulto presidencial al condenado por contrabando de armas Hank Greenspun, editor de Las Vegas y antiguo agente publicitario del

---

[945] Véase p. 406.

[946] Se representó durante casi un año fuera de Broadway. En 1972, la película *Acción ejecutiva* atribuyó el asesinato a las maquinaciones de un plutócrata tejano de derechas. El productor de cine de Hollywood Oliver Stone, medio judío, se salió por la tangente de una conspiración similar en su película de 1992, *JFK*.

[947] Poco se sabe del padre de Oswald, que murió antes del nacimiento de su hijo. La madre de Oswald (de soltera Claverie) pudo provenir de una familia cajún, ya que dijo que su padre era francés y hablaba francés en su casa. *Audiencias ante la Comisión Presidencial sobre el Asesinato del Presidente Kennedy*, Vol. 1, pp. 252, 437. Los tejedores de conspiraciones lo tuvieron más fácil con el asesinato de Martin Luther King, Jr. en 1967. James Earl Ray, el culpable, tenía conexiones tanto con la minoría como con la Mayoría. Nació al norte de la línea Mason-Dixon y su madre "procedía de una devota familia irlandesa-católica". *New York Daily News*, 11 de marzo de 1969, p. 4.

[948] *Facts on File*, 1967, p. 78.

gángster Bugsy Siegel.[949] Greenspun aprovechó el restablecimiento de sus derechos civiles para presentarse sin éxito a las primarias republicanas para gobernador de Nevada.[950]

Ningún presidente ha estado tan manchado por las fechorías y los escándalos relacionados con las minorías como Lyndon Johnson. Los momentos más fatídicos y angustiosos de la vida política de Johnson se produjeron en las primarias para senador de Texas de 1948, cuando se enfrentó a su oponente, Coke Stevenson, en lo que casi equivalía a un empate. En el último minuto, cuando parecía que Stevenson ganaba por 100 votos, se descubrieron de repente 203 votos a favor de Johnson, una vez finalizado el recuento oficial, en un distrito del sur de Texas dirigido por un jefe político llamado George Parr. Estos 203 votos dieron a Johnson una ventaja de 87 votos, siendo el recuento final de 494.191 a 494.104.[951]

Una investigación preliminar demostró que la mayoría de estos votos procedían de mexicano-americanos, muchos de los cuales se habían sentido tan inspirados por las cualidades de Johnson como senador que se habían levantado de sus tumbas para votar por él. Cuando se inició una investigación oficial, las 203 papeletas desaparecieron misteriosamente en un incendio "accidental".[952] Al final, la carrera política de Johnson quedó asegurada cuando se anuló la investigación estatal y cuando el juez del Tribunal Supremo Hugo Black bloqueó una orden de un tribunal inferior para reabrirla. Cabe destacar que durante esta época crucial de la vida de Johnson, Abe Fortas fue su principal solucionador de problemas en Washington.[953]

En su papel de perenne arreglador político, Fortas había recibido previamente la orden del presidente de suprimir el escándalo Jenkins, que surgió en plena campaña presidencial de 1964. Walter Jenkins, el ayudante de mayor confianza de Johnson, que como secretario del Consejo de Seguridad Nacional tenía acceso a casi todos los documentos clasificados importantes de Washington, fue detenido por conducta pervertida en un baño de hombres de la YMCA. A pesar de que Jenkins, un baptista convertido al catolicismo, ya había sido detenido una vez por actividades similares,

---

[949] La naturaleza de las actividades criminales de Greenspun puede explicar la indulgencia de Kennedy. Ver nota 19, p. 500.

[950] *Time,* 31 de agosto de 1962, p. 18.

[951] Harry Provence, *Lyndon B. Johnson,* Fleet, Nueva York, 1964, pp. 81, 83-84, 86. El mexicano-estadounidense que fue puesto a cargo de este fraude electoral confesó más tarde su crimen en televisión.

[952] Robert Sherrill, *The Accidental President,* Grossman, N.Y., pp. 28-29, 114.

[953] Mientras era vicepresidente, Johnson recibió sobres "llenos de dinero" de empresas y grupos de presión. Robert Caro, *The Years of Lyndon Johnson,* Vol. 1, 1982.

Johnson le había mantenido en su puesto. Fortas, junto con Clark Clifford, más tarde Secretario de Defensa, pidió a varios editores de periódicos que difundieran la noticia. Algunos accedieron, pero cuando un servicio de noticias por cable divulgó la noticia, el complot de censura fracasó.[954]

En el asunto de la probidad y la estrecha relación minoritaria de los recientes candidatos presidenciales también derrotados, ya se ha mencionado la estrecha amistad de Goldwater con los gángsters Gus Greenbaum y Willie Bioff. Adlai Stevenson, el candidato presidencial demócrata que perdió ante Eisenhower en 1952 y 1956, fue el "hallazgo político" del abogado Louis Kohn y de Jacob Arvey, jefe retirado de la venal maquinaria demócrata de Chicago.[955]

A pesar del respaldo financiero de las corporaciones de la Mayoría, en gran parte ilegal, el presidente Nixon fue a mendigar dinero para la campaña a peculadores minoritarios como Robert Vesco, cuya contribución en efectivo de 200.000 dólares condujo a los juicios penales de los antiguos miembros del gabinete John Mitchell y Maurice Stans. Ambos fueron protagonistas del asunto Watergate, que desató la mayor ola de paranoia mediática desde el ataque al senador Joseph McCarthy.[956] En un esfuerzo por hacer de la administración Nixon un sumidero de corrupción de la Mayoría, la prensa destacó cuidadosamente los orígenes alemanes y WASP de algunos participantes, mientras ignoraba los orígenes minoritarios de otros importantes manipuladores de cables.[957] Henry Kissinger, James Schlesinger, William Safire, Leonard Garment y otros miembros judíos de la administración de Nixon recibieron el visto bueno. De hecho, Kissinger y Schlesinger siguieron siendo miembros del gabinete en la administración Ford, mientras que tres miembros del gabinete de la Mayoría -Maurice Stans, John Mitchell y Richard Kleindienst- fueron declarados culpables de diversos delitos, y Mitchell fue enviado a la cárcel.

---

[954] *Life*, 9 de mayo de 1969, p. 34, y *Time*, 23 de octubre de 1964, pp. 19-23.

[955] Kenneth S. Davis, *The Politics of Honor*, Putnam, Nueva York, 1967, p. 178. Stevenson, tan venerado por la coalición liberal-minoritaria como lo fue Edward Kennedy muchos años después, también estuvo implicado en un incidente mortal. De niño, disparó y mató involuntariamente a Ruth Merwin, una joven que visitaba a su familia durante las vacaciones de Navidad. Eleanor Stevenson y Hildegarde Dolson, *Mi hermano Adlai*, Morrow, Nueva York, 1956, p. 72.

[956] Una fase del Watergate, la operación de los "fontaneros" de la Casa Blanca, fue desencadenada por el difunto J. Edgar Hoover, que no permitió una investigación a gran escala de Daniel Ellsberg, el ladrón de los Papeles del Pentágono, en deferencia a su amistad con Louis Marx, el millonario suegro de Ellsberg.

[957] *El Washington Post*, tan amargado por el encubrimiento del Watergate, había participado voluntariamente en el encubrimiento de Jenkins durante la era Johnson.

En cierto sentido, Watergate (y los acontecimientos relacionados) fue una purga liberal-minoritaria de toda una administración presidencial. Antes de deshacerse del propio presidente, los oponentes de Nixon consideraron necesario eliminar al vicepresidente Spiro Agnew, un enemigo igualmente despreciado. Esto se consiguió persuadiendo a contratistas minoritarios para que testificaran sobre los sobornos que le habían dado mientras era gobernador de Maryland. Con Agnew fuera de juego, los medios de comunicación apuntaron todos sus cañones contra Nixon, que había sido el principal saco de boxeo del establishment intelectual desde sus victorias electorales sobre los representantes Jerry Voorhis y Helen Gahagan Douglas y su destacado papel en la caída de Alger Hiss. La verdad era que Nixon no había hecho ni más ni menos que otros presidentes al violar su juramento de cargo. Intervenir el teléfono de un oponente político y robar los archivos de un psiquiatra, acciones ciertamente indecorosas para que un presidente las consintiera y encubriera, apenas comparadas con el fraude electoral que puso al presidente Johnson en el mapa político o las fechorías semi-razonables de Franklin D. Roosevelt al enredar a Estados Unidos en la Segunda Guerra Mundial. Pero, como demostró la guerra de Vietnam, los medios de comunicación se habían convertido en todopoderosos. Aunque el presidente Nixon acababa de ser reelegido en uno de los mayores batacazos de la historia política de Estados Unidos, en menos de dos años cayó en desgracia y se vio obligado a dimitir, en gran parte gracias al *Washington Post*, a los informadores de la Casa Blanca y al ojo impenetrable e implacable del tubo de televisión. Si queda alguna duda sobre dónde reside el verdadero poder en Estados Unidos, basta con recordar que Daniel Ellsberg, el hombre que robó importantes secretos militares del Pentágono y los editores del *New York Times* que los publicaron, quedaron impunes, mientras que los agentes de la Casa Blanca, Gordon Liddy y E. Howard Hunt, que intentaron "conseguir la mercancía" de Ellsberg, pasaron años entre rejas.[958]

La administración de Gerald Ford, el primer presidente designado de Estados Unidos, estuvo relativamente libre de escándalos, salvo por el indulto presidencial concedido a Nixon. El regreso de una administración demócrata a Washington vino acompañado de un nuevo estallido de argucias políticas: los tejemanejes financieros de Bert Lance, buen amigo del presidente Carter y director del presupuesto a corto plazo; la implicación de ayudantes de la Casa Blanca en el consumo de drogas; los "préstamos" concedidos por el gobierno de Libia a su hermano Billy Carter. Los años de Carter también destacaron por los múltiples delitos de los congresistas, algunos de los cuales se embolsaron sobornos ante las cámaras ocultas de televisión. Aunque fueron condenados por delitos graves o relacionados con el sexo, algunos

---

[958] Véase la nota 31, p. 95.

representantes fueron reelegidos y volvieron a ocupar sus escaños en la Cámara.

La presidencia de Reagan comenzó con Frank Sinatra como director de entretenimiento de las festividades inaugurales, con un funcionario del sindicato Teamster relacionado con la mafia en el equipo de transición y con dos individuos dudosos en los dos puestos más altos de la CIA. No fue un comienzo auspicioso para lo que la nación esperaba que fuera una administración relativamente honesta. La presidencia de Bush fue bastante limpia. La administración Clinton, con los desfalcos de Whitewater y Savings and Loan, un jefe ejecutivo gravemente infectado de satriasis y los intentos de la Casa Blanca de suprimir las investigaciones legales sobre el suicidio de un amigo de Clinton, Vincent Foster, se postula como la más escandalosa de la historia de Estados Unidos.

La decadencia de la moralidad en las altas esferas quizá quede mejor ilustrada por las carreras de los cuatro hijos del presidente Franklin Roosevelt. James Roosevelt, congresista por Los Ángeles, la ciudad con la segunda mayor concentración de judíos de Estados Unidos, actuó como una especie de lobby unipersonal para los intereses judíos y sionistas en la capital de la nación. Tras una sucesión de percances matrimoniales, se trasladó a Suiza como ejecutivo de una empresa de inversiones en el extranjero propiedad de minorías.[959] Franklin D. Roosevelt, Jr., moroso en sus impuestos sobre la renta de 1958 por valor de 38.736 dólares, fue abogado del dictador Rafael Trujillo de la República Dominicana.[960] John Roosevelt, el hermano menor, intervino en 1961 en una convención de los Teamsters de Miami Beach en apoyo de la reelección del presidente James Hoffa, ya entonces en serias dificultades con la justicia.[961] Elliott Roosevelt, cuyas cinco esposas le habían convertido en el más casado y divorciado de todos los hijos de FDR, fue elegido a dedo alcalde de Miami Beach por Louis

---

[959] Mientras trabajaba para el financiero Bernard Cornfeld, James Roosevelt fue apuñalado por su tercera esposa cuando se disponía a contraer su cuarto matrimonio. Time, 10 de octubre de 1969, p. 98. Valorado en 150 millones de dólares hasta el colapso de su Investors Overseas Service, Cornfeld fue acusado de intento de violación y asalto indecente durante una visita a Londres en 1973. Miami Herald, 10 de febrero de 1973, p. 9-A. Tras una breve estancia en una cárcel suiza, Cornfeld se trasladó a Beverly Hills, donde organizó fastuosas fiestas para el mundo del espectáculo.

[960] New York Times, 23 de mayo de 1963, p. 1. La tercera esposa de Junior fue Felicia Sarnoff, nieta de Jacob Schiff.

[961] John Roosevelt era socio de una empresa de asesoría de inversiones que manejaba una cantidad considerable de fondos de pensiones de los Teamsters. Clark Mollenhoff, Tentacles of Power, World Publishing, Cleveland, 1965, pp. 345-46.

Wolfson,[962] el célebre asaltante de empresas y antiguo recluso de la penitenciaría federal de Atlanta.[963] Fue este mismo Wolfson quien, cuando estaba siendo investigado por el gobierno por fraude bursátil, se las arregló para que su fundación exenta de impuestos pagara al juez del Tribunal Supremo Fortas 20.000 dólares al año de por vida.[964]

Los alevines políticos de minorías menores o los traficantes de influencias han hecho poco por ayudar al país que dio a sus antepasados inmigrantes el primer sabor de libertad que habían conocido. La lista incluye a: Morris Shenker, uno de los abogados de Hoffa, que pagó al senador Edward Long de Missouri 48.000 dólares mientras el subcomité del Senado de este último investigaba las escuchas telefónicas, un método de investigación criminal aborrecible para Hoffa;[965] Marvin L. Kline, ex alcalde de Minneapolis, condenado a diez años de cárcel por hurto mayor por robar a la Fundación Hermana Kenny, una organización benéfica para víctimas de parálisis infantil;[966] Victor Orsinger, abogado de Washington, declarado culpable de robar 1,5 millones de dólares a una orden de monjas católicas.5 millones de dólares a una orden de monjas católicas;[967] John Houlihan, ex alcalde de Oakland, California, condenado por robar 95.000 dólares de un fondo fiduciario del que era albacea;[968] Hugh Addonizio, de Newark, Nueva Jersey, otro ex alcalde, condenado a diez años de prisión por recibir sobornos mientras ocupaba el cargo.[969] El principal delincuente entre los gobernadores

[962] Patricia Roosevelt, *I Love a Roosevelt*, pp. 134, 251, 328, 377, 379.

[963] *San Francisco Sunday Examiner and Chronicle, This World*, 15 de diciembre de 1968, p. 5.

[964] Véase el capítulo 29. Fortas retuvo el primer pago de 20.000 dólares durante casi un año, mucho después de que Wolfson hubiera sido acusado. Mientras tanto, recibió 15.000 dólares por unas conferencias en el Washington College of Law de la American University. Más tarde se descubrió que los honorarios no habían sido pagados por la universidad, sino por Maurice Lazarus, magnate de los grandes almacenes, y Gustave Levy y John Loeb, dos de los banqueros privados más ricos del mundo. El dinero podría interpretarse como el regalo de unos amigos o como el medio por el que la comunidad bancaria internacional puede mantener en nómina a un juez del Tribunal Supremo. *Time*, 23 de mayo de 1969, p. 23, y *Life*, 23 de mayo de 1969, pp. 38-39.

[965] *Facts on File*, 1967, p. 460.

[966] *New York Times*, 14 de septiembre de 1963, p. 10.

[967] *Washington Post*, 4 de junio de 1970, p. B4.

[968] Después de ser acusado, pero antes de ir a la cárcel, Houlihan trabajó durante tres meses como consultor del Center for Study of Democratic Institutions, Santa Barbara, California. *New York Times*, 30 de abril de 1966, p. 28, y 8 de septiembre de 1968, p. 21, y *Oakland Tribune*, 3 de junio de 1966, p. 22.

[969] Informe de Associated Press, 23 de septiembre de 1970.

de los últimos tiempos fue Marvin Mandel, de Maryland, que fue enviado a la cárcel de un club de campo por recibir sobornos de operadores de hipódromos. Tal vez el peor caso de tráfico de influencias fue el del presidente de la Cámara de Representantes, John McCormack, en cuya oficina trabajaron durante años dos manipuladores políticos, Nathan Voloshen y Martin Sweig, a veces incluso utilizando el nombre del presidente. Cuando Sweig y Voloshen fueron llevados a juicio, McCormack, uno de los políticos más astutos de Washington, afirmó que desconocía las acciones de sus amigos.[970]

Con la excepción de Lowell Birrell, cuyo padre era pastor protestante, y algunos otros, todos los estafadores financieros famosos desde la Segunda Guerra Mundial han pertenecido a minorías. El mayor evasor de impuestos de todos ellos puede haber sido Samuel Cohen, de Miami Beach, quien, según el Servicio de Impuestos Internos, no declaró 25.578.000 dólares de ingresos imponibles en 1967.[971]

En segundo lugar podría estar Allen Glick, operador de una casa de juego en Nevada y funcionario del sindicato Teamsters, que debía 9,5 millones de dólares al Servicio de Impuestos Internos en concepto de impuestos atrasados y multas por fraude.[972] También en la carrera y también judío era Edward Krock, a quien se notificó su procesamiento por defraudar al gobierno 1,4 millones de dólares en impuestos mientras tomaba un relajado crucero de verano en su yate de 150 pies. Un estafador preeminente, Anthony De Angelis, estafó increíblemente a sus amigos, socios comerciales y al gobierno 219 millones de dólares en un fraude de soja.[973] Comparado con De Angelis, Eddie Gilbert, que desplumó a sus accionistas con 1,9 millones de dólares y luego huyó a Brasil, era un picarón.[974] Otro manipulador de

---

[970] *Life*, 31 de octubre de 1969, p.52, y *New York Times*, 13 de enero de 1970, p.1. El representante John Dowdy, de Texas, y el senador Daniel Brewster, de Maryland, fueron dos congresistas implicados con delincuentes minoritarios. Dowdy fue condenado por aceptar un soborno de Nathan Cohen para bloquear una investigación del gobierno. Brewster fue condenado a entre dos y seis años por aceptar dinero de Spiegel, una empresa de venta por correo.

[971] Informe de Gannett News Service, 11 de julio de 1971.

[972] *New York Times*, 19 de junio de 1977.

[973] *Time*, 4 de junio de 1965, p. 20.

[974] *New York Times*, 24 de abril de 1964, p. 1, y 28 de abril de 1967, p. 1. Gilbert regresó más tarde y se entregó. Aunque Benjamin Javits, hermano del senador neoyorquino Jacob Javits, le representó, Gilbert fue enviado a la cárcel. La acaudalada madre de Gilbert pagó entonces una gran suma de dinero al apañador y colaborador del presidente de la Cámara de Representantes John McCormack, Nathan Voloshen, para que sacara a su hijo de la cárcel.

acciones fue Morris Schwebel que, con otros pocos operadores, hizo subir el precio de las acciones canadienses a cinco dólares la acción. Más tarde, cuando las acciones resultaron ser casi sin valor, los inversores perdieron 16 millones de dólares.[975] Un tipo de depredador financiero más despiadado fue el banquero internacional Serge Rubinstein, que complementó sus operaciones monetarias con la evasión de la conscripción y más tarde fue asesinado al estilo del hampa.[976]

Louis Wolfson fue relativamente sutil en sus tratos financieros y se apoyó en gran medida en altos cargos del gobierno. Con la ayuda del senador ultraliberal (más tarde diputado) Claude Pepper, de Florida, y del millonario contratista Matt McCloskey, ambos altos cargos en los consejos del partido demócrata, Wolfson hizo su primer negocio comprando un astillero naval estadounidense, que costó a los contribuyentes 19.262.725 dólares, por sólo 1.926.500 dólares.[977] Al igual que Wolfson, Leopold Silberstein fue a la cárcel por violar las normas de la Comisión del Mercado de Valores. Ni siquiera la ayuda del ex Secretario del Interior Oscar Chapman pudo salvarle.[978]

Otros notorios traficantes judíos fueron: David Graiver, que saqueó 40 millones de dólares del American Bank & Trust Co., el principal banquero de los terroristas marxistas argentinos; Robert Vesco, el heredero del imperio financiero en ruinas de Bernard Cornfeld, consiguió robar 224 millones de dólares de cuatro fondos de inversión; Michele Sindona, un siciliano, que precipitó la quiebra del Franklin National Bank, la mayor quiebra bancaria de la historia de Estados Unidos, al malversar 45 millones de dólares de sus activos; el rabino Bernard Bergman, que defraudó 1,2 millones de dólares a Medicare.2 millones de dólares, por lo que fue condenado a cuatro meses de cárcel; Eli Black, presidente de United Brands, que saltó desde su despacho del piso cuarenta y cuatro tras verse implicado en un escándalo de soborno

[975] En su juicio, Schwebel estuvo representado por el ex juez federal Simon Rifkind, quien explicó que el acusado era un filántropo de buen corazón y un líder religioso y comunitario, y añadió que tanto él como su esposa habían sufrido recientemente infartos. Schwebel fue multado con 15.000 dólares y condenado a un año y un día de prisión. La sentencia fue posteriormente suspendida. *New York Times*, 7 de junio de 1964, p. 60 y 26 de agosto de 1964, p. 24.

[976] *Time*, 6 de mayo de 1946, p. 84, y 7 de febrero de 1955, pp. 16-17.

[977] Leslie Gould, *The Manipulators*, David McKay, Nueva York, 1966, pp. 5-6.

[978] Benjamin Javits era también abogado de Silberstein. Ibídem, p. 53.

millonario;[979] Stanley Goldblum, de Equity Funding, supervisó la falsificación de pólizas de seguros por valor de 200 millones de dólares.[980]

Por último, pero no por ello menos importante, están los dos mayores peculadores de todos: Ivan Boesky y Michael Milken. Ambos cumplieron 22 meses de cárcel. Ambos robaron tanto en sus fraudulentas operaciones bursátiles que pudieron pagar multas de cientos de millones de dólares y aún así conservar cientos de millones en el caso de Milken y decenas de millones en el de Boesky para que les durara la vejez. Tras salir de la cárcel, Milken, conocido como el rey de los bonos basura, hizo lo que sólo podría describirse como un viaje triunfal a Israel.

El abogado inhabilitado Roy Cohn murió de sida en 1986 después de pasar gran parte de su vida en los tribunales defendiéndose de una serie aparentemente interminable de cargos que iban desde la conspiración y el fraude postal hasta el soborno, la extorsión y el chantaje.[981] Si el abogado judío Abe Fortas simboliza la corrupción de la coalición liberal-minoritaria, el abogado judío Cohn, antiguo ayudante del difunto senador Joseph McCarthy, es el símbolo de la desecación espiritual del llamado conservadurismo estadounidense. En 1964, después de que Cohn obtuviera la absolución en un juicio, recibió felicitaciones del cardenal Spellman, del senador Dirksen y del senador Eastland.[982] Entre los otros amigos de Roy Cohn estaban el senador Edward Long de Missouri, cuya relación con Hoffa se mencionó anteriormente, y William F. Buckley, Jr.[983]

Los vínculos más estrechos de Cohn eran con Lewis Rosenstiel, el multimillonario fundador de Schenley Industries, y Louis Nichols, antiguo ayudante del director del FBI. Ambos eran muy cercanos al jefe del FBI, J. Edgar Hoover. Rosenstiel fue el mayor contribuyente individual a la Fundación J. Edgar Hoover, y la propia fundación de Rosenstiel ayudó a

---

[979] Para Graiver, que puede o no haber muerto en un accidente de avión en México cuando huía de la policía de Nueva York, véase *New York Times*, 28 de noviembre de 1972, p. 1; para Vesco, véase *Wall St. Journal*, 13 de abril de 1978, p. 13; para Sindona, véase *Village Voice*, 21 de enero de 1980, p. 27; para Bergman, véase informe de UPI, 18 de junio de 1971; para Black, véase *New York Times*, 4 de febrero de 1975, p. 1.

[980] *Miami Herald*, 22 de abril de 1973, p. 7-E.

[981] *New York Times*, 14 de diciembre de 1969, p. 74.

[982] *Life*, 5 de septiembre de 1969, p. 28.

[983] Cohn consiguió que un banco de Chicago, en el que tenía intereses, concediera al senador Long un préstamo sin garantía de 100.000 dólares. Cohn también consiguió un préstamo de 60.000 dólares para Buckley, que lo utilizó para comprar un balandro de 60 pies. *Life*, 5 de septiembre de 1969, pp. 28-29.

subvencionar dos libros sobre el FBI, uno de ellos escrito por Hoover.[984] También se sabe que Cohn era amigo del congresista Emanuel Celler, presidente del Comité Judicial de la Cámara de Representantes, del congresista Cornelius Gallagher, acusado abiertamente de estar estrechamente relacionado con la Cosa Nostra, y de Edwin Weisl, asesor financiero del presidente Johnson y su embajador personal en el partido demócrata de Nueva York.[985] Fue en el yate de Cohn donde el ex jefe de Tamany y extorsionador convicto Carmine DeSapio y otros peces gordos demócratas eligieron una lista de jueces para las elecciones de Nueva York de 1969.

Un mes antes de las elecciones presidenciales de 1968, Cohn entregó tres cheques por valor de 9.000 dólares a candidatos republicanos. A cambio, supuestamente se le aseguró que el Presidente Manuel Cohen de la Comisión de Valores y Bolsa y Robert Morgenthau, fiscal federal del Distrito Sur de Nueva York, sus supuestos "perseguidores", serían destituidos si Nixon ganaba. Tras las elecciones, Cohen fue sustituido de inmediato y Morgenthau despedido unos meses más tarde.[986] La implicación de la administración Nixon con una persona como Cohn no fue un incidente aislado. Más tarde, Walter Annenberg, el editor de Filadelfia acusado en su día de evasión de impuestos, fue nombrado embajador en Gran Bretaña.[987]

El crimen ha penetrado tan profundamente en la industria del entretenimiento, dominada por las minorías, que se ha convertido en una jungla del hampa. Los gángsters controlan los juke boxes, son dueños de muchos de los clubes nocturnos del país y ponen grandes cantidades de dinero para las producciones de Broadway. Como resultado del control de los gánsteres sobre el juego, prácticamente todos los grandes nombres del mundo del espectáculo han recibido en algún momento dinero de la Mafia por aparecer en casinos de Las Vegas y otros lugares. Varias personalidades

---

[984] Ibídem, pp. 29-30.

[985] Ibídem, pp. 28-29. Weisl también fue director de Cenco Instruments Corp, controlada por Alfred E. Strelsin, uno de los sionistas más ricos y dedicados del país. Cenco fue expulsada de la Bolsa de Nueva York por fraude de inventario en 1975.

[986] Ibídem, p. 26. Los tres cheques de Cohn rebotaron durante algún tiempo antes de ser finalmente cubiertos. Una vez extendió cheques por valor de 50.000 dólares contra una cuenta inexistente. Ibídem, p. 30.

[987] El padre de Annenberg, Moses, fue a la cárcel durante dos años por evadir impuestos sobre la renta por valor de 1,2 millones de dólares. Aunque acusado, Walter nunca fue llevado a juicio. *Washington Star*, 7 de enero de 1969, p. 1. En la fastuosa extensión Annenberg de Palm Springs, California, que cuenta con un campo de golf privado de 18 hoyos, el presidente Reagan, el ex presidente Nixon y una serie de otras figuras públicas se reúnen cada 31 de diciembre para recibir el Año Nuevo.

destacadas del mundo del espectáculo y la televisión tienen sus propios antecedentes penales. El difunto Jack Benny, uno de los cómicos mejor pagados del país, fue condenado por contrabando de diamantes, pero nunca pareció afectar a sus índices de audiencia.[988] David Begelman, otrora presidente de Columbia Pictures, aunque confesó en 1977 haber falsificado los nombres de destacadas estrellas de Hollywood para cheques de cinco cifras, nunca pasó un día en la cárcel. Dos años después fue nombrado jefe de MGM con un sueldo de 500.000 dólares anuales, más gastos. Winston Burdett, un reportero de televisión que hablaba sin pelos en la lengua, fue espía del Ejército Rojo en Finlandia cuando Rusia intentaba invadir esa pequeña nación en el invierno de 1939-1940. Después de que Burdett lo confesara todo a un comité del Congreso, su empleador, la Columbia Broadcasting System, lo mantuvo en nómina como si nada hubiera pasado.[989]

En el mundo de la prensa escrita, la obscenidad está ahora tan de moda que cuando los editores de revistas han sido detenidos por pornografía, como Hugh Hefner, de *Playboy*, y Ralph Ginzburg, de *Eros*, su reputación ha salido reforzada. Después de que Ginzburg fuera condenado a cinco años de prisión, consiguió solicitar colaboraciones para una nueva revista, *Fact*, a personajes tan notables como Bertrand Russell, Mary McCarthy, Linus Pauling y Robert Hutchins.[990]

Otros escritores, casi todos pertenecientes a minorías, no estaban necesariamente relacionados con delincuentes, pero eran infractores de la ley por derecho propio. El decano de esta raza fue Harry Golden, quien, antes de convertirse en el autor más vendido de homilías antisureñas y en el propietario-editor del *Carolina Israelite*, pasó casi cinco años en Sing Sing bajo su verdadero nombre, Herschel Goldhurst.[991] Norman Mailer, que recibió 400.000 dólares por su denigrante serie de ensayos sobre el alunizaje, fue detenido en Nueva York en 1961 y acusado de apuñalar a su esposa.[992] Un escritor menos escatológico, el crítico literario Leslie Fiedler, fue detenido por la policía con la señora Fiedler, su hijo y dos adolescentes en 1967 por mantener locales donde se consumían estupefacientes.[993] Timothy Leary, antiguo instructor, escritor y gurú de Harvard, fue declarado culpable

---

[988] *New York Times*, 12 de octubre de 1940, p. 19.

[989] Ibid, 30 de junio de 1955, p. 1.

[990] *Time*, 3 de abril de 1964, p. 59, y *New York Times*, 26 de junio de 1963, p. 26.

[991] Nixon restableció los derechos civiles de Golden en 1973.

[992] *New York Times*, 13 de enero de 1961, p. 58; 31 de enero de 1961, p. 13; 14 de noviembre de 1961, p. 45.

[993] *New York Times*, 30 de abril de 1967, p. 78.

y condenado a treinta años de cárcel (posteriormente revocada) por introducir drogas en el país desde México.[994] A Pearl Buck, la camionera de la mayoría y sinófila que ganó el Premio Nobel de Literatura, el Estado de Pensilvania le prohibió solicitar más dinero para su fundación debido a su negligente mala gestión de los fondos benéficos.[995] Por encima de todos ellos estaba el falsificador de urna Clifford Irving.

Ya se ha hecho referencia a los antecedentes policiales de los principales escritores militantes negros, pero conviene mencionar que LeRoi Jones, el dramaturgo negro, fue detenido en Nueva York en 1966 por agresión y robo.[996] Arthur Miller, el dramaturgo judío contemporáneo más honrado, fue citado por desacato al Congreso en 1956.[997] Diez destacados guionistas de cine de Hollywood, miembros de minorías salvo una o dos excepciones, habían sido encarcelados anteriormente por el mismo delito.[998]

La insistencia en los delincuentes pertenecientes a minorías en este capítulo no pretende dar a entender que no hay delincuencia donde no hay minorías. No merece la pena repetir que todas las razas y todas las sociedades tienen sus delincuentes. Pero las sociedades multirraciales suelen tener más delincuencia per cápita, y la sociedad multirracial en la que la lucha por el poder se convierte en una lucha descaradamente racial tiene el mayor índice de delincuencia. Además, hay algunos delitos que sólo podrían darse en sociedades heterogéneas. En 1964, treinta y ocho personas de un suburbio de Nueva York contemplaron durante hora y media desde las ventanas de sus apartamentos cómo una joven blanca, Kitty Genovese, que pedía ayuda

---

[994] *New York Times*, 12 de marzo de 1966, p. 1, y 21 de octubre de 1966, p. 1. Leary, que más tarde fue encarcelado por otro cargo de drogas y luego se fugó de la cárcel, es probablemente tan responsable como cualquiera de haber influido en una parte considerable de toda una generación de estadounidenses para que experimentaran con las drogas. La última vez que la drogadicción alcanzó proporciones similares fue en la China anterior a la Segunda Guerra Mundial. La izquierda radical de Estados Unidos favorece o tolera las drogas, pero Mao Tse-tung, el difunto líder comunista chino y héroe de la izquierda radical, convirtió en delito capital no sólo el tráfico de drogas, sino incluso su más mínimo consumo.

[995] *Time*, 25 de julio de 1969, p. 60. En 1965, el consejo de administración de la fundación incluía a Art Buchwald y Sargent Shriver.

[996] El poeta Allen Ginsberg pagó la fianza de 500 dólares.

[997] Miller probablemente se libró de la cárcel porque estaba casado por aquel entonces con Marilyn Monroe, cuya sobreexplotación por parte de magnates del cine la llevó a un patético suicidio.

[998] Los delitos más graves cometidos por estos trileros del cine eran los guiones de pacotilla que elaboraban por sueldos de hasta 1.000 dólares a la semana. Hoy, sus sucesores ganan hasta 250.000 dólares por película.

repetidamente, era asesinada lentamente en el patio que tenían debajo. El asesino, un negro necrófilo, culminó la espantosa exhibición violándola después de que hubiera expirado. Aun así, ni una sola persona levantó un dedo para detenerle, ni alzó la voz, ni cogió el teléfono para llamar a la policía.[999]

Un suceso así no podría haber ocurrido en una sociedad homogénea. Un fuerte sentido de comunidad y parentesco, por no hablar de los mandamientos morales de una religión comúnmente compartida, habría obligado a los espectadores a intervenir. Además, en una sociedad homogénea las posibilidades de que un criminal perteneciente a una minoría anduviera suelto habrían sido mucho menores. Incluso si hubiera contemplado tal acto, el asesino habría sido consciente de la feroz reacción de la comunidad que habría suscitado, una conciencia que por sí sola podría haber resultado un factor disuasorio decisivo. Es dudoso que el estrangulador de Boston, Albert DeSalvo, hubiera sido capaz de asesinar a once mujeres en la unida sociedad del sur de Italia, de donde era originaria su familia. Para empezar, no se habría sentido tentado por la presencia de mujeres de otras razas. Como era de esperar, no había ningún nombre italiano en la lista de sus víctimas.[1000] Tampoco había un nombre mexicano entre las veinticinco personas asesinadas por Juan Corona en sus matanzas de California. Todos eran estadounidenses de origen anglosajón excepto un negro, que fue enterrado en una tumba separada.[1001] Incluso hubo connotaciones raciales en el increíble suicidio en masa de negros en Guyana ordenado por el reverendo Jim Jones, que probablemente era en parte indio, y en los asesinatos en masa en Los Ángeles ordenados por Charles Manson, cuyo padre probablemente era mulato.[1002] Las mini masacres por motivos homosexuales de Texas, Chicago y Atlanta fueron cometidas, respectivamente, por un miembro de la Mayoría, un étnico y un negro. Ni que decir tiene que todos estos atroces asesinatos no se vieron desalentados por la permisividad fomentada por los

---

[999] *Time*, 26 de junio de 1964, pp. 21-22. Un suceso algo similar tuvo lugar en Rochester, Nueva York. Cientos de coches pasaron junto a una niña de diez años que estaba siendo agredida al lado de una autopista. Ningún coche se detuvo, ni siquiera cuando la niña escapó momentáneamente de su agresor y pidió ayuda con gestos frenéticos. Su cuerpo fue encontrado dos días después en una cuneta. Informe de Associated Press, 28 de noviembre de 1971. Winston Mosely, el asesino de Kitty Genovese, escapó del hospital de la prisión de Buffalo donde estaba siendo tratado de una herida autoinfligida. Violó a un ama de casa y aterrorizó a todo un vecindario hasta que fue persuadido para entregarse a los agentes del FBI. *Time*, 29 de marzo de 1968, p. 41.

[1000] Gerold Frank, *The Boston Strangler*, New American Library, Nueva York, 1966, pp. 157-58.

[1001] *Miami Herald*, 12 de octubre de 1973.

[1002] Vincent Bugliosi, *Helter Skelter*, W. W. Norton, N.Y., 1974, pp. 410-11.

tribunales, los medios de comunicación y los científicos sociales de las minorías, que han creado una atmósfera en la que los pervertidos pueden acechar a sus presas con el mínimo temor a la ley o a la condena social. Cabe señalar que la primera dama Rosalynn Carter posó para fotografías con el reverendo Jim Jones y John Gacy, el atroz curandero de barrio del partido demócrata que asesinó a más de treinta jóvenes blancos en la zona de Chicago.

A medida que el delito racial se convierte en una de las formas más comunes de delincuencia, la legislación estadounidense sólo ha empezado a distinguirlo de otros delitos penales.[1003] Allí donde todo el mundo sigue siendo igual ante la ley y tiene derecho a las mismas garantías jurídicas, el delincuente minoritario prospera, . aunque no merezca más la protección y los beneficios del debido proceso que un soldado enemigo capturado en combate. Tanto el soldado enemigo como, cada vez más, los infractores de la ley pertenecientes a minorías sienten que sus delitos no son delitos en sentido real, sino simplemente actos de violencia justificable contra un opresor. Por eso las probabilidades de rehabilitación de los delincuentes raciales son tan altas. Para la mayoría de los reclusos pertenecientes a minorías, la prisión estadounidense moderna es un campo de prisioneros de guerra, un campo del que se libera a los prisioneros mientras la guerra sigue su curso, un campo en el que las tropas de ambos bandos están encarceladas juntas, mientras continúan de cerca el conflicto racial que se libra fuera.[1004]

El humanitarismo, que es la extensión del amor familiar a toda la humanidad,[1005] fue el principal artífice del actual sistema penitenciario. No hace mucho tiempo, la mayoría de los países civilizados multaban, marcaban, mutilaban, esclavizaban o mataban a sus delincuentes, cuando no los exiliaban o los asignaban a bandas de trabajo. Hacinar a un gran número de hombres en vastos complejos penitenciarios es un avance relativamente nuevo en criminología. Las largas penas de prisión causan un daño psicológico inconmensurable a los reclusos, que malgastan sus vidas en actividades inútiles y sin provecho, mientras que los crecientes costes de

---

[1003] Un nuevo delito tipificado -violación de los derechos civiles de un ciudadano- favorece a las minorías inasimilables en su guerra política contra la mayoría. La violación de los derechos civiles permite a las fuerzas del orden federales inmiscuirse en la persecución estatal de los "racistas" de la Mayoría, hasta el punto de someterlos a un doble procesamiento.

[1004] Estados Unidos tiene una mayor proporción de su población en la cárcel que cualquier otro país: 426/100.000, frente a Sudáfrica 333/100.000, Gran Bretaña 97/100.000, Turquía 96/100.000, Francia 81/100.000. *Wall Street Journal*, 7 de enero de 1991.

[1005] Arnold Gehlen, *Moral und Hypermoral*, Athenäum Verlag, Frankfurt am Main/Bonn, 1970, pp. 79, 123, 142.

mantenimiento de las prisiones suponen una pesada carga financiera para quienes respetan la ley. Y a medida que las cárceles se llenan, se hacen más insufribles. En muchas prisiones, los reclusos blancos están ahora casi totalmente a merced de delincuentes negros empedernidos, ya que estos últimos constituyen aproximadamente la mitad de la población reclusa. Los actos homosexuales a los que se ven obligados a someterse los presos de la Mayoría Juvenil representan uno de los calvarios más crueles y horrendos de la historia del castigo.[1006]

Es obvio que la respuesta a esta caída en la barbarie no es la permisividad legal que ha atascado los tribunales hasta tal punto que muchos delincuentes cometen dos o tres delitos más mientras están en libertad bajo fianza a la espera de juicio por delitos anteriores. Esa permisividad fomenta la delincuencia en lugar de reducirla, como señaló a principios de este siglo el sociólogo italiano Vilfredo Pareto:

> El efecto de la ley de libertad condicional se extiende más allá del delincuente a quien protege. La población en general se acostumbra a pensar que un primer delito puede cometerse impunemente; y si esa manera de pensar se arraiga en el sentimiento, disminuyendo la aversión al delito que el ser humano civilizado siente instintivamente, la criminalidad puede aumentar en general.... El castigo incondicional de los delitos que tuvo lugar durante largos períodos de tiempo en siglos pasados ha contribuido al mantenimiento de ciertos sentimientos de aversión al delito... Las naciones que hoy en día se entregan a una orgía de humanitarismo están actuando como el hijo pródigo al malgastar la fortuna que había heredado de su padre.

> Leyes suaves en general... la extrema misericordia de los tribunales y los jurados; la paciencia bondadosa de los magistrados que permiten a los delincuentes mostrar desprecio por ellos en público, y a veces proferir insultos personales y ridiculizar las penas con las que se les amenaza... la mitigación de penas ya suaves; frecuentes conmutaciones e indultos...

[1006] En tres cárceles de Pensilvania, en las que el 80% de los reclusos eran negros, se produjeron 2.000 agresiones sexuales en un periodo de dos años. La mitad de estas agresiones iban dirigidas contra blancos. *Time*, 20 de septiembre de 1968, p. 48. A menudo, la única forma que tiene un joven miembro de la Mayoría de salir adelante en la cárcel es degradarse convirtiéndose en el "gamberro" de un delincuente endurecido de una minoría, que entonces le protege de las agresiones de las bandas. A pesar de esta espantosa situación, el Tribunal Supremo confirmó una decisión de un tribunal inferior que prohibía la segregación de los presos por razas para evitar la violencia. *1969 World Almanac*, p. 49.

todas estas cosas permiten que un gran número de individuos piensen con ligereza en el delito y en el castigo del delito.[1007]

Es igualmente obvio que la delincuencia en Estados Unidos seguirá aumentando casi con toda seguridad hasta que los criminólogos y los científicos sociales estén dispuestos a considerar las ramificaciones genéticas del problema. Hasta ahora, sólo unos pocos antropólogos estadounidenses y canadienses destacados, Arthur Jensen y J. Philippe Rushton por citar dos, han tenido el valor de afirmar que la delincuencia tiene un componente racial. Tras realizar un estudio antropológico de 13.873 presos varones en diez estados, el difunto Earnest Hooton declaró que había que eliminar la "población criminal" del país. Observó además que el medio más eficaz para frenar la delincuencia era criar un hombre de mayor calidad.[1008]

No es sorprendente que los prejuicios igualitarios de Franz Boas y Ashley Montagu hayan proporcionado la mayor parte de las directrices antropológicas de la criminología contemporánea. El propio Montagu ha declarado: "No existe la menor prueba para creer que alguien haya heredado la tendencia a cometer actos delictivos."[1009] Existe, por supuesto, además del trabajo de Hooton, una gran cantidad de pruebas de este tipo. Los estudios sobre trastornos glandulares, anomalías cromosómicas y la correlación de los tipos corporales con la delincuencia indican el indiscutible origen biológico de diversas tendencias delictivas.[1010]

Debido al componente genético de la delincuencia, la prevención del delito debe empezar en el hogar o, más propiamente, en el dormitorio, como indica el hecho de que ya hay demasiados delincuentes estadounidenses. Para aquellos elementos criminales que insisten en reproducirse -y reproducirse más rápido que los elementos no criminales- la respuesta es la esterilización. En opinión del profesor H. S. Jennings, un psicólogo de primera línea, negar el derecho de reproducción a los delincuentes habituales eliminaría alrededor

---

[1007] Vilfredo Pareto, *La mente y la sociedad*, trad. Andrew Bongiorno y Arthur Livingston, Harcourt Brace, Nueva York, 1935, Vol. 3, pp. 1284-85.

[1008] Harry Elmer Barnes y Negley K. Teeters, *New Horizons in Criminology*, Prentice-Hall, Englewood Cliffs, Nueva Jersey, 1959, pp. 131-32.

[1009] Ashley Montagu, "The Biologist Looks at Crime", *The Annals of the American Academy of Political and Social Sciences*, Vol. 217, p. 55.

[1010] La historia de la familia Jukes, que produjo cientos de criminales en seis generaciones, es una prueba más de la base genética de gran parte de la delincuencia. Lothrop Stoddard, *Revuelta contra la civilización*, pp. 95-96. Más recientemente, la anomalía cromosómica hereditaria XYY se ha relacionado provisionalmente con el comportamiento delictivo y antisocial. Véase también William H. Sheldon, *Varieties of Delinquent Youth*, Harper & Row, Nueva York, 1949.

del 11% de los deficientes mentales (incluidos los criminales dementes) en cada generación sucesiva.[1011] El profesor Samuel J. Holmes, un destacado biólogo, ha afirmado que la esterilización del 10% de la población acabaría con la mayoría de los defectuosos hereditarios de Estados Unidos.[1012]

El retroceso emocional del crimen y su efecto amortiguador y cínico sobre la reciprocidad, la abnegación y otros prerrequisitos morales del hombre civilizado está más allá del alcance de este estudio. Baste decir que una ciudadanía que debe dedicar una parte cada vez mayor de su tiempo y sus recursos a la seguridad personal no está ni de humor ni en condiciones de preocuparse demasiado por la seguridad nacional. La delincuencia, en otras palabras, tiene una relación directa con la capacidad de defensa de Estados Unidos.

El crudo y humillante registro diario de la continua orgía de crímenes estadounidenses es una prueba abrasadora de la división y desunión nacionales. Como tal, estimula las propensiones neutralistas de los aliados, al tiempo que alienta el instinto agresivo de los enemigos.

De un modo demasiado sutil para que la mayoría de los historiadores o analistas políticos puedan comprenderlo, uno de los principales productos de la clandestinidad de las minorías ha sido la etiolación de la política exterior estadounidense.

[1011] Barnes y Teeters, op. cit., p. 137. Se calcula que desde 1900 se han realizado hasta 70.000 esterilizaciones involuntarias de enfermos mentales en treinta estados. Por lo que se ha podido averiguar, se ha puesto fin a esta forma de eugenesia negativa por varios motivos, uno de los cuales es la amenaza de demandas por parte de organizaciones como la Unión Americana de Libertades Civiles. Informe de UPI, 24 de marzo de 1980. Muchas, si no la mayoría, de las esterilizaciones voluntarias son disgenésicas, en el sentido de que se realizan en personas sanas e inteligentes que no desean tener hijos -o más hijos-.

[1012] Ibídem, p. 137.

PARTE IX

El choque de la política exterior

CAPÍTULO 31

La desnacionalización de la política exterior

L A POLÍTICA EXTERIOR de Estados Unidos o de cualquier nación es la suma vectorial de las fuerzas internas que conforman su política interior y las fuerzas externas que ejercen las políticas exteriores de otras naciones. Dado que la política interior estadounidense ha reflejado un sesgo liberal-minoritario constante durante la mayor parte de este siglo, la política exterior estadounidense, que difiere infinitesimalmente según los presidentes demócratas y republicanos han entrado y salido del poder, se ha moldeado en el mismo molde ideológico. Como consecuencia, tiende a favorecer a aquellos Estados y gobiernos que atraen el gusto del liberalismo moderno y las emociones de las minorías más poderosas de Estados Unidos. Como consecuencia adicional, la política exterior estadounidense contemporánea no sirve a los intereses de la nación en su conjunto, sino a los de determinados segmentos de la misma.

La teoría democrática parte del supuesto de que la política exterior de una democracia es una imagen más fiel de las actitudes, necesidades y deseos del pueblo que la de una monarquía, una aristocracia o una dictadura. Esto puede ser cierto en un país democrático con una base demográfica relativamente homogénea. Pero la teoría difícilmente encaja en grandes Estados multirraciales en los que no existe un "pueblo", sino conglomerados de pueblos separados, cada uno con sus propias demandas divergentes y a menudo divisorias en materia de política exterior.[1013]

La política exterior estadounidense nació y se nutrió del aislacionismo tan ineludiblemente apropiado para la lejanía y los limitados recursos de la nueva nación, y tan sucintamente expuesto en el Discurso de Despedida de

---

[1013] De Tocqueville, el gran analista y amigo de la democracia estadounidense, mostraba serias dudas sobre la capacidad de los gobiernos democráticos en el ámbito de los asuntos exteriores, pues creía que las cualidades que distinguen a las democracias en la conducción de los asuntos internos eran opuestas a las necesarias para el manejo adecuado de las relaciones exteriores. "La politique extérieure n'exige l'usage de presque aucune des qualités qui sont propres à la démocratie". En el párrafo anterior, de Tocqueville escribió: "c'est dans la direction des intérêts extérieurs de la société que les gouvernements démocratiques me paraissent décidément inférieurs aux autres." *De la démocratie en Amérique*, Tome I, p. 238.

Washington.[1014] El joven país, aunque rebosante de una energía que en cualquier otro lugar se habría sublimado en un imperialismo desenfrenado, se vio obligado al principio, por exigencias de la geografía, a dedicar los instintos marciales no reservados a la preservación de sus libertades a las actividades más monótonas de limpieza de tierras y recuperación de tierras.

Pero una vez superada la crisis de independencia y tras el empate de la Guerra de 1812, Estados Unidos abandonó su máscara aislacionista y abrazó todo el hemisferio occidental con las embriagadoras declaraciones de la Doctrina Monroe. Tal y como la mayoría de los europeos y latinoamericanos la diagnosticaron correctamente, la Doctrina Monroe no era más que un término diplomático cortés para referirse al infeccioso expansionismo estadounidense. Otra palabra para designarlo era Destino Manifiesto que, aunque no se convirtió en un artículo de fe hasta algo más tarde, se respiraba desde la época de los asentamientos originales a lo largo de la costa oriental.

Es difícil calcular cuándo y dónde se habría detenido el engrandecimiento territorial si las energías estadounidenses no se hubieran disipado en la Guerra Civil. Si no hubiera existido el problema de la esclavitud, es muy posible que Canadá, México, América Central y las islas del Caribe fueran ahora estrellas adicionales en las barras y estrellas. Después de Appomattox, una vez cerradas las heridas (pero mucho antes de que hubieran cicatrizado), se renovó el *Drang* imperialista. En 1898-99 Cuba fue "liberada" de España y Estados Unidos se apoderó de Filipinas. Entonces llegó Theodore Roosevelt, el último de una raza, el último de los grandes nacionalistas estadounidenses, con su gran garrote, su flota que circunnavegaba el mundo, su bombardeo de Panamá y su agresivo arbitraje de la guerra ruso-japonesa.

Las fuerzas gemelas del liberalismo y el racismo de las minorías no se afianzaron en la formulación de la política exterior estadounidense hasta la administración Wilson. Thomas Jefferson, el liberal clásico paradigmático de Estados Unidos, había sido tan aislacionista como Washington y, en contra de su voluntad, tan expansionista como Theodore Roosevelt.[1015] Fueron los extremistas entre los seguidores de Jefferson quienes intentaron

---

[1014] Washington, hay que subrayarlo, no estaba en contra de la expansión y el imperio. Simplemente se oponía a inmiscuirse en la política europea y a tomar partido en las guerras europeas.

[1015] En su primer discurso de investidura, Thomas Jefferson, aunque siempre había sentido un gran afecto por Francia, abogó por "no establecer alianzas con nadie... aceptar absolutamente la decisión de la mayoría". Fueron los campesinos del sur y del trans-Appalachian, los más apreciados por Jefferson, quienes proporcionaron la mayor parte del apoyo a la expansión americana. Para consternación de Jefferson, su negociación de la Compra de Luisiana le transformó, a su antojo, en el principal imperialista de Estados Unidos. Beard, *The Rise of American Civilization*, Vol. 1, Capítulo IX.

arrastrar a Estados Unidos a una guerra europea del lado de la Francia revolucionaria. Más tarde, los abolicionistas, otra facción que anteponía la ideología al país, sabotearon el interés nacional siempre que ello supusiera un aumento del territorio esclavista.[1016] Pero en general, hasta la toma de posesión de Woodrow Wilson, la política exterior estadounidense había permanecido en gran medida insensible a las presiones de las minorías liberales. El consejo de Washington, al menos en lo referente al Viejo Mundo, nunca había sido repudiado.

La entrada de Estados Unidos en la Primera Guerra Mundial marcó el gran giro de la política exterior. Al estallar el conflicto, la mayoría era neutral o ligeramente favorable a Gran Bretaña. Los alemanes menos asimilados y la mayoría de los judíos alemanes eran ligeramente proalemanes; los judíos de Europa del Este eran fuertemente antirrusos (debido al antisemitismo zarista); los irlandeses menos asimilados eran vehementemente antibritánicos. Las otras minorías blancas, aunque algunas de sus patrias estaban directamente implicadas, se mostraron indiferentes o impotentes. Las minorías no blancas permanecieron generalmente mudas.

Dado que las presiones de las minorías se anularon más o menos entre sí durante las fases iniciales de la Primera Guerra Mundial, las fuerzas de intervención procedían de tres sectores: (1) los que aún eran conscientes de su ascendencia anglosajona o eran inducidos a serlo por los periódicos pro-británicos; (2) los que creían en la superioridad de las instituciones políticas anglo-americanas y se sentían amenazados por los militaristas alemanes; (3) los que tenían un interés económico directo en una victoria británica, como resultado de la estrecha alianza financiera que había surgido entre las calles Wall y Threadneedle tras el bloqueo británico de Alemania.

Para defender sus argumentos, los intervencionistas embellecieron la causa británico-franco-rusa con los tópicos liberales habituales -democracia, derechos humanos, autodeterminación- y ennegrecieron la causa alemana con los peyorativos liberales habituales -tiranía, militarismo, supremacía teutónica-. Pero a pesar del furor nacional por el hundimiento del Lusitania en 1915, la propaganda apenas avanzó. Apenas había un mínimo de verdad en la alegorización de la guerra como una batalla entre el Bien y el Mal, la democracia y el absolutismo, a menos que el zar Nicolás II del Imperio Ruso fuera aceptado como un buen demócrata. Las conexiones genéticas, culturales y financieras anglosajonas, aunque ciertamente fuertes, no se consideraban dignas de morir por ellas. Gran Bretaña, al borde de la derrota

---

[1016] Los abolicionistas eran partidarios de separarse de la Unión si no había otra forma de acabar con la esclavitud. La anexión de Texas fue su derrota política más decisiva.

en 1916, tuvo que buscar una piedra de toque más poderosa para atraer a Estados Unidos a la guerra.

Uno de esos imanes había estado tomando forma en Estados Unidos desde el comienzo de la Nueva Inmigración. El embajador británico en Washington, Cecil Spring-Rice, lo había descubierto sin saberlo cuando informó a su gobierno sobre la creciente influencia de los judíos estadounidenses. Escribió en un despacho: "una diputación judía bajó de Nueva York y en dos días 'arregló' las dos cámaras de modo que el Presidente tuvo que renunciar a la idea de hacer un nuevo tratado con Rusia".[1017] Casi al mismo tiempo, en Londres, Chaim Weizmann, el líder del movimiento sionista mundial, había estado exponiendo la fuerza del judaísmo mundial y prometiendo su pleno apoyo a Gran Bretaña a cambio del respaldo de Gran Bretaña a una patria judía en Palestina.[1018] El gobierno británico prestó especial atención a la propuesta de Weizmann porque, como destacado químico, había ayudado enormemente al esfuerzo bélico británico desarrollando un proceso para la síntesis de acetona, un ingrediente vital en la producción de explosivos.[1019]

Al parecer, británicos y franceses decidieron seguir adelante con la idea de la patria de Weizmann en 1916. Samuel Landman, un influyente sionista británico que había sido trasladado al Ministerio de Propaganda británico de acuerdo con los deseos de Weizmann, ha escrito que Mark Sykes, subsecretario del Gabinete de Guerra británico, y Georges Picot y Jean Gout del Ministerio de Asuntos Exteriores francés estaban convencidos en 1916

> que la mejor y tal vez la única manera (que resultó serlo) de inducir al Presidente estadounidense a entrar en la Guerra era asegurar la cooperación de los judíos sionistas prometiéndoles Palestina, y así alistar y movilizar las hasta entonces insospechadamente poderosas fuerzas de los judíos sionistas en Estados Unidos y en otras partes a favor de los Aliados sobre la base de un contrato quid pro quo. Así, como se verá, [para] los sionistas, habiendo cumplido su parte, y habiendo contribuido en gran medida a atraer a Estados Unidos, la Declaración Balfour de 1917

[1017] William Yale, *The Near East*, University of Michigan Press, Ann Arbor, 1958, p. 267. Yale, profesor universitario estadounidense, pasó varios años en Oriente Próximo en misiones del Departamento de Estado.

[1018] Ibid. Véase también Sachar, *The Course of Modern Jewish History*, pp. 372-73.

[1019] Sachar, op. cit, p. 372. El trabajo judío en el campo de los explosivos de alta potencia y las recompensas tangibles que de ello se derivan para las causas judías son un tema recurrente de la historia judía moderna. Véase el capítulo 38 de este estudio sobre el papel judío en el desarrollo de las bombas de fisión y fusión.

no fue sino la confirmación pública del necesariamente secreto acuerdo "entre caballeros" de 1916...[1020]

En marzo de 1917, el último obstáculo formidable para conseguir el apoyo de los judíos estadounidenses a los Aliados desapareció cuando una revolución derrocó al zar y llevó al poder a un gobierno provisional en Rusia. Uno de los primeros actos del nuevo régimen fue asegurar al mundo que el antisemitismo zarista era cosa del pasado y que los judíos rusos tendrían ahora los mismos derechos que el resto de los rusos.[1021] El 2 de abril, Woodrow Wilson, que había sido reelegido presidente el noviembre anterior con el lema de campaña "Nos mantuvo alejados de la guerra", pidió al Congreso que declarara la guerra a Alemania.[1022] A las pocas semanas, el ministro británico de Asuntos Exteriores, Arthur Balfour, llegó a Estados Unidos. Casi inmediatamente después de ver a Wilson, mantuvo una larga conferencia con el juez Louis Brandeis, el principal sionista estadounidense.

Unos meses más tarde, Henry Morgenthau, padre, y Felix Frankfurter, que estaban sólo ligeramente por debajo de Brandeis en la jerarquía sionista estadounidense, convencieron al Departamento de Estado para que los enviara en misión secreta a Europa para intentar influir en Turquía para que abandonara la guerra y firmara una paz por separado. Chaim Weizmann los encabezó en Gibraltar, convenciéndoles de que un fin anticipado de las hostilidades con Turquía perjudicaría la causa sionista. Palestina era entonces una posesión turca, y Weizmann les aseguró que una Turquía completamente derrotada

Turquía no podría ofrecer mucha resistencia a la fundación de un Estado sionista. Morgenthau y Frankfurter estuvieron de acuerdo y regresaron a Estados Unidos, con su misión inconclusa.[1023]

Probablemente nunca se sabrá si el sionismo fue la ráfaga de viento que hizo caer a los ya tambaleantes Estados Unidos de la cuerda floja de la neutralidad. Aunque las pruebas son incompletas y circunstanciales, tienen cierto peso. En cualquier caso, la cuestión merece un estudio más profundo y debería ser rescatada de la congelación histórica en la que la han sumido

[1020] Yale, op. cit., p. 267. La cita y la referencia proceden del libro de Samuel Landman, *Great Britain, the Jews and Palestine*, New Zionist Press, Londres, 1936.

[1021] *New York Times*, 21 de marzo de 1917, p. 1, y 3 de abril de 1917, p. 9.

[1022] Los sionistas americanos celebraron entonces una convención y enviaron sus felicitaciones formales a Wilson. *New York Times*, 11 de abril de 1917, p. 8.

[1023] Yale, op. cit., p. 241, y Louis Gerson, *The Hyphenate in Recent American Politics and Diplomacy*, University of Kansas Press, Lawrence, Kansas, 1964, pp. 91-92.

historiadores demasiado precavidos.[1024] Por lo menos, la atención diplomática prestada a Palestina demostró que el racismo de las minorías

---

[1024] Hay muchas otras pruebas históricas que refuerzan el argumento de que el sionismo fue una pieza importante en el engranaje de la intervención estadounidense en la Primera Guerra Mundial. Lloyd George declaró públicamente que la Declaración Balfour tendría una influencia importante en el judaísmo mundial fuera de Rusia y favorecería los intereses de los círculos financieros judíos. Leonard Stein, *The Balfour Declaration*, Simon and Schuster, Nueva York, 1961, p. 575. En América, como señaló Lloyd George, la Declaración tendría un valor especial cuando los Aliados hubieran agotado sus reservas de oro y valores negociables. Ibídem, p. 575. Hubo una misión del gobierno francés a los judíos americanos en 1915; en 1916 el Ministerio de Asuntos Exteriores británico instó a los judíos británicos a interesar a los judíos americanos en la causa aliada. Ibídem, pp. 218-19. Los sionistas franceses admitieron abiertamente intentos de influir en la opinión pública francesa, hasta el punto de utilizar los canales de información del gobierno. Ibid, p. 375. Es posible que Wilson asegurara a destacados sionistas de Nueva York sus verdaderas intenciones respecto a la intervención a cambio de su apoyo en las elecciones presidenciales de 1916. Ibídem, p. 227. Brandeis recibía entonces comunicaciones sionistas por correo diplomático británico. Ibídem, p. 377. Un año más tarde aceptó públicamente que los sionistas se beneficiarían de la Revolución Rusa. Ibídem, p. 382. Después de que Wilson respaldara la Declaración Balfour en una carta fechada el 31 de agosto de 1918, Brandeis "declaró que la oposición al sionismo podría considerarse en adelante deslealtad a Estados Unidos". Gerson, op. cit., p. 94. Casi en el mismo momento en que comenzó la Revolución en Rusia, los Rothschild, que se habían negado a prestar dinero al régimen zarista, telegrafiaron un millón de rublos al nuevo gobierno. Frederic Morton, *The Rothschilds*, Atheneum, Nueva York,1962, p. 175. La Revolución Turca (1908-9), que contribuyó a debilitar el dominio de Turquía sobre Palestina, "se había organizado desde Salónica, donde los judíos, junto con los criptojudíos conocidos como Donmeh, formaban la mayoría de la población". Stein, op. cit., p. 35. El primer ministro británico Asquith escribió en 1914: "es una curiosa ilustración de la máxima favorita [de Disraeli] de que 'la raza lo es todo' encontrar este arrebato [sionista] casi lírico procedente del cerebro ordenado y metódico de H.S.". Stein, op. cit., p. 112. Asquith se refería a Herbert Samuel, uno de los judíos más poderosos de Gran Bretaña y miembro del gabinete británico. Más tarde, un judío aún más poderoso, Lord Reading (Rufus Isaacs), que había sido un especulador bursátil en bancarrota y el tema del vitriólico poema de Kipling Gehazi, fue enviado a América, primero como jefe de una misión financiera británica y luego como embajador británico. H. Montgomery Hyde, *Lord Reading*, Farrar, Straus and Giroux, Nueva York, 1967, p. 188. Reading era un buen amigo del coronel House, el asesor más cercano de Wilson. Su "influencia con Lloyd George [era] quizá mayor que la de cualquier otro hombre en Inglaterra". Hyde, op. cit., p. 229. Samuel Gompers, el jefe judío de la Federación Estadounidense del Trabajo, parecía sincronizar su cambio de actitud hacia la guerra con el cambio en la posición sionista. En 1914, Gompers hacía un claro llamamiento a la neutralidad. En febrero de 1917, sin embargo, convocó una reunión del Consejo Ejecutivo de la AFL y emitió una firme declaración contra Alemania. Ronald Radosh, *American Labor and U. S. Foreign Policy*, Random House, Nueva York, 1969, p. 8. En cuanto al deseo del estadounidense medio de entrar en la Primera Guerra Mundial, el senador La Follette declaró que si la cuestión se hubiera sometido a referéndum el voto habría sido de diez a uno a favor de la no intervención. Beard, op. cit.,

estaba empezando a ejercer una influencia dominante e interesada en algunos sectores de la política exterior estadounidense. En el caso de la misión Morgenthau-Frankfurter, estaba eminentemente claro que los sionistas ya estaban dirigiendo una segunda política exterior estadounidense propia.

Tras un derroche de tesoros como sólo la nación más opulenta del mundo podía permitirse, Estados Unidos puso fin a su triunfal incursión en Europa retirándose a toda prisa de vuelta a casa, donde las relaciones exteriores norteamericanas volvieron a desinflarse hasta su tradicional alcance hemisférico. En la ingloriosa conferencia de paz de Versalles, las utópicas esperanzas de Wilson de una comunidad mundial liberal se habían esfumado entre el humo del nacionalismo, el irredentismo y la revolución. Es más, el presidente tuvo que sufrir la humillación final de que el Senado repudiara su propia creación, la Sociedad de Naciones. En el momento de su muerte, en 1924, se admitía generalmente que, en contradicción directa con el objetivo bélico más pregonado por Estados Unidos, la Primera Guerra Mundial había puesto en peligro la democracia en todas partes al amontonar la Ossa del fascismo sobre el Pelión del comunismo. Casi todos los estadounidenses reflexivos, independientemente de sus ideas políticas, estaban de acuerdo en que la intervención en Europa había sido un desastre y no debía repetirse nunca más.

Volvió a ocurrir en menos de un cuarto de siglo. Esta vez los intervencionistas, a pesar de la vergüenza de tener que retractarse de sus promesas más solemnes y renegar de sus resoluciones más firmes, tenían una tarea mucho más fácil. Antes de la Segunda Guerra Mundial, Hitler se había erigido en archienemigo del liberalismo, el marxismo y los judíos, precisamente las tres fuerzas motrices de la coalición liberal-minoritaria que había llegado al poder con el New Deal de Franklin Roosevelt. Capitalizando el antinazismo prefabricado, los medios de comunicación pronto se volvieron rabiosos. En 1940 era difícil encontrar a un intelectual liberal o de una minoría -más o menos algunos Viejos Creyentes- que no fuera un furibundo intervencionista.[1025] El ocasional líder de la Mayoría que intentó

Vol. 2, p. 635. Cabe señalar que la Sedition Act de mayo de 1918 ilegalizó la mayoría de las críticas a la intervención. Ibídem, p. 640.

[1025] Sidney Hillman, el jefe sindical minoritario, estaba tan indignado con Hitler que dirigió personalmente la ruptura de una huelga en 1940 en North American Aviation en Inglewood, California. Radosh, op. cit., p. 19. El hombre que había hecho carrera en el movimiento sindical no quería que se ralentizara la producción de material de guerra, aunque eso significara traicionar a un importante sindicato local.

hacer oír su voz por encima del fragor belicoso fue rápidamente desacreditado por acusaciones de antisemitismo. [1026]

Como demostró hábilmente Charles Beard mediante un cúmulo de documentación, Estados Unidos entró en la Segunda Guerra Mundial mucho antes de Pearl Harbor y de la declaración de guerra del Eje.[1027] De hecho, ya se había comprometido extraoficialmente en noviembre de 1940, cuando Roosevelt, repitiendo la hazaña de Wilson, fue reelegido tras prometer solemnemente mantener a Estados Unidos fuera de la guerra.[1028] Incluso antes de su reelección, Roosevelt había transferido cincuenta destructores estadounidenses a Gran Bretaña. Tras la reelección, persuadió al Congreso para que aprobara la Ley de Préstamo y Arriendo, que hizo recaer gran parte de la carga financiera de la guerra sobre el contribuyente estadounidense. A continuación, ordenó en rápida sucesión: (1) la escolta naval estadounidense de los convoyes británicos; (2) la guerra abierta contra los buques de guerra alemanes; (3) la ocupación de Islandia; (4) la elaboración de acuerdos defensivos secretos con Gran Bretaña; (5) un ultimátum a Japón que exigía la retirada de las tropas japonesas de China y endurecía el embargo estadounidense de acero y petróleo.[1029] La entrada oficial de Estados Unidos en la guerra se produjo casi como un anticlímax.

Si hubo alguna dificultad para identificar las fuerzas de intervención en las fases iniciales de la implicación estadounidense en la Segunda Guerra

---

[1026] Tras una breve mención de la agitación específicamente judía en favor de la intervención, la prensa redujo a Charles Lindbergh de la categoría de héroe épico a la de asalariado nazi. Lindbergh siguió siendo una no-persona durante muchos años. *New Republic*, 22 de septiembre de 1941, pp. 60-61, y *Time*, 22 de septiembre de 1941, p. 17. En 1970, Lindbergh publicó sus *Diarios de guerra*, en los que insistía en que su postura no intervencionista había sido fundamentalmente correcta y que, en realidad, Estados Unidos había perdido la guerra, ya que se había limitado a destruir una amenaza menor para ayudar a establecer una mayor. Hizo especial hincapié en la irreparable pérdida genética sufrida durante la guerra por los pueblos del norte de Europa. Las palabras escritas de Lindbergh repetían, y no modificaban, su acusación de 1941 de que los judíos habían sido una fuerza importante para involucrar a Estados Unidos en la Segunda Guerra Mundial. Véase la nota 34, p. 163, de este estudio y *The Wartime Journals of Charles A. Lindbergh*, Harcourt Brace Jovanovich, Nueva York, 1970, pp. xv, 218, 245, 404, 481, 538-39, 541, 545.

[1027] Beard, *El Presidente Roosevelt y la llegada de la guerra*, 1941.

[1028] En su célebre discurso de campaña en Boston (30 de octubre de 1940), Roosevelt afirmó: "Lo he dicho antes, pero lo diré una y otra y otra vez: Sus muchachos no serán enviados a ninguna guerra extranjera".

[1029] Beard, op. cit., pp. 68, 97, 108, 134, 140, 239, 241, 356, 435, 453.

Mundial,[1030] no la hubo cuando los cañones dejaron de disparar. La política de rendición incondicional, el Plan Morgenthau,[1031] el abandono de Europa del Este en manos de Rusia, los juicios por crímenes de guerra alemanes y las purgas de desnazificación demostraron claramente que Estados Unidos no había participado, ni mucho menos, en una guerra de supervivencia, como proclamaban piadosamente los editoriales de los periódicos, sino en una guerra dedicada a la destrucción total de Hitler y el hitlerismo.[1032]

No hubo retirada estadounidense de Europa cuando la Segunda Guerra Mundial llegó a su fin. Si lo hubiera habido, Europa Occidental podría haber seguido a Europa Oriental en la órbita soviética. Por la fuerza de las circunstancias, la política exterior estadounidense se convirtió en un improvisado mecanismo de defensa a gran escala, una serie infinita de reacciones y contraacciones sobre el terreno a los actos de agresión comunistas, tanto en Europa como en Asia. Esta política de contención, como llegó a llamarse, hizo necesario que los estadounidenses reconstruyeran las mismas economías que habían destruido recientemente, necesario que los soldados estadounidenses unieran sus fuerzas con los mismos enemigos que recientemente se les había ordenado matar. Todo ello

[1030] Al parecer, el primer ministro británico Neville Chamberlain compartía algunas de las opiniones de Lindbergh sobre los orígenes del conflicto. Según el embajador Joseph Kennedy, Chamberlain le dijo que "Estados Unidos y los judíos del mundo habían obligado a Inglaterra a entrar en la guerra". Pero la declaración de Chamberlain no se dio a conocer hasta 1951. *The Forrestal Diaries*, editado por Walter Millis, Viking, Nueva York, 1951, p. 122.

[1031] Presentado en la Segunda Conferencia de Quebec (1944) por el Secretario del Tesoro Morgenthau y redactado por Harry Dexter White, el subsecretario judío del Tesoro (más tarde identificado como agente soviético), el plan exigía el desmantelamiento de toda la industria alemana y la reducción de Alemania a un estado agrario. Churchill aceptó originalmente el plan a cambio de una prórroga del Préstamo y Arriendo. *Current Biography*, 1944, p. 724, *Time*, 9 de agosto de 1948, p. 15, y John M. Blum, *From the Morgenthau Diaries*, Houghton Mifflin, Boston, 1967, Vol. III, p. 373.

[1032] Para algunos fue pura y simplemente una guerra de venganza racial. El Secretario Morgenthau, al discutir el tratamiento de Alemania en la posguerra, dijo: "La única cosa... de la que tomaré parte, es el cierre completo del Ruhr... Simplemente despojarlo. No me importa lo que le pase a la población... Tomaría todas las minas, todas las fábricas y las destruiría... ¿por qué diablos debería preocuparme lo que le pase a la gente? El hecho de que una política semejante pudiera haber matado de hambre a treinta millones de alemanes no venía al caso. Morgenthau persistió en su plan a pesar de que el gobernador de Nueva York, Thomas Dewey, declaró que el Plan Morgenthau provocó un fuerte aumento de la resistencia alemana. No hace falta especular cuántas muertes y bajas en ambos bandos causó la venganza del Antiguo Testamento de Morgenthau. Blum, op. cit., Vol. III, pp. 354, 378.

a costa de otro temible derroche de los recursos humanos e industriales de Estados Unidos.[1033]

Durante y después de la Segunda Guerra Mundial, la política exterior estadounidense fue alternativamente mucho más allá y muy por debajo del interés nacional. Como penitencia por no haberse unido a la Sociedad de Naciones, Estados Unidos se convirtió en el fundador y principal accionista de las Naciones Unidas.[1034] Pero la ONU no fue mejor que la Sociedad para mantener la paz. Casi sin ayuda de nadie, Estados Unidos asumió la defensa de Occidente.

En Asia, Estados Unidos estaba en el bando perdedor en China y luego se vio arrastrado, desafiando todo sentido común militar, a dos guerras terrestres asiáticas que podría haber ganado fácilmente con armas nucleares y menos fácilmente con el uso irrestricto de armas convencionales. En Oriente Medio, naciones musulmanas antaño amigas empezaron a albergar serias dudas sobre Estados Unidos tras el patrocinio estadounidense de Israel y del Sha de Irán. Algunos Estados árabes radicales invitaron a la Unión Soviética a la zona como proveedores de armas y asesores militares, mientras que los Estados moderados afilaban su arma petrolera. El Irán revolucionario se volvió antiamericano, mientras que Egipto, tras expulsar a los rusos, entró en una semialianza con Washington con la esperanza de que los acuerdos de Camp David obligaran a Israel a devolver el Sinaí (así fue) y a crear un Estado palestino autónomo (muchos años después nació uno fraccionado). En África, las naciones negras emergentes recibieron un fastuoso apoyo financiero e ideológico, mientras que los gobiernos blancos de Rodesia y Sudáfrica fueron acosados con sanciones militares o económicas hasta que ambos acabaron por rendirse e instaurar regímenes negros. En América Latina, la ceguera de un presidente estadounidense permitió que Castro se

---

[1033] En 1978, Estados Unidos todavía debía 25.730.992.168 dólares de préstamos impagados de la Primera Guerra Mundial. *Almanaque Mundial* de 1980, p. 334. En la Segunda Guerra Mundial, los préstamos prestados por Estados Unidos a los Aliados ascendieron a 49.000 millones de dólares, de los que sólo se ha reembolsado una parte. El Plan Marshall para la recuperación europea supuso 8.600 millones de dólares. *Ency. Brit.*, Vol. 4, p. 834. En el periodo posterior a la Segunda Guerra Mundial (desde el año fiscal 1946 hasta el año fiscal 1977), 139 naciones y 8 territorios recibieron 143.400 millones de dólares en ayuda exterior. Otros 46.000 millones se entregaron en forma de préstamos. *Orlando Sentinel Star*, 31 de mayo de 1978, columna de Charles Reese. La ayuda exterior para 1992 ascendió a 14.784.000.000 $. *Almanaque Mundial* de 1994, p. 840.

[1034] Estados Unidos paga un tercio del presupuesto operativo y una gran parte de sus gastos totales. Antes de su desaparición, la Unión Soviética tenía tres votos en la Asamblea General, frente a uno de Estados Unidos. Naciones con alrededor del 5% de la población mundial controlan la mayoría de los votos en la Asamblea General.

hiciera con el poder; la ceguera de un segundo permitió que la Perla de las Antillas se convirtiera en una base militar rusa; la ceguera de un tercero permitió el establecimiento de al menos un régimen revolucionario de corte soviético en América Central.

El prestigio y el poder, dos importantes fuentes de respeto, son una combinación invencible para ganarse la amistad y el apoyo de pueblos y gobiernos extranjeros. No hace mucho, Estados Unidos y los estadounidenses gozaban del respeto de la mayor parte del mundo, una estima universal que facilitaba relativamente la formulación y aplicación de la política exterior. Hoy, la nación que sobre el papel es la más poderosa de la historia está tan desprovista de respeto que tiene problemas para doblegar a su voluntad a repúblicas bananeras de quinta categoría, juntas militares tribales, dictaduras insulares en bancarrota y mulás fanáticos. Fue necesaria una guerra a gran escala para expulsar a Saddam Hussein de Kuwait y una ocupación militar a gran escala para expulsar al general Raoul Cédras de Haití.

La nación que entró en guerra con España por el hundimiento del acorazado *Maine se* sumió en la inacción y la impotencia cuando torpederos y aviones Mirage israelíes bombardearon y ametrallaron el *U.S.S. Liberty, matando a 34 personas e hiriendo a 171 estadounidenses. Liberty,* matando a 34 e hiriendo a 171 estadounidenses; cuando Corea del Norte capturó el buque de guerra *Pueblo* con toda su tripulación; cuando pistoleros extranjeros asesinaron a los embajadores estadounidenses en Guatemala, Sudán y Afganistán; cuando los venezolanos apedrearon al vicepresidente estadounidense; cuando terroristas secuestradores tomaron impunemente aviones estadounidenses con destino a Cuba; cuando estudiantes radicales apoyados por el gobierno iraní tomaron y retuvieron a 52 rehenes estadounidenses durante más de un año; cuando a los prisioneros de guerra estadounidenses en Asia se les lavó el cerebro, se les torturó y se les fusiló; cuando los ciudadanos estadounidenses en el Congo fueron violados y canibalizados; cuando las instalaciones estadounidenses en el extranjero fueron saqueadas y destruidas de forma rutinaria; cuando la nación cuyo ministro en Francia, Charles Pinckney, proclamó con orgullo en 1797: "Millones para la defensa, pero ni un céntimo para tributos", pagó un rescate de 53 millones de dólares a un Mussolini caribeño para la liberación de 1.113 prisioneros capturados en el fiasco de Bahía de Cochinos.[1035]

Como ilustran los incidentes anteriores, el nuevo estilo de diplomacia estadounidense, en el que los fuertes se rinden ante los débiles o compran protección de los débiles mediante grandes desembolsos de ayuda exterior,

---

[1035] *Almanaque mundial de 1965*, p. 371.

no ha producido muchos éxitos conmovedores.[1036] De hecho, todos los logros sólidos que la política exterior estadounidense ha conseguido desde la Segunda Guerra Mundial deben atribuirse en gran medida a dos factores de importancia crucial cuyo mérito apenas pueden atribuirse los responsables políticos de la nación. Estos dos factores son la preponderancia nuclear de Estados Unidos y la desintegración de la red comunista soviética (el titoísmo, la división sino-soviética, el irredentismo de Europa del Este y la invasión de Afganistán). El hecho de que los dirigentes de Estados Unidos no supieran explotar plenamente estas fatídicas ganancias en política exterior es un fracaso diplomático de primera magnitud, que pesará mucho sobre las generaciones futuras.

Pero, ¿qué otra cosa podría esperarse de una política exterior que ha sido sometida a la trituradora de la desnacionalización? Cuando la diplomacia se convierte en un volantín de cada grupo de intereses especiales y de cada bloque minoritario que puede permitirse un grupo de presión en Washington, los amigos y aliados de toda la vida son neutralizados o convertidos en enemigos, mientras que los diplomáticos profesionales, obligados a permanecer al margen, se vuelven más cínicos y más impotentes cada hora. El Departamento de Estado puede pretender ser la agencia que dirige o ejecuta la política exterior estadounidense, pero es poco mejor que un centro de información y un servicio de mensajes. Una noticia sesgada en la portada *del New York Times* tiene más peso que los despachos de veinte embajadores.

Una política exterior desnacionalizada tiene muchas cabezas y muchos corazones, pero no tiene alma. Apoya el imperialismo en una parte del mundo y se opone a él en otra. Defiende los derechos humanos en algunas zonas; en otras, honra y recompensa a quienes los violan. Da dinero y armas a gobiernos antiamericanos, pero boicotea a los gobiernos proamericanos. Estaba en contra de la presencia soviética en Europa del Este y Afganistán, pero la toleraba en Cuba, desde cuyos aeródromos los bombarderos rusos podían sobrevolar Florida en quince minutos. Estaba en contra de tratar con terroristas, pero enviaba armas a Irán.

No sólo Estados Unidos, sino la mayor parte del mundo, ha vivido para lamentar el día en que la Mayoría perdió el control de la política exterior

---

[1036] George F. Kennan, una de las pocas mentes creativas del cuerpo diplomático, ha sido muy crítico con lo que él denomina la "inutilidad histriónica" de la diplomacia estadounidense. La adicción de los políticos norteamericanos a inyectar consideraciones ajenas a la política exterior norteamericana la hace, según Kennan, "ineficaz en la persecución de objetivos reales de interés nacional, permitiendo que degenere en una mera exhibición de actitudes ante el espejo de la opinión política interna". Hasta que la prensa y el público estadounidenses no aprendan a detectar y repudiar semejante comportamiento, el país no tendrá una política exterior madura y eficaz digna de una gran potencia."

estadounidense.[1037] No hay nada más peligroso en las relaciones internacionales que la energía mal dirigida, nada más trágico que una gran nación que gasta su grandeza ciegamente. Hasta que los intereses particulares de las minorías y los entusiasmos particulares de los liberales vuelvan a estar supeditados al interés nacional, la incoherencia diplomática de Estados Unidos seguirá siendo una de las grandes fuerzas desestabilizadoras del orden social mundial. Una diplomacia vacilante anima a los enemigos a correr riesgos y a los amigos a desconfiar. Una política exterior dirigida por grupos de presión en lugar de por estadistas es peor que no tener política exterior.

[1037] El 8 de junio de 1915, cuando William Jennings Bryan dimitió como Secretario de Estado en protesta por los primeros indicios reales del erizado intervencionismo de la administración Wilson, es una fecha tan buena como cualquier otra para marcar el final del nacionalismo como faro guía de los asuntos exteriores estadounidenses.

CAPÍTULO 32

Estados Unidos y Europa Occidental

NADA PONE TAN DE MANIFIESTO la impermanencia de la condición humana como el trágico deterioro de Europa Occidental en el siglo XX.[1038] Al comenzar el siglo, Europa Occidental era el señor de la tierra, la fuente de la industria, la tecnología y el poder militar mundiales, la patria de nueve imperios.[1039] En la mayor parte de la última parte del siglo, Europa Occidental era un vacío de poder, una zona tampón entre la Unión Soviética y Estados Unidos. Reducidos a una fracción de su tamaño, los grandes imperios que sobrevivieron ahora tenían que depender de una potencia transatlántica para su defensa. Durante cuatro décadas, las tropas eslavas permanecieron en el Elba, de donde habían sido expulsadas más de un milenio antes por Carlomagno.[1040] El espacio terrestre de Europa Occidental, una península de una península, atraía a los rusos como una Grecia dividida y desgarrada por las luchas había atraído en su día a Alejandro, mientras que los propios europeos occidentales se sentían cada vez menos tranquilos por el dosel nuclear protector de Estados Unidos. Aunque la Unión Soviética ya no existe, Rusia sigue muy viva. Deslumbrado por las riquezas de Occidente, el oso ruso puede convertirse en un oso hambriento y desplazarse hacia el oeste en busca de miel.

Estados Unidos y Rusia son hijos de Europa Occidental en el sentido de que ambos países han buscado en ella la mayor parte de su alimento cultural y ambos fueron fundados por la raza que ha sido dominante en Europa Occidental, o al menos en el noroeste de Europa, desde el principio de la historia registrada.[1041] Una gran incógnita del futuro es si uno de estos hijos rebeldes, la Rusia semibárbara, intentará reclamar el patrimonio defendido

---

[1038] Por Europa Occidental se entiende la parte de Europa situada al oeste de las tierras eslavas y los Balcanes.

[1039] Británicos, franceses, alemanes, austrohúngaros, italianos, neerlandeses, belgas, españoles y portugueses.

[1040] Al describir la situación de Europa en el siglo VII d.C., un historiador escandinavo moderno ha escrito: "En estos siglos oscuros, el centro de la vida cultural de Europa se desplazó tanto hacia el oeste que el trueque, antaño vital, entre Escandinavia y el Sur sólo podía tener lugar en el Rin y a lo largo de la costa atlántica. Occidente se había reducido y estrechado de forma tan amenazadora como hoy". Eric Oxenstierna, *The Norsemen*, N.Y. Graphic Society, Greenwich Conn., 1965, p. 26.

[1041] Véanse las páginas 72-75 de este estudio.

por el otro hermano, América, que ahora se hunde en la semibarbarie. ¿O revivirá el padre, corregirá sus hábitos autodestructivos y reafirmará su autoridad?

Hasta ahora hay pocos indicios de esta última posibilidad. Sólo los alemanes exhiben aún el tradicional dinamismo europeo occidental. Pero las fuerzas de defensa alemanas, armadas con armas extranjeras, su número y eficacia restringidos por la ley, sus filas desmoralizadas por fuertes dosis de derrotismo y liberalismo moderno, difícilmente podrían, incluso con la ayuda de sus aliados estadounidenses y de la OTAN, hacer retroceder un ataque militar convencional de los rusos y tendrían pocas posibilidades de sobrevivir a uno nuclear. Es cierto que la economía alemana ha sido tan saludable como cualquier otra del mundo. Pero si no se utiliza para apuntalar las defensas alemanas, la prosperidad económica sólo puede hacer que la República Federal unificada resulte más atractiva para un depredador extranjero.

Hoy en día, Europa Occidental está asolada por muchas de las mismas enfermedades que desgarran las entrañas de Estados Unidos. Las naciones europeas occidentales tienen sus propios problemas de minorías, sus propias fábricas de "opinión pública" liberal,[1042] y sus propias cábalas marxistas insurrectas. Cuando se añade la producción cultural y política de Nueva York y Beverly Hills, se encuentra casi la misma influencia judía desproporcionada en las artes, los medios de comunicación y el gobierno.[1043]

[1042] "Si todos los libros escritos sobre la izquierda europea se colocaran de punta a punta, podrían dar la vuelta a medio mundo. Es más probable que los libros sobre la derecha europea no se extendieran ni una milla..." *Times Literary Supplement*, 14 de mayo de 1970, p. 1.

[1043] Junto a la centenaria riqueza judía representada por los Montagus, Mocattas y Rothschild en Gran Bretaña se encuentran millonarios de la libra como Isaac Wolfson y Lord Sieff (grandes almacenes); Sir Samuel Salmon e Isidore Gluckstein (restaurantes y hoteles); Siegmund Warburg y Baron Swaythling (banca); Baron Melchett (productos químicos); Marquess of Reading (acero); Vizconde Bearsted (petróleo); Sir Louis Sterling (tocadiscos); Lord Grade, Lord Bernstein y Jeremy Isaacs (televisión comercial); Sir Bernard Delfont (electrónica); Sir James Goldsmith (financiero y editor de revistas); Sir George Weidenfeld (editor de libros); Sir Joseph Kagan (fabricante de ropa), amigo íntimo del ex Primer Ministro laborista Harold Wilson. Kagan fue encarcelado en 1981 por violar las leyes británicas de exportación. Sir Eric Miller (inmobiliario), otro amigo de Wilson, se suicidó mientras era investigado por fraude. Sir Keith Joseph, una eminencia gris del Partido Conservador; Lord Lever, una eminencia gris del Partido Laborista. Arnold Weinstock dirige el equivalente británico de General Electric; Sir Derek Ezra, el National Coal Board. En 1981 había 32 diputados judíos (21 laboristas y 11 conservadores). Entre los académicos judíos figuran Sir Isaiah Berlin, Max Beloff y David Daiches. La mayoría de los principales dramaturgos británicos son judíos: Bernard

Gran Bretaña tiene unos 410.000 judíos y cerca de 4 millones de no blancos, incluidos 2,2 millones de negros.[1044] Sin embargo, quienes reclaman una mayor protección del patrimonio genético británico son tan despiadadamente criticados como sus homólogos estadounidenses. Aunque la Primera Ministra Margaret Thatcher, ahora Lady Thatcher, prometió endurecer la política de inmigración, los no blancos siguen llegando en cantidades considerables. Enoch Powell, profesor de griego antes de ascender en la jerarquía del partido conservador, ha sido tratado de analfabeto y canalla por predecir el aumento de las tensiones raciales.[1045] Por su oposición estentórea a la inmigración, los pequeños grupos nacionalistas británicos han sido denunciados como nazis por los medios de comunicación británicos.

La afluencia de extranjeros a otros países de Europa Occidental es de una coloración más clara que la mezcla negro-asiática de Gran Bretaña. Francia tiene 3,7 millones de inmigrantes (en su mayoría norteafricanos) y 700.000 judíos. Aunque sólo quedan 40.000 judíos en Alemania, ahora tiene 4 millones de residentes extranjeros (trabajadores invitados) y sus dependientes, la mayoría procedentes del sur de Europa y Turquía. Unos 8,5 millones de suecos tienen ahora 1.250.000 no suecos entre ellos. Holanda ha sufrido varios brotes de violencia por parte de su comunidad de Molucas del Sur. Y así sucesivamente. Lo más aterrador es que la tasa de natalidad de los europeos occidentales más nórdicos ha caído muy por debajo del nivel de reemplazo -en Alemania muy por debajo-, mientras que los no nórdicos de Europa occidental, en particular los nacidos en el extranjero, siguen manteniendo una tasa de natalidad relativamente saludable. Hoy en día, en

---

Kops, Arnold Wesker, Harold Pinter y Peter Shaffer. Stephen Spender encabeza el contingente de poetas judíos. En el gobierno de Thatcher, varios miembros destacados del gabinete eran judíos, entre ellos Lord Young, cuyo hermano fue presidente de la BBC (1982-86). Francia sigue teniendo sus Rothschild. Marcel Dassault, el difunto magnate de la aviación que se convirtió al catolicismo, tenía fama de valer mil millones de dólares. Destacados expertos judíos fueron o son Raymond Aron, B.-H. Lévy y André Glucksmann. Pierre Mendès-France, Michel Debré, Jack Lang y Simone Veil, primera Presidenta del Parlamento Europeo, son o fueron algunos de los políticos más influyentes, por no mencionar al que fuera Primer Ministro del Presidente François Mitterrand, Laurent Fabius, católico de familia judía. El cardenal Lustiger, arzobispo de París, desciende de judíos polacos. Destacados intelectuales y literatos como André Malraux, Jacques Maritain y Louis Aragon tienen o tuvieron esposas judías. En Italia, el hombre más rico es probablemente Arrigo Olivetti, el magnate judío de las máquinas de escribir.

[1044] London *Daily Telegraph, 23 de febrero de 1983. The Times*, 22 de junio de 1982.

[1045] Una encuesta de Gallup afirmaba que el 74% de la población británica apoyaba la oposición de Powell a la inmigración de color. *San Francisco Chronicle*, 8 de mayo de 1968, p. 14. Powell predijo que habrá entre 5 y 7 millones de afroasiáticos en Gran Bretaña para el año 2000, si no se revisan completamente las leyes de inmigración de su país.

algunas ciudades alemanas, los nacimientos no alemanes representan más de una cuarta parte de todos los nacimientos. Parece que si la guerra nuclear no destruye Europa Occidental, lo hará el suicidio racial. En 1800, Europa tenía el 20% de la población mundial. Hoy tiene el 9%. A menos que se corrija radicalmente el creciente desequilibrio demográfico, tendrá un 4% en 2075.[1046]

Gran Bretaña ya ha experimentado sus primeros disturbios raciales al estilo americano, y están surgiendo "incidentes" raciales siguiendo el modelo americano en Alemania, Francia, los Países Bajos, incluso en Escandinavia. Hay muchos otros ejemplos de lo que los europeos llaman americanización, como si los estadounidenses en su conjunto fueran responsables de lo que ha estado emanando de algunos sumideros académicos, literarios y de entretenimiento en Boston, Manhattan, Washington y el oeste de Los Ángeles. Los estadounidenses han sufrido tanto como los europeos el arte pop infantil, las banales comedias televisivas, el oropel de Ziegfeld, la pornografía dura, los medios de comunicación venales, los literatos minoritarios y la síncopa africana. La verdad es que la misma especie de buitre cultural pluma su nido a ambos lados del Atlántico Norte.

La única resistencia eficaz a esta plaga en Europa Occidental procede de los cultos grises y pesados del marxismo, los partidos neofascistas en España e Italia, los grupos de extrema derecha en Alemania, los nacionalistas en todas partes y el Frente Nacional y la Nueva Derecha en Francia. Esta última, con sus razonados manifiestos contra la herencia judeocristiana, el totalitarismo religioso y laico, y la democracia, ofrece la perspectiva más brillante a las mentes europeas adormecidas por décadas de liberalismo ortodoxo e igualitarismo.[1047] Desgraciadamente, tanto la Nueva Derecha como el Frente Nacional se encuentran con la creciente intolerancia, opresión y violencia de izquierdistas, marxistas y sionistas. Las leyes de relaciones raciales en Francia, como en el resto de Europa Occidental, dificultan enormemente la crítica objetiva de la ideología minoritaria y el racismo. Cualquier palabra

---

[1046] *Chicago Sun-Times*, 10 de agosto de 1980, p. 44. En 1980, las mujeres de Alemania Oriental tenían una media de 1,89 hijos cada una; las británicas, 1,7; las holandesas, 1,6; las suizas, 1,5; las austriacas, 1,4 ó 1,5; las alemanas occidentales, 1,4. Bangladesh, un miasma de pobreza e ignorancia, produce ahora más bebés al año que toda Europa Occidental.

[1047] El partido francés Frente Nacional, liderado por Jean-Marie Le Pen, consiguió el 14,4 por ciento de los votos en las elecciones parlamentarias de 1993, pero no pudo obtener ni un escaño en la Asamblea Nacional. Tenía 24 escaños en la época de la representación proporcional, hasta que los partidos del establishment cambiaron las reglas electorales. La principal bandera del Front National es la antiinmigración, que los dos partidos de centro-derecha "adoptan" cuando lo consideran necesario.

hablada o escrita que pueda interpretarse como una incitación al odio racial expone al orador o al autor a multas o penas de prisión.[1048]

En la Primera Guerra Mundial, Estados Unidos asumió el papel tradicional de Gran Bretaña de impedir la unificación europea poniendo en juego el "equilibrio de poder". La organización de coaliciones contra la nación o naciones europeas más fuertes y agresivas era simplemente la política de Polícrates a gran escala. Como estrategia a largo plazo, no era demasiado destructiva. Europa Occidental era tan fuerte que incluso dividida podía dominar el mundo. Pero llevada hasta sus últimas consecuencias en 1939-45, demolió la primacía militar de Europa Occidental, quizás para siempre.

Es poco probable que una sola nación de Europa Occidental pueda volver a calificarse pronto como potencia mundial. Sólo una Europa Occidental unificada tendría la capacidad de igualar o superar a las maquinarias militares estadounidense o rusa. La piedra angular de cualquier confederación europea de este tipo tendría que ser Alemania, sobre todo desde su reunificación. Francia e Italia demostraron de forma concluyente en la Segunda Guerra Mundial que ya no pueden cumplir ninguna misión militar importante más allá de servir como teatro de operaciones y fuente de suministros y tropas auxiliares para fuerzas militares mucho mayores. Las naciones europeas occidentales más pequeñas han desarrollado una tradición de neutralidad o rendición instantánea que, con la posible excepción de Suecia y Suiza, haría que sus contribuciones militares carecieran de sentido. El soldado español es valiente, pero tiene pocas armas y una conciencia europea mediocre. A pesar de su victoria en las Malvinas, incluso la voluntad británica de luchar es cuestionable. Ningún gran pueblo ha renunciado nunca tan supinamente a un imperio tan grande.[1049]

La construcción de la unidad de Europa Occidental en torno a un núcleo alemán parecería ofrecer la única garantía a largo plazo de mantener a los rusos en cuarentena en Europa Oriental. En una Europa Occidental unida, los alemanes y otros europeos del norte desempeñarían la misma función que una Mayoría Americana resucitada en Estados Unidos. Proporcionarían la

---

[1048] El gobierno de Alemania Occidental estaba tan nervioso por el antisemitismo que pagó a los judíos las mayores reparaciones de guerra de la historia (véanse pp. 499-500). Tras la reunificación alemana, los alemanes del Este, a pesar de su caótica economía, tuvieron que aportar su parte. Los alemanes han sido castigados con penas de cárcel o grandes multas simplemente por vender copias de *Mein Kampf*, por cuestionar el Holocausto o el *Diario de Ana Frank*, o por hacer comentarios antisemitas en público.

[1049] En 1921 el Imperio Británico tenía 524.000.000 de habitantes. En 1966, cuando se cerró la Oficina Colonial, a Gran Bretaña sólo le quedaban veintiuna posesiones de ultramar, la mayoría de ellas islas remotas, y el número total de personas que vivían bajo la Union Jack era de 56.000.000.

columna vertebral racial, la resistencia física y el impulso organizativo que una superpotencia moderna debería exigir a su grupo de población dominante.

La unificación militar de Europa Occidental liberaría a Estados Unidos de la responsabilidad de suministrar una parte tan importante del dinero, las armas y los hombres necesarios para repeler cualquier brote de imperialismo ruso o eslavo, una carga que supone una gran presión tanto para las fuerzas armadas como para la economía estadounidenses. Las tropas norteamericanas podrían entonces retirarse de Europa sin peligro, ya que la avanzada tecnología de misiles hace ahora casi tan fácil organizar un ataque o contraataque nuclear desde instalaciones y submarinos oceánicos del Nuevo Mundo como desde bases terrestres del Viejo Mundo. Con muchas menos posibilidades de verse envueltos en una guerra termonuclear, los europeos occidentales lanzarían un suspiro de alivio. También se disolvería la Organización del Tratado del Atlántico Norte, que hace que sus contingentes militares de Europa Occidental parezcan mercenarios estadounidenses. Una fuerza de defensa de Europa Occidental atraería a los mejores soldados de las naciones cuyos propios ejércitos por sí solos son demasiado débiles para hacer frente a cualquier amenaza real procedente del Este. Desde un punto de vista militar, el conjunto resultaría ser mucho mayor que la suma de sus partes.

Como último paso, los estadounidenses y los europeos occidentales podrían unir sus manos y llegar a un pacto no basado en dogmas políticos y económicos decadentes, oportunismo táctico y presiones minoritarias ajenas, sino en la base más duradera de una cultura común y un deseo común de elevar la civilización occidental a nuevas cumbres de logros. Un pacto de este tipo ayudaría a evitar que se repitieran los horrendos derramamientos de sangre causados por siglos de diplomacia de "equilibrio de poderes". Estados Unidos difícilmente podría permitirse otra guerra de 350.000 millones de dólares, que costaría tres o cuatro veces más a los precios actuales.[1050] Europa Occidental apenas podría sobrevivir a una mayor penetración rusa en sus fronteras, a otros 12 millones de refugiados desposeídos del Este y a otra ronda genocida de enfrentamientos raciales y de clase y de bombardeos de saturación.[1051]

[1050] *Ency. Brit.*, Vol. 23, p. 793R. La cifra de 350.000 millones de dólares es la cantidad estimada que Estados Unidos gastó entre 1939 y 1946 en su propia maquinaria bélica y en material de guerra enviado a los Aliados.

[1051] Según un historiador, el coste total de la Segunda Guerra Mundial para todas las naciones fue de 4 billones de dólares y el número total de muertos, de 40 millones. Martha Byrd Hoyle, *A World in Flames*, Atheneum, Nueva York, 1970, pp. 323-24.

Y lo que es más importante, un reconocimiento formal de la base racial y cultural del pacto podría sofocar cualquier nuevo brote del brutalismo estatal que redujo la pacificación de dos guerras mundiales al nivel de un linchamiento de abejas. La desmesurada exigencia aliada de una rendición incondicional prolongó la Segunda Guerra Mundial, quizás hasta dieciocho meses, jugando directamente a favor de las tácticas de inmolación de Hitler y cortando el apoyo popular a un levantamiento antinazi.[1052] También dio tiempo a Stalin para apoderarse de toda Europa del Este, la mayor parte de los Balcanes y gran parte de Alemania.

Un niño que viera a dos matones enzarzados en una pelea de noqueo y arrastre sabría que no debe ayudar a un matón a vencer al otro. Incomprensiblemente, Estados Unidos, cuyos ejércitos no desembarcaron en el continente europeo hasta después de la batalla de Stalingrado, el punto de inflexión de la guerra, dedicó la mayor parte de su esfuerzo militar a la aniquilación de un enemigo que ya estaba derrotado.[1053] Hitler, que nunca había sido capaz de derrotar a Rusia y Gran Bretaña, fue sustituido por un Stalin arrasador, al que sólo el poderío nuclear de Estados Unidos interponía entre él y una fácil marcha hacia el Atlántico. Si esta marcha llega a producirse, por parte de una Rusia nacionalista envidiosa de las riquezas de Occidente, Estados Unidos puede pasar a la historia como el sepulturero y no como el libertador de Europa Occidental.[1054]

[1052] General de División J. F. C. Fuller, *A Military History of the Western World*, Funk 8 Wagnalls, Nueva York, 1954, Vol. 3, pp. 506-9, 538-39. El tipo de mentalidad que dirigía el esfuerzo bélico estadounidense puede juzgarse por las siguientes observaciones del presidente Roosevelt en la conferencia de Casablanca de 1943. Cuando pronunció por primera vez la frase "rendición incondicional", Roosevelt se felicitó diciendo: "Por supuesto, es justo lo que quieren los rusos. No podrían querer nada mejor. ¡Rendición incondicional! El tío Joe podría habérselo inventado". Ibídem, pp. 506-7. En las páginas finales de su libro, el general Fuller preguntó: "¿Qué les persuadió a adoptar una política tan fatal?". Su propia explicación fue "odio ciego". Ibid., p. 631.

[1053] La batalla de Stalingrado terminó en febrero de 1943 con la rendición de todo un ejército alemán. Las tropas estadounidenses no desembarcaron en Italia hasta septiembre de 1943 y en Francia hasta junio de 1944.

[1054] Hay que señalar que la unificación de Europa Occidental que se subraya en este capítulo se limita estrictamente a formar una disuasión militar frente a cualquier futuro expansionismo ruso. Al tiempo que aboga por una mayor organización en la cúspide de la comunidad europea, el autor también insta a una organización mucho menor en el centro y mucho mayor en la base. Con ello quiere decir que hay que dejar de lado el nacionalismo que ha mantenido dividida a Europa durante tantos siglos y volver a hacer hincapié en las divisiones regionales y provinciales, semilleros de los grandes florecimientos de la civilización occidental. Por ejemplo, Francia podría reestructurarse para dar plena independencia cultural y una considerable independencia política y

CAPÍTULO 33

Estados Unidos y Rusia

L A MAYORÍA DE LOS ESTADOUNIDENSES son conscientes de las diferencias, sobre todo ideológicas, entre su país y Rusia. También son conscientes de algunas de las similitudes: la gran extensión de tierra, la avanzada tecnología espacial, los vastos recursos industriales y naturales. Pero hay un parecido sorprendente que no es tan conocido y que debería comprenderse claramente antes de emprender cualquier debate serio sobre las relaciones ruso-estadounidenses. Se trata del destino análogo que el siglo XX deparó tanto a la Mayoría estadounidense como a la Mayoría rusa.

La mayoría rusa se compone de grandes rusos, los rusos propiamente dichos,[1055] que como eslavos pueden haber sido originalmente de raza nórdica, pero que hace siglos se braquicefalizaron en alpinos.[1056] Mientras se producía esta transmutación racial, pequeñas cantidades de genes nórdicos fueron reintroducidas por los varangios escandinavos que fundaron el estado ruso,[1057] por la mezcla de las aristocracias rusa y teutónica, y por los agentes de la milenaria penetración comercial, técnica y cultural alemana en Rusia. Por estas razones, la mayoría rusa, al igual que la mayoría estadounidense, pertenece al segmento de tez más clara de la raza blanca, aunque la mayoría estadounidense tiende a ser más rubia, más alta y de cabeza más larga debido a su mayor incidencia de nordicismo. Debido a las dispares tasas de natalidad, los gran rusos representarán probablemente menos del 50% de la población a finales de siglo. Aun así, los gran rusos seguirán siendo, con diferencia, el mayor componente de una mayoría eslava que comprende casi

---

económica a Normandía, Bretaña, Provenza, Alsacia-Lorena; Alemania podría conceder un amplio nivel de autonomía a Baviera, Sajonia y Renania; el Reino Unido podría ofrecer semiindependencia a Inglaterra, Gales, Escocia y el Ulster. La devolución, como se denomina ahora, también podría revivir las glorias de las grandes ciudades-estado de Florencia, Venecia y Weimar. El mismo proceso centrífugo se recomienda para Estados Unidos. Véase "The Utopian States of America" en *Ventilations*, la colección de ensayos del autor, y *The Ethnostate*, su propuesta en forma de libro para un orden social más avanzado.

[1055] Como muestra la Tabla V, la Mayoría Americana representa casi el 68% de la población de Estados Unidos.

[1056] Véase p.77.

[1057] Véanse las pp. 75-76.

el 70% de la población total de la antigua Unión Soviética. El número de judíos ha disminuido considerablemente desde 1970 debido a la emigración a Israel, Estados Unidos y otros lugares de Occidente.

LA POBLACIÓN DE LA UNIÓN SOVIÉTICA (1979) POR GRUPO DE NACIONALIDAD

	Población (000's)	% del total		Población (000's)	% del total
Grandes rusos	137,397	52.46	Tártaros	6,317	2.41
Ucranianos	42,347	16.17	Cosacos	6,556	2.50
Bielorrusos	9,463	3.60	Azerbaiyanos	5,447	2.08
Polacos	1,151	.44	Chirvanos	1,751	.67
Lituanos	2,851	1.09	Tayikos	2,898	1.11 .
Letones	1,439	.55	Turcomanos	2,028	77
Moldavos	2,968	1.13	Kirguís	1,906	.73
Alemanes	1,936	.74	Baskires	1,371	.52
Estonios	1,020	.39	Georgianos	3,571	1.36
Mordvinos	1,192	.46	Armenios	4,151	1.58
Judíos	1,811	.69	Otros	9,892	3.78
Uzbekos	12,456	4.76	TOTAL	261,919	99.99

Desde el punto de vista racial, las diferencias entre la mayoría rusa de habla eslava y otros pueblos de habla eslava son menores. Son algo similares a las que distinguen a la mayoría estadounidense de las minorías asimiladas. Rusia también tiene sus no asimilables, la mayoría de ellos con diferentes cantidades de genes mongoloides. El gran separador de los grupos de población eslava de Europa del Este no es la raza, sino la cultura. Cada uno habla su propia lengua eslava, tiene su propio nacionalismo y habita su propio territorio. Desde la desintegración de la URSS, ucranianos y bielorrusos se han separado y han formado sus propios Estados independientes, pero en las zonas fronterizas siguen existiendo considerables desbordamientos. Las nuevas minorías independientes no eslavas están más o menos regionalizadas: los pueblos rubios del Báltico oriental en el noroeste, los georgianos y armenios mediterráneos y parcialmente mediterráneos en el sur, y los mongoles, islámicos y otras minorías no blancas en el norte y centro de Asia.[1058]

En comparación con la población estadounidense, Rusia tiene un menor componente mediterráneo, una mayor proporción de mongoloides y menos judíos. Los judíos rusos se concentran en los grandes centros urbanos y en profesiones de cuello blanco. La única diferencia abrumadora en la composición racial de los dos países es que en Rusia no hay negros ni hispanos.

[1058] Sólo en algunas ciudades de Siberia y quizá en Moscú se mezclan las distintas razas a la misma escala que en Estados Unidos.

Si las mayorías rusa y estadounidense son algo similares en su proporción respecto a la población total de sus países, son muy parecidas en su experiencia histórica reciente. Ambas han conocido el trauma de la desposesión, el servilismo sin escrúpulos a los nuevos grupos de control y el autodesprecio y la frustración de trabajar por el bien de los detractores. Sin embargo, a diferencia de la lenta descomposición de la mayoría estadounidense, la mayoría rusa fue desposeída de golpe en la tormenta revolucionaria de 1917.

Los factores raciales subyacentes al levantamiento bolchevique ya se han tratado con cierto detalle en[1059] , pero no el retorno a favor de la mayoría rusa, que comenzó tras el ataque alemán a la Unión Soviética en el verano de 1941. Dado que ningún país puede sobrevivir mucho tiempo a una invasión masiva si su grupo de población más fuerte y numeroso ha sido alienado y proletarizado, el gobierno soviético se vio obligado rápidamente a renunciar a muchos de los supuestos clave del dogma comunista o enfrentarse a la perspectiva de una desintegración total.

El 6 de noviembre de 1941, cuando la Wehrmacht alemana estaba ante las puertas de Moscú, Stalin rompió el libro de normas marxista-leninista al describir el ataque de Hitler, no como un asalto a la ciudadela del comunismo mundial, la Tierra Santa del marxismo, sino como una guerra de exterminio contra los eslavos. Ya no se presentaba a los invasores alemanes como capitalistas de última hora que intentaban erradicar el socialismo de la faz de la tierra. El materialismo histórico, el determinismo económico, la lucha de clases, todos los pilares sagrados de la ideología comunista se desmoronaron cuando los medios de comunicación soviéticos revivieron las glorias raciales de la Madre Rusia, llegando incluso a invocar los fantasmas de héroes zaristas y santos ortodoxos desaparecidos hace mucho tiempo.[1060] El resto es historia. El 24 de mayo de 1945, diecisiete días después de que Alemania hubiera sido derrotada, Stalin propuso un brindis casi herético en un banquete de los comandantes del Ejército Rojo en el Kremlin:

Quisiera brindar a la salud de nuestro pueblo soviético... y en primer lugar a la salud del pueblo ruso... porque es la nación más destacada de todas las que forman la Unión Soviética... Se ha ganado en esta guerra el reconocimiento

---

[1059] Véanse las pp. 362-63.

[1060] Hans Kohn, *Pan-Slavism*, Vintage Books, Nueva York, 1960, p. 292. "Stalin comprendió intuitivamente que su gobierno y su sistema social no podrían resistir los golpes del ejército alemán a menos que se apoyaran en las ancestrales aspiraciones y el ethos del pueblo ruso". Djilas, *Conversaciones con Stalin*, p. 48.

universal como fuerza dirigente en la Unión Soviética entre todos los pueblos de nuestro país...[1061]

El 15 de marzo de 1954, Jzvestia afirmó en un artículo principal:

> Todos los pueblos de la Unión Soviética comprenden perfectamente que el principal papel decisivo en el logro de la victoria sobre el enemigo en la Gran Guerra Patria... fue desempeñado por el gran pueblo ruso. Por esta razón el prestigio del pueblo ruso es tan inconmensurablemente alto entre los demás pueblos; por esta razón los pueblos de la URSS tienen hacia él una confianza ilimitada y un sentimiento de tremendo amor y gratitud.[1062]

La Mayoría Estadounidense no recibió tan elogiosos tributos, ni del gobierno ni de la prensa estadounidense, por su "principal papel decisivo" en la victoria militar en la Segunda Guerra Mundial o, para el caso, en la Primera Guerra Mundial.

La rehabilitación de la mayoría rusa vino acompañada de un resurgimiento del antisemitismo.[1063] El pueblo ruso nunca se había alegrado del número desproporcionado de judíos en la Revolución Bolchevique, ni de la responsabilidad judía en el asesinato de los Romanov. Yurovsky, un judío miembro de la policía secreta, trabajando bajo las órdenes de otro judío, el secretario del Comité Central del Partido, Jacob Sverdlov, que había recibido el visto bueno de Lenin, supervisó la masacre del zar, la zarina, sus cuatro hijas, Olga (veintidós), Tatiana (veinte), María (diecisiete), Anastasia (quince), y Aleksei, el Czarevitch (trece).[1064]

Aunque el antisemitismo se incluyó en los libros de leyes como delito capital cuando los comunistas se hicieron con el gobierno de Rusia, seguía latente en los cuadros no judíos del partido, y se recrudeció cuando Fanny Kaplan, una judía medio ciega, fue acusada de disparar y casi asesinar a Lenin.[1065]

[1061] Kohn, op. cit., p. 297.

[1062] Ibídem, p. 299.

[1063] El antisemitismo ruso tiene una larga e ininterrumpida historia y nunca se consideró tan "irrespetuoso" como en Occidente. Dostoievski, por ejemplo, exageraba con orgullo su antisemitismo, al igual que otros rusos célebres.

[1064] Los asesinatos tuvieron lugar en una bodega de Ekaterimburgo en 1918. Yurovsky disparó él mismo a algunos Romanov. También fueron asesinados el médico de la familia, tres criados y el perro de Anastasia. Nobel Franklin, *Imperial Tragedy*, Coward-McCann, N.Y., 1961, p. 156, y Gleb Botkin, *The Real Romanovs*, Fleming Revell, N.Y., 1931, p. 236.

[1065] Litvinoff, *Un pueblo peculiar*, p. 74. "Había revolucionarios judíos en todas las ramas de [su] administración". Los judíos también estaban al frente de la lucha contra el

Evitando la forma clásica de los pogromos, el antisemitismo, convertido en un arte bajo Stalin, se convirtió en una herramienta importante en la lucha por el control del partido comunista. En la década de 1930, el dictador ruso mató o encarceló a la mayoría de los judíos soviéticos de alto rango, mientras que Hitler se contentó con dejar escapar a miles de judíos alemanes prominentes, junto con cientos de miles de los menos prominentes. (Sólo después de la invasión de Polonia en 1939 los campos de concentración y trabajo del régimen nazi empezaron realmente a abarrotarse). Sin embargo, los judíos que sufrieron el Gran Terror, como se conoce ahora a las purgas de Stalin previas a la Segunda Guerra Mundial, nunca fueron identificados como judíos en la prensa soviética.[1066]

No fue hasta unos años después de la guerra que. Stalin sacó a la luz su antisemitismo sub rosa.[1067] En 1948 cerró todas las empresas culturales judías, prohibió la enseñanza del hebreo y paralizó la construcción de nuevas sinagogas. Encarceló y fusiló a cientos, posiblemente miles, de escritores y artistas judíos, al tiempo que levantaba una gran polvareda contra los "cosmopolitas", invariablemente designados como judíos en los periódicos del Partido. Para eludir las acusaciones de antisemitismo, cada vez que asesinaba o exiliaba a judíos prominentes, honraba a judíos menos prominentes con un Premio Stalin o alguna otra recompensa muy publicitada. La campaña llegó a su clímax en 1953, cuando nueve médicos de alto rango, al menos seis de ellos judíos, "confesaron" el asesinato de un importante funcionario soviético, Andrei Zhdanov, miembro del Politburó, y haber tramado la eliminación de oficiales del ejército y apparatchiks de alto nivel.[1068] Stalin murió mientras se desentrañaba el complot. Sus sucesores,

---

cristianismo. Emelian Yaroslavsky, un prominente bolchevique judío, era el líder de la Liga de Ateos Militantes. Ibídem, pp. 73-76.

[1066] Sobre algunas víctimas judías de las purgas de Stalin, véase Robert Conquest, *The Great Terror*, Macmillan, Nueva York, 1968, pp. 76-77, 430, 498, 512, 538-39.

[1067] La hija de Stalin, Svetlana Alliluyeva, ha hecho varias referencias punzantes a la antipatía crónica de su padre hacia los judíos. "A esto [el renacimiento del antisemitismo ruso] mi padre no sólo le dio su apoyo, sino que incluso lo propagó en gran medida él mismo". Dijo que se desarrolló a partir de la lucha de su padre con Trotsky. Cuando se casó con su primer marido judío -de sus cinco maridos, dos eran judíos- su padre le dijo: "Los sionistas te lo han puesto encima". En cuanto a Rosa Kaganovich, ampliamente anunciada como la tercera esposa de Stalin por la prensa occidental, Svetlana dijo que tal persona no existía. Svetlana Alliluyeva, *Twenty Letters to a Friend*, Harper & Row, Nueva York, 1967, pp. 68, 159, 181, 186, 196, y *Only One Year*, Harper & Row, Nueva York, 1969, pp. 152-55, 168, 382.

[1068] Algunos fueron acusados de pertenecer a una agencia de inteligencia estadounidense; otros, de haber mantenido contactos con un grupo benéfico judío-estadounidense. Ibídem, p. 133. El complot de los médicos recordaba ligeramente al caso López, en el que un

quizá en respuesta a la violenta reacción exterior, ocultaron todo el asunto bajo la alfombra. Pero como ningún judío, o al menos ningún judío reconocido, era miembro del Politburó, el sanctasanctórum de la oficialidad soviética tras la expulsión de Kaganovich en 1957,[1069] se puede asumir que la política soviética hacia los judíos continuó siguiendo la línea estalinista establecida.[1070] El sionismo seguía siendo un crimen contra el Estado. Los judíos seguían figurando como tales en los pasaportes soviéticos. Novelas, historias, al menos un documental televisivo en horario de máxima audiencia y diversas publicaciones oficiales y clandestinas elevaron el antisionismo hasta un punto en el que apenas puede distinguirse del antisemitismo.[1071]

---

médico judío-portugués fue ahorcado por intentar supuestamente envenenar a la reina Isabel en 1597.

[1069] Según el *American Jewish Yearbook* (1967), pp. 383-84, el único judío que conservó un cargo importante en el gobierno fue Benjamin Dimschitz, uno de los varios viceprimer ministros. Sólo había cinco judíos entre los 1.517 miembros de las dos cámaras del Soviet Supremo. Ningún judío ocupaba puestos importantes en el ejército o en el cuerpo diplomático. Un informe publicado en el *Richmond Times-Dispatch* (4 de octubre de 1965, p. 19) afirmaba que el 41,1 por ciento de los diputados del Soviet Supremo eran judíos antes de la Segunda Guerra Mundial, pero en 1958 la cifra había descendido al 0,25 por ciento. Una elevada proporción de dirigentes no judíos tenían esposas judías: Molotov, Kirov, Bujarin, Rykov y Voroshilov, por nombrar algunos. Jruschov tenía una nuera judía, y había nombres judíos muy conocidos en los círculos artísticos, literarios y científicos: la bailarina Maria Plissetskaya, el violinista David Oistrakh, el escritor Boris Pasternak y algunos otros escritores, algunos de los cuales fueron encarcelados durante años, y uno o dos físicos y economistas de renombre. Litvinoff, op. cit., p. 91, y Arkady Vaksberg, *Stalin Against the Jews*, Knopf, Nueva York, 1994, pp. 49-50. Un servicio de noticias informó de que la esposa de Brezhnev era judía. *Gainesville Sun*, Gainesville, Florida, 10 de diciembre de 1977, p. 2A.

[1070] El antisemitismo golpeó con especial dureza a los países satélites en la época de Stalin. A Alemania Oriental se le prohibió indemnizar a Israel por la confiscación de propiedades judías por parte de los nazis. *New York Herald-Tribune*, 11 de noviembre de 1962, p. 25. De los catorce destacados comunistas checoslovacos que Stalin llevó a juicio en Praga en 1952, once eran judíos. Fue en este juicio cuando una esposa denunció a su marido como "traidor a su partido y a su país" y un hijo pidió la pena de muerte para su padre. El hijo escribió al presidente del tribunal: "Sólo ahora veo que esta criatura, a la que no se puede llamar hombre... era mi mayor y más vil enemigo... el odio hacia mi padre siempre me fortalecerá en mi lucha por el futuro comunista de mi pueblo". Edward Taborsky, *Communism in Czechoslovakia*, Princeton University Press, Princeton, New Jersey, 1961, pp. 95, 106.

[1071] La lista incluye *Judaísmo sin adornos*, de Trofim Kichko (1963, 191 páginas, 60.000 ejemplares, posteriormente retirado de la venta después de que sus burdas caricaturas antijudías provocaran protestas en Occidente); *Judaísmo y sionismo*, de Kichko (1968, acusa al mesianismo judío de ser responsable de la masacre de palestinos); Precaución: ¡Sionismo! de Yuri Ivanov (1969, cientos de miles de ejemplares traducidos al inglés, estilo y contenido que recuerdan en cierto modo a *Los protocolos de los sabios de Sión*);

Además, la URSS se convirtió en protectora, por así decirlo, del mundo árabe radical y armó a los vecinos más hostiles de Israel, Irak y Siria. Los judíos han abandonado la Unión Soviética en cifras récord desde 1968, cuando se abrieron las puertas por primera vez. Tal vez hasta 250.000 se habían marchado a Europa Occidental, Estados Unidos y Australasia en 1980.[1072] Pero el argumento decisivo del antisemitismo soviético fue el establecimiento de cuotas para los judíos. En los años setenta, los judíos sólo representaban el 1,3% de los estudiantes de la enseñanza superior soviética, frente al 13% en 1935.[1073]

La tambaleante posición de los judíos soviéticos y el dominio casi completo del Politburó por miembros de la Mayoría Rusa eran signos de que la quinta y última etapa de la Revolución Rusa estaba siguiendo su curso. Estas cinco etapas, que guardan ciertas semejanzas con la Revolución Francesa, pueden caracterizarse de la siguiente manera:

1. La Mayoría, dividida y anestesiada por inyecciones masivas de liberalismo y proletarismo, y dejada indefensa por sus líderes decadentes, es congelada fuera de su base de poder racial por una coalición de minorías y/o miembros de la Mayoría desarraigados, que en el proceso de hacerse con el poder mata o deporta al monarca de la Mayoría.

2. Los revolucionarios triunfantes y su Líder Mesiánico, tan talentosos en socavar el viejo Estado, encuentran que sus dones insurreccionales son

---

En el nombre del Padre y del Hijo, de Ivan Shevtsov (1970, 369 páginas, 65.000 ejemplares, ataca a los judíos por su liberalismo, arte abstracto y pornografía); *Zionism and Apartheid, de* Valery Skurlatov (1975, critica el control judío-protestante del capitalismo estadounidense); *Invasion Without Arms*, de Vladimir Begun (1977, 150.000 ejemplares, trata de un complot judeo-sionista para dominar el mundo); *Wild Wormwood*, de Tsezar Solodar (1977, 200.000 ejemplares, novela que acusa a los judíos de comerciar con "carne femenina"); *International Zionism: Historia y política*, de V. I. Kiselev et al. (1977, 26.000 ejemplares, interpretación marxista del control judío de la banca internacional); Love and Hate, de Ivan Shevtsov (1978, 400.000 ejemplares, el villano judío es un pervertido, sádico, traficante de drogas y asesino). *The Covert and the Overt*, una película que sólo se proyecta a los oficiales de las fuerzas armadas, califica a Trotsky de traidor judío y culpa a los capitalistas judíos del ascenso de Hitler al poder. *Traders of Souls*, una presentación televisiva de 1977, muestra a furtivos agentes sionistas repartiendo dinero a manifestantes antisoviéticos en Londres. Véanse *New York Review*, 16 de noviembre de 1972, pp. 19-23; *Publishers Weekly*, 18 de septiembre de 1978, p. 126; *New Statesman*, 15 de diciembre de 1978, pp. 814-18; Chicago *Jewish Sentinel*, 12 de octubre de 1978, p. 27; London *Jewish Chronicle*, 25 de julio de 1980, p. 19; "Anti-Zionism in the U.S.S.R." de William Korey, *Problems of Communism*, Nov.-Dic. 1978, U.S. Information Service, Washington, D.C., pp. 63-69.

[1072] Informe de Associated Press, 9 de octubre de 1980.

[1073] *Jewish News*, Detroit, Michigan, 9 de diciembre de 1977.

de poca utilidad para organizar un nuevo Estado y vuelven sus frustraciones y fracasos contra sí mismos.

3. Surge el Hombre Fuerte[1074], instaura el Terror y liquida a los líderes disidentes y discordantes de la revolución, antaño sus aliados políticos, pero ahora sus adversarios más peligrosos.

4. Su régimen en ruinas, llevado al extremo por una creciente anarquía social y económica, con un enemigo armado a sus puertas, el Hombre Fuerte inicia la contrarrevolución abandonando el dogma proletario y construyendo una nueva base de poder en la Mayoría, a la que corteja apelando al patriotismo, el racismo, el etnocentrismo y la tradición.

5. En sus últimos años, el Hombre Fuerte se identifica casi totalmente con la Mayoría[1075] y a su muerte el Estado vuelve lentamente al control de la Mayoría.[1076]

El expansionismo, obsesión común de zares y comisarios, ha sido uno de los dos principales determinantes de las relaciones ruso-estadounidenses. Estados Unidos sintió por primera vez el aliento caliente del imperialismo ruso a mediados del siglo XIX, cuando los rusos, que habían ocupado Alaska, extendieron su imperio de comercio de pieles hasta el sur de Fort Ross, en el norte de California, setenta millas por encima de San Francisco. Pero la desafortunada experiencia rusa en la guerra de Crimea (1854-56) provocó un repliegue a gran escala. Los rusos primero se retiraron de Alaska

---

[1074] Tras la muerte del Líder Mesiánico Lenin, Stalin, el Hombre Fuerte Minoritario, tardó más de una década en consolidar su poder. En China, la larga vida del Líder Mesiánico, el Presidente Mao Tse-tung, que murió a los 83 años, retrasó la aparición del Hombre Fuerte Deng Xiaoping.

[1075] La hija de Stalin dijo lo siguiente sobre la rusificación de su padre. "No sé si mi madre sabía cantar, pero se dice que de vez en cuando bailaba *una* elegante *leghinka* georgiana. Por lo demás, sin embargo, no prestábamos especial atención a nada georgiano: mi padre se había vuelto completamente ruso". Svetlana Alliluyeva, *Veinte cartas a una amiga*, p. 31.

[1076] Cuando el escenario anterior se aplica a otros países, las contrarrevoluciones fascistas o militares pueden alterarlo en la fase 2, antes de que las fuerzas proletarias hayan podido consolidar su victoria. En este caso, el papel de hombre fuerte minoritario es usurpado por un hombre fuerte mayoritario, cuyo pedigrí mayoritario, sin embargo, puede dejar mucho que desear. Hitler era austriaco y Napoleón corso. Como Stalin era georgiano, las tres principales figuras revolucionarias o contrarrevolucionarias de la historia europea moderna procedían de la periferia meridional de sus países. Si esto resulta ser una ley de la historia, el futuro hombre fuerte estadounidense será un sureño, una hipótesis que goza de cierta credibilidad por los esfuerzos prematuros de Huey Long y George Wallace. En los países mediterráneos, el hombre fuerte parece proceder del Norte. Mussolini y Franco nacieron en las regiones septentrionales de sus países. Castro es hijo ilegítimo de un español de Galicia, en el norte de España.

y luego, en 1867, vendieron "la nevera de Seward" a Estados Unidos por 7,2 millones de dólares. No hubo más contactos significativos entre ambas naciones hasta 1905, cuando el presidente Theodore Roosevelt dio rienda suelta a su pasión por la alta política convirtiéndose en mediador de la guerra ruso-japonesa. La lección de este conflicto, el primero de los tiempos modernos en el que un país no blanco derrotó a un país blanco, no pasó desapercibida para los pueblos coloniales del mundo.

El segundo factor determinante de las relaciones ruso-estadounidenses ha sido el antisemitismo ruso. El clamor público contra los pogromos y otros actos antisemitas de los gobiernos zaristas surgió por primera vez en el apogeo de la Nueva Inmigración, cuando miríadas de judíos rusos y polacos se introdujeron en el cuerpo político estadounidense.[1077] Casi desde el mismo momento en que desembarcaron, se unieron a los judíos alemanes y sefardíes, más establecidos y comedidos, para exigir que el gobierno estadounidense tomara medidas oficiales para proteger a los otros millones de judíos que aún quedaban en el Imperio ruso. Como resultado, las relaciones de Estados Unidos con Rusia se volvieron tan tensas que en el verano de 1915, cuando los funcionarios británicos y franceses se dirigieron a los banqueros de Wall Street para solicitar un préstamo de guerra, Jacob Schiff, socio principal de Kuhn, Loeb, se negó a que su empresa participara a menos que los ministros de finanzas británicos y franceses garantizaran por escrito que "ni un céntimo de los ingresos del préstamo se entregaría a Rusia".[1078]

El derrocamiento del zar Nicolás II en 1917 invirtió por completo la actitud de los judíos estadounidenses hacia Rusia. A medida que aumentaba el caos en el seno del recién inventado gobierno "democrático", las relaciones ruso-estadounidenses se hicieron proporcionalmente más cálidas, tanto que

---

[1077] El número total de inmigrantes judíos (hasta 1930) fue de 2,4 millones, de los cuales quizá entre el 5 y el 7 por ciento llegaron antes de 1880 y eran en su mayoría de origen alemán y sefardí. Davie, *World Immigration*, pp. 144-45.

[1078] No era la primera vez que Schiff hacía intervenir el racismo de las minorías en el destino de Rusia. Durante la guerra ruso-japonesa, cuando los círculos bancarios londinenses se mostraban escépticos ante las posibilidades de Japón, Schiff recaudó 30 millones de dólares para los japoneses. Como escribió su hija, Frieda, "su odio a la Rusia Imperial y a sus políticas antisemitas... le impulsaron a asumir este gran riesgo financiero". Más tarde, J.P. Morgan, George F. Baker y los intereses Rockefeller-Stillman se unieron a Schiff en tres préstamos masivos a los japoneses y se abrió la puerta a las conquistas japonesas en Asia y el Pacífico. En 1905, tras una serie de estallidos antisemitas en Odessa, Schiff se dirigió directamente a Theodore Roosevelt y exigió una acción presidencial contra el gobierno zarista. Roosevelt escribió obedientemente una carta personal al zar. Stephen Birmingham, *Our Crowd*, Harper 8 Row, Nueva York, 1967, pp. 282, 317.

Woodrow Wilson aclamó la revolución menchevique de febrero como una especie de segundo advenimiento político y la utilizó como una de sus varias justificaciones para la intervención estadounidense en la Primera Guerra Mundial. La parte del mensaje de guerra de Wilson al Congreso que trataba de la situación rusa era un ejemplo excelente de la mendacidad, la estupidez ciega y el idealismo equivocado que envenenaron los pozos de información sobre Rusia, que pronto sería la Unión Soviética, durante el siguiente medio siglo. Wilson oró:

> ¿No sienten todos los americanos que las cosas maravillosas y alentadoras que han sucedido en las últimas semanas en Rusia han añadido seguridad a nuestra esperanza en la paz futura del mundo? Los que mejor conocían a Rusia sabían que siempre había sido democrática de corazón... La autocracia... no era rusa en su origen, carácter o propósito; y ahora ha sido sacudida y el gran y generoso pueblo ruso se ha sumado en toda su ingenua majestad y poder a las fuerzas que luchan por la libertad en el mundo, por la justicia y por la paz. He aquí un socio idóneo para una liga de honor.[1079]

Tras la guerra, la "liga de honor" se disolvió rápidamente. Los ukases totalitarios indignaron las actitudes tradicionales estadounidenses hacia la libertad individual y la propiedad privada. A la inversa, la llegada de tropas estadounidenses a Arcángel y Vladivostok para ayudar a las fuerzas antibolcheviques ofendió a tantos rusos no comunistas como comunistas. Durante la hambruna de 1921-22 en Ucrania, uno de los cinturones agrícolas más fértiles del mundo, la ayuda financiera y los envíos de alimentos estadounidenses salvaron quizá 10 millones de vidas. Pero como el partido comunista hizo todo lo posible por mantener en secreto la labor de rescate, las relaciones no mejoraron mucho.[1080]

Hasta la llegada del New Deal, la Unión Soviética siguió sin ser reconocida por Estados Unidos, aunque el atractivo del comunismo para las minorías estadounidenses y para los liberales con inclinaciones más dogmáticas convirtió a Rusia, la más atrasada de las grandes potencias, en una meca intelectual para las mentes estadounidenses díscolas. En la década de 1930 se desarrolló una fuerte vena conspirativa en las relaciones ruso-estadounidenses, a medida que la Comintern intensificaba su espionaje intercontinental y que numerosos comunistas y criptocomunistas estadounidenses organizaban de forma encubierta un formidable grupo de presión pro-ruso. En última instancia, debido a los temores suscitados por la Guerra Civil española y la alargada sombra de Hitler, la inclinación

[1079] George F. Kennan, *Russia and the West Under Lenin and Stalin*, Little, Brown, Boston, 1961, p. 19.

[1080] Kennan, op. cit., p. 180.

procomunista alcanzó un grado febril de religiosidad entre los intelectuales liberales y minoritarios, que llegaron a considerar a Stalin como un Gabriel antifascista enviado para destruir al Archienemigo. Resultaba a la vez trágico y cómico que en el mismo momento en que esta idolatría alcanzaba su punto álgido, el dictador soviético, con sus purgas, redes de espionaje, conspiraciones, juicios amañados y campos de trabajo esclavo, se afanaba en destruir casi toda la jerarquía del partido comunista.[1081] En la historia de la política del poder sería difícil encontrar un líder político que hubiera explotado tan despiadadamente y engañado tan astutamente a sus seguidores.

El Pacto de No Agresión Ruso-Alemán (1939) supuso un shock traumático para quienes dependían de la línea del partido comunista para sus vitaminas intelectuales. Desconcertados, aturdidos y traicionados, los liberales y los miembros de las minorías, especialmente los judíos, empezaron a desertar en masa de la causa comunista. Pero dos años después, la invasión alemana de Rusia devolvió a algunos de los extraviados al corral marxista, donde se dedicaron a restaurar el prestigio, el peso político y la influencia interna que tenía el Partido Comunista antes de la guerra. Miembros del partido y compañeros de viaje fueron nombrados de nuevo para varios puestos clave

---

[1081] De los 1.966 delegados al XVII Congreso del Partido (enero de 1934), 1.108 fueron fusilados por orden de Stalin en los años siguientes. De los 139 miembros y candidatos a miembros del Comité Central, 98 personas o el 70 por ciento fueron arrestadas y fusiladas posteriormente (la mayoría en 1937-38). Del ejército, Stalin purgó a tres de cada cinco mariscales, a 13 de cada 15 comandantes del ejército, a 57 de cada 87 comandantes de cuerpo, a 110 de cada 195 comandantes de división, a 220 de cada 406 comandantes de brigada. En total, hubo unas 700.000 ejecuciones "legales", alrededor de 1 millón de ejecuciones secretas y unos 12 millones de muertos en los propios campos de prisioneros. Contando los 5,5 millones que murieron en la colectivización forzosa de la agricultura a finales de los años 30 y la hambruna artificial que la acompañó, se puede atribuir a Stalin un total de 20 millones de víctimas mortales. Según algunos comentaristas, esta cifra es un 50% demasiado baja. Sólo incluye el periodo 1930-50, no los últimos años de actividad de Stalin, durante los cuales la población de los campos de trabajo esclavo ascendió al menos a 10 millones de personas. Conquest, *The Great Terror*, pp. 36-38, 527-28, 533; Hugh Seton-Watson, *From Lenin to Malenkov*, Praeger, Nueva York, 1955, p. 170. Durante las purgas de Stalin, las peores de las cuales tuvieron lugar antes del estallido de la Segunda Guerra Mundial, los medios de comunicación occidentales dieron a Stalin mucha mejor prensa que a Hitler. Se publicaron muy pocas noticias sobre la liquidación masiva de una fracción considerable de la población rusa y, cuando se publicaron, fueron tachadas de falsas e infundadas por muchos de los principales intelectuales occidentales. El ocultamiento casi total durante dos décadas de uno de los mayores crímenes de la historia da fundamento a quienes afirman la corrupción y venalidad casi totales de la prensa mundial. Típica fue la observación del profesor Harold Laski, influyente académico británico: "Básicamente no observé mucha diferencia entre el carácter general de un juicio en Rusia y en este país [Gran Bretaña]." Conquest, op. cit., p. 506. Sartre dijo una vez que había que ignorar las pruebas sobre los campos de trabajos forzados soviéticos. Ibídem, p. 509.

en el gobierno, especialmente en los Departamentos de Estado, Hacienda y Agricultura. De hecho, si Roosevelt no hubiera tenido un cambio de opinión de última hora en la convención demócrata de 1944 y no hubiera sustituido a su vicepresidente, Henry Wallace, por Harry Truman, un compañero de viaje se habría convertido en presidente a la muerte de Roosevelt en 1945.[1082] Es cierto que Wallace finalmente se retractó y admitió su error. Pero incluso en 1948 era el candidato presidencial del Partido Progresista, dominado por comunistas y apaciguadores de Stalin.[1083]

A medida que avanzaba la guerra fría y se hacían públicas las incursiones comunistas en diversos segmentos de la vida estadounidense, la estrecha asociación de Estados Unidos con Rusia en tiempos de guerra se rompió y las relaciones entre ambos países adquirieron una formalidad gélida, interrumpida por ocasionales destellos de hostilidad (puente aéreo de Berlín, incidente del U-2, armas nucleares soviéticas en Cuba) y una empresa conjunta de mantenimiento de la paz (detener el ataque británico-franco-israelí contra Egipto en 1956). Mientras tanto, el apoyo soviético a la causa árabe y las continuas revelaciones sobre el antisemitismo soviético estaban reduciendo hasta el punto de desaparición el antaño abrumador entusiasmo judío por la URSS.

Hacia mediados de la década de 1950, cuando la histérica reacción de las minorías liberales al vacilante ataque del senador Joseph McCarthy contra el aparato estalinista se había calmado, el anticomunismo de[1084] , tras un largo paréntesis, volvió a ser algo respetable en Estados Unidos. Pero la

---

[1082] En 1944, Henry Wallace y el profesor Owen Lattimore visitaron un campo ruso de trabajo esclavo en Magadan, Siberia, que formaba parte de un complejo en el que la tasa de mortalidad rondaba el 30% anual. El trabajo al aire libre era obligatorio hasta que la temperatura alcanzaba los -50 °C. Las raciones de comida de los prisioneros se reducían hasta el nivel de inanición cuando no cumplían las cuotas de trabajo. No obstante, Wallace encontró el campo idílico, y Lattimore lo declaró una gran mejora respecto al sistema zarista. Al eliminar temporalmente las torres de vigilancia, segregar a los prisioneros en barracones y poblar lo que pretendía ser una granja modelo con niñas porquerizas que en realidad eran miembros de la policía secreta, el comandante del campo consiguió duplicar la hazaña de Potemkin. Conquest, op. cit., p. 350.

[1083] La apología de Wallace se publicó en forma de artículo en la revista Life, el 14 de mayo de 1956. Admitió que había malinterpretado las intenciones rusas y que los comunistas habían ejercido una influencia dominante y perjudicial en su campaña presidencial.

[1084] El macartismo, decían los medios de comunicación, había convertido a Estados Unidos en una tierra de miedo y temblor. Pero, ¿quién tenía miedo? En el mundo académico y en los medios de comunicación siempre ha hecho falta mucho más valor para hablar bien de McCarthy que para denunciarlo. Muchos de los principales promotores de la caza de brujas de los "criminales de guerra", que aún continúa, se encontraban entre los más feroces denunciantes de McCarthy.

respetabilidad fue asumida en gran parte por los mismos intelectuales que más se habían distinguido por su obediencia apodíctica a todo lo que el Kremlin había ordenado en el pasado y que, como marxistas no reconstruidos, habían mostrado su verdadera cara al culpar de los fracasos del comunismo no a las animadversiones de Lenin sino a las perversiones de Stalin. En cuanto a los estadounidenses que habían sabido todo el tiempo lo que estaba ocurriendo en la URSS, apenas se les dio crédito por su clarividencia y seguían manchados por el macartismo. Muchos conservadores entre ellos merecían el oprobio porque habían insistido en confundir la amenaza soviética externa con la amenaza interna planteada por los partidos comunistas occidentales, una amenaza que se debilitaba con el paso del tiempo y que en la mayoría de los países occidentales era más imaginaria que real. Su obtusidad dogmática impidió que un gran número de conservadores comprendieran que lo que representaba la verdadera amenaza interna para Estados Unidos -los liberales y los activistas de las minorías- se había vuelto ahora casi tan antirruso, aunque en modo alguno tan antimarxista, como los propios conservadores.

A finales de la década de 1970 se podía afirmar con seguridad que el nacionalismo, el militarismo y el imperialismo rusos, y no el comunismo soviético, constituían la mayor amenaza exterior para la seguridad nacional estadounidense. El primer Estado comunista del mundo, con setenta años de existencia, había destruido a sus creadores y producido una casta burocrática, militar y administrativa que constituía el grupo dirigente más conservador de cualquier gran potencia. Para los amos de la Unión Soviética, el marxismo ya no era el artículo de fe que fue para los viejos bolcheviques. En privado, se burlaban de él como de un cajón de sastre de frases huecas y pensamientos vacíos. En público servía como shibboleth para reforzar el control de los jefes sobre el gobierno y para hacer avanzar el poder soviético en el extranjero.

A pesar de los alarmistas, Estados Unidos tenía poco que temer económicamente de la URSS. Con más gente, tierra y recursos naturales, la Unión Soviética tenía un producto nacional bruto sólo el 48% del de Estados Unidos.[1085] Un agricultor estadounidense sigue trabajando cuatro veces más tierra que un ruso en una granja colectiva, utiliza cinco veces y media más energía y obtiene el doble de rendimiento por una fracción de la mano de obra.[1086] En cuanto a productos y servicios de consumo, la Unión Soviética se ha quedado muy rezagada con respecto a Occidente. Pero como la superioridad económica y técnica de Estados Unidos sobre Rusia se debe a

---

[1085] *Wall Street Journal*, 31 de diciembre de 1968, p. 18.

[1086] *Ency. of Russia and the Soviet Union*, pp. 10 12. En la década de 1970, Estados Unidos tenía 6 millones de personas dedicadas a la agricultura; Rusia, 45 millones.

las capacidades superiores de la Mayoría Americana en estos campos, la ventaja de Estados Unidos puede reducirse a medida que continúe la desposesión de la Mayoría Americana y a medida que la Mayoría Rusa, finalizada su desposesión, adquiera su propio poder.

En 1987, con Mijaíl Gorbachov al timón, la Unión Soviética empezó a implosionar, en parte como resultado de la desastrosa guerra de ocho años con Afganistán, en parte debido a la parálisis mental y económica general provocada por más de siete décadas de marxismo asfixiante. Por fin había terminado la Guerra Fría. Casi sin esfuerzo, los satélites de Europa del Este y las repúblicas soviéticas empezaron a escabullirse y lo que ahora se llamaba la Federación Rusa no hizo ningún intento significativo de devolverlos al redil. Aunque seguía teniendo el segundo mayor arsenal de bombas y armamento nuclear del mundo, Rusia, enfrentada a problemas internos casi insolubles, al menos por el momento, ya no podía ser clasificada como superpotencia.

Para ayudar a poner a los rusos en el camino hacia el capitalismo y la democracia, Estados Unidos comprometió una gran cantidad de ayuda exterior y tecnología. Que Moscú se mantenga en ese camino depende en gran medida de que la transición pueda hacerse sin provocar una guerra civil o una ronda de antisemitismo. Históricamente, los rusos no han mostrado mucha afición por el gobierno representativo. De hecho, parecen tener un vínculo genético con la autocracia. En cualquier caso, el caos y la confusión que se apoderan ahora del país son puntales inapropiados para la estabilidad política.

En política exterior, Rusia ha pasado de ser enemiga de Occidente a amiga de Occidente en cuestión de pocos años. Cuánto durará esto es una cuestión que incluso el profeta más sabio y valiente se resistiría a abordar.[1087] Mientras tanto, Estados Unidos debería respaldar a ultranza el programa del escritor-héroe Aleksandr Solzhenitsyn, que quiere que Rusia se repliegue sobre sí misma, abandone el imperialismo y el "gigantismo político" y se concentre en el desarrollo del noreste ruso, entendiendo por tal la Rusia del norte de Europa y la mayor parte de Siberia.[1088]

Aunque nunca se debe permitir que Rusia se haga tan fuerte que pueda engullir a Europa Occidental, tampoco se debe permitir que se debilite tanto

---

[1087] A finales de noviembre de 1994, la Rusia del Presidente Yeltsin emitió su primer veto en las Naciones Unidas contra una medida occidental destinada a castigar a los serbios de Bosnia. Los rusos tomaron partido por los serbios de Bosnia y los serbios propiamente dichos en la guerra de los Balcanes que siguió a la desaparición de Yugoslavia.

[1088] Aleksandr Solzhenitsyn, *Carta a los dirigentes soviéticos*, Harper & Row, Nueva York, 1975, especialmente p. 55.

que no pueda proteger a Europa de las incursiones mongolas desde las estepas asiáticas. Para evitar cualquier posibilidad de rusificación de Europa, hay que impedir que el nacionalismo ruso se convierta en paneslavismo. Como se ha indicado anteriormente en este capítulo, hay unos 145 millones de rusos. Incluyendo a estos últimos, puede haber hasta 285 millones de eslavos.[1089] El surgimiento de un Iván el Terrible de los últimos tiempos al mando de un imperio eslavo con conciencia de raza, en el que los eslavos no rusos son elevados a la categoría de ciudadanos de primera clase e inspirados por un fervor racial común, supondría para Occidente una concentración de fuerza militar casi irresistible. En tal caso, en palabras de Stalin, "Nadie en el futuro podrá mover un dedo. Ni siquiera un dedo."[1090]

En resumen, no es a la Unión Soviética de Lenin a la que Estados Unidos y Occidente tienen que temer. Es la Rusia del pansiavita Dostoievski, un genio mucho mayor con un ojo mucho más agudo para la forma del mañana.[1091]

[1089] Además de los gran rusos, ucranianos y bielorrusos, entre los eslavos hay polacos, checos, eslovacos, serbios, croatas, eslovenos, rutenos y algunos búlgaros.

[1090] Djilas, *Conversaciones con Stalin*, p. 114.

[1091] La prohibición de Dostoyevski, cuya novela, *Los poseídos*, fue un anticipo insólito de la historia rusa del siglo XX, se había levantado durante varias décadas en la U.R.S.S.- una prueba más del resurgimiento de la mayoría rusa. El hecho de que las minorías rusas dentro y fuera de Rusia vuelvan a movilizarse como respuesta a la desaparición de la dictadura comunista no significa necesariamente que la democracia esté a la vuelta de la esquina. Podría significar todo lo contrario: que Rusia se acerca a un cataclismo político y social de proporciones dostoyevskianas.

CAPÍTULO 34

Estados Unidos y Extremo Oriente

EN NINGÚN LUGAR DE LOS ÚLTIMOS CIEN AÑOS, la política exterior estadounidense ha dado tantas vueltas y ha sufrido tantos altibajos como en Extremo Oriente. Tomemos China como ejemplo. A principios del siglo XX, los estadounidenses gozaban de una estima considerablemente mayor en China que los demás demonios extranjeros que habían estado asediando al moribundo Reino Celestial. Estados Unidos, aunque comprometido en aquella época con los derechos extraterritoriales y la conversión de los paganos, era probablemente la menos activa de las grandes naciones occidentales en la caza de concesiones, el acaparamiento de arrendamientos, el contrabando de opio y manifestaciones similares del corsarismo financiero occidental.[1092] Fue la política de puertas abiertas del Secretario de Estado John Hay en 1899 la que ayudó a atenuar algunas de las formas más audaces de saqueo al reforzar la soberanía china. Tras el colapso de la dinastía manchú en 1911-12, las versiones estadounidenses de gobierno constitucional inspiraron a Sun Yat-sen, el "padre de la revolución" china, a crear una república. Cuando Japón atacó Manchuria en 1931, Estados Unidos protestó más enérgicamente que ninguna otra nación occidental.

China fue aliada de Estados Unidos en la Primera y la Segunda Guerras Mundiales. En esta última, la ayuda militar estadounidense a Chiang Kai-shek contribuyó considerablemente a impedir que los ejércitos japoneses invadieran toda China. Cuando terminó la Segunda Guerra Mundial, los chinos se mostraron especialmente agradecidos por el apoyo de Estados Unidos, ya que no se les pidió a cambio ningún favor territorial ni financiero. Pero mientras los chinos nacionalistas y los comunistas chinos luchaban contra los japoneses, ambos se preparaban para una reanudación de la amarga lucha civil que había comenzado en la década de 1920 y se había pospuesto temporalmente por la invasión japonesa. Como era de esperar, la lucha cartaginesa entre comunistas y nacionalistas estalló de nuevo cuando el enemigo común se rindió.

[1092] Un error del siglo XIX en la neutralidad estadounidense fue el rescate por el comandante Josiah Tattnall, en 1859, de una fuerza naval británica maltrecha frente a la costa china. Su excusa fue la ya casi prohibida proposición de que "la sangre es más espesa que el agua". Más tarde, Tattnall capitaneó el acorazado confederado *Virginia* (antes *Merrimack*) tras su batalla con el *Monitor*. *Webster's Biographical Dictionary*, Merriam, Springfield, Mass., 1966, p. 1448.

En 1949, Chiang Kai-shek y los harapos y jirones de sus fuerzas nacionalistas huyeron ignominiosamente a Taiwán, donde fueron protegidos de los comunistas triunfantes por la marina de guerra de Estados Unidos. La ayuda estadounidense a Chiang no había sido suficiente para evitar su derrota, pero sí para amargar a los vencedores, que procedieron a convertir a Estados Unidos en el principal chivo expiatorio de todos los males de China, pasados y presentes, exteriores e interiores, reales e ilusorios. Las relaciones de Estados Unidos con China llegaron a su punto más bajo en 1950, cuando las tropas norteamericanas en la guerra de Corea, tras obligar a los norcoreanos a retirarse casi hasta la frontera china, fueron a su vez sorprendidas, maltratadas y devueltas a Corea del Sur por 200.000 "voluntarios" chinos. La guerra de Corea terminó con el restablecimiento del tenue *statu quo ante*. A pesar de las 157.000 bajas estadounidenses, 54.246 de ellas mortales, fue la segunda guerra de la historia de Estados Unidos que terminó en tablas.

Una de las principales razones del colapso de las relaciones sino-estadounidenses ha sido la negativa de Estados Unidos a considerar y comprender los factores raciales que han ido configurando los trascendentales cambios de la China moderna. Por un lado, China es fundamentalmente un Estado monorracial. Aunque los chinos del norte son más altos y tienen la cabeza más grande que los braquicéfalos chinos del sur, casi todos los chinos son mongoloides y pertenecen a una raza menos diferenciada que la caucásica.[1093]

Aunque los liberales estadounidenses han hecho mucho hincapié en las indignidades infligidas a los inmigrantes chinos en California, los propios chinos tienen una larga historia de racismo. Incluso los más altos dignatarios extranjeros, clasificados por edicto imperial como "bárbaros de fuera", tenían que doblegarse en presencia del emperador. En una comunicación formal al rey Jorge III en 1807, el emperador chino empleó insultos que habrían sido insultantes para los habitantes de los barrios bajos.[1094]

La intensidad del racismo chino, sin embargo, no significa que las influencias occidentales ya no actúen en China o que no existan divisiones dentro del régimen comunista. Las diferencias culturales entre las provincias chinas son a menudo tan pronunciadas y existe tal variedad de lenguas y dialectos que algunos chinos se comunican entre sí en inglés. Irónicamente,

---

[1093] Coon, *The Living Races of Man*, pp. 148-50. Sólo alrededor del 6% de los habitantes de China pueden considerarse pertenecientes a minorías, y la mayoría de ellos viven en las regiones fronterizas del país. Amrit Lal, "Ethnic Minorities of Mainland China", *Mankind Quarterly*, abril-junio de 1968.

[1094] Nathaniel Peffer, *El Lejano Oriente*, pp. 51-54.

el antioccidental y antiblanco Mao Tse-tung, en su grandioso esfuerzo por imponer el comunismo a más de mil millones de personas, santificó las enseñanzas del judío occidental Karl Marx. Pero las costumbres ancestrales de China, su culto a los antepasados y su modo de vida centrado en la familia siguen imponiendo enormes limitaciones inerciales a la proletarización duradera.

Aunque pocos libros de historia lo dicen, la principal dinámica comunista china no ha sido el marxismo, sino la xenofobia. Había que expulsar a los odiados blancos y japoneses del territorio chino, y así se hizo. Incluso los rusos, que debían unirse permanentemente a los chinos en el abrazo fraternal de la solidaridad obrera, fueron condenados como herejes y expulsados en 1960.[1095]

En cuanto al futuro, Mao preveía un nuevo tipo de guerra de clases: el campo, con el campesinado como proletariado, contra la ciudad. El África, Asia y América Latina ruralizadas rodearían y estrangularían a la Norteamérica y Europa Occidental urbanizadas, los últimos reductos de los capitalistas y burgueses avaros, los sindicatos corruptos y los revisionistas marxistas decadentes. La guerra se ganaría con tácticas de guerrilla al estilo de Vietnam, quizás con un poco de ayuda del creciente arsenal nuclear chino.[1096]

Probablemente, los sucesores de Mao nunca cumplirán sus amenazas ni estarán a la altura de sus aforismos.[1097] Sin embargo, la política exterior norteamericana no ganó mucho cultivando la ortiga taiwanesa en el flanco oriental de China. El apoyo estadounidense a Taiwán no hizo sino reforzar la posición comunista en China. La Séptima Flota de Estados Unidos patrullando la costa china y 600.000 tropas nacionalistas entrenándose a cien

---

[1095] La revolución cultural de Mao fue una prueba más de que los dictadores están tan afligidos por el poder que rara vez se calman. Al igual que Stalin se disponía a sumir a Rusia en una mayor confusión con más purgas poco antes de morir -se dijo que planeaba transportar a todos los judíos a Siberia-, Mao agitó su olla revolucionaria exiliando a prácticamente toda la élite intelectual de China al quinto infierno.

[1096] A. Doak Barnett, *China After Mao*, Princeton University Press, Princeton, Nueva Jersey, 1967, pp. 59-60, 75, 77.

[1097] "La política es la guerra sin derramamiento de sangre, mientras que la guerra es la política con derramamiento de sangre... La guerra sólo puede abolirse mediante la guerra, y para deshacerse del arma es necesario empuñar el arma... Cuantos más libros lee una persona, más estúpida se vuelve... No pretendo cerrar las escuelas. Lo que quiero decir es que no es absolutamente necesario ir a la escuela... No tener un punto de vista político correcto es como no tener alma." *Citas del Presidente Mao Tse-tung*, Bantam Books, Nueva York, 1967, pp. 32, 35, 69, 78. Véase también *New York Times*, 1 de marzo de 1970, p. 26.

millas de la China continental encajaban perfectamente en la imagen propagandística comunista de imperialistas extranjeros sedientos de sangre preparando un asalto masivo para recuperar su hegemonía financiera perdida. Además, no había nada como un buen susto de invasión para distraer a los chinos de los monumentales problemas que acuciaban el frente interno.

Malinterpretando totalmente la naturaleza racial de la revolución china, los expertos estadounidenses en política exterior estaban convencidos de que cualquier Estado comunista se convertiría, ipso facto, en aliado de Rusia. En tiempos de revolución, como se ha señalado anteriormente, la raza o la nacionalidad pueden fácilmente tener prioridad sobre la clase. Como han demostrado ampliamente Yugoslavia, Albania, el Vietnam comunista, la Camboya comunista y la propia China, los Estados comunistas son tan competentes como los Estados anticomunistas a la hora de desarrollar y promover políticas exteriores antirrusas, antichinas o neutralistas. Los rojos, ha sucedido, no tienen mayores enemigos que otros rojos.

Estados Unidos ha hecho bien en seguir limando asperezas diplomáticas con China. De este modo, Estados Unidos podría restablecer su tradicional amistad con la nación más poblada del mundo. La renovada neutralidad estadounidense en los asuntos de Extremo Oriente podría establecerse actuando como intermediario en la reunificación de Taiwán con la China continental y de Corea del Sur con Corea del Norte, del mismo modo que Theodore Roosevelt aumentó inconmensurablemente el prestigio estadounidense en Oriente mediando en el final de la guerra ruso-japonesa. Ahora que Chiang Kai-shek y Mao han muerto, es hora de dar los inevitables primeros pasos para hacer de las dos Chinas una sola. Pase lo que pase, no debe permitirse que ningún afecto ideológico por el capitalismo taiwanés, ningún sentimiento de culpabilidad por un aliado abandonado y ninguna hostilidad ideológica hacia la convulsa pero explosiva economía comunista china sirvan de pretexto a China para revivir su efímera alianza con Moscú durante la guerra de Corea. Una de las mayores garantías de seguridad de Estados Unidos y Europa Occidental reside en la continua hostilidad de Pekín y Moscú, una hostilidad que la astuta diplomacia estadounidense debería mantener a fuego lento mientras Rusia tenga designios sobre Occidente.

La política exterior estadounidense tiene una tarea más fácil en Extremo Oriente que en cualquier otro continente. En Asia Oriental, Estados Unidos no necesita establecer un contrapeso militar a Rusia. El contrapeso ya existe. En un futuro previsible, China es la única nación del mundo que tiene la voluntad, la mano de obra y los recursos para luchar contra Rusia sin ayuda en una guerra convencional. De hecho, pronto podría dar buena cuenta de sí misma en una guerra nuclear. El hecho de que Estados Unidos persiga cualquier cosa menos una política amistosa hacia China, la única nación que puede oponerse eficazmente a la expansión rusa en Extremo Oriente, es la peor diplomacia esquizoide. La historia, la geografía, la cultura, la raza... todo indica que China y Rusia acabarán enfrentándose.

Esto no quiere decir que Estados Unidos deba entrar en una guerra de este tipo del lado de China, como sin duda propondría la facción antirrusa de la coalición liberal-minoritaria. Estados Unidos ayudó a destruir Alemania, el bastión occidental contra el eslavismo, en 1945. Sería una tragedia peor si Estados Unidos ayudara a China a destruir Rusia, el principal bastión blanco contra la raza amarilla.

Volviendo el debate a Japón, se podría empezar diciendo que habría sido mejor para todos los implicados, especialmente para los japoneses, que el comodoro Perry nunca hubiera desembarcado en la bahía de Yedo en 1854. Al obligar a Japón a abandonar su aislamiento de 400 años, Estados Unidos estaba sembrando sin saberlo los dientes del dragón que germinaron en la fanática y entregada maquinaria militar que encontraría ochenta y siete años después en Pearl Harbor. Dado que la homogeneidad y la geografía japonesas impedían el fraccionamiento regional y cultural según el modelo chino, Japón pudo convertirse a la tecnología occidental mucho más rápida y eficazmente, sin la desventaja de la agitación revolucionaria de China.

Racialmente, los japoneses son un pueblo mongoloide procedente del continente asiático con una mezcla de emigrantes prehistóricos del sudeste asiático. Al haber sufrido poca inmigración en los últimos mil años, Japón cuenta con una de las poblaciones más homogéneas del planeta, lo que explica en parte el feroz sentido de la raza de sus ciudadanos. Al igual que los chinos, los japoneses se indignaron por las restricciones estadounidenses a la inmigración de orientales, aunque el propio Japón había practicado la exclusividad racial durante siglos. Los habitantes originales de Japón pueden haber sido los ainus, una raza caucasoide, tal vez los restos de una raza blanca que una vez dominó el norte de Asia. Los ainus han sido expulsados a las zonas más septentrionales de Japón, donde han sufrido un proceso de absorción biológica y cultural que está destruyendo rápidamente su identidad racial. A otra importante minoría de Japón no le ha ido mucho mejor. Durante el terremoto de 1923, hubo un sangriento pogromo de coreanos en Tokio.[1098]

El artículo IX de la constitución japonesa de posguerra contiene la tan aclamada cláusula que renuncia a la guerra como "derecho soberano de la nación" y establece que "nunca se mantendrán fuerzas terrestres, marítimas y aéreas, ni otros potenciales bélicos". Se trata de un giro bastante sorprendente para un país que había desarrollado el modo de vida militar hasta convertirlo en un arte (Bushido) y cuya jerarquía social consistía en el

---

[1098] Peffer, *The Far East*, p. 341.

soldado, el artesano, el campesino y el comerciante en ese orden de rango.[1099] Ninguna otra nación, ni siquiera Esparta, ha producido nada parecido a la increíble heroicidad de los pilotos kamikaze de la Segunda Guerra Mundial.

A pesar de su constitución, Japón tiene ahora una "Fuerza de Autodefensa" de 268.000 hombres, 800 aviones militares, 46 destructores y 44 submarinos.[1100] Con una China cada vez más militarizada a pocos minutos de misiles, con Rusia situada en la mitad sur de la isla de Sajalín (el premio de Stalin por entrar en la guerra del Pacífico cinco días antes de que terminara), los japoneses tienen pocas razones para aferrarse mucho más tiempo a su inusual experimento de desarme. Japón tiene la tercera economía del mundo, pero sólo dedica el 1% de su PNB a defensa. Depende casi por completo del petróleo árabe e iraní, pero depende de Estados Unidos para mantener abiertas las rutas marítimas del Golfo Pérsico. Sus automóviles, cámaras, relojes, televisores y aparatos electrónicos están causando graves trastornos económicos y desempleo en las naciones industrializadas de Occidente, y sin embargo se encrespa ante la idea de que otros puedan adoptar el proteccionismo con el que defiende sus propias industrias. El Tratado General sobre Aranceles Aduaneros y Comercio, que Japón ha firmado a regañadientes, puede acabar con muchas de las barreras comerciales si Japón se compromete a firmarlo.

Desgraciadamente para la comunidad empresarial japonesa, Estados Unidos ya no puede permitirse ser el ángel de la guarda de una nación que intenta dejarla fuera de juego. Las tropas estadounidenses estacionadas en Japón, siempre una fuente de fricción en las relaciones nipo-estadounidenses, se retirarán casi con toda seguridad en unas décadas, junto con el paraguas nuclear. Nadie, y mucho menos los japoneses, cree seriamente que Estados Unidos expondría sus propias ciudades a la devastación utilizando bombas termonucleares para defender a Japón de una agresión rusa o china. En cualquier caso, a China le interesa más que a Estados Unidos impedir cualquier intento por parte de Rusia de finlandizar Japón mediante el chantaje nuclear.

Con una población de 124 millones de habitantes (estimación de 1992) en una superficie sólo ligeramente inferior a la de California, de la que sólo una sexta parte es cultivable,[1101] a Japón le espera un duro camino en el siglo XXI. Japón, que en otro tiempo fue la nación más aislacionista, ha perdido gran parte de su carácter único y su estética altamente desarrollada en su loca carrera por dominar el comercio mundial. Una reducción considerable del

---

[1099] Ibídem, p. 34

[1100] *Almanaque de Whitaker*, 1981, p. 889.

[1101] Peffer, op. cit., p. 40.

tamaño de la población japonesa mediante un programa nacional de control de la natalidad, acompañada de una considerable ralentización de la industrialización, rescataría a Japón de su materialismo al estilo occidental, al tiempo que eliminaría una espantosa e invivible expansión urbana como el Tokio moderno. Menos japoneses y menos productos japoneses no sólo beneficiarían al resto del mundo al ahorrar los preciosos recursos naturales consumidos por la voraz industria japonesa, sino que también podrían ser la salvación del amenazado ethos japonés.

Si la retirada estadounidense de Japón pone en peligro la independencia de Corea del Sur, que así sea. Corea se unirá tarde o temprano, como lo hicieron las dos Alemanias y los dos Vietnam, y como lo harán Taiwán y China continental. Dejemos que la naturaleza siga su curso. Estados Unidos no puede excederse eternamente en lo que, en última instancia, será un vano esfuerzo por proteger la libertad de unos Estados del Lejano Oriente en peligro y divididos. Cuando se les entrega la nacionalidad en bandeja de plata, tienen aún menos posibilidades de mantenerla.

En las últimas décadas, en Extremo Oriente, la política exterior de Estados Unidos parece haberse concentrado en la protección de lo desprotegible. La intervención estadounidense en Vietnam puso claramente de manifiesto lo que le ocurre a una maquinaria militar moderna, inmovilizada, desmotivada y magníficamente equipada cuando se enfrenta a una fuerza de combate decidida, altamente motivada y pobremente equipada, formada por guerrilleros y regulares entregados. Si los artífices de la política exterior estadounidense[1102] hubieran comprendido que los sentimientos antiblancos de los vietnamitas eran tan intensos que la mera presencia de tropas estadounidenses en un bando elevaría inconmensurablemente la moral y la voluntad de lucha del otro, quizá no habrían estado tan ansiosos por enviar un gran ejército estadounidense para sustituir a los franceses, que se habían marchado y habían sido derrotados.[1103]

[1102] "Walt Rostow... fue responsable de nuestra implicación original en Vietnam bajo la presidencia de Kennedy..." Columna sin fecha de Drew Pearson. Harold Wilson, cuando era primer ministro de Gran Bretaña, culpó a Rostow de torpedear una oportunidad de paz en Vietnam en 1967. Revista *Life* citada por un informe de UPI, 17 de mayo de 1971.

[1103] No es probable que los propios estadounidenses tuvieran en alta estima a ningún partido o facción que invitara al ejército vietnamita a entrar en Estados Unidos para ayudar a defenderlo de un ataque de otros estadounidenses. La aparición de tropas extranjeras [en gran número] en cualquiera de los bandos de la Guerra entre los Estados habría endurecido sin duda la resistencia del otro. Una de las razones por las que los estadounidenses pudieron escapar a la derrota en Corea fue que había muchos menos norcoreanos que surcoreanos, una proporción que no se dio en Vietnam. Los norcoreanos tuvieron que llamar a los chinos para que les salvaran, con lo que su propaganda perdió

El principal error de los responsables de la participación militar estadounidense en Vietnam fue su ignorancia de la dinámica racial en el Sudeste Asiático. El error secundario fue involucrar a las fuerzas armadas estadounidenses en una guerra que, desde el primer día, no se les permitió ganar. La historia reciente ha demostrado que Estados Unidos sólo puede ponerse en pie de guerra cuando los objetivos de la guerra se corresponden con las metas de la coalición liberal-minoritaria. A menos que puedan establecerse o inventarse tales "objetivos", es probable que los medios de comunicación permanezcan indiferentes o incluso hostiles. Si Vietnam del Norte hubiera tenido un dictador fascista en lugar del patriarcal "Tío Ho",[1104] si hubiera maltratado a judíos y negros[1105] en lugar de a campesinos vietnamitas, el teatro de operaciones se habría extendido a Vietnam del Norte y la guerra se habría ganado rápidamente. La experiencia estadounidense en Corea ya había demostrado la frialdad y la oposición de los intelectuales de izquierdas y de las minorías a un conflicto que no tenía los ingredientes ideológicos adecuados.

El colapso de Vietnam del Sur tras la falsa paz de Henry Kissinger, por la que tuvo el descaro de aceptar el Premio Nobel de la Paz... el imperialismo de los vietnamitas comunistas tras su conquista del Sur... la purga racial del Vietnam comunista de su etnia china[1106] ... los horrores de la revolución comunista en Camboya, seguidos de la invasión y ocupación vietnamitas... el castigo militar de China a Vietnam: todos estos acontecimientos fueron una prueba más de que había tanta desunión y lucha entre los Estados

parte de su atractivo nacionalista y antiextranjero. Corea del Sur tiene 29 millones de habitantes; Corea del Norte, 12 millones. Por el contrario, Vietnam del Norte tiene 20 millones de habitantes y Vietnam del Sur 16 millones. También hay que tener en cuenta las diferencias étnicas de ambas naciones. Según C. D. Darlington, "la frontera entre Vietnam del Norte y Vietnam del Sur es "una de las grandes fronteras raciales del mundo"". *The Evolution of Society*, p. 615.

[1104] El difunto Drew Pearson, sindicado en 650 periódicos, el doble que cualquier otro columnista de la época, comparó a Ho Chi Minh con George Washington. *San Francisco Chronicle*, 2 de junio de 1965, y *Time*, 12 de septiembre de 1969, p. 82.

[1105] Muchos soldados negros en Vietnam tenían sus propios objetivos especiales de guerra. Casi la mitad de los encuestados dijeron que utilizarían las armas para conseguir sus derechos cuando regresaran a Estados Unidos. Hubo varias escaramuzas militares entre tropas blancas y negras en el transcurso de la guerra, incluidos 520 ataques a oficiales y sargentos con granadas de fragmentación que causaron 185 muertos. *Miami Herald*, 10 de noviembre de 1972, p. 2A, *Time*, 19 de septiembre de 1969, p. 22, y 23 de enero de 1971, p. 34, y *Dallas Morning News*, 2 de abril de 1977.

[1106] Al igual que el éxito económico de los judíos da lugar al antisemitismo en Occidente, la opulencia de las minorías chinas provoca estallidos de antisinismo en el Sudeste Asiático.

marxistas en la segunda mitad del siglo XX como entre los Estados capitalistas en la primera mitad.

Lo más y lo mejor que Estados Unidos puede hacer por las naciones de Asia es dejarlas en paz. Para muchos de los países más pequeños, la neutralidad es la protección más segura contra la invasión o la revolución. Cuando Estados Unidos se retire del Lejano Oriente, lo más probable es que otras naciones de la zona, como Filipinas, acaben experimentando con el comunismo. Si lo hacen, es de esperar -y es una esperanza bien fundada- que se vuelvan contra los Estados comunistas vecinos en lugar de contra Estados Unidos y Occidente. Estados Unidos gastó más de 40.000 millones de dólares y perdió más de 58.000 vidas en un intento infructuoso de evitar la caída de Vietnam del Sur, que según los teóricos del dominó convertiría al Sudeste Asiático en parte de un imperio comunista monolítico y mundial. Cuando el humo se disipó, el temido monolito se rompió en fragmentos amargamente hostiles, al igual que había ocurrido en Eurasia tras la revolución comunista en China.

Sólo hay dos países en Extremo Oriente -o más correctamente en Australasia- con los que Estados Unidos debería mantener los lazos militares más firmes. Se trata de Australia y Nueva Zelanda. Aquí el compromiso norteamericano debería trascender las habituales consideraciones materialistas e ideológicas de estrategia, anticomunismo, autodeterminación y democracia, y descansar sobre los cimientos más permanentes y sólidos de la afinidad biológica y cultural. Australia y Nueva Zelanda, habitadas por más de 21.400.000 personas de ascendencia mayoritariamente británica, son la última frontera del europeo del norte, que nunca es realmente feliz a menos que tenga una frontera. Dado que no había asiáticos, sólo algunos aborígenes de la Edad de Piedra, en la masa de tierra australiana cuando llegaron los blancos, los chinos, japoneses y otros orientales difícilmente pueden acusar a los australianos de ser explotadores blancos del hombre amarillo.[1107] Los maoríes tienen un caso algo mejor contra los británicos en Nueva Zelanda. Fueron los primeros en llegar, hace nueve siglos, y representan, junto con otros polinesios, el 8% o 9% de la población.

Australia aplicaba una política de inmigración selectiva que pretendía duplicar o triplicar la población del país a finales de siglo sin alterar, no

---

[1107] La minoría aborigen de Australia asciende actualmente a 50.000 personas, más 150.000 mestizos. Los aborígenes pertenecen a la raza australoide separada, tienen una coloración que va del negro hollín al marrón y se distinguen por sus cejas escarbadas, frentes inclinadas y mandíbulas salientes. Coon, *The Living Races of Man*, pp. 12, 310. Su bajo lugar en la escala evolutiva humana hace difícil que incluso el antropólogo más igualitario les atribuya las mismas capacidades mentales que a los blancos o mongoloides.

obstante, su composición racial básica.[1108] Este sensato plan de crecimiento homogéneo se fue al traste con la victoria electoral en 1972 del partido Laborista, que renunció inmediatamente a la política de "Australia blanca" por otra de aceptación de todos los colores y credos. Desde entonces han entrado en el país entre 25.000 y 30.000 no blancos al año, lo que hace un total de unos 720.000 hasta la fecha (1993). Tanto el Partido Conservador como el Laborista han hecho poco por resistirse al igualitarismo que se filtra desde Occidente y contra el que los vastos océanos no han servido de protección. Nueva Zelanda, por otra parte, con una población de 3.400.000 habitantes, incluidos 3.803 judíos, ha atraído hasta ahora una cantidad mucho menor de desbordamiento tercermundista y asiático.

En la actualidad, Australia sigue siendo uno de los puntos más blancos del cada vez más moteado mapa demográfico de la civilización occidental. Si alguna nación debería erigir estrictas barreras de inmigración contra los no blancos, ésa es Australia, un continente infrapoblado que se asoma a la esquina sureste del continente más poblado del mundo. Si Australia consigue seguir siendo blanca, puede llegar a ser el centro de la expresión más avanzada y auténtica de la vida occidental, un último puerto de escala para aquellos estadounidenses de mayoría y europeos del norte que permitieron que sus propios países se convirtieran en bedlams plagados de minorías. Sin embargo, si sigue las actuales tendencias demográficas occidentales, Australia, en palabras de su gran poeta, A. D. Hope, puede convertirse en "la última de las tierras, la más vacía... donde los europeos de segunda mano jalean tímidamente al borde de costas ajenas".

[1108] En 1993, la población de Australia era de 18 millones de habitantes. El *Almanaque Mundial de 1981* afirma que hay 70.000 judíos en Australia, uno de los cuales, Zelman Cowen, fue Gobernador General hasta 1982. El que fuera Primer Ministro, Malcolm Fraser, líder del Partido Conservador, es medio judío. Robert Hawke, durante mucho tiempo primer ministro laborista, es un prosionista acérrimo.

CAPÍTULO 35

Estados Unidos y Oriente Medio

L os cartógrafos, historiadores y expertos en asuntos exteriores nunca han definido ni acordado con autoridad la composición geográfica exacta de Oriente Próximo. Aquí se delimitará, tal vez de forma demasiado inclusiva, como Irán, Irak, Jordania, la península arábiga y los países contiguos al Mediterráneo oriental que se extienden en el sentido de las agujas del reloj desde Turquía hasta Marruecos. Se supone que fue en Oriente Próximo donde el hombre inventó la civilización. Es en Oriente Medio donde judíos, árabes, iraníes o forasteros sedientos de petróleo pueden provocar un enfrentamiento nuclear que podría llevar a gran parte de la civilización a un final prematuro.

Estados Unidos intervino en asuntos de Oriente Próximo ya en 1805, cuando el capitán William Eaton, que dirigía un ataque por tierra contra los puertos de los piratas berberiscos, hizo marchar a un puñado de marines estadounidenses, griegos, beduinos y camelleros árabes 800 km a través del desierto desde Egipto hasta el extremo oriental de la actual Libia, donde capturó la ciudad de Derna.[1109] Diez años más tarde, Stephen Decatur, con la ayuda de una escuadra naval estadounidense, obligó al Dey de Argel a dejar de cobrar tributo a los buques estadounidenses y de pedir rescate por sus marineros.[1110]

Durante más de un siglo, las relaciones de Estados Unidos con los países de Oriente Medio fueron, en general, de carácter económico, de escasa importancia histórica y amistosas. Sólo después de la Segunda Guerra Mundial, cuando Estados Unidos se vio arrastrado al vacío dejado por la implosión del Imperio Británico, Oriente Medio atrajo seriamente la atención de la diplomacia estadounidense. La Doctrina Truman (1947), en respuesta a la resurrección de los designios zaristas de Stalin sobre Constantinopla, asignó parte de un programa de ayuda de 400 millones de dólares a Turquía. A cambio de armas, dinero y asistencia militar a gran escala en caso de invasión rusa, los turcos se convirtieron en aliados estadounidenses y concedieron a Estados Unidos el derecho a construir bases aéreas en su país.

[1109] Henry Adams, *History of the United States during the First Administration of Thomas Jefferson*, Boni and Liveright, Nueva York, 1930, Libro II, pp. 432, 488.

[1110] Kendrick Babcock, "The Rise of American Nationality", *The Historians' History of the United States*, Putnam, Nueva York, 1966, p. 458.

Después, en 1948, la coalición liberal-minoritaria consiguió desplazar el eje de la política estadounidense en Oriente Próximo de Turquía a Israel. Ya se ha mencionado anteriormente la Declaración Balfour (1917), mediante la cual el gobierno británico compró el apoyo de la judería mundial en la Primera Guerra Mundial.[1111] Cabe añadir ahora que, al tiempo que prometía el respaldo británico a una patria judía en Palestina, Gran Bretaña había hecho dos años antes, en 1915, promesas similares a los árabes para alistarlos en la lucha contra Turquía, aliada de Alemania en Oriente Próximo.[1112] Los árabes palestinos, cuyo país había estado gobernado por Turquía durante 400 años, no necesitaron que se les insistiera mucho. Pero cuando terminó la guerra, cuando Turquía había perdido todas sus tierras árabes, cuando la Sociedad de Naciones había otorgado a Gran Bretaña el mandato palestino, el gobierno británico no hizo ningún esfuerzo por cumplir su palabra con ninguno de los dos bandos, más allá de permitir un ominoso aumento de la inmigración sionista a Tierra Santa. En efecto, Gran Bretaña había vendido una casa que no era suya a dos compradores diferentes, ya que la venta anterior había sido a sus ocupantes árabes.

El tamaño y el ritmo de la inmigración sionista es la clave de todo lo que siguió. En la Primera Guerra Mundial, los judíos constituían el 10 por ciento de la población de Palestina. En 1940 había 456.743 judíos en Palestina, un tercio de los habitantes. Los dos tercios restantes eran 145.063 cristianos y 1.143.336 musulmanes, cuyos antepasados habían vivido en Palestina durante cien generaciones.[1113] Tras una ausencia de casi 2.000 años, los judíos eran los recién llegados.

La persecución nazi de los judíos europeos estimuló un esfuerzo sionista mundial para hacer realidad de inmediato el brillante sueño de Israel. Una campaña mundial de presión sin precedentes, aderezada con crecientes actos de terrorismo judío,[1114] llevó finalmente a los británicos a entregar Palestina a las Naciones Unidas. Los sionistas estaban preparados. El mismo día en

[1111] Véanse las pp. 450-51.

[1112] El alto comisionado británico en Egipto dio garantías formales sobre la independencia árabe en Oriente Próximo al emir de La Meca, más tarde rey de Hiyaz, en lo que se conoce como la correspondencia McMahon-Hussein. T. E. Lawrence, héroe de la Primera Guerra Mundial y combatiente en el desierto, estaba profundamente indignado con su país por lo que consideraba su posterior traición a la causa árabe. Sachar, *The Course of Modern Jewish History*, pp. 370-71, y Yale, *The Near East*, pp. 243-44, 320.

[1113] Estadísticas de población de *Ency. Brit.*, Vol. 17, pp. 133-34.

[1114] Las bandas Stern e Irgun, armadas con armas estadounidenses de Lend-Lease robadas a montones, recorrieron Palestina disparando contra soldados británicos. En julio de 1946, hicieron estallar una bomba en el hotel Rey David de Jerusalén, matando a noventa y una personas, en su mayoría civiles. *Ency. Brit.*, Vol. 17, p. 136.

que el último alto comisionado británico abandonó Palestina (14 de mayo de 1948), Israel fue proclamado Estado independiente. El reconocimiento del presidente Truman se produjo exactamente diez minutos después,[1115] a pesar de la promesa escrita del presidente Roosevelt al rey Ibn Saud de Arabia Saudí (5 de abril de 1945) de que Estados Unidos nunca emprendería ninguna acción que pudiera resultar hostil al pueblo árabe.[1116]

La Unión Soviética también se apresuró a reconocer a Israel, con la esperanza de que la agitación entre árabes y judíos facilitara la entrada del comunismo en los países desérticos ricos en petróleo que tanto codiciaban los zares. Incluso las Naciones Unidas dieron finalmente la bienvenida a Israel como su quincuagésimo noveno miembro (1949), aunque los "luchadores por la libertad" israelíes habían asesinado al mediador de la ONU, el conde Bernadotte, y aunque el recurso a la violencia en la creación de Israel era totalmente contrario a la letra y el espíritu de la carta de la ONU.

Un mes antes del nacimiento del Estado sionista, las escaramuzas que venían produciéndose desde hacía años entre judíos y árabes estallaron en guerra. El calculado ataque terrorista judío en Deir Yassin el 9 de abril de 1948, en el que 254 mujeres, niños y ancianos árabes fueron masacrados indiscriminadamente,[1117] precipitó un éxodo árabe que acabó sumando 2,7 millones de desplazados (los refugiados originales, sus hijos nacidos en el

---

[1115] Sachar, *El curso de la historia judía moderna*, p. 479.

[1116] Yale, op. cit., p. 402.

[1117] Alfred Lilienthal, *The Zionist Connection*, Dodd, Mead, Nueva York, 1978, p. 254. No se sabe si los soldados que cometieron esta masacre fueron castigados alguna vez. La mayoría de los que participaron en otra atrocidad -el ametrallamiento de cuarenta y nueve aldeanos árabes que regresaban a la aldea de Kafr Kassim (29 de octubre de 1956), catorce de ellos mujeres con niños en brazos- quedaron impunes tras ser juzgados. Algunos, sin embargo, fueron condenados a un año de prisión. Estas sentencias fueron algo más leves que las impuestas a los acusados nazis en los juicios de Nuremberg una década antes. Curiosamente, no hubo la menor protesta de los medios de comunicación contra los criminales de guerra israelíes. *San Francisco Chronicle*, 10 de enero de 1962, y Alfred Lilienthal, *The Other Side of the Coin*, Devin-Adair, Nueva York, 1965, pp. 21,920. Sin embargo, dentro de Israel surgió cierta angustia por las posibles repercusiones del aventurerismo militar. Tras un ataque israelí a Jordania en febrero de 1951, cuatro profesores de la Universidad Hebrea se preguntaron: "¿Es ésta la tradición judía sobre la que creemos que se fundó el Estado de Israel? ¿Es ésta la consideración por la vida humana en la que se basaba el pueblo judío cuando aún no era una nación política? ¿Es ésta la forma de demostrar al mundo que nuestra nación defiende el principio de justicia?". Véase el artículo de William Ernest Hocking sobre Israel en *Christian Century*, 19 de septiembre de 1951. Uno de los peores y más incomprensibles actos de los israelíes fue el saqueo de la Ciudad Vieja de Jerusalén en la guerra de 1967, descrito por Evan Wilson, cónsul general y ministro de Estados Unidos en Jerusalén, en su libro *Key to Peace*, The Middle East Institute, Washington, D.C., 1970, p. 111.

exilio y los refugiados de la guerra de 1967).[1118] Dado que la mayoría de los árabes palestinos y los árabes de los estados vecinos apenas habían progresado más allá de las etapas feudales de la sociedad, no eran rivales militares para los judíos occidentalizados, cuyos oficiales de más alto rango, tanto mental como físicamente, a menudo estaban más cerca de los europeos del norte que de cualquier estereotipo judío.[1119]

En la actualidad, las proporciones de palestinos y judíos en la población de Israel son prácticamente inversas a las de hace cincuenta años. Más de la mitad de los 4.150.000 millones de judíos israelíes (estimación de 1993) son Schwarzim, judíos oscuros del norte de África y Asia, que llegaron después de la Segunda Guerra Mundial[1120] y que están superando rápidamente a los elementos europeos más claros. La inmigración sólo ha contribuido parcialmente a corregir este desequilibrio racial. Durante años, el número de judíos que abandonaban Israel superaba al de los que llegaban,[1121] y la mayoría de los que partían se dirigían directamente a Estados Unidos.[1122] Entonces llegó Mijaíl Gorbachov, que cortejó a Occidente abriendo las puertas de la inmigración. Decenas de miles de judíos soviéticos llegaron a Israel. Algunos demógrafos predicen que podrían llegar a ser un millón.

Dedicados casi totalmente a Israel en espíritu, los judíos estadounidenses han preferido apoyar al Estado judío abriendo sus carteras en lugar de esquivar

---

[1118] En 1982, el Departamento de Estado contabilizó 4,3 millones de palestinos en todo el mundo: 530.600 en Israel propiamente dicho, 818.300 en Cisjordania ocupada, 476.700 en la Franja de Gaza, 1.160.800 en Jordania, 347.100 en Líbano, 215.500 en Siria, 278.800 en Kuwait, 127.000 en Arabia Saudí, 34.700 en los Emiratos Árabes Unidos, 22.500 en Qatar, 10.200 en Estados Unidos y 218.000 en otros lugares.

[1119] El estrato más duro de la judería europea fue a Palestina en los días pioneros del cambio de siglo, cuando la mayoría de los judíos iban a Nueva York. Los sabras, palestinos judíos nativos, manifiestan su particular "racismo interno" al insistir en que son israelíes, no judíos. La escasez de rasgos físicos judíos reconocibles en Israel queda ilustrada por la popularidad de una de las anécdotas israelíes favoritas: la respuesta del turista cuando se le pregunta qué le parece Israel. "Bien", dijo, "pero ¿dónde están los judíos?". Robert Ardrey, *The Territorial Imperative*, Atheneum, N.Y., 1966, p. 310.

[1120] J. Robert Moskin, "Prejudice in Israel", *Look*, 5 de octubre de 1965, pp. 56-65. Los Schwarzim acusan a los judíos europeos de discriminación porque éstos ocupan la mayoría de los puestos estatales importantes. Como en Estados Unidos, los miembros de piel más oscura de la población han protagonizado algunos disturbios para poner de manifiesto su descontento y frustración.

[1121] La orientalización de Israel no inquieta al Ministro de Asuntos Exteriores Abba Eban. "[Nuestro] futuro cultural", declaró, "reside en la victoria de la cultura existente, que es europea en sus raíces y hebrea en su ropaje". Ibid.

[1122] El Congreso asignó decenas de millones de dólares adicionales para pagar el traslado de judíos soviéticos a Israel y Estados Unidos.

las balas árabes. Sólo 100 judíos estadounidenses (en 1969) servían en las fuerzas armadas israelíes.[1123] Sin embargo, desde el punto de vista financiero, las contribuciones de los judíos estadounidenses a Israel han sido asombrosas. También lo han sido las contribuciones del gobierno estadounidense. El senador de Virginia Robert Byrd reveló en el pleno del Senado en 1992 que entre 1949 y 1991 la ayuda total de Estados Unidos a Israel ascendió a 53.000 millones de dólares.[1124] Esta enorme suma no incluye la garantía de préstamo de 10.000 millones de dólares, los miles de millones de subvenciones privadas y de fundaciones, gravadas y no gravadas, y el tributo anual de 2.100 millones de dólares a Egipto por firmar la paz con Israel. Tampoco incluye los miles de millones de dólares recaudados por la venta de Bonos de Israel ni los cientos de millones de dólares, si no miles de millones, derivados de los privilegios especiales de importación, el estatus de cliente preferente para comprar de las reservas del gobierno y los acuerdos de patentes y licencias.[1125]

Prácticamente desconocida para el público estadounidense es la enorme cantidad de reparaciones pagadas a Israel y a los judíos de todo el mundo por Alemania Occidental antes de la reunificación con Alemania Oriental, cuyos jefes comunistas se negaron a pagar al Estado judío ni un pfennig rojo. El *Wiedergutmachung*, como se le llamó, ascendió a casi 54.000 millones de dólares antes de que el programa de reparaciones llegara a su fin.[1126] En el transcurso de estos pagos -sin parangón en la historia tanto por su cuantía como por la cantidad concedida a particulares-, el valor del marco osciló

[1123] *World Press Review*, WNET, Nueva York, 3 de noviembre de 1969. Los judíos estadounidenses pueden alistarse en el ejército israelí y conservar su ciudadanía estadounidense.

[1124] *The Washington Report on Middle East Affairs*, abril/mayo de 1994, p. 75. En cambio, el Plan Marshall para reconstruir Europa Occidental tras la Segunda Guerra Mundial costó aproximadamente 12.000 millones de dólares.

[1125] Gran parte de la ayuda financiera y militar ha sido involuntaria. La mayoría de los contribuyentes estadounidenses nunca habrían aprobado la deducibilidad fiscal de las donaciones privadas a Israel ni de muchas de las subvenciones del Congreso. Bastantes miembros de los sindicatos United Auto Workers y Teamsters no están de acuerdo con las grandes compras de bonos israelíes a bajo interés por parte de los directores de los fondos de pensiones sindicales. Se preguntan por qué parte de sus cuotas se invierte en un país que está técnicamente en bancarrota, que tiene una deuda nacional inmensa e inmanejable y que ha tenido en algún momento tasas de inflación de tres dígitos.

[1126] *Chicago Sentinel*, 25 de diciembre de 1980, p. 6. En realidad, las reparaciones no han terminado. La reunificación alemana hizo que Alemania Oriental entrara en escena. Ahora se está intentando reembolsar a los judíos los bienes perdidos a manos de los nazis y posteriormente de los comunistas. También a los judíos que no pudieron acogerse *a la Wiederguimachung* por una razón u otra se les ha dado una oportunidad más de solicitar reparaciones.

entre 23 y 56 céntimos. Cuando los desembolsos financieros del resto de la judería mundial se suman a las contribuciones estadounidenses y de Alemania Occidental, no es exagerado decir que se han transferido cerca de 110.000 millones de dólares en poco más de tres décadas a una nación de tamaño equivalente a Massachusetts y con una población igual a la de Tennessee.

En las múltiples discusiones y debates sobre la "fuga de dólares" y las "lagunas fiscales", se han hecho muy pocos esfuerzos para recortar la ayuda financiera estadounidense a Israel, una de las fuentes más importantes de la fuga y una de las más amplias de las lagunas fiscales. Se limitan las compras de los turistas estadounidenses en el extranjero y se reducen las desgravaciones por agotamiento del petróleo. Se atacan duramente los paraísos fiscales. Pero las subvenciones del gobierno, las garantías de préstamos y el dinero libre de impuestos siguen fluyendo a torrentes hacia Israel sin apenas un murmullo de crítica: dinero que no sólo se escapa del Tesoro de Estados Unidos, de modo que cada estadounidense paga un poco más de impuestos, sino dinero que se escapa del país por completo, de modo que el dólar se debilita y la balanza de pagos empeora.

El Servicio de Impuestos Internos no es la única agencia gubernamental que ha sobrepasado los límites de su autoridad al ayudar a la causa del sionismo. En los agitados días que precedieron a la creación de Israel, el FBI hizo un guiño ante el establecimiento de una emisora de radio sionista clandestina en la costa oriental y ante la racha de tráfico de armas y otras violaciones de las leyes de neutralidad estadounidenses.[1127] Rudolph Sonneborn, el millonario jefe de Witco Chemical, estableció en Nueva York lo que equivalía a la rama estadounidense de Haganah, la organización clandestina sionista. Quinientos aviadores estadounidenses y canadienses, muchos de ellos no judíos, formaron la Fuerza Aérea Israelí mientras Palestina seguía bajo dominio británico. Tres oficiales del Ejército de los Estados Unidos servían en la Haganá bajo el mando del Jefe de Estado Mayor Yaacov Dori cuando los

---

[1127] Después de que dos agentes sionistas fueran detenidos en la frontera canadiense por contrabando de armas, Robert Nathan, asistente de la Casa Blanca, les consiguió una entrevista personal con el director del FBI, J. Edgar Hoover, quien les ofreció su cooperación. Leonard Slater, *The Pledge*, Simon and Schuster, Nueva York, 1970, pp. 75-76. Hank Greenspun, un editor de Las Vegas, fue condenado por robar cajas de cañones de fusil para Israel de un depósito de suministros navales de Estados Unidos en Hawái, pero ni él ni ningún otro traficante de armas judío estadounidense culpable de cargos similares pasó jamás un día en la cárcel. El único que fue a la cárcel por obtener ilegalmente armas para Israel fue Charlie Winters, un protestante. William Horowitz, que estuvo profundamente implicado en estas operaciones ilegales, es ahora banquero y miembro de la Yale Corporation, el órgano de gobierno de la Universidad de Yale. Ibídem, p. 59.

sionistas abrieron su ataque militar contra las tropas de ocupación británicas. Miembros de la Oficina de Servicios Estratégicos enseñaban a los agentes sionistas el uso de claves y códigos en una escuela secreta de espionaje de Nueva York.[1128] Todo fue muy galante y emocionante, excepto que terminó con la expulsión de una población pacífica y agrícola de su antigua patria y creó una enconada llaga internacional que tardará décadas, si no siglos, en cicatrizar.

Mientras se producían muchos de estos acontecimientos, James Forrestal, secretario de Defensa de la administración Truman, fue el único miembro del gabinete que se pronunció públicamente contra el sionismo. A la manera de Casandra y con el mismo efecto, advirtió de las consecuencias geopolíticas del patrocinio estadounidense de un imperialismo y colonialismo anacrónicos que traían a la memoria de las naciones del Tercer Mundo los cascos y los bastones de mando, precisamente las naciones a las que el Departamento de Estado aseguraba entonces las intenciones pacíficas, antiimperialistas y anticolonialistas de Estados Unidos. El vituperio que Forrestal recibió de la prensa y la radio fue uno de los factores que le llevaron al suicidio.[1129]

Dean Acheson, por aquel entonces subsecretario de Estado y extremadamente activo en asuntos exteriores, decidió no apoyar a Forrestal y aplicó obedientemente la política proisraelí de Truman, aunque más tarde admitió francamente que iba en contra de la "totalidad de los intereses estadounidenses" en Oriente Medio.[1130] Unos veinte años después de los hechos, Acheson también explicó que Truman no comprometió a Estados Unidos con Israel, como había acusado el ministro británico de Asuntos Exteriores Bevin, para cortejar el voto judío. Según Acheson, la postura proisraelí de Truman se explicaba por su amistad con Eddie Jacobson, su antiguo socio en un efímero negocio de mercería en Kansas City.[1131]

[1128] Ibídem, pp. 22, 101-3, 117, 309.

[1129] Véase la nota 42, p. 326.

[1130] Dean Acheson, *Present at the Creation*, Norton, Nueva York, 1969, p. 169. La prensa nunca criticó a Acheson por su pusilanimidad al negarse a luchar por la política para Oriente Medio en la que creía. Pero le aclamó por su valentía cuando hizo la memorable declaración: "No daré la espalda a Alger Hiss".

[1131] Ibid. Un destacado erudito judío no está totalmente de acuerdo con la teoría de Acheson. Howard Sachar afirma que el presidente Truman también se sintió atraído por la causa israelí por la presión de judíos estadounidenses tan importantes como el gobernador Herbert Lehman de Nueva York, Jacob "Jake" Arvey, jefe político de Chicago, y David Niles, ayudante especial de Roosevelt y Truman para asuntos de las minorías. *El Curso de la Historia Moderna*, p. 471.

Desde el nacimiento de Israel hasta el presente, la propaganda sionista ha impregnado y dominado de tal modo el pensamiento estadounidense que, cada vez que el debate ha girado en torno a Oriente Próximo, los líderes de casi todos los ámbitos de la vida pública abandonan toda razón y juicio, por no hablar de su integridad intelectual.[1132] Los mismos educadores que insisten en la desegregación de las escuelas estadounidenses han apoyado firmemente a Israel, que tiene escuelas segregadas para su minoría árabe. Los mismos eclesiásticos y laicos que predican la separación de la Iglesia y el Estado, la igualdad de sexos y la oposición a cualquier prueba racial o religiosa para contraer matrimonio han apoyado incondicionalmente a Israel, donde la Iglesia y el Estado son uno, donde están prohibidos los matrimonios interreligiosos y donde las mujeres que celebran su culto en sinagogas ortodoxas están segregadas detrás de galerías con mosquiteras.

Los mismos "One Worlders" que fundaron las Naciones Unidas sólo han tenido cosas buenas que decir de la diplomacia sionista que ha hecho alarde de casi todas las resoluciones de la ONU sobre Israel.[1133] Los mismos liberales "decentes" que creen en la autodeterminación de los pueblos y en el arbitraje pacífico de las disputas internacionales han dado su aprobación incondicional a una nación fundada sobre tácticas anticuadas, de sangre y hierro, de conquista y dispersión militar de los nativos. Los mismos editorialistas que adoraban a los líderes autocráticos de las naciones anticolonialistas y socialistas transformaron al difunto presidente egipcio Nasser, el líder socialista anticolonialista por excelencia, en un Hitler de los últimos tiempos. Los mismos creadores de opinión que llamaron carnicero al viceprimer ministro Ky de Vietnam del Sur aclamaron -cuando la política exterior israelí así lo dictó- al archirreaccionario rey Hussein de Jordania cuando sus mercenarios beduinos lanzaron descargas de artillería contra los campos de refugiados palestinos. Los mismos escritores, pintores y músicos que se horrorizan ante la más mínima restricción de la expresión artística no han tenido más que elogios para un país que ha prohibido oficialmente la

---

[1132] "La propaganda sionista en este país ha sido tan poderosa, tan despreciativa de las limitaciones... que las pocas voces que se han alzado para criticarla apenas se han oído". *San Francisco Examiner, Book Week*, 23 de mayo de 1965, p. 15. Quizá la más eficaz de esas "pocas voces" sea la del incansable judío antisionista Alfred Lilienthal. El grupo judío antisionista más franco, el American Council for Judaism, perdió el 80% de sus miembros un año después de la fundación de Israel. En junio de 1967, la mayoría de sus miembros destacados apoyaban a Israel con la misma devoción que los sionistas más fervientes. Yaffe, op. cit., pp. 186-88, y *Commentary*, agosto de 1967, p. 70. El leitmotiv del antisionismo judío surge del temor a que, a largo plazo, el sionismo aumente el antisemitismo en lugar de disminuirlo.

[1133] Cuando la ONU se volvió bruscamente contra Israel en la votación "Sionismo es igual a racismo", los liberales estadounidenses se volvieron obedientemente contra la ONU.

música de Wagner y Richard Strauss.[1134] Los mismos pacifistas que lucharon tan encarnizadamente contra el servicio militar obligatorio en Estados Unidos aplaudieron clamorosamente a un gobierno que no sólo recluta a todos los varones sanos de entre 18 y 26 años durante 26 meses, sino también a las mujeres solteras del mismo grupo de edad durante 20 meses.

A medida que se acercaba la repetición en 1967 del periódico conflicto árabe-israelí, la clase dirigente liberal-minoritaria pareció perder todo contacto con la lógica y la racionalidad, y cayó en una especie de esquizofrenia balbuceante. El principal defensor de la no violencia de la nación, el reverendo Martin Luther King, Jr., exigió a Estados Unidos que utilizara la fuerza, si era necesario, para mantener abierto el estrecho de Tirán, que Nasser había ordenado cerrar a los barcos que llevaban suministros estratégicos de guerra al puerto israelí de Elath.[1135] Además, miembros de grupos pacifistas tiraron sus pancartas y se manifestaron con los grupos de guerra.[1136] El senador Wayne Morse, la principal paloma del Senado, se levantó y dijo que la Marina de Estados Unidos debía navegar hacia el golfo de Aqaba "con las banderas ondeando".[1137] El difunto Robert Kennedy, aunque ocupado en establecer una imagen antibelicista para la carrera presidencial de 1968, se manifestó casi con la misma fuerza. La inversión ideológica de los intelectuales y políticos más destacados de Estados Unidos fue tan completa, el doble pensamiento orwelliano y el doble lenguaje tan increíble, que uno podría ser perdonado por creer que Estados Unidos se había vuelto loco.

El cálido sentimiento de los judíos estadounidenses hacia Israel es comprensible.

Pero su dedicación totalitaria al sionismo ha creado un grave conflicto de intereses en lo que respecta a sus deberes y responsabilidades como ciudadanos estadounidenses. Los funcionarios franceses y rusos, a los que se permite cierta libertad de expresión sobre el tema, ya han puesto en duda la lealtad dividida de sus sionistas y partidarios del sionismo.[1138] En Estados Unidos, sin embargo, las siguientes preguntas todavía deben plantearse -y

---

[1134] *San Francisco Chronicle*, 18 de junio de 1966, p. 34.

[1135] *New York Times*, 28 de mayo de 1967, p. 4. Ambos lados del estrecho, que separa el Mar Rojo del Golfo de Aqaba, eran territorio árabe.

[1136] *Time*, 2 de junio de 1967, p. 11.

[1137] Ibid.

[1138] En un artículo publicado en *Le Monde*, René Massigli, antiguo embajador francés en Londres, se preguntaba por la lealtad de los judíos franceses, sobre todo después de su indiferencia ante el ataque mediático contra el presidente francés Pompidou por parte de judíos estadounidenses. *New York Times*, 2 de marzo de 1970, p. 15.

responderse- en silencio: ¿Cómo de americano es el ciudadano americano que ha forzado una política exterior que en pocos años ha convertido a Estados Unidos, antaño su firme amigo, en el enemigo de muchos de los 130 millones de árabes del mundo y de muchos de los 546 millones de musulmanes del mundo?[1139] ¿Cómo de americano es el ciudadano estadounidense que ha promovido y financiado a sabiendas un programa de aventurerismo militar que brinda a los árabes radicales una oportunidad inaudita de desacreditar los intereses estadounidenses en Oriente Próximo, una zona que contiene dos tercios de las reservas probadas de petróleo del mundo?

La política prosionista que ya le ha costado a Estados Unidos la amistad de un gran segmento del mundo árabe y el respeto de gran parte del mundo musulmán también tiene un precio mucho más alto. Ya se ha señalado anteriormente que la coalición liberal-minoritaria sólo prestará su pleno apoyo a una guerra en nombre de objetivos liberales y minoritarios. Como estas dos condiciones previas necesarias han estado presentes en Oriente Medio desde el nacimiento de Israel, el enredo militar de Estados Unidos era inevitable. Los medios de comunicación fueron rápidamente cooptados por y para el sionismo y detrás de los sionistas estaban los grupos de presión de la guerra y sus acólitos políticos. La B'nai B'rith, que se describe a sí misma como una organización religiosa y caritativa y que existe gracias a las contribuciones deducibles de impuestos, trabajó sin descanso para que casi todos los miembros importantes de los poderes ejecutivo y legislativo del gobierno federal estuvieran sin reservas en el bando israelí. Otros grupos de presión sionistas, oficiales o no, mantuvieron un constante bombardeo propagandístico, no sólo sobre los políticos, sino sobre destacados estadounidenses de todas las profesiones y condiciones sociales. Los senadores, que han recibido decenas de miles de dólares por hablar en actos de recaudación de fondos judíos, votaron a favor de grandes donaciones del

---

[1139] Aunque en Estados Unidos no se toleran los actos antisemitas, sí se toleran los actos antiárabes. En 1966, el rey Faisal de Arabia Saudí, uno de los pocos amigos árabes que le quedaban a Estados Unidos en Oriente Próximo, fue oficialmente desairado durante una visita a la ciudad de Nueva York. El alcalde Lindsay se negó a darle una recepción oficial por miedo a ofender a su electorado judío. *New York Times*, 24 de junio de 1966, p. 1. Lindsay fue aún más descortés durante la visita del Presidente francés Pompidou a principios de 1970. No sólo se negó a saludar a Pompidou, sino que huyó a Washington y permaneció allí mientras el presidente francés estaba en Nueva York. En Chicago, Madame Pompidou fue escupida, empujada y maldecida por piquetes judíos que no temían crear un grave incidente con el aliado más antiguo de Estados Unidos para descargar su rencor contra Francia por la venta de cazabombarderos a Libia. *New York Times*, 3 de marzo de 1970, p. 28. Cuando la Primera Ministra de Israel, Golda Meir, llegó a Nueva York a finales de 1969, Lindsay la agasajó con una versión moderna de un triunfo romano.

tesoro estadounidense a Israel.[1140] En otros tiempos esto se habría llamado soborno. Hoy se llama política inteligente.

Un anticipo de lo que los grupos de presión judíos tenían reservado para el pueblo estadounidense en futuros enfrentamientos en Oriente Medio lo proporcionó la cobertura mediática de la "Guerra de los Seis Días" de 1967.[1141] Aunque los israelíes lanzaron un bombardeo combinado por aire, tierra y mar contra Egipto en la mañana del 5 de junio de 1967, pasaron varios días antes de que el público estadounidense supiera quién atacó a quién. Había corresponsales de prensa, radio y televisión por todo Oriente Próximo, todos preparados para el estallido de las hostilidades. Sin embargo, nadie parecía saber lo que estaba ocurriendo.[1142] La estrategia era obvia. La agresión israelí debía ocultarse el mayor tiempo posible. Por otra parte, cuando Egipto y Siria fueron los primeros en atacar en 1973, los medios de comunicación tacharon inmediatamente a los árabes de agresores.

Los primeros éxitos militares de las fuerzas egipcias en 1973 evocaron otro estallido cíclico de histeria de la comunidad judía estadounidense. El público asistió al espectáculo de Bella Abzug, la congresista superdoble de Nueva York, agitando un puñado de fotografías de atrocidades para promover el esfuerzo bélico de Israel y del senador Edward Kennedy votando a favor de

---

[1140] En sus carreras como senadores (hasta junio de 1994), los PAC pro-Israel dieron a Frank Lautenberg (D-NJ) 376.388 dólares; Joseph Lieberman (D-CT) 132.258 dólares; Robert Kerrey (D-NE) 173.500 dólares; Harris Wofford (D-PA) 134.650 $; Richard Bryan (D-NV) 143.260 $; Paul Sarbanes (D-MD) 108.000 $; Kent Conrad (D-ND) 166.439 $; James Sasser (D-TN) 155.750 $; Connie Mack (R-FL) 98.422 $. *Washington Report on Middle East Affairs*, julio/agosto de 1994.

[1141] En realidad fue una batalla de seis días en la guerra árabe-israelí, que ya tenía veintiún años. Si los escritores de titulares actuales hubieran vivido en el siglo XIV, y hubieran sido tan pro-ingleses como ahora son pro-sionistas, probablemente habrían descrito la batalla de Crécy, que abrió la Guerra de los Cien Años entre Inglaterra y Francia, como una "Guerra de un día."

[1142] Hasta el día de hoy, muchos estadounidenses creen que fueron los egipcios quienes iniciaron la batalla. Tanto durante como después de los combates de junio de 1967, aparecieron pocas historias de sufrimiento árabe en la prensa, a pesar de que la ciudad de Suez fue prácticamente demolida por las bombas, los proyectiles de artillería y el napalm, y su población de 268.000 habitantes reducida a 10.000. En la ciudad de Ismailia se arrasaron casi todos los edificios y casi toda la población de 100.000 habitantes se vio obligada a desalojar. En la ciudad de Ismailia casi todos los edificios fueron arrasados y casi toda la población de 100.000 habitantes se vio obligada a desalojar. *Time*, 17 de mayo de 1971, p. 28. Es fácil imaginar lo que habrían hecho los medios de comunicación si la agonía de Ismailia hubiera afectado a Tel Aviv o Haifa.

dar al Estado sionista el mismo napalm y las mismas bombas antipersona que tanto le habían indignado cuando se utilizaron en Vietnam.[1143]

A pesar de que la Liga Árabe había advertido específicamente al Presidente Nixon de que la ayuda militar estadounidense a los asediados israelíes provocaría un embargo de petróleo, se enviaron a Israel grandes cantidades de armas y material estadounidense en uno de los mayores puentes aéreos de todos los tiempos. El subsiguiente corte del petróleo árabe provocó la pérdida de medio millón de puestos de trabajo en Estados Unidos, redujo el PNB estadounidense entre 35.000 y 45.000 millones de dólares y aceleró la inflación mundial.[1144] Hoy en día, cuando Estados Unidos importa aproximadamente la mitad de su petróleo, frente al 35% a principios de la década de 1970, otra intervención militar masiva de Estados Unidos en favor de Israel podría provocar otro embargo que esta vez podría paralizar grandes zonas de la economía occidental, si no de la estadounidense. Sin embargo, el apoyo político y mediático a Israel seguía siendo alto, aunque después de las masacres de Shatila y Sabra tras la invasión israelí de Líbano y la muerte de 241 marines en un cuartel de Beirut, la temperatura bajó unos grados. La muerte en un accidente aéreo en Terranova de 248 soldados de infantería de marina que regresaban del Sinaí en 1985, donde Estados Unidos mantiene ahora una fuerza permanente para actuar como escudo de Israel, fue igualmente un derroche de vidas estadounidenses.

Los Acuerdos de Camp David (1978), aclamados por la administración Carter como uno de los grandes logros de la política exterior estadounidense, fueron poco más que una acción dilatoria que enfureció a muchos Estados árabes y proporcionó a Egipto, que desertó (¿por cuánto tiempo?) de la causa árabe, algunos territorios desérticos perdidos, armamento último modelo para sus fuerzas armadas y miles de millones de dólares para su tambaleante economía. Camp David no podría alcanzar sus elevados objetivos porque Israel tendría grandes dificultades para aceptar un Estado palestino realmente autónomo en sus fronteras, y nunca accedería a las demandas palestinas de devolución de todo o parte de Jerusalén. Los dirigentes palestinos, no importa lo que prometieran, nunca renunciarán a su esperanza de echar al mar a los intrusos opresores. En la desesperada tarea de intentar resolver este insoluble callejón sin salida en política exterior, el establishment estadounidense del último medio siglo optó por dedicar gran parte de su diplomacia y dedicar gran parte de su tesoro.

Camp David y los muchos esfuerzos pacificadores que le precedieron y siguieron podrían seguir vivos si Estados Unidos hubiera sido imparcial en

---

[1143] *Miami Herald*, 26 de diciembre de 1975, p. 7A.

[1144] *Christian Science Monitor*, 17 de mayo de 1977, p. 3.

su trato con israelíes y árabes. Pero Estados Unidos difícilmente podría desempeñar el papel de "intermediario honesto" mientras el lobby judío y sus amigos en las altas esferas se negaran a permitir que funcionarios estadounidenses hablaran con la Organización para la Liberación de Palestina. ¿Cómo se puede arbitrar una disputa cuando está prohibido hablar con uno de los contendientes? Cuando el embajador de la ONU Andrew Young mantuvo una breve conversación con un funcionario de la OLP, fue despedido perentoriamente, a pesar de que era el símbolo mismo del vínculo político del presidente Carter con los negros estadounidenses. Mejor que mil artículos de periódicos o revistas, el despido de Young puso de manifiesto el poder relativo de las minorías judía y negra.

Dos meses antes de que se firmara el tratado de paz entre Egipto e Israel en marzo de 1979, Israel sufrió un revés cuando los iraníes expulsaron al sha, que había suministrado petróleo al Estado judío, y lo sustituyeron por una camarilla de mulás antisionistas dirigidos por el ayatulá Jomeini. Un año después, sin embargo, la entrada soviética en Afganistán fue una bendición a corto plazo para Israel, al igual que la guerra iraquí contra Irán. Ambos conflictos desviaron a los Estados árabes y a la OLP de su campaña contra el sionismo.

Uno de los grandes obstáculos en el camino hacia la estabilización de Oriente Medio ha sido el comportamiento de los medios de comunicación estadounidenses. En 1967, la prensa y la televisión dieron una prueba concluyente de su rastrera parcialidad sionista al suavizar el deliberado asalto israelí al Liberty, un buque de comunicaciones estadounidense desarmado. Treinta y cuatro estadounidenses murieron y 171 resultaron heridos en repetidos ataques con bombas, cohetes, napalm y torpedos en un día luminoso y soleado, mientras el barco, fácilmente identificable, enarbolaba una bandera estadounidense de gran tamaño. Tras conocerse los hechos, no más de una o dos figuras públicas importantes alzaron la voz en protesta, un silencio extraño y único en una nación que solía preocuparse tanto por la libertad de los mares y la seguridad de su navegación.[1145] El hundimiento del

---

[1145] El *Liberty* era un buque de vigilancia electrónica enviado para supervisar el asalto israelí a Egipto, que aparentemente había sido acordado por el presidente Johnson. La toma de territorio sirio, sin embargo, fue más allá del acuerdo. Como los israelíes querían mantener en secreto sus designios sobre Siria, decidieron destruir la única fuente de comunicaciones en la zona que habría revelado sus planes de batalla antes de que se consumaran. Después de haber sido burlado, engañado y traicionado tan descaradamente por un supuesto aliado, Johnson decidió encubrir este episodio de lo más vergonzoso en los anales navales estadounidenses, llegando incluso a recordar que aviones estadounidenses acudieron a toda velocidad en ayuda del *Liberty*. James M. Ennes, Jr., *The Assault on the Liberty*, Random House, Nueva York, 1980, y Jim Taylor, *Pearl Harbor II*, Mideast Publishing House, Washington, D.C., 1980.

Maine en el puerto de La Habana en 1898 fue un *casus belli*. El ataque al *Chesapeake*, que sólo costó la vida a tres estadounidenses, provocó el embargo de Jefferson a todo el comercio exterior. El hundimiento del *Lusitania*, de propiedad británica, que llevó a 139 estadounidenses al fondo, estuvo a punto de provocar una declaración de guerra contra Alemania. El hundimiento en 1937 del cañonero estadounidense *Panay* por aviones de combate japoneses en aguas chinas y la captura en 1968 del *USS Pueblo* por norcoreanos provocaron graves crisis en las relaciones de Estados Unidos con los dos países implicados. Pero un ataque directo contra un buque de guerra estadounidense por parte de una nación extranjera en 1967 no produjo ni indignación ni represalias.[1146]

La prensa estadounidense fue igualmente reticente en su tratamiento del asunto Lavon. En 1954, agentes secretos israelíes se preparaban para bombardear e incendiar varias instalaciones estadounidenses, incluida la biblioteca estadounidense de El Cairo, y culpar a los egipcios. La idea era envenenar aún más las relaciones árabe-estadounidenses y crear más simpatía estadounidense hacia Israel. El complot fue descubierto a tiempo y los principales agentes detenidos. Finalmente, el gabinete israelí tuvo que admitir la implicación de Israel, tras lo cual se produjeron algunos cambios.[1147] Pero aun así, los medios de comunicación estadounidenses y el Departamento de Estado no consideraron el complot digno de comentarios serios o extensos. El asunto Lavon no fue más que un ejemplo temprano, aunque infructuoso, de la diplomacia de capa y espada israelí que utilizó cartas bomba para expulsar de Egipto a científicos alemanes especializados en misiles, secuestró un cargamento de uranio en alta mar, robó uranio de una empresa de materiales nucleares de Pensilvania, voló un reactor construido en Francia justo antes de que fuera entregado a Irak y lo volvió a volar después de que hubiera sido entregado. Como resultado de todas estas hazañas, Israel empezó a acumular un arsenal de bombas nucleares, de fisión y posiblemente de fusión, que pronto lo convirtieron en una minisuperpotencia.[1148]

En cuanto a la adquisición de otras tecnologías militares avanzadas, los israelíes lo han tenido bastante fácil. Un artículo de la revista *Newsweek* (3 de septiembre de 1979, p. 23) afirmaba:

[1146] La televisión estadounidense no pudo evitar causar cierta repulsión pública hacia Israel con su vívida cobertura del bombardeo de Beirut en 1982 y la insurrección palestina que comenzó en diciembre de 1987.

[1147] Nadev Safran, *The United States and Israel*, Harvard University Press, 1983.

[1148] Unas 200 armas nucleares en total, según el análisis fotográfico aéreo publicado a finales de 1994 por la generalmente fiable *revista* británica *Jane's Intelligence Review*.

"Tienen penetraciones en todo el Gobierno de Estados Unidos. Lo hacen mejor que el KGB", dice un experto en inteligencia estadounidense. Con la ayuda de judíos estadounidenses dentro y fuera del Gobierno, el Mossad busca cualquier suavización en el apoyo de Estados Unidos, e intenta conseguir cualquier información técnica que la Administración no esté dispuesta a dar a Israel. "El Mossad puede acudir a cualquier judío norteamericano distinguido y pedirle ayuda", dice un antiguo agente de la CIA.[1149]

Si alguna vez hubo una razón para que la Mayoría Estadounidense recuperara el control de la política exterior de la nación, sería deshacer el daño catastrófico que el sionismo ha infligido a las relaciones estadounidenses con Oriente Medio. Al alinearse con Israel, un Estado creado mediante desalojos masivos de palestinos y confiscaciones masivas de sus propiedades, Estados Unidos, tan frecuentemente reprochado por moralizar su política exterior, se reveló como una nación de inmoralistas.

La hipocresía del embajador estadounidense ante las Naciones Unidas, Arthur Goldberg, él mismo judío y sionista, al abstenerse y contemporizar durante la blitzkrieg israelí de 1967, mientras la inmensa mayoría de los delegados pedían un alto el fuego y la retirada de todas las tropas a las fronteras anteriores al ataque, no será olvidada rápidamente, sobre todo por aquellos que una vez creyeron que Estados Unidos defendía los derechos de todos los pueblos, incluidos los árabes, a la autodeterminación. Tampoco se olvidará la solemne promesa del Presidente Johnson, pocos días antes del ataque israelí, de que Estados Unidos se opondría a cualquier cambio en las fronteras de las naciones de Oriente Medio.

Después de que las fronteras de tres países árabes retrocedieran ante el poderío armado de Israel -la de Egipto hasta el canal de Suez- Johnson no se molestó en tragarse sus palabras. Simplemente prefirió ignorarlas. Las iglesias protestantes y católicas guardaron un silencio igualmente llamativo, a pesar de que otros miles de cristianos árabes engrosaban ahora las filas de los que ya habían sido expulsados de sus hogares por anteriores agresiones israelíes. Las actitudes cristianas actuales hacia Tierra Santa no son exactamente las de las Cruzadas.

Lo ocurrido en Oriente Medio desde el final de la Segunda Guerra Mundial ofrece una valiosa lección sobre la naturaleza y el alcance del poder de las minorías en Estados Unidos. El interés nacional exigía mantener los campos petrolíferos en manos amigas y fomentar la estabilidad política regional para

---

[1149] La máxima extensión de este espionaje amateur fue el espía profesional, Jonathan Pollard, un judío estadounidense que suministró a Israel gran cantidad de datos militares de alto secreto. Pollard explicó que tenía una "obligación racial" de hacerlo.

frenar la penetración militar y económica rusa, siria, iraquí e iraní.[1150] Esta estrategia se ha puesto constantemente en peligro en aras de una minoría estadounidense numéricamente intrascendente. Incluso Turquía, antaño el amigo más fuerte de Estados Unidos en Oriente Próximo, se está replanteando la OTAN y la alianza estadounidense a medida que Estados Unidos pone cada vez más sus huevos estratégicos en la cesta de Israel, una nación cuya mera presencia mantiene a la región en constante ebullición y desequilibrio. En un acto pusilánime de deferencia hacia los estadounidenses de origen griego, Washington llegó a embargar armas a Turquía tras la toma turca del norte de Chipre, una zona densamente poblada por turcos.

El secuestro del personal de la embajada estadounidense en Irán fue la secuela tardía de otro grave error de cálculo de la política exterior estadounidense: la instalación y el apoyo de mano dura de la CIA al Sha. La reacción de Estados Unidos a la crisis de los rehenes -la mayoría de los negros y las mujeres fueron liberados, los cincuenta y dos restantes permanecieron retenidos durante 444 días- fue la que cabía esperar de una Casa Blanca indecisa: un vertedero ineficaz tras otro, una misión de rescate fallida y chapucera con ocho muertos, y el pago de un rescate en forma de liberación de activos iraníes congelados. La gestión de Reagan de la situación de los rehenes fue casi tan lamentable como la de Carter. Su acuerdo con Irán a cambio de armas inspiró el segundo intento de los medios de comunicación en menos de dos décadas de obligar a un presidente a abandonar su cargo. Nixon perdió. Reagan consiguió aguantar.

El acontecimiento más importante de la presidencia de Bush fue la Guerra del Golfo, que hizo que Sadam Husein saliera disparado de Kuwait y regresara a Bagdad, dejando ciudades arrasadas en un campo desértico devastado. Sadam consiguió aferrarse a su gobierno autocrático, pero como agresor contundente, Irak quedó fuera de combate en un futuro previsible. Las Fuerzas Armadas estadounidenses demostraron cómo una amplia superioridad en tecnología militar hace extremadamente fácil derrotar a un enemigo rico en petróleo pero mal armado y escasamente motivado.

Los acontecimientos no domésticos más trascendentales de la presidencia de Clinton fueron la desventura somalí, iniciada por Bush, la ocupación de Haití y la devolución de la Franja de Gaza y la ciudad de Jericó a los palestinos. En cuanto a esto último, todos los acuerdos escritos y los dramáticos apretones de manos diplomáticos no podían garantizar que la paz fuera duradera, ni que toda o la mayor parte de Cisjordania fuera devuelta a los palestinos, ni que Siria recuperara los Altos del Golán.

[1150] Yemen del Sur fue el único país árabe que permitió la existencia de un partido comunista dentro de sus fronteras. Israel tiene un partido comunista activo.

Lo que realmente está ocurriendo en Oriente Próximo no es la paz, sino una miniguerra esporádica. La zona, desde Argelia hasta Irán, se está radicalizando a causa de los fundamentalistas musulmanes, que están incrementando sus actividades en todos los países donde el Islam es la religión del Estado, y en algunos países donde no lo es, como en el atentado contra el World Trade Center de Nueva York.

A veces, Oriente Próximo parece volver a la época de las Cruzadas. Con el establecimiento de una pequeña cabeza de playa en el suroeste de Asia, los caballeros y aventureros europeos, inspirados por la idea de que estaban liberando la patria de Jesús, gobernaron la región durante un siglo antes de ser expulsados por la *reconquista* musulmana.

Los cruzados de hoy son los judíos sionistas, cuya cabeza de playa asiática es aún más pequeña y precaria que la de Godofredo de Bouillon, Bohemundo y Tancredo. Si los judíos pueden resistir tanto tiempo es una pregunta que se responderá en el próximo siglo. Desde un punto de vista geográfico, no cabe esperar que los judíos prevalezcan al final, aunque les motive la idea romántica e incorrecta de que están recuperando lo que perdieron ante griegos y romanos.

El problema es que "ellos", o al menos los asquenazíes que proporcionaron la carne y el hueso del movimiento sionista, no son descendientes de los hebreos originales. Los matrimonios mixtos con europeos y algunos asiáticos y africanos, especialmente eslavos y mongoloides, prácticamente han eliminado los genes hebreos originales.

Es probable que el próximo uso de armas nucleares se produzca entre iraníes e israelíes, si es que los primeros consiguen obtenerlas de otros países o son capaces de construirlas ellos mismos. Sin embargo, antes de que esto ocurra, los aviones de guerra israelíes probablemente bombardearán cualquier reactor iraní en ciernes, como bombardearon el reactor iraquí en 1983.

Teniendo en cuenta la enorme inestabilidad de Oriente Próximo, poblado como está por árabes radicales y fanáticos judíos irredentistas, Estados Unidos debería seguir una política de estricta neutralidad en la zona, especialmente debido a los importantísimos yacimientos petrolíferos de los países árabes y musulmanes. En lugar de ello, es casi seguro que Estados Unidos, debido a su sesgada inclinación proisraelí, se verá arrastrado cada vez más profundamente en la caldera de Oriente Medio, con un enorme coste financiero y quizás un gran coste en vidas humanas.

El interés nacional de Estados Unidos exige una postura aislacionista en Oriente Medio. En lugar de ello, sin duda seguirá convirtiendo en aliado a un amigo dudoso y en enemigo a quienes deberían ser sus verdaderos amigos. La doble lealtad de los judíos estadounidenses seguirá llevando a Estados Unidos a un desastre tras otro en la región.

En la conquista y colonización de Palestina, los israelíes han imitado el trabajo de sus remotos antepasados haciendo florecer el desierto y transformando vastas extensiones de desechos arenosos en fértiles tierras de cultivo y fructíferos huertos. Sus brillantes campañas en el desierto, que figurarán en la historia militar con las de Josué, Tancredo, Saladino, Lawrence, Allenby, Montgomery y Rommel, se han acercado al cumplimiento de la profecía bíblica. Sólo falta el Mesías judío.

Pero quienes están atrapados en la política del desierto -no sólo los judíos estadounidenses, sino los sionistas y simpatizantes sionistas de todo el mundo- deben tener cuidado con los espejismos. Por primera vez desde el año 135 d.C., los judíos se han convertido en mayoría en un Estado judío. Los que componen esta mayoría se han transformado en algo que es casi lo contrario de la imagen histórica judía: una imagen cuasi imperialista tras la devastación del sur del Líbano, los ataques aéreos sobre Túnez y Bagdad y la reacción asesina contra los lanzadores de piedras de la Intifada. También se ha transformado la ex mayoría de Palestina. Tras años de exilio, pobreza y derrota, los árabes palestinos, los "desdichados de la tierra" de Oriente Próximo, son tan racistas, están tan hambrientos de heroísmo y tan obsesionados por su patria como sus homólogos sionistas. Estos exiliados palestinos y las poblaciones de los países árabes vecinos que les dan cobijo pueden estar muy por detrás de los sionistas occidentalizados desde el punto de vista técnico y económico. Pero no son nativos portadores de lanzas. Puede que no sean capaces de fabricar sus propias armas avanzadas, pero saben dónde comprarlas.

Y así se agrava la crisis de Oriente Medio. El nacionalismo judío engendra nacionalismo árabe, el racismo judío engendra racismo árabe, el sionismo engendra antisionismo, el semitismo engendra antisemitismo.[1151] En el mejor de los casos, el conflicto arderá durante décadas, agotando los recursos físicos, si no espirituales, de toda la zona. En el peor de los casos, podría detonar una guerra nuclear, en la que el minúsculo Israel, a pesar de su propio

---

[1151] Un siglo antes del nacimiento del Israel moderno, Dostoievski dejó entrever los acontecimientos actuales en Oriente Próximo al especular sobre lo que ocurriría si la minoría judía de Rusia se convirtiera en mayoría. "¿Cómo los tratarían [a los judíos]?", preguntó. "¿Les permitirían adquirir igualdad de derechos? ¿Les permitirían rendir culto libremente entre ellos? ¿No los convertirían en esclavos? Peor aún: ¿no los despellejarían por completo? ¿No los masacrarían hasta el último hombre, hasta el exterminio total, como solían hacer con los pueblos extranjeros en la antigüedad, durante su antigua historia?". *Diario de un escritor*, trans. Boris Brasol, Scribner's, Nueva York, 1949, vol. 2, pp. 644-45.

y abultado arsenal de bombas atómicas y de hidrógeno, difícilmente podría escapar a la aniquilación.

Que Estados Unidos haya ayudado e instigado el despojo de la mayor parte de la población palestina es un acto de barbarie absoluta e imperdonable. Que los judíos estadounidenses sigan metiendo a Estados Unidos en el embrollo de Oriente Medio, donde Estados Unidos tiene todo que perder y nada que ganar, es un acto de pura ingratitud hacia la nación que les ha dado más riqueza, libertad y poder que ninguna otra en la larga curva sinusoidal de su historia.[1152]

En 1973, J. William Fulbright declaró públicamente: "Israel controla el Senado. La gran mayoría del Senado de EE.UU. -alrededor del 80%- apoya completamente a Israel; todo lo que Israel quiera".[1153] Se trataba de una acusación sensacional, viniendo como venía del respetado presidente del Comité de Relaciones Exteriores del Senado, que fue debidamente derrotado cuando se presentó a la reelección.

En el invierno de 1973-74, cuando empezaron a formarse largas colas delante de los surtidores de gasolina y miles de obreros estadounidenses fueron despedidos de sus trabajos, los políticos siguieron votando a favor de "todo lo que Israel quiera". Se culpó de la escasez de petróleo a todo el mundo menos al verdadero culpable. Se recomendaron todas las soluciones menos la obvia. Los medios de comunicación cooperaron plenamente en este engaño masivo, que fue un ejemplo inolvidable de la manipulación mental totalitaria. Fue un espectáculo triste y vergonzoso ver cómo se embaucaba a los estadounidenses para que aceptaran sacrificio tras sacrificio, incluso la posibilidad del sacrificio supremo, por un sueño racial que no era el suyo.

Además, no es realmente un sueño judío. Los judíos pagaron por él y conspiraron para conseguirlo, pero la mayoría no está dispuesta a vivirlo. En consecuencia, la cabeza de playa sionista en el extremo occidental de Asia -

---

[1152] Israel se negó a firmar el acuerdo del Sinaí de 1975 a menos que se interpusieran tropas estadounidenses entre los ejércitos israelí y egipcio. Estados Unidos también ayudó a Israel, directa o indirectamente, asolando Líbano con fuego naval y un ataque aéreo contra Libia.

[1153] *Miami Herald*, 22 de abril de 1973, p. 32A. El Congreso tenía o tiene muy pocos miembros como Fulbright. El senador James Abourezk de Dakota del Sur, un político de ascendencia árabe, habló en favor de los palestinos, pero sólo sirvió un mandato. El representante John Rarick, durante años el único antisionista franco de la Cámara, fue derrotado en su carrera por la reelección en 1974. El congresista Paul Findley, que ha mantenido varias reuniones con dirigentes de la OLP y cuya causa apoya, consiguió superar un feroz ataque mediático y sionista y ganó la reelección en 1980, pero perdió en 1982. En su libro, *They Dare to Speak Out* (Lawrence Hill, 1985), Findley se adentra en los sórdidos detalles de su derrota.

la cola que mueve al perro estadounidense- es tan tenue como la de Corea del Sur, la cabeza de playa en el extremo oriental -la cola que no mueve al perro estadounidense-. El destino de ambos, a menos que Estados Unidos salga a tiempo, será probablemente tan trágico y humillante como lo que ocurrió en Vietnam, esa otra cabeza de playa estadounidense en el continente asiático.

El papel de Estados Unidos en Oriente Medio debe ser la no injerencia absoluta en los asuntos internos de ningún país, al igual que en el resto de Asia. El jeque que hoy tienes en el bolsillo puede ser el imán que mañana te declare la guerra. A corto plazo, puede que Estados Unidos tenga que mantener abiertas las rutas marítimas para el petróleo, que los estadounidenses y los británicos, y no Alá o los fieles, descubrieron, perforaron, bombearon de la arena del desierto, refinaron, distribuyeron y, antaño, poseían. Pero a largo plazo, Estados Unidos deberá depender casi por completo de la energía nuclear si quiere liberarse de los cárteles del petróleo presentes y futuros. Todo el mundo comprende que las montañas de dinero que fluyen hacia las arcas de Oriente Medio son económicamente perturbadoras para Occidente. Pero pocos entienden que estos torrentes de dinero en efectivo también están corrompiendo culturalmente a los vendedores.

Los árabes están probablemente demasiado "gastados racialmente" para volver a ser una potencia mundial, como lo fueron en los grandes días del Islam. Pero al menos deberían abandonar sus viejas rivalidades y unirse para proteger su modo de vida, su religión y sus tierras de la invasión rusa, estadounidense e israelí. También en este caso la consigna debería ser más organización en la cúspide (una federación árabe fuerte y unida); menos organización en el centro (la disolución de las naciones creadas artificialmente a partir de las provincias del desaparecido Imperio Otomano); y más organización en la base (una revigorización de las agrupaciones culturales árabes regionales dentro de sus fronteras naturales).

CAPÍTULO 36

Estados Unidos y África

D E TODOS LOS CONTINENTES, con la excepción de la Antártida, África es el que menos debería preocupar a Estados Unidos. Lejos en el tiempo y en el espacio, ninguna nación africana o combinación de naciones podría ofrecer una amenaza militar seria a Estados Unidos ahora o en el futuro. Al igual que otras naciones occidentales, Estados Unidos mira con codicia la abundancia africana de uranio, diamantes, oro, cromo, estaño, vanadio, manganeso, platino, cobalto, petróleo y caucho, que Estados Unidos tendría dificultades para encontrar en otros lugares o producir artificialmente. Sin embargo, estos materiales estratégicos pueden obtenerse más fácilmente mediante las prácticas comerciales normales que mediante la diplomacia entrometida, las amenazas militares o las fuerzas expedicionarias. Sin embargo, a pesar de estas buenas razones para mantener una distancia adecuada, Estados Unidos se ve cada vez más involucrado en los asuntos africanos. Una de las causas principales, como en Oriente Medio, es el racismo interno de las minorías. Pero esta vez el racismo es de una cosecha diferente y más oscura.

Antes de la Primera Guerra Mundial, África podía describirse con exactitud como una filial de propiedad exclusiva de Europa. Después de la Segunda Guerra Mundial, cuando Europa estaba cansada y sangrando, cuando las promesas antiimperialistas de la Carta del Atlántico y de las Naciones Unidas se habían cumplido, cuando el liberalismo triunfaba en todo Occidente, los africanos, blancos, morenos y negros, decidieron que había llegado el momento de luchar por el autogobierno. Se sorprendieron más que nadie cuando las potencias coloniales no tardaron en capitular. En algunos casos la transición fue pacífica; en otros fue necesaria una guerra de desgaste o dosis excesivas de terrorismo para romper las cadenas. En cualquier caso, en 1980 la dominación política europea había desaparecido casi por completo del continente.

El espectro de pigmentación de África, visto geográficamente de norte a sur, es cetrino o blanco oscuro en la parte superior, negro en el centro y negro, marrón y blanco en la parte inferior, aunque se está oscureciendo rápidamente. Poco se dirá en este capítulo sobre Egipto y las demás naciones árabes y musulmanas del norte de África. Sólo son africanas por su geografía. Su religión, cultura, historia y composición racial las convierten en parte de Oriente Medio.

África alberga hoy cuarenta y siete Estados negros, todos menos dos nacidos después de la Segunda Guerra Mundial. Estas naciones incipientes, cuyas fronteras rara vez se corresponden con los límites tribales,[1154] no han producido un envidiable historial de estabilidad política. Una sucesión interminable de golpes políticos y militares, enemistades tribales y guerras genocidas[1155] no ha hecho nada para refutar la incapacidad histórica del negro para el autogobierno.[1156] Una vez que un jefe tribal, un oficial del ejército ambicioso o un suboficial sediento de poder se hace con el poder, sigue inevitablemente el patrón diplomático familiar de enfrentar a Occidente con Oriente (la Unión Soviética en su apogeo; Corea del Norte y China en la actualidad) para exprimir hasta el último céntimo de la ayuda exterior. Tras haber eliminado a los blancos del control político, haber dificultado enormemente los negocios y el comercio, haber hecho prácticamente imposible el crecimiento de la industria pesada, a los dirigentes negros no les queda más remedio que persuadir a los blancos para que permanezcan o regresen si quieren salvar a los nuevos gobiernos de la ruina económica. Sin los blancos, la mayor parte del África negra volvería rápidamente, como ya está ocurriendo en muchas zonas, a la economía de mera subsistencia en la que languidecía antes de la llegada de los colonizadores europeos.[1157]

Ahora que han alcanzado la independencia -una independencia puramente nominal que "apenas ha tocado la vida personal de la mayoría de los africanos"[1158] -, las naciones negras parecen más interesadas en imitar a las naciones blancas que en desarrollar sus propios dones y competencias. El arte africano está en franca decadencia.[1159] A pesar de las apasionadas

---

[1154] Hay 2.000 tribus en el África negra.

[1155] En la guerra civil nigeriana fueron asesinados 1 millón de miembros de la tribu ibo de Biafra entre 1967 y 1969. *New York Times*, 23 de noviembre de 1969, p. 1. Al menos 500.000 tutsis fueron masacrados en la guerra civil ruandesa de 1993.

[1156] Los estados del África negra fueron escenario de siete tomas de poder militares, dos sangrientos golpes de estado, una masacre tribal, el asesinato de 100.000 civiles y la huida de un millón de refugiados, todo ello en el año 1966. *San Francisco Sunday Examiner, This World*, 8 de enero de 1967, p. 22. Hasta ahora, sólo un puñado de los nuevos gobiernos negros han sido destituidos, aunque casi todos los nuevos estados hacen alguna pretensión de democracia. *Time, 31 de marzo de 1967, p.* 29.

[1157] *En North of South*, de Shiva Naipaul, Simon and Schuster, Nueva York, 1979, se ofrece una visión truculenta y sardónica de este proceso de reversión.

[1158] John Hatch, *A History of Postwar Africa*, Praeger, Nueva York, 1965, p. 404.

[1159] Tradicionalmente, los artistas africanos se han concentrado en la escultura. Hoy la mayor parte de la talla en madera y la fundición en bronce son "torpes, imitativas y

declaraciones sobre la négritude (los negros estadounidenses la llaman "alma"), las élites negras construyen casas ornamentadas y edificios gubernamentales al estilo occidental, circulan a toda velocidad en Cadillacs y Mercedes último modelo, se sacian con las formas más baratas y groseras de la cultura occidental, se casan ocasionalmente con mujeres europeas y dejan que las masas africanas se las arreglen por sí mismas.[1160] El difunto filósofo del nacionalismo africano, Frantz Fanon, no podía soportar esta nueva burguesía negra, acusándola de casi tantos crímenes como los que atribuía a los colonialistas blancos.[1161] Rodesia fue la última avanzadilla británica en África que tiró la toalla. Tras ver cómo los blancos de Kenia y otros 75.000 blancos de Rodesia del Norte (actual Zambia) se separaban de Gran Bretaña, unos 220.000 blancos de Rodesia del Sur, una minoría del 5% de una población total de 4.530.000 habitantes, afirmaron su independencia. Paria entre las naciones y abandonada por su madre patria, que entró en guerra con Argentina para proteger a 1.800 británicos en las islas Malvinas, Rodesia fue el saco de boxeo de las sanciones económicas y los boicots impuestos por la mayoría de las naciones blancas y de color del mundo.[1162] Sin embargo, logró resistir hasta 1979, cuando el creciente terrorismo y las presiones británicas y estadounidenses indujeron a los blancos a rendirse al "gobierno de la mayoría", que en este caso significó entregar el gobierno un año después a Robert Mugabe, un revolucionario marxista.[1163] Los blancos no tardaron en huir en masa de Zimbabue. Todos los millones de horas de trabajo invertidas en construir una economía próspera y un modo de vida

---

producidas en serie". Las artes decorativas también se han deteriorado. Hay algo de literatura -en lenguas europeas o en dialectos africanos recién gramaticalizados- pero casi ningún público lector. Smith Hempstone, *San Francisco Chronicle, This World*, 4 de febrero de 1962, pp. 21-22.

[1160] Una descripción muy informativa de la vida cotidiana en las nuevas naciones africanas se encuentra en Thomas Molnar, *Africa: A Political Travelogue*, Fleet, Nueva York, 1965.

[1161] Frantz Fanon, *Los desdichados de la tierra*, trad. Constance Farrington, Grove Press, Nueva York, 1963. Véase especialmente el capítulo "Las trampas de la conciencia nacional". Fanon, un psiquiatra negro de Martinica, era tan antiamericano que criticó el "aullido de jazz" de los negros estadounidenses y describió a Estados Unidos como un "monstruo en el que las manchas, la enfermedad y la inhumanidad de Europa han alcanzado dimensiones espantosas". Ibídem, pp. 243, 313.

[1162] En 1972, el equipo de Rodesia, tras ser invitado a los Juegos Olímpicos, fue expulsado por una amenaza de boicot negro. Unos días antes, el general Idi Amin, de Uganda, había ordenado a 50.000 asiáticos que abandonaran su país en 90 días. El equipo de Uganda permaneció en los Juegos Olímpicos.

[1163] Mugabe se alegró de ver a miles de mercenarios cubanos en algún momento en Etiopía, Angola, Zambia, Mozambique y Botsuana.

altamente civilizado en una tierra aún en la Edad de Piedra se habían echado a perder. La presencia occidental en el sur de África estaba ahora limitada al norte por el "gran río Limpopo, gris verdoso y grasiento, rodeado de árboles de la fiebre" de Kipling.

El siguiente y último objetivo de la cruzada anticolonialista fue Sudáfrica, donde 5,86 millones de blancos, una minoría del 14% en una población de 44 millones,[1164] gobernaban la nación occidental más moderna, más avanzada y la única que quedaba en África. Antes de relatar esta triste historia, quizá merezca la pena insertar algunos párrafos de historia.

La historia de Sudáfrica comenzó en 1652 con el desembarco de los primeros pioneros holandeses. En muchos aspectos, el desarrollo del país fue paralelo al de Estados Unidos. Los primeros colonos eran en su mayoría protestantes de ascendencia noreuropea que solían traer consigo a sus familias. Por esta razón, la mezcla racial era mínima. El verdadero enemigo de los colonos holandeses no eran los nativos africanos, sino el gobierno británico, que los acosó casi desde el principio y arrebató la colonia a Holanda por la fuerza durante las guerras napoleónicas, cuando Holanda era aliada activa de Francia. Cuarenta años después, para escapar del dominio británico, 12.000 afrikáners de ascendencia holandesa se dirigieron hacia el norte en la Gran Marcha de 1835, una marcha comparable en heroísmo y fortaleza a la migración mormona a Utah. El punto más bajo de la fortuna de los afrikáners llegó con la guerra de los bóers (1899-1902), una guerra por la independencia que fracasó.

Pero la derrota de los afrikáners no fue definitiva. Vencidos en el campo de batalla, se refugiaron en las urnas y, cuando Sudáfrica pasó del estatus colonial al de mancomunidad, sus esperanzas políticas aumentaron. En 1948, los afrikáners superaron en votos a los blancos anglófonos y establecieron un gobierno de supremacía blanca. En 1961 sacaron a Sudáfrica de la Commonwealth británica y la proclamaron república independiente.

Sudáfrica esperaba resolver sus casi insolubles problemas raciales mediante el apartheid, el desarrollo separado de las razas, un planteamiento más suave que el *baaskap*, el dominio absoluto de los blancos.[1165] Los negros, que tenían prohibido casarse con blancos y vivían en comunidades segregadas y barrios de chabolas, iban a tener finalmente sus propias patrias con plena

---

[1164] La población no blanca está compuesta por 33 millones de negros, 4 millones de personas de color y 1,3 millones de asiáticos. *1995 World Almanac*, pp. 819-20. Los afrikáners representan más de la mitad de la población blanca. Hay aproximadamente 100.000 judíos.

[1165] Drury, op. cit., p. 98.

libertad cultural y cierta libertad política.[1166] Sus contactos con los blancos se limitarían al sector económico, una restricción inaceptable para el elemento liberal de Sudáfrica, en gran parte de origen británico y judío, que se oponía al apartheid y era partidario de conceder plenos derechos, incluido el derecho de voto, a los no blancos. Los comunistas, que trabajaban en la clandestinidad con grupos terroristas negros dentro y fuera del país, abogaban por un levantamiento armado de los negros.[1167]

Los estadounidenses han sido adoctrinados para considerar a los negros sudafricanos, que no llegaron en masa hasta finales del siglo XVIII -150 años después que los holandeses- como los legítimos propietarios del país. A diferencia de los negros estadounidenses, la mayoría de los que llegaron a Sudáfrica lo hicieron voluntariamente, primero en busca de tierras y luego de trabajo. Los negros sudafricanos también se diferencian de los estadounidenses en que hablan muchas lenguas diferentes y en que estaban divididos por feroces lealtades tribales que impidieron durante mucho tiempo la organización de un frente político antiblanco unido.

[1166] Hasta la llegada del gobierno de Mandela, la política racial sudafricana se parecía y se diferenciaba de la estadounidense. Existía la misma coalición liberal-minoritaria con los judíos acomodados en la cúspide, los negros sin recursos en la base, los blancos de ascendencia británica desempeñando el papel liberal y los afrikaners de ascendencia holandesa en el papel conservador. Una diferencia notable fue que el grupo de población afrikáner dominante votó "blanco". Otra diferencia era que los negros sudafricanos, que superaban ampliamente en número a los blancos, no podían votar, mientras que los negros estadounidenses, ampliamente superados en número por los blancos, sí podían. Aunque tenían menos poder político que los judíos estadounidenses, los judíos sudafricanos ejercían tanto o más poder financiero. Sólo había unas pocas restricciones en el flujo de dinero hacia Israel, y Harry Oppenheimer, presidente de Anglo American Corp, puede ser el judío más rico del mundo. La De Beers Consolidated Mines and Diamond Trading Co. de Oppenheimer produce y vende el 85% de los diamantes en bruto sin tallar del mundo. "En estos tiempos modernos, cuando los cárteles que controlan los precios han sido prohibidos en otras industrias, la supervivencia del monopolio De Beers es asombrosa". *McCalls*, marzo de 1969, pp. 167-68. Huelga decir que los diamantes no estaban incluidos en las sanciones que el Congreso impuso a Sudáfrica. Los lazos de Israel con Sudáfrica eran bastante estrechos, teniendo en cuenta que el Estado sionista votaba en contra de Sudáfrica cada vez que el "mal comportamiento" racial de ésta se planteaba ante las Naciones Unidas. Sudáfrica tiene mucho uranio e Israel bastante tecnología nuclear. La combinación de ambos mejoró enormemente la capacidad nuclear de ambos estados, especialmente de este último.

[1167] Drury, op. cit., pp. 96-97, y Molnar, op. cit., pp. 166-67. Joe Slovo, judío lituano y estalinista de larga data que hizo tanto como cualquiera para efectuar la toma del poder por los negros en Sudáfrica, murió en enero de 1995, después de haber sido nombrado Ministro de Vivienda por su viejo amigo y partidario, el Presidente Nelson Mandela. Recibió un funeral de Estado.

En las últimas décadas, Estados Unidos, bajo la presión de los grupos de presión de las minorías liberales y de los medios de comunicación, ha desarrollado una profunda e inquietante preocupación por los negros sudafricanos, al igual que lo ha hecho por los negros de todas las partes de África. La preocupación se califica de inquietante porque los anteriores esfuerzos estadounidenses en favor de los negros africanos habían sido, cuando menos, contraproducentes. Antes de la Guerra Civil, los estadounidenses blancos fundaron el estado de Liberia en la costa occidental de África para que sirviera de patria nacional a los esclavos emancipados. Pequeños grupos de ex esclavos emprendieron el viaje a Liberia, donde se convirtieron en la aristocracia regional, llegando a ser 20.000 en el último recuento realizado en 1945. Pero Liberia tenía poco o ningún atractivo para los negros estadounidenses en su conjunto, ya fueran esclavos o libres. Tras la Guerra Civil, el goteo migratorio llegó a su fin.[1168] Sesenta y cinco años después, Liberia fue censurada formalmente por un comité de la Sociedad de Naciones por permitir la existencia de la esclavitud y los trabajos forzados. Tanto el presidente como el vicepresidente tuvieron que dimitir en el escándalo subsiguiente.[1169] En la actualidad, el país está sumido en una guerra tribal.

Aunque pretende ser una democracia, la Liberia moderna ha sido gobernada en realidad por una sucesión de presidentes-dictadores,[1170] y la constitución tiene calificaciones raciales que restringen la ciudadanía sólo a los negros.[1171] Esta pseudonación es también uno de los estados africanos más atrasados, principalmente porque nunca fue una colonia y, en consecuencia, sólo estuvo expuesta de forma intermitente a la organización política blanca y a la tecnología moderna. Casi igual de atrasada es Etiopía, parcialmente negra, el otro país no blanco de África con una historia de independencia bastante continuada que sólo fue interrumpida brevemente en tiempos recientes por la ocupación italiana (1936-1941).[1172]

Tras la Segunda Guerra Mundial, el poder y la influencia de la "opinión pública" estadounidense fueron una gran fuente de estímulo para las precoces demandas de independencia de los nativos africanos. Bélgica se vio obligada a renunciar al Congo antes de que hubiera suficientes negros cualificados para administrarlo. Mientras el país se hundía de nuevo en la

---

[1168] *Ency. Brit.*, Vol. 13, pp. 994-96.

[1169] *New York Times*, 6 de diciembre de 1930, p. 38, y 7 de junio de 1931, p. 5.

[1170] En 1980, el Presidente William Tolbert fue asesinado en una revuelta militar a la que siguió una serie de sangrientas ejecuciones públicas.

[1171] *Ency. Brit.*, Vol. 13, p. 996.

[1172] Molnar, op. cit., p. 223, y Hatch, op. cit., pp. 185-86.

barbarie, Estados Unidos aportó el 40% de los 400 millones de dólares gastados por la misión de "mantenimiento de la paz" de las Naciones Unidas (1960-1963). En el transcurso de las casi interminables guerras de maleza e insurrecciones que asolaron el Congo durante dos décadas, tanto las tropas congoleñas leales como las rebeldes mutilaron, masacraron y, en ocasiones, canibalizaron a no pocos estadounidenses, incluidos misioneros y monjas.[1173] Aun así, la prensa estadounidense siguió apoyando al gobierno congoleño, a veces prosoviético y siempre racista con los negros, y llevó a cabo una amarga campaña editorial y de titulares contra Moise Tshombe, el único político congoleño prooccidental de talla. Tshombe, tras ser empujado al exilio, fue secuestrado y trasladado en avión a una prisión argelina, donde probablemente fue asesinado.

A la luz de los últimos acontecimientos y de las tendencias actuales, hay que decir que el África más oscura se está volviendo más oscura que nunca, y la política exterior estadounidense está acelerando el proceso. Las plantaciones, las instalaciones industriales, los servicios públicos, las compañías mineras y los grandes establecimientos comerciales sólo seguirán funcionando mientras haya supervisión y dinero blancos. Los negros que intentan -con escaso éxito- sustituir a los tecnócratas blancos son intelectuales formados en Occidente, una especie de blancos de imitación despreciados por su propio pueblo y ridiculizados por sus antiguos amos europeos. El África real y la auténtica cultura negra no se encuentran dentro de los límites de la ciudad, sino en el monte, en los complejos tribales. Si los liberales blancos, los clérigos blancos, los capitalistas blancos y los comunistas de todos los colores, y la intelligentsia negra dejaran al hombre de la tribu negra a su aire, sería libre de perseguir y desarrollar el modo de vida que mejor le convenga y que haga el mejor uso de su dotación cultural y genética singularmente diferente.

Pero no lo dejarán en paz. Las naciones occidentales siguen recibiendo, adoctrinando y devolviendo a sus hogares nativos a élites negras que, consciente o inconscientemente, llevan de vuelta a casa un colonialismo de pensamiento blanco, actitudes blancas e instituciones blancas que pesa más sobre el alma negra que el colonialismo económico de los imperialistas blancos. Incluso los Estados árabes y musulmanes del norte de África intentan inmiscuirse en los destinos de los negros proponiendo un

---

[1173] "El gobierno congoleño negó las acusaciones de que sus tropas habían matado al menos a 11 europeos y violado a 30 mujeres blancas, pero su propio ministro interino hizo la acusación más asombrosa de todas: que los congoleños se habían comido a varios colonos blancos en Lubumbashi, antes Elisabethville." *Life*, 21 de julio de 1957, p. 34. Cabe añadir que algunos caníbales no eran nativos primitivos vestidos con taparrabos, sino "hombres y mujeres educados y vestidos a la manera europea". Molnar, op. cit., p. 30.

panafricanismo continental, olvidando al parecer que muchos negros sienten más animadversión hacia los árabes que hacia los blancos europeos. Fueron los árabes quienes gestionaron el comercio de esclavos africanos mucho antes de la llegada de los europeos, y fueron los árabes quienes lo mantuvieron vivo mucho después de que los europeos lo prohibieran.

Muy sensible a los grupos de presión liberales y negros, Estados Unidos sigue ayudando, instigando y financiando repúblicas africanas "modelo occidental" que invariablemente resultan ser parodias de las instituciones políticas, económicas y sociales que imitan laboriosamente. Aunque *El corazón de las tinieblas* de Joseph Conrad ofrece probablemente la mejor pista sobre el futuro del negro africano, Estados Unidos prefiere basar su política africana en la profecía marxista, la palabrería antiblanca del difunto Jean-Paul Sartre y las fantasías raciales del difunto Frantz Fanon.[1174] Es este flagrante error de juicio el que provocó la locura de Somalia, cuando se enviaron tropas estadounidenses en misión de mantenimiento de la paz en 1992 y menos de dos años después, tras perder a 120 hombres, fueron retiradas innoblemente.

Aparte de Oriente Medio, no hay ninguna zona del planeta en la que la política exterior estadounidense esté tan amañada contra la Mayoría Estadounidense como en África. En lugar de normalizar las relaciones con Sudáfrica, cuyos recursos, capacidad militar y estabilidad política la convertían en la única nación del continente digna de ese nombre, Estados Unidos adoptó una política que iba desde la indignación moral a las sanciones económicas, pasando por un embargo total de armas. Como resultado, Sudáfrica va camino de convertirse en una típica "república" negra. El país tiene un presidente negro; se han levantado el embargo de armas y las sanciones económicas; están entrando millones de dólares, libras y marcos alemanes. Y lo que es más importante, los medios de comunicación occidentales han pasado de la hostilidad a los elogios. Pero la gran incógnita sigue siendo. ¿Verán los blancos cómo su país se hunde sin luchar? ¿Se repetirá la situación de Rodesia? Muchos afrikaners están pensando seriamente en crear una patria blanca. Muchos otros blancos esperan -y rezan- que el actual Estado multirracial tenga el éxito suficiente para evitar la formación de un Estado tribal supremacista negro.

Sudáfrica era el último oasis de civilización occidental en un continente dominado casi por completo por los occidentales hace un siglo. Porque

---

[1174] El prefacio de Sartre al tratado de Fanon, *Los desdichados de la tierra*, es una de las calumnias más vituperables y extensas de la historia de la invectiva racial. Es un signo de los tiempos y de las presiones de la época que los más rabiosos perpetradores blancos, marrones y negros del racismo antiblanco sean aceptados como miembros respetables de la fraternidad intelectual blanca.

estaba gobernada por blancos, porque casi la mitad de estos blancos eran anglófonos, la Punta Blanca, como se la ha llamado, podría haber esperado cierta simpatía y ayuda de Estados Unidos. En lugar de ello, Estados Unidos ayudó a plantar el puñal en la espalda de Sudáfrica. Si la población blanca sobrevivirá, se verá obligada a huir o incluso se enfrentará a una masacre racial, son preguntas que se responderán en el siglo XXI.

Por increíble que parezca, cuanto más se diferenciaba racial y culturalmente la población de cualquier nación africana de la Mayoría estadounidense, más probabilidades tenía esa nación de recibir la aprobación y la generosidad de Estados Unidos. Cuanto más se acercaba la población a la composición racial de la Mayoría, más fríamente era tratada, a menudo hasta el punto de la enemistad abierta. A la capa racial blanca (mediterránea) del norte de África se le concedió el estatus de semiparaquía otorgado a la mayoría de los Estados árabes laicos, aunque se concedió una exención temporal a Egipto por su apaciguamiento de Israel. Libia se convirtió en un paria en toda regla, lo que la cualificó para ser atacada por la Marina y la Fuerza Aérea estadounidenses, siendo uno de sus objetivos el dictador libio Muammar Gadaffi y su familia.

En un sentido extrañamente inquietante, se estaba trazando un paralelismo histórico. El componente racial blanco (europeo del norte) de Sudáfrica fue sometido a la prohibición impuesta en su día al sur de Estados Unidos.

CAPÍTULO 37

Estados Unidos y el hemisferio occidental

GEOGRÁFICAMENTE EL Hemisferio Occidental está dividido en dos continentes, América del Norte y América del Sur. Geopolíticamente, se divide en Latinoamérica (Sudamérica, Centroamérica y México) y Angloamérica (Estados Unidos y Canadá). América Latina es principalmente tropical o subtropical en clima; católica en religión; española, portuguesa o india en lengua; latina, india o negra en cultura (en proporciones variables); y mediterránea, mongoloide o negroide en raza (en mezclas variables). A mediados de 1980, la población estimada de América Latina (treinta naciones independientes, más algunas dependencias europeas, sobre todo en el Caribe) era de 363.600.000 habitantes, frente a los 252.400.000 de la América anglosajona. En 1975-80, la población de América Latina aumentó en 44 millones; la de Angloamérica, en 8.600.000.[1175]

En tiempos de Colón había 16 millones de indios en el Nuevo Mundo, 15 millones en América Latina.[1176] Cuando llegaron sus conquistadores de rostro pálido, fueron sometidos a dos calvarios y estilos de conquista diferentes. Los ingleses, franceses (muchos de Normandía) y otros europeos del norte parlamentaron y comerciaron con los indios, antes de combatirlos, matarlos y expulsar a la mayoría de los supervivientes hacia el oeste, finalmente a reservas. Pero rara vez se apareaban con ellos y casi nunca se casaban. Esta abstinencia sexual podía atribuirse a los fuertes sentimientos de solidaridad racial, acentuados por las diferencias de color, y al hecho de que muchos eran colonos que habían traído consigo a sus esposas y familias.

Una proporción mucho mayor de la migración española y portuguesa, cuyos miembros estaban más preocupados por la gloria militar y la caza de fortuna que por la agricultura, eran solteros. De tez más oscura y notablemente más bajos que los europeos del norte, se diferenciaban menos físicamente de los nativos.[1177] Además, se enfrentaban a un mayor número de indios, más atractivos y civilizados que los pieles rojas nómadas de las llanuras y los

---

[1175] *World Population Estimates*, The Environmental Fund, Washington, D.C., 1980.

[1176] *Ency. Brit.*, Vol. 12, pp. 200, 203.

[1177] Se refiere al tipo racial de la mayoría de los soldados, buscadores de oro, administradores y sacerdotes de España y Portugal. Sus líderes, los *conquistadores*, mostraban muchos rasgos físicos del norte de Europa. Véase p. 77.

bosques del norte. Cuando los barcos negreros descargaron sus cargamentos humanos, los latinos persistieron en su mestizaje, mientras que los europeos del norte, con algunas excepciones, sobre todo en el sur de Estados Unidos, se mantuvieron fieles a sus hábitos de apareamiento segregado.[1178]

Siglos de mezcla racial en América Latina han producido muchos subtipos raciales diferentes. En México y Perú, donde existían culturas indias avanzadas, el elemento mestizo es hispano-indio. En Brasil, un número considerable de negros e indios generó matices raciales más complejos: portugués-indio, negro-indio, portugués-negro y portugués-indio-negro. En las Antillas, donde los esclavos negros sustituyeron a los indios que se extinguieron en el siglo XVI, muchas islas son casi totalmente negras. En Cuba y Puerto Rico predomina la población mulata, con negros puros y blancos puros en minoría.[1179]

En las naciones andinas más remotas, Ecuador y Bolivia, y en Guatemala, las cepas indias puras siguen siendo mayoritarias. En Paraguay, el guaraní, un dialecto indio, es lengua oficial del Estado. En Argentina, Uruguay y Costa Rica, donde la escasez de recursos minerales atrajo a colonos en lugar de buscadores, la población es abrumadoramente blanca. Para complicar el panorama racial en toda América Latina, existen enclaves de alemanes y japoneses en Brasil; alemanes en Chile; judíos en Argentina;[1180] holandeses e indios orientales en Surinam; franceses en la Guayana Francesa, Martinica y Guadalupe; e indios (procedentes de la India) en Guyana, antigua Guayana Británica.

La riqueza económica y el prestigio social en América Latina suelen variar en función de la blancura de la piel. En Centroamérica, Costa Rica, la única

[1178] A diferencia de lo que ocurría en Latinoamérica, la descendencia mixta de los blancos sureños apenas se legitimaba.

[1179] Tanto los censistas capitalistas de Puerto Rico como los comunistas de Cuba parecen algo daltónicos. A principios de la década de 1960, menos del 20% de la población puertorriqueña estaba clasificada como no blanca. En Cuba, una octava parte de la población era negra y una séptima parte mulata. Cualquier visitante de cualquiera de los dos países puede calibrar rápidamente la fiabilidad de estas estadísticas, cuyo exagerado sesgo a favor de los blancos es una prueba más del valor social que se concede a la etiqueta de blanco. En Cuba "la proporción de la población con alguna ascendencia negra es muy superior a las cifras indicadas." *Ency. Brit.*, Vol. 6, p. 875.

[1180] Los hermanos Migdal, judíos lituanos, dirigieron la despiadada y lucrativa trata de blancas en Argentina, a la que finalmente puso fin la propia comunidad judía. La inflación argentina ha causado estragos en el pequeño comercio judío, pero los 400.000 judíos de Argentina siguen representando la minoría judía más rica e influyente de Latinoamérica. Sachar, *The Course of Modern Jewish History*, pág. 51. Entre los 150.000 judíos de Brasil Israel Klabin, antiguo alcalde de Río de Janeiro, y Adolpho Bloch, el principal editor del país.

nación blanca, es con diferencia la más avanzada y próspera. Haití, con la historia de independencia más larga y continuada de todos los países negros, es la nación menos próspera y avanzada del Nuevo Mundo, a excepción de algunos nuevos estados negros de las Indias Occidentales. En Sudamérica, Chile, Uruguay y Argentina, a pesar de la inclinación latina por la dictadura o el gobierno militar, se encuentran en un plano superior de civilización que los países donde predominan los elementos negros o indios.

Lo que queda de aristocracia en América Latina se basa casi por completo en un árbol genealógico de blancos inmaculados e incontaminados. La política en muchas zonas hace tiempo que pasó a manos de mestizos, pero mestizos del lado claro, que se casan con personas del lado claro, y cuyos descendientes acaban obteniendo "certificados de blancura". Aunque en Latinoamérica no existe una discriminación racial oficial o legalmente sancionada, se puede ver, sentir y percibir en todas partes.

Ni los indios ni los negros desempeñaron un papel importante en las primeras fases de los movimientos independentistas latinoamericanos.[1181] Fueron los criollos, los blancos nativos -algunos con algunos genes mestizos- quienes en casi todos los casos organizaron y dirigieron primero los ejércitos que lucharon contra los regulares españoles. Muchos líderes criollos heredaron el valor de los *conquistadores*, pero no su conciencia de raza. Bolívar, que tenía un toque indio, casó a su hermana con un general negro. San Martín, que tenía el pelo y los ojos negros y la piel aceitunada, una vez anunció públicamente que era indio. O'Higgins, el libertador de Chile, era hijo ilegítimo de un irlandés y una chilena de ascendencia mixta.[1182]

En la década de 1820 hubo un momento en que los nuevos Estados latinoamericanos podrían haberse unido en una federación según el modelo estadounidense. Pero los dos líderes principales, Bolívar y San Martín, se pelearon. Desde entonces, América Latina ha estado dividida por pequeños provincialismos y una sucesión interminable de revoluciones, dictaduras militares, juntas clericales y anticlericales, y hombres a caballo. Venezuela ha tenido más de cien revoluciones en 150 años; Bolivia 179 cambios de gobierno en 126 años. Paraguay tuvo treinta y nueve jefes de Estado diferentes entre 1870 y 1954.[1183] Fue esta incesante agitación política y

---

[1181] Juárez, el famoso revolucionario indio de México, no alcanzó la fama hasta mediados del siglo XIX, casi cuatro décadas después de que dos sacerdotes blancos, Hidalgo y Morelos, hubieran lanzado la campaña por la independencia de México. Cabe mencionar que las revoluciones latinoamericanas por la libertad del país de origen fueron, al igual que la revolución estadounidense, lideradas principalmente por conservadores.

[1182] Gunther, *Inside South America*, pp. 134-37 y 332-33.

[1183] Ibídem, p. xvi.

económica la que hizo que América Latina, que antes iba un siglo o más por delante de Angloamérica, se retrasara más de un siglo.

Cabe recordar que América Latina incluía Florida, Luisiana y su vasto interior, así como extensiones geográficas casi ilimitadas en el Suroeste y el Lejano Oeste de Estados Unidos. Tras adquirir Luisiana por compra y partes de Florida por la fuerza, Estados Unidos intentó levantar un muro diplomático en torno al resto del hemisferio occidental con la Doctrina Monroe (1823).

Al proclamar solemnemente que el Nuevo Mundo quedaba cerrado a nuevas colonizaciones por parte de potencias europeas, Estados Unidos ayudó a salvaguardar la recién adquirida libertad e independencia de los países latinoamericanos que se habían separado de España y Portugal. Pero a medida que aumentaba la agresión estadounidense contra México y que Texas, Nuevo México, Arizona, California y partes de Colorado y Wyoming se incorporaban a Estados Unidos, se podía perdonar a los latinoamericanos que equipararan la Doctrina Monroe con el imperialismo yanqui. Parecía como si Estados Unidos quisiera aislar el hemisferio occidental de Europa, no con el noble propósito de proteger al Nuevo Mundo contra las maquinaciones del Viejo, sino para tratar a América Latina como Gran Bretaña, Francia y algunas otras naciones europeas estaban empezando a tratar a África.[1184]

Hasta la década de 1930, Estados Unidos no intentó seriamente calmar los sentimientos heridos y el orgullo herido como consecuencia de la exposición de América Latina durante un siglo al dinamismo "gringo". La expropiación de cientos de millones de dólares de inversiones y propiedades estadounidenses por parte del gobierno revolucionario de México fue perdonada y olvidada, y se inauguró un nuevo enfoque suave de las relaciones latinoamericanas, la Política del Buen Vecino de Franklin D. Roosevelt. A finales de la década de 1940 se creó la Organización de Estados Americanos. Cada uno de los veintitrés (ahora treinta y cinco) países miembros tenía un voto. Dos décadas más tarde, la Alianza para el Progreso del Presidente Kennedy añadió subvenciones y préstamos a las inversiones estadounidenses como medio para levantar la rezagada economía

---

[1184] En sintonía con el ambiente expansionista, William Walker, médico, abogado, editor, saqueador y nativo de Nashville, Tennessee, creó brevemente una "república" independiente en la Baja California y Sonora mexicanas. Más tarde, con cincuenta y seis seguidores, se apoderó de Nicaragua. Si no se hubiera cruzado en el camino de los intereses económicos de Cornelius Vanderbilt -el comodoro deseaba construir un canal nicaragüense-, Walker podría haberse convertido en el emperador de Centroamérica en lugar de morir fusilado ante un pelotón hondureño en 1860. Albert Carr, *The World and William Walker*, Harper & Row, Nueva York, 1963.

latinoamericana. A pesar de estos pasos conciliadores, la era de los buenos sentimientos hemisféricos estaba más lejos que nunca.

Mientras tanto, Estados Unidos se vio obligado a tomar conciencia de la creciente actividad soviética al sur de la frontera. La subversión rusa de Guatemala se vio frenada por un levantamiento instigado por Estados Unidos que envió a Jacobo Arbenz, el primer títere soviético de importancia en el Nuevo Mundo, a hacer las maletas en 1954. Pero Cuba era un asunto diferente. La incapacidad de Estados Unidos para impedir la sovietización del país antillano más rico, importante y poblado constituye uno de los mayores errores de la historia diplomática estadounidense. Los acontecimientos representan un clásico cuento con moraleja de cómo se daña la seguridad nacional estadounidense cuando la coalición minoritaria liberal impone sus dogmas políticos y sociales en la conducción de los asuntos exteriores.

Hasta que el *New York Times* lo descubrió a él y a su pequeña banda de guerrilleros en la remota Sierra Maestra de Cuba en 1957, Fidel Castro era un revolucionario desconocido, payaso y deprimido. Luego, en una serie de entrevistas aduladoras, *el* corresponsal *del Times* Herbert Matthews, cuyos reportajes sobre la Guerra Civil española habían sido un monumento de no objetividad,[1185] pintó un retrato heroico de Castro como un patriota idealista y "anticomunista" sin "ninguna animosidad hacia Estados Unidos y el pueblo americano".[1186] Las pretensiones de Matthews también contenían la afirmación llana: "Pero no hay comunismo del que hablar en el movimiento 25 de Julio de Castro..."[1187] Earl Smith, embajador de Estados Unidos en Cuba en aquella época, declaró que tras la publicación de las entrevistas de Matthews, llegaron armas, dinero y apoyo a Castro de todas partes.[1188]

Inevitablemente, el propio presidente Eisenhower cayó bajo el hechizo del Times,[1189] negándose a vender al legítimo gobierno cubano las armas que tanto necesitaba, incluso cuando la insurrección de Castro adquirió

[1185] Sobre la parcialidad de Matthews, véase Hugh Thomas, *The Spanish Civil War*, pp. 233, 388.

[1186] Citas de las portadas de Matthews en *el New York Times*, 24-26 de febrero de 1957.

[1187] Ibid.

[1188] Herbert Dinsmore, *All The News That Fits*, Arlington House, New Rochelle, N.Y., 1968, p. 185.

[1189] Ibídem, p. 177. En una conferencia de prensa en el Grinnell College (13 de mayo de 1965), Eisenhower dejó claro que "Herbert Matthews... casi por sí solo convirtió a Castro en un héroe nacional". Continuó diciendo que John Kennedy, cuando era senador, le había dicho que Castro estaba siguiendo los pasos de Bolívar.

proporciones amenazadoras.[1190] Se ordenó al embajador Smith que instara al presidente Batista, el hombre fuerte de Cuba, a retirarse.[1191] El 1 de enero de 1959, Batista huyó a Portugal. Ese mismo día, las fuerzas de Castro entraron triunfalmente en La Habana. La diplomacia estadounidense había tomado incomprensiblemente la iniciativa de sustituir a un amigo jurado por un enemigo jurado.

Después de que Castro se hiciera con el control de Cuba, destacados liberales se apresuraron a añadir nuevos toques a los panegíricos de Matthews. William Benton, uno de los miembros más influyentes del partido demócrata y antiguo senador por Connecticut, escribió que América Latina parecía ser la "zona del mundo menos amenazada por una amenaza militar soviética o china (incluso a través de Cuba)".[1192] Uno de los principales sociólogos del país, C. Wright Mills, escribió: "Fidel Castro no es comunista y nunca lo ha sido".[1193] Mills continuó diciendo que Castro nunca permitiría que Rusia estableciera bases en Cuba. Además, añadió, Rusia no quería tales bases.[1194]

En 1961, cuando Castro anunció públicamente que siempre había sido marxista-leninista y que sólo había ocultado sus vínculos comunistas para engrasar los engranajes de la revolución,[1195] Matthews seguía escribiendo sobre Cuba para el *Times*, y más tarde fue ascendido a redactor jefe de asuntos latinoamericanos. En este puesto su supervisor era John Oakes, director editorial *del Times* e hijo de George Ochs-Oakes, hermano del fundador Adolph Ochs.[1196] Incluso después de que Castro hubiera

---

[1190] La entrega de quince aviones que Cuba ya había comprado y pagado fue detenida por el Departamento de Estado. M. Stanton Evans, *The Politics of Surrender*, Devin-Adair, Old Greenwich, Conn., 1966, p. 380.

[1191] Ibídem, p. 379. Para una discusión completa de la situación general por un participante cubano, véase Mario Lazo, *Dagger in the Heart-American Foreign Policy Failures in Cuba*, Funk & Wagnalls, Nueva York, 1968.

[1192] Del prefacio de Benton, *The Voice of Latin America*, Weidenfeld 8 Nicolson, Londres, 1961, p. xii. Si Benton era tan ignorante en asuntos exteriores, no tenía nada que hacer como subsecretario de Estado en 1945-47. El editor de la *Enciclopedia Británica*, citado por la Comisión Federal de Comercio por precios engañosos, Benton empezó su carrera como vendedor ambulante en la radio. Sus anuncios de desodorantes establecieron un nivel de banalidad pocas veces igualado en la historia de la publicidad.

[1193] *¡Escucha, yanqui!* Ballantine Books, Nueva York, 1960, p. 103.

[1194] Ibídem, pp. 94-95.

[1195] *Ency. Brit.*, Vol. 5, p. 44. Para William Benton debió de ser muy duro leer en su propia editorial una completa refutación de sus predicciones sobre la intervención rusa en Cuba.

[1196] Dinsmore, op. cit., p. 179. En 1967 Matthews admitió a regañadientes que Castro era comunista, pero dijo que se había convertido en uno en 1960, declaración que no coincide

expropiado más de mil millones de dólares en propiedades estadounidenses y hubiera establecido un Estado comunista ortodoxo, con purgas masivas y la colectivización forzosa de la agricultura, los árbitros liberales-minoritarios de la política exterior siguieron manifestando su amistad con la Revolución Cubana, aunque empezaban a tener dudas sobre el propio Castro.

Dado que los mismos hombres que habían estado más equivocados sobre Castro y más insistentes en forzar sus puntos de vista equivocados en el gobierno fueron, en la administración Kennedy, elevados a importantes posiciones de toma de decisiones, no es sorprendente que las relaciones cubano americanas fueran de mal en peor. El especialista de la Casa Blanca en asuntos latinoamericanos era el intelectual minoritario Richard Goodwin, un escritor de discursos de Kennedy. Otro intelectual minoritario que tuvo mucho que ver con los tratos diplomáticos con Castro fue Arthur Schlesinger, Jr. autor del Libro Blanco sobre Cuba de la administración en 1961. En un arrebato de tópicos sonoros, Schlesinger describió cómo el "hemisferio se regocijó por el derrocamiento de la tiranía de Batista, miró con simpatía al nuevo régimen y acogió con satisfacción sus promesas de libertad política y justicia social para el pueblo cubano".[1197]

Siguió una farsa de contradicciones. El 17 de abril de 1961, el estado mayor intelectual de la Casa Blanca, dando repentinamente marcha atrás, dio a una fuerza de 1.500 exiliados cubanos, entrenados y equipados por Estados Unidos, el visto bueno para invadir. Pero en el momento culminante del desembarco en Bahía de Cochinos, el presidente Kennedy, excesivamente preocupado por la fría reacción de los expertos liberales que dominaban los medios de comunicación, perdió los nervios y canceló todos los ataques aéreos excepto el primero.[1198]

La confrontación nuclear con Rusia, que vino después de esta vergonzosa exhibición de indecisión y debilidad americana, culminó en lo que la prensa consideró una "victoria" de Kennedy, aunque no se ha ofrecido ninguna prueba concluyente de que los rusos retiraran todos sus misiles y cabezas nucleares de Cuba. Por el contrario, hay algunas pruebas controvertidas de que quedan algunos misiles en la vasta red de instalaciones subterráneas de

---

con la de Castro. Matthews, que como corresponsal extranjero en Europa en la década de 1930 llevaba un sombrero de fieltro gris, guantes beige, polainas a juego y un bastón de Malaca, se mantuvo en buenos términos con sus empleadores hasta el final. La señora de Arthur Sulzberger fue la madrina de su único hijo. Gay Talese, *El reino y el poder*, 1969, p. 463-64.

[1197] Evans, op. cit., p. 381.

[1198] Ibídem, pp. 385-86.

Cuba.[1199] El triunfo diplomático de Kennedy, casualmente, no incluía el derecho de inspección in situ.

También hay pocas dudas de que Kennedy hizo un acuerdo secreto con Khrushchev sobre la inviolabilidad de Cuba. Al permitir la instalación de una base militar rusa permanente a sólo noventa millas de Florida y al prometer no invadir Cuba, el presidente no encasilló ni abrogó la Doctrina Monroe; la invirtió. Estados Unidos, antaño comprometido a impedir la intervención europea en el Nuevo Mundo, se había convertido de hecho en el protector de un estado satélite ruso en la estratégica zona del Caribe. La bancarrota de la política cubana de Kennedy se hizo aún más patente cuando Cuba se convirtió en el campo de entrenamiento de cuadros revolucionarios que encabezaron levantamientos armados en otros lugares de América Latina. Después de que las administraciones estadounidenses posteriores se negaran a reaccionar ante el envío por parte de Castro de fuerzas expedicionarias cubanas para apuntalar regímenes prosoviéticos en África, la actitud de Estados Unidos hacia Cuba podría describirse mejor como paralítica.[1200]

Dado que en los países latinoamericanos no hay grupos de población dominantes de ascendencia europea septentrional, falta el ingrediente racial de un gobierno representativo o genuinamente democrático. De ello se deduce que la estabilidad política y económica que pueda existir probablemente seguirá siendo proporcionada por dictadores, benévolos o malévolos. Entre ellos habrá sin duda varios Castro, que llegarán al poder apoyándose en la miseria, la ignorancia y la superstición de las masas analfabetas, recurriendo a la probada estrategia marxista de apelar a la animadversión y la envidia raciales.

Estados Unidos ayudó a un Castro hostil a hacerse con el poder retirando su apoyo a un dictador amigo, Fulgencio Batista. La CIA participó en el asesinato del dictador amigo dominicano, Rafael Trujillo, que precipitó tal caos que el presidente Johnson tuvo que ordenar el envío de 24.000 marines. Más tarde, el presidente Carter abandonó al dictador amigo Anastasio Somoza y permitió que los sandinistas prosoviéticos y procastristas se hicieran con el control de Nicaragua. A pesar de algunos reveses electorales, siguen existiendo y ejerciendo un considerable grado de poder. Como Carter, temeroso de la prensa, no fue lo bastante decente como para concederle el

---

[1199] En una entrevista de 1964, la hermana de Castro, Juanita, dijo: "En Cuba hay misiles balísticos de largo alcance que están bien camuflados." Un año antes, el representante Donald Bruce, de Indiana, declaró que "todavía hoy hay cuarenta o más misiles soviéticos en Cuba y los más altos funcionarios del gobierno de Estados Unidos lo saben." Evans, op. cit., pp. 403-6.

[1200] Evans, op. cit., pp. 406-7.

exilio permanente en Estados Unidos, Somoza huyó a Paraguay, donde pronto fue asesinado por terroristas de izquierdas.

Hoy en día, la prioridad de la política estadounidense en el Hemisferio Occidental debería ser conservar el Canal de Panamá y, mediante una diplomacia inteligente y sutileza económica, destituir a Fidel Castro. La tarea debería ser menos difícil ahora que el campo gravitatorio ruso se ha debilitado por la *glasnost* y la *perestroika*. Además, la Doctrina Monroe debería ser rescatada del archivo muerto diplomático y desempolvada, pero sólo aplicada en caso de injerencia extranjera directa en los asuntos latinoamericanos y nunca más utilizada como pretexto para una intervención yanqui a la vieja usanza. Haga lo que haga Estados Unidos en América Latina, no debería seguir siendo identificado con el bando perdedor en guerras civiles y revoluciones.

Dado que hay muy pocas posibilidades de que una economía al estilo estadounidense funcione con éxito en las sociedades cuasi colectivistas de América Latina, Estados Unidos debería resignarse a tratar con un desfile interminable de juntas militares y revolucionarias. En lugar de elegir entre ellos según la fórmula liberal-minoritaria de que los totalitarios de izquierda deben ser siempre y para siempre favorecidos frente a los totalitarios de derecha, la diplomacia estadounidense debería esforzarse por que todos los Estados latinoamericanos, cualquiera que sea su política, permanezcan leales al hemisferio occidental.[1201]

Los utópicos han imaginado a menudo una confederación panamericana, en la que Estados Unidos sea socio en pie de igualdad, como el instrumento ideal para resolver los problemas hemisféricos y mantener la defensa del hemisferio. Pero Estados Unidos tiene una ventaja industrial y financiera tan abrumadora sobre los demás países del Nuevo Mundo que difícilmente puede eludir la responsabilidad y el estigma de la dominación. Los políticos latinoamericanos pueden quejarse del imperialismo estadounidense, pero ciertamente sus propios países, solos o conjuntamente, no tienen la fuerza necesaria para defender el Nuevo Mundo contra los depredadores del Viejo Mundo. Los capitalistas y marxistas latinoamericanos pueden denunciar al

---

[1201] En los últimos años, Estados Unidos ha logrado algunos éxitos militares y políticos en América Latina. Granada fue ocupada y su gobierno prosoviético derrocado. Los Contras de Nicaragua quedaron en la estacada, pero se eligió un gobierno proamericano. Los revolucionarios de El Salvador fueron mantenidos a raya. El hombre fuerte de Panamá, Manuel Noriega, figura importante en el tráfico internacional de drogas, fue capturado en un asalto militar y trasladado a Miami para ser juzgado.

coloso empresarial yanqui, pero la economía de sus países sería mucho peor si las empresas estadounidenses cerraran sus puertas y se fueran a casa.[1202]

No se debe permitir que los gritos pavlovianos de "gringoísmo" oculten una forma de agresión mucho más peligrosa que se está produciendo ahora en el hemisferio occidental. Esta es la agresión que apunta hacia el norte, no hacia el sur. Con enormes áreas de Texas y del suroeste americano volviendo a una cultura mexicana de habla hispana, con los puertorriqueños reproduciéndose más rápido que los negros en Nueva York, con los refugiados cubanos[1203] agolpándose en Florida, es posible que los latinoamericanos pronto reconquisten por defecto sus territorios norteamericanos perdidos. Además, la extensión de América Latina hacia el norte sólo puede debilitar la seguridad hemisférica al reducir aún más el poder de la Mayoría Estadounidense, sobre cuyos hombros debe descansar en última instancia cualquier defensa eficaz de los dos continentes. Privado del liderazgo y la fuerza combativa de la Mayoría Americana, el Nuevo Mundo podría volver a ser posesión del Viejo.

Volviendo finalmente a Canadá, hay que reconocer desde el principio que, desde un punto de vista racial y cultural, Canadá son dos naciones, no una. La verdad es que el Canadá británico y el francés están tan diferenciados socialmente en el hemisferio occidental como Gran Bretaña y Francia lo están en Europa. Los canadienses de ascendencia británica y francesa desconfían entre sí más de lo que los franceses de Francia desconfían de la Pérfida Albión y viceversa. No hay Canal de la Mancha que los separe, y las diferencias religiosas son más agudas. Los canadienses franceses son más intensamente católicos y los británicos más marcadamente protestantes que los franceses y británicos de Europa.

Como primeros colonos blancos de Canadá, a los francocanadienses les gusta considerarse los verdaderos canadienses. En ocasiones han expresado estos sentimientos con cócteles molotov, bombas, secuestros y asesinatos, una forma de actividad política desconcertante para la parte anglófona de la población. Los intentos deliberados de Francia, sobre todo en la época de De Gaulle, de despertar sentimientos separatistas y promover la cultura francesa no contribuyeron a mejorar la situación. En 1976 llegó al poder en Quebec

---

[1202] En 1969, las empresas estadounidenses empleaban a 2 millones de latinoamericanos, representaban el 12% del Producto Nacional Bruto de América Latina y un tercio de sus exportaciones, y pagaban más de una quinta parte de sus impuestos. *Time*, 11 de julio de 1969, p. 26.

[1203] La oleada de 120.000 cubanos que llegó a Florida en 1980 tenía un gran componente de delincuentes, homosexuales y retrasados mentales. Al inyectar estos elementos enfermos en la población estadounidense, Castro obtuvo otra victoria en su guerra fría contra Estados Unidos.

el separatista Parti Québecois. Tres años más tarde, un referéndum en el que se pedía la separación total fue derrotado, pero no de forma decisiva. En la actualidad, Canadá se mantiene unida en gran medida gracias a la actitud conciliadora de los canadienses anglófonos, que, manipulados por los medios de comunicación liberales-minoritarios y por la prestidigitación política de sus élites intelectuales y empresariales, se han inclinado a conceder las estridentes demandas de unos 6.146.600 francocanadienses de una autonomía cada vez mayor.

El Canadá británico, a diferencia del Canadá francés, tiene una mezcla racial que se aproxima a la de la población blanca de Estados Unidos. Los canadienses de origen británico son 10.611.050; otros europeos, 4.146.065; indios/esquimales, 470.000; asiáticos diversos 1.381.000 y negros, 252.660. Las cifras de blancos incluyen 385.000 judíos. Las cifras de blancos incluyen 385.000 judíos. Algunos de los negros son descendientes de esclavos fugitivos que escaparon de Estados Unidos poco antes de la Guerra Civil.[1204] Como los negros en todas partes, los negros canadienses se encuentran en la parte inferior de la escala social y económica, a pesar de que han tenido el voto y la plena protección de la ley, incluida la educación integrada, durante más de cien años.[1205] Como los judíos de todo el mundo, los judíos canadienses se concentran en algunas de las ciudades más grandes, principalmente Montreal y Toronto, y poseen una parte enormemente desproporcionada de la riqueza del país. El enorme conglomerado licorero que opera bajo el nombre de Seagram's y posee una gran parte de DuPont fue fundado por Sam Bronfman, un contrabandista judío nacido en Canadá. Su hijo Edgar Bronfman, padre, tras dirigir el conglomerado durante años, viajó por el mundo como presidente del Congreso Judío Mundial. Su hijo Edgar Jr., cuya primera esposa era negra, dirige ahora la empresa, que está comprando grandes bloques de la industria cinematográfica.

La idea ha perdido ahora la mayor parte de su fuego, pero la anexión de Canadá recibió en su día una gran consideración por parte de esos pocos políticos de la historia de Estados Unidos que merecen el nombre de estadistas. A pesar de las firmes objeciones de decenas de miles de lealistas estadounidenses que habían huido al norte a través de la frontera, Benjamin Franklin intentó persuadir a los británicos de que renunciaran a Canadá en las conversaciones de paz que pusieron fin a la Guerra de la Independencia. Otra oleada de fiebre anexionista recorrió Estados Unidos en los primeros

[1204] Muchos de ellos regresaron al terminar la guerra. John Hope Franklin, *From Slavery to Freedom*, Knopf, Nueva York, 1969, p. 377.

[1205] Ibídem, pp. 376, 380-81.

años del Destino Manifiesto,[1206] , en parte correspondida por los canadienses, por entonces todavía coloniales británicos. Incluso en 1911, el presidente de la Cámara de Representantes, Champ Clark de Missouri, proclamaba "el día en que la bandera estadounidense[1207] flotará sobre cada metro cuadrado de las posesiones británicas de Norteamérica hasta el Polo Norte".

En la actualidad, la idea de una Gran Norteamérica de este tipo se ha extinguido, excepto en el oeste de Canadá, donde existe un movimiento creciente para separarse de la parte oriental de Canadá. Si esto ocurriera, el siguiente paso podría ser una campaña para unirse a los estados del noroeste de Estados Unidos y establecer un Estado étnico o etnoestado independiente.[1208]

Los estadounidenses han invertido más dinero en Canadá, 37.000 millones de dólares, que en cualquier otro país. Compran aproximadamente el 75% de todas las exportaciones canadienses. Dado que las dos naciones están tan entrelazadas económicamente y que la Mayoría anglófona de Canadá tiene una relación biológica y cultural tan estrecha con la Mayoría estadounidense, parece inevitable que las dos Mayorías, por mucho que las coaliciones liberales-minoritarias de ambos países se opongan a ello, se acerquen.

[1206] Antes del estallido de la Guerra de 1812, Henry Clay dijo a la Cámara de Representantes: "Sólo la milicia de Kentucky es competente para poner Montreal y el Alto Canadá a vuestros pies." Otro halcón del siglo XIX, John Calhoun, profetizó: "Creo que en cuatro semanas desde el momento en que se oiga una declaración de guerra en nuestra frontera, todo el Alto Canadá y una parte del Bajo Canadá estarán en nuestro poder". Beard, *The Rise of American Civilization*, Vol. 1, p. 416.

[1207] Samuel Flagg Bemis, *A Diplomatic History of the U.S.*, Holt, Rinehart, and Winston, Nueva York, 1955, p. 735. Durante la Segunda Guerra Mundial, el 24,4% de los estadounidenses encuestados en un sondeo de opinión optó por la anexión de Canadá, y el 23,3% de los canadienses compartía su opinión.

[1208] Para más información sobre los etnoestados, véase *The Ethnostate*, de Wilmot Robertson, Howard Allen Enterprises, Inc., Cabo Cañaveral, Florida.

PARTE X

Perspectivas y previsiones

CAPÍTULO 38

Hipnosis nuclear

EN NINGÚN LUGAR DE ESTE ESTUDIO, salvo algunas referencias de pasada en los capítulos de política exterior, se ha tomado nota seriamente de esa nueva e impresionante herramienta de guerra que es el misil con cabeza nuclear. La omisión fue deliberada. La propia palabra nuclear suscita perturbaciones semánticas que tienden a emocionalizar y oscurecer, en lugar de aclarar, el debate significativo de cualquier tema, en particular de las relaciones internacionales. En segundo lugar, a pesar de su horror, la guerra nuclear sigue siendo una guerra y, como tal, puede estudiarse mejor en un contexto militar. Incluso las implicaciones no militares de las armas nucleares -la hipnosis nuclear, por ejemplo, que tiende a obstaculizar todo enfoque realista de la política exterior- pertenecen legítimamente al ámbito de la guerra psicológica.

Incongruentemente, los resultados militares inmediatos del descubrimiento de las armas nucleares, al menos hasta la fecha, han sido encauzar la guerra por vías más convencionales.[1209] Con el fin de mantener las bombas de fisión y fusión desactivadas de forma segura, las potencias nucleares y no nucleares que han participado en los conflictos posteriores a la Segunda Guerra Mundial han mantenido un control más estricto de sus operaciones militares de lo que cabría esperar normalmente. La existencia de santuarios,[1210] la toma de rehenes, la retención de prisioneros para pedir rescate, la renovada

---

[1209] Una forma bastante tortuosa de hacer buena otra brillante "profecía" de Engels. En 1878 escribió que la tecnología militar "había alcanzado tal estado de perfección que ya no es posible ningún progreso ulterior que tuviera alguna influencia revolucionaria... todas las mejoras ulteriores carecen más o menos de importancia para la guerra de campaña. Por lo tanto, la era de la evolución está, en esencia, cerrada en esta dirección." *Anti-Dühring*, p. 188.

[1210] Hanoi y su puerto, Haiphong, fueron ejemplos notables de santuarios no bombardeados o no bloqueados durante la mayor parte de la guerra de Vietnam. Incluso cuando se permitieron los bombardeos aéreos y se estableció un bloqueo marítimo, la Fuerza Aérea y la Marina de los Estados Unidos se limitaron a objetivos puramente militares. En la guerra de Corea, las líneas de suministro de los "voluntarios" chinos estaban fuera del alcance del general MacArthur, cuyos aviones de guerra tenían prohibido sobrevolar la China Roja.

popularidad de la guerra de guerrillas y el reacondicionamiento de viejos acorazados apuntan a un retroceso al pasado militar. [1211]

Fue en los primeros días de la Segunda Guerra Mundial cuando los mismos liberales e igualitarios que más tarde se presentaron como los más fieros opositores a la guerra atómica iniciaron en realidad la carrera armamentística nuclear. De hecho, es exagerado decir que el concepto, el diseño, el desarrollo y la producción de la primera bomba atómica del mundo fue, de principio a fin, una labor de amor de las minorías. La cronología comienza con Lise Meitner, una científica alemana refugiada que viajó a Dinamarca en 1938 y entregó al físico Niels Bohr los datos de un exitoso experimento de fisión realizado recientemente en Berlín. Bohr transmitió la información hasta que llegó a Einstein, quien, viviendo entonces en Princeton, escribió una carta al Presidente Roosevelt instando a Estados Unidos a iniciar inmediatamente un programa de desarrollo de la bomba a gran escala. La primera carta fue entregada en mano por el banquero Alexander Sachs y contenía la alegación (que era falsa) de que los alemanes estaban construyendo una bomba atómica. A medida que avanzaba la Segunda Guerra Mundial, Fermi, Bethe y Szilard elaboraron los detalles de la bomba A, que se construyó bajo la dirección de Oppenheimer. Tras su trabajo en la bomba A, Teller y von Neumann desarrollaron la bomba H. Mientras tanto, los Rosenberg, Greenglass y Sobell robaron varios esquemas de bombas y se los dieron a los rusos.[1212]

Que la bomba nuclear, así como el espionaje que surgió en torno a ella,[1213] fue básicamente un proyecto de minorías queda patente en la lista de nombres del párrafo anterior. Todas las personas son judías, a excepción de Roosevelt y Fermi, este último italiano con esposa judía. El antisemitismo alemán había provocado una prodigiosa reacción de la comunidad judía mundial, que incluía a varios físicos nucleares de alto rango, muchos de ellos educados en la Universidad alemana de Gotinga. Pero fue Einstein, todavía

---

[1211] Una excepción es el uso de gas venenoso por parte del gobierno de Irak contra su minoría kurda.

[1212] Los datos, nombres y fechas se han tomado, en su mayor parte, de Robert Jungk, *Brighter than a Thousand Suns*, Harcourt, Brace, Nueva York, 1958.

[1213] Una de las excusas ofrecidas por quienes salieron en defensa de los espías atómicos - y fueron muchos los que acudieron- fue que los científicos soviéticos habrían penetrado tarde o temprano en los misterios de la energía nuclear por sí mismos. En respuesta, podría decirse que la fórmula secreta del fuego griego fue custodiada con éxito desde el siglo VII al IX por el Imperio Romano de Oriente. Revelar cualquier conocimiento sobre ella no sólo se consideraba traición, sino sacrilegio. Fue el fuego griego el que ayudó al gobierno bizantino a rechazar el ataque árabe a Constantinopla, con lo que, según Will Durant, "salvó a Europa" y prolongó la vida del Imperio Romano de Oriente durante casi 800 años. *La edad de la fe*, pp. 424-25.

considerado un modelo de humanitarismo por los medios de comunicación, el principal responsable de "vender" la bomba al gobierno estadounidense. Como principal promotor del arma más mortífera de todos los tiempos, el exponente de la Relatividad desempeñó un papel en la historia de la guerra que hasta entonces se había atribuido a Basil Zaharoff, los Krupp y otros "mercaderes de la muerte" que se han convertido en personajes habituales de la demonología de la minoría liberal.

Aunque la bomba no se había terminado a tiempo para lanzarla sobre Alemania, la fraternidad de científicos atómicos que la construyeron no tuvo reparos en utilizarla contra Japón, aliado de Hitler. La decisión final, por supuesto, fue del Presidente Truman. El científico que se opuso más firmemente al proyecto fue Ernest Lawrence, miembro de la mayoría.[1214]

Las motivaciones raciales de los científicos minoritarios que concibieron y produjeron la bomba A quedaron perfectamente claras después de la guerra, cuando Oppenheimer, el físico nuclear estadounidense más influyente, intentó detener el desarrollo de la bomba H en el mismo momento en que los rusos habían iniciado un programa acelerado para construir la suya. Oppenheimer explicó su cambio de opinión apelando a principios liberales y pacifistas establecidos. Estaba decidido, dijo, a abandonar "el trabajo del diablo".[1215] Pero como él y prácticamente todos sus colegas habían sido pacifistas, liberales e incluso ultraliberales antes de la aparición de Hitler, su segundo cambio de opinión en una década podría atribuirse más lógicamente a un cambio de enemigo. Que Oppenheimer hubiera sido tan diligente en la construcción de bombas si Hitler no hubiera sido antisemita, y tan rápido en abandonar su trabajo con bombas si no hubiera tenido la típica debilidad de los intelectuales minoritarios por el marxismo, está abierto a la duda.[1216]

Fue necesario un gran esfuerzo por parte del gobierno estadounidense para hacer caso omiso de la oposición de Oppenheimer a la bomba H, respaldada como estaba por la parte más influyente de los medios de comunicación.° De todos los científicos minoritarios de alto nivel, sólo Edward Teller y von

---

[1214] Jungk, op. cit., p. 186n. Un desarrollo posterior, la bomba de neutrones, diseñada específicamente para matar personas, fue idea de Samuel T. Cohen, un científico de California. La explosión de la bomba de neutrones, muy reducida, apenas causa daños materiales. *Newsweek*, 17 de abril de 1978, p. 36. 7. Ibídem, p. 333.

[1215] Oppenheimer tenía muchas conexiones comunistas, que finalmente le costaron su autorización de seguridad en medio de un revuelo de prensa que trajo a la memoria el asunto Dreyfus.

[1216] Cuando 'el Comité Especial del Consejo de Seguridad Nacional ordenó finalmente que el programa de la bomba H procediera a toda velocidad, la votación fue de dos a uno. David Lilienthal, el único miembro de la minoría y primer presidente de la Comisión de Energía Atómica, votó en contra. Ibídem, pp. 284-85.

Neumann parecían percibir los peligros de permitir que la tecnología nuclear estadounidense quedara rezagada con respecto a la rusa. Tanto Teller como von Neumann habían tenido experiencias de primera mano con el comunismo en su Hungría natal. Fue el enérgico y obstinado Teller, muy por delante de sus colegas en la detección del giro de Stalin hacia el nacionalismo y el antisemitismo, quien luchó más tenazmente por la bomba H, a menudo frente a las oleadas de vilipendios y calumnias de la prensa.[1217] Resultó que Estados Unidos se adelantó a Rusia en el desarrollo de la bomba H por sólo diez meses.

Tras fracasar en su intento de sacar a Estados Unidos de la carrera armamentística nuclear, el grupo de presión para el desarme propuso una prohibición mutua soviético-estadounidense de todas las armas nucleares. Los rusos mostraron su disposición, pero se negaron a permitir una inspección in situ. En general, la coalición liberal minoritaria estaba dispuesta a hacer esta concesión. Afortunadamente, el Estado Mayor Conjunto y una escasa mayoría del Congreso no lo estaban.

En los años inmediatamente posteriores a la Segunda Guerra Mundial, los argumentos a favor del desarme nuclear se basaban en el miedo, el pacifismo, el derrotismo y las vanidosas propuestas de un gobierno mundial. La vieja fijación izquierdista en Rusia como cuna del comunismo y realización del sueño marxista fue una importante fuerza motivadora, como ilustra el muy publicitado eslogan pacifista "Mejor rojo que muerto". Gran parte de la propaganda del desarme se originó en la propia Casa Blanca. Consultores presidenciales minoritarios tan influyentes como Seymour Melman, Jerome Wiesner y Walt W. Rostow propusieron políticas que en última instancia beneficiaban militarmente a la Unión Soviética.[1218]

En los últimos años, la degradación de la seguridad nacional estadounidense ha sido más eficaz en el ámbito de la defensa civil. En caso de guerra nuclear, la capacidad de la mano de obra y la industria estadounidenses para sobrevivir a ataques devastadores con bombas H representará la victoria o lo más parecido a la victoria. En pocas palabras, el país cuya población y plantas industriales estén más dispersas y más "atrincheradas" tendrá más posibilidades de evitar la derrota total. En gran parte como resultado de la indiferencia y a veces abierta enemistad de Estados Unidos hacia todo el concepto de defensa civil, el elaborado sistema de defensa civil de Rusia está

[1217] Al principio, Teller fue tratado como un paria por sus compañeros judíos. Más tarde, cuando los neoconservadores judíos se volvieron contra Rusia por armar y apoyar a los Estados árabes radicales, fue bienvenido de nuevo en el establishment.

[1218] Para un estudio conciso pero exhaustivo de las actividades del grupo de presión para el desarme, que incluye semblanzas de los principales grupos de presión, véase el capítulo del mismo nombre en Evans, op. cit.

muy por delante. En la actualidad, Occidente parece haber olvidado la amenaza nuclear rusa, en gran parte debido a los enormes problemas internos que aquejan al país. Pero esto no significa que sus misiles nucleares hayan quedado inactivos. Las bombas H del Kremlin siguen siendo capaces de arrasar casi cualquier gran ciudad estadounidense con sólo pulsar un botón.

No es necesario ser general o almirante para saber que la sorpresa da una ventaja abrumadora en la guerra nuclear. Sin embargo, un presidente norteamericano, John Kennedy, declaró públicamente que Estados Unidos nunca sería el primero en lanzar un ataque nuclear[1219] -una promesa gratuita y reconfortante para un enemigo con armas nucleares que puede tener ideas diferentes. El mariscal Grechko, el difunto ministro de defensa soviético, dijo en 1970: "Los americanos se engañan a sí mismos. La única guerra que hay que librar, que hay que ganar, es una guerra atómica, y es para lo que debemos estar preparados".[1220] Un misterioso oficial de los servicios de inteligencia rusos, el coronel Oleg Penkovskiy, que puede o no haber tenido estrechas conexiones con la CIA, declaró categóricamente que Rusia había construido su estrategia nuclear sobre la base de un primer ataque contra Estados Unidos. También afirmó que muchos estrategas militares rusos no están en absoluto convencidos de que ambas partes serían destruidas en una guerra nuclear, creyendo que es muy posible ganar una guerra de este tipo, siempre que sea corta y no degenere en un conflicto de desgaste. El Estado Mayor ruso, añadió, cuenta con la sorpresa total y los estallidos abrasadores de las bombas más grandes de Rusia para montar un ataque de proporciones paralizantes.[1221] Dado que quizás la mitad de la población estadounidense y una parte sustancial del complejo industrial de Estados Unidos estarían expuestos a la destrucción termonuclear, no es reconfortante pensar que los estadounidenses confían en la mala puntería rusa en lugar de en un sistema altamente organizado de defensa civil para la supervivencia de sus familias y sus fábricas. Mientras tanto, con su personal clave y muchas de sus plantas de defensa más importantes a salvo bajo tierra, Rusia estaría bien preparada para los ataques de represalia de Estados Unidos.

¿Está Rusia, acosada desde dentro por un sistema político y económico caótico y desde fuera por nacionalidades cada vez más inquietas y descontentas, preparada para esta horrenda apuesta? ¿Estará preparada alguna vez? Una señal de que el Kremlin podría estar pensando en esa

---

[1219] Evans, op. cit., pp. 262-63.

[1220] *Reader's Digest*, octubre de 1970.

[1221] "Cuando las circunstancias sean favorables para lanzar el primer ataque nuclear, la Unión Soviética lo lanzará bajo el pretexto de defenderse de un agresor. De este modo, tomará la iniciativa". Oleg Penkovskiy, *The Penkovskiy Papers*, Avon Books, Nueva York, 1966, pp. 72-73, 250-54.

dirección sería un ataque preventivo contra bases de misiles e instalaciones atómicas chinas, ya que es difícil creer que Rusia siga el modelo estadounidense y permita que su mayor y más amenazador enemigo acumule un arsenal nuclear letal. Demasiado rápido para la satisfacción de Rusia, China se está convirtiendo en uno de los principales miembros del club nuclear mundial, que incluye a Gran Bretaña, Francia, India, Israel y posiblemente Sudáfrica. A otras naciones, en particular Irak y Pakistán, también les gustaría pertenecer y están trabajando duro para ello. El hecho de que las dos superpotencias nucleares, tras haber acordado poner fin a sus propias pruebas atmosféricas, permitan a China y Francia continuar con las suyas demuestra una inquietante falta de preocupación no sólo por la seguridad de Estados Unidos y Rusia, sino por la seguridad del mundo.

Si el dominio liberal-minoritario de la opinión pública estadounidense no hubiera sido tan completo tras la Segunda Guerra Mundial, la humanidad quizá nunca habría tenido que preocuparse por la posibilidad de una guerra termonuclear. De 1945 a 1949, Estados Unidos tuvo el monopolio absoluto de las armas nucleares. Había producido una bomba atómica cuatro años antes que Rusia, y estaba aún más adelantado en el desarrollo y producción de sistemas portadores. En cualquier momento durante un periodo de cinco a diez años, Estados Unidos, sin temor a represalias efectivas, podría haber presentado a la Unión Soviética un ultimátum exigiendo el desmantelamiento inmediato de todas sus instalaciones nucleares, deteniendo así en seco la acumulación nuclear de Rusia. Si Rusia hubiera ignorado el ultimátum, Estados Unidos podría haber llevado a cabo el desmantelamiento por iniciativa propia mediante un ataque preventivo total, no contra la población rusa sino contra las instalaciones nucleares y emplazamientos de misiles rusos. El mismo tratamiento preventivo podría haberse aplicado posteriormente a cualquier otra nación lo bastante insensata como para empezar a acumular un arsenal nuclear.

Durante la crítica primera década de la Era Atómica, hubo muchos estadounidenses sensatos y realistas que abogaron por esa política, una política humanitaria en el más alto sentido de la palabra, ya que podría haber salvado cientos de millones de vidas. Pero a estos estadounidenses nunca se les escuchó o, si se les escuchó, fueron despiadadamente puestos en la picota y luego silenciados. La cacofonía liberal-minoritaria del desarme unilateral y el acuerdo con Rusia a cualquier precio, incluido el compartir la investigación atómica estadounidense, no admitiría ningún debate sobre la ventaja de un arrinconamiento permanente de las armas nucleares.

Como se sugiere al principio de este capítulo, el actual equilibrio de poder nuclear entre Rusia y Estados Unidos puede tener un efecto calmante y moderador sobre la guerra, al localizar y limitar los conflictos y dar una importancia renovada a armas tan anticuadas como el fusil y a tácticas tan anticuadas como el combate cuerpo a cuerpo. Pero si no es así, y si estalla una guerra nuclear, no es probable que toda la civilización -a pesar de las funestas predicciones de los agoreros- desaparezca por completo.[1222]

La humanidad ya ha sobrevivido a algunas pruebas que se acercan al horror previsto para una futura guerra nuclear. Cartago no podría haber sido demolida más completamente por una bomba H que por las legiones romanas. Se dice que Gengis Kan mató a 1,6 millones de hombres, mujeres y niños en Herat. Se dice que no quedó ni una persona viva cuando Tamerlán pasó por Bagdad.[1223] La peste negra aniquiló entre una cuarta y una tercera parte de la población europea en 1348-50.[1224] Los hombres han luchado en muchas guerras en las que no se tomaron prisioneros y han perdido muchos asedios en los que todos los sitiados, independientemente de su edad o sexo, fueron asesinados. Aunque las bombas de fusión de megatones son cientos de veces más mortíferas que las bombas atómicas de kilotones lanzadas sobre Hiroshima y Nagasaki, cabe destacar que ambas ciudades están ahora más pobladas y son más florecientes de lo que eran antes de la aparición de las nubes en forma de hongo.

Aun admitiendo que una guerra nuclear a gran escala aniquilaría a toda la población de Europa, Norteamérica y Asia, un país como Nueva Zelanda o Australia sería perfectamente capaz de mantener la civilización del siglo XX sin apenas interrupción. Cuando se recuerda que la población de Atenas era de sólo 130.000 habitantes[1225] en la época de Pericles, la calidad humana parece ser un ingrediente más básico de la civilización que la cantidad humana. De hecho, un cínico o un darwinista social empedernido podría decir que una guerra nuclear podría en realidad ayudar a la civilización destruyendo o frenando las amenazas no nucleares pero igualmente peligrosas para la humanidad: la plaga urbana, la industrialización excesiva, la tasa de natalidad exponencial de los genéticamente empobrecidos y los muchos otros desastres ecológicos y disgenésicos de la era actual.

Lo que hay que temer casi tanto como la guerra nuclear es la hipnosis nuclear a la que se ha sometido al público estadounidense durante casi medio siglo.

[1222] Los profetas de la muerte y la desolación han estado de moda desde los días del diluvio y de Sodoma y Gomorra. La invención de la honda, la lanza, el arco y la flecha, y la pólvora pueden haber sido tan aterradoras en su día como las armas químicas, biológicas y nucleares lo han sido para la gente de la era actual.

[1223] *Ency. Brit.*, Vol. 12, p. 1001.

[1224] *Scientific American*, febrero de 1964, p. 114. En 1970, entre 300.000 y 600.000 paquistaníes del Este murieron en un ciclón del Golfo de Bengala. *Time*, 30 de noviembre de 1970, p. 16.

[1225] Sólo 50.000 de estos atenienses eran ciudadanos. Ver p. 238.

Primero, se dice a los estadounidenses que produzcan bombas atómicas, luego que las lancen sobre dos ciudades mal defendidas en una nación que ya está al borde de la derrota,[1226] luego que renuncien a las inmensas ventajas estratégicas de la bomba A compartiendo los secretos atómicos de Estados Unidos con Rusia, Después, aceptar el desarme nuclear sin inspecciones, desechar la bomba H en el mismo momento en que Rusia construía la suya y, finalmente, en nombre del Tratado de Limitación de Armas Estratégicas, garantizar a la entonces Unión Soviética el liderazgo en misiles balísticos intercontinentales con cabeza nuclear. Pero esto no es ni mucho menos el final. Dado que la política nuclear de la coalición liberal-minoritaria no es tan desinteresadamente humanitaria como pretende, cabe esperar nuevos cambios y retrocesos. Que los comisarios rusos empiecen a imitar los pogromos de los zares, que haya atisbos de un Dunkerque israelí en Palestina, que los sudafricanos blancos se levanten y se forjen una patria independiente, que un movimiento fascista avance en cualquier lugar de Occidente, que se produzca cualquiera de estos acontecimientos y los grupos de presión del desarme abandonarán rápidamente sus máscaras pacifistas y serán los primeros en exigir la incineración termonuclear del "enemigo".[1227]

El sonambulismo que ha rodeado la formulación de la estrategia nuclear estadounidense desaparecerá en cuanto se reconozca que las armas nucleares no son una cuestión ideológica. No han de servir como postes de látigo o piezas de ajedrez en un juego de política racial. Puesto que cada ojiva de cada misil estadounidense es una espada Damoclean sobre la cabeza de todo potentado extranjero con designios agresivos sobre el Nuevo Mundo, las armas nucleares son nada más y nada menos que la principal línea de defensa estadounidense.

La forma más segura de evitar una guerra nuclear es reconocer que no es la preparación nuclear lo que aumenta las posibilidades de un primer ataque

---

[1226] Los ataques atómicos contra Hiroshima y Nagasaki siempre se considerarán una mancha en la historia de Estados Unidos y se culpará al pueblo estadounidense en su conjunto, en lugar de a los científicos de las minorías que inventaron y construyeron la bomba y a los "humanitarios" de las minorías liberales que ordenaron y aplaudieron el bombardeo. Fue el mismo grupo que apoyó y aplaudió el asalto aéreo de 1945 sobre Dresde, que mató a 35.000 personas -algunos dicen que 135.000- en una noche, muchas de ellas refugiados de guerra, la avanzadilla de los 11 millones de alemanes que huían hacia el oeste de las depredaciones del Ejército Rojo y las represalias de polacos y checos.

[1227] Una señal de lo que cabe esperar fue un incidente poco publicitado que ocurrió durante el estallido de la guerra árabe-israelí de 1967. SANE (Sane Nuclear Policy Committee), que siempre había estado al frente de todos los intentos de limitar y debilitar la capacidad nuclear de Estados Unidos, tuvo que cancelar una marcha por la paz porque muchos de sus miembros se estaban preparando para manifestarse a favor de más ayuda militar a Israel. Dinsmore, *All The News That Fits*, p. 323.

contra Estados Unidos, sino el derrotismo, la división y la discordia promovidos por unos medios de comunicación orientados a las minorías. El objetivo parece ser destruir la voluntad de resistencia de Estados Unidos mientras se debilita el principal medio de resistencia, la importantísima disuasión nuclear. Los que piden una congelación nuclear no verificada y organizan manifestaciones violentas ante las centrales nucleares hacen una invitación permanente a los militaristas totalitarios de ultramar para que acerquen sus dedos al gatillo nuclear. Los que no entienden que la guerra nuclear exige la modificación, no el abandono, de conceptos ancestrales de táctica y estrategia pueden invitar un día a un ataque nuclear por parte de los que sí lo entienden. Los que afirman que no puede haber victoria en una guerra nuclear están haciendo posible esa victoria para el otro bando.[1228]

Una América dominada por la Mayoría sería relativamente impermeable a los intereses egoístas y a las peticiones especiales que la han involucrado recientemente en tantas cruzadas extranjeras infructuosas e inútiles. El esfuerzo nacional se retiraría de la defensa mundial de regímenes políticos degenerados e ideologías anticuadas, y se centraría en el bienestar de América. En un contexto nuclear esto significa un compromiso inquebrantable con la proposición de que la guerra es la última instancia de apelación, no para la protección de inversiones extranjeras y patrias extranjeras, no para los Gracos en busca de gloria o los Mesías racistas con ropajes igualitarios, sino para una sociedad enfrentada a la doble amenaza de la desintegración en casa y una lluvia de misiles termonucleares desde el extranjero.[1229]

[1228] El deseo de Mijaíl Gorbachov de cerrar el mayor número posible de acuerdos de reducción de armas nucleares no estaba inspirado por el amor a la paz, sino por la constatación de que la única forma de proporcionar a los rusos los bienes de consumo de los que se han visto privados durante tanto tiempo era recortar el enorme presupuesto militar.

[1229] Los que crean que el énfasis en los asuntos militares en este capítulo está fuera de lugar deberían recordar que la desintegración de los imperios trae cualquier cosa menos la paz, por ejemplo, la India tras la retirada de los británicos e Indochina tras la retirada de los franceses.

CAPÍTULO 39

Reunión del norte de Europa

S in embargo, NO ES en las defensas nucleares de Estados Unidos donde la Mayoría debe buscar la liberación y la regeneración, sino en las defensas de la mente. No habrá fin a su desposesión hasta que la Mayoría aprenda a rechazar todas, repito *todas*, las principales corrientes del pensamiento liberal moderno, y no puede haber tal rechazo hasta que se comprenda claramente la verdadera naturaleza de las fuerzas antiliberales que engendran y dirigen el liberalismo moderno. Los absurdos, las falacias y las contradicciones del marxismo, del freudismo, de la antropología igualitaria de Boas y de la socialdemocracia contemporánea no son importantes en sí mismos. Lo importante es cómo y por qué se han desarrollado y sintetizado en el absolutismo intelectual más inflexible desde la escolástica medieval.

Para entender lo que le ha sucedido a la Mayoría es necesario darse cuenta primero de que el declive y la caída de cualquier raza o nación pueden estar causados tanto por el éxito como por el fracaso. La sociedad en apuros sabe que no debe bajar la guardia. No puede permitirse ignorar los motivos y los actos de sus oponentes. Es consciente de que cualquier abrogación de sus posesiones, tangibles o intangibles, es una pérdida que sólo puede recuperarse mediante los esfuerzos más prolongados y arduos. Por el contrario, la sociedad próspera o acomodada, en virtud de su superávit de necesidades vitales, tiene tiempo para apartarse de la rutina de la existencia diaria. Menos afectados por las fuerzas existenciales de la condición humana, sus miembros tienen la rara y peligrosa oportunidad de estirar su individualismo mucho más allá del punto de ruptura normal de la sociedad.

Medida por cualquier vara de medir el progreso material hacia la buena vida, la historia nunca ha registrado una sociedad más exitosa que la de Estados Unidos desde el final de la Guerra Civil hasta finales de la década de 1920. Incluso los elementos incapaces e incapacitados de la población, aquellos genética o culturalmente inadecuados para participar plena y voluntariamente en una sociedad industrial de estilo occidental y orientada al progreso, avanzaban, aunque lentamente. Incluso los recién llegados más humildes de Europa, comparados con los que dejaban atrás, estaban inmensamente mejor desde el momento en que pisaban suelo estadounidense. Y mientras tanto, todos los estadounidenses, de cualquier origen y en cualquier fase de asimilación, se veían expuestos a posibilidades inimaginables de realización personal gracias a la vitalidad de la imaginación y el espíritu emprendedor de la mayoría.

Los que tienen éxito pueden permitirse compartir su éxito, y la Mayoría lo hizo con una prodigalidad sin paliativos. Con pocas condiciones o requisitos, los privilegios laboriosamente acumulados por las instituciones de la Mayoría se distribuyeron gratuitamente a miembros de otras razas y culturas, que los aceptaron como algo natural, a menudo con muestras de ingratitud, y luego los utilizaron para fines totalmente distintos de aquellos para los que habían sido concebidos. Los nuevos estadounidenses empezaron a votar, no como individuos sino como miembros de bloques. Aunque muchos de ellos prosperaron enormemente en una economía sin trabas, gastaron gran parte de su riqueza en proyectos de grupo que a menudo se oponían al interés nacional. Se deleitaban con la libertad que nunca habían sido capaces de conquistar para sí mismos; pero en lugar de tratarla con respeto y atesorarla con responsabilidad, la consideraban un regalo, su posesión legítima y permanente, la merecieran o no, trabajaran para adquirirla o lucharan por mantenerla. Sus hijos acudían en masa a las escuelas públicas gratuitas de un sistema educativo incomparable, donde aprendían lo suficiente sobre la civilización estadounidense como para criticarla, pero no lo suficiente como para defenderla y hacerla progresar.

Al principio, muchos miembros de la minoría inasimilable intentaron encajar en el modelo general de la mayoría. Pero, ¿cómo podían ser buenos demócratas si la democracia siempre había sido ajena a su experiencia histórica? ¿Cómo iban a apoyar a una clase dirigente si siempre habían odiado a todas las clases dirigentes? Muchos eran eruditos en leyes -su religión era a menudo su ley-, pero ¡qué alejados estaban esos ejercicios teológicos del *common law* anglosajón! En cuanto a la asimilación, ¿cómo iban a mezclarse con los demás cuando todo el secreto de su supervivencia había sido mantenerse al margen?

Jugaron un poco con el sueño americano, pero se les escapó. Sus intelectuales leían a Locke, Jefferson, Emerson y Mill, pero más tarde llegaron a preferir a parientes del Viejo Mundo como Marx, Freud y Boas. Los apocalípticos del Antiguo Testamento del marxismo sonaban familiares y agradables. El simbolismo antropomórfico de Freud sentaba bien a un pueblo religioso que buscaba un sustituto para una fe moribunda y anacrónica. Fue una bendición que Boas declarara que todas las razas eran iguales. La Declaración de Independencia lo había insinuado, pero ahora era un "hecho científico".

No se tardó mucho en descubrir que estas nuevas teorías eran mucho más que juguetes intelectuales. Constituían un vasto arsenal de armas doctrinales hechas a medida para una estrategia de *divide et impera*. Marx había separado a los hombres, no en razas, sino en explotadores y explotados, capitalistas y proletarios, y la Mayoría estaba así separada. Freud había transformado a los hombres en animales descerebrados, y la Mayoría estaba así animalizada. En cuanto a los grandes pilares del gobierno de la Mayoría, el Nuevo Testamento y la Constitución, añadiendo un poco aquí y quitando un poco allá, enfatizando algunas palabras y reinterpretando otras, ambos podían volverse contra la Mayoría y utilizarse para producir más divisiones en sus ya divididas filas.

Mientras tanto, los miembros de la Mayoría seguían ciegamente a lo suyo, convencidos de que Estados Unidos reharía a los extraños de su entorno, y no al revés. Sólo un puñado clarividente rechazó estas fantasías ecologistas y advirtió de lo que realmente estaba tomando forma tras la cortina de humo de la retórica proletaria y la legislación "progresista". Pero Henry Adams, Madison Grant, Lothrop Stoddard, Henry Ford, Ezra Pound, Charles Lindbergh y Carleton Putnam eran voces que clamaban en una cámara de eco. Todo lo que se oyó fue el coro de calumnias de la minoría liberal, que los estigmatizó como excéntricos chiflados o racistas asesinos. Ezra Pound, la más amarga y poética de estas voces, fue señalado para un escarmiento más espectacular. Durante semanas, el hombre descrito como "principal fundador y espíritu móvil de la poesía moderna en inglés"[1230] fue expuesto en una jaula de hierro en Pisa y luego encerrado durante doce años en un manicomio del Distrito de Columbia.[1231]

Incluso en los años 60 y 70, cuando el control de la nación por parte de las minorías liberales se había estrechado hasta convertirse en un dominio absoluto, los miembros de la Mayoría seguían sin creerse que se habían convertido en personas de poca o ninguna importancia en su propio país. La mayoría todavía tenía una casa, un coche último modelo y un congelador bien surtido. Pero ya no tenían predicadores o profesores eficaces que defendieran la causa de la Mayoría, ni literatura o teatro contemporáneos, ni prensa de la que hablar y, con la excepción de unas pocas cabezas parlantes de la televisión y la radio, ningún foro de expresión a escala nacional. A medida que su ascendencia fue eficazmente borrada, la Mayoría se

---

[1230] *Quién es quién en América*, 1969-70.

[1231] "Fue una barbaridad increíble que los americanos concibieran y ejecutaran". Charles Norman, *Ezra Pound*, Macmillan, Nueva York, 1960, p. 397. Cabe añadir que el anciano Pound estaba incomunicado en su jaula pisana, no se le permitía recibir correo y se le obligaba a dormir en el suelo de cemento. Compárese este trato con el dispensado a Jane Fonda y Ramsey Clark, que traficaron con el enemigo en Hanoi durante la guerra de Vietnam. El ex fiscal general Clark, mientras era miembro del bufete de abogados Paul, Weiss, Goldberg, etc., fue *testigo de la defensa* en el juicio del asesino a sueldo de la Nueva Izquierda cuya bomba mató a un estudiante de la Mayoría en la Universidad de Wisconsin.

transformó en un enjambre de zánganos de clase media y baja, a los que todavía se les permitían ciertas comodidades físicas, pero cuidadosamente aislados y puestos en cuarentena de los puntos de vista de la toma de decisiones y la formación de opinión. A los magnates industriales de la mayoría se les concedieron algunos años o décadas más de independencia limitada dentro de los estrechos confines de sus corporaciones -alguien tenía que hacer girar las ruedas-, pero debían mantener la boca y la mente cerradas. En cuanto a los políticos e intelectuales de la mayoría, seguían estando a salvo, siempre que obedecieran las voces de sus amos.

Sin embargo, no todo estaba despejado para las minorías. El igualitarismo, dogma contagioso de potencial epidémico, se les estaba yendo de las manos. Era previsible que la raza dominante, tras haber sido reducida a la igualdad, estuviera programada para una mayor pérdida de estatus. Era comprensible que las razas súbditas, habiendo sido elevadas a la igualdad, intentaran subir más alto, sobre todo después de que doctos profesores hubieran halagado sus genes y avivado sus ambiciones con alusiones a la superioridad racial. Era lógico que los negros, tras habérseles dicho que eran iguales o superiores a los blancos, culparan de sus desventajas sociales no a ninguna limitación mental innata, sino a una diabólica conspiración blanca. Era inevitable que algunos negros, habiendo llegado a esta conclusión, sintieran que tenían perfecto derecho a vengarse e incendiar ciudades y "atrapar a los blanquitos". Pero el problema era que "blanquito" era a menudo miembro de otra Minoría Inasimilable, el judío propietario de la mayoría de las viviendas y tiendas de los guetos.

Así que los propietarios judíos de tiendas de ultramarinos y los jubilados judíos menos acomodados fueron sacrificados a los atracadores e incendiarios de las zonas urbanas de nadie, estos últimos a menudo trabajando en negro con los terratenientes de los barrios bajos, mientras los radicales judíos y los intelectuales renegados de la Mayoría, escondidos a salvo en los suburbios, elaboraban manifiestos denunciando al Ku Klux Klan y la energía nuclear, y exigiendo dosis cada vez mayores de autobuses forzosos y Acción Afirmativa. Como si no hubiera pasado nada, los gracos millonarios y los antiguos izquierdistas minoritarios, algunos de los cuales ahora se autodenominan neoconservadores, siguieron pagando la mayor parte de las facturas. Al fin y al cabo, era la guerra, y no había que permitir que unas cuantas traiciones y bajas menores desvirtuaran una victoria ya a la vista. En cualquier caso, todos estaban demasiado comprometidos para dar marcha atrás, y una desaceleración podría dar tiempo a la Mayoría para reorganizarse.

El tiempo apremiaba. Oídos sensibles empezaban a oír rumores y quejas en el interior, en el corazón, en el Sur y el Suroeste y, lo que era más premonitorio, en las arboledas sagradas del mundo académico, donde Arthur

Jensens y Edward Wilsons alzaban la voz. Por fin, la Mayoría emitía algunos susurros de resistencia. Para aplastar estas agitaciones discretas y apenas peligrosas, el estado mayor liberal-minoritario abrió todas las viejas paradas, la cacofonía de dogmas marxistas y liberales y los astutos llamamientos igualitarios al racismo de las minorías, así como algunas paradas nuevas: drogas, pornografía, homosexualidad, la brecha generacional y la liberación de la mujer. Como de costumbre, la artillería pesada atacó los puntos más débiles de las defensas de la Mayoría: los estudiantes y las mujeres jóvenes. Pero también apuntaban al objetivo principal, el último reducto de la Mayoría, la familia.

Para salvarse de la extinción espiritual, la Mayoría no tiene más remedio que desaprender rápidamente todas las lecciones que le han enseñado desde el principio de su desposesión. ¿La dignidad del individuo? ¿El triunfo de la razón? ¿Los derechos del hombre? Los antepasados de la Mayoría habían sido los primeros en desarrollar estos conceptos y aplicarlos a la sociedad. En su forma moderna pervertida fueron los asesinos de la sociedad. La democracia, el auténtico liberalismo, el derecho consuetudinario, el libre juego de la imaginación, los avances tecnológicos, todos los grandes logros políticos, sociales y científicos del hombre occidental se convertían ahora en botín del hombre no occidental. La Historia, una vez "reestructurada" por la intelectualidad liberal-minoritaria, no sólo se convirtió en una patraña, sino en un fraude deliberado, la estrategia básica de una guerra en la que la verdad fue la primera víctima. El medio ambiente, el clima, la geografía, la economía, la religión y el ciego azar fueron proclamados solemnemente como los únicos creadores posibles (y permisibles) del pasado y del futuro. La raza seguía siendo el indecible determinante histórico, aunque los más ruidosos denunciantes y negadores de la raza eran, como siempre, los mayores racistas.

La propia desesperación de los desmentidos dio fundamento a la afirmación de que la historia gira en torno a la raza; que la raza está escrita a lo grande en cada párrafo oscuro y en cada página brillante del registro humano; que donde no hay conciencia de raza no hay conciencia histórica; que donde no hay conciencia histórica hay cronología pero no historia; que la esencia de la historia es el ascenso y la caída de las razas.

Para el historiador racial, la raza es el ser y el devenir de la humanidad organizada. Así como la raza ha sido el factor determinante del pasado humano, también lo será en el futuro. El destino del hombre se ha convertido ahora en el destino del mundo. Son necesarios esfuerzos supremos para poner fin a la devastación del medio ambiente, y los esfuerzos supremos sólo pueden ser emprendidos por grandes grupos de hombres con reflejos políticos y sociales similares, por grandes equipos no por grandes turbas, concretamente por grandes razas. La raza, máxima manifestación del espíritu de equipo, puede ser la forma que tiene la naturaleza de organizar a los hombres para la realización de lo irrealizable.

Al igual que el cuerpo rechaza los órganos trasplantados, las razas tienen la costumbre de rechazar las ideologías trasplantadas. Pueden aceptarlas temporalmente, pero la acumulación de "anticuerpos" es incesante. La única ideología aceptable para todas las razas parece ser el gran designio de la evolución, que acabará seleccionando a una de ellas para dar origen a una nueva especie, la mejor que el hombre.

En una época que comienza a descubrir los misterios del gen, cuyas frecuencias y combinaciones explican las diferencias individuales y raciales, la raza con más probabilidades de elevar a los *homínidos* otro peldaño en la escala evolutiva será la que se concentre en la penetración del enigma genético. No será ciertamente la raza que disipe sus energías en cruzadas doctrinales, buscando su salvación fuera de sí misma, dejándose convertir en rehén de la fortuna. Este es el camino de vuelta al rezume primigenio, el camino de la evolución inversa.

A medida que se acerca el final del siglo XX, la raza más apta para soportar el peso principal de la carga evolutiva parece ser la noreuropea. Igualmente hábil en física y metafísica, inducción y deducción, teoría y aplicación, igualmente cómodo en el macrocosmos y en el microcosmos, el hombre del norte de Europa ha conseguido elevarse un poco más por encima del "rey de los animales" que las demás divisiones de la humanidad. Por el momento, dos devastadoras guerras intrarraciales en la primera mitad del siglo y la desposesión de la Mayoría Americana, la mayor reserva de genes del Norte de Europa, le han echado a tierra. De forma permanente o temporal, es demasiado pronto para saberlo.

Volver a poner a los europeos del norte en la senda de la evolución, reavivar la eflorescencia noreuropea, es un proyecto de una complejidad monumental. De todos los pueblos del norte de Europa, sólo una mayoría estadounidense rehabilitada, consciente de la historia que ha hecho una vez y de la que podría volver a hacer, tendría la fuerza y los recursos para lograr una reunión del norte de Europa, no sólo una agrupación política y económica cimentada por alianzas militares y acuerdos comerciales, sino una reunión de conciencia racial, la más duradera y tenaz de todas las fuerzas sociales vinculantes.[1232]

[1232] No se recomienda una ciudadanía común. La reunión no debe verse como una asociación de superestados. Tendría más fuerza y permanencia si se basara en unidades raciales y culturales pequeñas e independientes, en lugar de en naciones grandes y difíciles de manejar. En Europa la tendencia debería ser restaurar el autogobierno de las antiguas provincias; en Estados Unidos debería fomentarse la separación de las razas en etnoestados. Véase Wilmot Robertson, op. cit.

Si alguna vez se produjera esta puesta en común del trabajo y el pensamiento de un pueblo altamente dotado pero muy disperso, habría tal preponderancia de poder que ningún depredador externo se atrevería siquiera a tocar el rincón más remoto del espacio vital noreuropeo, ya sea en Europa, Angloamérica o Australasia. Las minorías de este espacio vital, que ya no pueden prosperar gracias a la división de sus anfitriones, podrían finalmente aprender a buscar su propio sustento. Forzadas a una autosuficiencia desacostumbrada, podrían reconstruir sus propias culturas agotadas y beneficiarse de la experiencia.

Tal es la brillante perspectiva de una reunificación del norte de Europa, una Pax Euramerica, un orden mundial más abarcador que la Pax Romana y más duradero y constructivo que la Pax Britannica. La Pax Romana, aunque Roma fue gobernada en sus días expansionistas por patricios de ascendencia noreuropea, nunca quiso o pudo llegar lo suficientemente al norte como para envolver a los pueblos de Alemania y Escandinavia. En consecuencia, se perdió la primera y mejor oportunidad para la unidad europea.

La Pax Britannica, que mantuvo la paz durante tanto tiempo en gran parte del mundo no blanco, al tiempo que establecía nuevos mundos blancos en continentes recién descubiertos, fue disgenéticamente desastrosa para los europeos del norte en todas partes. La diplomacia británica de equilibrio de poderes, que dividió y agotó a Europa durante cientos de años, fue una de las principales causas de los nefastos conflictos del siglo XX, que redujeron de forma tan significativa la calidad genética de todos los combatientes, siendo el acervo genético británico el que acabó sufriendo el mayor daño de todos. Además, en la cresta misma del imperio, Gran Bretaña perdió sus posesiones más importantes en Norteamérica, un revés racial de las más graves consecuencias. Si se hubiera podido evitar la secesión de las trece colonias - una hazaña nada imposible para un sutil estadista del siglo XVIII-, la Pax Britannica podría seguir siendo el pilar de la política occidental. En lugar de ello, la Gran Bretaña actual es un pequeño reino insular cansado, cuya recuperación espera un nuevo auge del insaciable espíritu británico.

Los alemanes derribaron la Pax Romana con sus victorias y la Pax Britannica con sus derrotas. En casi cualquier momento desde la Edad Media, Gran Bretaña podría haber amortiguado el militarismo alemán apoyando, no oponiéndose, a la misión histórica alemana de defender Occidente contra las incursiones de Oriente. Pero Gran Bretaña se erigió en archienemiga de la unión europea, la misma unión europea que habría cortado de raíz el bolchevismo y prohibido la presencia de ejércitos eslavos en las orillas del Elba.

La reunión de Europa del Norte, cuya tarea principal es la consolidación, la seguridad y el progreso de los pueblos de Europa del Norte, sería el primer orden mundial cuyas fronteras geográficas coincidieran con sus fronteras raciales, una vez que los elementos minoritarios fueran separados y devueltos a sus antiguas patrias o establecidos en otras nuevas. Tal confederación intercontinental de base genética, una forma radicalmente nueva de reunir a un pueblo disperso, podría superar o aliviar algunos de los peligros para la humanidad que el cripto-racismo de la política proletaria parece multiplicar. Habría lugar en él para los rusos y otros eslavos descendientes de europeos del norte, ahora que el engorroso conglomerado soviético se ha desmoronado. No habría lugar, enfáticamente, para la explotación a la vieja usanza de los no blancos ni para la adaptación forzosa de las civilizaciones autóctonas a las normas culturales del norte de Europa.

Pero todo depende del destino de la Mayoría Americana. Si no se detiene e invierte su desposesión, no habrá reunión del norte de Europa, ni consolidación racial, ni se detendrá la decadencia de Occidente, ni se dará la razón a Spengler. De hecho, pronto no habrá América. La historia insiste en señalar que cuando desaparece el grupo de población dominante, desaparece el país. Como es cada día más evidente, la caída de la mayoría americana es la caída de la propia América.

Apéndices

APÉNDICE A

Explicación del censo racial

Durante el debate sobre las cuotas de inmigración a principios de la década de 1920, se intentó determinar la proporción de estadounidenses blancos originarios de diversos países del Viejo Mundo y de unos pocos del Nuevo Mundo. Los resultados, publicados en *Immigration Quotas on the Basis of National Origin*, 70th Congress, 2d Session, Senate Document 259, p. 5, se presentan en las páginas siguientes. Las columnas de la derecha de la tabla contienen estimaciones de la composición racial de la madre patria realizadas por Carl Brigham, profesor asociado de psicología de la Universidad de Princeton. Brigham quería correlacionar los voluminosos resultados de los tests de inteligencia del ejército de la Primera Guerra Mundial con la raza. Sus conclusiones fueron duramente cuestionadas, no tanto por sus estimaciones raciales, sino porque las utilizó para ayudar a "demostrar" la superioridad intelectual de los nórdicos estadounidenses. Véase Carl Brigham, *A Study of American Intelligence*, Princeton University Press, Princeton, N.J., 1923, pp. 160, 190.

Brigham se retractó más tarde de su hipótesis de la superioridad intelectual nórdica, pero no de sus asignaciones raciales, que son similares a las de Carleton Coon en *The Races of Europe, con* la notable excepción de Irlanda. En este caso, Brigham parecía ir completamente por mal camino. No incluyó el gran componente alpino irlandés y, al parecer, decidió, en contradicción con la mayoría de los demás antropólogos, que el elemento Keltic era más mediterráneo que nórdico. Los porcentajes del Reino Unido son las estimaciones raciales de Brigham para Inglaterra. Tenía cifras separadas para la composición racial de Escocia (85% nórdica; 15% mediterránea) y Gales (40% nórdica; 60% mediterránea). También tenía dos categorías para Turquía: Turquía (en Europa) y Turquía. Las cifras correspondientes a la primera figuran en el cuadro. En cuanto a los porcentajes omitidos por Brigham, pueden obtenerse de la obra de Coon *The Races of Europe* o de estudios raciales realizados por antropólogos europeos.

TABLA A % DE POBLACIÓN BLANCA DE EE.UU.
POR PAÍS DE ORIGEN Y RAZA

País de origen	% de la población blanca		% BLANCO CLARO Nórdico	% BLANCO Alpino	% BLANCO OSCURO Medit.
	1790	1920			
Austria	*	0.9	10	90	
Bélgica	1.5	0.8	60	40	
Checoslovaquia	0.1	1.8			
Dinamarca	0.2	0.7	85	15	
Estonia	...	0.1			
Finlandia	*	0.4			
Francia	1.9	1.9	30	55	15
Alemania	7.4	16.3	40	60	
Reino Unido	77.0	41.4	80		20
Grecia	...	0.2		15	85
Hungría	...	0.6	10	90	
Irlanda	4.4	11.2	30		70**
Italia	...	3.6	5	25	70
Letonia	...	0.2			
Lituania	...	0.2			
Países Bajos	3.3	2.0	85	15	
Noruega	0.2	1.5	90	10	
Polonia	*	4.1	10	90	
Portugal	0.1	0.3	5		95
Rumanía	...	0.2		100	
Rusia	*	1.8	5	95	
España	1.0	0.2	10	5	85

Suecia	0.5	2.1	100		

TABLA A (continuación) % DE POBLACIÓN BLANCA DE EE.UU. POR PAÍS DE ORIGEN Y RAZA

País de origen	% de la población blanca		% BLANCO CLARO Nórdico	% BLANCO Alpino	% BLANCO OSCURO Medit.
	1790	1920			
Suiza	0.9	1.1	35	65	
Siria, Líbano	...	0.1			
Turquía	...	0.1		60	40
Yugoslavia	...	0.5			
Todos los demás	*	0.2			
Canadá	1.6	4.3	80	20	
Terranova	*	0.1	80	20	
México	0.7	1.2			5
Antillas	*	0.1			2

(*) Menos del 0,1%.

(**) Véase el Apéndice A.

Obviamente, basarse en las cifras del Censo de 1920 para conocer el origen de los inmigrantes blancos deja mucho que desear, pero los porcentajes raciales de la población blanca en su conjunto no han cambiado radicalmente desde 1920. Dada la tabla anterior, ahora es posible obtener una aproximación muy aproximada del número de nórdicos, alpinos y mediterráneos en Estados Unidos. El método es el siguiente:

1. Multiplique el recuento revisado de la Oficina del Censo de 1990 de la población blanca (188.136.858, Tabla I, p. 57) por el porcentaje de 1920 dado para cada país (columna 2, Tabla A). La aritmética producirá una cifra aproximada de la población de cada grupo de nacionalidad.

2. Multiplique este número por los porcentajes correspondientes que figuran en las tres columnas de la derecha del cuadro A. Los porcentajes pueden referirse a una, dos o las tres razas, según el caso. El resultado se aproximará

al número de nórdicos, alpinos o mediterráneos dentro del grupo de nacionalidad específico.

3. Suma todos los componentes nórdicos, alpinos y mediterráneos de todos los grupos de nacionalidades para obtener el número total de las tres razas en Estados Unidos.

Para ilustrar este método de proyección, el componente alpino de los estadounidenses de origen alemán puede determinarse del siguiente modo: En el cuadro A se observa que el 16,3% de la población blanca en 1920 procedía de Alemania. Tomando el 16,3 por ciento del recuento revisado de la población blanca del Censo de 1990 (0,163 × 188.136.858) se obtiene la cifra de 30.666.308, que representa el número actual de estadounidenses de origen alemán. En la columna alpina de la tabla, se estima que el 60% de la población alemana es de raza alpina. Tomando el 60 por ciento del número de estadounidenses de origen alemán (0,6 × 30.666.308) se obtiene 18.399.785 como número de alpinos estadounidenses de origen alemán.

No obstante, el método de proyección presenta algunos problemas. Algunos de los grupos de nacionalidad del cuadro A no se desglosan en porcentajes raciales. Las divisiones raciales de algunos otros son obviamente inexactas o están mal definidas. En algunos casos, se pueden obtener mejores porcentajes raciales de la obra de Carleton Coon *The Races of Europe* que de la Tabla A. Con frecuencia, es más exacto basarse en un recuento directo de los grupos de población, tal y como se da en fuentes de referencia como la *Harvard Encyclopedia of American Ethnic Groups o One America*, que multiplicar el porcentaje de 1920 de la población blanca por el recuento revisado del Censo de 1990 de la población blanca. Cuando las estadísticas de los grupos de origen nacional proceden de fuentes de referencia, se multiplican por la Tabla A o por los porcentajes raciales de Coon, según cuál parezca más exacto, para obtener el recuento racial aproximado. Cuando éstas no estén disponibles o sean demasiado imprecisas, el autor introducirá sus propias estimaciones.

En la Tabla B de la página siguiente se utilizarán los distintos métodos y procedimientos descritos anteriormente para obtener un censo de la población blanca estadounidense de 1990 por razas. En algunos casos, el componente nórdico se obtiene restando los totales alpino y mediterráneo del total de blancos. Las fuentes y métodos utilizados para obtener las cifras del cuadro B figuran en la columna de la derecha. Cuando se cita *La mayoría desposeída* como fuente, el lector puede encontrar la fuente o fuentes primarias de las cifras raciales. Por último, no hay columna para hispanos en la Tabla B. Como se explica en este estudio, se calcula que sólo 2.000.000 de hispanos son blancos, y se han incluido como mediterráneos en la categoría de blancos de la Tabla II.

TABLA B NÓRDICOS, ALPINOS Y MEDITERRÁNEOS DE EE.UU.

	TOTAL	NORDIC	ALPINE	MEDITER-RANEAN	SOURCE
ALBANIANS	70,000		70,000		HE, p. 23 RE, pp. 601-4
ARABS[a]	1,500,000			1,500,000	1990 Gallup Poll, See below
ARMENIANS	1,000,000	10,000	330,000	660,000	Economist, 9/21/85 RE, p. 629
AUSTRIANS	1,693,232	169,323	1,523,909		PM
BELGIANS	1,501,488	900,893	600,595		PM
BRITISH[b]	77,888,659	77,888,659			See below
BULGARS	70,000		28,000	42,000	HE, p. 187 RE, pp. 611-12
CANADIANS	2,000,000	1,600,000	400,000		PM, HE, p. 191
CZECHO-SLOVAKS	1,750,000	250,000	1,500,000		HE, pp. 261, 928, 934 RE, pp. 560-62
DANES	1,316,958	1,316,958			PM
DUTCH	3,602,600	3,198,327	564,410		PM
ESTONIANS	200,000	80,000	120,000		HE, p. 340
FINNS	752,547	452,547	300,000		PM RE, p. 351, AE
FRENCH	3,574,600	1,072,380	1,966,030	564,190	PM RE, p. 522
GERMANS	30,666,308	12,266,523	18,399,785		PM
GREEKS	1,400,000		210,000	1,190,000	HE, p. 430 PM
HUNGARIANS	1,128,821	112,882	1,015,939		DM, p. 140 RE, pp. 585-86
IRISH	21,081,329	6,321,398	14,759,931		PM, DM, pp. 127-36 RE, pp. 375-76, AE
ITALIANS	6,772,926	338,646	1,693,232	4,741,048	DM, pp. 146-48 RE, pp. 555-56, AE
JEWS	5,828,000		5,203,000	625,000	DM, p. 152 RE, pp. 639-46, AE
LATVIANS	86,000	26,000	60,000		HE, p. 638 RE, pp. 362-65, AE

TABLA B (continuación) CENSOS NÓRDICOS, ALPINOS Y MEDITERRÁNEOS DE EE.UU.

	TOTAL	NORDIC	ALPINE	MEDITER-RANEAN	SOURCE
LITHUANIANS	331,000	66,000	265,000		HE, p. 665 RE, pp. 365-68, AE
NORWEGIANS	2,793,796	2,539,848	253,948		PM
POLES	5,100,000	1,275,000	3,825,000		PM, HE, p. 787 RE, pp. 563-67, AE
PORTUGUESE	564,410	28,220		536,190	PM, RE, p. 495
ROMANIANS	90,000		54,000	36,000	HE, p. 881 RE, pp. 614-16, AE
RUSSIANS[c]	338,646	16,932	321,714		PM, OA, p. 130 RE, pp. 573-74, AE
SPANISH[d]	357,554	37,637		319,917	PM, AE RE, pp. 489-95
SWEDES	3,950,874	3,950,874			PM, AE
SWISS	2,069,505	724,327	1,345,178		PM
TURKS	100,000		60,000	40,000	HE, p. 992 RE, pp. 576-84, AE
UKRAINIANS	488,000		488,000		HE, p. 998 RE, pp. 569-71
YUGOSLAVS	1,000,000		1,000,000		HE, p. 918 RE, pp. 587-95
OTHERS[e]	6,881,468	1,007,832	2,779,330	3,094,306	
TOTALS	188,136,858	115,651,206	59,137,001	13,348,651	

a   Includes Syrians, Lebanese, Palestinians, Iraqis, Saudis, Iranians and other Middle Eastern Moslem and Christian groups.

b   There is a large Nordic-Mediterranean component in the British population. But, since overall it is more Nordic than Mediterranean, it has been listed in the Nordic column.

c   Excludes Soviet Jewish immigrants.

d   Includes 100,000 Old Immigration Spaniards who have now been completely assimilated, largely by intermarriage.

e   Since many whites have been impossible to classify racially, they have been allocated arbitrarily among the three white races.

KEY: For racial totals: PM (Projection Method from Table A); HE (*Harvard Encyclopedia of American Ethnic Groups*); OA (*One America*); DM (*The Dispossessed Majority*); RE (*Races of Europe*); AE (Author's estimate).

Nota de advertencia: Teniendo en cuenta las grandes discrepancias y la simplificación excesiva de las cifras raciales del Apéndice A, debe entenderse que la única razón por la que se dan esas cifras es para proporcionar una suma muy aproximada -y a menudo muy confusa- del número y la proporción de las tres razas blancas en los EE.UU. actuales. Puesto que nadie más lo hace, corresponde al autor, a pesar de las dificultades y la ausencia casi total de estudios sobre el tema, intentar arrojar algo de luz sobre este problema casi insoluble.

APÉNDICE B

Estudio censal de los grupos de ascendencia

En la última década, la Oficina del Censo ha jugado al yo-yo estadístico en sus esfuerzos por tabular los orígenes nacionales de la población estadounidense. Primero se afirmó que los alemanes eran el grupo de ascendencia más numeroso, luego los ingleses, después los alemanes (en un estudio de 1981) y ahora de nuevo los ingleses (Census Supplementary Report PC 80-SI-10, publicado en abril de 1983). Aunque este estudio sigue siendo un tanto impreciso, es algo más creíble que los anteriores porque se basa en el censo de 1980.

Al examinar estas cifras, el lector debe comprender que se trata de extrapolaciones del formulario largo del censo de 1980, que se adjuntaba a uno de cada seis cuestionarios del censo. También debe entenderse que, en sus extrapolaciones, la Oficina del Censo anunció, con bastante vergüenza, que 23.182.019 personas no declararon ninguna ascendencia y 1.762.587 no declararon ninguna ascendencia debidamente identificable o clasificable. Lo que es más significativo, 13.298.761 personas se limitaron a poner "estadounidense" o "de EE.UU.".

En cuanto al número de personas que declaran tener ascendencia múltiple, la persona que declara ser de origen alemán e inglés figura tanto en la categoría de ascendencia alemana como en la de ascendencia inglesa en la columna de ascendencia múltiple. Algunas personas incluso declararon una ascendencia triple -por ejemplo, india americana, inglesa y francesa- y muchas de ellas figuraban en cada una de las tres categorías especiales de ascendencia múltiple.

Dado que la Oficina del Censo tiene prohibido por ley contar a las personas según su religión, la importantísima categoría de los judíos no aparece en ninguna parte de las tablas, aunque en muchos sentidos los judíos son el más "ancestral" de todos los grupos de ascendencia.

Teniendo en cuenta estos puntos, el lector puede ahora examinar de forma más inteligente el estudio de la Oficina del Censo. Esta vez, como ya se ha señalado, los ingleses superan en número a los alemanes, y los superan más en el grupo de ascendencia única que en el de ascendencia múltiple.

1980 Census Bureau Count of Americans According to National or Geographical Origins

Ancestry Group	Persons reporting at least one ancestry	(%)	Persons reporting single ancestry	Persons Reporting multiple ancestry
European (excluding Spaniard)	38,658	.02	21,687	16,971
Albanian	42,390	.02	15,941	26,449
Alsatian	948,558	.50	339,789	608,769
Austrian	43,140	.02	23,213	19,927
Basque	11,920	.01	6,830	5,090
Basque, French	8,534	—	5,652	2,882
Basque, Spanish	22,686	.01	10,731	11,955
Basque, n.e.c.	360,277	.19	122,814	237,463
Belgian	7,381	—	4,253	3,128
Belorussian	42,504	.02	21,489	21,015
Bulgarian	252,970	.13	107,855	145,115
Croatian	6,053	—	3,889	2,164
Cypriot	1,892,456	1.01	788,724	1,103,732
Czech	1,518,273	.81	428,619	1,089,654
Danish	6,304,499	3.35	1,404,794	4,899,705
Dutch	62,404	.03	52,439	9,965
Eastern European *	49,598,035	26.34	23,748,772	25,849,263
English	25,994	.01	16,721	9,273
Estonian	175,461	.09	142,626	32,835
European *	615,872	.33	267,902	347,970
Finnish	12,892,246	6.85	3,062,077	9,830,169
French (1)	49,224,146	26.14	17,943,485	31,280,661
German	959,856	.51	615,882	343,974
Greek	6,322	—	3,350	2,972
Gypsy	1,776,902	.94	727,223	1,049,679
Hungarian	32,586	.02	13,128	19,458
Icelander	40,165,702	21.33	10,337,353	29,828,349
Irish	12,183,692	6.47	6,883,320	5,300,372
Italian	92,141	.05	55,563	36,578
Latvian	742,776	.39	339,438	403,338
Lithuanian	49,994	.03	16,164	33,880
Luxembourger	31,645	.02	18,385	13,260
Maltese	9,220	—	3,430	5,790
Manx	16,418	.01	6,338	10,080
Northern Irelander	3,455,839	1.83	1,260,997	2,192,842
Norwegian	8,228,037	4.37	3,805,740	4,422,297
Polish	1,024,351	.54	616,362	407,989
Portuguese	315,258	.17	141,675	173,583
Rumanian				

Ancestry Group	Persons reporting at least one ancestry	(%)	Persons reporting single ancestry	Persons reporting multiple ancestry
Russian, n.e.c. (2)	2,781,432	1.48	1,379,585	1,401,847
Ruthenian	8,485	—	2,581	5,904
Scandinavian *	475,007	.25	238,991	236,016
Scottish	10,048,816	5.34	1,172,904	8,875,912
Serbian	100,941	.05	49,621	51,320
Slavic *	172,696	.09	70,124	102,572
Slovak	776,806	.41	361,384	415,422
Slovene	126,463	.07	63,587	62,876
Swedish	4,345,392	2.31	1,288,341	3,057,051
Swiss	981,543	.52	235,355	746,188
Ukrainian	730,056	.39	381,084	348,972
Welsh	1,664,598	.88	308,363	1,356,235
Yugoslavian *	360,174	.19	199,884	160,290
Other European, n.e.c.	77,762	.04	58,432	19,330
North African and Middle Easterner				
Arab/Arabian *	92,647	.05	71,454	21,193
Armenian	212,621	.11	155,693	56,928
Assyrian	29,268	.02	22,519	6,749
Egyptian	41,122	.02	34,812	6,310
Iraqi	15,621	.01	12,289	3,332
Iranian	122,890	.07	108,949	13,941
Israeli	52,843	.03	41,008	11,835
Jordanian	11,499	.01	9,990	1,509
Lebanese	294,895	.16	170,749	124,146
Moroccan	7,105	—	4,625	2,480
Palestinian	21,288	.01	15,838	5,450
Saudi Arabian	5,491	—	5,224	267
Syrian	106,638	.06	53,967	52,671
Turkish	64,691	.03	39,117	25,574
Other North African or Middle Easterner, n.e.c.	31,578	.02	25,707	5,871
Subsahara African				
African *	203,791	.11	105,869	52,922
Afro-American	20,964,729	11.13	20,524,020	440,709
Cape Verdean	23,215	.01	18,244	4,971
Ethiopian	7,641	—	6,503	1,138
Ghanaian	6,775	—	6,322	453

Nigerian •	47,857	.03	43,854	4,003
South African •	8,658	—	5,975	2,683
Other Subsahara African, n.e.c.	31,442	.02	19,370	12,072
Asian (excluding Middle Easterner)				
Asian Indian	311,953	.17	280,728	21,225
Cambodian	18,102	.01	16,052	2,050
Chinese	894,453	.48	757,777	136,676
Filipino	795,255	.42	630,188	165,067
Indonesian	25,873	.01	9,699	16,174
Japanese	791,275	.42	666,856	124,419
Korean	376,676	.20	343,705	32,971
Laotian	55,598	.03	53,320	2,278
Pakistani	25,963	.01	22,615	3,348
Taiwanese	16,390	.01	15,332	1,058
Thai	64,024	.03	52,324	11,700
Vietnamese	215,184	.11	201,334	13,850
Other Asian (excluding Middle Easterner), n.e.c.	105,652	.06	79,966	25,666
Non-Spanish Caribbean, Central & South American				
Bahamian	11,975	.01	9,663	2,312
Barbadian	21,425	.01	17,668	3,757
Bermudan	10,551	.01	7,236	3,315
Brazilian	27,640	.01	18,750	8,890
Dominica Islander	5,649	—	4,943	716
Dutch West Indian	38,408	.02	8,298	30,110
Guyanese	31,853	.02	27,048	4,805
Haitian	90,223	.05	81,509	8,714
Jamaican	253,268	.13	223,652	29,616
Trinidadian and Tobagonian	43,812	.02	39,014	4,798
Virgin Islander (U.S.)	7,098	—	4,762	2,336
British West Indian, n.e.c.	9,827	.01	7,239	2,588
Other West Indian, or Central or South				
American (excluding Spanish) n.e.c. (3)	135,515	.07	105,384	30,131
Spanish				
Argentinean	37,909	.02	28,109	9,800
Bolivian	16,048	.01	12,585	3,463
Chilean	31,843	.02	24,410	7,433
Colombian	156,276	.08	137,162	19,114
Costa Rican	26,992	.01	21,121	5,871
Cuban	597,702	.32	500,564	97,138
Dominican	170,698	.09	155,930	14,768
Ecuadoran	87,973	.05	77,247	10,726
Guatemalan	62,098	.03	54,674	7,424
Honduran	55,565	.03	45,294	10,271
Mexican	7,692,619	4.09	6,992,476	700,143
Nicaraguan	45,077	.02	37,845	7,232
Panamanian	44,754	.02	33,546	11,208
Peruvian	57,938	.03	44,884	13,054
Puerto Rican	1,443,862	.77	1,270,420	173,442
Salvadoran	84,757	.05	77,384	7,373
Spaniard (4)	94,528	.05	62,747	31,781
Spanish/Hispanic •	2,686,680	1.43	1,685,151	1,001,529
Uruguayan	8,590	—	7,240	1,350
Venezuelan	33,029	.02	25,548	7,481
Other Spanish, n.e.c.	65,195	.03	52,774	12,421
Pacific				
Australian	53,754	.03	22,324	31,430
Guamanian/Chamorro	27,015	.01	18,635	8,380
Hawaiian	202,054	.11	84,104	117,950
Other Pacific, n.e.c.	70,552	.04	53,562	16,990
North American				
Aleut and Eskimo	50,555	.03	38,468	12,087
American Indian	6,715,819	3.57	1,920,824	4,794,995
Canadian	456,212	.24	223,645	232,567
French Canadian	780,488	.41	442,465	338,023
Other North American, n.e.c.	12,845	.01	9,707	3,138

n.e.c. = "not elsewhere classified"
• This category represents a general type of response, which may encompass several ancestry groups.
(1) Excludes French Basque.
(2) Includes persons reported as "Russian," "Great Russian," "Georgian," and other related European or Asian groups.
(3) The majority of persons in this category reported "West Indian."
(4) Excludes Spanish Basque.

Pero la comparación puede ser más significativa si este estudio hace lo que no hicieron los del Censo, es decir, deshacerse de gran parte de la duplicación añadiendo la columna de ascendencia única a la mitad, no a toda, de la columna de ascendencia múltiple. ¿Por qué contar dos veces a la misma persona? Si todos los alemanes con ascendencia múltiple se contaran como alemanes, muchos de ellos se volverían a contar cuando se contaran los ingleses, los holandeses, los franceses u otros grupos con ascendencia múltiple.

Antes de examinar más detenidamente las cifras del Censo, conviene responder a otra pregunta. ¿Por qué comparar a los estadounidenses de origen alemán con los de origen inglés? ¿Por qué no compararlos con los de origen británico? Los alemanes no constituyen un grupo racial o incluso cultural compacto y centrípeto. Hay mucha diferencia entre un bávaro típico y un prusiano típico, sin duda tanta diferencia como entre un inglés típico y un escocés típico. Si hay que hacer comparaciones numéricas entre estadounidenses de ascendencia inglesa y de ascendencia alemana, parece más razonable utilizar una categoría británica en lugar de inglesa. Esto puede lograrse añadiendo los grupos de ascendencia de tierras británicas y dominios británicos al grupo de ascendencia inglesa de la Oficina del Censo.

TABLE 1
BRITISH ANCESTRY GROUPS

Ancestry Group	#1 Single Ancestry	#2 Multiple Ancestry	Column #1 + half of Column #2
English	23,748,772	25,849,263	36,673,403
Manx	3,430	5,790	6,325
Northern Irelander	6,338	10,080	11,378
Scottish	1,172,904	8,875,912	5,610,860
Welsh	308,363	1,356,235	986,480
Canadian	223,645	232,567	339,928
Australian	22,324	31,430	38,039
Total	25,485,776	36,361,277	43,666,413

¿Qué hacer con los 10.337.353 irlandeses de ascendencia única y los 29.828.349 de ascendencia múltiple? Bastantes de ellos deben de ser irlandeses escoceses. En consecuencia, el 10% de los irlandeses de ascendencia simple (1.033.735) se ha asignado a una categoría de irlandeses escoceses. El resultado (5.507.987) se añade al total británico (43.666.413), que asciende a 49.174.400. Pero aún hay más. Pero aún hay más. Como ya se ha dicho, 13.298.761 personas respondieron a las preguntas sobre su ascendencia con un simple "estadounidense" o "de EE.UU.". Obviamente, se trata de estadounidenses cuyas familias llevan tanto tiempo en el país que han olvidado o ya no les importan sus orígenes. Es otra forma de decir que los antepasados de este grupo debieron proceder casi con toda seguridad de Gran Bretaña, una opinión que en parte justifica Bruce Chapman, director de la Oficina del Censo, quien admitió a Associated Press que la cifra de ascendencia de los estadounidenses de origen inglés puede ser baja. "Los ingleses, al haber sido asimilados en este país antes de que se pensara siquiera en la palabra 'asimilado', a veces tienden a ser considerados como una capa inferior de pintura en una casa, que está ahí pero simplemente no se destaca ni se nota especialmente". Chapman podría haber utilizado mejor el término británico-estadounidense, porque millones de escoceses-irlandeses también proceden de familias que llevan en este país dos siglos, que es tiempo suficiente para volverse nebuloso sobre las propias raíces.

En cualquier caso, la suma de 13.298.761 "americanos" al anterior total británico de 49.174.400 nos da un gran total británico de 62.473.161, que se acerca cada vez más a la cifra de Carl Brigham en la Tabla I, Apéndice A. En comparación con el total alemán de 33.583.815 (17.943.485 alemanes de ascendencia única más la mitad de los 31.280.661 alemanes de ascendencia múltiple), la cifra británica es casi el doble. Esta forma de dimensionar los dos mayores grupos de origen nacional de Estados Unidos es más sensata que la forma en que el Censo abordó el problema comparando ingleses con alemanes.

Enumerar la mayoría

TABLE 2
AMERICANS OF NORTHERN EUROPEAN ANCESTRY (EXCLUDING BRITISH)

Ancestry Group	#1 Single Ancestry	#2 Multiple Ancestry	Column #1 plus half of Column #2
Irish (not included in British group)	9,303,618	25,354,097	21,980,666
German	17,943,485	31,280,661	33,583,815
Alsatian	15,941	26,449	29,165
Belgian	122,814	237,463	241,545
Danish	428,619	1,089,654	973,446
Dutch	1,404,794	4,899,705	3,854,646
Icelander	13,128	19,458	22,857
Luxembourger	16,164	33,880	33,104
Norwegian	1,260,997	2,192,842	2,357,418
Scandinavian	238,991	236,016	356,999
Finnish	267,902	347,970	441,887
Swedish	1,288,341	3,057,051	2,816,866
Swiss	235,355	746,188	608,449
Total	32,540,149	69,521,434	67,300,863

Las estadísticas de grupos de ascendencia de la Oficina del Censo también pueden utilizarse para calcular el número de estadounidenses de origen europeo septentrional, además de los procedentes de Gran Bretaña y Alemania. Si se añade el total británico de la Tabla 1 (62.473.161) al total de la Tabla 2 (67.300.863) se verá que 129.774.024 estadounidenses pertenecen a grupos de ascendencia de Europa del Norte. Desde el punto de vista racial, esta cifra representa el núcleo básico de la Mayoría estadounidense. Pero si se desea obtener un total de todos los miembros de la Mayoría, habría que incluir al menos una parte de los grupos de ascendencia de los países que faltan en la tabla anterior y de los países de Europa central y oriental, así como del norte de Italia. Muchos miembros de estos grupos ya se han asimilado a la Mayoría o están en vías de hacerlo.

TABLE 3
AMERICANS OF CENTRAL AND SOUTH EUROPEAN ANCESTRY

Ancestry Group	#1 Single Ancestry	#2 Multiple Ancestry	Column #1 plus half of Column #2	% Assimilated or Assimilable	No. Assimilated or Assimilable
Austrian	339,789	608,769	644,173	75%	483,130
Belorussian	4,253	3,128	5,817	90%	5,235
Croatian	107,855	145,115	180,412	90%	162,371
Czech	788,724	1,103,732	1,340,590	95%	1,273,561
Eastern European	52,439	9,965	57,421	75%	43,066
Estonian	16,721	9,273	21,357	90%	19,221
European	142,626	32,835	159,043	75%	119,282
French	3,062,077	9,830,169	7,977,161	90%	71,794,449
French Canadian	442,465	338,023	611,476	95%	580,902
Hungarian	727,223	1,049,679	1,252,062	90%	1,126,856
Italian	6,883,320	5,300,372	9,533,506	75%	7,150,130
Latvian	55,563	36,578	73,852	90%	66,467
Lithuanian	339,438	403,338	541,107	80%	432,886
Polish	3,805,740	4,422,297	6,016,888	75%	4,512,666
Russian	1,379,585	1,401,847	2,080,508	75%	1,560,381
Ruthenian	2,581	5,904	5,533	80%	4,426
Serbian	49,621	51,320	75,281	90%	67,775
Slavic	70,124	102,572	121,410	90%	109,269
Slovak	361,384	415,422	569,095	90%	512,186
Slovene	63,587	62,876	95,025	90%	85,523
Ukrainian	381,084	348,972	555,570	75%	416,678
Yugoslavian	199,884	160,290	280,029	90%	252,026
Total	19,276,083	25,842,476	32,197,316		15,366,106

La tabla 3 contiene porcentajes que pretenden eliminar los componentes de los diversos grupos de ascendencia que, en sentido estricto, no están racialmente cualificados para la asimilación (mediterráneos oscuros), así como el número de judíos que procedían de estos países. Dicho de otro modo, los porcentajes están diseñados para tener en cuenta únicamente a los componentes nórdicos, alpinos y parcialmente mediterráneos asimilados o asimilables procedentes de estos países. Sumando el total de este grupo (15.366.106) al total de Europa del Norte (129.774.024) se obtiene 145.140.130, como número de miembros de la Mayoría estadounidense, más los estadounidenses que se están asimilando o tienen muchas posibilidades de asimilarse a la Mayoría. Esta cifra, no hace falta decirlo, difiere de la estimación de 168.704.048 estadounidenses asimilados y asimilables que figura en la página 64. Esta última cifra se obtuvo mediante un estudio privado sobre la población estadounidense. Esta última cifra se obtuvo mediante recuentos privados de minorías y proyecciones de estudios de inmigración de hace medio siglo que no eran demasiado útiles, ya que no incluían un desglose de las razas blancas. La discrepancia puede explicarse por las 24.944.606 personas que no declararon ningún grupo de ascendencia o no lo hicieron correctamente y, en consecuencia, no se contabilizaron en los grupos de ascendencia del estudio del Censo.

Nota: No hay demasiadas sorpresas en las categorías de no blancos del estudio del Censo de 1990, salvo el gran número de indios de ascendencia múltiple. La cifra de 1.920.824 indios de ascendencia única supone un aumento significativo respecto a los 1.323.476 indios, esquimales y aleutianos del censo de 1980. Pero el recuento de ascendencia múltiple (4.794.995) es revelador porque sugiere que puede haber muchos más genes indios flotando en el torrente sanguíneo de la población estadounidense de lo que se creía hasta ahora. Es cierto que a algunos miembros de la Mayoría les parece machista presumir de unas gotas de sangre india como "prueba" de que descienden de los primeros pioneros o colonos del Oeste. Varias estrellas de Hollywood y de los medios de comunicación (o sus agentes de prensa) afirman tener esa filiación racial. Sin embargo, cuesta creer que Robert Mitchum, Anita Bryant, Marlon Brando, Johnny Bench y Dolly Parton sean descendientes de hombres rojos. La ascendencia india de Billie Jean King, Cher, Redd Fox y Dan Rather es menos difícil de creer. En cualquier caso, si el recuento de los grupos de ascendencia de los indios es correcto, los americanos que desaparecen se están convirtiendo en los americanos que proliferan.

Bibliografía

Adams, Henry, *The Education of Henry Adams*, Modern Library, Nueva York.

Adams, Henry, *History of the U.S. During the First Administration of Thomas Jefferson*, Boni & Liveright, Nueva York, 1930.

Allegro, John, *The Chosen People*, Doubleday, Nueva York, 1972.

Ardrey, Robert, *The Territorial Imperative*, Atheneum, Nueva York, 1966.

Arnold, Matthew, *Culture and Anarchy*, Cambridge University Press, Inglaterra, 1961.

Bacon, Francis, *New Atlantis*, Great Books, Chicago, 1952.

Baker, John R., *Race*, Oxford University Press, Nueva York, 1974. Reimpreso en 1981 por Foundation for Human Understanding, Athens, Ga.

Ball, George W. y Douglas B., *The Passionate Attachment*, W. W. Norton, 1992.

Beard, Charles, *President Roosevelt and the Coming of the War*, 1941, Yale University Press, New Haven, 1948.

Beard, Charles y Mary, *The Rise of American Civilization*, Macmillan, Nueva York, 1930.

Benoist, Alain de, *Vu de droite*, Copernic, París, 1977.

Boman, Thorleif, El *pensamiento hebreo comparado con el griego*, Norton, N.Y., 1970.

Brown, Lawrence, *The Might of the West*, Joseph J. Binns, Washington, D.C., 1979.

Carrel, Alexis, *Man the Unknown*, Harper & Row, Nueva York, 1935.

Cattell, Raymond B., *Una nueva moral desde la ciencia: Beyondism*, Pergamon Press, Nueva York, 1972.

Cockburn, Andrew y Leslie, *Dangerous Liaison*, HarperCollins, Nueva York, 1991.

Coon, Carleton, *El origen de las razas*, Knopf, Nueva York, 1962.

Coon, Carleton, *Las razas de Europa*, Macmillan, Nueva York, 1954.

Cuddihy, John M., *The Ordeal of Civility*, Dell Publishing, Nueva York, 1976.

Darlington, C. D., *The Evolution of Man and Society*, Allen and Unwin, Londres, 1969.

Drury, Allen, *Una sociedad muy extraña*, Pocket Books, Nueva York, 1968.

Dunlap, Knight, *Personal Beauty and Racial Betterment*, C. V. Mosby, St. Louis, 1920.

Dvornik, Francis, *The Slavs In European History and Civilization*, Rutgers University Press, New Brunswick, Nueva Jersey, 1962.

Eibl-Eibesfeldt, Irenaus, *Ethology, the Biology of Behavior*, Holt, Rinehart & Winston, Nueva York, 1970.

Eibl-Eibesfeldt, Irenaus, *Love and Hate*, Holt, Rinehart & Winston, Nueva York, 1972.

Eliot, T. S., *Notes Towards the Definition of Culture*, Harcourt Brace, Nueva York, 1949.

Ellenberger, Henri F., *The Discovery of the Unconscious*, Basic Books, Nueva York, 1970.

Ellis, Havelock, *Studies in the Psychology of Sex: Sexual Selection in Man*, F. A. Davis Co., Phila., 1906.

Emerson, Ralph Waldo, *English Traits*, E. P. Dutton, Nueva York, 1932.

Findley, Paul, *They Dare to Speak Out*, Lawrence Hill Books, Chicago, Illinois, 1985.

Fogel, Robert William, y Engerman, Stanley L., *Time on the Cross*, Little, Brown, Boston, 1974.

Fuller, General de División J. F. C., *A Military History of the Western World*, Funk & Wagnalls, Nueva York, 1954.

Gabler, Neal, *An Empire of Their Own*, Crown Publishers, Nueva York, 1988.

Galton, Francis, *Hereditary Genius*, Peter Smith, Gloucester, Mass., 1972.

Gehlen, Arnold, *Moral und Hypermoral*, Athenaum Verlag, Bonn, 1969.

Gibbon, Edward, *Decadencia y caída del Imperio Romano*, Modern Library, Nueva York.

Gobineau, Arthur de, *Essai sur l'inégalité des races humaines*, Librarie de Firmin-Didot, París, 1884.

Gradmann, Hans, *Das Rätsel des Lebens*, Ernst Reinhardt, Múnich, 1962.

Gross, Martin L., *The Psychological Society*, Random House, Nueva York, 1978.

Harvard Encyclopedia of American Ethnic Groups, Harvard University Press, Cambridge, Mass., 1980.

Heidegger, Martin, *Sein und Zeit*, Max Niemeyer Verlag, Tubinga, 1977.

Hernstein, Richard J. y Murray, Charles, *The Bell Curve*, The Free Press, Nueva York, 1994.

Hoffer, Eric, *The True Believer*, Harper's, Nueva York, 1951.

Hooton, E. A., *Twilight of Man*, C. P. Putnam's Sons, Nueva York, 1939.

Huntington, Ellsworth, *The Character of Races*, Scribner's, Nueva York, 1925.

Keith, Arthur, *A New Theory of Human Evolution*, Peter Smith, Gloucester, Mass., 1968.

Kroeber, A. L., *Anthropology*, Harcourt, Brace, Nueva York, 1948.

Macaulay, Thomas, *History of England from the Accession of James II*, Macmillan, Londres, 1914.

Mahieu, Jacques de, *Le grand voyage du dieu-soleil*, Edition Spéciale, París, 1971.

Mallory, J. P., *En busca de los indoeuropeos*, Thames and Hudson, Nueva York, 1991.

Monod, Jacques, *Chance & Necessity*, Knopf, Nueva York, 1971.

Nietzsche, Friedrich, *The Portable Nietzsche*, Viking Press, Nueva York.

Novak, Michael, *The Rise of the Unmeltable Ethnics*, Macmillan, Nueva York, 1972.

One America, Francis J. Brown y Joseph S. Roucek, eds., Prentice-Hall, Englewood Cliffs, Nueva Jersey, 1962.

Ortega y Gasset, José, *La rebelión de las masas*, Espasa-Calpe, Madrid, 1966.

Ostrovsky, Victor, *By Way of Deception*, St. Martin's Press, Nueva York, 1990.

Pareto, Vilfredo, *The Mind and Society*, Harcourt, Brace, Nueva York, 1935.

Pendell, Elmer, *Why Civilizations Self-Destruct*, Howard Allen Enterprises, Cabo Cañaveral, Florida, 1977.

Putnam, Carleton, *Race and Reality*, Howard Allen Enterprises, Cabo Cañaveral, Florida, 1980.

Putnam, Carleton, Race and Reason, Howard Allen Enterprises, Cabo Cañaveral, Florida, 1977.

Raspail, Jean, *The Camp of the Saints*, Social Contract Press, Petoskey, Mighican, 1995.

Ripley, W. Z., *Las razas de Europa*, Appleton, Nueva York, 1910.

Rushton, J. Philippe, *Race, Evolution, and Behavior*, Transaction Publishers, New Brunswick, Nueva Jersey, 1995.

Russell, James C., *The Germanization of Early Medieval Christianity*, Oxford University Press, Nueva York, 1994.

Schoeck, Helmut, *Envy*, Harcourt, Brace, Nueva York, 1970.

Schrag, Peter, *The Decline of the Wasp*, Simon & Schuster, Nueva York, 1971.

Schumpeter, Joseph A., *Capitalism, Socialism and Democracy*, Harper & Row, Nueva York, 1962.

Seligman, Daniel, *A Question of Intelligence*, Carol Publishing, Nueva York, 1992.

Sheldon, William, H., *Varieties of Delinquent Youth*, Hafner, Darien, Connecticut, 1949.

Shuey, Audrey M., *The Testing of Negro Intelligence*, Foundation for Human Understanding, Athens, Ga., 1966.

Solzhenitsyn, Aleksandr, *Carta a los dirigentes soviéticos*, Harper & Row, Nueva York, 1974.

Sorokin, Pitirim A., *Contemporary Sociological Theories*, Harper & Row, Nueva York, 1964.

Taylor, Jared, *Paved with Good Intentions*, Carroll & Graf, Nueva York, 1992.

Tolstoi, Nikolai, *La traición secreta*, 1944-1947, Scribner's, Nueva York, 1977.

Unamuno, Miguel de, *Del Sentimiento Trágico de la Vida*, Las Americas Publishing Co., Nueva York, 1966.

Unwin, J. D., *Sex and Culture*, Oxford University Press, Londres, 1934.

Weber, Max, *La ética protestante y el espíritu del capitalismo*, Allen and Unwin, Londres, 1930.

White, Leslie A., *The Evolution of Culture*, McGraw-Hill, Nueva York, 1959.

Williams, Duncan, *Trousered Apes*, Arlington House, New Rochelle, Nueva York, 1971.

Wilson, Edward O., *Sociobiology*, Harvard University Press, Cambridge, Mass., 1975.

Worthy, Morgan, *Eye Color, Sex and Race*, Droke House/Hallux, Anderson, Carolina del Sur, 1974.

Yaffe, James, *The American Jews*, Random House, Nueva York, 1968.

Yale, William, *The Near East*, University of Michigan Press, Ann Arbor, 1958.

Zayas, Alfred de, *Némesis en Potsdam*, Routledge & Kegan Paul, Londres, 1979.

Otros títulos

⒪MNIA VERITAS

Omnia Veritas Ltd presenta:

HISTORIA PROSCRITA
I
LOS BANQUEROS Y LAS REVOLUCIONES

POR

VICTORIA FORNER

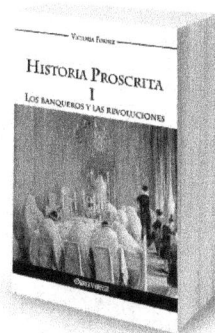

Los procesos revolucionarios necesitan agentes, organización y, sobre todo, financiación, dinero.

LAS COSAS NO SON A VECES LO QUE APARENTAN...

⒪MNIA VERITAS

Omnia Veritas Ltd presenta:

HISTORIA PROSCRITA
II
LA HISTORIA SILENCIADA DE ENTREGUERRAS

POR

VICTORIA FORNER

"El verdadero crimen es acabar una guerra con el fin de hacer inevitable la próxima."

EL TRATADO DE VERSALLES FUE "UN DICTADO DE ODIO Y DE LATROCINIO"

⒪MNIA VERITAS

Omnia Veritas Ltd presenta:

HISTORIA PROSCRITA
III
LA II GUERRA MUNDIAL Y LA POSGUERRA

POR

VICTORIA FORNER

Distintas fuerzas trabajaban para la guerra en los países europeos

MUCHOS AGENTES SERVÍAN INTERESES DE UN PARTIDO BELICISTA TRANSNACIONAL

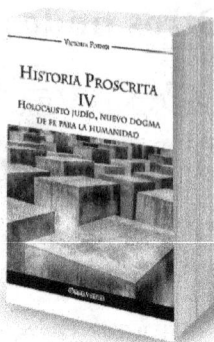

OmniaVeritas

Omnia Veritas Ltd presenta:

Historia
de los Bancos Centrales
y la esclavitud de la humanidad

A lo largo de la historia, el papel de los prestamistas se ha considerado a menudo como la "mano oculta".

de

STEPHEN MITFORD GOODSON

El director de un banco central revela los secretos del poder monetario

Una obra clave para comprender el pasado, el presente y el futuro

OmniaVeritas

OMNIA VERITAS LTD PRESENTA:

IMPERIUM

La palabra Europa cambia su significado: de ahora significará la Civilización Occidental; la unidad orgánica que creó, como fases de su vida las naciones-ideas de España, Italia, Francia, Inglaterra y Alemania.

LA FILOSOFÍA DE LA HISTORIA Y DE LA POLÍTICA

POR

FRANCIS PARKER YOCKEY

Este libro es diferente de todos los demás

OmniaVeritas

Omnia Veritas Ltd presenta:

Vladimir Putin y Eurasia

El advenimiento providencial del "hombre predestinado", el "concepto absoluto" Vladimir Putin, encarnando la "Nueva Rusia"

por JEAN PARVULESCO

Un libro singularmente peligroso, que no debe ponerse en todas las manos...

OMNIA VERITAS LTD PRESENTA:

EL CLUB DE ROMA
EL THINK TANK DEL NUEVO ORDEN MUNDIAL

Los numerosos acontecimientos trágicos y explosivos del siglo XX no se produjeron por sí solos, sino que se planificaron según un patrón bien establecido...

POR JOHN COLEMAN

¿Quiénes fueron los planificadores y creadores de estos grandes acontecimientos?

OMNIA VERITAS LTD PRESENTA:

**LA JERARQUÍA DE LOS CONSPIRADORES
HISTORIA DEL COMITÉ DE LOS 300**

por John Coleman

Esta conspiración abierta contra Dios y el hombre incluye la esclavización de la mayoría de los humanos...

OMNIA VERITAS LTD PRESENTA:

LA DICTADURA del ORDEN MUNDIAL SOCIALISTA

Todos estos años, mientras nuestra atención se centraba en los males del comunismo en Moscú, los socialistas de Washington estaban ocupados robando a Estados Unidos...

POR JOHN COLEMAN

"Hay que temer más al enemigo de Washington que al de Moscú"

OMNIA VERITAS LTD PRESENTA:

La GUERRA de las DROGAS contra AMÉRICA

El narcotráfico no puede ser erradicado porque sus gestores no permitirán que se les arrebate el mercado más lucrativo del mundo...

POR JOHN COLEMAN

Los verdaderos promotores de este maldito comercio son las "élites" de este mundo

OMNIA VERITAS LTD PRESENTA:

LAS GUERRAS DEL PETRÓLEO

POR JOHN COLEMAN

El relato histórico de la industria petrolera nos lleva por los vericuetos de la "diplomacia"

La lucha por monopolizar el recurso codiciado por todas las naciones

OMNIA VERITAS LTD PRESENTA:

Más allá de la CONSPIRACIÓN
DESENMASCARANDO AL GOBIERNO MUNDIAL INVISIBLE

Todos los grandes acontecimientos históricos son planeados en secreto por hombres que se rodean de total discreción

por John Coleman

Los grupos altamente organizados siempre tienen ventaja sobre los ciudadanos

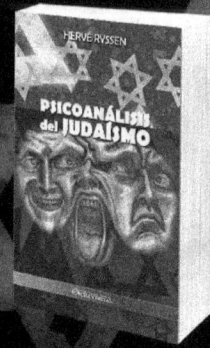

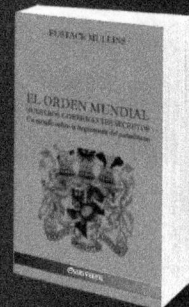

www.ingramcontent.com/pod-product-compliance
Lightning Source LLC
Chambersburg PA
CBHW071821270326
41929CB00013B/1876

* 9 7 8 1 8 0 5 4 0 1 3 0 8 *